KB181986

비트코인의
탄생부터
블록체인의
미래까지
명쾌하게 이해하는

비트코인·블록체인 바이블

비트코인의 탄생부터
블록체인의 미래까지 명쾌하게 이해하는
비트코인 블록체인 바이블

지은이 **장세형**

펴낸이 **박찬규**   엮은이 **전이주**   디자인 **북누리**   표지디자인 Arowa & Arowana

펴낸곳 **위키북스**   전화 031-955-3658, 3659   팩스 031-955-3660

주소 경기도 파주시 문발로 115, 311호(파주출판도시, 세종출판벤처타운)

가격 **28,000**   페이지 **512**   책규격 188 x 240mm

1쇄 발행 2021년 09월 14일
2쇄 발행 2022년 01월 03일
3쇄 발행 2022년 06월 24일
4쇄 발행 2024년 01월 03일
ISBN 979-11-5839-269-7 (13000)

등록번호 제406-2006-000036호   등록일자 2006년 05월 19일
홈페이지 wikibook.co.kr   전자우편 wikibook@wikibook.co.kr

Copyright © 2021 by 장세형
All rights reserved.
Printed & published in Korea by WIKIBOOKS

이 책의 한국어판 저작권은 저작권자와의 독점 계약으로 위키아카데미가 소유합니다.
신저작권법에 의해 한국 내에서 보호를 받는 저작물이므로 무단 전재와 복제를 금합니다.
이 책의 내용에 대한 추가 지원과 문의는 위키북스 출판사 홈페이지 wikibook.co.kr이나
이메일 wikibook@wikibook.co.kr을 이용해 주세요.

비트코인·블록체인 바이블

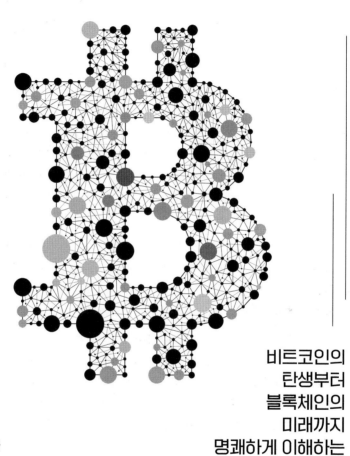

비트코인의
탄생부터
블록체인의
미래까지
명쾌하게 이해하는

장세형 지음

위키북스

화폐를 이용해 필요한 재화나 서비스를 구매할 수 있다. 귀중한 재화나 서비스로 교환이 가능하려면 화폐 역시 그만큼의 가치가 있어야 한다. 따라서 유럽에서는 내재적 가치를 지닌 금이 오랫동안 화폐로서 직·간접적으로 활용되었다. 이것이 바로 금본위제다. 금본위제는 1·2차 세계대전을 겪으면서 잠시 중단되었다가 2차 세계대전이 끝나면서 미국 중심의 금본위제인 브레튼우즈 체제로 재탄생한다. 한동안 잘 유지되던 브레튼우즈 체제는 베트남 전쟁을 계기로 폐지된다. 당시 미국은 베트남 전쟁에 천문학적인 예산을 투입하고 있었고 예산을 충당하기 위해 보관된 금 이상으로 몰래 화폐를 찍어내고 있었다. 미국이 이처럼 다른 국가들 몰래 화폐를 찍어낼 수 있었던 것은 브레튼우즈 체제가 철저하게 미국에 의해 독점적으로 관리 및 운영되고 있었고 뉴욕 연준은행 지하 금고에 보관된 금에 대한 재고 현황과 장부가 단 한 번도 외부에 공개되지 않았기 때문이다. 미국은 이런 중앙 집중적인 운영시스템과 불투명한 장부 관리를 통해 보관된 금보다 더 많은 화폐를 남발했고, 결국 세계 각국으로부터 외면받으면서 브레튼우즈 체제는 역사의 뒤안길로 사라지게 됐다.

독점적 운영과 불투명한 장부 관리는 불신(不信)을 야기하고 결국 이런 불신이 브레튼우즈 체제를 붕괴시켰다고 볼 수 있다. 브레튼우즈 체제 붕괴가 비트코인 출현에 직접적인 영향을 준 것은 아니지만, '중앙집중'과 '불투명한 장부'의 문제점 개선을 위한 '탈중앙화'와 '투명한 장부'라는 가치는 나중에 비트코인 탄생의 배경이자 비트코인 설계의 핵심 요소로 작용한다.

비트코인이 암호화폐 시대를 열었고 이후 다양한 암호화폐들이 소개되며 후손임을 자처하고 있다. 특히 비트코인이 변동성을 이유로 주목을 받지 못하자 법정화폐 또는 실물자산과 페깅(Pegging)되어 변동성을 최소화한 스테이블 코인이 주목을 받기 시작했다. 대표적인 스테이블 코인은 테더(Tether)다. 테더의 대표적인 코인인 USDT는 출시 당시부터 미국 달러와 1:1로 연동된다고 강조했다. 이는 USDT 발행 금액만큼 미국 달러를 예치하고 있다는 것을 의미한다. 테더는 엄청난 양의 USDT를 발행했다. 사람들은 테더가 발행된 USDT만큼 미국 달러를 예치하고 있는지 강한 의구심을 가졌지만, 테더는 단 한 번도 준비금 내역을 외부에 공개하지 않았다. 그러다가 2021년 5월 13일, 고객에게 거액의 금융 손실을 입혔다는 이유로 뉴욕 검찰에 소송을 당한 테더는 뉴욕 법무장관실과 합의하고 준비금 내역을 강제적으로 최초 공개했다. 그들이 보유한 현금은 실제 발행금액의 3.87%에 불과했다(중앙일보 기사 참조). 이것이 가능했던 이유는 USDT가 철저하게 독점적이고 폐쇄적으로 운영 및 관리되고 있었으며 준비금 내역(장부)이 단 한 번도 외부에 공개되지 않았기 때문이다. 뉴욕 법무장관실과의 합의가 없었다면 지금까지도 공개되지 않았을 것이다.

사토시 나카모토는 중앙집중적인 화폐 시스템과 불투명하게 관리되는 장부의 문제점을 타파하기 위해서 비트코인이라는 암호화폐를 세상에 내놓았다. 하지만 암호화폐나 블록체인을 단순히 새로운 사업 기회나 돈벌이로 생각하는 사람들은 오히려 중앙화에 더 집중하고 운영 내역을 외부에 공개하기를 꺼리며 철저하게 폐쇄적으로 시스템과 장부를 관리하고 있다. 이는 모순이며 잘못된 것이다.

오늘날 대부분 암호화폐와 블록체인은 사토시 나카모토의 목표 및 철학과 상반되는 방향으로 흘러가는 분위기다. 대부분 염불에는 관심이 없고 잿밥에만 눈이 멀어 있는 듯하다. 더 큰 문제는 사토시 나카모토의 목표와 철학이 응축된 비트코인과 블록체인이 무엇인지 제대로 이해하려는 노력보다는 어설픈 지식으로 이를 오용하고 악용한다는 점이다.

비트코인이 세상에 나온 지도 벌써 13년이라는 세월이 흘렀다. 많은 발전과 변화가 있었고 어느덧 일반인들도 비트코인과 블록체인을 모르는 사람이 없을 정도다. 블록체인 관련한 많은 연구 자료나 수많은 책이 쏟아져 나오고 있다. 이 시점에서 입문서를 출간한다는 것은 시기적으로 맞지 않을 수 있다. 하지만 앞서 지적했듯이 암호화폐와 블록체인에 관심 있는 주변 사람들과 이야기하다 보면 비트코인·블록체인에 대해 잘못 이해하고 있거나 오해하고 있는 경우가 많다는 것을 느낀다. 그래서 필자가 이 책을 쓰게 됐다.

이 책을 쓴 이유는 2가지다. 첫째는 사람들이 비트코인과 블록체인을 제대로 이해했으면 하는 바람 때문이다. 물론 필자도 비트코인과 블록체인에 대한 지식의 깊이는 여전히 얕으며 계속 공부하는 중이다. 블록체인에 관심 있는 많은 사람이 키워드 몇 개로 블록체인을 이해하고 설명한다거나 잘못 이해하고 있는 경우를 많이 본다. 한편에서는 실체적 이해 없이 일방적으로 사기라며 매도하기도 한다. 일방적인 찬양이나 비방보다는 실체적 접근 및 제대로 이해하기가 무엇보다도 중요하다. 둘째는 학생이나 일반인이 암호화폐와 블록체인을 공부하고 싶어도 적당히 추천해 줄 만한 기본서가 없다는 점이다. 물론 서점에는 암호화폐와 블록체인 관련 책이 넘쳐나지만, 대부분 책이 기술에 치우쳐 있거나 고상한 철학적인 이야기를 하고 있다. 그래서 비트코인·블록체인 탄생 배경부터 작동 메커니즘, 기술요소, 동향 및 전망까지 아우르는 기본서 관점에서 이 책을 기획했다. 비트코인·블록체인에 대한 거창한 구호나 기교보다는 사토시 나카모토가 설계하고자 했던 시스템과 철학의 식체에 한 발 더 다가가 보려는 시도다.

책을 집필하는 내내 '이해하기 쉽게 설명한다'는 베이스라인을 설정하고 한 줄 한 줄 집필해 나갔다. 실제로 비트코인·블록체인에 대한 콘텐츠 자체보다 어떻게 독자들이 이해하기 쉽게 설명할 것인지에 더 많은 고민과 시간을 들였음을 고백한다. 일반인도 쉽게 이해할 수 있게 최대한 풀어 설명하거나 비유나 사례를 많이 들고자 했다. 특히 다양한 삽화를 통해 직관성과 시각화를 높이고자 했다. 그러다 보니 비유와 추상적 표현이 많아지고 그로 인해 실체를 조금 왜곡하거나 지나치게 단순화해 버리는 문제점도 있었던 것 같다. 책을 읽다 보면 본인이 이해하는 비트코인·블록체인과 약간 다르게 설명하는 부분도 있을 수 있다. 이런 점을 참조해서 읽어주기를 바라며 다른 많은 책이나 자료를 통해 비트코인·블록체인 지식을 보완해 주었으면 한다. 또한 책을 집필하면서 참조할 만한 비트코인·블록체인 관련 자료나 전문 서적이 여전히 부족하다는 것을 느꼈다. 관련 자료나 정보가 부족한 경우에는 부득이하게 약간의 추론도 가미했음을 밝힌다. 마지막으로 필자는 블록체인을 전문으로 하는 학자도 아니고 개발자도 아니다. 블록체인을 전문적으로 분석해서 설명하기에는 지식의 한계도 있었음을 인정하니 이 부분도 참고해 주기를 바란다.

이 책의 구성은 다음과 같다.

1장은 비트코인·블록체인의 배경을 다양한 관점에서 역사적으로 살펴본다. 2장은 비트코인·블록체인의 핵심 아이디어와 탈중앙 관점에서 그 작동 메커니즘을 설명한다. 3장은 비트코인·블록체인 구현을 위한 세부 기술요소를 자세히 살펴보고 활용 방안을 살펴본다. 4장은 초기 비트코인·블록체인이 어떻게 변화 및 발전했는지 영역별 동향을 이해해 본다. 5장은 비트코인·블록체인을 전망하고 평가해 본다.

필자도 암호화폐와 블록체인에 관심을 두고 계속 공부하고 있다. 늦은 나이에 블록체인 학과 대학원에 진학하여 공부를 이어가고 있다. 책 내용에 잘못된 부분과 개선할 만한 사항이 있다면 여과 없이 알려주기를 바라며 언제나 열린 자세로 블록체인 발전을 위해 건설적인 대화나 논의를 이어가고자 한다: kevinjang282@gmail.com.

이 책이 집필되기까지 많은 도움을 받았다.

블록체인 관련 제가 부족했던 영역에 대해 조언과 지식을 공유해 주신 황헌주 팀장님과 임병완 CTO님에게 감사의 인사를 전한다. 지역 화폐 관련해서 열정과 많은 깨달음을 주신 이재환 주무관님에게도 감사 인사를 드린다. 누구보다도 실무적 관점에서 블록체인 · 암호화폐와 관련해 많은 지도와 가르침을 주신 이상준 대표님과 박세준 이사님에게도 정말 감사하다는 인사를 전하고 싶다. 그리고 항상 격려와 응원을 해주신 이재두 박사님에게도 감사의 말을 전하고 싶다. 또한 책 출간 및 다방면에서 아낌없는 조언을 해주신 김창중 기술사님에게도 감사 인사를 전한다.

책에 단골 메뉴처럼 등장하는 출판사 관계자분들에 대한 감사 인사가 식상하기도 했었다. 하지만 막상 책을 준비하다 보니 한 권의 책이 출간되는 과정이 얼마나 힘들고 어려운지를 새삼 깨닫게 되었고 출판사 관계자분들에 대한 감사 인사를 생략할 수 없을 것 같았다. 많은 분량과 수많은 삽화로 편집 및 준비에도 항상 적극적으로 대응해 주시고 피드백을 주신 위키북스 박찬규 대표님을 비롯한 출판사 관계자분들께 정말 감사하다는 말씀을 드리고 싶다.

윤석빈 _ 서강대 지능형 블록체인 연구센터 산학협력 교수

2017년 연말에 갑자기 급등하기 시작한 비트코인은 화폐로서의 사용성에 대한 회의적인 시각과 여러 규제 이슈로 폭락했다. 한동안 주춤했던 비트코인은 2020년대부터 다시 급등을 넘어 폭등 추세를 보인다. 최근 비트코인 폭등은 2017년 급등과 조금 다르다는 의견이 많다. 2017년 폭등이 일반인 위주의 '묻지 마'식의 투자 열풍이었다면, 이번 2020년부터의 폭등은 기관이나 유명기업까지 비트코인의 잠재성을 검토하며 투자에 나서고 있으며 '디지털 금'으로 재포장하거나 인플레이션 헤지나 투자자산이라는 명분도 더해지고 있다. 특히 엘살바도르와 같은 일부 국가에서는 비트코인을 법정화폐로 채택하는 사례도 발생하고 있다. 비트코인을 재해석하고 새로운 가치를 부여하려는 움직임이 포착되고 있지만, 비트코인 같은 암호화폐는 여전히 상반된 시각이 공존하며 미래 가치에 대한 불확실성에 노출된 것은 사실이다.

미래 불확실성이 내재된 암호화폐와는 별개로, 암호화폐의 기반 기술인 블록체인은 여러 유형의 시범 사업이 추진되고 있으며 다양한 서비스와 융합·연계하면서 가시적인 성과와 가능성을 보여주고 있다.

최근 한국은행은 카카오 블록체인 계열사인 그라운드X를 한국은행 CBDC 모의실험 연구 파트너로 선정하고 본격적인 CBDC 연구에 돌입했다. 그리고 블록체인 기술이 금융 서비스 분야와 접목되면서 De-Fi라는 새로운 금융 패러다임을 형성하며 다양한 금융 서비스들이 검토 및 소개되고 있다. 또한 최근 빼놓을 수 없는 분야가 NFT(대체불가토큰)이다. 무한 복제와 완벽한 카피로 대변되는 디지털 세상에서 디지털 자산의 유일성과 희소성을 보장하기 위한 하나의 방법이 NFT이며, NFT를 구현하기 위한 핵심 기반 기술이 바로 블록체인이다. 이런 NFT는 최근 각광받고 있는 메타버스(Metaverse) 구현을 위한 핵심 요소로도 자리를 잡아가고 있다. 메타버스는 우리의 일상 생활을 가상의 세계로 옮겨 놓은 것과 유사하다. 가상화·디지털 기반으로 구현된 메타버스 세상에서도 소유권에 대한 개념은 아주 중요하며 바로 NFT를 통해 디지털 자산에 대한 소유권이 보장될 수 있다.

이처럼 블록체인의 고유한 특성과 장점을 적절히 활용하여 다양한 시도와 프로젝트가 추진되고 있다. 현시점에서 블록체인의 활용 방향성과 서비스 분야를 단정 짓기는 어렵지만, 기존에 없던 새로운 가치 창출 및 서비스 구현의 가능성과 폭발력을 가진 것은 분명해 보인다. 블록체인은 탈중앙 기반으로 비가역성과 투명성을 보장하여 궁극적으로 신뢰의 가치를 제고하는 기술로 단순하게 개념화할 수 있지만, 막상 이를 학문적으로나 기술적으로 정리하고 실제 서비스 구현을 위해 다양한 변수를 고려하여 최적의 방안으로 설계한다는 것은 쉬운 일이 아니다.

암호화폐와 블록체인의 차이와 연계성을 우선 이해할 필요가 있으며, 기존 중앙시스템과 다른 블록체인의 작동 메커니즘을 명확하게 이해할 필요도 있다. 더구나 블록체인은 일반인에게 익숙하지 않은 다양한 암호기술을 활용하고 있어 암호기술에 대한 이해도 필요하다. 중앙시스템과 탈중앙시스템의 장단점을 비교하여 개별 서비스 측면에서 어떤 시스템이 적합하고 어떻게 효율적으로 재설계해야 하는지에 대한 아키텍처 설계도 필요하다. 이는 학문적·기술적 이슈로 끝나지 않는다. 블록체인은 기존 법체계의 다양한 법률 요소에서 충돌 이슈가 발생하고 있으며 기존 시스템 및 제도와도 맞지 않는 경우가 많아 이를 현실적으로 극복할 방안도 필요하다. 즉, 복합 금융의 시대로 가고 있는 것이다.

산학협력 교수로서 학교와 산업 현장에서 제한된 시간에 변화무쌍하게 변화 및 발전되어 가는 블록체인의 다양한 관점을 커리큘럼에 모두 반영한다는 것도 쉽지 않으며 관련 연구나 자료도 부족한 상황이다. 무엇보다도 블록체인 전반을 쉽게 설명하면서 체계적으로 정리한 기본서도 부족한 상황이다.

이런 상황에서 이번에 출간된 ≪비트코인·블록체인 바이블≫은 블록체인을 처음 접하는 일반인과 학생들에게 유용할 것으로 생각된다. 범위(Range) 관점에서는 비트코인·블록체인의 태동 배경을 역사적인 관점에서 쉽게 설명하고 있으며 비트코인이 발행되는 원리와 블록체인의 작동 메커니즘을 다양한 삽화를 통해 명쾌하고 설명하고 있다. 이 부분은 매우 인상적이었다. 그리고 어려운 암호기술의 개념을 비유와 사례를 통해 쉽게 정립하고 블록체인 작동에 어떻게 활용되고 있는지도 잘 설명하고 있으며 더 나아가 블록체인이 현재 어떻게 진화·발전해 가고 있는지와 미래 전망에 대한 의견도 개진하고 있다. 깊이(Depth) 관점에서 보면 배경과 개념에 대한 일반적인 내용뿐만 아니라 다른 책에서 다루지 않는 깊이 있는 내용까지 일반인이 쉽게 이해할 수 있도록 설명하고 있다.

암호화폐와 블록체인은 여전히 걸음마 단계에 머물러 있으며 현 블록체인 산업·서비스 영역을 보면 왜곡된 정보와 과도한 포장으로 실제 모습이 왜곡된 것도 사실이다. 이런 환경에서 이 책은 비트코인과 블록체인에 대한 전반적인 인사이트(Insight)를 높여줄 뿐만 아니라 향후 블록체인 관련 비즈니스 검토에 훌륭한 길잡이가 되리라 생각한다.

이재두 _ 기술사·경영학박사, 한국표준과학연구원 국가참조표준센터 연구위원

세계 각국은 블록체인 기술의 성장 잠재력을 높게 평가하고 다양한 산업과 서비스에 접목해 차세대 성장 동력으로 연계하기 위한 다양한 정책을 적극적으로 추진하고 있다. 우리나라 정부도 암호화폐에 대해서는 소극적이지만, 암호화폐의 기반 기술인 블록체인을 차세대 성장 동력으로 적극적으로 육성하겠다는 의지를 여러 차례 밝힌 바 있다.

그 예로 2018년에는 과기부에서 '블록체인 기술 발전 전략'을 제시하면서 블록체인 발전 추진 전략과 추진 과제들을 선정하였으며 블록체인 기술개발 로드맵을 제시하기도 하였다. 2020년에는 부산을 블록체인 규제 자유 특구로 지정했고, 이에 따라 다양한 블록체인 실증사업이 기획되어 시행되고 있다. 올해는 특정 금융거래정보의 보고 및 이용 등에 관한 법률(이하 특금법) 개정을 통해 무법지대에 있던 암호화폐를 제도권으로 편입시키려는 움직임도 있었다. 또한 규제 샌드박스 제도의 실증 특례나 임시허가를 통해 블록체인 관련 서비스가 규제에서 잠시 해방되어 현재 검증 과정을 거치고 있다.

향후 블록체인은 다른 산업·서비스와 연계 및 융합 관점에서도 중요한 역할을 할 것으로 기대된다. 주지하는 바와 같이 지능 정보화 시대 도래로 4차 산업혁명 시대의 원유(原油)라 할 수 있는 데이터의 중요성이 부각되고 있다. 이런 데이터를 활용하여 기존 서비스를 혁신하고 새로운 가치를 창출하는 디지털 트랜스포메이션(Digital Transformation)이 하나의 메가트렌드를 형성해 가고 있다. 특히 금융권에서는 데이터를 적극 활용한 핀테크 서비스가 활발하게 논의되고 있으며 이 과정에서 데이터의 주권 회복 및 적극적·자발적 활용을 위한 마이데이터가 관심을 받고 있다. 그런데 이러한 데이터 기반 서비스 혁신을 위해 가장 우선적으로 해결해야 할 과제가 바로 데이터의 신뢰성 확보다. 블록체인은 이런 지능정보사회 구현을 위해 데이터의 신뢰성을 보장해 주는 가장 근본적인 인프라 요소라 할 수 있다.

하지만 이런 블록체인 육성정책과 다양한 융합 시도에도 불구하고 현재까지 블록체인 관련 가시적인 성과는 나타나지 않고 있으며 킬러 애플리케이션도 아직 나오지 않은 상황이다. 이는 비단 국내에만 국한되지 않으며 전 세계적으로 마찬가지다. 현재 블록체인은 글로벌하게 정책적 측면이나 서비스 측면에서 다양한 시행착오를 겪고 있으며 미래가치로 도약하기 위한 산고의 과정에 있다고 볼 수 있다.

기대와 달리 가시적인 성과가 나오지 않는 이유 중에는 암호화폐·블록체인에 대한 잘못된 오해와 부정확한 지식도 한몫한다고 생각한다. 암호화폐에 대한 잘못된 이해와 투기판으로의 변질, 기존 중앙시스템 대비 블록체인이 절대적으로 발전적이고 미래 지향적인 기술이라는 편견, 블록체

인만 도입하면 기존 문제점이 모두 개선될 수 있다는 잘못된 생각, 기존 중앙집중 기반 서비스를 블록체인에 담아야 한다는 강박관념, 블록체인에 암호화폐가 반드시 필요하다는 오해나 암호화폐는 블록체인을 통해서만 발행된다는 잘못된 인식 등 부정확한 이해와 의견이 시장에 혼재되어 혼란을 야기하고 있다. 더구나 블록체인 관련 사업·서비스 이해관계자들의 잘못된 용어 선택이나 왜곡된 한탕주의 마케팅 접근 방법이 오히려 건설적인 블록체인 성장을 방해하며 부정적인 인식을 심어주고 있다.

블록체인을 우리나라 차세대 성장 동력으로 육성하기 위해서는, 현시점에서 무엇보다도 잘못된 인식과 오해를 바로잡고 명확한 개념 정립과 암호화폐·블록체인에 대한 통찰력과 인사이트를 갖추는 것이 중요하다.

이런 상황에서 ≪비트코인·블록체인 바이블≫이라는 좋은 책이 출간되어 추천하고자 한다. 이 책을 한마디로 소개하면 비트코인·블록체인을 제대로 이해할 수 있으며 블록체인을 바라보는 인사이트를 키울 수 있는 서적이라 생각한다. 이 도서의 전체적인 내용은 크게 4가지로 요약할 수 있다. 구체적으로 첫째 비트코인·블록체인의 탄생 배경을 통해 비트코인·블록체인의 본질적 지향점을 제대로 이해할 수 있는 내용, 둘째 구현과 설계 원리를 통해 블록체인의 작동 메커니즘을 명쾌하게 이해할 수 있는 내용, 셋째 구현기술 이해를 통해 기술을 통한 신뢰 구현의 가능성을 이해할 수 있는 내용, 그리고 끝으로 발전 동향과 미래전망을 통해 우리가 비트코인·블록체인을 어떻게 바라보고 대응해야 하는지에 대한 통찰력을 키울 수 있는 부분으로 구성되어 있다.

4차 산업혁명의 속성상 빠른 대응 및 선점이 무엇보다 중요하다. 하지만 블록체인은 다른 응용 서비스와 달리 인프라적 성격이 강하다. 응용 서비스 분야는 다양한 실험과 치고 빠지기가 용인되고 권장되는 분야이지만, 인프라는 다르다. 블록체인은 무엇보다 중요한 것이 속도보다 방향성이며 기교보다는 충실한 기본을 요구하는 기술이다. 블록체인이 진정으로 미래의 핵심 인프라로 자리 잡을 거라 확신한다면 속도 경쟁이나 기형적인 서비스에 집착하기보다는 블록체인에 대한 명확한 방향성 수립과 기본에 충실한 현실적인 설계 방안이 우선되어야 한다고 본다.

비트코인과 블록체인 관련 다양한 책들이 소개되고 있다. 대부분 관련 책들이 인문학적인 책과 기술·개발 지향적인 책으로 나뉘지만, 이 책은 인문적인 내용뿐만 아니라 기술적인 내용까지 아우르면서 IT 비전문가도 이해하기 쉽게 설명하고 있다. 비트코인·블록체인 배경부터 전망까지 폭넓은 주제를 담고 있으며 다른 책에서 다루지 않았던 깊이 있는 작동 원리 및 기술요소까지 포함하고 있다. 특히 쉬운 비유와 사례를 통해 일반인도 쉽고 명쾌하게 블록체인을 이해할 수 있도록 한 것이 가장 큰 장점이라 할 수 있다.

페이지를 넘기다 보면 자연스럽게 비트코인·블록체인 관련 궁금했던 부분이 명확하게 이해되는 것을 느낄 수 있을 것이다. 궁금했던 내용이 단계적으로 이해되게 구성되어 있어 우선은 1회 빠르게 읽어 전체적인 개념을 잡고 다시 한번 정독할 것을 추천한다. 비트코인과 블록체인을 제대로 이해하고 인사이트를 갖는 데 이 책이 분명 도움이 될 것이라 확신한다.

임병완 _ 블록체인랩스 CTO

2020~21년은 비트코인을 비롯한 암호화폐에 대한 뜨거운 관심과 투기 광풍이 휘몰아 쳤던 해다. 유명 글로벌 기업까지 비트코인 투자에 가세하면서 가격이 폭등하고 주목을 받게 되었지만, 암호화폐에 대한 투기 광풍이 오히려 블록체인 산업 전반에 대한 부정적인 인식을 야기하기에 충분했고, 아쉽게도 블록체인의 진정한 가치가 암호화폐에 가려 주목받지 못했다.

암호화폐만큼 주목받지는 못하지만, 기반 기술인 블록체인도 많은 변화와 발전을 거듭하고 있다. 국내외에서 다양한 블록체인 플랫폼이 출시되고 있으며 기존 문제점과 한계점을 개선한 다양 플랫폼과 다른 설계 방식도 소개되고 있다. 블록체인 플랫폼뿐만 아니라 블록체인 응용 서비스 분야에서도 인증과 금융에서 많은 가시적인 성과와 잠재성을 보여줬다. 올해 질병청 COVID-19 예방 접종 인증 시스템(COOV)에 블록체인랩스의 블록체인, DID 기술이 적용되어 전 국민을 대상으로 운용되고 있으며, 정부 기관 및 기업들이 블록체인 인프라를 구축하는 것에 관심을 보이고 있다.

블록체인 기반 서비스 시스템은 기존 중앙시스템 기반 서비스 시스템과는 많이 다르다. 블록체인은 기존 중앙시스템에서 처리되던 기능을 분산 처리하고 그 과정에서 합의 방식을 구현하며 속도와 확장성 같은 변수도 고려해야 한다. 게다가 암호화폐와 연계 방안에 대한 고민도 필요하며 토큰 이코노미 설계도 고려해야 한다. 블록체인은 아키텍처 설계와 구현 방식이 기존 중앙시스템과 근본적으로 다르다. 전통적인 중앙시스템 방식은 필요한 기능을 중앙시스템 기반으로 정의하고 설계하여 구현하면 된다. 중앙시스템 방식에서 비기능적인 요소(성능, 속도, 보안)도 그동안 누적된 설계 방식 및 기법에 따라 구현하는 데 큰 어려움은 없다. 하지만 중앙시스템 방식이 아닌 탈중앙시스템은 기존 중앙시스템과 근본적으로 다른 설계 방식이 필요하며 다양한 상충관계가 존재하여 이를 조화롭게 구현하기가 쉽지 않다. 대표적인 예로 속도 및 확장성을 높이는 방향으로 설계하다 보면 탈중앙화 가치가 훼손되며, 투명성을 강조하다 보면 익명성이 훼손되는 경우가 많다. 비가역성을 보장하면서 동시에 일부 데이터는 수정·삭제가 가능하게 해야 한다. 또한 실제 서비스에 적용하기 위해서는 기존 시스템이나 법·제도와의 호환성도 살펴봐야 한다.

이 책은 개발자를 위한 책은 아니지만 블록체인에 입문하는 개발자나 초급 개발자가 블록체인의 내부 구조 및 작동 원리를 이해하는 데 유용한 책이라고 생각한다. 비트코인과 블록체인에 대한 명확한 이해 없이 바로 코드 구현에 집중하다 보면 엉뚱한 시스템이 탄생할 수 있으며 코드 구현이 창의성과 효율성도 떨어질 수 있다.

이 책은 블록체인 플랫폼 개발이나 응용 애플리케이션 개발에 앞서 블록체인 전반의 명확한 개념 이해나 기술 요소의 활용 및 작동 원리를 파악하는 데 유용하다. 비트코인·블록체인에 대한 방향성과 작동 원리를 이해하는 데 큰 도움이 될 것이다.

02

비트코인
블록체인 작동 원리

03

비트코인 · 블록체인 구현
기술요소 이해

04

블록체인 현황과 활용

들어가며

비트코인과 블록체인이 온갖 수식어로 찬사를 받으면서 장밋빛 전망을 쏟아내고 있는가 하면, 다른 한편에서는 투기와 사기라며 조롱의 대상이 되기도 한다. 찬사든 비아냥이든 이러한 관심과 주목에 비해 비트코인과 블록체인을 정확히 이해하고 설명하는 사람은 의외로 많지 않다. 무엇보다도 비트코인과 블록체인을 명확하게 이해하기 위해서는 그것을 세상에 내놓았던 사토시 나카모토(Satoshi Nakamoto)가 어떤 배경에서 어떤 의도를 가지고 무엇을 만들고자 했는지를 정확히 이해할 필요가 있다.

찬사나 조롱에 앞서 정확한 이해가 선행돼야 한다는 생각에 이 책에서는 찬사나 비판의 관점이 아니라 중립적인 입장에서 사토시 나카모토가 무엇을 만들었고 그것이 어떻게 작동하는가에 집중해서 설명하려고 한다. 사토시 나카모토의 생각과 사상이 옳거나 그르다는 것을 평가하는 자리가 아니라 사토시 나카모토가 생각했던 바에 좀 더 가까이 다가가 보려는 것이다.

1장에서는 사토시 나카모토가 어떠한 배경에서 어떤 생각으로 비트코인과 블록체인을 개발하게 됐는지를 다양한 관점에서 살펴보고자 한다. 그 배경은 단순하지도 않을뿐더러 역사가 짧지도 않다.

신대륙의 발견은 콜럼버스의 위대한 탐험 정신 때문이었나?

미국인들은 아메리카 대륙을 발견하고 신대륙을 개척한 콜럼버스를 독립과 이민자의 상징으로 추앙하고, 10월 두 번째 월요일을 '콜럼버스 데이'로 지정해서 기념한다. 그런데 신대륙의 발견이 콜럼버스의 위대한 탐험 정신의 결과물이라 칭송되기도 하지만, 실제로 신대륙 발견의 일등공신은 바로 '후추(black pepper)'였다.

중세 유럽에서는 음식의 부패를 방지하고 향미를 풍부하게 하기 위해 다양한 향신료가 음식에 활용되기 시작했으며 특히 후추는 중세 유럽에서 매우 귀한 향신료이자 사치품이었고, 후추가 부를 과시하는 수단으로 활용되기도 했다. 후추를 비롯한 대부분의 향신료는 인도 및 아시아에서 수입해오고 있었는데, 1453년 오스만 제국이 콘스탄티노플(동로마제국)을 장악하면서 실크로드와 인도로 이어지는 홍해 해상 무역로가 차단되면서 아시아로 갈 수 있는 다른 루트가 필요해졌다.

콜럼버스는 10대 시절부터 배를 탔고, 25세 때인 1477년 지도 판매와 제작을 하고 있던 동생 바르톨로메오 콜럼버스가 있는 리스본으로 이주해 동생과 함께 지도 제작 일을 하면서 기회가 있을 때마다 항해에 참가했다.

BC 시대의 천문학자였던 프톨레마이오스는 이미 경도와 위도를 사용해 둥근 형태의 세계지도를 제작했는데, 15세기에 이르러 이 지도가 다시 주목받으며 소개되고 있었다. 또한 25년간의 아시아 탐험을 마치고 돌아온 마르코폴로의 '동방견문록'은 당시 유럽 사회에서 센세이션을 일으키고 있었다. 이탈리아 천문학자인 토스카넬리가 지인에게 보낸 편지와 지도를 통해 아시아로 가기 위해서는 항로를 서쪽으로 잡아야 한다고 했는데, 콜럼버스는 이 편지와 지도를 보고 서쪽 항로에 확신을 갖게 된다. 또한 중국에서 발명된 나침반이 이슬람을 거쳐 유럽에 전파되어 항해술에 본격적으로 활용되기 시작했으며 조선술도 많은 발전을 거듭해 원거리 항해도 가능해지고 있었다.

미지를 개척한 위대한 탐험가 정신 이전에 향신료라는 현실적인 문제를 극복할 필요성과 서쪽 항로에 대한 많은 정보와 믿음이 퍼지고 있었고, 조선술과 항해술이라는 기술이 뒷받침된 이 같은 배경 속에서 콜럼버스의 탐험가 정신이 방아쇠 역할을 했던 것이다.

비트코인이 만들어진 배경으로 미국의 서브프라임 모기지를 언급하는 경우가 많다. 물론 서브프라임 모기지 사태가 방아쇠 역할을 한 것은 맞지만, 비트코인과 블록체인의 사상적 배경과 기술 요소들은 훨씬 이전부터 연구 및 논의되면서 응축되고 있었다.

신대륙의 발견이 극히 한 개인의 위대한 탐험가 정신에 기인한 것이라기보다는 오랫동안 누적돼온 사상과 철학이 기술과 항해술을 바탕으로 콜럼버스라는 사람을 통해 실현됐던 것처럼, 사토시 나카모토가 지녔던 기존 질서에 대한 반항과 개인적인 천재성으로 비트코인이 탄생했다기보다는 화폐에 대한 신념, 중앙기관의 배신, 그동안 누적된 기술과 암호기술이 사토시 나카모토를 통해 실현됐다고 보는 것이 맞을 것이다.

1장에서 설명하는 배경은 단순히 비트코인과 블록체인이 탄생하게 된 역사적인 배경에 대한 이해를 넘어 비트코인과 블록체인의 작동 원리와 연계되고 그 안에 스며들어 있다. 지금부터 본격적으로 비트코인과 블록체인이 태어난 기원과 배경에 대해 금융, 사이퍼펑크, 신뢰 기관, 기술 관점에서 살펴보겠다.

1.1 금융 시스템의 이해

2008년 미국 서브프라임 모기지 사태로 전 세계가 떠들썩할 때 사이퍼펑크 메일링 리스트에 한 편의 논문이 공개된다.

사토시 나카모토라는 익명의 인물이 발표한 "Bitcoin: A Peer-to-Peer Electronic Cash System"이라는 제목의 논문이었다. 제목에서처럼 비트코인은 전자화폐 시스템(Electronic Cash System)이다. 비트코인은 기존 화폐 시스템과 현존 금융 시스템이 가진 문제점의 대안으로 제시됐으며, 따라서 비트코인과 블록체인을 제대로 이해하려면 기존 화폐 금융 시스템에 대한 이해와 기존 시스템의 불편한 진실을 이해할 필요가 있다.

1.1.1 화폐의 이해

1) 화폐의 개념 및 금본위제

(1) 화폐란?

인류의 역사를 바꾼 위대한 3대 발명품으로 흔히 불, 바퀴, 화폐를 꼽는다. 과거 원시사회에서는 필요한 모든 물품을 직접 조달했다. 그러다가 필요한 물품을 이웃과 물물교환하는 형식으로 발전했다. 거래 범위와 품목이 다양해지면서 물물교환은 매우 불편하고 비효율적인 형식으로 여겨졌다. 그리하여 필요한 물건을 좀 더 쉽고 편리하게 교환할 수 있는 매개 수단이 필요했는데, 그것이 바로 화폐다. 화폐란 필요한 물건을 살 수 있는 수단이며 화폐의 가치는 물건을 구매할 수 있는 구매력을 의미한다.

오늘날 화폐는 단순히 물건을 구매할 수 있는 교환 매개의 수단뿐만 아니라 가치 저장 수단으로도 활용된다. 즉, 소득이 발생하는 시각과 사용되는 시각의 차이가 발생하기 때문에 화폐를 이용해 가치를 저장하기도 한다.

(2) 화폐의 요건

화폐를 가지고 필요한 물건을 얼마든지 구입할 수 있다는 것은 화폐가 구매할 물품만큼의 가치가 있어야 한다는 것을 의미한다. 따라서 무엇으로 화폐를 제작할 것인가가 가장 중요한 요소 중 하나였다. 무엇보다도 화폐가 가치를 지니기 위해서는 내재적 가치가 있어야 했다. 하지만 내재적 가치만으로는 부족했다. 너무 흔하면 가치를 유지할 수 없기 때문에 희소성도 중요한 요소였다. 그리고 화폐의 사용과 거래 규모가 커지면서 내재적 가치와 희소성 못지않게 사용성과 편리성도 중요한 화폐의 요건으로 대두됐다.

우선 내재적 가치의 보유 여부가 화폐의 중요 요건이었지만, 내재적 가치를 지닌 물건(가축, 곡식, 향신료)은 휴대하기도 쉽지 않고 보관이 용이하지 않아 쉽게 변질될 수 있다는 단점이 있었다. 생선을 화폐로 사용할 경우 금방 상하기 때문에 적절하지 않다. 또한 화폐로서 가치를 지니려면 희소성이 있어야 했다. 예를 들어, 바닷가 주변 마을에서 흔히 볼 수 있는 조개껍데기를 화폐로 사용하는 것은 맞지 않다.

휴대성과 희소성을 해소하기 위해 국가 차원에서 금속화폐를 발행하기도 했지만, 금속화폐는 내재적 가치문제와 위조될 수 있다는 문제점이 있었다. 그래서 화폐 이용 초기에는 내재적 가치를 지닌 가축, 향신료, 의복 등이 화폐로 사용되기 시작하다가 희소성 및 편리성 요건이 요구되면서 금속, 금, 종이 등으로 발전했다.

그러다 16세기 대항해시대에 접어들면서 화폐로서의 요건이 하나 더 생겼다. 바로 전 지구적 보편성이다. 전 세계 어디를 가도 공통으로 통용될 수 있고 누구든지 그 가치를 인정할 수 있는 화폐가 필요했다.

인류는 이러한 다양한 요건을 충족하는 가장 완벽한 형태의 화폐를 찾고자 지속적으로 노력해 왔는데, 인류가 발견한 최고의 화폐는 바로 '금(Gold)'이었다. 그럼 화폐의 요건 관점에서 금의 특징을 살펴보자.

- 첫째, 금은 상하거나 변하지 않는다. 오랫동안 그 가치를 유지할 수 있다.
- 둘째, 금은 매장량도 제한적이며 채굴도 쉽지 않다. 따라서 희소성과 공급의 안정성이 보장된다.
- 셋째, 금은 내재적 가치를 지닌다. 금은 변하지 않는 특징과 특유의 화려한 색상으로 전 세계 모든 사람에게 귀한 대접을 받고 있다.
- 넷째, 녹여서 쪼개거나 다양한 형태로 제조가 가능하기 때문에 휴대 및 운반성도 좋다.
- 다섯째, 전 세계 모든 사람이 인정한 최고의 가치를 지닌 물건이다.

금은 화폐가 요구하는 모든 조건을 완벽하게 갖췄다. 특히 금은 위기 상황에서 그 진가를 발휘했다. 종이 화폐가 유통되는 국가에서 중앙정부의 정책 실패로 하이퍼인플레이션이 발생하자 평생 모은 재산이 하루아침에 휴짓조각으로 전락했다. 전쟁이 발생하자 소유 중인 건물은 파괴됐고 토지는 들고 갈 수도 없었다. 또한 혁명이 발생하면 소유하고 있던 모든 토지는 몰수당했다.

역사적으로 위기상황일수록 '금은 안전한 자산이다'라는 신뢰는 더 쌓여 갔다. 금에 대한 무한한 신뢰는 금의 내재적 가치가 높기도 했지만, 수천 년을 살아오면서 금이 가장 안전한 자산 가치를 지녔다고 여기는 사람들의 믿음과 신념 때문이었다. 전쟁이나 국가가 멸망하는 상황에서도 오로지 금만이 자신의 재산을 지켜줬으며, 따라서 전쟁이 발발하고 심각한 위기 상황을 거치면서 금에 대한 사랑과 집착은 더 커져만 갔다. 사람들의 집착과 신념으로 인해 금은 실질적 내재가치를 초월해서 세상 다른 무엇보다도 가장 안전하고 가치 있는 자산이라는 믿음이 하나의 종교처럼 받아들여졌다.

(3) '금'본위제

금이 화폐로서 최적의 조건을 모두 갖췄고 세상에서 가장 안전한 자산으로 인정받게 되자 자연스럽게 '금본위제(金本位制)'가 생겨났다. 금본위제에서 '본위'란 영어로는 Standard를 의미하며, 쉬운 표현으로 '근본'이라고 할 수 있다. 따라서 금본위제란 '금을 화폐의 근본으로 하는 제도'로 해석할 수 있다. 금본위제에는 금화본위제와 금핵본위제가 있다.

금화본위제

초기에는 금을 동전 형태인 금화로 가공해서 화폐로 사용하기 시작했다. 이를 '금화본위제'라고 한다. 하지만 금화는 몇 가지 단점이 있었다.

- 첫째, 금은 밀도가 높아 부피에 비해 무거웠다. 화폐 교환의 수단으로 비효율적이었다.
- 둘째, 금 자체에 내재적 가치가 있다 보니 금화의 겉을 칼로 긁어모아 되파는 등 화폐를 훼손하는 문제가 발생했다.
- 셋째, 내재적 가치가 있어 금화를 가치 저장 수단으로만 활용해 유통되지 않는다는 단점도 있었다.

금핵본위제

따라서 금을 직접 화폐로 제작해서 사용하지 않고, 금고에 보관하고 보관된 금과 동일한 가치만큼 다른 형태의 화폐를 제조해서 발행하기 시작했다. 제조된 화폐는 자체적으로는 아무런 내재적 가치가 없지만 보관된 금을 기반으로 발행됐기 때문에 금과 동일한 가치를 지녔다고 볼 수 있다. 이를 '금핵본위제'라고 한다.

금핵본위제는 금을 금화로 주조해서 유통시키는 것이 아니라 금을 은행창고에 저장해 두고 은행창고에 보관된 금에 비례해서 화폐를 찍어 유통하는 방식이다. 예를 들어, 미국 중앙은행에 금 1,000온스를 보유하고 있다면 온스당 $35를 기준으로 총 $35,000를 화폐로 발행할 수 있다. 금이 추가로 은행에 유입되어 저장되지 않는 이상 화폐를 더 발행하고 싶어도 발행할 수 없는 구조다.

금핵본위제는 1971년까지 유지되다가 폐지됐다. 금핵본위제는 아니지만, 이와 유사한 형태로 화폐를 발행하는 사례도 있다. 바로 홍콩 달러다. 홍콩달러는 금 대신 미국 달러를 기반으로 그 가치만큼의 홍콩 달러를 발행한다. 미국 달러를 은행에 맡기면 상업은행은 보관된 미국 달러 금액을 기반으로 홍콩 달러를 발행한다. 현재 3개의 상업은행이 금액은 같지만, 각기 다른 도안의 화폐를 발행하고 있다. 과거 금을 기반으로 각 상업은행이 은행 자체 화폐를 발행하는 것과 상당히 유사하다.

그림 1-1 상업은행이 발행하는 홍콩 달러(출처: 구글 이미지)

금본위제의 장점

오늘날 일반인에게 금본위제는 상당히 낯설고 어색하게 여겨질 수 있겠지만, 불과 1971년 금본위제가 종식될 때까지만 하더라도 금본위제는 너무나 당연한 화폐 발행 방식이었다. 화폐는 귀중한 재화나 서비스를 구매할 수 있기 때문에 그만한 가치를 지니고 있어야 했다. 국가 체계나 신뢰 기반이 약했던 과거에는 아무리 중앙정부가 신용으로 그 가치를 보장하는 지폐를 발행한다고 해도 아무런 담보나 가치가 없는 종이 화폐를 누구도 신뢰하지 않았다. 대신 금과 같은 실질적 가치를 지닌 자산을 기반으로 발행된 화폐만이 그만한 가치가 있다고 신뢰할 수 있었다. 중앙정부에서 신용으로 발행된 화폐보다 오히려 민간 기관에서 금을 담보로 발행된 화폐가 훨씬 신뢰받는 것은 당연했다.

금본위제의 가장 큰 장점은 바로 화폐 가치의 안정성을 보장한다는 것이다. 화폐는 무엇이든지 구매할 수 있기 때문에 화폐 발행에 대한 욕구는 강렬하다. 중세 군주나 권력자들은 통치와 인기 영합 정치를 위해 국가라는 신용을 기반으로 화폐를 무분별하게 찍어내기 시작했다. 이렇게 무분별하게 찍어낸 화폐는 그 가치가 폭락해서 경제 시스템을 망가트리고 국가의 생존을 위태롭게 하기도 했다.

이처럼 무분별한 화폐 발행 및 인플레이션과 같은 문제점을 원천적으로 차단할 수 있는 방법이 바로 금본위제였다. 금과 같은 실질적인 자산 가치 범위 내에서만 화폐를 발행할 수 있기 때문에 통화량 공급이 통제될 수 있으며, 따라서 인플레이션과 같은 문제가 발생하지 않는다.

한국은행 홈페이지에 들어가 보면 설립 목적을 다음과 같이 명시하고 있다.

한국은행은 효율적인 통화신용정책의 수립과 집행을 통해 물가 안정을 도모함으로써
나라 경제의 건전한 발전에 이바지합니다.

그림 1-2 한국은행의 설립 목적 (출처: 한국은행 홈페이지)

보다시피 한국은행의 설립 목적을 '물가 안정'으로 명시하고 있다. 물가 안정이 얼마나 중요한지를 알 수 있는 대목이다. 인플레이션의 위험성은 다음 장에서 구체적으로 설명하겠다.

금본위제의 단점

금본위제의 단점은 필요 시 화폐를 찍어낼 수 없다는 데 있다. 금은 희소성과 공급의 제약 때문에 안정성과 인플레이션 방지 효과가 있지만, 동시에 금의 이러한 특성 때문에 오늘날 경제 확장의 족쇄로 작용하기도 한다.

화폐는 보관된 금을 기반으로 발행되기 때문에 보관된 금 이상의 화폐를 발행하지 못하는 구조다. 전쟁이나 재난과 같은 위기상황이나 경제공황과 같은 위급상황에서는 평소보다 더 많은 화폐가 필요한 것은 당연하지만 금본위제에서는 구조적으로 화폐를 더 발행할 수 없다. 그렇다고 단기간에 금 채굴량을 늘릴 수 있는 것도 아니다.

또한 금 채굴량이 경제 규모의 증가 속도를 따라가지 못할 수도 있다. 경제 규모가 급격히 확대되어 그 규모에 맞게 더 많은 화폐가 필요한데 금 채굴량이 그 증가 속도를 따라가지 못하면 경제 규모와 화폐량이 불일치가 발생한다. 따라서 금 채굴량이 경제 규모의 확장 범위가 되는 것이다.

금본위제가 지닌 문제점이 표출된 대표적인 두 사건이 있다.

1, 2차 세계대전은 규모와 피해 측면에서 인류가 익히 경험해 보지 못했던 가장 파괴적이고 처절했던 전쟁이다. 전쟁은 막대한 돈을 필요로 한다. 더구나 전쟁의 속성상 수단 방법을 가리지 말고 일단 반드시 승리해야 하기 때문에 참전국 모두가 천문학적인 돈을 쏟아 붓는다. 그런데 금본위제가 발목을 잡고 있었다. 목숨을 걸고 싸우는 전쟁에서 금본위제 때문에 필요한 화폐를 발행할 수 없는 상황에 직면하게 된 것이다. 결국 전쟁에 참여했던 대부분 국가는 1, 2차 세계대전을 겪으면서 금본위제를 일시 폐지한다. 보관 중인 금만으로 전쟁을 치를 수 없었기 때문이다.

1929년 10월 당시 380선이던 미국 다우지수는 갑자기 40선대(89% 하락률)로 떨어졌다. 경제 대공황의 시작이었다. 주가지수 하나만 보더라도 당시 경제에 미치는 파장이 어느 정도였는지를 짐작할 수 있다. 아직도 대공황의 원인에 대해서는 의견이 분분하지만, 대공황의 원인을 금본위제에서 찾는 사람도 있다.

1800년대 후반부터 1900년대 초까지 산업화가 발전하고 경제 규모가 급팽창했지만 팽창 속도만큼 금 채굴량은 증가하지 못했다. 금을 기반으로 화폐를 찍어내던 당시 금본위제에서는 증가된 경제 규모와 소비 규모 대비 발행된 화폐량이 절대적으로 부족했다. 생산품과 서비스도 다양해지고 생산량도 급증했지만, 그것을 구매할 수 있는 화폐가 부족했다. 제품은 생산했는데 화폐가 부족해서 소비로 연결되지 않자 재고가 쌓이기 시작했고 재고가 쌓이니 기업이 부도나고 실업률이 증가했다. 실업률이 증가하니 소비가 더 둔화되는 악순환에 빠졌다.

프랭클린 D. 루스벨트 대통령은 취임과 동시에 대공황 극복을 위한 대단위 경기 부양 정책인 뉴딜 정책을 전격 시행했다. 다양한 세부 정책이 시행됐는데, 그중 하나가 바로 금본위제 폐지였다.

루스벨트가 1차 뉴딜로 금본위제를 폐지하면서 대공황은 조금씩 해결되기 시작했다. 실질 금 보유량에 상관없이 정부가 필요한 돈을 찍어서 필요한 곳에 제공했다. 제공한 돈이 소비와 투자에 활용되면서 경기 침체를 극복해 나갈 수 있었다. 정부 차원에서 경제 침체 해결을 위해 막대한 돈을 찍어 시중에 공급했던 뉴딜 정책은 오늘날 버전으로 '양적 완화(Quantitative Easing)'라고 할 수 있을 것이다. 양적으로 돈을 완화한다, 즉 엄청난 양의 돈을 푼다는 뜻이다. 이런 사례는 일종의 교과서처럼 활용되어 오늘날에도 전 세계 대부분 국가는 경제 위기가 있을 때마다 양적 완화를 실시한다. 물론 금본위제가 경제공황의 직접적인 원인이었다고 단정할 수는 없지만, 영향을 끼쳤을 개연성은 충분해 보인다.

실질적인 가치를 기반으로 하고 그 가치 범위 내에서만 화폐를 발행해야 한다는 굳건한 신념은 경제공황이나 전쟁과 같은 위기 상황에서 더 이상 유효하지 않게 됐다.

2) 신용화폐

금본위제를 유지해오던 유럽 국가들은 1, 2차 세계대전을 거치면서 대부분 금본위제를 중단한다. 제2차 세계대전이 끝나가던 1944년, 유럽 등 주요 45개국 대표들이 미국 뉴햄프셔 브레튼우즈에 모여 전쟁 이후 새로운 국제통화 질서 확립 방안에 대해 협의했고 합의를 도출했다. "미국 달러를 금본위제로 고정하고 기축통화로" 하는 브레튼우즈 협정을 체결한 것이다.

브레튼우즈 체제는 금본위제로의 회귀를 의미하는 것으로, 금을 기반으로 세계화폐인 미국 달러를 발행하고, 이렇게 발행된 미국 달러와 각국의 화폐를 고정된 환율로 교환하는 방식이었다. 세계 각국이 자국이 보유한 금을 미국 뉴욕연준은행에 맡기면 맡긴 금만큼 미국 달러가 신규로 발행된다. 이렇게 발행된 미국 달러는 해당 국가의 화폐와 고정된 환율로 교환된다. 반대로 보관해 두었던 금을 다시 찾을 때는 먼저 자국 화폐를 미국 달러로 교환하고 이를 뉴욕연준은행에 제시하면 해당 달러 금액만큼 금을 태환[1] 해주는 방식이었다.

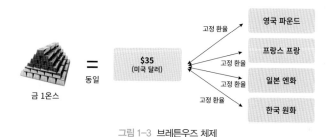

그림 1-3 브레튼우즈 체제

브레튼우즈 체제는 역사적으로 시사점이 있다. 첫째는 세계대전으로 폐지됐던 금본위제로의 복귀이며, 둘째는 미국 달러를 기축통화로 인정한다는 것, 셋째는 이를 제도적으로 뒷받침했다는 것이다.

(1) 브레튼우즈 체제의 붕괴

브레튼우즈 체제에서 세계 각국은 금을 미국에 맡겼고 이러한 금은 뉴욕 연준 은행 지하창고에 저장됐다. 미국은 여기에 보관된 금 범위 내에서 미국 달러를 발행해 제공했다. 한동안 잘 유지되던 브레튼우즈 체제는 베트남 전쟁을 통해 큰 변화를 맞게 된다.

1964년 미국은 베트남전에 공식 참전하게 된다. 쉽게 끝날 줄 알았던 베트남전은 특유의 게릴라전과 정글이라는 변수를 만나면서 장기전으로 돌입한다. 당시 미국이 쏟아부은 포탄은 700만 톤으로, 제2차 세계내전 낭시 연합군이 녹일과 일본에 쏟아부은 포탄의 4배에 달하는 엄청난 양이었다. 천

---

1 '바꿔준다'는 의미로서, 여기서는 달러를 가져오면 언제든지 금으로 교환해 주는 것을 말한다.

문학적인 재정이 필요했으며, 미국은 전쟁에 필요한 재원 마련을 위해 보관된 금보다 훨씬 더 많은 달러를 다른 국가들 몰래 찍어내고 있었다. 이를 눈치챈 유럽 국가들은 브레튼우즈 체제를 탈퇴하거나 금으로 교환을 요구하기 시작했다. 보유된 금보다 훨씬 더 많은 달러를 찍어내고 있었기 때문에 태환 요구에 모두 대응하기 어려운 상황이었다. 결국 1971년 미국의 닉슨 대통령이 더 이상 금으로 교환해 주지 않겠다고 일방적으로 선언해 버리는 닉슨 쇼크가 발생한다. 속된 표현으로 하면 '배 째라'였다. 미국을 상대로 전쟁이라도 해야 할 분위기였지만, 초강대국을 상대로 전쟁을 할 수도 없는 노릇이었다. 닉슨 쇼크로 브레튼우즈 체제는 붕괴됐고 결국 금본위제는 역사의 뒤안길로 사라진다.

여기서 시사점을 하나 발견할 수 있다. 미국은 어떻게 보관된 금보다 더 많은 달러를 찍어낼 수 있었을까? 금을 기반으로 미국 달러를 발행하는 브레튼우즈 체제는 철저히 미국이라는 하나의 국가에 의해 중앙 집중적이고 독점적으로 운영되고 있었다. 그리고 뉴욕연준은행 지하 금고에 보관된 금의 현황과 관련 장부가 외부에 공개된 적은 단 한 번도 없었다. 수많은 금을 맡긴 각 국가조차 본인의 금이 잘 보관되어 있는지 확인할 방법이 없었다. 미국은 이런 중앙독점적 폐쇄적 운영과 장부의 불투명성을 통해 전 세계 국가를 상대로 사기를 칠 수 있었다.

(2) 신용화폐 시대의 도래

1971년 금본위제가 폐지되면서 '신용화폐'의 시대가 도래했다. 신용화폐란 무엇일까?

먼저 '신용'이라는 표현에 대해 알아보자면 금융 분야에서는 '신용'이란 단어를 많이 사용한다. 신용은 두 가지 의미를 동시에 내포하는데, 돈을 갚을 능력과 떼어먹지 않을 거라는 신뢰다. 갚을 능력이 돼도 신뢰도가 떨어지면 신용이 떨어진다. 또한 신뢰가 아무리 높아도 갚을 능력이 부족하면 신용도는 떨어진다.

결국 신용화폐란 금이나 특정 담보 가치가 없더라도 신뢰도, 경제력, 제반 요건을 기반으로 가치가 부여되는 화폐를 말한다. 즉, 돈을 갚을 능력과 신뢰로 담보를 대신하는 것이다.

그렇다면 국가 단위 화폐에서 신용의 근거는 무엇인가? 바로 중앙정부에 대한 신뢰와 법이다. 개인과 달리 국가는 신뢰할 수 있다. 더구나 법으로 보장돼 있기 때문에 국가가 망하지 않는 이상 그 화폐의 가치는 보장할 수 있다는 믿음이다. 이처럼 중앙정부의 신뢰와 법이라는 근거를 기반으로 발행된 신용화폐가 오늘날 대부분 국가에서 채택하고 있는 법정화폐다.

이제 중앙정부는 금본위제라는 족쇄를 벗어나 필요할 때 적절한 화폐를 발행하면 된다. 발행된 화폐가 아무런 내재적 가치가 없더라도 국가와 법이 보장하기 때문에 그 신뢰를 기반으로 화폐를 사용할 수 있는 것이다. 하지만 족쇄가 없어졌다고 해서 무턱대고 화폐를 찍어내는 것은 아니다. 인플레이선의 위험성을 역사적으로 절실히 경험한 각 국가는 금본위제 폐지에 따른 잠재적 위험성의 보완 장치로 중앙은행이라는 독립된 조직을 두고 통화량과 물가를 관리하게 했다. 즉, 신용화폐 시대라고 해서 무조건 화폐를 발행하는 것이 아니라 중앙은행이라는 통제적 장치를 통해 관리하게 했다.

금본위제 기반 화폐와 신용화폐를 '체크카드'와 '신용카드'에 비유해서 설명할 수 있다. 체크카드란 현재 계좌에 입금된 실제 금액 범위 내에서만 소비할 수 있다. 반면 신용카드는 현재 계좌에 돈이 없더라도 개인의 신용(신뢰 및 갚을 능력)을 기반으로 소비할 수 있다. 신용카드도 적절히 관리 및 통제할 수 있다면 나쁜 것만은 아니다. 이와 마찬가지로 금본위제 화폐는 금이라는 실질 가치를 기반으로 화폐를 발행하는 반면, 신용화폐는 정부에 대한 신뢰를 기반으로 화폐를 발행한다.

(3) 신용화폐의 한계점

개인이 체크카드나 신용카드로 소비하는 행태에 큰 차이가 없을 거라고 생각하지만, 여러 가지 실험을 통해 그 둘의 차이가 크다는 것이 밝혀지고 있다. 체크카드를 사용하면 한도 범위 내에서만 사용할 수 있고 잔고가 바닥나면 위급한 생필품 등을 구입할 수 없기 때문에 계획적인 지출과 절약 습관이 형성되어 결국 합리적인 소비 생활로 이어진다. 반면 신용카드의 경우 잔고가 바닥날 염려도 없고 할부도 가능하며 리볼빙 서비스도 가능하기 때문에 즉흥적인 소비나 과소비로 이어질 가능성이 높다. 단기간에는 사소한 차이일 수 있지만, 그것이 누적되고 장기화되면 엄청난 차이를 야기한다.

국가 신용 기반의 신용화폐도 마찬가지다. 국가와 국민을 위해 필요 시 부득이하게 화폐를 과도하게 발행한다는 명분을 내세울 수 있지만, 문제 해결을 위한 다른 정책 수단에 대한 고민과 노력 없이 손쉽게 발행 가능한 화폐 발행의 유혹을 뿌리치기가 힘들다. 많은 국가의 정치 지도자들은 권력을 유지하기 위해 인기 영합 정책으로 통화량을 남발하기도 한다. 선거에 의해 선출되는 대표자들은 문제에 대한 근본적인 고민이나 해결보다는 돈을 풀어 단기적으로 눈에 보이는 가시적이고 즉흥적인 대책을 남발하기 쉽다. 짐바브웨의 무가베 대통령은 30년간 장기 집권하면서 부정부패와 사치로 나라 경제를 망가트렸고 국가의 위기를 통화 남발로 해결하고자 함으로써 국가 경제를 파탄 나게 했다. 아르헨티나나 베네수엘라 같은 국가는 모두 중앙정부의 통화 남발로 하이퍼인플레이션이 발생해서 경제 시스템이 망가진 대표적인 사례다. 2008년 미국 서브프라임 모기지도 결국 과도한 빚 때문이다. 그런데 이 문제를 해결하기 위해 돈을 찍어 더 큰 빚을 얻어 임시방편으로 봉합했다.

금본위제가 폐기된 지 오래지만, 2012년 미국 공화당이 '금본위제로의 회귀 필요성'을 다시 꺼내 들면서 이슈화했다. 당시 금본위제로의 회귀가 현실성이 없다는 것을 알면서도 미국 공화당이 금본위제를 다시 꺼내 든 것은 중앙정부 및 중앙은행에 대한 통화 공급과 재정 팽창에 대한 불신을 표출한 것이며, 일종의 경고이기도 했다.

위의 사례처럼 통화 남발을 방지하고 통제하는 장치가 없다면 통화 공급의 유혹에 흔들리고 과도하게 많은 화폐가 시장에 공급될 수 있다. 통화량이 증가하면 자연스럽게 화폐 가치가 지속해서 하락하는 인플레이션이 발생한다. 인플레이션이 심화되어 하이퍼인플레이션으로 번지면 아르헨티나나 베네수엘라처럼 화폐 시스템과 경제 시스템은 하루아침에 망가진다. 하이퍼인플레이션으로 발전하지 않더라도 인플레이션은 우리의 자산을 조용히 갉아먹고 있는 것과 같다. 화폐는 구매력이다. 5%의 인플레이션이 발생했다는 것은 구매력이 5% 떨어졌다는 것을 의미하며, 그것은 은행 계좌의 내 잔고 중 5%가 사라졌다는 것과 동일하다.

3) 신뢰를 보장할 수 있는 기반 유형

화폐란 결국 그것이 가치가 있다는 신뢰가 바탕이 돼야 한다. 신뢰를 보장하는 기반은 다양할 수 있다. 앞서 금본위제는 내재적 가치를 지닌 금이라는 담보를 통해 신뢰를 보장받을 수 있었고, 신용화폐는 국가라는 거대 기관의 보증을 통해 신뢰를 보장받을 수 있었다. 내재적 가치나 중앙정부 같은 강력한 기관 없이도 신뢰를 보장할 수 있는 다른 방법이 있을까?

지자체마다 '지역사랑상품권'이라는 지역화폐를 발행해서 사용한다. 지역화폐는 지역경제 활성화 및 지역 공동체 형성을 목적으로 각 지역 내에서만 통용되는 화폐로서, 각 지자체가 제정한 조례에 근거해서 발행하다가 2020년 5월에 '지역사랑상품권 이용 활성화에 관한 법률'이 제정되면서 법적 근거도 마련했다. 지역화폐도 결국 지자체 조례 및 법에 의한 신뢰를 근거로 한다.

1997년 외환위기가 터지자 대안화폐가 주목받았다. 대안화폐란 현재의 국가가 중심이 되는 통화 시스템과 직접 관련 없이 특정 집단 내에서만 통용하는 화폐다. 대표적인 사례가 대전의 한밭레츠라는 지역 공동체 커뮤니티다. 한밭레츠에서는 '두루'라는 자체 발행한 공동체 화폐를 사용해 거래한다. 공동체가 스스로 발행하는 '두루'라는 화폐를 이용해 서로에게 필요한 노동과 물품을 교환하는데, 이는 공동체 구성원들의 상호신뢰를 바탕으로 작동하는 대표적인 사례다. 두루라는 지역화폐는 내재적 가치나 중앙기관 없이도 구성원들의 신뢰를 기반으로 가치를 부여할 수 있음을 보여줬다.

그림 1-4 한밭레츠 '두루'(출처: 구글 이미지)

화폐에 대한 신뢰를 다른 각도에서 바라보는 사람도 있었다. 개인, 기관, 국가에 대한 신뢰가 한계가 있고, 기술로서 신뢰를 보장하는 방안을 고민한 사람들도 있었는데 그 대표적인 인물이 사토시 나카모토다. 사토시 나카모토는 암호기술을 통해 개인 간 신뢰를 보장할 수 있는 방안을 고민했고 그 고민의 결과물이 바로 비트코인이다.

그림 1-5 화폐의 신뢰 기반

지금까지 설명한 내용을 정리해 보자.

화폐는 귀중한 재화나 서비스를 구매할 수 있기 때문에 내재적 가치가 있거나, 아니면 가치가 내포돼 있다는 신뢰를 보장할 수 있어야 한다. 그 신뢰를 보장할 수 있는 기반의 유형을 살펴보면 다음과 같다.

- 금본위제: 금이라는 **내재적 가치를 지닌 자산**으로 신뢰를 보장
- **법정**화폐: **국가 · 법**으로 신뢰를 보장
- **지역**사랑상품권: **지방 자치 단체(지자체)의 조례**를 기반으로 발행
- **지역**화폐: 지역 **공동체 구성원 간의 신뢰**
- **암호**화폐: **암호기술**을 기반으로 신뢰를 보장

4) 오늘날의 지폐와 금융 시스템의 기원

기존 법정화폐는 중앙은행을 통해 발행되고 시중은행을 통해 유통된다. 화폐의 발행과 유통은 모두 은행과 같은 금융 시스템을 거친다. 따라서 은행과 중앙은행의 기원과 특징을 이해할 필요가 있다.

(1) 지폐와 은행의 기원

지폐와 은행의 기원에 대해서는 다양한 설이 있지만, 많은 문헌에서 은행의 기원을 중세 유럽의 금세공업자(Goldsmith)로부터 찾고 있다.

중세 유럽의 금세공업자들은 고가의 금을 취급했기 때문에 크고 튼튼한 금고를 보유하고 있었다. 그래서 상인들과 부자들은 개인이 보유한 금을 대형 금고가 비치된 금세공업자들에게 맡겨 보관했다. 금세공업자들은 일정 금액의 보관료를 받고 금을 대신 보관해 주면서 보관증이라는 증서를 금 소유자에게 발행했다. 그리고 나중에 보관증을 제시하면 언제든지 금을 되돌려줬다.

그런데 금은 부피가 크고 안전 문제가 있었기 때문에 사람들은 맡긴 금을 찾아가는 대신 금 보관증을 이용해 대금 결제나 거래에 활용하기 시작했다. 보관증을 제시하면 언제든지 금을 돌려주기 때문에 보관증은 사실상 금과 동일한 가치를 지닌 유가증권처럼 시장에서 통용될 수 있었다. 결국 수많은 금은 금세공업자의 금고에서 오랫동안 그대로 보관된 상태로 유지되고 그 대신 금 보관증이 일종의 화폐처럼 시장에서 거래되고 유통됐다.

이때 금세공업자는 한 번 금을 맡기면 거의 찾아가지 않거나 찾아가더라도 모두들 동시에 찾아가지 않는다는 사실을 깨닫고 돈을 벌 수 있는 좋은 아이디어를 떠올린다. 금세공업자는 혹시 금을 찾아갈 경우를 대비해서 전체 보관된 금 중 약 10%만 남기고 나머지 90%의 금에 대해 다른 사람들에게 대출을 해주고 이자를 받아 수익을 올리기 시작했다.

이러한 방법으로 금세공업자들이 많은 돈을 벌게 되자 금을 맡겼던 사람들은 허락도 없이 본인들 금을 마음대로 대출해줬다는 것을 눈치채고 강하게 항의하기 시작했다. 이에 금세공업자는 맡겨 둔 금을 대출하고 발생한 수익의 일부를 이자로 돌려주겠다는 제안을 한다. 나쁘지 않은 거래라 생각한 금 소유자들은 이를 용인해 주기로 했다.

금세공업자는 다시 한번 머리를 굴린다. 금고에 어느 정도의 금이 보관돼 있는지 금세공업자 외에는 아무도 모른다는 점을 이용해 더 많은 수익을 올릴 수 있는 방법을 생각해 낸다. 지금까지는 보관된 금의 양 내에서 보관증을 발행했다면 이제는 금고에 존재하지도 않은 금에 대해 보관증을 발행하고 이자 수익을 올리기 시작했다. 금세공업자 외에는 보관된 금의 양을 알 수가 없기 때문에 사람들은 금이 막연히 있을 것이라고 믿을 수밖에 없었다. 한편 금세공업자 중에는 갑자기 많은 사람이 보관증을 제시하자 금을 돌려주지 못하고 파산하는 경우도 있었다. 존재하지도 않는 금을 기반으로 보관증을 발행했기 때문에 나중에 보관증을 제시했을 때 돌려줄 금이 없는 것은 당연했다. 금세공업자는 이 같은 과정을 거쳐 막대한 부를 축적할 수 있었고 어느덧 금융사업가로 성장해 있었다(출처: EBS 다큐 자본주의 – 1부 '돈은 빚이다').

중세의 금세공업자가 보여준 일련의 수익 창출 활동이 오늘날 은행의 수익 활동과 매우 유사하다. 다음 표에서 보다시피 금세공업자의 수익 활동과 오늘날 은행의 금융 시스템은 거의 동일하다.

표 1-1 금융 시스템의 기원과 현대 금융 시스템

구분	기원 (Origin)	현대 금융 시스템
비교	금 세공업자 (Goldsmith)	은행 (Bank)
	금 보관증	화폐 (지폐)
	보관된 금괴 기반 보관증(화폐) 발행	금본위제
	보관된 금괴 없이 보관증(화폐) 발행	시중은행의 신용창조
	[대출이자 − 예금이자] = 금 세공업자 수익	은행의 예대마진
	보관된 금의 10%만 유보하고 나머지 대출	지급준비금 (10%)
	동시에 보관증 제시하며 금 태환	뱅크런 (사람들이 맡긴 돈을 동시에 찾아감)
특징	▪ 금 세공업자가 장부와 금고 독점 ▪ 사람들은 금 세공업자의 장부 내역을 확인할 수 없으며 금고에 실제로 어느 정도의 금이 보관되어 있는지 알 수 없음	▪ 은행이 장부와 금고 독점 ▪ 고객들은 은행의 장부 내역을 확인할 수 없으며 은행잔고에 어느 정도의 화폐가 보관되어 있는지 알 수 없음

과거 금세공업자나 오늘날 은행 모두 입금자와 대출자 중간에서 수수료 형태로 막대한 수익을 올리고 있다. 금을 보관하는 사람들이나 입금자들은 본인들의 재산을 안전하게 보관하기 위해 맡기지만 실제로 금세공업자와 은행은 이를 신용 창조[2] 해서 막대한 이익을 거두고 있다.

여기서 시사점 하나를 발견할 수 있다. 금세공업자들이 남의 돈을 이용해 부당수익을 챙길 수 있었던 것은 금고와 장부가 금세공업자에 의해 독점으로 관리되고 있었고 장부가 그 누구에게도 공개되지 않았기 때문이라는 점이다. 금세공업자는 금을 독점적으로 보유 및 관리하면서 장부를 불투명하게 관리하고 있었기 때문에 금 소유자들 몰래 막대한 수익을 올릴 수 있었다. 바로 금고에 대한 중앙화와 장부의 불투명성이 문제의 원인이었고, 금세공업자는 이를 철저히 악용한 것이다.

(2) 중앙은행의 탄생 배경

유럽의 절대군주들은 방탕한 생활과 권력 유지 또는 전쟁을 치르기 위해 많은 재원이 필요했다. 재원을 마련하는 방법은 두 가지였다. 세금을 더 많이 걷거나 화폐를 발행하는 것이었다. 세금은 시민들의 저항과 반발이 수반되기 때문에 그에 비해 손쉬운 화폐 발행을 선호했다.

1690년 영국은 프랑스와의 전쟁으로 막대한 재원이 필요했다. 이미 세금으로 충당할 수 있는 범위를 훨씬 넘어서고 있었기 때문에 영국 왕실은 국채를 발행했지만 왕실에 대한 신뢰가 이미 떨어진

---

2 은행이 예금된 돈의 일부를 고객에게 대부하고 그것이 다시 예금으로 돌아와 원래 예금의 몇 배를 예금으로 만들어 내는 일

상태라 아무도 왕실의 국채를 사려고 하지 않았다. 절대군주들은 부족한 재원을 마련하기 위해 보관된 금 이상의 화폐를 발행하거나 함량 미달의 불량주화를 제작했고, 그로 인해 중앙정부에 대한 시민들의 신뢰는 이미 땅에 떨어져 있었다. 로마가 멸망했던 근본적인 원인도 함량 미달의 불량수화를 대량으로 공급해서 초래된 인플레이션이었다.

금세공업자들은 어느덧 런던 금융자본가로 성장해 있었고, 다급해진 왕실은 런던 금융가들과 뒷거래를 시도한다. 금융가들은 컨소시엄을 구성해 왕실에 필요한 재원을 조달하는 대가로 정부가 공식적으로 인정하는 화폐를 발행할 수 있는 독점적 권한을 얻게 된다.

1694년 금융 컨소시엄은 민간 중앙은행을 설립하고 왕실과 의회로부터 화폐를 독점적으로 발행할 수 있는 권한을 부여받는다. 이것이 바로 중앙은행의 시초인 'Bank of England(영란은행)'이다. 이처럼 중앙은행은 처음에는 민간은행이었고, 유럽의 여러 선진국의 중앙은행은 대부분 이 같은 민간은행으로 출발했다. 시민들 역시 중앙정부보다는 민간은행을 더 신뢰하는 분위기였다. 유럽의 민간 중앙은행들은 한동안 유지되다가 1, 2차 세계 대전을 거치면서 대부분 국유화됐다.

미국은 영국의 식민지 시절, 영국의 중앙은행이었던 영란은행을 통해 수많은 탈취를 당했기 때문에 건국 초기부터 중앙은행에 대한 불신을 가진 나라였다. 그래서 중앙은행 건립에 대한 시도는 있었지만 중앙은행이 오랫동안 존재하지는 않았다. 1900년대 초에는 수많은 시중은행이 보관된 금을 기반으로 은행마다 은행권을 자체적으로 발행하고 있었다. 통일된 하나의 화폐가 아니라 은행 수만큼의 다양한 화폐가 발행되어 유통된 것이다.

1907년 미국 금융사 한 곳이 파산하면서 전국적으로 대규모 뱅크런[3] 사태가 발생한다. 이는 금융공황이라 불릴 정도로 심각한 수준이었고 금융산업 자체가 무너질 수도 있는 심각한 위기상황이었다. 중앙은행이 존재하지 않는 상황에서 이 사태를 주도적으로 해결한 은행이 JP모건이었다. JP모건은 주요 은행에 대한 지급 보증을 선언하고 보유한 현금을 풀어 뱅크런을 진정시켰다. JP모건 입장에서도 금융이 무너지면 금융자산이 가장 많은 본인이 가장 큰 타격을 받을 수밖에 없기 때문에 선택의 여지가 없는 승부수였다. JP모건의 개입으로 뱅크런 사태는 진정되고, 이를 계기로 JP모건에서 발행하는 은행권의 공신력이 높아졌고 JP모건의 은행권이 미국의 대표 통화로 사용되기 시작했다.

미국은 이 사건을 계기로 중앙은행의 필요성을 절실히 깨닫게 되고 중앙은행 설립을 추진한다. 중앙은행을 설립하는 방안을 고민하면서 당시 금융 시장에서 JP모건 같은 민간은행의 역할이나 영향력을 무시할 수 없었고 결국 절충안으로 '민간은행들이 자금을 내서 주식회사 형태로 중앙은행을 출범하고 대신 공적 성격을 강화하는 방향'으로 중앙은행 설립이 추진된다. 이렇게 해서 1913년 미국의

---

3 은행에 돈을 맡겨 두었던 예금주들이 한꺼번에 돈을 찾아가는 대규모 예금 인출 사태

중앙은행인 '연방준비제도(Federal Reserve System)'가 출범한다. 연방준비제도에 출자한 주주은 행들은 JP모건, 내셔널시티, 내셔널, 하노버, 체이스, 케미컬 은행 등의 민간은행들이었다.

미국 정부는 민간 중앙은행인 연방준비제도에 이자를 지급하고 달러를 빌려온다. 그리고 이 이자수 익을 기반으로 민간은행 주주들에게 매년 6%의 배당금을 지급한다. 중앙은행이 민간은행이라며 음 모론을 펼치는 사람들도 있지만, 이들 민간은행들은 출자한 주주로서만 참여할 뿐 의결권도 없고 어 떠한 영향력도 행사할 수 없는 구조다. 단지 투자한 지분에 대해 매년 6%의 배당만 받아 갈 뿐이다.

7명으로 구성된 이사회는 연방 은행법을 준수하고 이 법에 따라 보호받고 있으며 미국 연방 재무부 로부터 철저하게 독립성과 임기를 보장받고 대주주인 민간은행들의 눈치도 전혀 보지 않는다. 한편 연방정부는 인사권을 통해 이사회를 견제한다. 연방준비제도를 구성하는 7명의 이사는 대통령이 임 명하고 상원의 인준을 거친다.

중앙정부와 중앙은행에 대한 강한 거부감이 있었던 미국은 중앙은행의 소유와 경영을 완전하게 분 리했으며 연방준비제도는 정부로부터 철저하게 독립성을 보장받고, 정부는 인사를 통해 견제한다. 민간은행들은 주주로서만 참여하고 이자 수익을 받아 가며, 이사회는 독립성을 철저히 보장받고 있 으며, 중앙정부는 인사권을 통해 견제하는 시스템이다. 즉 소유자, 경영자, 인사권자가 완전히 분리 되어 견제와 균형의 메커니즘으로 작동하고 있다.

시사점

세계 각국의 중앙은행 제도와 역사는 중요한 시사점을 제시한다. 정치인들과 절대군주들은 손쉬운 화폐 발행을 통해 인기 영합 정치와 권력을 유지하고자 하는 유혹에 끊임없이 노출된다. 역사적으로 중앙정부와 중앙은행은 불신의 대상이었다. 이런 이유로 일찍부터 중앙은행은 오랫동안 민간 영역 에서 맡아왔다. 유럽 국가들은 제2차 세계대전이 끝나면서 중앙은행 대부분이 국유화됐지만, 미국 은 여전히 민간 출자 은행이 중앙은행 역할을 하고 있다. 중앙은행이 국유화됐다고 해도 대부분 국 가에서는 중앙은행의 독립성을 보장하면서 통화량 조절 및 물가 관리를 맡기고 있다.

5) 화폐의 속성과 영향

(1) 화폐의 속성

사람들이 돈을 소유하려는 이유는 돈으로 필요한 재화와 서비스를 구매할 수 있기 때문이다. 돈으로 필요한 물건을 구입할 수 있으니 돈을 찍어내면 된다고 생각할 수 있다. 하지만 재화와 서비스는 한 정돼 있고 그것을 구매할 수 있는 화폐가 늘어난다면 자연스럽게 화폐의 가치는 떨어진다.

여기서 화폐에 관한 중요한 속성 하나를 이해할 수 있다. 화폐로 필요한 재화와 서비스를 구매할 수 있기 때문에 사람들은 화폐를 끊임없이 발행하고 싶어 한다. 하지만 화폐 발행량 증가는 필연적으로 부메랑이 되어 돌아온다. 부메랑이 되어 돌아오는 것을 알면서도 화폐 발행에 대한 유혹을 못 떨쳐 낸다.

우리가 일상에서 사용하는 신용카드도 마찬가지다. 체크카드만 가지고 있는 상황에서는 잔고가 소진되면 쓰고 싶어도 쓸 수 없게 된다. 반면 신용카드는 지속적인 소비 유혹에 끊임없이 노출된다. 신용카드에 의한 소비 증가는 결국 월말에 부메랑이 되어 돌아온다. 그것을 알면서도 사람들은 신용카드 사용을 억제할 수 없다.

신용카드에서 부메랑이 월말 카드 대금이라면 화폐 발행량 증가에 따른 부메랑은 바로 인플레이션이다. 예를 하나 들어 보겠다. 홍길동은 지긋지긋한 가난에서 벗어나기 위해 아침저녁으로 쉬지 않고 평생 일만 하면서 드디어 10억 원을 벌었다. 그런데 정부에서 인기 영합 정치를 위해 계속 화폐를 발행해 물가가 매년 10%씩 증가하고 있다. 3년이 지난 후 물가는 30% 증가해 있었다. 홍길동은 10억 원이라는 명목상의 화폐는 여전히 유지하고 있지만, 구매력 관점에서 실질적인 가치는 7억 원으로 줄어들었다. 홍길동 입장에서 달라진 것은 하나도 없지만, 단지 중앙정부에서 화폐를 발행하는 것만으로 평생 일만 해서 모은 소중한 재산의 30%가 흔적도 없이 사라진 것이다.

개별 품목에 대한 가격은 해당 품목의 수요와 공급에 의해 결정되지만 한 국가 전체의 물가는 통화량에 의해 결정된다고 볼 수 있다. 즉, 통화량이 늘어나면 화폐의 가치가 떨어져 물가가 상승하는 인플레이션이 발생한다.

다음 그림은 대한민국의 통화량과 물가를 나타내는 그래프다. 한 국가의 물가라는 것은 결국 그 국가의 통화량과 연동된다.

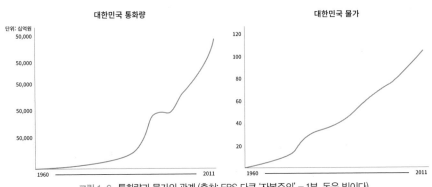

그림 1-6 통화량과 물가의 관계 (출처: EBS 다큐 '자본주의' – 1부, 돈은 빚이다)

(2) 세계대전 상황

과도한 화폐 발행이 어떠한 부메랑이 되어 돌아오는지 보여주는 역사적인 사건 하나를 소개하고자한다.

1차 세계대전이 끝나고, 1차 세계대전 전후(戰後) 처리를 위해 파리에서 강화회의가 열렸다. 1차 세계대전으로 가장 큰 손해를 입은 프랑스의 입장은 강경하고 단호했다. 독일이 다시는 이런 전쟁을일으키지 못하도록 재기 불능 상태로 만들기 위해 막대한 배상금과 제재를 가해야 한다고 주장했다.반면에 영국 정부의 자문관으로 참여했던 경제학자인 케인즈는 너무나 가혹한 배상금에 대한 강요가 결과적으로 독일에서 전무후무한 인플레이션을 발생시킬 것이며, 그럴 경우 독일은 극단적인 선택이나 잘못된 판단을 할 수 있다고 경고했다. 하지만 케인즈의 요구는 거부되었고, 결국 천문학적인 배상금이 독일에 부과되었다. 배상금은 1320억 마르크로 결정되었으며, 이는 당시 독일 국민총생산의 2년 치에 해당하는 엄청난 금액이었다.

케인즈의 경고와 예견은 그대로 현실이 되었다. 모든 경제 활동이 차단된 상황에서 배상금을 갚기위해 독일이 할 수 있는 일은 밤낮을 가리지 않고 화폐를 마구잡이로 찍어내는 것이었다. 과도한 통화량의 증가는 전무후무한 인플레이션을 일으켰고, 이런 인플레이션은 화폐 가치 하락과 화폐 기피현상으로 이어지면서 역사상 유례를 찾아볼 수 없는 하이퍼인플레이션으로 이어졌다. 100조짜리화폐도 발행되었으며 불과 2년 사이에 물가 상승률은 수십억 배로 뛰었다.

다음 그림은 1923년 제1차 세계대전 이후 하이퍼인플레이션으로 독일 여인이 스토브에 연료 대신 지폐를 땔감으로 사용하는 모습이다.

그림 1-7 연료 대신 지폐를 땔감으로 사용하는 독일 여인 (출처: 구글 이미지)

> Note
>
> 10억 배로 물가가 상승했다는 것은 구매력 관점에서 다음과 같이 해석할 수 있다. 현재 10원을 주고 달걀 하나를 구입했다면 2년 뒤에는 100억 원을 주고 달걀 하나를 구입할 수 있다. 평생 일해서 10억 원을 은행에 저축해 두었는데 2년 뒤에 잔고가 1원으로 변해 있었다. 은행에서 10억 원을 대출받았는데, 2년 뒤에 1원만 갚으면 되었다.

민생은 파탄 났고 경제 시스템은 완전히 망가졌다. 이런 혼란한 틈을 타고 히틀러가 국민들을 선동하여 정권을 잡고 제2차 세계대전을 일으켰나. 선동을 위해서는 혼란이 필요했고 혼란을 더욱더 가중시킬 수 있는 희생양이 필요했다. 그 대상이 바로 유대인이었다. 유대인은 독일 인구의 3% 정도에 불과했지만, 독일 경제의 40%를 차지하고 있었다. 하이퍼인플레이션으로 독일인들의 삶은 나락으로 떨어지고 있는데 유대인들은 계속해서 부를 축적해 가고 있다며 이런 하이퍼인플레이션을 일으킨 주범이 바로 유대인 금융 자본가들이라고 선동하며 인종 청소를 단행했다.

2차 세계대전이 끝나고 미국은 제1차 세계대전 때와 같은 과도한 배상금 대신 '마셜 플랜'이라는 천문학적인 독일·유럽 부흥 및 원조 계획을 발표한다. 미국의 국무장관이었던 조지 마셜이 발표한 마셜 플랜은 케인즈가 1차 세계대전 이후에 파리 강화회의에서 제안했던 내용과 아주 비슷하다. 마셜 플랜으로 서유럽은 참혹한 전쟁의 상처를 딛고 정치적 안정과 경제적 부흥을 이룩할 수 있었고 이에 대한 공로로 마셜은 1953년 노벨 평화상을 수상하게 된다.

(3) 인플레이션

화폐는 경제 시스템의 피와 같은 역할을 한다. 화폐 시스템이 망가지면 경제 시스템 역시 무너진다. 화폐는 구매력이기 때문에 화폐가 물건을 살 수 있는 가치를 지녔다는 확신을 심어주어야 하며, 따라서 화폐의 가치를 일정 수준으로 유지하는 것이 중요하다. 그런데 화폐의 과도한 공급으로 화폐가치가 떨어져 더 이상 물건을 구매할 수 없다면 더 이상 화폐를 신뢰하지 않고 기피하게 된다. 이렇게 화폐 시스템이 망가지면 경제 시스템도 파탄 나게 된다.

경제활동과 경제 규모가 커지면서 자연스럽게 생산과 소비가 증가하고 물가 상승이 발생한다. 일반적인 경제활동에서 경제가 성장할 경우 2~3% 정도의 물가 상승은 자연스럽게 발생하며 이는 긍정적인 효과도 발휘한다. 또한 중앙은행이 철저하게 물가 관리를 하기 때문에 일반적인 상황에서 약간의 인플레이션은 우려할 사항은 아니다. 문제는 단기간에 너무 과도하고 지속적으로 물가가 상승하는 것 또는 하이퍼 인플레이션이다. 일반적으로 하이퍼인플레이션은 과도한 통화량 증가와 함께 화폐를 발행한 중앙정부에 대한 불신이 가미될 때 발생하는 경우가 많다.

하이퍼인플레이션이 왜 발생하는지 알아보자. 통화량이 증가하면 자연스럽게 인플레이션이 발생한다. 하지만 많은 국가에서 통화량을 늘려도 심각한 인플레이션은 거의 발생하지 않는다. 하이퍼인플레이션은 통화량의 증가만으로 발생하지는 않는다. 통화량 증가와 동시에 화폐 유통 속도가 빠를 때 발생한다. 화폐의 유통 속도라는 것은 화폐가 도는 속도이다. 화폐 가치에 대한 신뢰가 높으면 사람들은 화폐를 믿고 부의 저장 수단으로 모으거나 저축하고자 할 것이다. 반면 화폐 가치에 대한 신뢰가 떨어지면 화폐를 보유하고 있는 것은 손해이기 때문에 화폐가 손에 들어오자마자 가치가 있는 다른 재화나 서비스로 교환하고자 할 것이다. 재화를 팔고 화폐를 받은 사람 역시 화폐를 받자마자 바로 필요한 재화로 교환하고자 할 것이다. 현금을 가지고 있으면 손해이기 때문에 월급을 받자마자 바로 상점으로 달려가 너도 나도 물건을 사려고 할 것이며 이런 재화에 대한 수요 폭발로 물가가 천정부지로 치솟는 하이퍼인플레이션 상황이 발생한다. 즉, 화폐에 대한 신뢰가 떨어질 때 화폐에 대한 기피 현상으로 유통 속도는 증가한다. 결국 하이퍼인플레이션은 통화량의 증가와 화폐에 대한 불신으로 유통 속도가 빨라질 때 발생한다.

그렇다면 왜 화폐에 대한 불신이 생기는지 알아보자. 금본위제 기반의 화폐를 신뢰하는 이유는 그 근간이 내재적 가치를 지닌 금이기 때문이다. 브레튼우즈 체제에서 사람들은 미국 달러를 신뢰했던 것이 아니라 그 근간인 금을 신뢰했던 것이다.

신용화폐 시대에 법정화폐에 대한 신뢰의 근간은 중앙정부다. 중앙정부라는 강력하고 신뢰할 수 있는 기관이 보증하기 때문에 그 기반으로 발행된 법정화폐를 신뢰하는 것이다. 하지만 중앙정부를 더 이상 신뢰할 수 없게 된다면 자연스럽게 그 기반으로 발행된 법정화폐도 신뢰할 수 없게 된다. 결국 법정화폐 시대에서 화폐에 대한 불신은 바로 중앙정부에 대한 불신을 의미한다.

현재 하이퍼인플레이션을 겪고 있는 베네수엘라도 근본적인 원인은 정부의 과도한 화폐 발행이었지만, 중앙정부에 대한 불신이 자국 화폐 기피로 이어졌고 화폐 대신 현물을 선호하면서 화폐 유통 속도가 급격히 상승하여 하이퍼인플레이션이 발생했다. 하이퍼인플레이션은 결국 화폐의 가치에 대한 불신이다. 이는 또한 화폐 가치의 기반이 되는 원천인 중앙정부에 대한 불신을 의미한다.

역사적으로 심각한 인플레이션이 발생한 주요 사례들을 살펴보자.

로마 멸망

역사 교과서에서는 로마가 멸망한 주요 원인으로 훈족의 침입을 언급하지만, 보다 근본적인 원인에 대한 이해가 필요하다. 로마 황제들은 시민들의 지지를 얻기 위해 콜로세움에서 다양한 오락거리를 제공하고 빵과 먹을거리를 제공하면서 시민들의 지지와 환호를 받았다. 하지만 이는 많은 재정을 요구하는 것이었다. 재원 확보를 위해 당시 은화 화폐였던 '데나리온'에서 은 함량을 줄이고 더 많은 화폐를 발행해 유통시켰다. 화폐에 대한 신뢰는 떨어졌고, 결과적으로 화폐의 가치는 하락하고 물가가 급격히 상승하는 인플레이션이 발생했다. 결국 로마의 경제 시스템이 붕괴되면서 수반된 전체적인 생산성 저하와 사회적 혼란이 로마 멸망의 보다 근원적인 원인이라 할 수 있다.

독일의 인플레이션

1차 세계대전에서 패배한 독일은 배상금을 갚기 위해 24시간 밤낮으로 화폐를 찍어냈다. 화폐 발행 속도가 따라주지 않자 고액화폐를 찍어내기 시작했다. 독일의 하이퍼인플레이션은 결국 제2차 세계대전의 원인이 되었다.

그림 1-8 독일의 100조 마르크 지폐 (출처: 구글 이미지)

조선 시대 당백전

조선 후기 흥선대원군은 왕권 강화의 일환으로 임진왜란 때 불타버린 경복궁을 중건했다. 군비 확장과 경복궁 중건에는 엄청난 재정이 필요했으며 이를 충당하기 위해 조선 정부는 당백전을 주조하기에 이른다. 상평통보의 100배 가치를 지녔다고 해서 '당백전'이라 불렀다. 결국 급격한 물가 상승이 발생하여 6개월 만에 발행을 중단했으며 왕조 재건을 위해 발행된 당백전이 오히려 왕조의 몰락을 재촉하는 결과를 가져왔다.

그림 1-9 당백전

짐바브웨 사례

짐바브웨 무가베 대통령은 1990년대 최악의 가뭄으로 경제 상황이 악화되자 돈을 무차별적으로 찍어냈다. 거기에 독재 정권 유지와 사치 생활 영위를 위해 화폐를 지속적으로 찍어내면서 하이퍼인플레이션이 발생한다.

아르헨티나 사례

'엄마 찾아 삼만리'라는 애니메이션을 보면, 이탈리아에서 일자리를 찾아 아르헨티나로 떠난 엄마를 찾아 떠나는 이야기가 묘사된다. 1910년대만 하더라도 아르헨티나는 세계 10대 경제 부국이었다. 하지만 쿠데타에 따른 군사정권의 경제 정책 실패와 막대한 외채로 경제는 나락으로 떨어졌다. 경제를 살리겠다고 화폐를 무차별적으로 발행하면서 페소 가치가 급락했고 현재까지도 하이퍼인플레이션을 겪고 있다. 인플레이션을 관리하는 중앙은행이 있었지만, 중앙은행 총재는 화폐 발행에 반대하다 해고되었다.

베네수엘라 사례

세계에서 가장 많은 석유 매장량을 보유한 나라는 베네수엘라다. 국가 전체 수출의 96%를 석유가 차지하며 재정 수입의 50%와 GDP의 약 30%를 석유에 의존하고 있었다. 석유산업에서 발생한 이익 대부분을 기본소득제와 무상복지 정책 등 포퓰리즘(Populism) 정책에 사용했다. 그러다 국제유가 하락과 미국의 제재로 베네수엘라 경제는 직격탄을 맞았다. 유일하게 의존하던 수입인 석웃값이 폭락하자 경기가 침체되었다. 침체된 경기를 살리겠다고 화폐를 마구잡이로 찍어냈고 결국 화폐 가치는 폭락하고 현재도 하이퍼인플레이션을 겪고 있다.

시사점

화폐 속성에 대한 이해를 통해 3가지 시사점을 발견할 수 있다.

첫째, 화폐는 재화와 서비스를 구매할 수 있기 때문에 계속 찍고 싶은 유혹이 있다. 화폐를 계속 찍어내면 자연스럽게 화폐의 가치는 떨어지고 한정된 재화와 서비스를 구매할 수 있는 구매력도 떨어진다. 이는 물가가 상승하는 인플레이션을 초래해 우리의 자산을 조금씩 갉아먹으며 잠재적으로는 하이퍼인플레이션과 같은 문제점을 안고 있다.

둘째, 중앙정부와 정치인은 화폐 발행이라는 유혹에 취약하다. 선거에 의해 선출되는 오늘날 정치인은 더욱 그렇다. 통치를 연장하고 단기간에 가시적인 성과를 올리기 위해 화폐 발행만큼 쉽고 매력적인 것은 없다.

셋째, 금본위제에서 화폐에 대한 신뢰의 근간은 내재적 가치를 지닌 금이었다. 내재적 가치를 지닌 금을 기반으로 화폐를 발행하기 때문에 화폐 자체를 매우 신뢰할 수 있다. 하지만 법정화폐 시대로 오면서 상황이 달라졌다. 법정화폐의 신뢰 근간은 중앙정부에 대한 막연한 신뢰다. 중앙정부에 대한 신뢰가 떨어지면 자연스럽게 법정화폐에 대한 신뢰도 떨어지는 문제가 발생한다. 경제 시스템의 핵심 요소인 화폐에 대한 신뢰의 기반을 못 믿을 중앙정부 및 통치자와 연동시키는 것은 매우 위험하다.

결과적으로 화폐 발행을 중앙정부에 맡겨서도 안 되고 화폐의 신뢰 기반도 중앙정부가 되어서는 안 된다는 주장도 가능하다.

1.1.2 기축통화

1) 기축통화 개념

한 국가 내에서 물건을 사고팔기 위해 화폐를 발행하여 사용한다. 하지만 국가 간의 교역에서는 한 가지 문제가 발생한다. 세계 모든 나라가 각자의 화폐를 사용하고 있고, 다른 나라의 화폐는 자국에서 통용되지 않는다는 사실이다. 결과적으로 국제 교역을 위해 세계 어디에서나 통용될 수 있는 화폐가 필요하며 이를 기축통화라고 한다. 기축(基軸)이란 '어떤 사상이나 조직 따위의 토대나 중심이

되는 곳'을 의미하며, 따라서 기축통화란 국가 간 결제나 국제 금융 거래의 기본이 되는 화폐를 말한다.

대항해시대에는 금이나 은이 국가 간 교역에 사용되면서 기축통화 역할을 했다. 점점 세계적으로 패권을 가진 국가의 화폐가 기축통화로 활용되었다. 포르투갈, 스페인, 네덜란드, 프랑스를 거쳐 세계대전 이전까지는 영국 파운드가 기축통화로 사용되다가 세계대전 이후부터는 미국 달러가 오늘날까지 기축통화로 활용되고 있다.

기축통화는 세계의 화폐로서 세계 어디에서나 통용되며 국제 거래 및 투자, 금융에서도 다양하게 활용된다. 심지어 각 국가는 국가 비상 상황을 대비하여 기축통화로 일정 금액을 보유해야 한다. 한 치 앞을 내다볼 수 없는 국제 정세에서 국가가 위급한 상황에 해외에서 필수 물품을 구입하기 위한 대금 목적이나 국내의 외환 시장 안정을 위해 외국환 자산 및 금을 일정 규모로 보유해야 한다. 이는 일종의 비상금이며, 이를 외환보유고라고 한다. 특히 기축통화인 미국 달러는 그 비중이 압도적으로 높으며 가장 확실한 외국환 자산이다. 이 비상금 규모가 한 국가의 신용도를 결정하기 때문에 모든 국가는 기축통화를 외환보유고로 확보하고 있다.

오늘날의 기축통화는 어떻게 결정되는 것일까? 기축통화로 선정되는 특별한 기준과 조건은 없다. 전 세계 대부분 국가의 국제 거래에서 가장 보편적으로 사용되는 화폐가 바로 기축통화가 된다. 즉, 시장에 의해 결정된다. 객관적 기준은 없지만, 시장이 선호하는 기축통화 요건은 크게 3가지로 정리할 수 있다. 첫째, 교역을 위해 다양한 재화와 서비스를 생산해낼 수 있는 역량, 생산 규모(GDP), 교역 규모, 기술력, 자원을 갖춘 국가의 화폐를 선호한다. 둘째, 전쟁이 일어나지 않거나 일어나더라도 절대 패망하지 않을 것 같은 국가의 화폐를 신뢰한다. 셋째, 그 화폐를 발행하고 사용하는 국가와 정책이 투명하고 신뢰할 수 있는지도 중요한 요소가 될 것이다. 이 3가지 요건을 각각 하나의 키워드로 정리하면, 경제력, 군사력, 자유 민주주의다. 이 3가지 키워드를 생각하면 떠오르는 한 국가가 있다. 바로 미국이다. 그래서 세계 각국이 현재 미국 달러를 기축통화로 사용하고 있는 것이다.

중국은 G2로 불릴 정도로 경제력과 군사력이 뛰어나다. 하지만 G2라는 타이틀에 맞지 않게 중국 위안화의 위상은 아주 형편없다. 세계의 공장이라 할 정도로 모든 제품을 생산하고 있지만, 상당 제품이 핵심 원료를 수입해서 단순 조립 및 가공해서 재수출하는 노동 집약형 경제력이다. 그리고 중국은 정치적으로 여전히 공산당이 모든 권력을 장악하고 있어 중국 정부와 중국 정책에 대한 투명성과 신뢰성에 여전히 의구심이 들게 한다.

2) 미국 달러의 기축통화 형성 배경

(1) 브레튼우즈 체제

미국은 앞서 소개한 3가지 요소(경제력, 군사력, 자유민주주의)를 완벽하게 갖춘 세계 패권 국가로서 미국 달러가 세계 기축통화로 통용되는 것이 전혀 이상하지 않다. 기축통화는 시장에 의해서 결정된다고 했지만, 미국 달러가 세계 기축통화로 등극하는 데는 세계 패권 국가라는 유리한 조건과 함께 국제 합의와 뒷거래라는 역사적인 배경이 자리 잡고 있다.

산업혁명의 발상지이자 전 세계 식민지를 개척하여 해가 지지 않는 나라로 불렸던 영국은 19세기만 하더라도 세계 최강 국가였다. 자연스럽게 영국의 파운드화는 세계 무역 거래 및 세계 금융에서 100여 년간 기축통화로서 역할을 수행했다. 하지만 1, 2차 세계대전을 겪으면서 영국의 영향력과 부는 서서히 쇠퇴했으며 자연스럽게 파운드의 지위도 떨어졌다.

오랜 전쟁으로 쑥대밭이 되어 버린 유럽과 달리, 미국은 유럽에 모든 전쟁물자를 공급하면서 세계 최고의 경제 대국으로 이미 우뚝 섰고, 안전한 지대를 찾아 금이 유입되면서 세계에서 가장 많은 금을 보유하게 되었다. 또한 2차 세계대전 후반에 전쟁에 참여하면서 승전국의 지위도 갖췄다.

2차 세계대전이 끝나 가던 1944년, 유럽 등 주요 45개국 대표들이 미국 뉴햄프셔 브레튼우즈에 모여 새로운 국제 통화 질서 확립 방안에 대해 협의하여 협정을 체결한다. 바로 금본위제 기반의 미국 달러를 기축통화로 사용한다는 브레튼우즈 체제의 시작이다. 국가 간 합의라는 형식을 취했지만, 사실상 미국의 압력에 의해 미국 달러가 제도적으로 기축통화의 지위에 오르는 최초의 사건이었다.

(2) 페트로 달러 체제

브레튼우즈 체제에서 전 세계가 기축통화로서 미국 달러를 신뢰했던 이유는 강대국이라는 미국의 위상보다는 오히려 미국 달러가 금과 연동되어 있다는 믿음 때문이었다. 그런데 닉슨 쇼크로 금과 미국 달러와의 연관 관계가 끊어지자 미국 달러의 가치가 떨어지기 시작했고 세계 각국은 혼란에 휩싸였다. 이때 미국이 달러의 가치를 높이고 기축통화로서의 위상을 지속하기 위해 생각해낸 아이디어가 바로 '페트로 달러'였다.

브레튼우즈 체제 붕괴 이후인 1974년 미국은 당시 최대 산유국이었던 사우디아라비아와 비공식 밀약을 체결한다. 사우디아라비아는 석유를 수입해가는 모든 국가가 미국 달러로만 대금을 결제하게 하고 그 대가로 미국은 사우디 왕조의 안전과 군사적 지원을 후원한다는 것이 협약의 기본 골격이다. 이 협약을 통해 세계 석유는 미국 달러를 통해서만 살 수 있게 되었고 미국 달러는 다시 세계 기축통화로서 지위를 공고히 할 수 있었다. 이를 기반으로 지난 40년간 원자재 시장은 물론 실물경제 시장에서 다시 달러는 패권의 지위를 누릴 수 있었다.

브레튼우즈 체제에서는 달러만이 금으로 태환되었는데, 페트로 달러 시대에는 달러만이 석유를 구입할 수 있는 유일한 화폐였다. 금으로 보증되던 달러가 미국과 OPEC 간 합의로 사실상 석유로 보증되는 달러의 시대가 도래한 것이었다. 산업화 발전의 필수 요소인 석유에 대한 전 지구적인 수요는 엄청난 달러의 수요를 유발했고 브레튼우즈 체제 때보다 달러의 패권을 더 공고히 했다. 브레튼우즈 체제에서는 '미국 달러가 곧 금'이라는 인식 때문에 미국 달러를 신뢰했다면, 페트로 달러 체제에서는 '미국 달러가 곧 석유'라는 인식으로 미국 달러를 신뢰했다.

화폐는 신뢰의 기반이 중요하다. 금본위제에서는 금이 신뢰의 기반이었고 법정화폐에서는 중앙정부에 대한 신뢰가 그 기반이다. 기축통화도 마찬가지로 기축통화에 대한 신뢰 기반이 중요하다. 브레튼우즈 체제 이전에는 '패권'이 신뢰의 기반이었다. 브레튼우즈 체제에서는 '금'이 신뢰의 기반이었고, 페트로 달러 체제에서는 '석유'가 신뢰의 기반이었다.

3) 현 기축통화 체계의 문제점

미국이 기축통화 지위를 통해 누리는 경제적 수혜와 패권적 이득이 어느 정도인지는 미국이 기축통화 지위를 지키기 위해 국제사회에서 하는 행태와 집착 수준을 보면 간접적으로 가늠해 볼 수 있다.

우리나라의 예를 들면, 달러라는 기축통화로 무역과 자본 거래가 이루어지다 보니 상당히 불편하다. 외환 위기 대응을 위해 언제나 적정 규모의 외환보유고를 확보하고 있어야 하며, 시시각각 변하는 환율과 외환 환경에 촉각을 곤두세워야 한다. 이런 외환 환경에 적절히 대응하기 위해 너무나 많은 비용과 국력이 낭비되고 있다. 또한 우리나라에서만 통용되는 원화를 함부로 찍어내면 인플레이션 발생 우려가 있기 때문에 통화량 조절에도 신경 써야 한다.

반대로 미국은 자국 통화가 세계 화폐로 사용되면서 이런 문제점으로부터 자유로울뿐더러, 필요하면 언제든지 달러를 찍어낼 수 있다. 결정적으로는 이런 패권적 지위를 자국의 이익을 위해 다양한 카드로 활용할 수 있다.

특정 국가의 화폐가 기축통화로 사용되면 다양한 문제점이 있다.

첫째, 기축통화로 인해 잦은 국제 분쟁과 혼란이 야기된다. 모든 국가는 돈이 필요하다고 해서 함부로 찍어내지 못한다. 통화량이 증가하면 화폐가치가 떨어져 인플레이션이 발생할 수 있기 때문이다. 하지만 기축통화의 지위를 누리고 있는 미국 달러의 상황은 다르다. 필요하면 언제든 얼마든지 찍어낼 수 있다.

미국 달러는 페트로 달러이기 때문에 원유 및 국제 원자재 거래에서 달러로만 결제가 된다. 전 세계로부터 달러에 대한 수요가 폭발적이다. 또한 각국은 위기 상황 대응을 위해 기축통화인 미국 달러를 외환보유고로 보유해야 하기 때문에 달러에 대한 수요는 계속 유지된다. 미국이 아무리 천문학적인 달러를 찍어내도 통화량 증가에 따른 문제점을 전 세계적인 달러 수요 증가가 상쇄시켜준다.

미국은 달러를 찍어내 세계의 재화와 서비스를 저렴하게 사 온다. 다른 국가들은 대금으로 받은 달러로 미국 채권 등에 투자한다. 미국은 더 많은 채권을 발행해서 더 많은 달러를 찍어내고 이런 달러로 해외에서 물건을 구입하거나 혁신 기술과 군사력에 투자하여 세계 패권을 유지한다.

미국 달러는 마치 한도와 만기가 없는 마이너스 통장과 유사하다. 이런 이유로 미국의 기축통화에 대한 집착과 집념은 강렬하며 달러 패권 유지를 위해 전쟁도 불사한다. 이란, 이라크, 리비아, 베네수엘라 등은 미국으로부터 현재 경제 제재를 당하거나 전쟁을 통해 통치자가 추출된 국가들이다. 아이러니하게도 이들 국가는 공통으로 '페트로 달러' 체제를 거부하고 다른 통화로 석유 대금을 시도한 국가들이었다. 미국은 핵 개발이라는 명분으로 이란을 제재하고 있지만, 실질적인 이유는 이란 정부가 이란 원유거래소를 설치하여 결제 통화를 달러에서 유로로 전환하겠다고 밝힌 것 때문이라는 분석도 있다.

중국은 2013년 국제에너지거래소를 설립하고 5년 뒤인 2018년 원유 선물 거래를 개시했다. 세계 최초로 원유 대금에 미국 달러 대신 다른 화폐가 사용된 것이다. 미국 입장에서 이는 기존 '페트로 달러' 체제에 대한 심각한 도전이자 달러 기반 미국 패권에 대한 위협이다. 최근 미중 무역 분쟁의 원인으로 환율 조작 등이 거론되지만, 이는 명시적인 이유에 불과하고 본질적인 이유는 '페트로 달러' 도전에 대한 응징이라고 해석하는 사람들도 있다.

미국은 이런 기축통화의 지위를 통해 막대한 수익과 혜택을 누리고 있지만, 반대로 미국을 제외한 모든 국가는 외환이라는 대외 리스크를 항상 떠안고 살아간다. 산업과 생활의 필수 요소인 석유를 수입하기 위해 수입국들은 항상 거액의 달러를 비축해 둬야 한다. 이런 시스템 때문에 미국은 막대한 재정 적자 속에서도 버틸 수 있고, 천조국(千兆國)이 가능한 것이다. 미국이 자국의 패권 유지를 위해 취하는 일련의 조치(제재, 갈등, 전쟁)들이 미국을 제외한 다른 국가들에는 막대한 손실과 비효율성을 초래하고 있다.

둘째, 통상분쟁과 환율 문제가 발생한다. 한 나라의 화폐가 세계통화로 이용될 경우, 통상분쟁과 환율 문제의 원인이 될 수 있음을 보여주는 대표적인 사례가 바로 '플라자 합의'다. 2차 세계대전의 패전국이었던 일본은 운 좋게도 이웃 나라에서 전쟁이 발발하면서 전쟁물자를 조달하며 재기의 기반을 다진다. 1965년 올림픽을 성공적으로 치르면서 도약의 발판으로 삼고 특유의 성실성과 뛰어난 제조 역량을 바탕으로 1970년대와 1980년대 전 세계 시장을 장악했으며 엔저를 무기로 일본 상품이 미국을 휩쓸었다. 당시 전 세계 50대 기업 중 일본 기업이 33개를 차지할 정도였다. 일본의 대미 무역에서 막대한 흑자가 발생하면 자연스럽게 일본의 엔화 가치가 상승해야 하지만, 엔화 가치는 계속 낮게 유지되면서 일본 저가 상품이 미국을 휩쓸었다.

반면, 미국은 막대한 재정적자를 겪고 있었고 특히 대일 무역적자는 매우 심각한 수준이었다. 미국은 일본 정부가 환율에 개입하여 의도적으로 일본 엔화 가치를 평가 절하해 대외 수출 경쟁력을 높이고 있다고 판단했다. 이런 만성적인 문제를 타개하기 위한 방편으로 미국은 당시 세계 주요 5개국 중앙은행 총재들을 미국으로 불러 모았다.

1985년 9월 22일 미국 뉴욕에 위치한 플라자 호텔에서 당시 경제 선진국인 프랑스, 서독, 일본, 미국, 영국 재무장관과 중앙은행 총재들이 모여 환율에 관한 합의를 도출했다. 합의의 핵심 내용은 미국 달러화 가치는 떨어뜨리고 나머지 4개국 화폐 가치를 올리는 것이었다. 자국의 화폐 가치가 오르면 대외 무역 수출 경쟁력이 떨어지기 때문에 받아들일 수 없었지만, 미국은 다양한 압박 카드를 통해 요구를 관철했다. 특히 무역적자 폭이 가장 컸던 일본에 대해서는 50% 수준의 엔화 가치 절상을 요구했다. 수출 주도의 일본 산업구조에서 50% 절상은 치명적이었다. 50% 절상에 따른 엔화 강세로 대외 경쟁력이 떨어지자 일본 정부는 경기 침체를 우려하여 금리 인하, 법인세 인하, 소득세 인하를 단행한다. 1985년에 5%이던 정책금리를 1987년에는 2.5%까지 단계적으로 인하했다.

하지만 기업 지원을 위한 저금리 정책이 의도치 않은 방향으로 흘러가고 있었다. 저금리로 인해 이자 부담이 줄고 대출이 늘어나면서 시장에 풀린 막대한 돈이 주식과 부동산 시장으로 흘러 들어갔다. 풍부한 유동성은 주식과 부동산 가격을 올렸고 이로 인해 많은 자산 수익이 발생하자 이제 너도 나도 할 것 없이 주식과 부동산 시장에 뛰어들었다. 일본의 부동산은 천정부지로 치솟았고 일본의 동경시 땅값으로만 미국땅 전체를 살 수 있을 정도로 부동산 가격은 급등했다. 위기감을 느낀 일본 정부는 1989년 금리를 다시 급격히 인상하고 대출을 엄격히 규제하기 시작했다. 대출을 갚으라고 독촉하자 대출을 받았던 사람들은 급매를 내놓기 시작했고, 매입하려는 사람이 없으니 하루아침에 부동산과 주식은 폭락하게 되었다.

1990년 초 4만 선까지 올랐던 니케이 주가는 1992년에 1만 5천 선까지 떨어졌고, 전국 땅값은 평균 50% 수준으로 떨어지고 심한 곳은 1/5 수준으로 떨어졌다. 이때부터 시작한 경기 침체는 지금까지 지속되고 있으며, 잃어버린 10년, 잃어버린 20년, 최근에는 잃어버린 30년이라는 신조어까지 계속 생겨나고 있다.

현재 미국 달러로 기축통화를 유지한다면 이러한 통상마찰과 환율 문제는 계속 발생할 수밖에 없다. 최근 미국은 중국과 통상 분쟁과 환율 갈등을 야기하면서 당사국뿐만 아니라 전 세계에 많은 리스크와 불확실성을 야기하고 있다.

셋째, 한 국가의 문제가 세계로 전이된다. 한 나라의 화폐가 국제 기축통화로 사용되면 기축통화 국가의 내부 위기가 전 세계 다른 국가로 전이되어 영향을 미치는 구조로 되어 있다. 대표적인 사례가 서브프라임 모기지 사태다. 서브프라임 모기지는 지극히 미국 내부적인 문제였다. 그런데 기축통화를 발행하는 미국에서 이런 문제가 발생하자 그것이 전 세계적으로 전이되어 전 지구적인 문제로 확대되었다.

4) 현 기축통화 체제의 시사점

20세기 최고의 경제학자이자 뉴딜 정책의 이론적 토대를 제공했다고 평가받는 케인즈는 특정 국가의 화폐가 세계 통화로 통용되는 문제점을 깊이 간파하고 있었다.

제2차 세계대전이 끝나가는 1944년 새로운 국제통화 질서 수립을 위해 세계 각국 대표들이 미국 브레튼우즈에 모였을 때, 영국 대표로 참가한 케인즈는 '방코르'라는 초국가적인 세계화폐를 제안했다. 방코르는 전 세계 모든 화폐를 단일 화폐로 만든다는 개념이 아니라 세계 중앙은행끼리 결제할 수 있는 새로운 세계 기축통화를 말한다. 즉, 각 국가의 중앙은행은 방코르로 결제하고, 각 국가의 화폐는 방코르와 일정 비율로 교환이 가능하다. 특정 국가 화폐가 기축통화로 통용되는 것이 아니라, 세계가 공통으로 이용할 수 있는 별도의 세계통화를 만들고 주요 상품 및 서비스 가격을 세계통화와 연동시켜 인플레이션이나 디플레이션을 방지하고자 했다.

케인즈가 방코르라는 세계화폐를 제안한 이유는 영국이나 미국과 같은 패권 국가가 자국의 재정 적자 및 무역수지 적자 문제를 돌파하기 위해 세계 다른 국가들과 무역 분쟁 및 환율전쟁을 일으켜 세계 경제 전체가 위태로워질 수 있으며, 또한 기축통화를 가진 국가의 자국 문제가 세계 다른 국가들로 전이될 수 있다고 믿었기 때문이다.

케인즈가 제안했던 방코르는 미국의 반대로 채택되지 않았지만, 60여 년 전에 지적했던 케인즈의 우려는 현재 정확히 맞아떨어지고 있는 것 같다.

1.1.3 중앙은행

정치인들의 권력 유지와 인기 영합 정책 추진을 위해 재정 정책만으로는 한계가 있었고 그럴 때마다 중앙정부는 중앙은행을 압박하여 통화량을 늘려왔다. 중앙은행이 함부로 화폐를 찍어내지 못하게 하는 방법은 3가지 정도다.

첫째는 금본위제와 같이 실질 자산 가치를 기반으로만 화폐를 찍어내게 하는 것이다. 둘째는 중앙은행을 국유화하지 말고 과거처럼 민간은행에 맡기는 것이다. 셋째는 중앙은행을 국유화하더라도 완전한 독립성을 보장하는 것이다.

금본위제로의 회귀는 사실상 어려워 보이며 현재 대부분 국가는 중앙은행을 국유화하여 경제 안정화 정책에 적절히 활용하려고 한다. 금본위제와 민간 중앙은행이 현실적으로 실현하기 어렵기 때문에 현재 대부분 국가는 중앙은행을 국유화하되 중앙은행의 독립성을 보장하는 방법으로 과도한 화폐 발행 가능성을 통제 및 관리하려고 한다.

1) 중앙은행의 역할

나라의 경제 안정화를 위한 거시 경제정책의 두 축은 재정정책과 통화정책이다.

- **재정정책**: 재정지출 또는 조세 규모를 조정하여 경제 안정화
- **통화정책**: 중앙은행이 통화량 조절이나 금리 조절을 통해 경제 안정화

일반적으로 재정정책은 중앙정부가 맡고, 통화정책은 중앙은행이 담당한다. 정부가 경제 활성화나 일자리 창출에 좀 더 집중해서 정책을 펼친다면 중앙은행은 물가 안정에 좀 더 집중한다. 하지만 2008년 글로벌 금융 위기를 계기로 중앙은행의 역할과 책임에 대한 분위기가 조금씩 바뀌고 있다. 중앙은행이 너무 물가 안정에만 집중하다 보니 금융 위기의 조짐을 파악하지 못하고 대응도 제대로 못한다는 비판이 고개를 들고 있다. 또한 중앙정부가 재정정책만으로 위기상황에 대응하기 어렵다는 생각에 중앙은행의 적극적인 역할을 주문하는 목소리가 세계 각국에서 커지고 있는 상황이다.

2) 중앙은행의 문제점

선거에 의해 선출되고 임기 내 성과를 내고 싶어 하는 중앙정부와 정치인들은 단기 성과에 집착하고 임기 내 유의미한 결과를 원한다. 재정 정책만으로는 한계가 있으며 따라서 중앙은행이 화폐를 찍어내거나 단기 경제 성장에 유리한 화폐 정책을 원한다. 이런 상황에서 중앙은행이 독립성이 보장되지 않고 중앙 정부에 휘둘린다면 화폐 발행이 증가하고 이로 인해 인플레이션 우려가 커지는 것은 자명한 사실이다.

미국은 실제로 민간은행이 중앙은행을 맡고 있으며, 대부분 다른 선진국들은 중앙은행의 독립성을 보장한다. 하지만 인사권을 틀어쥐고 있는 중앙정부는 중앙은행을 압박하여 중앙정부의 요구를 관철하려 한다. 2019년 미국 재선을 앞둔 트럼프도 트윗을 통해 공개적으로 중앙은행인 연방준비제도 이사회에 금리 인하를 압박하는 모습이 자주 언론에 소개됐다.

우리나라에서도 선거철만 돌아오면 정부 여당의 핵심 인사가 금리 인하나 양적 완화를 언급하며 한국은행을 압박하는 것이 자주 언론에 소개된다. 현재 최악의 인플레이션을 겪고 있는 아르헨티나도 인플레이션을 관리하는 중앙은행이 있었지만, 중앙은행 총재가 화폐 발행에 반대하다가 결국 해고되었다. 즉 중앙은행은 정부로부터 독립적인 위치에서 정부를 견제해야 하지만 중앙은행의 정치적 독립성을 보장받지 못하는 경우가 대부분이다.

헌법은 우리나라 최상의 법 규범으로 국민의 권리와 의무 등 기본권에 대한 내용과 국가 기관 등 통치기구의 구성에 대한 내용이 담겨 있으며 모든 법령의 기준과 근거가 된다. 따라서 헌법은 국민투표를 통해서만 개정이 가능하다.

헌법에는 국가에 필요한 중요 기관을 직접 규정하고 있는데, 이들 기관을 헌법 기관이라고 한다. 우리나라의 경우 대통령, 국무총리, 국회를 비롯하여 법원, 헌법재판소, 중앙선거관리위원회, 감사원, 각 지방자치단체 등이 헌법 기관에 속한다. 헌법에서 직접 명시한 기관들은 헌법 개정 외에는 그 누구도 변경하거나 그 기능을 강제로 무력화할 수 없다. 반면 정부 부처는 헌법기관에 해당되지 않아 정권이 바뀔 때마다 대대적인 개편이 이루어진다.

독일, 핀란드, 스웨덴 등에서는 중앙은행의 권한을 헌법에서 직접 규정한다. 즉, 중앙은행이 헌법기관이다. 반면에 우리나라를 포함하여 미국, 영국, 일본 등은 중앙은행을 헌법으로 규정하지 않고 있다. 우리나라 중앙은행은 성격상 공공기관에 가까우며, 따라서 법적으로 독립성을 보장받지 못하는 환경에 놓여 있다.

우리나라에서도 국민의 재산권을 보호하는 화폐와 중앙은행을 헌법으로 규정한 헌법기관으로 만들어야 한다는 목소리가 나오고 있는 이유다.

1.1.4 상업은행

한국은행은 2020년 12월 말 기준으로 가계 부채가 1,726조1,000억 원이라고 발표했다. 그런데 중앙은행인 한국은행은 이런 돈을 발행한 적이 없다. 일반적으로 한국은행만 화폐를 발행하는 것으로 이해하는데, 그럼 이런 엄청난 돈은 어떻게 발행된 것일까? 화폐는 중앙은행을 통해서만 발행되는 것으로 알고 있지만, 시중은행도 신용창조라는 형태로 화폐를 발행한다. 이번 절에서는 시중은행에 관한 불편한 진실 하나를 이야기해 보려고 한다.

1) 상업은행의 신용창조

기본적으로 중앙은행만 화폐를 발행하는 것은 맞다. 중앙은행이 발행한 화폐를 본원통화라고 한다. 중앙은행은 발행된 화폐를 시중은행에 공급한다. 시중은행은 공급받은 화폐를 대출의 형태로 가계나 기업에 공급한다. 시장에 풀린 돈을 집에 보관하는 사람은 없기 때문에 어떠한 형태로든 결국 다시 은행에 입금의 형태로 들어온다. 은행은 이렇게 다시 입금된 돈의 10%만 지급준비금으로 남기고 90%를 다시 대출해 준다. 대출된 돈은 역시 어떤 형태로든 다시 은행에 들어올 것이다. 은행은 다시 입금된 돈의 10%만 남기고 나머지 90%를 또 대출해 준다. 대출 수요가 있는 한 무한대로 대출을 늘려갈 수 있다.

이해를 쉽게 하기 위해 다음 표를 참고해 보자. 최초 100억 원이 입금되면 10억 원만 지급준비금으로 남기고 90억 원을 대출해 준다. 90억 원은 다시 입금되고 이 중 9억 원을 지급준비금으로 남기고 나머지 81억 원을 다시 대출해 준다. 이렇게 반복하다 보면 지급준비율을 10%로 계산할 때 최초 100억 원이라는 실질 화폐는 1,000억 원으로 늘어난다. 신용창조의 마법을 부린 것이다. 현재 우리나라 지급준비율은 7% 수준이기 때문에 신용창조되는 화폐는 훨씬 더 많다.

고객이 100억 원을 맡기면 은행은 이를 신용창조해서 1,000억 원으로 만들어 900억 원을 대출해 주고 900억 원 대출에 대한 이자로 수익을 거둔다. 실제 돈은 분명 100억 원인데, 은행은 900억 원을 대출해 주고 이자 수익을 챙기고 있다.

표 1-2를 보고 있으면 한 가지 궁금한 생각이 들 것이다. 고객이 입금한 총금액이 1,000억 원이라면 은행이 가지고 있는 돈은 100억 원뿐이다. 만일 입금한 모든 사람이 동시에 돈을 인출하고자 한다면 어떤 상황이 발생할까? 사람들은 1,000억 원을 인출해 가고자 할 것이지만, 은행은 100억 원만 가지고 있기 때문에 입금자 중 90%는 한 푼도 돈을 찾을 수 없다. 이것이 바로 뱅크런(Bankrun)이다. 이런 마법 같은 메커니즘이 작동할 수 있기 위해서는 하나의 전제 조건이 반드시 필요하다. 바로 고객들이 맡긴 돈을 동시에 찾아가지 않아야 한다.

뱅크런은 은행에 돈을 맡긴 예금주들이 한꺼번에 돈을 찾아가는 대규모 예금 인출 사태를 말한다. 일반적인 상황에서는 뱅크런이 발생하지 않는다. 하지만 은행이 파산 위험이 있다거나 신용도가 급격히 떨어지면 돈을 찾지 못할 수도 있다고 판단되어 고객들은 자신의 돈을 찾기 위해 일제히 몰려든다. 실제로 뱅크런이 발생하면 이론적으로 고객의 90%는 돈을 돌려받지 못한다. 도대체 남의 돈으로 어떻게 이런 일을 할 수 있는지 의아해할 수도 있지만, 단지 몰랐을 뿐 은행의 이런 화폐 창출은 중세 금세공업자 때부터 '지급준비율'이라는 형태로 지금까지 계속 유지되어 오고 있다.

표 1-2 은행의 신용창조

No	입금	지급준비금(10%)	대출	신용 창조(누적)
1	100	10	90	100
2	90	9	81	190
3	81	8	73	271
4	73	7	66	344
5	66	7	59	410
6	59	6	53	469
7	53	5	48	522
8	48	5	43	570
9	43	4	39	613
10	39	4	35	651
…	…	…	…	…
72	0	0	0	999
73	0	0	0	1,000
합계	1,000	100	900	1,000

2) 상업은행의 문제점

(1) 과도한 화폐 창출

2018년 6월 스위스에서 조금 허무맹랑한 의제의 국민투표가 실시되었다. "중앙은행에 화폐 창출 독점권을 돌려주자"라는 의제였다. 스위스에도 스위스 국립은행이라는 중앙은행이 있으며 이 중앙은행을 통해서만 화폐를 발행한다. 그런데 중앙은행에만 화폐 창출 독점권을 돌려주자는 말이 무슨 말인지 이해가 되질 않는다.

앞서 설명했듯이 예금된 돈은 10%만 지급준비금으로 보관하고 나머지 90%는 대출을 통해 시중에 공급된다. 이 과정은 반복하다 보면 최초 예금 금액보다 10~20배나 많은 화폐가 시중에 공급된다. 이 과정을 통해 새로 생긴 화폐를 신용화폐라고 한다. 스위스 국민투표는 바로 이런 신용화폐를 창조하지 못하게 하자는 의도였다.

이런 신용창조에 대한 부정적인 시각과 우려는 갑자기 튀어나온 것이 아니다. 대공황 당시에도 '시카고 플랜'으로 제기됐다. 현재 은행에 부여된 '신용 창출' 권한을 없애는 것만으로도 현대 금융이 안고 있는 수많은 문제가 해결된다는 지적이 꾸준히 제기되어 왔다.

> **Note**
>
> 2021년 1월 25일 모 방송사 저녁 뉴스에 다음과 같은 뉴스가 소개되었다.
>
> "반면 코로나 사태로 큰돈을 번 곳 중의 하나, 바로 은행이죠. 어려워진 가계와 기업들의 대출이 급증하면서 이자 수익이 대폭 늘어난 겁니다. 은행들이 이렇게 벌어들인 돈으로 직원들 성과급 잔치를 벌이고 있어서 사회적 책임에 대한 비판의 목소리가 커지고 있습니다. 41조 원. 지난해 국내 8개 금융 지주사들이 벌어들인 이자 수익 추정치입니다. 이들의 지난해 전체 매출은 51조 원, 돈을 빌려주고 받은 이자로만 전체 이익의 80%를 넘게 번 겁니다. 역대 최저 금리에도 이자 수익이 커진 건 코로나 19 위기로 대출이 급증했기 때문입니다. 실직자와 자영업자, 중소기업의 생계형 대출에 '영끌'과 '빚투'까지 더해지면서 지난해 은행 대출 규모는 1년 전에 비해 180조 원이 늘었습니다. 코로나 19로 어려움에 처한 이들과 정부의 정책적 지원에 기반해 막대한 수익을 얻었다면 그에 맞는 공익적 역할이 필요하다는 목소리가 커지고 있습니다."
>
> 출처: MBC 뉴스_이자 수입만 41조…코로나 대출에 은행은 '성과급 잔치'

상업은행의 신용창조는 과도한 화폐 창출뿐만 아니라 자산시장의 거품을 야기하기도 한다. 코로나 경제 위기 극복과 서민 경제 안정화를 위해 정부는 돈을 풀고 있지만, 정작 필요한 곳으로 흘러가지 못하고 대부분의 돈은 주식과 부동산 등 자산시장으로 흘러 들어가 거품만 더 키우는 부작용이 발생하고 있다.

1차 세계대전에서 패배한 독일은 종전 후 2년 사이에 물가가 10억 배 이상 올랐다. 물론 직접적인 원인은 천문학적인 전쟁 배상금이었다. 배상금을 갚기 위해 밤낮을 가리지 않고 미친 듯이 돈을 찍어냈다. 하지만 국가라는 강력한 신뢰 기관이 있기 때문에 아무리 돈을 많이 찍어내더라도 적절한 통제와 화폐에 대한 신뢰만 받쳐준다면 이처럼 무식한 형태의 인플레이션은 일반적으로 발생하지 않는다.

하지만 이런 인플레이션이 가능했던 것은 투기 금융자본 세력과 은행들 때문이다. 대표적인 인물이 당시 독일 부의 약 4분의 1을 차지했던 휴고 스티네스다. 그는 1921년 인플레이션이 본격화될 기미가 보이자 은행에서 엄청난 규모의 돈을 대출하여 기업, 부동산 등을 닥치는 대로 매입했다. 그리고 대출금은 최대한 늦게 상환했다. 2년 동안 물가가 10억 배 오르고 화폐 가치가 폭락한 상황에서 상환했다. 쉽게 설명하면, 10억(가치)을 빌려서 2년 뒤에 1원(가치)으로 갚은 것이다. 인플레이션 상황에서는 화폐를 가진 것이 손해이기 때문에 인플레이션이 본격화되자 사람들은 월급을 받자마자 물품을 구입하기 위해 시장으로 뛰어갔으며 이는 화폐의 유통 속도를 가속화했고 결국 화폐에 대한 불신으로 이어져 하이퍼인플레이션이 발생했다. 휴고 스티네스는 이런 인플레이션을 최대한 활용하기 위해 경제학자들과 은행을 동원해 경제를 정상화하기 위해서는 통화량을 더 늘려야 한다고 주장하면서 인플레이션을 한층 더 조장했다.

부자들은 현금뿐만 아니라 상당한 규모의 부동산, 토지, 귀금속 등도 보유하고 있었기 때문에 인플레이션에 따른 이들의 가치 상승으로 오히려 더 많은 부를 창출했다. 반면 재산이라고는 월급 받아 모아둔 현금이 전부였던 대부분 사람은 평생 모은 재산이 2년 사이에 휴짓조각이 되어 버렸다.

그림 1-10 거리에 버려진 지폐를 청소하는 모습 (출처: 한국경제신문 용어(하이퍼인플레이션) 풀이)

독일의 하이퍼인플레이션은 정부의 과도한 화폐 발행, 은행들의 과도한 신용 창출, 파렴치한 금융 투기 세력의 합작품이었다. 하이퍼인플레이션으로 부자들은 더욱더 부자가 되었고, 일반 서민들은 평생 모은 재산이 하루아침에 휴짓조각이 되어 버렸다.

(2) 고객 개인정보

상업은행은 고객의 모든 개인정보를 가지고 있다. 고객의 개인정보뿐만 아니라 모든 거래내역 정보까지 관리한다.

2014년 1월 KB국민·롯데·NH농협 등 카드 3사에서 무려 1억400만 건 이상의 고객 개인정보가 유출되는 피해가 발생했다. 신용카드를 쓰는 대한민국 모든 국민의 신용정보가 포함되었다고 할 징도의 방대한 유출이었고, 유출정보 역시 신상정보뿐만 아니라 결제계좌번호, 주민등록번호, 카드번호, 유효기간 등 비밀번호만 빼고 최대 21가지 신용정보가 포함되어 있었다. 피의자는 빼낸 고객정보를 대출 광고 대행업체에 1,650만 원에 팔아넘겼다.

유출된 신용정보만을 이용해도 어떠한 금융사기가 가능하다. 카드번호와 유효기간만으로 인터넷 쇼핑이 가능하며, 개인 정보를 이용하여 다양한 형태의 보이스 피싱이나 스미싱에 활용될 수 있다. 2020년 '최근 5년간 은행권 금융사고 발생 현황' 자료에 따르면, 20개 은행에서 총 186건의 금융사고가 발생했으며 사고 금액은 총 4,884억 원에 달하는 것으로 나타났다.

1.2 사이퍼펑크

1.2.1 정부에 의한 사찰과 통제

레오나르도 디카프리오가 주연으로 열연한 'J. 에드가'라는 영화가 있다. TV나 언론에서 종종 소개되는 미국 최장수 FBI 국장을 지낸 '존 에드거 후버'의 일대기를 그린 영화다.

존 에드거 후버(John Edgar Hoover)는 1924년(당시 29세) 수사국(FBI 전신) 국장으로 임명되어 1935년 FBI 창설을 주도하고 1972년 죽을 때까지 48년간 FBI 국장으로 근무한 전설적인 인물이다. 미국 대통령들도 후버 국장을 원하지 않았지만, 그가 29세라는 젊은 나이에 국장으로 임명된 후부터 죽을 때까지 FBI 국장을 지낼 수 있었던 이유는 바로 수단과 방법을 가리지 않고 지위고하를 막론한 무차별적인 사찰과 도청 때문이었다. 그는 온갖 부정한 방법을 통해 역대 대통령들의 치명적인 약점을 모두 손아귀에 쥐고 대통령들을 협박해 평생 FBI 국장 자리를 지킬 수 있었다. FBI는 고위급 인사들뿐만 아니라 민간인까지 다양한 범위에 걸쳐 끊임없이 사찰과 도청을 했다.

2013년 미국 중앙정보국(CIA)과 국가안보국(NSA)에서 근무했던 컴퓨터 기술자 '에드워드 스노든'이 미국 국가안보국이 전 세계 유명인사와 일반인들의 통화 기록 및 인터넷 사용 정보 등의 개인정보를 프리즘(PRISM)이라는 비밀정보수집 프로그램을 통해 무차별적으로 수집 및 사찰해온 사실을 폭로했다.

미국 정부가 미국 국민은 물론 전 세계 사람들의 전화와 이메일 등 정보를 불법으로 수집했다고 폭로한 것이다. 특히 NSA가 세계 35개국 이상의 정상급 통화를 도청한 것은 물론, 우리나라를 포함한 우방국까지 수집 대상으로 지정했다는 것이 알려지면서 국제적으로 큰 파장을 일으켰던 사건이다. 독일 메르켈 총리 휴대전화까지 도청했다는 의혹이 이어지면서 심각성을 더하기도 했다. 에드워드 스노든은 영화로도 제작되었다. 영화를 보면 전 세계의 모든 정보가 수집되는 과정이 그래픽을 통해 묘사되는데, 보고 있으면 소름이 돋을 정도다.

2010년 호주 국적의 줄리언 어산지(Julian Assange)는 위키리크스를 통해 미국 기밀문서 수십만 건을 폭로했다. 2010년 10월 미국 국무부가 한국을 포함한 전 세계 270개 해외 공관과 주고받은 25만 건의 미국 국무부 기밀 외교 전문을 폭로해 추악한 미국 외교의 이면을 폭로하면서 전 세계의 주목을 받았다. 폭로의 주동자였던 줄리언 어산지는 1990년 이래 사이퍼펑크 운동의 중심인물이기도 했고 폭로 사이트인 위키리크스(Wikileaks)를 설립한 사람이기도 하다.

> **Tip   위키리크스(Wikileaks)**
>
> 2006년 내부고발 전문 사이트인 위키리크스를 설립해 언론 자유, 검열 철폐, 정보 공유 등을 기치로 내걸고 활동했다. 위키리크스의 표어는 'We open governments'다. 참고로 위키리크스(Wikileaks)는 위키피디아(Wikipedia)와 전혀 상관없다. 단지 위키피디아의 콘셉트를 따온 것이다.

정부와 국가 권력기관은 온갖 불법행위를 자행하고 이를 국민들에게 투명하게 공개하지 않았다. 이에 줄리언 어산지와 동료들은 정부의 위법 행위를 막고 모든 정보를 투명하게 공개하자는 취지에서 폭로 전문 사이트인 위키리크스를 설립하고 무차별적인 폭로를 시작했다. 줄리언 어산지와 그의 동료들이 함께 나눈 대화를 '사이퍼펑크'라는 제목의 책으로 출간했고, 국내에도 번역서[4]가 출간되었다. 대화 및 토론 내용을 그대로 옮겨서 읽기에는 상당히 난해하다.

중국은 공공의 안전과 범죄 예방을 위해 안면인식, 빅데이터, 인공지능 등 하이테크 기술을 이용해 국가적인 감시 시스템을 구축하고 있다. 중국은 명실상부 안면인식 기술의 선두주자다. 하지만 많은 사람은 중국의 이런 안면인식 기술이 국민의 일거수일투족을 감시하는 수단으로 악용되고 있다고 우려한다. 전문가들도 국가가 개인의 모든 행동을 감시 · 통제하는 '빅 브러더(Big Brother)' 사회가 될 것임을 경고했다. 중국이 CBDC를 발행하는 이유 중의 하나도 모든 위안화 거래 내역을 감시하고 추적하겠다는 의도로 보인다. 자본시장 개방과 자유화에 따라 부자들이 글로벌 금융망을 통해 해외로 재산을 유출하는 것을 차단하기 위해 위안화를 CBDC로 발행해 모든 거래자의 거래내역을 추적하고자 한다는 의견도 있다.

1.2.2 사이퍼펑크의 태동

1) 베트남전쟁과 히피 문화

1955년부터 시작된 베트남전은 초기에는 남베트남과 북베트남의 내전 성격이었다. 군사적으로 열세에 있었던 남베트남이 공산화되는 것을 막기 위해 1965년에 미국은 통킹만 사건을 조작하여 베트남전에 본격적으로 참여하게 된다. 세계 초강대국인 미국이 최초이자 유일하게 패배한 전쟁은 그렇게 시작되었다. 미국은 3,500명의 해병대를 시작으로 병력을 늘려 50만 명이라는 대규모 군대를 파견했다.

미국뿐만 아니라 전 세계는 미국의 압도적인 승리를 장담했다. 반면 베트남전 직전에 베트남과 1차 인도차이나 전쟁을 벌였던 프랑스는 미국의 참전 반대를 조언했다. 미국의 작전은 간단했다. 대규모 전략 폭격기를 동원하여 대규모 폭탄을 공중에서 투하하여 적진을 완전 초토화해 기선을 제압하고 보병들이 진격하면서 잔존 병력을 소탕하자는 것이었다. 베트남전에서 미국이 베트남에 쏟아부은 폭탄은 약 700만 톤으로, 이 규모는 2차 세계대전 당시 연합군이 독일과 일본에 투하한 폭격의 4배에 달하는 엄청난 수치였다.

미국은 이런 대규모 폭탄 투하에도 좀처럼 승기를 잡지 못하고 있었다. 베트남 군인들은 땅굴을 요새화하여 폭탄이 투하될 때는 땅굴에 숨어 있다가 폭탄 투하가 끝나면 밖으로 나와서 게릴라전을 펼쳤다. 아무리 지상에 폭탄을 투하하더라도 땅속에 숨어 있는 베트남 군인들에게 피해를 줄 수 없는 구조였다. 또한 밀림 정글이라는 특수한 환경도 무시할 수 없었다. 전투가 정글에서 펼쳐지다 보니 전차 등 중장비 활용에 제약이 있었고 보병들이 직접 정글에 들어가 현지 지형에 밝은 베트콩과 전쟁을 치러야 했다. 미국이 승리를 장담하고 참여했던 전쟁이었기에 철수도 매우 굴욕적인 상황이라 쉽게 철수하지도 못하고 교착 상태가 유지되는 상황이었다.

그러던 중 1968년, 베트남 전체가 설 연휴에 들어간 시간을 이용하여 게릴라들이 민간인으로 변장하여 대도시와 미국 대사관을 산발적으로 기습 공격하는 '구정 대공세'를 단행한다. 잔인한 공격 장면은 TV를 통해 미국에 그대로 방송되었고 미국 내 반전 여론에 불을 지피게 된다. 특히 이 사건은 강제징집에 불안을 느낀 젊은이들이 반전운동을 적극적으로 전개하게 되는 계기가 되었다.

그림 1-11 베트남 반전 운동 (출처: 구글 이미지)

반전운동은 초기에는 평화, 사랑, 자유를 강조하는 운동으로 전개되었으나, 점차 물질문명을 부정하고 즐거움을 추구하는 문화로 발전한다. 운동에 참여한 사람들은 스스로를 Happy People이라는 뜻으로 'Hippies'라고 부르기 시작했으며, 이는 더 나아가 반체제, 반문화 운동인 '히피(Hippies) 문화'로 발전한다.

막대한 예산과 반전 여론을 무시할 수 없어, 1973년 미국은 베트남에서 완전히 철수하게 되고, 1975년 베트남은 결국 공산화되었다. 베트남 전쟁은 미국의 입장에서는 체면을 구긴 창피한 사건이었고 동시에 그동안 유지됐던 브레튼우즈 체제를 종식시킨 역사적인 사건이었다.

2) 신자유주의

브레튼우즈 체제를 종식시킨 닉슨 쇼크와 이어진 중동의 오일 쇼크는 전 세계에 엄청난 경제적 충격을 주었다. 중동 산유 국가들은 원윳값을 4배로 올리기 시작했고 1973년과 1978년, 두 번에 걸친 석유 파동은 전 세계 경제에 심각한 침체를 야기했다. 또한 1979년 이란에서 이슬람 혁명이 발생하면서 분위기를 더욱 악화시켰다. 이런 상황에서 경제적으로 상충 관계인 실업률과 인플레이션이 동시에 발생하는 '스태그플레이션(Stagflation)'이 발생했다. 이런 심각한 경제적 위기 속에서 영국에서는 대처 총리가 취임하고 미국은 레이건 대통령이 집권하면서 '신자유주의' 정책 노선을 채택하게 된다.

신자유주의는 국가의 개입을 최소화하고 자유시장과 민간의 자유로운 경제 활동을 중시하는 풍조다. 이는 자본의 세계화와 시장을 개방하고 무한경쟁을 통해 '피도 눈물도 없는 무한 경쟁' 시대로의 진입을 의미한다. 이런 신자유주의 노선을 기반으로 본격적으로 글로벌 다국적 기업이 출현하고 글로벌 무대를 상대로 사업 활동을 영위하게 된다.

다국적 기업들이 글로벌 무대의 무한 경쟁에서 살아남기 위해서는 수많은 정보 수집과 함께 권력기관과의 유착이 필요했다. 글로벌 기업들은 수단 방법을 가리지 않고 다양한 분야의 정보를 수집하고 이를 적극적으로 활용하고자 했고 정부 권력기관과의 유착을 통해 악의적 활동도 서슴지 않았다.

기업의 자유로운 경제활동을 최대한 보장하는 신자유주의 환경에서는 다국적 기업들의 어떤 활동도 간섭하지 말아야 했고 개인의 프라이버시보다는 기업의 자유로운 경제활동이 더 중요시되는 풍조였다.

3) 통신과 인터넷의 확산

1980년대 후반부터 시작된 통신과 인터넷의 확산은 혁신적인 서비스와 다양한 사업 기회를 가져다주었다. 하지만 다른 한편으로 이런 통신과 인터넷은 신자유주의에 기반한 다국적 기업과 정치 권력자들에게 대규모 감시와 검열을 시도할 수 있는 아주 좋은 수단이었다. 과거에는 감시와 통제를 하기 위해 물리적인 도청 장비나 현장 방문, 사주나 포섭, 탈취를 통해서 정보를 취득했다면, 인터넷 시대에는 데이터가 흘러 다니는 길목마다 장치를 설치하여 모든 데이터와 정보를 아주 간편하면서도 저렴한 비용으로 무차별적으로 수집할 수 있었다. 국가나 다국적 기업들은 정보의 효율적인 관리라는 명분으로 중앙 서버에 개인정보를 저장하기 시작했으며, 이를 개인에 대한 감시와 검열로 활용하기도 했다.

4) 사이퍼펑크 출현

베트남전 반전 시위로부터 시작된 히피 운동은 점차 와해되었지만, 분파로 볼 수 있는 사이퍼운동이 일어난다. 1980년대부터 시작된 글로벌 다국적 기업들의 무차별적인 개인정보 수집과 국가 권력 기관들에 의한 사찰과 도청에 대응하기 위해 사이퍼펑크 운동이 일어났다. 히피가 반체제 반문화 운동이었다면 사이퍼펑크 운동은 다국적기업들의 개인정보 수집과 권력기관의 감시와 통제로부터 프라이버시를 보호받기 위한 운동으로 이해할 수 있다.

개인정보가 무차별적으로 수집되고 감시와 검열로 개인의 프라이버시가 훼손되는 상황에서 이에 대응하기 위한 효과적인 방법으로 암호의 필요성을 깨닫게 된다. 사이퍼펑크는 이름에서도 알 수 있듯이 암호기술을 이용하여 거대 기업과 중앙 권력기관으로부터 개인의 프라이버시를 보호하고자 했다.

그림 1-12 사이퍼펑크 출현 배경 개념도

절대권력자나 독재자들은 사찰과 도청을 통해 개인정보를 수집했을 뿐만 아니라 동시에 수많은 정보를 철저히 차단 및 독점화하려고 했다. 미개한 민중이 알아서 좋을 게 없고 오히려 통치하는 데 장애만 된다고 생각했기 때문에 항상 정보를 차단시켰다. 정부나 기관들은 많은 정보를 철저하게 독점하면서 자신들에게 유리한 정보만 선별적으로 공개하고 자신들의 추악한 실상은 철저히 통제했다. 어산지와 같은 사이퍼펑크는 차단된 정보에 대한 무차별적인 폭로를 통해 투명성을 높이고 절대권력자들의 악행을 저지하고자 했다.

1.2.3 사이퍼펑크 활동

국내에도 번역 출간된 《사이퍼펑크: 어산지, 감시로부터의 자유를 말하다》(열린책들 2014)라는 책의 첫 페이지를 보면 사이퍼펑크에 대해 설명하고 있다.

"사이퍼펑크는 사회적, 정치적 변화를 달성하기 위한 수단으로 암호 기술 및 이와 유사한 방법을 활용하는 사람을 말한다. 1990년대 초에 모습을 드러낸 사이퍼펑크 운동은 '암호전쟁'이 벌어졌던 1990년대와 이후 인터넷의 봄을 맞이했던 2011년에 가장 활발하게 전개되었다. 암호(cipher)에 저항을 상징하는 펑크(punk)를 붙여서 만든 합성어인 사이퍼펑크는 2006년 옥스퍼드 영어 사전에 등재되었다."

Cyberpunk가 아니라 'Cypherpunk'다. 개인의 프라이버시를 지키기 위해 '암호(Cipher)'를 적극 활용하고 거대 권력의 감시와 사찰에 저항(Punk)한다는 의미다. 실제로 사이퍼펑크들은 약자에 대한 무차별적인 감시와 사찰을 방지하기 위해 암호의 필요성을 깨닫고 암호를 본격적으로 적용하기 시작했고 동시에 거대 권력 기관들의 기밀이나 부도덕성을 '위키리크스' 사이트를 통해 폭로했다.

사이퍼펑크의 활동은 크게 두 가지로 요약된다.

- 암호를 통해 개인의 프라이버시를 보호
- 통제된 정보를 모두에게 공개 및 개방하여 투명성을 확보

이는 사이퍼펑크의 모토와도 일치한다.

- "Privacy for the weak, Transparency for the powerful(약자에겐 프라이버시를, 강자에겐 투명성을)"

Memo ╲ 사이퍼펑크 선언(요약)

- 프라이버시는 전자 시대에서 열린 사회를 위해 필수적이다. 프라이버시는 비밀과 다르다. 프라이버시는 세상의 모든 사람이 알게 되는 것을 원하지 않는 것이고, 비밀은 어느 누구도 알지 못하게 하는 것이다. 프라이버시는 자신에 대해 선택적으로 세상에 드러낼 수 있는 힘이다.

- 프라이버시를 보호하려면 거래 당사자는 오직 해당 거래에 직접적으로 필요한 정보만 알아야 한다. 만약 가게에서 잡지를 구매하고 점원에게 현금을 건네준다면, 내가 누구인지에 대해 알려줄 필요가 없다. 만약 그걸 알려줘야 한다면, 프라이버시가 보호되지 않는 것이다.

- 열린 사회에서 프라이버시를 보호하려면 익명의 거래 시스템이 필요하다. 지금까지는 현금이 그런 역할을 했다. 익명의 거래 시스템은 비밀 거래 시스템이 아니다. 익명의 거래 시스템에서 개인들은 자신이 원하는 만큼 자신에 대한 정보를 공개할 수 있다.

- 열린 사회에서 프라이버시를 보호하려면 암호기술이 필요하다. 내가 한 말은 내가 공개하고 싶은 사람들에게만 공개되어야 한다. 만약 내가 한 말이 전 세계 누구에게나 알려질 수 있다면, 프라이버시가 보호되지 않는 것이다.

- 정부나 기업 또는 다른 거대 조직들이 우리의 프라이버시를 지켜줄 것이라고 기대할 수 없다. 프라이버시 보호를 원한다면, 우리 스스로 지켜야 한다. 우리는 익명의 거래가 이루어질 수 있는 시스템을 만들기 위해 힘을 합쳐야 한다.

- 사이퍼펑크는 익명의 시스템을 만들기 위해 노력한다. 우리는 암호기술과 익명의 메일링 리스트 시스템, 디지털 서명, 그리고 전자화폐를 사용하여 우리의 프라이버시를 보호한다.

- 사이퍼펑크는 코드를 개발한다. 프라이버시를 보호하기 위한 소프트웨어를 개발해야 하는데, 우리 모두가 하지 않으면 프라이버시를 지킬 수 없기 때문에 우리가 직접 개발할 것이다. 우리가 짠 코드는 동료 사이퍼펑크 개발자들이 이용할 수 있도록 전 세계에 무료로 배포될 것이다. 이 소프트웨어는 결코 파괴되지 않을 것이고, 광범위하게 분산된 시스템은 절대 정지되지 않을 것이다.

- 사이퍼펑크는 암호기술에 대한 규제를 반대한다. 암호기술을 규제하는 법률은 국가의 경계선을 벗어날 수 없다. 암호기술은 글로벌하게 퍼질 것이며, 그와 함께 익명의 거래 시스템도 전 세계로 확산될 것이다.

- 사이퍼펑크는 프라이버시를 안전하게 지켜주는 네트워크를 만들기 위해 적극 참여한다. 우리 함께 앞으로 힘차게 전진하자!

에릭 휴즈(Eric Hughes), hughes@soda.berkeley.edu, 1993년 3월 9일 [출처: 해시넷]

사이퍼펑크 선언문이 작성되어 공개되었는데, 사이퍼펑크 선언문에서 몇 가지 흥미로운 문구를 찾아보면 다음과 같다.

- 열린 사회에서 프라이버시를 보호하려면 암호기술이 필요하다.

- 사이퍼펑크는 **익명**의 시스템을 만들기 위해 노력한다. 우리는 암호기술과 익명의 메일링 리스트 시스템, 디지털 서명, 그리고 전자화폐를 사용하여 우리의 **프라이버시를 보호**한다.

- 사이퍼펑크는 **코드를 개발**한다. 프라이버시를 보호하기 위한 소프트웨어를 개발해야 하는데, 우리 모두가 하지 않으면 프라이버시를 지킬 수 없기 때문에 우리가 직접 개발할 것이다.

비트코인 논문에는 'I' 대신 곳곳에서 'We'라는 표현을 쓰고 있다. 개인이 아닌 그룹으로 추정되며, 사이퍼펑크로 활동했던 암호학자들이나 단체가 비트코인을 개발했을 것이라고 추정하는 사람도 있다.

> Memo 비트코인 논문 일부
>
> "We propose a solution to the double-spending problem using a peer-to-peer network."
>
> "We define an electronic coin as a chain of digital signatures."

정리하면, 다국적 기업과 정치 세력들은 통신과 인터넷을 통해 수많은 정보를 수집했고 더 나아가 감시와 통제의 수단으로 활용했다. 사이퍼펑크 운동가들은 이에 강한 거부감을 표시하며 행동으로 나선다. 위키리크스로 유명한 줄리언 어산지는 자신의 책인 '사이퍼펑크'에서 사이퍼펑크란 '다국적 기업과 정부 권력의 대규모 감시와 검열에 맞서 자유를 지키기 위한 방안으로 강력한 암호 기술을 활용하는 활동가들 집단'이라고 설명하고 있다.

1.3 제3 신뢰 기관 관점에서의 배경

1.3.1 제3 신뢰 기관의 필요성

과거 원시 시대에는 자급자족 생활에 이어 주변 이웃과 제한된 범위에서 물품 거래를 했다. 당시 물품을 거래하는 이웃들은 대부분 신뢰할 수 있는 관계였다. 그런데 시간이 흘러 거래 규모가 커지고 거래 품목도 다양해지고 거래 대상도 넓어지면서 '어떻게 신뢰를 보장하나'라는 문제가 발생한다.

예를 들어, A가 B와 물품 거래 계약을 체결했다고 하자. 면서 A는 B가 본인이 맞다는 것을 어떻게 신뢰할 것인가? B의 인감도장이 진짜라는 것을 어떻게 보장할 수 있는가? 그리고 B가 계약을 이행한다는 것을 어떻게 장담할 수 있는가?

한중수교(韓中修交) 이후 중국과의 교역에서 중국으로부터 수입해 들여오는 컨테이너에 주문한 제품은 없고 벽돌만 쌓여 있었다는 뉴스가 종종 등장하곤 했다. 해외 수출업체를 어떻게 신뢰할 수 있겠는가?

거래에서 가장 중요한 요소는 신뢰다. 어떻게 거래 상대방을 믿을 수 있느냐가 가장 중요한 요소다. 거래 당사자 간 신뢰를 보장하는 데 한계가 있기 때문에 거래 당사자 간의 신뢰를 중간에서 대신 보장해주는 제3 신뢰 기관이 등장한다. 형태는 다양하지만, 일반적으로 중간에서 신뢰를 담보해주고 일정액의 수수료를 가져가는 형태였다.

경제활동을 하면서 새로운 투자를 위해 돈을 빌리려는 사람들이 발생하고, 또한 여윳돈이 생겨 돈을 굴리려는 사람들도 발생한다. 이런 돈의 수요자와 공급자가 직접 만나서 거래하는 것은 상당히 위험 부담이 있다. 상대방이 누구인지도 모르고 신용도를 확인할 수 없기 때문이다. 이런 거래를 담당해 줄 수 있는 제3의 신뢰 기관이 필요하다. 바로 은행이나 금융기관이다.

금융 거래에서는 '신용' 및 '신용평가'가 중요하다. 금융기관들이 개인 또는 기업의 신용을 직접 평가하기는 쉽지 않다. 또한 투자 관련 국가의 신용을 평가하는 것도 비용이 많이 소요되고 비효율적이다. 그래서 신용평가를 대행해주는 제3의 신뢰 기관이 생겨났다. 금융기관 및 투자자들은 직접 신용을 평가하는 것보다는 제3의 신용평가 기관의 신용평가를 참조하여 의사결정을 하면 된다.

제품 거래 규모가 커지고 다각화되면서 수입업자나 구매자 입장에서는 생산자의 제품 진위 및 품질에 대한 신뢰 문제가 발생한다. 규격에 맞게 제조되었는지, 기준에 맞는 원료를 사용해 제품을 만들었는지, 필요한 내구성은 충족되는지, 환경오염과 유해물질은 걸러졌는지 등 그 항목도 다양하다. 수입업자나 구매자가 해당 제품의 공장을 일일이 방문하여 직접 점검 및 검증하는 것은 현실적으로 불가능하다. 따라서 재료, 생산공정, 제품에 대한 신뢰를 보장해주는 제3의 신뢰 기관이 필요하다. 바로 인증기관과 검증기관이다.

집을 사려는 사람과 팔려는 사람이 직접 찾아다니는 것은 매우 비효율적이다. 또한 큰돈이 들어가는 주택 매매 과정에서 사기를 당하는 경우도 많다. 그래서 부동산 거래를 중개하고, 믿고 거래를 담당해 줄 수 있는 별도의 신뢰 기관이 필요했다. 바로 부동산 중개소다.

다양한 거래에서 계약서를 체결했는데, 계약서를 몰래 위변조하는 사례가 발생하거나 계약 이행을 차일피일 미루는 문제가 발생한다. 따라서 계약서의 위변조 차단 및 이행을 보장하는 제3의 신뢰 기관이 필요하다. 바로 공증사무소다.

이처럼 대부분 거래에서는 상대방의 신분, 상대방의 신용, 계약 물품 진위, 물품 품질, 계약서 진위, 계약서 이행 등 수많은 신뢰 이슈가 발생하며 이런 신뢰를 보장하기 위해 일반적으로 제3의 신뢰 기관을 활용한다.

개인 간 거래에서는 상대방에 대한 신뢰가 담보되지 않아서 매우 소극적인 거래만 이루어졌다. 하지만 제3 신뢰 기관의 출현으로 다양한 대규모 거래가 활성화되었으며 특히 국제 교역도 급증하게 되었다.

1.3.2 제3 신뢰 기관의 문제점

거래 상대방에 대한 신뢰를 보장하기 위한 방안으로 제3 신뢰 기관이 출현했고, 제3 신뢰 기관으로 거래와 규모가 급증할 수 있었음을 설명했다. 오늘날 거래에서 제3 신뢰 기관은 필수 요소다.

하지만 이런 제3 신뢰 기관에 의한 거래 방식은 몇 가지 문제점을 야기한다.

- 비용 문제. 신뢰 대행을 통해 상당한 수수료 비용이 발생한다.
- 시간 문제. 관련 업무를 처리하는 데 상당한 시간이 소요된다.
- 제3의 신뢰 기관의 도덕적 해이(Moral Hazard)가 문제 될 수 있다.

비용 문제

현재 구조에서 하나의 거래를 처리하기 위해서는 수많은 제3 신뢰 기관이나 중개 기관을 거친다. 모든 신뢰 기관과 중개 기관으로부터 수수료가 발생하기 때문에 누적된 수수료 비용은 적지 않다. 또한 제3 신뢰 기관이 제도화되고 고착화되면서 변질되는 양상을 보인다. 거래에서 당사자들은 제3 기관 존재의 필요성을 느끼지 못하지만, 법규나 절차상 제3 기관을 거치도록 명시하고 있다. 필요해서라기보다는 절차상 항목으로 제3 기관을 거쳐야만 한다. 강력한 이익집단으로 성장한 제3 신뢰 기관들은 정치 로비를 통해 절차상 제3 신뢰 기관을 거치도록 요구하면서 고액의 수수료만 불필요하게 발생시키는 경우도 있다. 수수료가 너무 비싼 것도 문제다. 대표적으로 부동산 중개 수수료가 너무 높다는 볼멘소리가 자주 나온다. 액면만 놓고 보자면 부동산 중개업자가 하는 업무는 매우 미미하지만, 매매 수수류는 과도하다

시간과 절차 문제

수수료뿐만 아니라 복잡한 절차와 시간도 문제다. 서류에 도장 하나 받기 위해 2~3일이 소요되기도 한다. 지방에서 사업하는 사람은 서울에 있는 인증기관에서 도장 하나 받기 위해 KTX를 타고 서

울에 와서 도장 하나 받고 다시 KTX를 타고 내려가야 한다. 혹시 실수라도 있으면 KTX를 4번, 6번 타야 하는 경우도 발생한다.

제3 신뢰 기관의 도덕적 해이 문제

비용과 시간 문제가 발생한다고 하더라도 거래에서 신뢰만 보장된다면 기꺼이 지불하고 감수할 수 있는 부분이다. 하지만 근본적으로 다른 차원의 문제가 있다. 바로 제3 신뢰 기관의 도덕적 해이 문제다. 개인 간 신뢰를 담보할 수 없으니 높은 비용과 시간을 들여 제3 기관을 통해 간접적으로 신뢰를 보장받으려 하기 때문에 제3 신뢰 기관은 높은 수준의 도덕성과 신뢰성이 요구된다. 하지만 우리의 기대와 달리 제3 신뢰 기관은 그러한 신뢰를 저버리는 일이 자주 발생한다.

부동산 거래에서는 큰돈이 오고 가기 때문에 상당한 주의가 필요하다. 하지만 아무리 주의하더라도 사기를 당할 수밖에 없는 상황도 발생한다. 믿고 맡긴 공인중개사가 나서서 사기를 치면 어쩔 수가 없다. 뉴스를 접하다 보면 공인중개사가 직접 사기에 가담하는 경우도 많다. 또한 계약 체결만을 위해 건물주의 입장에 서서 건물의 하자나 수리가 필요한 사항, 등기부 등본상의 권리관계를 의도적으로 숨기거나 축소하여 설명하는 간접적인 사기도 다수 발생한다.

IMF 이후 소비 진작 및 경제 활성화를 위해 정부는 신용카드에 대한 규제를 상당 부분 완화했고 신용카드 현금서비스 한도도 폐지되어 카드사들이 고객에 대한 현금서비스 인출 한도를 자유롭게 설정할 수 있게 했다. 정부가 신용카드 규제를 완화했다고 하더라도 신용카드사는 신용카드 발행이나 한도를 점검할 의무가 있다. 카드 발급 대상에 대한 신용 상태에 따라 발행과 대출 한도를 설정해야 했지만, 대부분 신용카드사는 이런 과정을 생략했다. 길거리 가판대에서 사은품이나 다양한 혜택을 통해 카드 신청을 받았고 연회비를 대납해 주는 중개인도 많았다. 정기 수입이 없는 대학생들에게도 카드를 남발했다. 외환 위기로 소득이 감소한 빈곤층은 은행 대출이 어려워지자 신용카드 현금서비스를 이용하기 시작했다. 연체율은 점차 증가하고, 카드사들은 아랑곳하지 않고 마케팅에 열을 올렸다. 결국 2003년 신용카드 대란이 발생했다.

2011년 2월 17일 국내에서 가장 큰 상호저축 은행이었던 부산저축은행이 영업정지를 당해 수많은 피해를 양산했다. 사전에 차단할 수 있는 기회가 있었지만, 이를 감독하고 관리하는 금융감독원은 관리·감독을 제대로 하지 않고 심지어 방조 또는 묵인했다.

2018년 4월 6일 우리나라 주식시장 역사의 정말 창피한 사건이 발생했다. 삼성증권이 작년 결산을 위해 우리사주 293만 주에 한 주당 1,000원을 지급하는 과정에서 실수로 1,000원 대신 1,000주를 지급하는 사고가 발생한다. 우리사주조합에 배당금으로 28억 원을 지급할 예정이었으나 실수로 112조 원의 주식이 직원들에게 뿌려졌던 것이다. 이런 실수가 필터링 없이 집행되었다는 것 자체도

기가 찰 노릇이었지만, 더 큰 문제는 이후에 발생했다. 우리사주로 주식이 지급되고 나서 장이 열리자마자 삼성증권 주가가 폭락하는 상황이 발생한다. 실수로 들어온 주식을 확인하지도 않고 삼성증권 일부 직원들이 장이 열리자마자 매도했기 때문이다.

2008년 서브프라임 모기지 사태의 충격이 채 가시기도 전인 2008년 12월 11일 신뢰가 떨어질 대로 떨어진 월가에 도덕적 치명타를 입힌 추악한 금융 사건이 발생했다. 나스닥증권거래소 위원장을 지냈고 월가의 유명한 펀드 매니저였던 버나드 메이도프(Bernard Madoff)가 다단계 금융 사기 혐의로 FBI에 전격 체포되었다. 그는 '버나드 메이도프 증권회사'를 설립하여 투자금을 모집하면서 시황이 아무리 나빠도 연 8~10% 정도의 안정적인 수익을 제공했고, 그에 따라 투자자들은 기하급수적으로 늘어났다. 버나드는 수많은 투자자와 전 세계 금융회사로부터 투자금을 모아 오랫동안 자금 운용을 하면서 2가지 사실을 깨닫게 된다. 한꺼번에 투자금을 회수해 가지 않는다는 것과 원금을 오랫동안 찾아가지 않는다는 것이다. 그것은 신규 투자자들로부터 새롭게 유입되는 투자금을 기존 투자자의 환매 대금이나 수익금을 챙겨주는 데 사용하는 전형적인 '폰지(PONZI) 사기'였다.

스티븐 스필버그와 유명인들을 비롯하여 수많은 투자자와 유명 투자자문회사들이 피해자가 되었고, 피해 금액은 무려 650억 달러(약 72조 원) 규모로, 미국 역사상 최대 규모의 폰지 사기 사건이었다.

공교롭게도 버나드 메이도프 사건이 세상에 알려지게 된 것은 서브프라임 모기지 사태로 투자자들이 동시에 자금 회수를 위해 환불을 요구하자, 동시에 모든 투자자에게 돈을 지불할 수 없는 뱅크런이 발생했기 때문이다. 문제는 이를 사전에 감독기관에 제보했지만, 감독기관이 3차례나 묵살했다는 사실이다. 1999년 해리 마코폴로스(Harry Markopolos)라는 금융 애널리스트가 메이도프의 장기 투자 수익을 분석한 결과 '수학적으로 불가능한 실적'이라는 결론을 얻은 뒤 증권거래위원회(SEC)에 제보했지만, SEC는 형식적인 조사로 그의 신고를 사실상 묵살했다. 그는 2005년과 2007년에도 보강된 증거를 가지고 다시 의혹을 제기했지만, 결과는 마찬가지였다(출처: 한국일보 – '월가 거물 메이도프의 사기 왕국 무너지다' 2015.12.11).

2008년 미국에서 서브프라임 모기지 사태가 발생했다. 무분별한 대출이 서비프라임 모기지 사태의 직접적인 원인이겠지만, 보다 근본적인 원인으로 신용평가기관을 지적하기도 한다. 투자자들이 투자할 때 투자 대상에 대해 직접 신용 상태를 점검하는 것은 매우 비효율적이기 때문에 제3의 신뢰기관인 신용평가사를 통해 신용 상태를 점검하고 투자를 결정한다.

채권발행기관들이 증권을 발행하기 위해서는 신용평가사들에게 일정 금액의 자문료와 수수료를 지급하고 발행 작업 및 증권에 대한 등급을 결정한다. 등급이 높을수록 수수료는 비싸게 책정되며 신용평가기관은 신용평가를 통한 수수료가 주 수입원이기 때문에 구조적으로 높은 등급을 주고 수익을 최대화하려는 유혹에 노출될 수밖에 없다.

2008년 10월 미국 하원 청문회에서 무디스 직원들의 이메일이 공개되었는데, 거기에는 이렇게 쓰여 있었다. "we sold our soul to the devil for revenue. (우리는 매출을 위해 우리의 영혼을 악마에게 팔았다.)" (출처: THE WALL STREET JOURNAL – 'Moody's CEO Warned Profit Push Posed a Risk to Quality of Ratings'_Oct. 23, 2008)

S&P 신용평가사의 내부 메일도 공개되었다.

"Let's hope we are all wealthy and retired by the time this house of cards falters.(모기지 사태가 발생하기 전에 모두 부자가 되어 은퇴하기를 바란다.)" (출처: THE WALL STREET JOURNAL – 'S&P Email: 'We Should Not Be Rating It''_ Aug. 2, 2008)

우리나라 IMF가 터지기 직전까지 세계적인 신용평가기관들은 우리나라에 투자 적격 등급을 부여했었다. 그런데 우리나라가 IMF에 구제금융을 신청하자, 무디스는 6단계 강등, S&P는 10단계, 피치는 12단계 강등시켰다. 3대 신용평가기관은 IMF가 터지기 직전까지 어떠한 선제적 경고나 시그널을 주지 않다가 IMF 구제 금융을 신청하니 그때서야 신용평가를 대폭 강등시켰다. 삼척동자도 할 수 있는 신용평가 방식이다.

2021년 3월 전 국민의 분노와 공분을 산 사건이 터졌다. LH 직원들이 3기 신도시 등 자사의 사업계획과 연관 있는 지역에 집단으로 부동산 투기를 한 의혹이 참여연대와 민주사회를 위한 변호사 모임에 의해 폭로되었다.

누구도 믿을 수 없는 세상에서 신뢰를 보장받기 위해 제3 신뢰 기관은 최후의 보루다. 그래서 거래 당사자들은 비싼 수수료와 복잡한 절차를 감내한다. 하지만 역사적으로 제3 신뢰 기관들은 그 신뢰를 스스로 저버렸고 오히려 우월적 지위를 악용하거나 남용하기도 했다.

1.4 암호기술의 성숙과 발전

새로운 기술이나 서비스가 세상에 전파되고 도입되기 위해서는 반드시 2가지 요소가 공존해야 한다. 바로 Technology Push(기술 주도)와 Demand Pull(수요 견인) 관점이다. 아무리 수요가 있더라도 기술적으로 성숙하지 않으면 서비스가 출현할 수 없다. 반대로, 아무리 완성된 좋은 기술이라 하더라도 그 기술에 대한 수요가 받쳐주지 않으면 결국 사장된다.

앞서 소개한 내용이 왜 비트코인과 블록체인이라는 사상과 철학이 출현하게 되었는지를 'Demand Pull(수요 견인)' 관점에서 살펴보았다면, 이번 절에서는 'Technology Push(기술 주도)' 관점에서 어떻게 비트코인 및 블록체인 관련 기술들이 성숙 및 응축되어 발현할 수 있었는지를 살펴보고자 한다.

비트코인과 블록체인은 미국 금융위기가 발생하자 사토시 나카모토가 천재성을 발휘하여 하루아침에 뚝딱 만든 기술이 아니다. 비트코인에 활용된 다양한 기술과 아이디어는 오래전부터 연구되고 오랫동안 응축되어 2008년 비트코인이라는 결과물로 발현된 것이라 볼 수 있다.

아이폰을 두 손으로 움켜쥐고 이런저런 앱을 깔아보고 손가락으로 터치하던 아이폰과의 첫 경험을 필자는 아직도 잊을 수 없다. 정말 탄성이 절로 흘러나왔으며 어떠한 수식어로도 스티브 잡스를 칭송하기에 부족했었다. 손안에서 경험해보지 못했던 다양한 기능과 서비스를 장착한 아이폰을 개발한 사람은 스티브 잡스다. 모두 그렇게 이해하고 받아들이지만, 스티브 잡스는 개발자가 아니라 경영자였다. 그는 대학에서 철학을 전공했고 대학교에 다니면서도 '서체'에 많은 관심을 가졌다고 한다. 심지어 일부 사람들은 스티브 워즈니악이 없었다면 애초에 스티브 잡스는 존재하지도 않았을 인물이라고 평가절하하기도 한다.

아이폰과 유사한 스마트폰 개념의 제품은 이미 1993년에 IBM에서 개발 및 상용화했었다. 최초의 스마트폰이라 할 수 있는 IBM의 사이먼은 터치스크린 기반으로 발신 · 수신 기능뿐만 아니라 주소록, 시간, 계산기, 메모장, 이메일, 팩스, 오락 등 다양한 기능을 구현할 수 있었다. 또한 아이폰에서 구현되는 개별 기능과 기술은 대부분 이미 구현 및 서비스되고 있던 것들이었다.

스티브 잡스는 아이폰을 새롭게 개발하고 발명한 것이라기보다는, 이미 존재하던 개념과 기술에 새로운 요소를 가미하고 적재적소에 융합하여 재발견 및 재창조한 것이라 볼 수 있다. 오늘날 융합시대에 필요한 '성숙한 기술의 수평적 사고'를 실현한 것이다.

공통점은 ?

스티브 잡스   사토시 나카모토

그림 1-13 스티브 잡스와 사토시 나카모토의 공통점

비트코인과 블록체인 역시 사토시 나카모토의 천재성을 기반으로 새롭게 발명하고 개발한 기술이 아니다. 1980년대부터 암호기술 및 블록체인 관련 기술들이 소개 및 성숙되어 오고 있었다.

이번 절에서는 기술적인 관점에서 비트코인과 블록체인이 어떻게 발전되어 왔는지 이야기해보고자한다. 관련 기술의 성숙 및 발전 과정에 대한 가벼운 검토이기 때문에 기존 연구 업적에 대한 자세한설명이나 기술은 생략하겠다.

데이비드 차움(David Chaum) – ecash

1980년대 초반, 미국 UC버클리의 대학원생이었던 데이비드 차움은 학교 도서관에서 국민투표로당선된 칠레 대통령을 미국 정부가 감시와 도청을 통해 강제로 끌어내린 내막을 접하게 된다. 이를계기로 개인의 프라이버시 보호를 위해 권력기관의 감시와 도청에 적절히 대응할 수 있는 기술의필요성을 느끼게 된다. 미국 내에서도 미국 정부는 특정 전화번호의 송수신 기록을 모두 기록하는'Pen Register'라는 기기를 운영하기도 하고, 우편 집배원이 특정인의 우편 내역을 모두 기록해 정부 요청 시 제공하는 'Mail Cover'도 운영하고 있었다.

데이비드 차움은 이런 사례를 접하면서 권력 기관에 맞서 '프라이버시' 보호의 필요성과 프라이버시보호를 위해 암호의 필요성을 깨닫고 암호학에 매진하게 된다. 1983년 차움은 디지털 서명을 통해암호화된 메시지를 주고받는 'Blind Signature'라는 기술을 고안하고, 1988년에는 'UntraceableElectronic Cash'라는 논문을 통해 인터넷에서 자유롭게 사용할 수 있는 추적이 불가능한 전자화폐를 최초로 제안했다.

1990년에는 'DigiCash'라는 회사를 설립하고 기존 연구를 토대로 디지털화된 달러에 고유 Hash 값을 붙여 만든 최초의 암호화폐인 'ecash'를 출시했다. ecash는 은행이 모든 거래 내역을 확인할 수있는 신용카드와 달리 거래 내역을 제삼자가 알 수 없게 익명성이 보장된 화폐였다. 1990년대 중반에는 기존 암호화폐 보유자에게 새 암호화폐를 나눠주는 행위인 에어드롭(Airdrop)을 최초로 시행하기도 했다.

도이치 뱅크와 파트너 협약도 맺고 VISA와 논의도 진행했지만, 당시 인터넷이 막 개화되는 시기에익명성이나 프라이버시에 대한 중요성이 시장으로부터 주목받지 못했고 결국 1998년에 파산 신청을 하게 된다. 비록 차움의 ecash는 성공하지 못했지만, 익명성을 보장하며 Hash 값을 기반으로 개발한 암호화폐 개념을 2009년 발표된 비트코인의 출발점으로 보고 있다(참조: 위키피디아, 해시넷, 코인데스크 코리아).

아담 백(Adam Back) – HashCash

1990년대 일정 시간 동안 컴퓨팅 작업(Work)을 통해 부정적인 사용이나 악용을 억제, 지연, 차단하는 효과에 대한 다수의 논문이 소개된다. 이런 앞선 연구를 토대로 마르쿠스 야콥슨(Markus

Jakobsson)과 아리 주엘스(Ari Juels)는 1999년에 'PROOFS OF WORK AND BREAD PUDDING PROTOCOLS'라는 논문을 통해 POW(Proof-of-work)라는 명칭과 개념을 최초로 정의한다.

이어 아담 백은 논문 및 연구 수준에서 검토되던 POW 개념을 최초로 실제 적용한 해시캐시(Hashcash)를 개발했다. 해시캐시는 대량 스팸메일을 차단하기 위해 개발한 암호화폐였다. 이메일을 보낼 때 우표 대신 해시캐시를 지불하게 함으로써 시간과 비용 부담으로 대량 스팸메일 발송을 저지하려는 목적이었다. 작업증명(POW)을 통해 특정 해시값을 찾기 위해 수많은 반복 연산을 수행하게 함으로써 상당한 시간과 비용이 소요되게 하여 결국 대량 스팸메일을 보낼 수 없게 하려는 생각이었다.

해시캐시에 실제 활용된 작업증명(POW) 방식은 이후 2009년 사토시 나카모토가 개발한 비트코인(bitcoin)에 응용되었다. 사토시 나카모토가 비트코인 백서 본문에서 아담 백의 POW를 직접 언급할 정도로 영향을 많이 끼친 것으로 생각된다.

"To implement a distributed timestamp server on a peer-to-peer basis, we will need to use a proof-of-work system similar to Adam Back's Hashcash.(아담 백의 해시캐시와 유사한 POW 시스템을 사용할 필요가 있다.)" (참조: 'PROOFS OF WORK AND BREAD PUDDING PROTOCOLS' 논문, 비트코인 백서, 해시넷)

웨이 다이(Wei Dai) – B-Money

차움이 최초로 암호화폐라는 개념을 제시한 사람이라면, 웨이 다이는 분산원장 기반의 암호화폐인 B-Money를 제안한 사람이다. B-Money는 비트코인의 작동 원리 및 기본 개념과 상당히 유사하다. B-Money는 거래기록을 모든 참가자에 공유(분산원장)하고 새로운 블록을 생성하기 위해 POW 또는 POS를 제안했다. 또한 블록 생성에 대한 보상으로 코인을 지급하고 거래 검증을 위해 전자서명을 사용했다.

웨이 다이의 B-Money는 비트코인 백서의 참고문헌에 첫 번째로 언급되어 있다.

References

[1] W. Dai, "b-money," http://www.weidai.com/bmoney.txt, 1998.

[2] H. Massias, X.S. Avila, and J.-J. Quisquater, "Design of a secure timestamping service with minimal trust requirements," In *20th Symposium on Information Theory in the Benelux*, May 1999.

[3] S. Haber, W.S. Stornetta, "How to time-stamp a digital document," In *Journal of Cryptology*, vol 3, no 2, pages 99-111, 1991.

[4] D. Bayer, S. Haber, W.S. Stornetta, "Improving the efficiency and reliability of digital time-stamping," In *Sequences II: Methods in Communication, Security and Computer Science*, pages 329-334, 1993.

[5] S. Haber, W.S. Stornetta, "Secure names for bit-strings," In *Proceedings of the 4th ACM Conference on Computer and Communications Security*, pages 28-35, April 1997.

[6] A. Back, "Hashcash - a denial of service counter-measure," http://www.hashcash.org/papers/hashcash.pdf, 2002.

[7] R.C. Merkle, "Protocols for public key cryptosystems," In *Proc. 1980 Symposium on Security and Privacy*, IEEE Computer Society, pages 122-133, April 1980.

[8] W. Feller, "An introduction to probability theory and its applications," 1957.

이런 이유로 웨이 다이가 사토시 나카모토라는 루머도 있었지만, 웨이 다이는 공식적으로 이를 부인했다. 이더리움을 창시한 비탈릭 부테린도 웨이 다이(Wei Dai)의 암호화폐 분야에 대한 기여를 높이 평가하여 이더리움의 최소 화폐 단위를 'Wei'라고 명명했다(참조: 비트코인 백서, 위키피디아).

닉 자보(Nick Szabo) - Bit Gold

비트코인이 나오기 10년 전인 1998년 닉 자보(Nick Szabo)는 스마트 컨트랙트(Smart Contract) 기반의 암호화폐인 비트골드(Bit Gold)를 개발했다. 닉 자보가 개발한 비트골드는 비트코인과 가장 유사하다. 또한 닉 자보는 스마트 컨트랙트라는 개념을 최초로 소개한 것으로도 유명하다.

비트골드는 기본적으로 POW 방식에 의해 구동되며, 컴퓨팅 연산을 통해 Hash 문제를 풀고 가장 먼저 문제를 푼 노드에 비트골드를 지급하며, 시간이 지나면서 채굴 난이도가 계속 증가되는 원리다. 비트코인과 사실상 동일한 작동 방식이다.

비트골드(Bit Gold)가 비트코인(BitCoin)과 개념적으로나 기술적으로 매우 유사하고 이름도 비슷하여, 사토시 나카모토의 실존 인물로 닉 자보도 자주 언급되었지만, 닉 자보도 공식적으로 이를 부인했다(참조: 위키피디아, 해시넷).

에스토니아 - KSI

언제부터인가 '세계적 IT 강국' 또는 '스타트업의 천국'이라는 수식어와 함께 '에스토니아'라는 작은 나라가 언론에 자주 소개되고 있다. 특히 블록체인과 연계해서 블록체인 기반 전자시민권, 전자신분증, 전자 투표 등을 도입한 나라로 소개된 적이 있다.

에스토니아는 130만 인구의 조그만 국가로 발트해 동쪽에 위치한 발트 3국(에스토니아, 리트비아, 리투아니아) 중 하나다. 에스토니아는 1940년에 소련에 강제 점령되어 병합되었다가 소련의 붕괴와 함께 1991년에 독립한다. 에스토니아는 독립과 동시에 반러시아 친서방 성향의 대내외 정책을 추진하다가 2004년에는 북대서양조약기구(NATO)에 가입하고, 유럽연합(EU)에도 가입했다.

제2차 세계대전 당시, 독일이 점령하고 있던 에스토니아 수도 탈린을 소련군이 탈환했다. 1947년부터 이를 기념하기 위해 수도 탈린에 소련군 동상이 세워져 있었다. 1991년 소련으로부터 독립하고 2007년 총선에서 승리한 집권여당은 구시대의 유물인 소련군 동상을 강제 이전하려고 했는데, 에스토니아 내에 거주하던 러시아계 시민들이 극렬히 반대했고 에스토니아 정부는 강제로 시위를 진압했다. 이후 에스토니아는 출처를 알 수 없는 대규모 DDoS 공격을 받게 된다. 주로 정부 주요 전산망에 공격이 집중되었으며 1주일 동안 행정업무가 마비되는 초유의 사태가 발생했다. 에스토니아 정부는 DDoS 공격 배후로 러시아를 의심했지만, 뚜렷한 증거가 없었다. 이에 정부는 기존 중앙집중적 방식의 전산시스템은 이러한 DDoS 공격에 대응하는 데 근본적인 한계가 있음을 깨닫고 이런 사이버 공격을 막을 수 있는 특단의 조치를 취하게 된다. 우선 정부의 모든 행정 데이터를 해외 클라우드에 백업시키고, 당시 자국 기업인 가드타임이 개발 중이던 KSI(Keyless Signature Infrastructure) 기술을 활용하여 사이버 공격을 차단하려고 했다.

인터넷 통신을 할 때 비대칭 암호를 많이 사용한다. 비대칭 암호를 사용하기 위한 기반 구조가 PKI(Public Key Infrastructure)다. 개인키와 공개키가 하나의 쌍으로 구성되어 있고, 개인키로 전자서명을 하고 공개된 공개키로 검증하는 방식이다. 이 공개키는 한곳에 저장하여 관리하는데, 공개키를 관리하는 보관소에 DDoS 공격을 하면 단일장애점(SPOF)으로 전체 서비스가 중단되는 사태가 발생할 수 있다.

KSI(Keyless Signature Infrastructure)는 PKI와 달리 키 없이(Keyless) 데이터의 안전성과 무결성을 보장하는 기술이다. KSI 구조는 데이터를 해시값으로 변환하는 과정에서 이전 데이터에서 만들어진 해시값을 새로운 해시값 생성 과정에 포함시킨다. 즉, 데이터의 해시값들이 체인(Chain)처럼 연결되어 있으며 체인처럼 연결된 데이터를 여러 대의 서버에 분산시켜 저장한다.

우리가 일반적으로 이해하고 있는 블록체인 아키텍처와 거의 유사하다. 즉, 기존에 중앙집중적으로 관리되던 Key 대신 무결성이 보장된 데이터를 분산 저장하는 탈중앙 방식이다. 2007년 에스토니아 정부는 이 기술을 도입하기 위해 검토하고 있었다. 비트코인 백서가 발표되기 1년 전의 일이다(참조: 연합뉴스_ [블록체인 현장] 비트코인 탄생 전에 블록체인을 만든 에스토니아 기업 '가드타임'_2018. 07.07, 해시넷).

마무리

정리하면, 최초의 상업적 전자화폐인 ecash는 익명성을 보장하기 위한 방안으로 출발했으며 데이비드 차움은 익명성 구현을 위해 이를 암호 기술을 기반으로 설계했다. 익명성 보장을 위한 암호화폐는 이후 탈중앙화 기반 암호화폐로 발전되고 탈중앙화에서도 신뢰를 보장하기 위해 합의 알고리즘, 블록을 체인처럼 연결시키는 구조로 구현하면서 비트코인에 이르게 되었다.

비트코인 구현에 사용된 대부분 개념과 개별 기술 요소는 비트코인 이전부터 이미 소개되거나 사용되고 있었다. 사토시 나카모토는 이런 기존의 제반 기술을 적절하게 재배치 및 융합하여 탈중앙화 환경에서 화폐를 발행하고 이중 지불 없이 화폐 서비스를 구현할 수 있는 P2P Electronic Cash System인 비트코인을 개발했다고 볼 수 있다.

1.5 사토시 나카모토는 무엇을 만들고자 했는가

이번 절에서는 앞서 살펴본 비트코인·블록체인 관련 다양한 역사적 배경을 요약하고 사토시 나카모토가 남긴 기록물을 상호 연계 분석하여 사토시 나카모토가 궁극적으로 개발하고자 했던 것이 무엇인지 추론해 보고자 한다.

1.5.1 역사적인 배경 요약

먼저 앞서 다룬 다양한 역사적 배경에 대한 내용을 간단히 요약해 보겠다.

1) 금융 관점에서 역사적 배경 요약

(1) 화폐 관점

- 화폐는 필요한 재화와 서비스를 구입할 수 있기 때문에 재화와 서비스를 교환할 정도의 실질적 가치를 지녀야 한다. 또한 화폐량이 늘어나면 가치가 떨어지기 때문에 가치를 유지하기 위해서는 화폐 발행량도 통제되어야 한다. 이처럼 내재적 가치를 지니면서 동시에 희소성을 기반으로 화폐 발행량을 통제할 수 있는 최고의 화폐는 역사적으로 금(Gold)이었다.

- 중앙권력자와 정치인들은 정권 유지 및 인기 영합 정치를 위해 화폐 발행의 유혹에 항상 노출되어 있었다. 물리적으로 과도한 화폐 발행을 억제할 수 있는 금본위제를 오랫동안 실시하고 있었지만, 중앙권력자는 화폐 발행을 독점하고 장부를 불투명하게 관리하면서 국민들을 속여가며 화폐 발행을 여전히 남발했다.

- 금본위제가 폐지되고 중앙정부의 신용을 기반으로 화폐를 발행하는 신용화폐 시대가 도래했다. 신용화폐 시대에는 금과 같은 내재적 가치 기반이 아닌 중앙정부에 대한 신뢰를 기반으로 화폐의 가치가 보장된다. 또한 정부의 신용을 기반으로 필요한 화폐를 얼마든지 발행할 수 있는 제도적 장치도 마련되었다.

- 금본위제와 같은 통제 장치가 없는 신용화폐 시대에는 화폐 발행을 남발하면 화폐의 가치를 떨어뜨리는 인플레이션이 자주 발생한다. 또한 신용화폐는 실질적 가치 기반이 아닌 정부에 대한 신뢰만으로 화폐의 가치가 보장되는데, 정부에 대한 불신이 가중될 경우 화폐에 대한 불신과 화폐에 대한 기피로 이어지면서 최악의 하이퍼인플레이션이 발생하기도 한다.

(2) 기축통화

- 한 국가의 화폐가 세계화폐로 통용될 경우 세계 다른 국가들과의 무역 마찰과 환율 갈등을 야기할 수 있다.

- 미국은 자국 통화인 달러로 기축통화 지위를 누리면서 막대한 수혜를 누리고 있으며 이런 지위를 유지하기 위해 세계 각국과 전쟁과 갈등을 일으키면서 세계 경제 위축과 비효율성을 초래하고 있다.

- 한 국가의 화폐가 세계 화폐로 통용될 경우 서브프라임 모기지처럼 한 국가의 내부 문제가 글로벌 위기로 전이 및 확산되는 문제점도 드러나고 있다.

- 일찍이 경제학자인 케인즈는 이런 문제점을 예측하고 특정 국가의 화폐가 세계 화폐로 통용되는 것을 반대하며 '방코르'라는 세계 단일화폐를 제안하기도 했다.

(3) 중앙은행

- 선거에 의해 선출되고 단기 성과에 집착하는 정부와 정치인들은 항상 포퓰리즘이나 인기 영합 정책을 위해 손쉬운 화폐 발행의 유혹으로부터 자유롭지 못하다. 과도한 통화량 증가는 최근 아르헨티나와 베네수엘라 사례처럼 하이퍼인플레이션을 야기하기도 했다.

- 이런 무분별한 화폐 발행의 문제점을 차단하기 위해 과거 민간은행이 중앙은행 역할을 하기도 했지만, 현재 대부분 국가의 중앙은행은 국유화되어 있다.

- 중앙은행이 국유화되면서 보완적 장치로 중앙은행에 대한 독립성을 보장하고 있지만, 인사권을 가진 중앙정부에 의해 독립성이 훼손되는 경우가 많다.

(4) 상업은행

- 상업은행들은 '신용 창조'라는 이름으로 예금된 돈의 10배 이상의 돈을 재창조하여 대출해 주고 막대한 이자 수익을 거두고 있다. 상업은행을 통해 공급되는 엄청난 통화량은 인플레이션을 야기하거나 주식과 부동산과 같은 자산시장으로 흘러 들어가 거품을 양산하고 있다.

- 상업은행들은 고객들의 개인정보와 거래정보를 무차별적으로 수집하면서 제대로 관리하지 않아 고객 정보가 유출되어 프라이버시 문제 및 잠재적인 금융사고의 위험에 노출되고 있다.

금융 관점 역사적 배경을 요약하면, 역사적으로 심각한 경제 침체와 금융 위기는 정부의 과도한 화폐 발행과 은행들의 무차별적인 신용 창조에 의한 것임을 알 수 있다. 화폐 발행을 통제하기 위해 오랫동안 금본위제를 도입했지만, 중앙정부는 화폐 발행과 장부를 독점적으로 관리하면서 국민들을 속이고 여전히 화폐 발행을 남발했다.

2) 사이퍼펑크 관점에서 역사적 배경 요약

- 베트남전쟁을 반대하던 반전운동은 히피(Hippie) 문화로 발전했고 나중에 히피문화의 한 분파로서 사이퍼펑크가 출현한다.

- 1980년대 미국과 영국은 경제 위기 타개를 위해 신자유주의라는 새로운 정책노선을 통해 다국적 기업이 출현하고, 기술적으로는 통신과 인터넷의 발달로 정보 수집 및 관리가 용이해졌다.

- 정부 권력 기관들은 통신과 인터넷 기술을 활용하여 감시와 사찰을 통해 개인의 프라이버시를 침해했고 다국적 기업들은 권력 기관과 결탁하여 고객의 개인정보를 무차별적으로 수집 및 악용했다.

- 권력 기관과 다국적 기업의 감시와 프라이버시 침해에 대응하기 위해 히피 문화의 한 분파로 사이퍼펑크가 출현하여 활동하기 시작했다.

- 사이퍼펑크는 약자인 개인의 프라이버시 보호를 위해 암호 기술을 적극 활용했고 거대 권력기관에 대한 저항의 표시로 무차별적인 폭로를 이어갔다.

- 사이퍼펑크의 이와 같은 행동은 사이퍼펑크의 모토와 일치한다. "약자에게 프라이버시를, 강자에게 투명성을!"

3) 제3 신뢰 기관 관점에서 역사적 배경 요약

- 거래에 있어 가장 중요한 핵심 가치는 거래 당사자 간 신뢰다. 거래 규모가 커지고 경제가 발전하면서 신뢰를 보장할 수 있는 제도적 방안이 필요했고 제3 신뢰 기관을 통해 신뢰를 보장하는 시스템이 정착된다.

- 제3 신뢰 기관을 통해 개인 간 신뢰가 보장되고 거래가 활성화되었지만, 동시에 과도한 수수료와 복잡한 절차라는 문제점도 생겼다.

- 더구나 무한한 도덕성과 신뢰가 뒷받침되어야 하는 제3 신뢰 기관이 스스로 신뢰를 훼손하거나 오히려 지위를 오용·악용·남용하는 도덕적 해이(Moral Hazard) 문제가 자주 발생하기도 했다. 미국 서브프라임 모기지 사태의 근본적인 원인의 하나는 신용평가 기관의 추악한 도덕적 해이였다.

- 신뢰를 보장하기 위해 제3 신뢰 기관을 이용하고 있지만, 오히려 제3의 신뢰 기관으로 인해 과도한 수수료, 불필요한 시간 소요, 도덕적 해이라는 문제점을 노출시키고 있다.

4) 기술의 성숙 관점에서 역사적 배경 요약

- 데이비드 차움(David Chaum)은 암호기술을 통한 개인의 프라이버시 보호를 위해 1990년 세계 첫 암호화폐라 할 수 있는 'e-cash'를 개발했다.

- 1997년 아담 백(Adam Back)은 POW를 실제로 구현한 'Hashcash'를 개발했다.

- 1998년 웨이 다이(Wei Dai)는 비트코인과 개념적으로나 기술적으로 아주 유사한 'B-Money'라는 화폐를 개발했다.

- 1998년 닉 자보(Nick Szabo)는 비트코인과 작동 방식이 거의 동일한 'bit gold'를 개발했다.

- 비트코인이 나오기 1년 전, 에스토니아에서 국가 기관 시설에 블록체인과 아주 유사한 KSI라는 기술이 이미 검토 중이었다.

- 비트코인은 기존에 없던 전혀 새로운 개념의 기술이라기보다는 이미 오래전부터 연구되고 활용된 기술들이 사토시 나카모토에 의해 재해석 · 재탄생 · 재조합되어 발현된 결정체로 이해할 수 있다.

5) 비트코인 관련 역사적 배경 시사점 도출

내용을 정리하고 키워드를 도출하면 다음과 같다.

표 1-3 비트코인 관련 역사적인 배경 키워드 도출

영역	주요 내용	키워드 도출
이상적인 화폐	• 실질적인 내재 가치가 있고 희소성이 보장된 금(Gold)이 이상적인 화폐 형태 • 내재적 가치를 기반으로 하고 화폐 발행을 통제하는 금본위제 기반 화폐 시스템	GOLD · 금본위제
화폐 발행 문제점	• 금본위제를 도입해도 중앙정부는 화폐 발행을 독점적으로 관리하면서 통화 남발 • 장부에 대한 불투명한 관리는 불신을 초래할 수 있는 환경을 제공	중앙화와 장부 불투명의 문제점
기축통화	• 한 국가의 통화를 세계화폐(기축통화)로 활용하면 무역 마찰, 환율 갈등, 전 세계 전이 • 특정 국가의 자국통화가 아닌 세계 단일 통화를 만들 필요성 (ex. 케인즈의 방코르)	세계화폐
중앙은행	• 중앙정부는 포퓰리즘이나 인기 영합 정책을 위해 손쉬운 화폐 발행 유혹에 빠짐 • 과도한 화폐 발행과 정부에 대한 불신은 결국 하이퍼인플레이션 문제점 야기 가능성	중앙정부 불신 · 과도한 화폐 발행
상업은행	• 상업은행은 신용창조로 화폐를 남발하여 인플레이션 및 자산 가치 거품을 야기 • 개인정보 및 금융정보의 수집 및 부실한 관리로 금융사고 문제점	과도한 신용창출 · 개인정보 노출
사이퍼펑크	• 개인의 프라이버시 보호를 위해 암호기술 활용, 권력 기관에 대한 무차별적인 폭로 • "약자에게 프라이버시를, 강자에게 투명성을"	투명성 · 프라이버시
제3 신뢰 기관	• 개인 간 거래의 신뢰 문제 해결을 위해 제3 신뢰 기관에 의한 신뢰 보장 필요 • 제3 신뢰 기관에 의한 신뢰 보장으로 비용, 시간, 도덕적 해이 문제 발생	제3 신뢰 기관의 배신
기술의 성숙	• 1990년대부터 개인의 프라이버시 보호를 위해 암호기술 및 암호 기반 암호화폐 발전 • 비트코인 이전부터 비트코인과 매우 유사한 기술들이 이미 개발되어 사용되고 있음	암호기술 활용한 암호화폐

- 역사적으로 이상적인 화폐와 화폐 방식은 '금'과 '금본위제'였다.

- 중앙정부에 의한 '화폐 발행 독점과 불투명한 장부 관리'가 근본적 문제점이었다.

- 특정 국가 화폐가 기축통화로 통용되는 문제점을 차단하기 위해 '세계화폐'가 필요하다.

- 중앙정부의 통제 하에 있는 중앙은행은 '화폐 발행을 남발'했다.

- 상업은행은 '신용창조로 통화량을 급증'시켰고 '개인정보 관리를 소홀'히 했다.

- 사이퍼펑크 모토는 '약자에게 프라이버시를, 강자에게 투명성을!'이다.

- 신뢰 확보를 위한 제3 신뢰 기관은 '비용 과다 및 스스로 신뢰를 훼손'시켰다.

- '암호기술 및 암호화폐'가 오랫동안 연구 및 성숙되고 있었다.

1.5.2 사토시 나카모토가 남긴 기록에 대한 이해

사토시 나카모토는 비트코인을 개발하고 잠적해버렸기 때문에 그가 남긴 기록물을 통해서만 그가 궁극적으로 구현하고자 했던 것을 간접적으로 유추해 볼 수 있다. 사토시 나카모토가 남긴 기록에 대한 검토를 통해 비트코인이 탄생하게 된 배경과 비트코인이 궁극적으로 추구하고자 했던 목표가 무엇이었는지 살펴보겠다.

1) 사토시 나카모토가 남긴 기록들

사토시 나카모토는 크게 3가지 기록을 남겼다. 비트코인 백서, P2P Foundation에 게시한 글, 동료들과 주고받은 다수의 메일 및 기타 흔적이 그것이다.

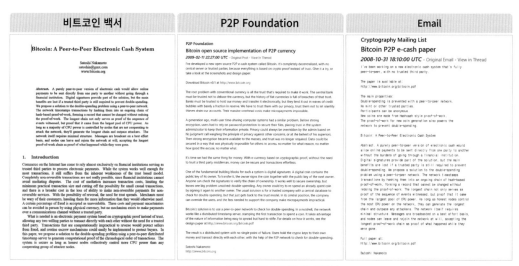

그림 1-14　사토시 나카모토가 남긴 기록들

Note

https://satoshi.nakamotoinstitute.org/ 사이트를 방문하면 P2P Foundation 게시글과 그가 동료들과 교환한 이메일을 확인할 수 있다

(1) 비트코인 백서

사토시 나카모토가 남긴 대표적인 기록은 바로 'Bitcoin: A Peer-to-Peer Electronic Cash System'라는 제목의 비트코인 백서다. 9페이지로 구성된 비트코인 백서는 2008년 사이퍼펑크 메일링 리스트를 통해서 세상에 최초로 공개되었다.

앞서 언급한 것처럼 비트코인 백서의 내용은 새로운 내용이라기보다는 그동안 사이퍼펑크에 의해 연구되어왔던 암호기술 및 암호화폐에 대한 기술과 연구의 집약체라고 할 수 있다. 비트코인 백서는 주로 시스템의 작동 원리에 대해 다루고 있어 비트코인의 탄생 배경 및 구현 의도에 대한 자세한 정보는 다소 부족하다.

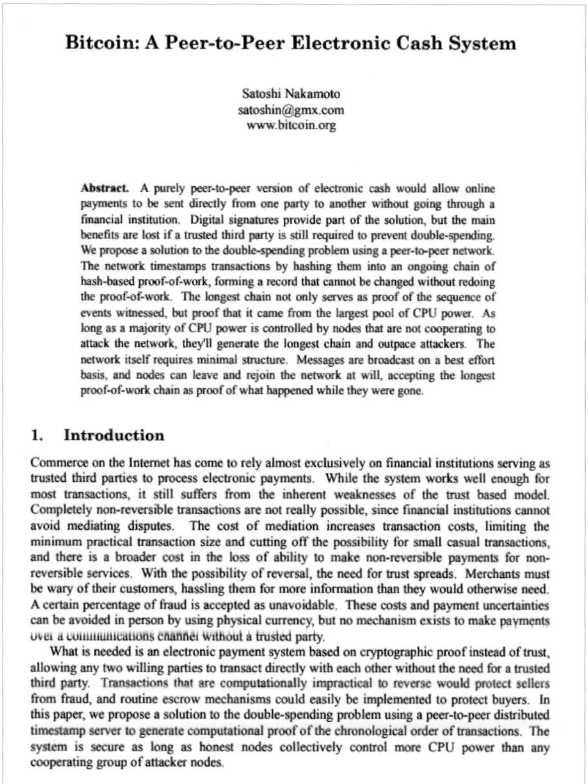

Bitcoin: A Peer-to-Peer Electronic Cash System

Satoshi Nakamoto
satoshin@gmx.com
www.bitcoin.org

Abstract. A purely peer-to-peer version of electronic cash would allow online payments to be sent directly from one party to another without going through a financial institution. Digital signatures provide part of the solution, but the main benefits are lost if a trusted third party is still required to prevent double-spending. We propose a solution to the double-spending problem using a peer-to-peer network. The network timestamps transactions by hashing them into an ongoing chain of hash-based proof-of-work, forming a record that cannot be changed without redoing the proof-of-work. The longest chain not only serves as proof of the sequence of events witnessed, but proof that it came from the largest pool of CPU power. As long as a majority of CPU power is controlled by nodes that are not cooperating to attack the network, they'll generate the longest chain and outpace attackers. The network itself requires minimal structure. Messages are broadcast on a best effort basis, and nodes can leave and rejoin the network at will, accepting the longest proof-of-work chain as proof of what happened while they were gone.

1. Introduction

Commerce on the Internet has come to rely almost exclusively on financial institutions serving as trusted third parties to process electronic payments. While the system works well enough for most transactions, it still suffers from the inherent weaknesses of the trust based model. Completely non-reversible transactions are not really possible, since financial institutions cannot avoid mediating disputes. The cost of mediation increases transaction costs, limiting the minimum practical transaction size and cutting off the possibility for small casual transactions, and there is a broader cost in the loss of ability to make non-reversible payments for non-reversible services. With the possibility of reversal, the need for trust spreads. Merchants must be wary of their customers, hassling them for more information than they would otherwise need. A certain percentage of fraud is accepted as unavoidable. These costs and payment uncertainties can be avoided in person by using physical currency, but no mechanism exists to make payments over a communications channel without a trusted party.

What is needed is an electronic payment system based on cryptographic proof instead of trust, allowing any two willing parties to transact directly with each other without the need for a trusted third party. Transactions that are computationally impractical to reverse would protect sellers from fraud, and routine escrow mechanisms could easily be implemented to protect buyers. In this paper, we propose a solution to the double-spending problem using a peer-to-peer distributed timestamp server to generate computational proof of the chronological order of transactions. The system is secure as long as honest nodes collectively control more CPU power than any cooperating group of attacker nodes.

그림 1-15 비트코인 백서 첫 페이지

비트코인 백서의 제목은 "Bitcoin: A Peer-to-Peer Electronic Cash System"이다. '개인 간 전자 화폐 시스템'으로 해석될 수 있으며 개인 간(P2P) 전자적으로 송금 및 결제가 가능한 화폐 시스템으로 이해할 수 있다.

비트코인 백서의 주요 문구를 통해 함의적 의미를 유추해 보겠다.

"What is needed is an electronic payment system based on cryptographic proof instead of trust, allowing any two willing parties to transact directly with each other without the need for a trusted third party"

해석 및 의역

화폐 거래의 신뢰를 보장할 수 있는 방안으로 그동안 제3 신뢰 기관에 전적으로 의존해왔지만, 이제 제3 신뢰 기관 대신 암호학적 증명에 기반하여 개인 간 직접 거래가 가능한 전자적 화폐 시스템이 필요하다.

"The steady addition of a constant of amount of new coins is analogous to gold miners expending resources to add gold to circulation. In our case, it is CPU time and electricity that is expended"

해석 및 의역

새로운 화폐 발행 방식은 금을 채굴하는 것과 유사하게 일정한 화폐량을 안정적으로 공급하는 방식이다. 금 채굴에 일정한 노력과 작업이 소요되는 것처럼 비트코인에서는 CPU 연산과 에너지 소비라는 자원을 통해 화폐를 발행한다.

비트코인 백서를 통해 사토시 나카모토는 제3 신뢰 기관에 의해 신뢰가 보장되는 방식이 아닌 암호 기술 기반으로 개인 간 직접 거래가 가능한 화폐 시스템을 개발했음을 알 수 있다. 그리고 화폐 발행은 금 채굴처럼 일정한 작업과 노력을 기반으로 일정한 양을 안정적으로 발행하고자 했던 것으로 유추해 볼 수 있다.

(2) P2P Foundation 게시글

사토시 나카모토는 2009년 2월 11일 P2P 포럼에 글을 게시하여 비트코인을 개발한 동기와 배경에 대해 좀 더 상세히 밝혔다. 비트코인 백서의 내용이 주로 작동 메커니즘에 집중한 반면, P2P Foundation 포럼에 게시한 글은 비트코인을 개발한 배경에 대해 좀 더 상세히 밝히고 있다.

Bitcoin open source implementation of P2P currency

February 11, 2009, 10:27:00 PM

I've developed a new open source P2P e-cash system called Bitcoin. It's completely decentralized, with no central server or trusted parties, because everything is based on crypto proof instead of trust. Give it a try, or take a look at the screenshots and design paper:

Download Bitcoin v0.1 at http://www.bitcoin.org

The root problem with conventional currency is all the trust that's required to make it work. The central bank must be trusted not to debase the currency, but the history of fiat currencies is full of breaches of that trust. Banks must be trusted to hold our money and transfer it electronically, but they lend it out in waves of credit bubbles with barely a fraction in reserve. We have to trust them with our privacy, trust them not to let identity thieves drain our accounts. Their massive overhead costs make micropayments impossible.

A generation ago, multi-user time-sharing computer systems had a similar problem. Before strong encryption, users had to rely on password protection to secure their files, placing trust in the system administrator to keep their information private. Privacy could always be overridden by the admin based on his judgment call weighing the principle of privacy against other concerns, or at the behest of his superiors. Then strong encryption became available to the masses, and trust was no longer required. Data could be secured in a way that was physically impossible for others to access, no matter for what reason, no matter how good the excuse, no matter what.

It's time we had the same thing for money. With e-currency based on cryptographic proof, without the need to trust a third party middleman, money can be secure and transactions effortless.

One of the fundamental building blocks for such a system is digital signatures. A digital coin contains the public key of its owner. To transfer it, the owner signs the coin together with the public key of the next owner. Anyone can check the signatures to verify the chain of ownership. It works well to secure ownership, but leaves one big problem unsolved: double-spending. Any owner could try to re-spend an already spent coin by signing it again to another owner. The usual solution is for a trusted company with a central database to check for double-spending, but that just gets back to the trust model. In its central position, the company can override the users, and the fees needed to support the company make micropayments impractical.

Bitcoin's solution is to use a peer-to-peer network to check for double-spending. In a nutshell, the network works like a distributed timestamp server, stamping the first transaction to spend a coin. It takes advantage of the nature of information being easy to spread but hard to stifle. For details on how it works, see the design paper at http://www.bitcoin.org/bitcoin.pdf

The result is a distributed system with no single point of failure. Users hold the crypto keys to their own money and transact directly with each other, with the help of the P2P network to check for double-spending.

Satoshi Nakamoto
http://www.bitcoin.org

P2P 포럼에 게시된 글의 주요 문구를 검토하여 의미 및 의도를 분석해 보자.

"i've developed a new open source P2P e-cash system called Bitcoin. It's completely decentralized, with no central server or trusted parties, because everything is based on crypto proof instead of trust".

번역

비트코인이라 부르는 P2P 전자화폐 시스템을 개발했다. 비트코인은 '신뢰'가 아닌 '암호기술'을 기반으로 설계했기 때문에 어떤 중앙 서버나 신뢰 기관 없이 완전한 탈중앙화로 설계가 가능했다.

재해석 또는 설명

전통적으로 신뢰를 보장하려면 중앙 관리자 또는 제3 신뢰 기관에 의존해야 했다. 하지만 암호 기술을 이용하여 신뢰를 완벽하게 보장하는 방안을 개발했다. 신뢰를 보장하기 위해 더 이상 중앙관리자나 제3 신뢰 기관에 의존할 필요가 없다.

"The root problem with conventional currency is all the trust that's required to make it work. The central bank must be trusted not to debase the currency, but the history of fiat currencies is full of breaches of that trust".

번역

기존 화폐 시스템이 작동하기 위해 가장 중요한 요소는 바로 신뢰다. 중앙은행은 화폐 가치를 떨어뜨리지 않도록 신뢰를 보장해야 하지만, 역사적으로 보면 기존 법정화폐는 그런 신뢰를 저버렸다.

재해석 또는 설명

중앙은행(중앙정부)은 적정 규모의 화폐 발행을 통해 화폐 가치가 훼손되지 않게 관리해야 했다. 하지만 과도한 화폐 발행을 통해 인플레이션을 야기했고 이런 인플레이션으로 내 돈의 가치를 떨어뜨리는 문제를 발생시켰다.

"Banks must be trusted to hold our money and transfer it electronically, but they lend it out in waves of credit bubbles with barely a fraction in reserve".

번역

시중은행은 우리의 돈을 잘 보관하고 있어야 하지만, 극히 일부만 유보금으로 남기고 막대한 대출을 통해 신용 거품을 야기하고 있다.

재해석 또는 설명

시중은행은 고객들이 맡긴 예금을 잘 관리해야 하지만, 일부 금액(지급준비금)만을 보유하고 예금된 돈의 10~20배 규모의 신용화폐 창출 및 대출을 통해 신용 거품을 야기하고 있다.

"We have to trust them with our privacy, trust them not to let identity thieves drain our accounts. Their massive overhead costs make micropayments impossible".

번역

우리는 프라이버시를 은행에 전적으로 맡기고 우리의 개인정보를 잘 관리해 줄 것이라고 신뢰해야 한다. 은행의 과도한 비용으로 소액결제가 어렵다.

재해석 또는 설명

은행이 우리의 개인정보와 계좌정보가 유출되지 않게 잘 관리해 줄지 의구심이 들지만, 현재로서는 은행에 믿고 맡기는 것 외에 다른 방법이 없다. 높은 거래 수수료로 인해 소액결제를 어렵게 만든다.

"Then strong encryption became available to the masses, and trust was no longer required".

번역

강력한 암호기술이 보편화되었고 더 이상 신뢰가 필요 없게 되었다.

재해석 또는 설명

암호기술이 성숙되어 암호기술을 이용하여 신뢰를 보장할 수 있게 되었다.

"With e—currency based on cryptographic proof, without the need to trust a third party middleman, money can be secure and transactions effortless".

번역

암호 증명에 기반한 전자화폐로 제3 신뢰 기관 없이도 돈을 안전하고 쉽게 거래할 수 있게 되었다.

재해석 또는 설명

암호기술을 이용하여 더 이상 은행과 같은 중개 기관 없이도 돈을 안전하게 지킬 수 있고 간편히 송금할 수 있게 되었다.

(3) 기타 기록 (Bitcoin Genesis Block에 저장된 메시지)

2009년 1월 4일 비트코인의 최초 블록(Genesis Block)이 생성된다. 최초 블록에는 다음과 같은 메시지가 기록되어 있다.

"The Times 03/Jan/2009 Chancellor on brink of second bailout for banks(은행에 대한 두 번째 구제 금융 임박한 장관)".

이 문구는 하루 전인 1월 3일 'THE TIMES' 헤드라인 제목과 일치한다. 비트코인 시작을 알리는 첫 번째 블록에 이런 메시지를 포함시켰다는 것은 사토시 나카모토의 비트코인에 대한 생각과 철학을 함축하여 반영한 것이라 추측할 수 있다.

'2008년 발생된 글로벌 금융위기와 기존 은행 및 금융 시스템에 대한 강한 불신이 비트코인을 만든 주요 이유 중 하나다'라는 메시지를 전달하려고 했다고 해석할 수 있다.

그림 1-16 비트코인 제네시스 블록 메시지와 'THE TIMES' 신문 (출처: Bitcoin com 뉴스)

1.5.3 사토시 나카모토는 무엇을 만들었나

1.5.1절에서는 비트코인과 관련된 역사적인 배경에 대해 요약해 보았다. 1.5.2절에서는 사토시 나카모토가 남긴 기록에 대해서 살펴보았다. 이번 1.5.3절에서는 역사적인 배경을 사토시 나카모토의 기록과 연계 분석을 통해 사토시 나카모토가 궁극적으로 추구하고자 했던 가치를 추론해 보겠다.

먼저 사토시 나카모토의 논문 및 그가 남긴 기록을 검토해 볼 때 중앙은행이나 제3 신뢰 기관 없이 개인 간 거래가 가능한 전자화폐 시스템을 만들고자 했던 것으로 보인다. 이는 비트코인 백서의 제목이기도 하다. "Bitcoin: A Peer-to-Peer Electronic Cash System"

1) 사토시 나카모토가 의도한 화폐 시스템 구현을 위한 요소

그렇다면 사토시 나카모토는 구체적으로 어떤 유형의 화폐 시스템을 개발하고자 했을까?

(1) 금본위제로의 회귀

역사적인 배경과 사토시 나카모토의 기록을 살펴볼 때 먼저 사토시 나카모토는 '금본위제'를 염두해 두고 비트코인을 설계했을 거라고 추측한다. 여기에서 언급하는 '금본위제'라는 의미는 실제 금을 기반으로 화폐를 발행한다는 의미의 '금본위제'가 아니라 실질 가치와 희소성을 기반으로 무분별한 화폐 발행을 통제하는 화폐 발행 메커니즘 관점의 금본위제를 의미한다.

1971년 브레튼우즈 체제가 붕괴되기 전까지 인류는 수천 년 동안 금본위제를 유지해 왔다. 신용화폐 시대에는 중앙은행이 인쇄기로 화폐를 찍어서 너무 쉽게 발행한다. 시중은행은 이렇게 쉽게 발행된 화폐를 다시 10배 이상으로 신용 창조한다. 역사적으로 대부분 사회 혼란과 경제 혼란은 바로 과도한 화폐 발행에 기인했다. 따라서 사토시 나카모토는 금본위제처럼 제한적이면서도 어려운 화폐 발행 메커니즘을 설계했다.

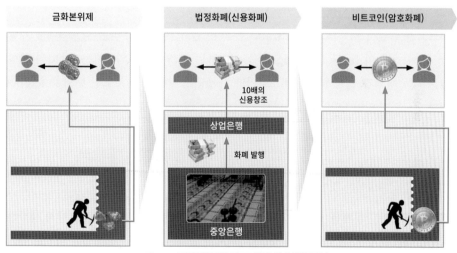

그림.1-17 금화본위제와 비트코인의 화폐 발행 방식

이렇게 추론하는 이유는 다음과 같다.

첫째, 사토시 나카모토는 중앙은행의 과도한 화폐 발행으로 우리 자산 가치를 떨어뜨렸으며 시중은행은 맡긴 돈을 무한하게 신용 창조하여 거품을 야기시켰다고 지적한다. 과도하고 무분별한 화폐 발행을 물리적으로 차단하는 방법으로서 역사적으로 오랫동안 금본위제 기반의 화폐 시스템을 유지해 오고 있었다.

둘째, 비트코인은 10분에 한 번씩 발행되며 4년마다 그 금액이 절반으로 줄어들게 설계되었다. 그리고 총발행량이 2,100만 개로 한정되어 있다. 이는 공급의 안정성과 가치의 희소성을 염두에 둔 설계로 보인다.

금본위제가 역사적으로 오랫동안 유지되어온 것은 금이 가진 가치와 더불어 공급의 안정성과 존재의 희소성 때문이다. 필요하다고 언제든 쉽게 화폐를 찍어 공급한다면 필연적으로 인플레이션과 같은 부작용이 발생한다. 금은 매장량 자체가 한정되어 있을 뿐만 아니라 금광 발견 및 채굴이라는 어려운 작업 과정을 거쳐야 하기 때문에 공급 자체가 상당히 제한적이다. 비트코인의 화폐 발생 방식은 존재의 희소성과 발행의 제약성이라는 관점에서 금본위제와 상당히 유사하다.

셋째, 금은 연금술이나 화학적 결합 같은 특별한 기법으로 만들 수 있는 것이 아니다. 금을 찾기 위해서는 단순하지만 고된 채굴(Mining) 작업을 통해서만 가능하다. 비트코인이라는 화폐를 발행하는 방식도 이와 매우 유사하다. 비트코인을 채굴하기 위해서는 CPU와 에너지 소비를 통해 단순하지만 고된 연산 작업을 수행해야만 한다. 특별한 기술이나 특정 알고리즘은 존재하지 않으며 오로지 0부터 1씩 증가시켜 대입해보며 조건에 맞는 답을 찾는 단순 연산 작업을 거쳐야만 비로소 화폐를 발행할 수 있다. 비트코인에서 이 과정을 마이닝(Mining)이라고 부른다.

넷째, 비트코인에 앞서 닉 자보(Nick Szabo)는 '비트골드(BitGold)'라는 암호화폐를 개발했다. 이름에서 알 수 있듯이 BitGold는 Digital을 의미하는 Bit와 금을 의미하는 Gold의 합성어다. BitGold는 작동 방식과 설계 원리가 비트코인과 사실상 동일하다. 비트코인 백서 Reference에는 BitGold가 언급되지 않았지만, 사토시 나카모토는 Bit Gold를 상당 부분 참조 및 벤치마킹했을 거라 추측할 수 있다.

BitGold를 해석하면 'Digital Gold(디지털 금)'이다. 또한 닉 자보는 화폐 발행을 위해 어려운 문제를 푸는 것과 금을 채굴하는 것이 유사하다고 언급하기도 했다.

"나는 해결하기 어려운 문제를 푸는 것과 금을 채굴하는 어려움 사이의 유사점에 대해 생각하기 시작했다. 만약 퍼즐을 푸는 데 소요되는 시간과 에너지가 있다면, 그것은 가치 있는 행위로 여겨질 수 있다. 그 솔루션의 문제를 푼 누군가에게 대가로 디지털 화폐를 보상할 수 있다(출처: 해시넷)."

다섯째, 사토시 나카모토는 비트코인의 최초 블록(Genesis Block)에 글로벌 금융위기를 비판하는 문장을 삽입했다. 리먼 브라더스 금융 사태도 결국은 넘쳐나는 돈이었다. 풍부한 유동성이 경쟁적으로 부동산 시장으로 흘러 들어가 부동산 거품을 야기했다. 패니메이나 프레디맥과 같은 국책 모기지 보증 기관의 모기지담보부증권(MBS) 발행을 통한 무한대에 가까운 자금 공급 메커니즘이 글로벌 금융위기를 야기했다고 볼 수 있다. 역사적으로도 과도한 화폐 발행이 문제였고 이런 문제점을 차단하는 방법으로 오랫동안 금본위제라는 화폐 시스템을 유지해 왔다.

마지막으로 금(Gold)과 비트코인(Bitcoin)을 간단히 표로 비교해 보겠다.

표 1–4. 금과 비트코인 비교

구분	금 (Gold)	비트코인 (Bitcoin)
매장량 · 발행량	금 매장은 유한	총 2,100만 개로 한정
작업 방법	채굴 과정 (Mining)	연산 작업 과정 (Mining)
작업 기법	특별 기법 없이 곡괭이로 단순 작업	특별 기법 없이 1부터 차례대로 대입하며 단순 연산
획득 방법	곡괭이로 일정한 작업을 해야 금 채굴	10분 동안 일정한 연산 작업을 해야 비트코인 채굴
누가	작업을 통해 가장 먼저 금을 찾은 사람이 금 획득	연산 작업에서 가장 먼저 작업을 수행하면 비트코인 발행
추론	• 특별한 기법이나 기술 없이 단순 작업을 성실히 수행할 경우 획득 • 중앙은행이 무차별적으로 찍어내지 않고 누구든지 채굴 · 발행에 참여 가능 • 힘들고 절대적인 작업(곡괭이질, 연산작업)을 거쳐야만 채굴 가능	

(2) 탈중앙화와 분산 장부의 필요성

금본위제와 은본위제는 고대 로마 시대부터 1971년까지 유지되었다. 금본위제와 은본위제는 무분별한 화폐 발행을 구조적으로 차단하는 물리적인 장치였다. 하지만 역사적으로 금본위제를 채택하고 있었음에도 화폐 발행이 남발되는 상황은 계속된다.

로마 시대에는 은본위제를 채택했지만, 중앙 권력자들이 화폐 발행권을 독점하고 있었기 때문에 은 함유량을 속여 화폐 발행을 남발했다. 중세 금세공업자들은 금고를 독점하고 장부를 폐쇄적으로 관리했기 때문에 존재하지도 않은 금 보관증을 남발할 수 있었다. 2차 세계대전 이후 브레튼우즈 체제 동안 그 누구도 뉴욕 연준 은행 지하 금고에 보관된 금 현황과 장부를 확인할 수 없었다. 미국은 브레튼우즈라는 금본위제를 채택하고 있었지만, 철저하게 금고와 장부가 미국 정부에 의해 독점화되고 불투명하게 관리되면서 베트남 전쟁 비용 충당을 위해 다른 나라 몰래 달러를 마음대로 찍어내고 있었다.

역사적으로 보면 아무리 금본위제를 도입하고 있다고 하더라도 화폐 발행이 중앙집중적으로 운영되고 장부가 불투명하게 관리된다면 금본위제도도 아무런 의미가 없다는 것을 알 수 있다. 금본위제도도 결국 탈중앙화 기반으로 운영되고 장부를 분산시켜 투명하게 관리될 때만 신뢰받을 수 있다는 시사점을 던져준다.

따라서 사토시 나카모토는 금본위제로의 회귀를 하되, 기존 중앙 집중 방식의 금본위제가 아니라 시스템적으로는 탈중앙화하고 장부 관점에서는 분산시켜 투명성을 높이고자 했다. 결과적으로 탈중앙·분산 기반의 금본위제를 구현하려고 했다고 볼 수 있다.

(3) 암호기술을 이용한 신뢰 보장

탈중앙·분산 기반으로 금본위제를 구현하기 위해 중요한 요소가 하나 더 남아 있다. 바로 신뢰 구현 방안이다. 전통적으로 신뢰는 중앙기관과 제3 신뢰 기관에 의해 보장되는 것이 일반적이었다. 하지만 사토시 나카모토는 탈중앙화 기반으로 금본위제를 구현하려고 했기 때문에 더 이상 중앙기관과 제3 신뢰 기관에 기반하여 신뢰를 보장할 수 없게 되었다. 탈중앙화 환경에서 신뢰를 보장할 수 있는 새로운 방안이 필요했고 사토시 나카모토는 암호 기술을 이용하여 신뢰를 보장하는 방안을 구현하려고 했다.

2) 사토시 나카모토가 개발한 시스템

이제 사토시 나카모토가 만들고자 했던 것을 정리해 보자. 비트코인과 블록체인에 대한 다양한 해석과 추론이 가능하겠지만, 역사적인 이해와 사토시 나카모토가 남긴 기록을 연계 검토하면 다음과 같은 추론도 가능할 것이라 본다.

그림 1-18 사토시 나카모토의 비트코인 개념

- **누가**: '약자에겐 프라이버시를 강자에겐 투명성을"이라고 외쳤던 사이퍼펑크가

- **왜**: 과도한 화폐 발행에 따른 문제점 불식 및 중앙기구의 불신 문제 해소를 위해

- **어떻게**: 금본위제와 유사한 화폐 발행 방식, 탈중앙화, 분산, 암호기술을 활용하여

- **무엇을**: Digital Gold 기반 'Peer-to-Peer Electronic Cash System'을 개발했다.

1장을 마치며

과거에는 지갑에 현금을 두둑이 넣고 다녔다. 조그만 지갑에 많은 현금을 넣고 다니는 것은 불편하고 관리하기도 힘들었다. 그러던 중 체크카드란 것이 소개되었다. 돈을 은행 계좌에 입금해두면 계좌에 있는 한도 내에서 카드로 결제할 수 있었다. 간편하고 휴대하기 편리했다.

언제부터인가 사람들이 신용카드라는 것을 발급받아 사용하기 시작했다. 신기한 카드였다. 계좌에 잔고가 없어도 물건을 구매할 수 있는 마법 같은 카드였다. 월말에 사용한 금액을 갚아야 하기 때문에 월급 범위 내에서 신용카드를 활용하면 되었다.

당장 필요할 것 같지는 않았지만, 당장 계좌에 돈이 없어도 언제든지 쉽게 지급 결제를 할 수 있고 포인트 등 다양한 혜택이 있어 사람들은 신용카드를 발급받아 사용하기 시작했다. 처음에는 월급 범위 내에서 신용카드를 잘 활용하고 관리했다.

그런데 분위기에 취해 친구들에게 술 한 잔 사주게 되었고, 여자친구에게 옷도 한 벌 사주게 되었다. 월말에 120만 원의 결제 금액이 청구되었다. 월급이 1백만 원이라 연체가 발생하기 때문에 리볼링 서비스를 이용하기로 했다. 1달 뒤에 연체된 금액을 갚을 거라 생각했는데, 연체금액만 더 늘어났다. 월급은 그대로인데, 소비가 줄어들지 않았다.

어쩔 수 없이 신용카드로 현금서비스를 받아 연체금을 갚았다. 그런데 문제는 더 악화되었다. 월급은 그대로인데 현금서비스 원금뿐만 아니라 이자 비용까지 발생하여 도저히 갚을 수 없는 상황이 된 것이다. 어쩔 수 없이 다른 신용카드를 하나 더 발급받아 더 큰 금액의 현금서비스를 받아 급한 불부터 막았다. 2번째 카드의 현금서비스를 막기 위해 다시 3번째 신용카드를 발급받았다. 카드 돌려막기가 시작된 것이다. 한계에 다다랐고 결국 신용 불량자가 되었다.

신용카드로 개인이 파산하는 전형적인 유형이다. 파산자들은 처음부터 이렇게 신용을 배신할 목적으로 카드를 긁었던 것이 아니다. 계좌 잔고에 상관없이 구매할 수 있는 신용카드 자체가 문제였다.

다음 그림을 보면, 현금은 금화본위제로, 체크카드는 금핵본위제로 각각 비유될 수 있으며 신용카드는 신용화폐 개념으로 이해할 수 있다.

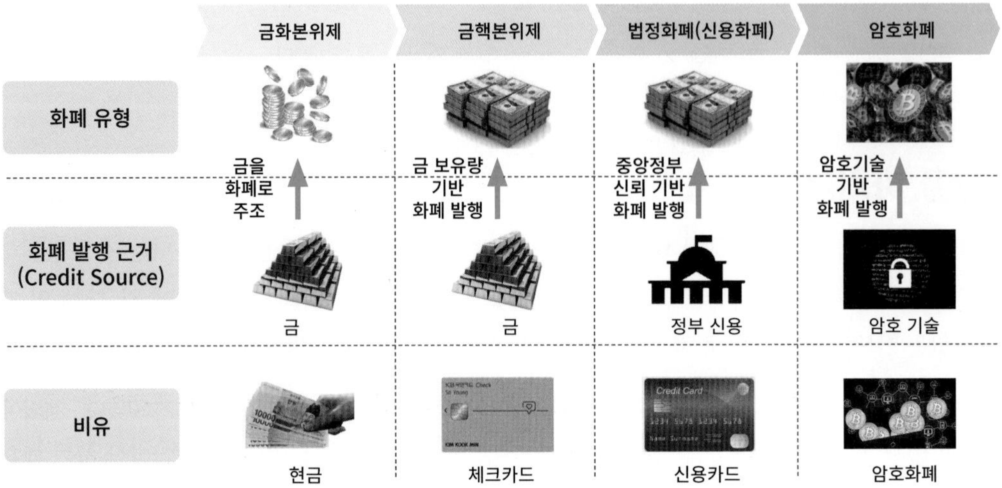

	금화본위제	금핵본위제	법정화폐(신용화폐)	암호화폐
화폐 유형	금을 화폐로 주조	금 보유량 기반 화폐 발행	중앙정부 신뢰 기반 화폐 발행	암호기술 기반 화폐 발행
화폐 발행 근거 (Credit Source)	금	금	정부 신용	암호 기술
비유	현금	체크카드	신용카드	암호화폐

그림 1-19 화폐 시스템의 변천

사토시 나카모토가 전하고자 하는 메시지는 신용카드를 사용하지 말고 체크카드를 사용하라는 것이다. 신용카드는 잔고에 상관없이 필요 시 유연하게 지불수단으로 활용할 수 있다는 장점도 있지만, 과소비와 비계획적인 소비의 유혹에 항상 노출되어 있기 때문에 계획적인 소비가 가능하고 개인 파산의 염려가 덜 한 체크카드를 선택하는 것이 필요하다고 생각한 것이다.

바야흐로 신용사회다. 과거에는 금이라는 실질적 자산을 기반으로만 화폐를 발행할 수 있었지만, 이제는 마음만 먹으면 정부의 신용을 기반으로 화폐를 찍어낼 수 있는 '신용화폐' 시대다. 시중은행은 예금된 돈의 10배 이상의 돈을 신용으로 창조하여 대출해 줄 수 있다. 개인은 계좌에 잔고가 없어도 개인의 신용으로 얼마든지 물건을 구매할 수 있다.

신용이란 사람이나 사물에 대한 신뢰 및 믿음성을 의미하지만, 경제적·금융적 의미로는 현재 시점에서 어떤 재화를 차용 또는 이용한 후 일정 시간이 경과한 미래 시점에 재화의 가치를 지급할 것을 약정할 수 있는 능력을 말한다. 신용을 다르게 표현하면 '빚'이다.

빚이 무조건 나쁜 것만은 아니다. 갚을 수 있는 범위 내에서 잘 통제하고 잘 활용한다면 오히려 도움이 될 때도 있다. 문제는 갚을 여력을 초과한 과도한 빚이다. 개인이든 국가든 이런 과도한 빚이 항상 심각한 문제를 야기했다는 것을 역사적으로 살펴볼 수 있다.

비트코인이 지향하고자 하는 목표도 이와 유사하다. 실질적 가치를 지닌 금의 양과 가치 범위 내에서만 화폐를 발행하면 크게 문제 되지 않는다. 신용화폐와 신용창조를 통해 발행된 무분별한 화폐는 결국 빚이며 과도한 화폐는 결국 인플레이션을 일으켜 우리 자산의 가치를 고갈시키거나 비이성적인 버블을 형성한다.

서브프라임 모기지 사태의 근본 원인은 갚을 여력이 없는 사람들에게 신용조사도 하지 않은 채 내준 묻지 마 대출이었다. 주택을 구입만 하면 신용조사도 하지 않고, 2년 동안 원리금 상환도 유예해주고, 아무 증빙서류도 없이 50만 달러(약 6억 원)를 대출해주었다. 더구나 대출 실적이 좋은 직원은 큰 인센티브를 받다 보니 '묻지 마 대출'이 더 기승을 부렸다. 문제는 과도한 빚이었지만, 아이러니하게도 빚 문제를 해결하기 위해 버냉키 전 연준의장은 헬리콥터로 달러를 하늘에서 뿌리겠다고 했다. 근본적인 처방보다는 빚을 갚기 위해 더 큰 빚으로 임시방편 땜질을 하려고 한 것이다.

2021년 4월 15일, 희대의 금융사범 '버나드 메이도프'가 82세의 일기로 교도소에서 사망했다는 기사가 소개되었다. 앞서 소개했던 버나드 메이도프는 나스닥증권거래소 위원장을 지냈고 월가의 높은 덕망 때문에 사람들은 그에게 맹목적인 신뢰를 보냈다. 반대로 그는 이런 신뢰를 철저히 악용했다. 그는 가족에게도 알리지 않고 철저하게 투자금과 장부를 독점하면서 사기 행각을 벌여 나갔다. 투자자들에게는 가짜 운영성과 보고서를 작성하여 통보해주는 수준이었다. 도대체 어떻게 아무도 모르게 650억 달러라는 엄청난 액수로 사기를 칠 수 있냐고 반문할 수 있겠지만, 폐쇄와 불투명의 위험성이 얼마나 큰지를 일깨워준 사건이라고 할 수 있다.

결론적으로 이 장에서는 두 가지를 언급했다. '무분별한 화폐 발행의 위험성'과 '독점과 불투명의 폐해'가 그것이다. 사토시 나카모토가 개발한 블록체인 기반의 비트코인은 이 두 가지 키워드로부터 출발한다. 2장에서는 어떻게 이 두 가지 문제점과 폐해를 극복하고자 했고 해결 방안으로서 메커니즘을 어떻게 설계했는지 알아보겠다.

2장에 들어가기에 앞서 한 가지만 주지했으면 한다. 중앙화 or 탈중앙화? 금본위제 or 신용화폐?

이 책은 어떤 제도나 시스템이 더 좋고 나쁨을 논하거나 평가하려는 목적이 아니다. 단지 사토시 나카모토의 관점에서 그가 기존 시스템을 어떻게 바라보았고 어떤 목표를 지향했는지를 한 번 유추해보려는 것이다.

02

비트코인 ·
블록체인 작동 원리

1장에서는 비트코인이 탄생하게 된 배경과 비트코인이 지향하고자 하는 목표 등에 대해서 알아봤다. 2장에서는 사토시 나카모토가 추구한 목표가 어떤 형태로 구현되었고 어떤 메커니즘으로 작동되는지를 알아보겠다.

앞서 이 책에서 다루는 블록체인은 '비트코인 블록체인'이라고 언급했다. 블록체인 기술은 비트코인에서 처음 활용되었지만, 이후 다양한 형태로 진화 및 발전하고 있다. 하지만 블록체인을 제대로 이해하기 위해서는 그 기술이 최초로 적용된 비트코인과 비트코인에 활용된 블록체인을 우선 명확하게 이해할 필요가 있다. 이 책에서는 '비트코인 블록체인' 위주로 설명한다. 별도로 언급하지 않으면 비트코인 블록체인으로 이해하기 바란다.

1장에서는 신용에 기반한 과도한 화폐 발행에 따른 문제점 차단을 위해 '디지털 금 본위제'를 설계했고, 금본위제가 제대로 작동하기 위해서는 기존의 중앙시스템 및 폐쇄적 관리가 아닌 탈중앙화와 분산된 장부 형태가 필요하다고 했다. 그리고 마지막으로 이를 구현하고 신뢰를 보장하기 위해 암호기술을 활용했다고 설명했다.

블록체인은 특히 암호기술 기반으로 작동한다. 암호기술을 제대로 이해하지 못한 채 작동 원리를 정확히 이해하기는 어렵다. 일반인에게 암호는 익숙지 않기 때문에 2장에서는 우선 최대한 기술적 요소를 배제하고 개념적으로 설명하고 3장에서 기술적 관점에서 좀 더 깊이 있게 설명할 예정이다.

2.1 비트코인·블록체인의 개념적 이해

과거 로마 시대의 은 함유량 조작을 통한 과도한 화폐 발행이나 조선 후기 당백전 남발은 국가의 존립을 흔들 정도로 심각한 문제를 야기했다. 1차 세계대전의 패전 국가인 독일은 전쟁 배상금을 갚기 위해 무차별적으로 화폐를 발행했고 결국 경제시스템과 사회시스템은 완전히 망가져 나치당 출현의 빌미를 제공하게 되었다.

이런 무분별한 화폐 발행의 위험성을 알고 있던 세계 각국은 2차 세계대전이 끝나고 금본위제로의 회귀에 합의한다. 미국 중심의 금본위제인 브레튼우즈 체제를 출범하면서 세계의 금은 미국 뉴욕연방준비은행 지하창고에 저장되기 시작했고 보관된 금을 기반으로 달러를 발행했다. 세계 각국은 본인 소유의 금을 뉴욕연방준비은행에 임시 보관했지만, 그 누구도 뉴욕연방준비은행 지하창고에 본인의 금이 잘 보관되고 있는지 확인할 수 없었으며 보관된 금에 대한 관리 장부는 외부에 단 한 번도 공개된 적이 없었다.

베트남전에 참전한 미국은 전쟁이 교착상태에 빠지면서 천문학적인 돈이 필요해지자 보관된 금 이상으로 달러를 찍어내고 있었다. 이를 의심하기 시작한 세계 국가들이 맡겨 두었던 금을 찾아가기 시작하자, 미국은 더 이상 돌려줄 금이 없다며 일방적으로 브레튼우즈 체제를 폐지해 버렸고, 그렇게 '닉슨 쇼크'가 발생한다.

닉슨 쇼크를 통해 3가지 시사점을 확인할 수 있다.

- 첫째, 화폐는 적정 규모로 발행되도록 통제해야 하며, 이를 위해 내재가치 또는 담보가치 기반으로 발행하는 금본위제와 같은 방식이 현실적으로 필요하다.
- 둘째, 금본위제와 같은 통제 방안을 도입한다고 하더라도 중앙기관이 독점적으로 시스템을 운영할 경우 신뢰를 저버리는 행위가 가능하다.
- 셋째, 금 관리 장부가 외부에 투명하게 공개되지 않으면 불신을 초래하고 결국 뱅크런 같은 사태가 발생한다.

아무리 금본위제 방식을 도입한다고 하더라도 중앙 독점적으로 운영되고 장부가 불투명하게 관리된다면 금본위제도 무용지물이다. 결과적으로 탈중앙시스템과 분산 장부 기반으로 금본위제와 같은 화폐 발행 통제 메커니즘이 필요하다는 것을 알 수 있다.

시사점을 통해 3개의 키워드를 도출해내면 다음과 같다.

- 탈중앙화 시스템
- 분산 장부
- 금본위제 기반 화폐 설계

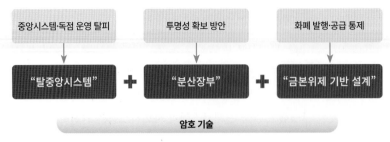

그림 2-1 비트코인 핵심 요소

비트코인은 이 3가지 키워드를 암호기술을 이용하여 동시에 달성하려는 노력의 일환으로 탄생했다.

첫째, 금(Gold)은 희소성과 공급의 안정성 측면에서 최고의 화폐였다. 그래서 사람들은 오랫동안 금본위제를 기반으로 화폐를 발행해왔다. 비트코인도 총발행량이 2,100만 개로 희소성이 보장되며 10분 단위로 발행되어 공급의 안정성도 보장된다. 총발행량, 발행 시간, 발행량이 이미 결정되어 있어 화폐 전반에 대한 예측이 가능하여 적절한 대응도 가능하다.

둘째, 이런 화폐 발행 및 운영에 있어 중앙 기관에 의해 신뢰가 훼손되지 않게 철저히 탈중앙화했다. 누구나 참여가 가능하며 참여자는 동등한 권한을 가지고 검증과 합의에 참여한다.

셋째, 장부도 투명하게 관리돼야 한다. 하나의 장부를 모두에게 투명하게 공개하는 방식으로는 부족하다. 하나의 장부를 특정인이 소유 및 관리한다면 위변조 가능성이 있으며, 더구나 탈중앙화에서는 하나의 장부를 특정인이 소유하고 관리한다는 것 자체가 논리적으로 맞지 않는다. 따라서 동일한 장부를 모든 참여자에게 분산시켜 참여자들 모두가 동일한 장부를 하나씩 소유 및 보관하게 된다면 완벽한 투명성과 신뢰성이 보장된다.

비트코인이 이 3개의 키워드를 달성한 화폐 시스템이었다면, 블록체인은 이 시스템을 실체화하고 작동시키기 위한 기반 기술이자 구현체다. 비트코인은 중앙시스템이 없는 완전한 탈중앙화 화폐 시스템이다. 탈중앙화 시스템은 해결해야 할 다양한 과제를 안고 있다. 누가 시스템을 운영할 것인가, 누가 화폐를 발행할 것인가, 분산된 장부는 어떻게 일치시킬 것인가, 누구나 참여가 가능하다면 악의적 수정 및 삭제를 어떻게 차단할 것인가 등등 다양하다. 결국 블록체인 기술을 활용하여 탈중앙화된 시스템 및 분산된 장부를 구현했고 이를 기반으로 중앙기관 없이 적정 규모의 화폐를 발행하고 개인 간 화폐 거래가 가능하게 만들었다.

참고로 비트코인 설계 원리를 닉슨 쇼크와 연계하여 설명했지만, 실제로 사토시 나카모토가 닉슨 쇼크를 모티브로 비트코인을 기획하고 설계한 것은 아니다. 필자가 단지 비트코인의 철학과 설계 원리를 쉽게 설명하기 위해 역사적인 하나의 사건을 연계해서 소개했을 뿐이다.

2.1.1 기존 화폐 시스템의 특징

사토시 나카모토는 비트코인을 개발했고 비트코인은 기존 화폐 시스템의 문제점에 대한 대안으로 제시되었다고 설명했다. 이런 맥락에서 우선 기존 화폐 시스템의 특징과 문제점을 이해할 필요가 있다.

1) 전통적 화폐 시스템의 문제점과 한계점

1장에서 이미 전통적 화폐 시스템의 문제점과 한계점에 대해 설명했다. 간단히 다시 요약해서 정리하면 다음과 같다.

중앙정부의 무분별한 화폐 발행

역사적으로 무분별한 화폐 발행은 많은 문제점을 야기했다. 금본위제를 채택해도 중앙정부에 의해 유명무실하게 되었다. 오늘날은 신용화폐 시대이고 정부는 마음만 먹으면 언제든, 얼마든지 화폐를 발행할 수 있으며, 선거에 의해 선출되는 정치인들은 인기 영합 정치를 위해 재정팽창 · 통화팽창이라는 유혹을 떨쳐 버리기 어렵다.

상업은행의 신용창조

중앙정부에 의한 과도한 화폐 발행도 문제지만, 더 큰 문제는 상업은행들의 신용창조다. 특히 상업은행들은 이윤을 추구하는 기업이다 보니 고객의 돈을 무한 창조하여 대출해주고 대출에 대한 이자 수익을 챙긴다.

장부와 권한의 독점

중앙정부와 상업은행들은 화폐 발행과 신용창조에 대해 독점적인 권한을 지닌다. 입금 및 대출 현황 관련 장부가 철저히 비공개로 유지되면서 고객이 맡긴 예금이 잘 관리되는지 확인할 수 없게 됐다.

전산시스템의 SPOF 문제

2011년 4월 12일 농협 전산망에 있는 자료가 손상되어 전체 또는 일부 서비스가 약 2주 동안 중단되는 초유의 사건인 '농협 전산망 마비 사태'가 발생했다. 은행 전산시스템이 중앙시스템으로 운영되다 보니 SPOF(Single Point Of Failure) 같은 잠재적인 문제점을 가지고 있다.

감독기관의 도덕적 해이 문제

화폐 및 금융 시스템에서는 무엇보다도 신뢰가 중요하다. 신뢰를 보장하기 위해 다양한 장치 및 제3 신뢰 기관을 두고 있지만, 신뢰를 보장하기 위한 기관이 그 본연의 임무를 게을리하거나 본인의 지위를 악용하는 사례가 종종 발생한다.

개인정보 및 금융정보 노출 가능성

개인정보와 거래정보에 대한 기록을 안전하게 관리해야 하지만, 유출 사고가 빈번히 발생하여 개인의 프라이버시를 훼손한다.

2) 기존 화폐 시스템의 문제점 극복 방안

앞서 비트코인이 구현하고자 했던 3가지 가치를 식별했고 기존 화폐 시스템의 6가지 한계점도 살펴봤다. 기존 화폐 시스템의 6가지 한계점을 비트코인이 구현하고자 했던 가치와 연계하여 정리하면 다음과 같다. 결국 기존 화폐 시스템의 한계점 극복 방향성이 비트코인이 추구한 3가지 가치다.

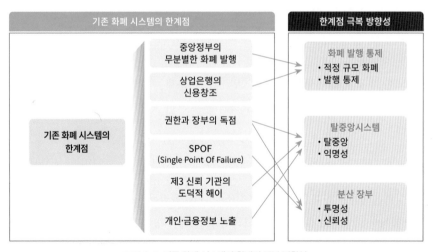

그림 2-2 기존 화폐 시스템의 한계점 극복 방향성

그림 2-2에서처럼 기존 화폐 시스템의 한계 극복 방향성을 정리하면 다음과 같다.

- 중앙정부의 무분별한 화폐 발행 및 상업은행의 신용창조 해결을 위해 적정 발행량 통제 및 발행 방식을 통제할 필요가 있다.
- 제3 신뢰 기관의 도덕적 해이 문제와 개인정보 노출 문제 극복을 위해 탈중앙화 기반 시스템을 구축할 필요가 있다.
- 권한과 장부의 독점 문제와 SPOF(Single Point Of Failure) 문제 해결을 위해 분산된 장부 구조가 적절하다.

2.1.2 비트코인 · 블록체인 구현 방안

1) 비트코인 화폐 시스템 구현을 위한 필요 요소

비트코인 화폐 시스템 구현을 위해 필요한 3가지 요소를 정리하면 다음과 같다.

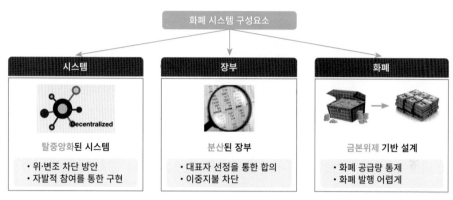

그림 2-3 화폐 시스템 구현을 위한 3가지 구성요소

시스템적인 측면에서는 탈중앙화 시스템, 장부 측면에서는 분산된 장부, 화폐 측면에서는 금본위제 기반 설계다.

'탈중앙시스템' 구현을 위한 필요 요소

중앙화된 시스템을 제거하고 구조적으로 탈중앙 형태로 구현해야 한다. 적절한 중앙통제 장치가 없는 환경에서 위 · 변조를 차단할 방안이 필요하다. 또한 중앙기관이 없는 환경에서 시스템을 가동하기 위해서는 자발적인 참여를 유도할 수 있는 설계 방안이 필요하다.

- 위 · 변조 차단 방안
- 자발적 참여 유인 방안

'분산 장부' 구현을 위한 필요 요소

분산된 장부에서는 무엇보다도 장부의 일치가 가장 중요하며 따라서 분산된 장부의 합의 과정이 필요하다. 합의에 도달하기까지는 일정 시간이 필요하기 때문에 합의에 도달하는 시간 동안 이중지불이 발생하지 않게 차단하는 장치도 필요하다. 그리고 합의에 도달한 장부는 절대 위 · 변조가 불가능하도록 위 · 변조 차단 조치도 필요하다.

- 분산된 장부의 합의
- 이중지불 방지 방안

'금본위제' 구현을 위한 필요 요소

금의 속성과 유사하게 화폐 공급량 자체를 한정할 필요가 있다. 또한 금을 채굴하는 것과 유사하게 화폐를 시중에 공급하는 것도 어렵게 설계할 필요가 있다. 다시 한번 언급하자면, 여기에서 '금본위제'라는 용어는 금을 기반으로 화폐를 발행한다는 개념이 아니라 화폐 발행량 통제 메커니즘 측면의 금본위제를 의미한다.

- 화폐 발행 규모
- 화폐 발행 방식

이상으로 비트코인 화폐 시스템 구현을 위한 3가지 가치 요소와 6가지 세부 구현 요소를 알아봤다.

2) 화폐 시스템 구현 방안

화폐 시스템 구현을 위한 3가지 가치를 구조화하면 다음과 같이 표현할 수 있다.

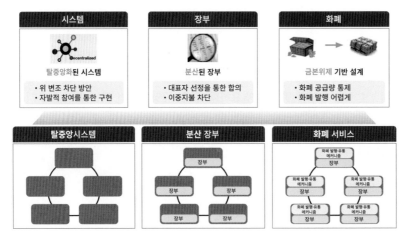

그림 2-4 비트코인 구현 개념도

먼저 시스템적인 측면에서는 중앙시스템 없이 참여한 노드들이 모두 동등한 권한을 가지고 네트워크에 참여하는 탈중앙화된 시스템이다. 장부는 탈중앙화된 노드에 각각 분산되어 저장되어 투명성을 높인다. 마지막으로 탈중앙화·분산 장부 기반으로 화폐 발행·유통 메커니즘을 설계한다.

구현 방안을 좀 더 자세히 이해하기 위해 '탈중앙화 · 분산 관점'과 '금본위제 관점'으로 구분하여 살펴보겠다.

(1) 탈중앙화 · 분산 관점에서 화폐 시스템 구현 방안

탈중앙화와 분산 장부를 구현하기 위해서는 다음과 같이 4단계로 구조화할 수 있다.

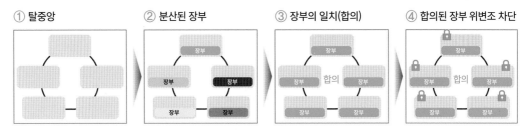

그림 2-5 탈중앙화·분산 장부 관점에서의 화폐 시스템 구현 방안

① 탈중앙화

형태적으로나 권한적으로 중앙시스템이 존재하지 않으며 대신 동등한 권한을 지닌 노드들이 동등한 권한으로 서로 네트워크로 연결된 구조다. 또한 각 노드는 동등한 권한으로서 거래 내역에 대한 검증 및 합의 과정에 참여한다.

② 분산 장부

장부는 각 노드에 분산되어 저장된다. 동일한 장부를 모든 참여자에게 각각 분산시켜 참여자들 모두가 동일한 장부를 하나씩 소유 및 보관하면서 투명성을 높인다.

③ 분산된 장부의 일치 (합의 과정)

분산된 환경에서는 데이터 전파 과정에 절대적인 시간이 소요되고 전송 과정에서 손실 및 지연 등으로 장부의 불일치가 발생한다. 화폐 시스템에서 장부 불일치는 이중지불 문제를 야기하기 때문에 합의 과정이 필요하다. 분산 장부에서 대표 장부를 하나 선정해서 다른 노드의 장부에 전파 및 동기화하는 방법으로 분산된 장부 간의 합의 및 일치에 도달한다.

④ 합의된 장부의 위변조 불가 방안

분산된 장부가 합의에 도달했다고 하더라도 탈중앙시스템처럼 중앙관리자가 없는 환경에서는 누구든지 임의로 장부의 수정 · 삭제가 가능할 수 있다. 이는 화폐 시스템에서 심각한 문제를 야기할 수 있다. 일반적인 데이터베이스 환경에서는 중앙관리자가 사용자별 접근 권한을 통제하여 허가된 사용자에게만 데이터 접근 또는 수정·삭제 권한을 부여한다. 하지만 블록체인 같은 탈중앙화 환경에서는 접근 권한을 부여할 수 있는 중앙관리자가 존재하지 않기 때문에 극단적인 통제방안이 필요하다. 모두에게 권한을 허용하든지, 아니면 모두에게 불허하는 방법, 또는 원천적으로 불가능하게 하든지 완전히 가능하게 하는 설계 방식이다. 블록체인처럼 탈중앙화 환경에서 '수정·삭제'와 같은 민감한 권한에 대해서는 누구에게도, 어떤 상황에서도 허용하지 않는 설계 방향이 필요하다.

(2) 금본위제 관점에서의 화폐 시스템 구현 방안

금은 매장량이 한정된 희소성을 지니며 채굴이라는 과정을 통해 발행량 공급이 안정적이다. 이런 관점에서 비트코인도 금과 유사한 성격을 갖추었다.

	희소성	채굴	발행량 예측
금본위제	한정된 매장량 (희소성)	(금 채굴)	(보관된 금 범위에서만 화폐 발행)
비트코인	총발행량 (2,100만 개)	Nonce 값 찾는 연산 작업 (Mining)	예측 가능 (총발행량, 발행 시간, 가치)

그림 2-6 금본위제 관점에서 화폐 시스템 구현 방안

1. **희소성**: 비트코인은 총발행량을 2,100만 개로 한정하여 희소성을 보장했다.

2. **채굴**: 인쇄기로 쉽게 화폐를 찍어내지 않고 채굴(Mining)이라는 많은 연산 작업을 통해서만 비트코인을 발행할 수 있게 했다.

3. **발행량 예측**: 총발행량, 발행 시간, 발행량에 관한 모든 정보를 기반으로 화폐 발행에 대한 예측 및 대응이 가능하게 설계했다.

비트코인은 탈중앙·분산 장부 기반으로 총발행량을 제한하고, 채굴과 같은 어려운 작업을 통해서만 화폐를 시중에 공급하여 전체적으로 화폐 관련 예측과 대응이 가능하게 설계했다.

(3) 비트코인 블록체인 구현 방안

화폐 시스템 구현을 위해 3가지 요소를 검토했고 탈중앙 · 분산 관점과 금본위제 관점으로 구분하여 구현 방안에 대해 알아보았다.

결론적으로 기존 화폐 시스템의 한계점 극복을 위해 기획된 비트코인 · 블록체인을 개념적으로 이해하면, 그림 2–4에서 보는 것처럼 탈중앙화 시스템과 분산된 장부 구조를 기반으로 하며 그 기반 위에 금본위제 방식의 화폐 발행 메커니즘과 중개 기관 없이 개인 간 자유롭게 거래가 가능한 화폐 유통 메커니즘을 설계한 것으로 볼 수 있다.

2.2 기본 용어와 기본 구성도 이해

간단하게 비트코인과 블록체인의 개념에 대해 살펴봤다. 본격적으로 작동 원리에 대해 설명하기에 앞서 작동 원리를 이해하는 데 필요한 용어와 기본 구성도를 간단히 살펴보겠다.

2.2.1 블록체인 관련 용어

블록체인은 여전히 연구 중인 분야로, 용어를 포함하여 아직 체계적으로 정립되어 있지 않다. 용어에 대한 정확한 정의라기보다는 다음 장에서 작동 원리를 설명하는 데 필요한 기초 지식 정도로 이해하면 될 것 같다.

1) 해시(Hash)

해시(Hash)는 블록체인 기술의 절반이라고 할 정도로 매우 중요하고 블록체인 구조 및 작동 메커니즘에서 빈번하게 사용된다. 3장에서 아주 자세히 다루겠지만, 우선 2장을 이해하는 데 필요한 범위에서 간단히 설명하겠다.

비유를 통해 해시함수를 쉽게 설명해 보겠다. 아기가 태어나면 이름을 지어준다. 3글자로 된 이름을 짓는다는 것은 '3글자로 조합 가능한 모든 이름 조합 목록에서 3글자로 된 이름 하나를 선택하는 것'으로 해석할 수도 있다. 여기에서는 3자리의 이름만 가능한 것으로 가정하겠다. 그림 2–7을 보면, 신생아가 태어나면 목록에서 하나의 이름이 선택되어 출력된다고 해석할 수 있다.

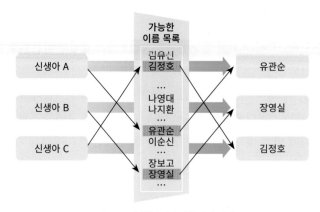

그림 2-7 해시함수와 유사한 개념 사례

그림 2-7을 참고로 이름 짓기를 다음과 같은 3가지 요소로 구분 지을 수 있다.

- **신생아 출생**: 입력 데이터

- **이름 조합 목록**: 이름 목록 함수

- **이름 짓기**: 출력 데이터(3자리 이름)

해시함수란 임의 길이의 데이터를 Hash 함수에 입력하면 고정된 길이의 랜덤(Random) 값을 출력하는 것을 말한다.

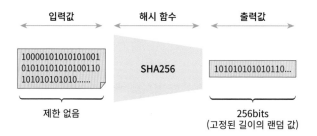

그림 2-8 해시함수 개념도

어떠한 값을 입력하든 항상 고정된 길이의 랜덤 값을 출력한다. 이를 다시 표현하면 다음과 같다. 참고로 해시의 출력값은 다양한 표준화된 길이가 설정되어 있지만 여기에서는 5자리 길이로 가정해 보겠다.

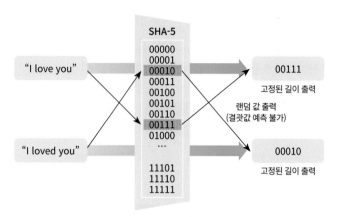

그림 2-9 해시함수 개념 사례

해시함수는 독특한 특징을 지니는데, 주요 특징을 3가지로 정리하면 다음과 같다.

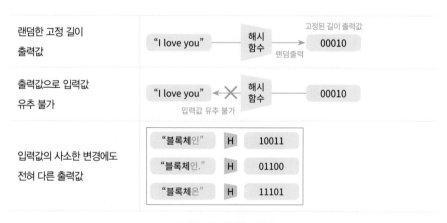

그림 2-10 해시함수 특징

- 임의의 데이터를 입력하면 고정된 길이의 랜덤(Random) 값을 출력한다. 어떤 데이터를 입력하더라도 출력값은 고정된 길이의 숫자를 출력한다.

- 'I love you'라는 입력값에 대해 어떤 값이 출력될지는 아무도 예측할 수 없다. 또한 출력값을 가지고 입력값을 유추할 수 없다.

- 입력값에 점 하나만 바뀌어도 완전히 다른 값을 출력한다.

해시함수는 다양한 응용 및 활용이 가능하지만, 여기에서는 한 가지 활용 사례만 소개하겠다. 그림 2-11은 모든 트랜잭션 데이터에 단계적으로 해시함수를 적용하여 하나의 해시값으로 나타내는 구조를 보여준다. 이런 구조를 '머클 트리'라고 한다.

그림 2-12에서 만일 세 번째 트랜잭션에서 데이터를 4BTC에서 5BTC로 변경한다면 관련된 모든 해시값이 연달아 변경되는 것을 확인할 수 있다. 모든 데이터에 대한 수정 여부를 점검할 필요 없이 최상단 하나의 값만 점검해도 모든 데이터의 수정 여부를 체크할 수 있다.

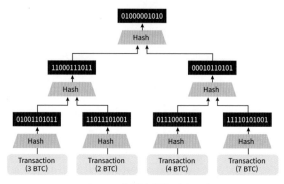

그림 2-11 해시함수 활용_머클 트리

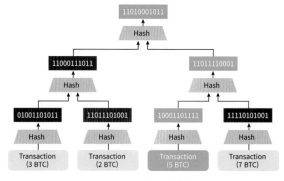

그림 2-12 머클 트리 활용

2) 암호와 비대칭키 암호

평문(사람이 읽어 해석할 수 있는 정보)을 사람이 이해할 수 없게 암호문으로 변경하는 것을 암호화라고 한다. 평문을 암호문으로 암호화할 때는 키(Key)가 필요하다. 암호화할 때의 키(Key)와 복호화할 때의 키(Key)가 동일한 경우를 대칭키라고 한다.

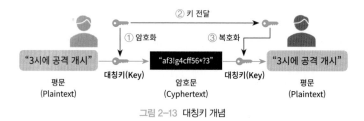

그림 2-13 대칭키 개념

한편 암호화할 때의 키와 복호화할 때의 키가 다른 경우도 있다. 수학적 연관성을 기반으로 두 개의 키를 생성한다. 두 개의 키 중 하나의 키로 암호화하면 다른 하나의 키를 이용해야만 복호화할 수 있다. 이처럼 연관성 있는 두 개의 키가 암호화할 때와 복호화할 때 각각 따로 사용되는 키를 비대칭키라고 한다.

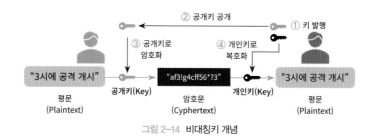

그림 2-14 비대칭키 개념

비대칭키 특징을 정리하면 다음과 같다.

- 대칭키의 키 배송 문제를 해결
- 공개키와 개인키가 수학적 연관성을 기반으로 쌍으로 구성
- 공개키는 외부에 공개 가능, 개인키는 외부에 공개되면 안 됨
- 공개키로 암호화하면 개인키로 복호화, 개인키로 암호화하면 공개키로 복호화

3) 노드(NODE)

노드란 블록체인 네트워크에 참여한 모든 컴퓨터 또는 사용자를 의미한다. 참여하는 형태가 프로그램을 설치한 컴퓨터를 통해 이루어지기 때문에 정확한 표현은 네트워크에 참여하는 컴퓨터(PC, 서버, 스마트폰 등 다양한 컴퓨팅 디바이스 모두 포함)를 노드라고 한다.

우리가 게임을 즐길 때 컴퓨터나 스마트폰에 해당 게임 프로그램을 설치하고 게임을 즐길 수 있는 것처럼, 비트코인 네트워크에 참여하기 위해서는 비트코인 프로그램을 설치해야 한다. 따라서 Bitcoin org라는 비트코인 프로그램을 설치하고 비트코인 네트워크에 참여한 컴퓨터를 '노드'라고 할 수 있다.

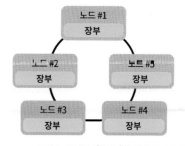

그림 2-15 노드(Node)의 개념

4) 트랜잭션

어떤 기능이나 서비스를 구현하기 위해서 수행하는 논리적인 작업 단위를 트랜잭션이라고 한다. 특정 서비스 구현을 위해 하나의 작업으로 처리가 가능한 경우도 있지만, 일련의 작업들이 모여야 정상적인 작업이 완료되는 경우도 있다.

예를 들어, 벽시계의 건전지를 갈아 끼우는 작업을 한다고 하면, 먼저 드라이버로 나사를 빼고, 기존 건전지를 제거하고, 새로운 건전지를 넣고, 다시 나사로 잠가주는 일련의 작업들이 필요하다. 일련의 작업들에서 하나의 작업이 생략되어도 안 되고, 작업의 순서가 바뀌어도 안 된다. 이처럼 어떤 특정 작업을 정상적으로 처리하기 위해서 필요한 일련의 작업들 단위 묶음을 '트랜잭션'이라고 한다. 컴퓨터에서는 '하나의 작업을 수행하기 위해 실행에 필요한 여러 개의 세부적인 프로그램들 묶음'을 의미한다.

비트코인과 같은 화폐 시스템에서는 송금을 위해 필요한 일련의 작업 단위 묶음이 하나의 트랜잭션이라고 할 수 있다. 예를 들어 A가 B에게 비트코인을 송금하는 과정이라면 다음과 같은 세부작업이 필요할 것이다.

1. 송금자의 금액 확인
2. 수신자 계좌번호와 송금액 입력
3. 송금자의 잔고가 송금액보다 크다는 것을 검증
4. 송금자 계좌에서 송금액만큼 공제
5. 수신자 계좌에 송금액만큼 증액

송금이라는 하나의 서비스 구현을 위해 필요한 5가지 일련의 세부 작업 묶음을 하나의 트랜잭션이라고 한다. A가 B에게 송금했다는 것은 이런 세부작업들로 구성된 트랜잭션이 생성되어 처리되고 저장되었다는 것을 의미한다.

5) 블록(Block)

'블록체인'이라는 단어 자체가 엄청 고상한 의미와 철학을 담고 있을 거라고 생각하는 사람도 있겠지만, '블록'이라는 단어는 보편적으로 사용되는 아주 평범한 개념이다.

블록(Block)이라는 단어의 의미부터 이해해보자. 블록(Block)을 국어사전에서 찾아보면 다음과 같다.

- 시가지, 주거 지대 따위의 작은 단위들을 몇 개 합친 일정한 구획

- 하나의 단위로서 다룰 수 있는 문자, 워드, 레코드의 집합. 이것을 단위로 하여 주기억 장치와 입출력 장치 사이에 데이터 전송이 이루어진다.

'Block'은 데이터베이스에서도 사용되는 용어다. 아래 그림은 데이터베이스의 구성을 보여준다.

- **레코드**: 더 이상 분리되어 저장되지 않는 최소 데이터 저장 단위

- **블록**: 여러 개의 레코드들로 구성된 묶음

- **파일**: 여러 개의 블록들의 묶음

다음 그림을 보면 레코드라는 최소 데이터 저장 단위들이 일정한 크기로 묶여 있는 상태를 Block이라고 한다.

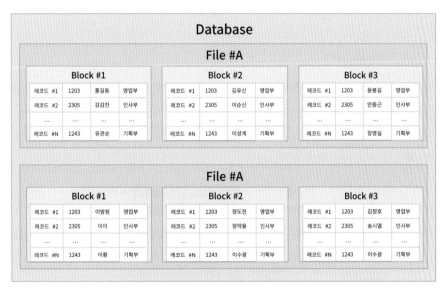

그림 2-16 데이터베이스 구성도

블록체인에서의 '블록'의 개념도 데이터베이스의 블록과 유사하다. 트랜잭션이라는 서비스 실행 최소 데이터를 일정한 크기로 묶어 놓은 단위가 바로 블록이다.

아래 그림을 보면 블록이 크게 3개 영역으로 구성된 것을 확인할 수 있다.

1. **Body**: 거래내역인 트랜잭션들이 모두 저장되어 있는 영역이다.

2. **Header**: 트랜잭션들에 대한 정보 요약 및 블록 관련 정보가 포함되어 있다.

3. Block Hash: 블록을 하나의 값으로 표현한 대푯값으로서, 수많은 블록으로 구성된 블록체인에서 해당 블록을 식별하는 기준이 된다.

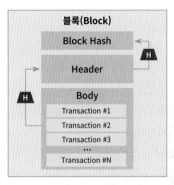

그림 2-17 블록 구조

블록 구조에서 한 가지 관심을 갖고 살펴봐야 할 것은 3개의 영역이 독립적으로 존재하는 것이 아니라, Body의 모든 정보는 요약되어 Header에 포함되고 Header의 모든 정보를 하나의 값으로 표현한 것이 Block Hash라는 점이다.

블록의 형태를 좀 더 자세히 살펴보면 다음 그림과 같다. 개별 트랜잭션은 각각 해시값을 구하고 해시값들을 연결하여 하나의 해시값으로 표현할 수 있다. 이 값을 머클루트라고 하며, 이 값은 Header에 저장된다. 그리고 6개의 항목으로 구성된 Header의 모든 데이터를 해시 함수를 거쳐 하나의 해시값으로 표현한 값이 Block Hash다.

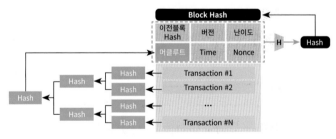

그림 2-18 블록 구조 상세

블록 하나의 크기는 초기에는 1MB 정도로 설계되었다. 지금은 1MB보다 조금 더 크다. 참고로 USB 메모리 장치가 나오기 전에 플로피디스크라는 저장장치가 쓰였는데, 플로피디스크에 저장할 수 있는 데이터 크기는 1.44MB 정도였다.

블록 크기: 1MB   플로피디스크: 1.44MB

그림 2-19 블록의 크기

블록을 장부(Ledger)라고 많이 부른다. 실제로 블록은 트랜잭션 데이터들이 저장되는 장소이기 때문에 금융 시스템 관점에서 장부라고 할 수 있다. 과거에는 종이 형태의 장부를 사용했다. 장부의 각 페이지에 수많은 거래 기록을 기입하고 하루 단위 거래내역이 마무리되면 상단에 거래내역에 대한 요약 및 중간 결산 내역을 기입했다. 이런 거래내역 페이지를 모두 엮어서 하나의 장부처럼 관리했다.

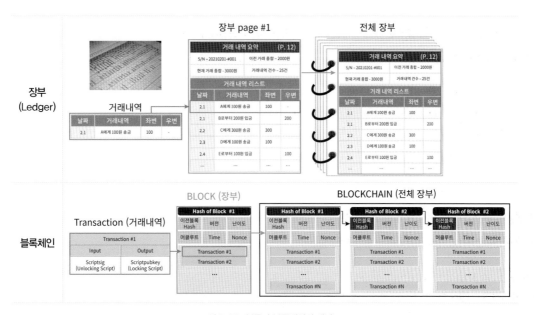

그림 2-20 블록과 블록체인의 개념

블록과 블록체인도 과거 종이 장부와 개념이 유사하다. 개별 거래내역인 트랜잭션을 일정 시간 단위로 모두 모아서 Body에 저장하고 해당 트랜잭션들에 대한 요약 정보를 Header에 포함한 형태가 '블록(Block)'이다. 이런 블록들을 체인(Chain) 형태로 모두 연결한 것이 블록체인(Blockchain)이다.

6) 블록체인

거래내역이 계속 바새하에 따라 새로운 블록이 계속 생성될 것이며 새로운 블록은 기존 블록체인에 모두 연결된다. 새롭게 생성된 블록을 연결할 때 그냥 순차적으로 배치하는 것이 아니라 마치 끝말 잇기처럼 앞선 블록의 해시값이 새롭게 생성되는 블록에 포함되는 방식으로 연결된다. 이런 구조가 마치 체인처럼 연결되어 있다고 해서 '블록체인'이라고 부른다.

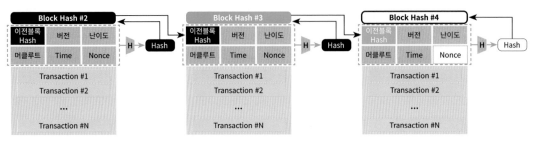

그림 2-21 블록체인 세부 구조

그림을 보면 Block #2의 Block Hash가 Block #3 Header의 '이전 블록 Hash' 값에 포함되고, Block #3의 Block Hash는 Block #4 생성 시 Header에 포함된다.

7) 기밀성 · 무결성 · 가용성

일반 사람들도 이 세 단어가 대충 무슨 의미인지 이해하지만, 익숙한 용어는 아니다. 이는 보안에서 사용되는 용어로서, 흔히 보안의 3대 요소로 언급된다.

- **기밀성(Confidentiality)**: 인가되지 않은 사람에게 노출되지 않도록 정보를 보호
- **무결성(Integrity)**: 변경 및 위·변조로부터 정보를 보호
- **가용성(Availability)**: 정보의 훼손 및 파괴로부터 정보를 보호

블록체인에서도 이 용어들이 자주 언급되기 때문에 조금 익숙해질 필요가 있다.

기밀성

기밀성은 인가된 사람에게만 정보를 공개하는 것이다. 반대로 허가받지 않는 사람에게 중요한 정보가 노출되지 않게 하는 것이기도 하다.

기밀성과 연계하여 헷갈리는 용어가 익명성이다. 기밀성은 중요한 정보 자체가 노출되지 않게 하는 것이라면, 익명성은 정보 자체는 노출되지만 정보에 포함된 개인정보(이름, 나이, 주민등록번호 등)가 누구인지 식별되지 않게 하는 것이다.

블록체인은 투명성을 강조하기 위해 모든 데이터를 공개했기 때문에 기밀성은 보장되지 않는다. 반면 개인 식별이 어렵도록 키(Key)를 기반으로 거래하기 때문에 익명성은 보장된다.

무결성

데이터가 임의로 또는 악의로 수정이나 변경된다면 그 데이터는 신뢰할 수 없을 것이다. 이처럼 데이터가 수정 및 변경되는 것으로부터 보호되는 것을 무결성이라고 한다. 데이터를 신뢰하기 위해서는 데이터가 악의적으로 수정이나 변경되어서는 안 된다.

화폐 시스템에서 장부는 돈과 동일하다. 만일 장부가 임의로 수정된다면 이는 이중지불과 같은 문제를 야기할 수 있기 때문에 무결성이 보장되게 철저한 관리가 필요하다. 중앙관리자나 시스템이 부재한 블록체인에서는 어떠한 상황에서도 장부 데이터가 수정이나 삭제되지 않도록 설계하여 무결성을 보장해야 한다.

무결성과 관련하여 '비가역성'이란 용어가 있다. 비트코인 논문에 보면 'make non-reversible payments for non-reversible services'라는 표현이 나온다. 여기서 'non-reversible'이라는 단어가 '되돌릴 수 없다'는 의미로서 '비가역성'으로 번역된다. '비가역성'은 원래 물리학 용어지만, 블록체인의 독특한 특징이 '절대 되돌릴 수 없다'는 것을 강조하기 위해서 비가역성이라는 용어를 자주 사용한다. 비가역성이라는 특징 때문에 비트코인 장부는 수정 및 삭제가 절대 불가능하고, 따라서 무결성이 보장된다고 할 수 있다.

가용성

조선왕조 500년의 역사를 편년체 형식으로 총 1,893권 888책으로 구성한 조선왕조실록은 1997년 세계기록유산에 등재되었다. 조선왕조실록이 세계적 기록유산으로 가치가 높은 것은 500년간의 모든 기록을 담고 있다는 것과 내용에 대한 풍부함도 있겠지만, 더 주목받는 것은 어떻게 이런 방대한 역사서가 수많은 전쟁과 자연재해에도 불구하고 오늘날까지 완전하게 보관되었느냐 하는 것이다. 이렇게 방대한 책이 오랜 기간 이렇게 온전히 보관되어 관리되는 사례는 세계적으로 유례를 찾아볼 수가 없다고 한다.

임진왜란 · 병자호란과 같은 큰 전쟁에도 실록이 살아남을 수 있었던 이유는 동일한 실록을 4~5부 작성하여 전국 곳곳에 분산 배치했기 때문이다. 임진왜란 때 4개의 사고 중 3곳이 불타 소실되었지만, 1곳에서 온전히 보관되어 오늘날까지 전해 내려올 수 있었던 것이다. 우리 선조의 혜안을 엿볼 수 있는 부분이다.

가용성이란 어떠한 상황과 환경에서도 서비스가 정상적이고 지속적으로 운영될 수 있는 능력이다. 전쟁이나 자연재해 같은 상황에서도 장애가 발생하지 않고 서비스가 유지되는 것을 말한다. 가용성 보장을 위한 대표적인 방법이 바로 분산 배치다.

시스템과 데이터가 한곳에 집중된 중앙집중 시스템에서는 해당 시스템이 화재나 외부공격으로 파괴되면 서비스가 중단되어 버리는 SPOF(Single Point Of Failure) 문제가 발생한다. 블록체인에서는 동일한 장부가 전 세계 네트워크상의 노드에 완벽하게 동일한 형태로 수천 개 중복으로 복제되어 있어 가용성을 보장한다. 물론 블록체인에서 분산 배치는 투명성과 신뢰성을 보장하기 위한 목적이 더 크지만, 가용성도 보장한다.

8) 비트코인

비트코인은 사토시 나카모토가 개발한 '개인 간 전자화폐 시스템(Peer-to-Peer Electronic Cash System)'이다. 화폐 관점에서 암호화폐를 의미하기도 하고 비트코인 기반의 블록체인을 비트코인이라고 부르기도 한다.

이 책에서 비트코인은 암호화폐 또는 탈중앙 화폐 시스템을 의미하기로 하겠다. 비트코인의 기반이 되는 블록체인 플랫폼만을 언급하고자 할 때는 '비트코인 블록체인'이라는 용어를 사용할 것이며 이더리움의 블록체인은 '이더리움 블록체인'이라는 용어를 사용하겠다.

정리하면 비트코인 관련 용어를 다음과 같이 통일하여 사용하겠다.

- **비트코인**: (블록체인 기반) 화폐 시스템, 암호화폐
- **비트코인 블록체인**: 비트코인 구현의 기반이 되는 블록체인
- **이더리움 블록체인**: 이더리움 블록체인 플랫폼
- **비트코인 클라이언트 프로그램**: 비트코인 네트워크에 참여하기 위해 노드에 설치하는 프로그램 (Bitcoin Core)
- **블록체인 플랫폼**: 블록체인 기반의 다양한 서비스 구현을 위해 기반이 되는 블록체인

사토시 나카모토의 관점에서는 '비트코인'이라는 단어만 가능하다. 비트코인이란 탈중앙 기반 화폐 시스템이다. 이를 구현하는 데 블록체인 기술이 녹아들어 있다. 비트코인이라는 용어 자체가 블록체인을 포함한 개념이지만, 일반적으로 비트코인과 블록체인을 구분해서 사용하고 블록체인을 좀 더 강조해서 표현할 필요도 있다. 이때는 비트코인 대신 '비트코인 블록체인'이라는 용어를 사용하도록 하겠다.

앞으로 이 책에서 '비트코인 블록체인'이라는 용어를 자주 듣게 될 것이다. 이 책에서 언급되는 '비트코인 블록체인'이란 사토시 나카모토가 구현하고자 했던 화폐 시스템과 그것을 구현하기 위해 활용된 블록체인 기술을 포함한 개념이다.

2.2.2 블록체인 기본 구성도

기본 구성도에 대한 개념이 이해되지 않더라도 우선 형태적으로 익숙해질 필요가 있다. 이해되지 않으면 구성 형태만 가볍게 숙지하고 넘어가도 상관없다. 구성도에 대한 개념은 단계적으로 이해가 될 것이다.

1) 기본 구성도

블록체인 구성도

앞의 그림 2-20을 통해 블록과 블록체인의 구조를 이해할 수 있었다. 송금을 요청하면 거래내역(트랜잭션)이 생성되고 이 거래내역들은 블록에 차곡차곡 쌓인다. 새로 생성된 블록은 합의 과정을 거쳐 최종 장부인 블록체인에 계속 연결될 것이다.

블록상의 트랜잭션들은 파편화되어 있지 않고 실제로는 논리적으로 연결되어 있다. 다음 그림을 보면 블록체인상에 트랜잭션들이 어떻게 연결되어 있는지를 표현하고 있다. 상세한 설명은 나중에 별도로 하겠다.

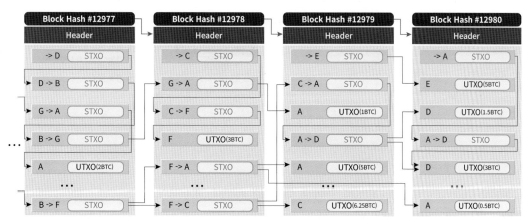

그림 2-22 블록체인 내부 구조

노드 구성도

비트코인 네트워크에 참여하는 각각의 컴퓨터를 노드라고 했다. 노드는 크게 지갑, Memory Pool, 블록체인으로 구성되어 있다.

1. **지갑**: 개인키와 공개키가 보관된 영역

2. **Memory Pool**: 전파된 트랜잭션이 신규 블록 생성 이전까지 잠시 대기하는 저장소 영역

3. **블록체인**: 블록체인이라는 장부가 저장되는 영역

노드는 기능적인 측면에서 크게 4가지 역할을 수행한다. 트랜잭션 생성, 검증, 블록 생성, 저장이 그것이다.

1. **트랜잭션 생성**: 지갑의 개인키와 공개키를 이용하여 새로운 트랜잭션 생성

2. **검증**: 트랜잭션이 네트워크 전체에 전파되었을 경우 검증

3. **블록 생성 및 채굴**: 후보블록을 생성하고 채굴 과정을 거쳐 최종 블록 생성

4. **블록체인에 저장**: 합의를 마친 블록을 블록체인에 연결하여 저장

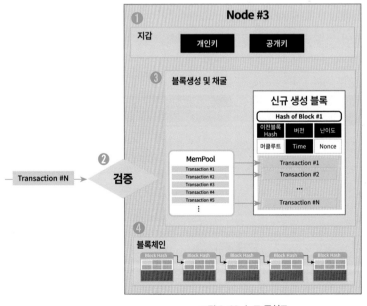

그림 2-23 노드 구성도

3번째 역할인 '블록생성 및 채굴'을 보면, 전파된 트랜잭션의 검증이 완료되면 'Memory Pool'이라는 공간에 잠시 대기한다. 트랜잭션들이 모여서 블록을 생성하고 바로 블록체인에 연결되지 않는다. 각 노드는 MemPool에 저장된 트랜잭션들을 이용하여 먼저 후보블록을 생성한다. 그리고 이 후보블록 중에서 합의를 위한 네트워크에 참여한 모든 노드끼리 경쟁 과정을 거쳐 하나의 최종 블록이 선정되고 최종 블록 하나만 블록체인에 최종적으로 연결된다.

노드 중에는 4가지 역할을 모두 수행하는 노드도 있을 수 있고 일부 역할만 수행하는 노드도 존재할 수 있다. 예를 들어 저장공간과 CPU 능력이 부족한 스마트폰으로 노드에 참여할 경우 일반적으로 지갑이나 검증 기능 역할을 수행할 뿐, 채굴이나 블록체인 장부 역할은 수행하지 않는다.

> **Tip** Memory Pool(MemPool)
>
> 블록체인에는 Memory Pool(MemPool)이라는 메모리 공간이 존재한다. 생성된 트랜잭션이 전파되어 각 노드에서 검증 과정을 마치면 블록이 생성되기까지 잠시 저장되는 장소다. MemPool에 일정 트랜잭션이 쌓이면 MemPool에서 트랜잭션을 선별하여 후보블록을 생성한다. 대표블록에 포함된 트랜잭션들은 MemPool에서 삭제한다.

네트워크 구성도

각 노드는 인터넷을 통해 모두 연결된다. 전체 네트워크를 통제하는 중앙시스템은 존재하지 않으며 참여한 모든 노드가 동등한 권한으로 서로 통신한다.

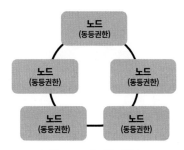

그림 2-24 네트워크 구성도

다음 그림은 비트코인 네트워크에 참여한 실제 노드 현황을 보여준다. 2021년 6월 11일 기준 총 노드의 수는 9,674개다.

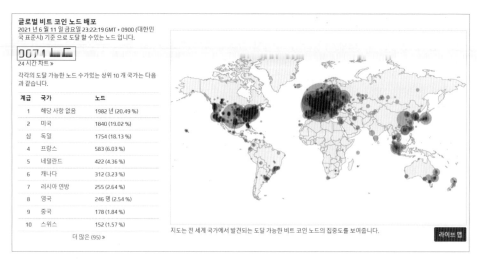

그림 2-25 전 세계 비트코인 노드 실제 현황 (2021년 6월 11일 기준, 출처: https://bitnodes.io)

각 노드에는 동일한 장부(블록체인)가 모두 저장되어 있다고 언급했다. 블록체인 구성도와 네트워크 구성도를 연계하여 다시 표현하면 다음 그림과 같다.

Bitcoin Core라는 프로그램이 설치돼 있어야 노드로 참여할 수 있다. 각 노드는 모두 동등한 권한을 가지며 검증과 합의 과정을 거쳐 중앙시스템 없이도 작동이 가능하다. 노드들은 각각 동일한 블록체인 장부를 저장하고 있다.

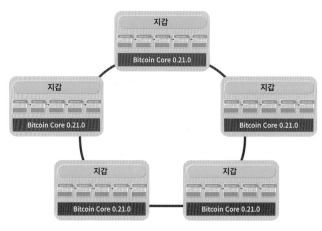

그림 2-26 비트코인 네트워크

2.2.3 블록체인 작동 주요 절차

중앙시스템과 블록체인의 가장 큰 차이점은 바로 장부의 배치 형태라고 할 수 있다. 중앙시스템은 하나의 장부를 관리하면서 장부의 상태를 지속해서 갱신해 나간다. 반면 블록체인이 중앙시스템과 가장 크게 다른 점은 장부가 분산되어 있어 분산된 장부 사이에 합의 과정이 필요하다는 것이다. 블록체인에서는 새로운 트랜잭션이 발생하면 이를 네트워크 전체에 전파하고 장부를 일치시키는 합의 과정이 필요하다.

1) 블록체인 작동 절차와 유사한 사례 (드롭박스)

드롭박스(Dropbox)는 클라우드 기반 파일 저장 및 공유 서비스다. 드롭박스 프로그램을 컴퓨터에 설치하면 연결된 모든 기기에 파일이 업로드 및 동기화되어 어떤 기기를 사용하든 마치 하나의 기기에서 작업하는 효과가 있다.

클라우드 노드, 회사 노트북, 홈 노트북에 드롭박스를 설치하는 상황을 가정해 보자.

그림 2-27 드롭박스 사례 (초기 동기화)

- 첫 번째 그림에서 회사 노트북에 드롭박스 프로그램을 설치하면 회사 노트북의 파일들은 모두 클라우드에 저장 및 동기화된다.
- 두 번째 그림에서 홈 노트북도 연결해 사용하려고 홈 노트북에 프로그램을 설치했다.
- 세 번째 그림에서 프로그램 설치 완료와 동시에 클라우드 노드에 저장되어 있던 최신 파일을 다운로드하여 동기화한다.

이제 클라우드 노드, 회사 노트북, 홈 노트북 모두에 드롭박스가 설치되어 있다.

그림 2-28 드롭박스 사례 (합의)

- 첫 번째 그림은 각 컴퓨터에 파일들이 모두 동기화되어 저장되어 있는 모습을 보여준다.

- 두 번째 그림은 집에서 홈 노트북을 통해 추가 작업을 하고 저장했다.

- 세 번째 그림은 새롭게 갱신·생성된 파일이 연결된 모든 디바이스에 자동으로 전파되어 동기화되는 모습을 보여준다.

집에서 홈 노트북으로 밤늦게까지 대형 파일 작업을 하고 저장했다. 다음 날 아침 회사에 급하게 출근하여 회사 노트북을 켜자마자 바로 해당 파일을 열어서 작업을 이어가려고 했다. 작업을 한참 진행하다 보니 어제 집에서 작업했던 파일과 충돌이 난 것을 확인했다. 아침에 회사 노트북을 켜면 지난 밤에 홈 노트북에서 작업한 대용량 파일이 네트워크를 통해 전파 및 동기화되는 과정이 필요한데, 동기화되기 전에 파일이 열려 다른 데이터가 입력되었기 때문에 충돌이 발생한 것이다.

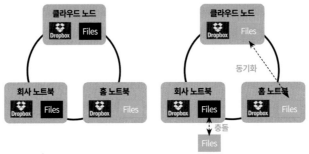

그림 2-29 드롭박스 사례 (충돌)

다음 그림은 필자의 노트북에서 실제 드롭박스에서 충돌이 발생한 파일을 캡처한 이미지다.

그림 2-30 드롭박스 사례 (충돌 사례)

드롭박스가 작동하는 원리는 블록체인의 원리와 유사하다. 하지만 큰 차이점이 하나 있다. 드롭박스에서는 클라우드 노드가 일종의 중앙시스템 역할을 한다. 연결된 모든 디바이스의 파일은 클라우드 노드를 통해 전파 및 동기화된다. 반면에 블록체인은 어떠한 중앙기관도 없고 모든 노드가 완벽하게 동등한 권한을 가지고 합의를 통해 동기화를 진행해 나간다.

2) 주요 절차

블록체인에서 새로운 트랜잭션이 생성되어 전파되고 동기화되는 과정은 앞서 소개한 드롭박스의 작동 원리와 비슷하다. 그런데 동기화되는 과정에 차이점이 하나 있다. 드롭박스는 새로운 갱신이 발생할 때마다 실시간으로 전파 및 동기화 과정을 거치지만, 블록체인은 트랜잭션이 전파되면 바로 동기화되는 것이 아니라 각 노드가 전파된 트랜잭션들을 모아서 후보블록을 각각 생성하고 각 노드에 있는 후보블록들이 경쟁하여 하나의 대표블록을 선정한다. 그리고 이렇게 선정된 대표블록을 다시 전파하는 형식으로 동기화된다. 우선 세부적으로 이해되지 않더라도 우선 전체적인 흐름만 숙지해 두길 바란다.

주요 절차는 다음과 같다. 먼저 그림 2-31은 초기에 각 노드에 있는 블록체인이 동기화되어 동일한 장부 상태를 나타낸다.

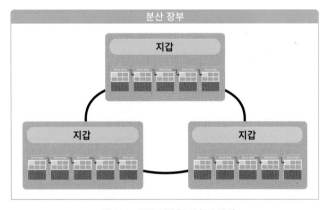

그림 2-31 주요 절차 (초기 합의 상태)

그림 2-32는 새로운 트랜잭션이 생성되고 전파되어 각 노드가 검증하는 과정을 표현한다.

1. 지갑을 통해 거래(트랜잭션) 생성

2. 생성된 트랜잭션은 네트워크를 통해 모든 노드에 전파

3. 각 노드는 수신된 트랜잭션을 검증

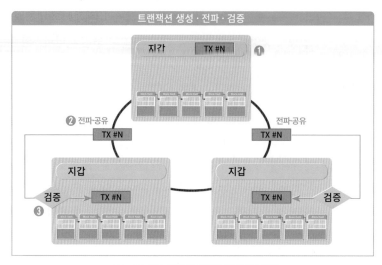

그림 2-32 주요 절차 (트랜잭션 생성·전파·검증)

그림 2-33은 검증 완료된 트랜잭션이 MemPool에 잠시 저장되었다가 후보블록을 생성하는 과정이다.

4. 검증된 트랜잭션은 잠시 Memory Pool에 저장

5. 각 노드는 일정 시간 동안 쌓인 트랜잭션을 모아서 노드별 후보블록을 생성

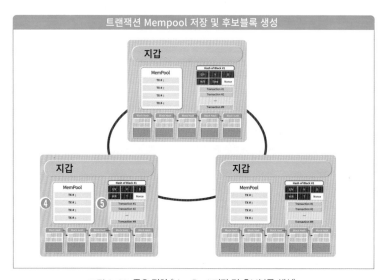

그림 2-33 주요 절차 (MemPool 저장 및 후보블록 생성)

그림 2-34는 각 노드의 후보블록 중 대표블록을 선정하는 과정을 나타낸다.

6. 후보블록 중 대표블록 생성 (채굴)

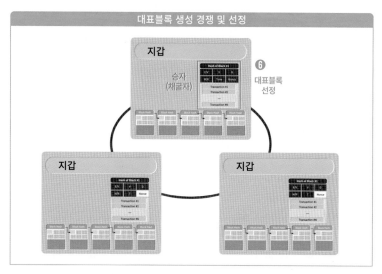

그림 2-34 주요 절차 (대표블록 생성 경쟁 및 선정)

그림 2-35는 대표블록으로 선정된 정식 블록이 네트워크로 전파되어 검증 과정을 거치고 정식 블록체인에 연결되는 과정이다.

7. 선정된 대표블록은 다시 네트워크를 통해 모든 노드에 전파

8. 각 노드는 수신된 대표블록을 검증

9. 검증된 대표블록은 각 노드에 저장된 블록체인에 연결

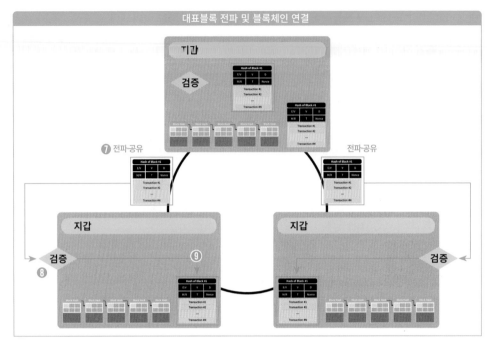

그림 2-35 **주요 절차 (대표블록 전파 및 블록체인 연결)**

2.3 비트코인 · 블록체인 작동 원리

2.1절에서는 비트코인 블록체인이란 탈중앙화되고 분산된 장부 구조에서 금본위제 방식의 화폐 발행 메커니즘과 중개 기관 없이 개인 간 자유롭게 거래가 가능한 화폐 유통 메커니즘을 설계한 것이라고 개념적으로 이해했다. 2.3절에서는 이런 개념이 어떻게 구현되었는지 알아보겠다.

블록체인을 하나의 관점에서 이해하기는 쉽지 않으며, 더구나 비트코인 블록체인은 화폐 시스템이라는 특징도 지니고 있어 화폐 시스템 관점에서의 이해도 필요하다. 따라서 다양한 관점으로 작동 원리를 설명해 보겠다. 관점에 따라 구분했을 뿐, 중복되거나 겹치는 내용이 많으니 참고하기 바란다.

2.3.1절에서는 비트코인 블록체인이 작동하는 핵심 아이디어 관점에서 작동 원리를 설명하겠다. 2.3.2 절에서는 탈중앙시스템 관점에서 작동 원리를 알아보겠다. 2.3.3절에서는 화폐 시스템 구현 관점에서 작동 원리를 소개할 것이다. 2.3.4절에서는 POW 관점에서 작동 원리를 깊이 있게 알아볼 것이다. 2.3.5절에서는 기타 다양한 관점에서 작동 원리를 이해해 보겠다.

2.3.1 비트코인 · 블록체인 구현 핵심 아이디어 관점 작동원리 이해

1) 비트코인 · 블록체인 작동 원리 핵심 아이디어

앞서 탈중앙 화폐 시스템 구성 요소 및 구현 형태에 대해서 개념적으로 간단히 살펴봤다. 시스템적으로 탈중앙화되고, 분산된 장부를 구현하고, 탈중앙화 · 분산 구조 기반으로 화폐 시스템을 구현한 것이 핵심 개념이다.

앞선 그림 2-4에서는 탈중앙 화폐 시스템의 구조적 개념을 살펴보았다. 이런 구조를 기반으로 비트코인이라는 화폐 시스템을 실제로 구현하기 위해서는 다양한 요구사항과 요구사항별 세부 설계 및 구현 방안이 필요하다. 따라서 비트코인이라는 화폐 시스템을 실제로 구현하기 위해 필요한 고민 요소들을 먼저 식별하고 이를 구현하기 위한 핵심 아이디어를 살펴보고자 한다.

분산된 장부에서는 우선 분산된 장부 간에 어떻게 합의에 도달할 것인지에 대한 설계가 필요하다. 또한 누구나 참여 및 접근이 가능한 탈중앙화 환경에서 장부의 위변조를 어떻게 차단할 것인지에 대한 방안도 필요하다. 그리고 중앙시스템이 존재하지 않는 탈중앙화 상황에서 어떻게 시스템을 작동할 것인지에 대한 고민도 필요하다. 또한 탈중앙화 기반으로 화폐 발행 메커니즘을 설계한다고 했는데, 어떤 방식으로 화폐를 발행할 것인지에 대한 아이디어도 필요하다.

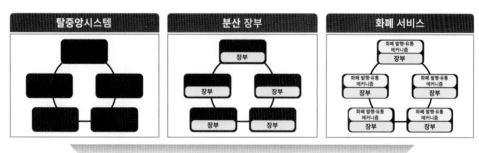

그림 2-36 비트코인 구현 세부 요소들

그림 2-36처럼 탈중앙화, 분산 장부, 화폐 발행 · 유통 메커니즘을 구현하기 위한 고민을 정리하면 다음과 같다.

- 분산된 장부들이 어떻게 합의에 도달할 것인가?
- 탈중앙화된 환경에서 합의 후 어떻게 위변조를 차단할 것인가?
- 어떤 방식으로 화폐를 발행할 것인가?
- 탈중앙화된 환경에서 어떻게 시스템을 작동시킬 것인가?

사토시 나카모토는 이런 고민의 해결 방안으로 그림 2-37과 같은 접근 방법을 검토하지 않았을까 추측해 본다.

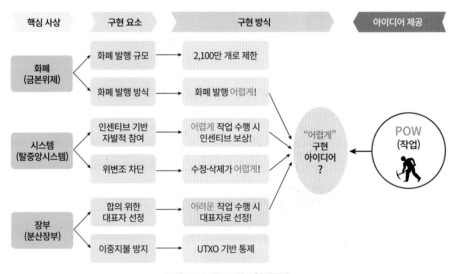

그림 2-37 비트코인 구현 접근법

앞선 그림 2-3에서 비트코인 구현을 위한 3가지 핵심 가치와 6가지 세부 구현 요소를 알아보았다. 세부 구현 요소의 구현 방식을 다음과 같이 검토할 수 있다.

- 금본위제 방식의 화폐에서는 먼저 화폐 발행 규모를 제한할 필요가 있었고 비트코인 총발행량을 2,100만 개로 제한했다. 화폐 발행 방식 측면에서는 인쇄기로 찍어내듯이 너무 쉽게 발행하는 것을 억제하기 위해서 마치 금이 어려운 작업을 통해 채굴되는 것처럼 화폐 역시 어렵게 발행하는 방식이 필요했다.
- 탈중앙화 시스템에서는 시스템을 구동 및 작동시킬 주체가 없기 때문에 자발적으로 참여하여 어려운 작업을 수행한 참여자에게 인센티브를 제공하는 방안이 필요했다. 그리고 참여자별 접근 통제가 불가능한 탈중앙시스템에서 악의적인 노드가 장부를 위변조할 수 있는 가능성 차단을 위해 위변조가 매우 어렵게 설계할 필요가 있었다.
- 분산 장부에서는 분산된 장부 간 합의 도달을 위해 대표 장부를 선정하는 메커니즘이 필요했고, 아무나 대표자로 선정되지 않고 어려운 작업을 가장 많이 수행한 노드를 대표자로 선정할 필요가 있었다. 또한 시간이 다소 필요한 합의 과정까지 이중지불이 발생하지 않도록 UTXO라는 화폐 방식을 채택했다.

정리하면, 중앙시스템에서는 악의적인 행동이 발생하더라도 중앙기관을 통한 직접적인 통제 및 제어가 가능하다. 하지만 완전한 탈중앙화 시스템에서는 별도의 통제장치가 없기 때문에 악의적인 행동을 제어할 마땅한 장치가 없다. 따라서 직접 통제 대신 악의적인 행위를 차단할 수 있는 간접적인 방법으로 '**악의적인 행위가 어렵게**' 설계할 필요가 있었다.

따라서 화폐가 **어렵게** 발행되게 설계하고, **어려운** 작업을 수행하면 인센티브를 제공하는 방식으로 자발적인 참여를 유인하고, 가장 **어려운** 작업을 수행한 노드를 대표자로 선정하여 합의에 도달하게 하고, 수정 및 삭제가 매우 **어렵게** 설계하는 방안이 필요했다.

사토시 나카모토는 이런 고민을 공통으로 해결하고 '악의적인 행위가 어렵도록' 구현하기 위한 핵심 아이디어가 필요했고, 그렇게 생각해낸 아이디어가 바로 'POW(Proof Of Work – 작업증명)'다. POW는 단순히 특정 기능을 구현하는 기술이 아니라 비트코인 구현을 위해 다양한 고민을 동시에 해결하고 다양한 역할을 수행하는 핵심 개념이다.

POW(작업증명) 개념

POW는 2.3.4절에서 자세히 설명할 예정이다. POW의 정확한 개념을 이해하고 싶다면 2.3.4절을 미리 학습해도 좋다.

POW는 사토시 나카모토가 최초로 생각해 낸 개념이나 아이디어가 아니며, 비트코인에서 최초로 적용된 개념도 아니다. 오래전부터 이미 개념화되어 있었고 비트코인보다 10년 앞서 아담 백이 POW를 적용한 Hashcash를 개발하기도 했다.

선행적으로 연구된 POW는 일반적으로 '단순하지만 일정한 시간이 요구되는 어려운 작업을 수행하게 함으로써 악의적인 행동을 차단 · 저지 · 지연 · 검증하기 위한 방안'으로 많이 연구해 오고 있다.

POW 아이디어를 어떻게 활용했나

사토시 나카모토가 이런 POW 개념을 비트코인에 어떻게 활용했는지 이해하기 위해서 '스마트폰을 통한 송금 과정' 사례를 비유로 들어보겠다.

요즘은 스마트폰을 통해서 송금을 많이 한다.

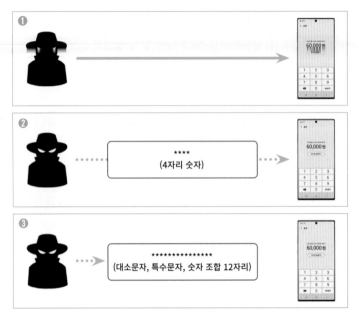

그림 2-38 어려운 문제를 통한 악의적 행동 차단 사례

- 그림 2-38의 첫 번째 그림 사례처럼 본인 스마트폰 간편결제 앱에 누구든지 접근을 허용하면 큰 문제가 발생한다. 따라서 간편결제 앱에 악의적인 접근이 어렵도록 조치를 할 필요가 있다.

- 두 번째 그림 사례처럼 악의적인 접근을 억제하기 위해서 4자리 숫자로 구성된 비밀번호를 설정했다. 없는 것보다는 낫지만, 4자리 숫자 비밀번호는 악의적인 접근을 차단하는 데 한계가 있다.

- 세 번째 그림 사례처럼 악의적인 접근을 매우 어렵게 하기 위해 대소문자, 특수문자, 숫자를 조합한 12자리를 설정하도록 했다. 12자리 문자·숫자를 알아내는 것은 어려운 작업이지 불가능한 작업은 아니다.

어떤 통제 장치도 없는 상황에서는 악의적인 접근이 쉽게 가능하다. 이제 악의적인 접근을 차단하기 위해 12자리 숫자를 알아내는 어려운 문제를 풀도록 설정해 놓았다. 이를 통해 악의적인 접근을 차단 및 억제할 수 있다.

다른 한편으로 보면, 스마트폰 주인의 입장에서는 조합된 12자리 숫자를 항상 기억하는 노력과 12자리라는 숫자·문자를 입력하는 고생이 있어야만 비로소 앱에 접근할 수 있다.

정리하면,

- 적절한 통제 장치가 없다면 누구나 쉽게 앱에 접근하여 악의적 행동이 가능하다.

- 악의적인 행동을 저지·억제하기 위해 12자리 문자·숫자 조합을 알아내야 하는 어려운 문제를 풀게 한다.

- 12자리 문자·숫자 조합을 알아낸다는 것은 매우 어려운 작업이다.

- 어려운 작업을 통해 12자리를 찾아내서 입력하면 접근을 허용해 준다.
- 12자리를 찾아냈다는 것은 어려운 작업을 수행했음을 증명한다.
- 12자리를 찾기 위한 노력의 과정이 '작업'이고, 찾아낸 12자리 문자·숫자 자체는 어려운 작업을 수행했음을 증명하는 '작업증명'이다.

사토시 나카모토는 화폐 시스템의 문제점을 개선하고 탈중앙화 기반으로 시스템을 구현하기 위한 다양한 고민을 이런 POW(작업증명) 아이디어를 통해 해결하고자 했다. 사토시 나카모토의 입장에서는 화폐가 어렵게 발행되게 설계하고 싶었다. 탈중앙 방식이다 보니 가장 어려운 작업을 수행한 노드를 신뢰할 수 있으며, 따라서 그것을 대표자로 선정하여 합의에 도달하고 싶었다. 어려운 작업을 강제화하여 위변조 의욕을 꺾어버리고 싶었다. 인센티브를 통해 이런 어려운 작업에 자발적으로 참여를 유도하고 싶었다.

탈중앙 환경에서는 중앙시스템이 존재하지 않기 때문에 직접적인 통제나 제어가 불가능하다. 따라서 악의적인 행동이 쉽게 가능하다. 비트코인에서는 이를 해결하기 위해 POW 아이디어를 응용하여 어려운 계산 문제를 풀게 했다. 어려운 계산 문제를 풀게 하여 악의적인 행동을 억제, 지연, 차단, 검증하고자 했다.

어려운 계산 문제의 정답을 찾아야만 비로소 화폐를 발행하게 하고, 어려운 계산 문제의 정답을 찾은 노드를 합의를 위한 대표자로 선정해 주었고, 어려운 계산 문제의 정답을 찾아야만 수정 · 삭제를 허용하기 때문에 쉽게 수정 · 삭제도 하지 못하게 설계한 것이다.

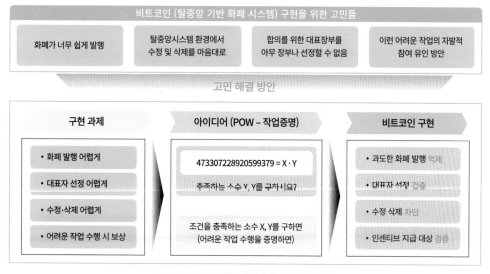

그림 2-39 비트코인 구현을 위한 POW 활용 방안

핵심 내용은 어떤 악의적 행위를 하기 '어렵게' 설계하는 것이다. 이를 위해 어려운 작업을 수행하고 작업을 완료했다는 것을 증명하면 행위를 허용하는 방식을 택했다. 상기 그림을 보면 다음 사실을 알 수 있다.

- X, Y를 찾기 위한 과정이 작업(Work)이다.

- X, Y를 찾는 과정은 어렵고 힘들다.

- X, Y 값을 찾았다는 것은 어렵고 힘든 작업을 수행했다는 것을 증명한다.

- 어려운 작업을 수행했다는 것을 증명했기 때문에 화폐 발행을 허용하고 대표블록으로 선정한다.

악의적인 행동을 차단 및 억제하기 위해 어려운 계산 문제를 풀게 하고, 계산 문제의 정답을 찾았다는 것은 어려운 **작업** 과정을 수행했다는 것을 **증명**한다. 이를 바로 작업증명(POW)이라고 한다.

> Note
>
> POW 개념 자체가 어려운 계산 문제를 푼다는 의미는 아니다. 어려운 작업을 수행했다는 것을 증명하면 비로소 허용해 준다는 개념이다. 어려운 작업이란 일례로 곡괭이질도 어려운 작업으로 볼 수 있다. 컴퓨터로 구성된 노드에서 어려운 작업이란 바로 컴퓨팅에 의한 연산 작업일 것이다.

사토시 나카모토가 POW를 통해서 구현하고자 했던 고민과 구현 방안을 정리하면 그림 2-40과 같다.

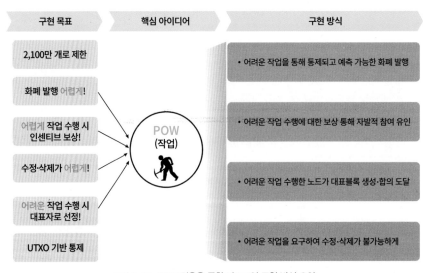

그림 2-40 POW 적용을 통한 비트코인 구현 방식 요약

정리하면, 비트코인의 핵심가치이자 원리는 탈중앙 · 분산 구조 기반으로 금본위제 방식의 화폐 발행 · 유통 시스템을 구현한 것이다. 그리고 사토시 나카모토는 '탈중앙화와 분산 기반으로 금본위제' 를 실제로 구현하기 위해 POW를 핵심 아이디어로 적절히 활용했다.

앞의 그림 2-4비트코인 구현 개념도에 'POW 아이디어'를 추가하여 재구조화하면 다음 그림과 같다.

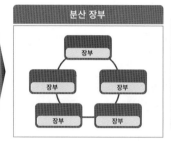

그림 2-41 POW 아이디어를 적용한 비트코인 구현 개념도

탈중앙화와 분산 장부 기반에서 POW 아이디어를 통해 화폐 발행 · 유통 메커니즘을 설계했다. POW 과정을 통해 화폐도 발행하고, 장부 합의에 도달하고, 인센티브도 지급하고, 장부의 위변조도 억제하는 효과를 구현했다고 볼 수 있다.

2) 작동 원리 이해를 위한 기본 개념 이해

비트코인을 구현하기 위한 핵심 아이디어로 POW 개념을 도입했음을 알아보았다. POW가 실제 비트코인 구현에 어떻게 활용되었는지 이해하기 위해서는 몇 가지 선행지식이 필요하다. 그래서 이번 절에서는 필요한 선행지식을 알아보고 다음 절에서 POW가 비트코인 구현에서 어떻게 작동하는지 살펴보겠다.

(1) 블록의 구조

앞의 그림 2-17과 2-18에서 블록의 기본 구조에 대해 알아보았다. 블록은 Body, Header, Block Hash로 구성되어 있다.

- Body에는 모든 거래내역(Transaction)이 포함되어 있다.
- Header에는 6개의 값이 포함된다. 각 트랜잭션(Transaction)의 해시값들을 하나의 해시값으로 요약한 '머클루트' 와 이전 블록의 해시(Hash)값이 포함된다.
- Block Hash는 6개 항목으로 구성된 Header의 모든 데이터를 하나의 해시(Hash)값으로 표현한 것이다.

블록을 생성한다는 것은 블록 구조에 필요한 값들을 모두 결정해서 채워가는 과정이라고 볼 수 있다. 또한 분산된 구조에서 각 노드가 이미 생성한 수많은 후보블록 중에서 네트워크 전체를 대표할 수 있는 하나의 블록을 선정하는 과정이라고 볼 수 있다.

그림 2-42를 보면, 네트워크의 각 노드가 후보블록을 생성하고 합의(POW) 과정을 거쳐 대표블록을 선정하는 과정을 보여준다.

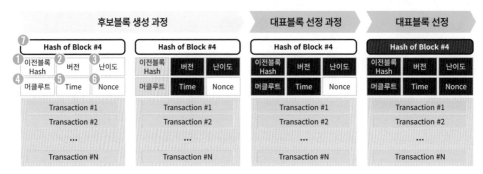

그림 2-42 블록 생성 과정

블록이 형태적으로 완성되기 위해서는 총 7개의 값이 결정되어야 한다. 블록 생성 또는 대표블록을 선정한다는 말은 이 7개의 값을 결정해 가는 과정이라고 할 수 있다.

❷❸❺는 시스템적으로 값이 주어진다. ❶❹는 Body 정보와 이전 블록의 해시 정보로 결정된다. ❶~❺ 값을 결정하는 과정이 후보블록 생성 과정이다.

이제 ❻❼ 값만 결정되면 정식 블록이 생성된다. 따라서 ❻❼을 결정하는 과정이 대표블록 선정 과정이자 Nonce 값을 찾는 POW이다.

(2) 후보블록 생성 과정

먼저 후보블록을 생성하는 과정을 이해해 보자. 생성된 트랜잭션들은 네트워크를 통해 모든 노드에 전파되며 검증을 거쳐 저장된다. 각 노드는 전파된 트랜잭션들을 이용하여 후보블록을 생성한다.

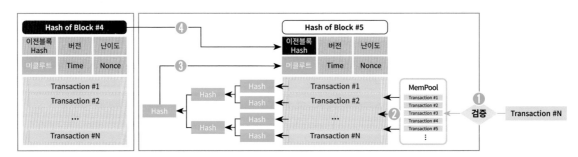

그림 2-43 후보블록 생성 과정

❶ 생성된 트랜잭션은 전파와 검증을 거쳐 각 노드의 MemPool에 저장된다.

❷ MemPool에 저장된 트랜잭션을 선별하여 후보블록 Body에 포함시킨다.

❸ 각 트랜잭션의 해시값들을 하나의 해시값으로 Header의 '머클루트'에 포함시킨다.

❹ 이전 블록의 해시값이 후보블록 Header의 '이전 블록 Hash'에 포함된다.

이렇게 해서 후보블록이 완성되었다. 네트워크의 모든 노드는 각자 이런 후보블록을 완성한다. 후보블록의 Nonce 값과 Block Hash 값은 아직 결정되지 않았다. 다음 POW 과정을 통해 Nonce 값과 Block Hash 값을 찾기 위한 경쟁에 돌입하게 되고 가장 먼저 이 값을 결정한 노드의 후보블록을 대표블록으로 선정한다.

(3) 대표블록 생성 과정

다음 그림은 후보블록에서 대표블록이 생성되는 과정을 설명한다. 각 노드에서 후보블록을 각각 생성했고 후보블록에는 'Nonce' 값과 'Block Hash' 값만 아직 확정되지 않았다. 각 노드는 경쟁을 통해 가장 먼저 'Nonce' 값과 'Block Hash' 값을 찾으면 정식 블록을 생성하고 동시에 대표블록으로 선정된다.

Block Hash는 해당 블록을 하나의 값으로 표현한 것이다. 따라서 유일하게 남은 Nonce 값만 결정되면 Block Hash 값도 결정된다. 결국 Nonce 값과 Block Hash 값은 동시에 결정된다.

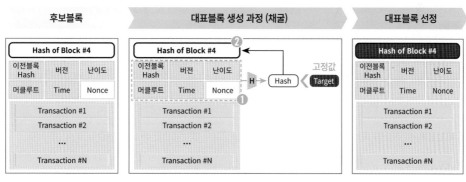

그림 2-44 **후보블록 생성 과정**

❶ **Nonce 값 찾기**: 후보블록에서 Nonce 값만 찾으면 Block Hash 값도 결정되어 블록이 완성된다. 이렇게 후보블록에서 Nonce 값을 찾는 과정을 채굴이라고 한다. 네트워크에 참여한 모든 노드가 채굴 경쟁에 참여하여 '전체 Header의 해시값이 목푯값보다 작다'는 조건을 충족하는 Nonce 값을 가장 먼저 찾으면 Block Hash값을 결정하게 되며, 결국 Block에 필요한 모든 값을 결정하게 된다.

❷ **대표블록 생성**: 특정 노드가 가장 먼저 Nonce 값을 찾으면 Nonce 값과 Block Hash 값이 결정되면서 정식 블록이 생성된다. 이 정식 블록은 네트워크상에서 대표블록으로 선정되었음을 의미한다. 이렇게 선정된 대표블록은 다른 노드에 전파되어 각 노드에 저장된 기존 블록체인에 연결함으로써 장부의 합의에 도달한다.

Note

트랜잭션이 네트워크에 전파되면 각 노드는 후보블록을 만들고 각 노드 간 경쟁을 통해 대표블록을 하나 선정하고 이를 전파하여 합의에 도달한다. 그런데 대표블록이 동시에 2개 이상 생성되는 상황도 발생한다. 이를 분기라고 한다. 대표블록으로 선정되었다고 해도 분기 상황에서는 최종 승인된 블록이라고 할 수 없다. 분기 상태가 해소되면 그때 승인블록이 된다. 이처럼 블록은 후보블록, 대표블록, 미승인블록, 승인블록의 생애주기를 갖는다.

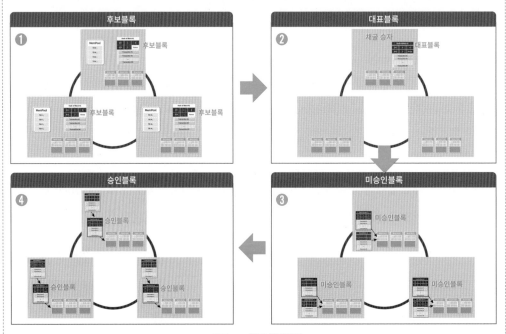

그림 2-45 블록 생애주기

- **후보블록**: Nonce를 아직 찾지 못한 상태의 블록(모든 노드가 후보블록을 가지고 있음)

- **대표블록**: Nonce 값을 찾은 상태의 블록(하나의 노드만 대표블록 생성)

- **미승인블록**: 분기가 발생한 상태에서의 대표블록

- **승인블록**: 분기 상태가 끝나고 블록체인에 최종적으로 선택되는 대표블록

분기가 발생하지 않은 상황에서는 대표블록이 바로 승인블록이 된다.

(4) Nonce 개념 이해

블록체인 작동 원리를 이해하기 위해서는 'Nonce'라는 개념이 중요하다. 일반적으로 아직 결정되지 않는 임의의 수를 Nonce라고 한다.

Nonce 값 이해를 위해 하나의 비유를 들어보겠다. 회사에서 연초가 되면 올해의 사업 계획을 수립한다. 일반적으로 올해의 판매 수량과 영업이익 목표를 경영진에서 제시하면 실무진에서 그 목표를 달성하기 위한 다양한 세부 전략을 수립한다. 예를 들어 경영진에서 올해 판매 수량 목표 10만 개와 영업이익 목표 20억 원을 결정했다고 하자. 매출액에서 원자재비와 운영비를 빼면 영업이익이 된다. 영업이익과 판매 수량은 이미 결정되어 있고 판매 수량에 필요한 원자재비와 운영비도 연동되어 결정된다. 다른 값은 모두 정해졌기 때문에 20억 원의 영업이익을 달성하기 위해서 적정 판매단가만 알아내면 된다.

구성		수량
매출액	판매 단가	?
	판매 수량	100,000개
원자재비		50억 원
운영비		30억 원
영업이익		20억 원

이를 수식으로 정리하면 다음과 같다.

$$(x \times 100{,}000) - 50억 - 30억 = 20억$$

20억 원이라는 영업이익 목표를 달성하기 위해 x라는 판매 단가를 찾으면 된다. 여기서 x는 현재 정해지지 않는 임의의 수이며 이 x를 Nonce라고 할 수 있다.

x = Nonce 값 (20억 목표를 달성하기 위한 아직 정해지지 않는 임의의 수)

블록체인에서의 Nonce 값도 이와 유사한 개념이다. Nonce 값은 아직 결정되지 않은 임의의 수다. '블록의 구조' 그림이 Header 부분만 다시 표현하면 다음과 같다.

Header의 6개 정보 전체의 해시값을 구했을 때, 목푯값보다 작은 해시값을 충족하는 Nonce 값을 찾아내면 된다.

그림 2-46 Nonce 값 찾기 개념도

목푯값이 주어지면 이 목푯값보다 작은 해시값이 나오게 X(nonce) 값을 찾는다. 다른 데이터는 값이 이미 정해져 있기 때문에 현재 정해지지 않는 임의의 값이 필요하다. 그 값이 바로 Nonce이며 이 Nonce를 찾는 것을 '채굴(작업)'이라고 한다.

사업계획 사례에서는 20억 원과 같아지도록 Nonce 값을 찾지만, 블록체인에서는 목푯값보다 작은 조건을 충족하는 Nonce 값을 찾는다는 것에 주의할 필요가 있다. 좀 더 자세한 내용은 별도로 설명하겠다.

(5) POW 개념

POW가 합의 알고리즘으로 많이 소개되다 보니, 'POW=합의 알고리즘'이라는 프레임에 갇혀 POW를 정확히 이해하지 못하는 경우가 많다. 앞서 간단히 언급했던 것처럼 POW는 비트코인 이전부터 다양하게 연구 및 활용되어 온 개념이다. 사토시 나카모토는 기존 POW 개념을 비트코인 구현 요소 요소에 적절히 활용했으며, 그중 하나로 합의 알고리즘으로도 활용하고 있다.

POW 개념을 정확히 이해하지 않고서는 비트코인 블록체인을 제대로 이해할 수 없다. 앞선 그림 2-38과 그림 2-39에서 POW 개념을 간단히 살펴봤으니 자세한 설명은 생략하겠다. POW 개념을 명확히 이해하고자 한다면 2.3.4절을 미리 학습해도 괜찮다.

(6) 비트코인에서의 POW 활용

탈중앙 기반인 비트코인에서는 별도의 통제장치를 설정할 수 없기 때문에 악의적 행동 차단 및 원하는 서비스 구현을 위해서 '어렵게'라는 철학을 기반으로 설계했다고 말했다. 그리고 '어렵게'를 실제로 구현하기 위한 아이디어가 'POW'다. 연산을 수행하는 컴퓨터에서 '어렵게'를 구현하는 방식은 바로 '어려운 연산 작업을 수행'하게 하는 것이다.

앞선 '473307228920599379 = X·Y' 사례를 다시 보자. 컴퓨터에게 어려운 작업이란 어려운 계산 문제를 말한다. 따라서 473307228920599379 = X·Y를 충족하는 X, Y 값을 구하는 것이 어려운 계산 문제다. 그리고 수많은 연산 작업을 수행해야만 X, Y 값을 찾을 수 있다. X와 Y값을 찾았다면 이는 수많은 연산 작업을 수행했다는 것을 증명한다. 결국 조건을 충족하는 X, Y 값이 어려운 연산 수행에 대한 증명이다.

다음 그림은 소수 X, Y를 구하는 연산과 Nonce 값을 구하는 과정을 비교해서 설명한다.

어려운 작업	작업 수행	작업증명(POW)
473307228920599379 = X · Y (X, Y는 소수)	X, Y 값을 찾는 연산 수행	X, Y 값
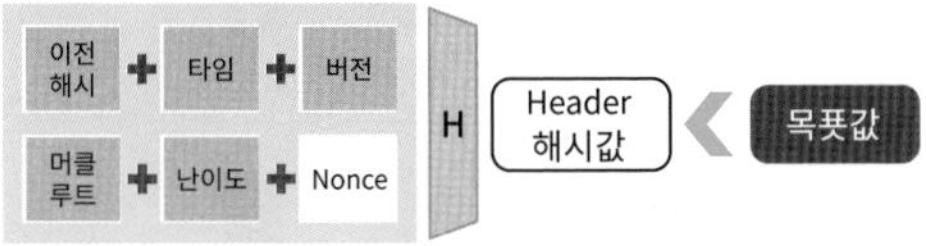 이전해시 + 타임 + 버전 머클루트 + 난이도 + Nonce → H → Header 해시값 ← 목푯값	Nonce 값을 찾는 연산 수행	Nonce 값

그림 2-47 작업증명(POW) 개념도

그림에서 X, Y값을 찾았다는 것은 어려운 작업을 수행했다는 증명이다. Nonce 값을 찾았다는 것은 어려운 작업을 수행했다는 증명이다.

Nonce 값을 찾기 위한 연산 과정이 'POW(작업증명) 과정'이며 마이닝(채굴)이다. Nonce 값 자체가 작업을 수행했다는 증명, 즉 'POW(작업증명)'이다.

비트코인에서 POW(작업증명)이란 바로 Nonce 값을 찾는 것이며, 작업증명(Nonce 값을 찾는 순간)을 통해 비트코인에서 이루고자 하는 다양한 목적이 구현된다.

- Nonce 값이 결정되면 블록이 생성된다. 장부가 생성된다는 의미다.
- Nonce 값이 결정되면 대표블록이 선정되어 네트워크에 산재한 장부가 합의된다.
- Nonce 값이 결정되면 화폐가 발행된다. (블록 생성에 대한 대가로 화폐 지급)
- Nonce 값이 결정되면 임의로 수정 · 삭제가 불가능해진다.

Nonce 값 찾는 원리 이해

Nonce 값만 찾으면 다양한 목적이 구현되기 때문에 Nonce는 중요한 개념이다. 이런 Nonce 값을 어떻게 찾는지 그 찾는 원리를 먼저 이해해 보자.

주사위 던지기를 생각해 보자. 주사위로 나올 수 있는 값은 6가지이며, 6가지 중 하나만 나온다. 그리고 던질 때까지 어떤 값이 나올지 아무도 모른다. 즉, 랜덤하게 결괏값을 출력한다는 이야기다.

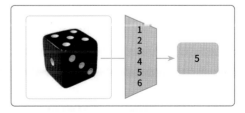

그림 2-48 주사위 던지기 개념

이런 원리를 이용하여 게임을 하나 해보자. 주사위를 던져서 3이 먼저 나오면 이기는 게임이다.

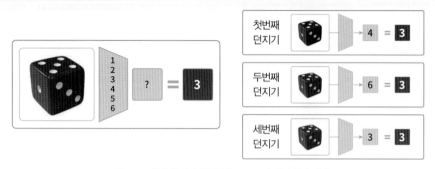

그림 2-49 주사위 던지기를 통한 Nonce 값 찾기 원리 이해

첫 번째와 두 번째 던지기에서는 실패했고, 세 번째 던지기에서 드디어 3이 나왔다. 주사위를 던져 어떤 값이 나올지 예측할 수 없기 때문에 던져봐야 한다. 첫 번째 던지기에서 바로 3이 나올 수도 있고 아무리 던져도 3이 안 나올 수도 있다.

이 게임을 좀 더 구조화하여 다시 한번 살펴보자. 다음 그림에서 첫 번째 수식에서는 네모에 들어갈 값이 5라는 것을 쉽게 알 수 있다. 하지만 2번째 수식은 해시값을 구하는 것이다. 2번째 수식에서는 네모에 들어갈 값이 무엇인지를 알 수 없다. 앞서 해시 함수의 특징을 살펴본 것처럼 해시함수는 입력값에 대해 랜덤한 출력값을 배출한다. 다음 그림과 연계해서 다르게 설명하면 어떤 값을 입력해야 8이라는 출력값이 나오는지를 알 수가 없다.

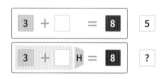

그림 2-50 덧셈 연산과 해시 연산의 차이

어떤 값을 대입해야 8이라는 출력값이 나오는지 알수가 없기 때문에 입력값을 찾기 위해서는 어쩔 수없이 0부터 차례대로 대입해 보는 방법밖에 없다.네모 값에 0부터 차례대로 대입하다 보면, 4를 대입했을 때 8이라는 해시값이 출력되는 것을 알 수있다.

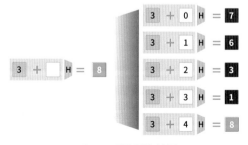

그림 2-51 해시 연산의 특징

특정 해시값을 충족하는 Nonce 값을 찾을 수도 있지만, 다음 그림처럼 특정 목푯값보다 작은 해시값을 충족하는 Nonce 값을 찾는 게임도 가능하다.

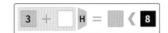

그림 2-52 목푯값보다 작은 해시값 찾기 개념

다음 그림 2-53에서는 다양한 조건에서 Nonce 값을 찾는 과정을 보여준다.

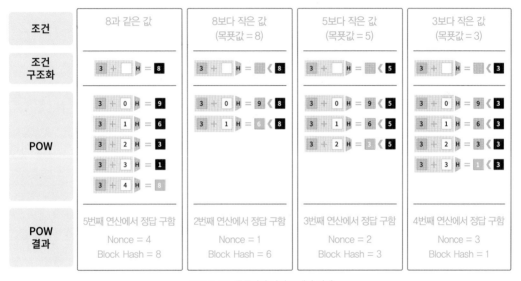

그림 2-53 목푯값과 난이도 개념 이해

- 첫 번째 상황은 해시값이 8을 충족하는 Nonce 값을 구하는 시나리오다.

- 두 번째 상황은 해시값이 8보다 작도록 Nonce 값을 구하는 시나리오다.

- 세 번째 상황은 해시값이 5보다 작도록 Nonce 값을 구하는 시나리오다.

- 네 번째 상황은 해시값이 3보다 작도록 Nonce 값을 구하는 시나리오다.

시나리오별 특징을 요약하면, 특정 해시값을 찾는 것보다는 특정 목푯값보다 작은 범주에 속하는 값을 찾게 하는 것이 더 쉽다는 것을 알 수 있다. 또한 찾는 값이 속한 범주가 작을수록 값을 찾기가 어렵다는 것도 확인할 수 있다. 이는 주사위를 던져서 5보다 작은 숫자가 나올 확률이 3보다 작은 숫자가 나올 확률이 더 높다는 의미와 유사하다.

주사위 던지기 사례로 다시 한번 이해해 보자. 다음 그림은 주사위를 던져 특정 값이 나올 때까지 던지는 상황과 특정 목푯값보다 작은 값이 나올 때까지 던지는 상황을 각각 설명하고 있다.

 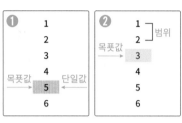 

	게임 룰	승리 요건	승리 확률
1	던져서 '5'라는 숫자가 나오면 승리	반드시 '5'라는 숫자가 나와야 함	1/6 (17%)
2	'3보다 작은 값'이 나오면 승리	던져서 '1 또는 2'가 나오면 승리	2/6 (33%)
3	'4보다 작은 값'이 나오면 승리	던져서 '1 또는 2 또는 3'이 나오면 승리	3/6 (50%)

그림 2-54 주사위 던지기를 통한 목푯값과 난이도 이해

여기에서도 특정 값 찾기보다는 범위 내에서 찾는 것이 더 용이하고, 범위가 작을수록 찾기가 어려워진다는 것을 알 수 있다.

목푯값보다 작은 해시값을 찾도록 설계한 이유

특정 목표와 일치하는 값을 찾는 게임도 가능한데, 비트코인에서는 왜 특정 값보다 작은 값을 찾는 게임 방식으로 설계했을까?

주사위 게임에서는 6개의 경우의 수만 출현하기 때문에 하나의 특정 값을 찾는 게임을 하더라도 크게 문제가 되지 않는다. 하지만 비트코인에서는 Nonce 값을 찾는 과정에 SHA-256이라는 Hash 함수를 사용한다. SHA-256 개념은 3장에서 자세히 설명하겠지만, 우선 SHA-256에서 나올 수 있는 경우의 수는 참고로 115792089237316195423570985008687907853269984665640564039457584007913129639933이다.

이론적으로 이런 많은 경우의 수가 가능한 상황에서 하나의 특정 값을 찾는 것은 슈퍼컴퓨터로도 불가능하다. 따라서 특정 값을 찾는 게임이 아니라 목표를 설정하고 그 값보다 작은 값의 아무 숫자나 나오면 조건을 충족한 것으로 간주한다.

또한 연산 장치가 진화함에 따라 난이도 조절 기능이 필요하다. 비트코인에서는 정답이 나올 수 있는 범주를 설정하여 난이도를 조정한다. 따라서 특정 값을 구하는 게임보다는 특정 값보다 작은 값을 찾도록 설계했다.

Nonce 값을 찾는 과정을 '모래 찾기 게임'으로 다시 한번 설명해 보겠다.

전 세계에는 헤아릴 수 없이 많은 모래가 존재한다. 그런데 모래알 각각에 대해 모래가 채취된 장소 (출신) 정보가 기록되어 있고 이런 전 세계 모래를 모두 모아서 특정 장소에 마구 섞어 놓았다고 해 보자. 모래의 개수는 대충 다음과 같다.

1157920892373161954235709850086879078532699846656405640394575840079131296399

수많은 사람이 참여하여 섞인 모래에서 제시된 특정 지역 출신의 모래를 가장 먼저 찾는 사람에게 100만 원을 주는 게임을 한다고 가정해 보겠다. 특정 지역의 모래를 찾는 기술이나 알고리즘은 없 다. 어쩔 수 없이 수많은 모래 중 하나씩 선택해서 거기에 기록된 출신을 직접 확인해 봐야 한다.

처음에는 '아시아 지역 출신의 모래'를 찾는 게임을 했다. 사람들은 모래알을 하나씩 선택해서 아시 아산 모래가 맞는지 일일이 출신을 확인했다. 육대주를 고려할 경우 확률은 1/6이지만, 재수가 좋으 면 첫 번째에 바로 찾을 수 있고 운이 없으면 수백 번을 찾아도 찾을 수 없다.

게임을 진행하다 보니 생각보다 빨리 찾게 되어, 이번에는 모래 출신 범위를 좀 더 좁혀서 '대한민국 산 모래'로 한정했다. 범위가 좁혀지다 보니 우연히 모래알을 하나 선택해서 그 모래가 대한민국 출 신의 모래일 확률은 더 줄어들었다. 운이 좋은 사람은 몇 번 만에 찾는 경우도 있었고 오랫동안 찾아 도 찾지 못하는 사람도 있었다. 운도 많이 좌우했지만, 일반적으로 꾀를 부리지 않고 열심히 찾는 사 람이 빨리 찾았다. 그리고 찾기 게임이 반복될수록 모래를 찾는 시간은 평균 10분 정도가 되었다.

처음에는 맨손으로 모래알을 집어 출신을 확인했지만, 나중에는 특수 장갑을 끼고 보다 빠르고 신속 하게 모래알을 집어 출신을 확인할 수 있게 되어 모래알을 찾는 시간이 훨씬 짧아졌다. 그래서 이제 는 '강릉 앞바다산 모래'로 출처 범위를 더 한정하여 찾게 하였다.

평균 10분이라는 시간에 한 사람이 특정 지역 출신의 모래를 가장 먼저 찾았다. 그런데 흔하지는 않 지만, 수많은 사람이 함께 모래알을 찾다 보니 우연히도 두 사람이 동시에 모래를 찾는 경우도 발생 했다.

이처럼 비트코인에서 POW는 특정 지역의 모래알 찾는 게임과 유사하다. 네트워크에 참여한 모든 노드가 일제히 특정 지역의 모래알 찾기 경쟁을 한다고 볼 수 있다. 여기에서 찾은 지역을 특정하는 것은 '목푯값'이 된다. 아시아, 대한민국, 강릉이 목푯값이며 목푯값이 작을수록 찾기 난이도는 어려 워진다.

참고로 SHA-256의 경우의 수는 전 세계 모래알보다 수천만 배 더 많다. SHA-256은 3장에서 좀 더 자세히 설명하겠다.

비트코인에서 Nonce 값 찾는 방법

앞의 그림 2-45를 보면 Nonce 값을 구조적으로 어떻게 찾는지 알 수 있다. 다음 그림 2-55는 비트코인에서 실제로 Nonce 값을 찾는 방법과 절차를 보여준다.

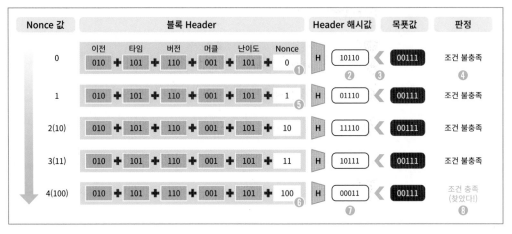

그림 2-55 비트코인에서 Nonce 값 찾는 방법

❶ 먼저 Nonce 값으로 0을 대입해 본다.

❷ 6개의 값으로 구성된 Header의 해시값을 구한다.

❸ 출력된 Hash 값이 제시된 목푯값보다 작은지 비교한다.

❹ 조건 충족 여부를 판정한다.

❺ 조건을 충족하지 못하면 Nonce 값에 다시 1을 대입해 본다.

❻ Nonce 값으로 100을 대입해 본다.

❼ Nonce에 100 대입 시 Header의 해시값으로 '00011'이 출력되었다.

❽ '00011'은 목푯값인 '00111'보다 작기 때문에 조건을 충족한다.

그림 2-55를 통해 찾은 Nonce 값은 '100'이고 이때 해시값은 '00011'이 된다. Nonce 값과 Block Hash 값이 결정되었기 때문에 정식 블록이 생성된다.

(7) 분산 구조에서 합의 과정이란

먼저 합의란 무엇일까? 합의란 둘 이상 당사자의 의견을 일치시키는 것을 의미한다. 한 사람만 존재하는 환경에서 합의라는 단어는 존재하지 않는다. 둘 이상 이해관계자의 의견이 다를 경우 이를 일치시키는 것을 합의라고 한다. 블록체인과 같은 분산 장부의 경우 장부를 하나로 일치시켜주는 작업이 필요하며, 이를 합의라고 한다.

합의하는 방식은 다양할 수 있다. 이해관계자 전원의 만장일치에 의해 합의에 도달할 수 있고, 부득이하게 만장일치가 어려울 경우 다수결이나 3분의 2 찬성으로 합의에 도달할 수도 있다. 또한, 이해관계자가 너무 많을 경우 대표자를 선정하여 대표자들에게 의사결정을 일임함으로써 간접적인 방식으로 합의에 도달하는 방법도 있다. 주어진 환경과 대상에 따라 적절한 합의 방식을 채택하면 된다.

이를 일반화하면, 합의에 도달하는 방식은 크게 2가지로 요약될 수 있다.

- 만장일치 또는 다수결이나 투표 등을 통해 '다수의 의견을 채택'하는 방식
- 대표자나 리더를 선출하여 '대표자의 의견'을 따르는 방식

'다수의 의견 채택' 방식은 당사자들의 합의 과정에 직접 참여하여 다수의 의견이 채택된다. 반면 '대표자 의견 채택' 방식은 리더를 선출하면 리더에 일임하게 되고 결국 리더의 의견이 채택된다.

합의 방식이 결정되었다고 해도 각각의 방식에는 다양한 세부 방법이 존재할 수 있다. 다수 의견 채택 방식이라면 만장일치로 할 것인지, 아니면 과반수 또는 3분의 2 찬성, 아니면 다수결로 할 것인지를 선택할 수 있다.

대표자를 선출하는 방식 역시 다양하다. 아주 먼 옛날에는 싸움을 가장 잘하는 사람이 대표가 될 수 있고 힘이 가장 센 사람이 대표가 될 수 있었다. 회사에서는 지분이 가장 많은 사람이 대표가 된다.

블록체인에서도 이 두 가지 방식을 통해 합의에 도달한다. 다수 의견 채택 방식의 대표적인 합의 알고리즘이 PBFT이며, 대표자 의견 채택 방식의 대표적인 합의 알고리즘이 POW/POS다.

POW 방식을 채택하고 있는 비트코인의 합의 방식은 다음과 같다. 초기 모든 노드는 동일한 블록체인을 저장하고 있는 상태다. 이후 새롭게 생성되는 장부들이 전파 및 합의 과정을 거쳐 블록체인에 새롭게 추가된다.

장부 불일치 상태	대표자 선정	장부 일치(합의된 상태)
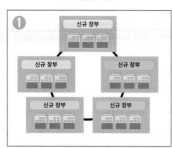	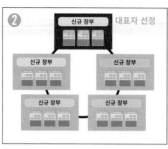	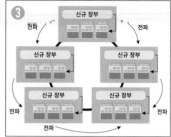

그림 2-56 합의 과정 이해

❶ 트랜잭션이 생성되면 네트워크 전체에 전파하고 모두 검증을 거치기 때문에 각 노드는 기본적으로는 동일한 장부를 가지고 있다. 하지만 전 세계에 퍼진 완전한 분산 구조에서 전파 과정의 손실 및 지연 때문에 불일치가 발생할 수 있다.

❷ 분산된 장부 구조에서는 이렇게 공유 및 전파 과정을 거쳐도 장부 불일치 상태가 발생할 수 있기 때문에 대표자를 하나 선정하여 대표장부를 다시 전파하는 방식으로 합의에 도달한다. 각 노드에 전파되어 저장된 트랜잭션들은 서로 불일치될 수 있지만, 모두 검증을 거쳤기 때문에 누가 대표자가 되더라도 그 장부는 대표장부로서 신뢰할 수 있다.

❸ 대표자가 선정되면 대표 장부를 다른 노드에 전파하여 받아들이게 함으로써 전체 네트워크상의 노드가 모두 동일한 장부로 동기화된다.

분산 DB에서도 대표자를 선정하여 분산된 DB의 동기화를 달성한다. 분산 DB는 중앙시스템이 대표자를 선정하지만, 탈중앙화 시스템인 비트코인에서는 POW를 통해 대표자를 선정한다.

이상으로 POW 개념 기반 블록체인 작동 원리를 이해하는 데 필요한 선행지식을 알아봤다.

3) 비트코인 블록체인 작동 원리
이제 POW 개념이 실제적으로 구현된 작동 원리를 이해해 보자.

(1) 비트코인 블록체인 기본 구조
탈중앙화 시스템과 분산된 장부 구조에서 POW 아이디어를 통해 화폐 시스템을 구현한 비트코인의 기본 개념도는 다음 그림과 같다.

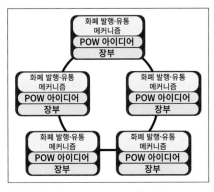

그림 2-57 비트코인 구현 개념도

비트코인 블록체인은 탈중앙화 · 분산 장부 구조를 기반으로 하며 POW라는 아이디어를 활용하여 화폐 발행 · 유통 메커니즘을 구현했다고 볼 수 있다.

(2) POW 활용을 통한 구현 방안

앞선 기본 개념도에서 화폐 발행, 합의 알고리즘, 위변조 차단, 인센티브 구현을 위해 POW를 적용한 개념을 좀 더 상세하게 재구조화하면 다음 그림과 같다.

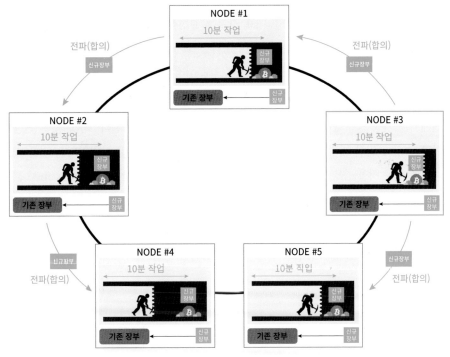

그림 2-58 비트코인 구현 상세 개념도

네트워크에 참여한 모든 노드는 일제히 POW 과정에 참여한다. 채굴 경쟁을 통해 작업을 증명 (Nonce 값을 찾으면)하면 화폐가 생성되고, 블록이 생성되며, 합의에 도달한다. 또한 위변조를 하려면 블록을 다시 생성해야 하는데, 블록 생성 자체를 매우 어렵게 설계하여 위변조를 차단시켰다. 그리고 이런 POW 과정에 참여하여 어려운 작업을 수행하면 보상을 제공하여 자발적인 참여를 유인하는 방안도 설계했다.

(가) POW 개념을 활용한 합의 과정 구현 방안

중앙시스템 환경에서는 중앙기관에서 하나의 장부만 관리하기 때문에 장부의 무결성과 정합성이 보장되고 따라서 이중지불과 같은 문제가 발생하지 않는다. 하지만 분산 장부 구조에서는 수많은 장부가 네트워크상에 분산되어 있어 장부의 불일치 위험에 노출되어 있으며 장부의 불일치는 결국 이중지불 문제로 이어질 수 있다.

분산된 환경에서는 서로 다른 장부를 일치시키기 위해 대표자를 선정하고 대표자의 장부를 전파하는 방식으로 합의에 도달한다. 대표자를 선출하기 위해서 어떤 방식으로 누구를 선출할 것인지가 바로 합의 알고리즘이다.

중앙시스템 환경에서도 분산 장부를 구현할 수 있다. 대표적으로 분산 DB의 경우 중앙시스템 기반 분산 장부 형태를 갖는다. 분산 DB에서도 분산된 데이터의 일치를 위한 합의 과정이 필요한데, 중앙시스템 환경에서는 중앙시스템이 직접 대표 장부를 결정해 준다. 하지만 비트코인은 대표블록을 선정해줄 중앙 시스템이 존재하지 않는다. 따라서 각 노드가 일제히 연산작업을 수행하고 연산작업을 수행했다는 것을 가장 먼저 증명하면 대표블록으로 선정되고 네트워크로 전파되어 합의에 도달한다. 그래서 비트코인에서는 POW가 합의 알고리즘으로 불린다.

비트코인에서는 가장 많은 연산 작업을 수행한 노드가 대표자로 선정된다. 가장 많은 연산 작업을 수행해야만 Nonce 값을 가장 먼저 찾을 수 있다. 가장 먼저 Nonce 값을 찾았다는 것은 가장 많은 작업을 수행했다는 것을 증명하며, 또한 신뢰할 수 있다는 것을 의미한다. 따라서 Nonce 값을 가장 먼저 찾은 노드가 대표자로 선정된다.

다음 그림은 분산된 노드에서 각 노드가 Nonce 값을 찾는 경쟁 과정을 보여준다. 노드 중에서 가장 먼저 Nonce 값을 찾으면 대표 장부로 선정되고, 선정된 장부를 전파시키면 비로소 합의에 도달하게 된다.

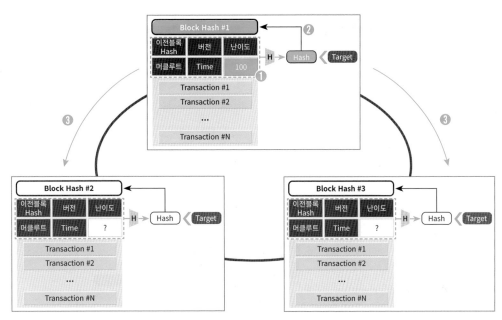

그림 2-59 POW를 활용한 합의 과정 구현 개념도

❶ 각 노드의 후보블록 중에서 Nonce 값을 가장 먼저 찾았다.

❷ Nonce 값을 찾으면 Block Hash 값이 결정되며 대표블록으로 선정된다.

❸ 대표블록을 네트워크에 전파한다.

중앙시스템이 존재하지 않더라도 참여자 모두가 일제히 POW 과정에 참여하여 대표자를 선출하여 전파하는 방식으로 분산된 장부가 모두 합의에 도달되는 것을 확인할 수 있다.

(나) POW 개념을 활용한 위변조 차단 구현 방안

위변조를 차단하는 핵심 아이디어는 다음과 같다. 위변조를 하면 쉽게 발견되고 블록(장부)을 다시 생성해야 한다. 그런데 블록 생성 과정을 아주 어렵게 설계했다. 따라서 위변조하려면 블록을 어렵게 다시 생성해야 하기 때문에 위변조 의욕을 좌절시킨다.

POW 개념을 활용하여 위변조를 차단하는 방안을 이해하기 위해서는 블록(Block)과 블록체인의 독특한 구조를 먼저 이해할 필요가 있다. 모든 트랜색션이 하나의 해시값으로 구현되어 미클루트로 Header에 포함되고 Header의 모든 데이터는 다시 하나의 해시값으로 구현되어 Block Hash가 된다. 이 Block Hash는 다시 다음에 생성된 블록의 Header 값에 포함된다. 즉, 모든 값이 서로 체인처럼 연결된 구조다.

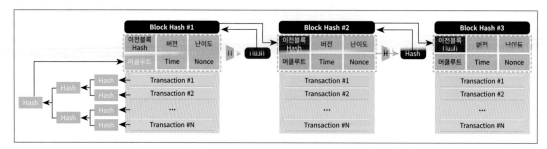

그림 2-60 POW를 활용한 위변조 차단 구현 개념도

이런 구조를 통해 데이터가 수정되면 어떻게 영향을 주는지 다음 그림을 통해 살펴보자

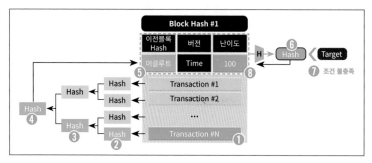

그림 2-61 트랜잭션 위변조 시 Nonce 값 다시 찾기

❶ Block #1에서 Transaction #N이 수정되었다.

❷ Transaction #N의 해시값이 변경된다.

❸ 연결된 해시값도 변경된다.

❹ 모든 해시값이 연결된 최종 해시값이 수정된다.

❺ 결국 블록 Header의 머클루트 값이 변경된다.

❻ 머클루트가 변경되었기 때문에 Header의 해시값도 변경된다.

❼ 해시값이 변경되면 목푯값보다 작다는 조건을 충족하지 못할 수 있다.

❽ 조건을 충족하기 위해 Nonce 값을 다시 찾아야 한다.

아무리 사소한 수정이라도 결국 Nonce 값을 다시 찾아야 하는 문제가 발생한다. Nonce 값을 다시 찾는다는 것은 10분이라는 시간이 소요되는 매우 힘든 작업을 다시 해야 한다는 의미이다.

그런데 Nonce 값을 다시 찾는 것만으로 끝나지 않는다. 다음 그림을 보면, Header의 해시값이 변경되었기 때문에 Block Hash 값도 당연히 변경된다. Block Hash 값은 다음 생성 블록의 Header에 포함되기 때문에 다음 블록도 Nonce 값을 다시 구해 블록을 다시 생성해야 하며 이후 연결된 모든 블록을 다시 생성해야 하는 문제가 발생한다.

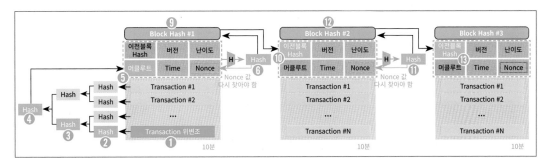

그림 2-62 트랜잭션 위변조 시 모든 블록 재생성

8번까지는 앞선 그림 2-61과 동일하다.

⑨ Header의 해시값이 Block #1의 Block Hash가 된다.

⑩ Block #1의 Block Hash는 Block #2의 '이전 블록 Hash'에 포함된다.

⑪ Block #2의 Header 값이 변경되었기 때문에 Header의 해시값도 변경된다.

⑫ 결국 Block #2의 Block Hash도 변경된다.

⑬ Block #2의 Block Hash는 다시 Block #3의 '이전 블록 Hash'에 포함된다.

블록을 생성하기 위해서는 어려운 연산 작업을 통해 Nonce 값을 찾아야 한다. 블록은 블록 내의 데이터가 수정되면 Nonce 값을 다시 찾아야 하는 구조적인 특징을 지닌다. 다시 말하면 Nonce 값을 찾는 어려운 작업을 다시 수행해야만 비로소 수정이 가능하다는 이야기다. Nonce 값을 찾는 과정은 그만큼 어렵기 때문에 수정을 함부로 할 수 없다는 것을 의미한다. 또한 블록은 체인처럼 모두 연결되어 있기 때문에 수정하고자 한다면 연결된 모든 블록의 Nonce 값을 다시 찾아야 한다. 따라서 블록체인에서 위변조는 사실상 불가능하다.

(다) POW 개념을 활용한 화폐 발행 및 인센티브 구현 방안

비트코인이 생겨난 중요한 배경 중 하나는 과도한 화폐 발행에 대한 문제점이었다. 인쇄기로 찍어서 쉽게 화폐를 찍어내는 것을 지양하고 금(Gold)처럼 어려운 채굴 과정을 거쳐야만 비로소 채굴할 수 있게 비트코인 화폐도 어려운 채굴(연산) 작업을 수행해야만 화폐가 발행될 수 있게 설계되었다.

즉, 어려운 연산 작업을 거쳐 Nonce 값을 찾으면 화폐를 발행한다. 다음 그림은 POW를 통한 화폐 발행 과정을 나타낸다.

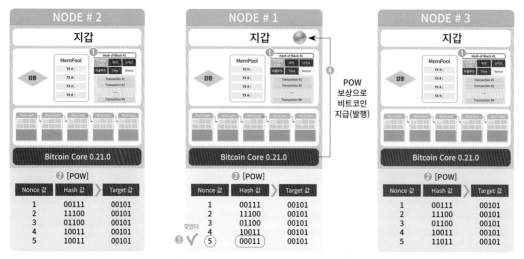

그림 2-63 POW를 활용한 화폐 발행 및 인센티브 구현 개념도

❶ 각 노드는 후보블록을 생성한다.

❷ 후보블록이 준비되면 모든 노드는 일제히 채굴 경쟁에 참여한다.

❸ Node #1이 Nonce 값을 가장 먼저 찾았다.

❹ Node #1에게 화폐를 발행한다.

POW 과정을 통해 화폐를 발행하는 것뿐만 아니라, 화폐 발행을 자발적 참여자 유인을 위한 인센티브 방안과 연계하여 설계했다. 중앙시스템과 달리 탈중앙시스템은 시스템을 작동시킬 수 있는 주체가 없다. 이처럼 완전히 탈중앙화된 시스템을 운영하기 위해서는 인센티브 제공을 통해 자발적인 참여를 유인해야 한다.

비트코인에서는 화폐 발행을 바로 인센티브와 연계시켰다. Nonce 값을 찾으면 화폐가 새롭게 창조된다. 이렇게 창조된 화폐를 누구에게 어떤 방식으로 세상에 유통할 것인지의 관점에서, 자발적으로 열심히 작업에 참여하여 대표블록을 생성한 노드에 인센티브로 지급하는 방식으로 화폐가 세상에 유통되게 했다. 즉, Nonce 값을 찾으면 대표블록을 생성하고 전파를 통해 합의에 도달하며, 이 수고에 대한 인센티브로 화폐를 발행하여 지급한다. 이렇게 인센티브로 화폐를 지급하는 것이 바로 화폐를 발행하는 메커니즘이다.

지금까지 설명한 내용을 정리하면, POW 개념을 활용하여 합의, 위변조 방지, 화폐 발행, 인센티브 구현 방안 등에 대해 알아보았다. 개별적으로 살펴보았지만, 이 모든 구현 과정은 POW와 연계하여 작업 수행(Nonce 값을 찾음)을 통해 동시에 구현된다.

- 가장 많은 작업을 했다는 것을 증명하면, 즉 Nonce 값을 가장 빨리 찾으면 대표블록으로 선정되고 네트워크 전체에 전파되어 합의에 도달한다.

- 수정하기 위해서는 어려운 연산작업을 다시 했다는 것을 증명, 즉 Nonce 값을 다시 찾아야만 하기 때문에 수정 자체가 어렵다.

- 어려운 채굴 작업을 완료했다는 것을 증명하면, 즉 Nonce 값을 찾으면 금을 채굴하듯이 화폐를 발행할 수 있다.

- 자발적으로 참여하여 어려운 작업에 참여했다는 것을 증명하면, 즉 Nonce 값을 찾으면 자발적 참여를 통해 어려운 작업을 완료했기 때문에 인센티브로 보상한다.

POW를 이용한 시스템 구현 방안을 다시 정리하면 다음과 같다.

그림 2-64 POW를 활용한 비트코인 구현

사토시 나카모토는 탈중앙 · 분산 장부 기반 화폐 시스템 구현을 위해 필요한 다양한 기능에 POW 개념을 연계 및 적재적소에 배치하여 완벽하게 조화를 이루게 했다.

중앙시스템은 직접적인 통제 및 제어가 가능하다. 악의적인 행동은 차단해 버리면 되고 화폐는 프로그램을 설계하여 발행하면 된다. 그리고 필요한 시스템은 예산을 편성하여 구입하고 전담 관리자를 고용하여 운영하면 된다.

반면 탈중앙시스템은 그런 역할을 할 중앙시스템이나 중앙관리자가 없다. 전혀 다른 접근 방법이 필요하다. 사토시 나카모토는 탈중앙 환경에서 필요한 기능을 구현하기 위해서 POW 개념을 요소요소에 적절히 활용했다.

사토시 나카모토는 탈중앙화 기반으로 화폐를 발행하기 위해 탈중앙화 환경에서 자발적인 참여를 유인하기 위한 인센티브와 연계했다. 또한 이런 보상을 받기 위해 누구나 어려운 작업에 참여하여 대표블록을 생성하면 분산된 장부들이 합의에 도달할 수 있게 했다. 블록 생성을 화폐 발행과 연계했으며 블록 생성 자체를 어렵게 하여 장부의 위변조를 차단하고자 했고, 이 블록 생성의 어려움이 다시 손쉬운 화폐 발행을 저지하는 목적으로 활용되게 했다.

POW는 대단한 개념도 아니고 특별한 기술도 아니다. 하지만 비트코인 POW에서는 탈중앙화 기반에서 필요한 기능과 역할을 POW를 기반으로 조합해 최적의 메커니즘을 설계했다는 데 큰 의미가 있다.

2.3.2 탈중앙화 관점 비트코인 · 블록체인 작동원리 이해

2.3.1절에서는 특히 POW 관점에서 비트코인 · 블록체인 작동 원리에 대해 알아보았다. 2.3.2절에서는 중앙시스템이 존재하지 않는 완전한 '탈중앙화 환경'에 집중해서 블록체인이 어떻게 작동하는지 살펴보겠다.

1) 탈중앙 환경에서의 통제 특징

전통적인 중앙시스템은 중앙기관이 존재할 뿐만 아니라 중앙 집중적으로 관리하기 때문에 상대적으로 관리나 통제가 용이하다. 반면 완전히 탈중앙화된 블록체인은 어떠한 중앙 장치가 없기 때문에 관리나 통제 방안에 있어 기존 중앙시스템과 전혀 다른 접근 방식이 필요하다.

(1) 중앙시스템의 통제 특징

탈중앙 환경에서의 통제 특징을 이해하기 위해 먼저 중앙시스템의 통제 특징에 대해 알아보자.

> **Note**
>
> 통제라 하면 일반적으로 일정한 방침이나 목적에 따라 행위를 제한하거나 제약하는 것을 의미한다. 이 책에서 말하는 통제는 보안 관점의 통제를 의미한다. 보안의 3요소인 기밀성, 무결성, 가용성을 보장하기 위한 제반 조치를 통제로 이해하면 쉽다.

중앙시스템의 통제 개념도

중앙시스템의 통제 구성 및 특징을 간략하게 표현하면 다음 그림과 같다.

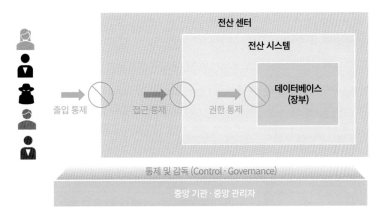

그림 2-65 중앙시스템의 통제 개념도

중앙시스템은 크게 3개 영역의 통제로 구성된다. 전산센터 출입통제와 같은 물리적 출입통제, 전산시스템 접근에 대한 접근통제, 그리고 데이터베이스 이용상의 권한 통제로 구성된다. 중앙관리자는 단계마다 엄격한 통제 규칙 및 장치를 통해 중앙시스템 및 중앙 데이터베이스의 무결성, 가용성, 기밀성을 철저히 보호한다.

전산센터 출입통제에 있어서는 다양한 통제 장치를 활용하여 인가자만 출입을 허용한다. 통제 장치로는 울타리, 경비원, CCTV, 출입 기록물, 출입 카드, 생체인식, 스마트카드 등이 있다. 전산시스템 접근통제의 경우, 소수의 관리자가 관리하며 일반 이용자는 ID/PW를 이용하여 제한된 접근 및 서비스만 가능하다. 접근 통제뿐만 아니라 외부 공격에 대한 방어 차원에서 이중화, 백업, 각종 보안 장치와 프로그램을 운영한다.

데이터베이스도 철저하게 중앙집중적으로 관리 및 처리된다. 하나의 장부를 유지하면서 무결성이 보장되게 하며 접근 권한을 통해 사용자별 접근을 통제한다. 또한 동시에 여러 사용자가 접근할 때도 적절한 동시성 제어 장치를 통해 궁극적으로 데이터의 정확성, 유효성, 일관성을 유지하도록 통제한다.

데이터베이스의 권한 통제

중요한 데이터는 대부분 데이터베이스를 통해 관리한다. 특히 화폐 시스템에서 데이터베이스는 사실상 화폐와 동일하게 취급되기 때문에 엄격한 통세와 관리가 필요하다.

데이터베이스는 기본적으로 데이터를 저장 · 처리 · 운영하는 데이터 저장소로서 데이터의 생성, 읽기, 수정, 삭제와 같은 4가지 처리 기능을 가지고 있다. 이를 일반적으로 앞글자를 따서 CRUD라고 한다.

- **C (Create)**: 데이터를 생성 및 기록할 때 데이터의 정합성과 무결성 기준에 부합되는지를 철저히 검증하며 생성 권한을 부여받은 사용자만 생성이 가능하다.

- **R (Read)**: 데이터 읽기 권한은 상대적으로 통제가 느슨한 편이며 역시 읽기 권한이 필요하다.

- **U (Update)**: Update는 다르게 표현하면 수정이다. 데이터를 임의로 수정할 경우 심각한 문제를 야기할 수 있기 때문에 수정은 엄격하게 통제된다. 수정 권한이 허가된 이용자만 수정 가능하다.

- **D (Delete)**: 삭제 역시 민감한 문제이기 때문에 삭제 권한이 허가된 이용자만 삭제할 수 있다.

중앙 집중 시스템에서는 하나의 장부(데이터베이스)만 관리하고 통제하기 때문에 데이터 무결성과 거래내역의 정합성을 보장하는 것은 다소 용이한 편이다. 거래가 발생할 때마다 중앙 서버에서는 해당 트랜잭션에 타임스탬프를 부여하여 존재증명 및 우선순위를 설정하는데, 거래의 우선순위만 잘 통제해 준다면 이중지불과 같은 문제는 발생하지 않는다.

기본적으로 시스템에 대한 인증·인가를 거친 이용자만 데이터베이스에 접근할 수 있도록 통제된다. 접근이 허용되었다고 하더라도 사용자별 CRUD 권한이 부여된다. 부여된 권한 범위 내에서만 작업을 수행할 수 있다. 또한 권한이 부여되었다고 하더라도 이상(異常) 행위가 발생하면 중앙시스템에 의해 자동으로 강제 차단 및 로그와 감사를 통해 사후에도 책임져야 한다.

요약하면, 중앙시스템 환경에서는 중앙기관 및 중앙 관리자가 하나의 시스템과 장부를 출입통제, 접근통제, 권한통제 등을 통해 철저히 관리하고 있으며, 따라서 데이터의 정합성과 일관성을 유지할 수 있다.

(2) 탈중앙(블록체인) 환경에서의 통제 특징

반면 블록체인과 같은 탈중앙 환경에서는 전혀 다른 통제 방안이 필요하다. 블록체인에서는 중앙기관이나 중앙관리자가 존재하지 않는다. 당연히 출입통제, 접근통제, 권한통제를 수립할 수도 없고 적용할 수도 없다. 심지어 악의적인 노드를 걸러낼 수 있는 통제 장치도 없다. 악의적인 노드도 다른 노드와 모두 동등한 권한을 부여받으며 모든 장부에 직접 접근이 가능하다.

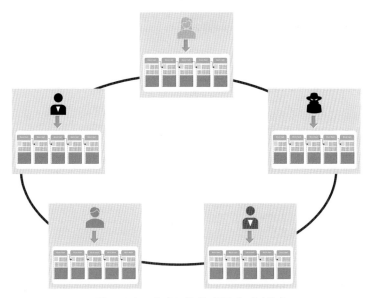

그림 2-66 누구나 접근 가능한 탈중앙시스템의 특징

따라서 탈중앙 블록체인에서는 전통적인 데이터베이스와 근본적으로 다른 전략 및 접근이 필요하다.

중앙 통제 장치의 핵심 특징은 신뢰할 수 있는 노드와 악의적인 노드를 식별하여 악의적인 노드를 통제한다는 점이다. 또한 정상적인 행위와 악의적인 행위를 구분하여 악의적인 행위를 차단한다.

블록체인에서는 신뢰 노드 · 악의적 노드, 또는 정상 행위 · 악의적 행위를 식별하거나 통제할 수 있는 중앙 장치가 없다. 블록체인에서는 접근 이용자별 권한을 부여할 수 있는 중앙시스템이 없기 때문에 이용자별 권한 부여 대신 'Allow All or Deny All' 방식을 채택했다. 블록체인에서는 데이터베이스처럼 선별적으로 누구에게는 허용하고 누구에게는 차단하는 방식을 선택할 수 없다. 대신 모두에게 허용하든지, 아니면 모두를 차단하는 방식을 택할 수밖에 없다.

따라서 블록체인이 CRUD 관점에서 채택한 전략은 다음과 같다.

- C: 누구나 장부를 작성할 수 있도록 허용 (Allow All)
- R: 누구든지 장부를 읽을 수 있도록 허용 (Allow All)
- U: 누구든지 장부를 수정할 수 없도록 차단 (Deny All)
- D: 누구든지 장부를 삭제할 수 없도록 차단 (Deny All)

	기존 금융 시스템			비트코인 블록체인	
특징	• 중앙기관 · 중앙시스템 · 중앙 관리자 • 중앙기관·중앙관리자에 의해 다양하고 철저한 통제·기법		특징	• 어떤 중앙기관 · 중앙시스템 · 중앙관리자 존재하지 않음 • 중앙기관·중앙관리자가 없어 어떠한 통제나 기법도 없음	
	통제 · 인가	기술 · 기법		통제 · 인가	기술 · 기법
Create (생성)	• 접근 제어 • 권한 관리 • 생성 권한	• Data Type & Length • CHECK / NOT Null • DEPEDENT • DEFAULT • NULL	Create (생성)	• 모두 허용 (Allow All)	• 없음
Read (읽기)	• 접근 제어 • 권한 관리 • 읽기 권한	• 비식별화 • 암호 • 개인정보 출력 로깅	Read (읽기)	• 모두 허용 (Allow All)	• 없음
Update (갱신)	• 접근 제어 • 권한 관리 • 수정 권한	• 데이터 변경 로그 • RESTRIC • CASCADE	Update (갱신)	• 모두 차단 (Deny All)	• 없음
Delete (삭제)	• 접근 제어 • 권한 관리 • 삭제 권한	• CUSTOMIZED • RESTRIC • CASCADE	Delete (삭제)	• 모두 차단 (Deny All)	• 없음

그림 2-67 CRUD 관점 중앙시스템과 블록체인의 통제 방안 비교

C/R 관점에서는 우선 누구든지 권한이 허용되게 설계되었고 대신 C/R 과정에서 발생할 수 있는 문제점은 다른 통제 방안으로 보완했다.

한편 탈중앙 환경에서 수정과 삭제는 매우 민감한 영역이다. 따라서 U/D가 물리적으로 불가능하게 완전히 차단했다.

(3) 화폐 시스템에서의 통제

앞서 중앙시스템과 탈중앙시스템의 통제 특징에 대해 간단히 알아보았다. 이번에는 화폐 시스템에서의 통제의 특징을 중앙과 탈중앙 관점에서 살펴보겠다.

조직에서는 다양한 시스템을 운영한다. 각 시스템에 대해 기밀성 보호를 위한 통제 장치가 필요하기도 하고, 무결성 확보를 위해 또는 가용성 구현을 위해 다양한 통제 장치를 마련한다. 화폐 시스템에도 다양한 통제 장치가 필요하겠지만, 그래도 가장 중요한 통제 장치는 '이중지불 방지'일 것이다. 화폐 시스템의 속성상 이중지불은 치명적인 문제이기 때문에 발생하지 않도록 철저히 통제해야 한다.

먼저 중앙집중 방식 화폐 시스템의 이중지불 통제 방안을 알아보자. 중앙시스템 환경에서는 기본적으로 하나의 장부만 관리한다. 그리고 트랜잭션이 생성되면 각각 타임스탬프를 부여한다. 부여된 타임스탬프를 기준으로 모든 트랜잭션의 존재 여부 및 우선순위가 결정된다. 존재 여부 및 우선순위대로 처리하면 거래의 정합성이 훼손되는 문제점은 발생하지 않는다. 따라서 현재 우리가 사용하는 금융시스템에서는 이중지불이 발생하지 않는다고 이해해도 된다.

문제는 탈중앙 환경에서의 화폐 시스템이다. 탈중앙화는 오래전부터 연구되어 온 분야고 실제로 활용되기도 한다. 하지만 탈중앙화가 화폐 시스템에 적용되지 못했던 이유는 바로 이중 지불 문제를 해결하지 못했기 때문이다. 반대로 이야기하면 비트코인이 탈중앙 환경에서 이중 지불 문제를 해결했기 때문에 주목받는 것이다.

먼저 일반적인 탈중앙 환경에서의 이중 지불 가능성을 살펴보자. 탈중앙 환경에서 이중지불은 크게 2가지 상황에서 발생한다.

첫 번째는 새로운 트랜잭션을 생성(Create)하는 단계에서 발생한다. 탈중앙 환경에서는 분산된 장부 구조를 지닌다. 분산된 장부에서는 노드 간 장부에 불일치 상태가 존재하며, 따라서 합의 과정이 필요하다. 합의 과정을 거쳐 모든 노드의 장부가 동기화되는 데 상당한 시간이 소요된다. 즉, 최종 합의에 이르기까지 노드 간 장부는 불일치 상태라는 것을 의미한다. 장부 불일치 상황에서는 이중지불 공격이 가능하다. 특히 탈중앙 환경에서는 누구든지 트랜잭션을 생성할 수 있고 얼마든지 트랜잭션을 생성할 수 있다. 악의적인 노드도 트랜잭션을 생성할 수 있으며, 동일한 화폐를 A에게도 송부하고 B에게도 송부하는 2개의 트랜잭션을 생성할 수 있다. 자세한 이중지불 시나리오는 다음 절에서 설명하겠다.

두 번째는 장부의 위변조 시도를 통해 이중지불 공격을 할 수 있다. 이미 생성되고 합의까지 마친 장부를 위변조하면 이중지불 공격이 가능하다.

다음 절에서 자세히 설명하겠지만, 우선 비트코인이 이중지불 문제를 해결한 방법은 다음과 같다.

- 생성(Create) 단계에서 UTXO라는 화폐 방식을 통해 이중지불을 방지한다.
- 수정·삭제(Update·Delete) 단계에서는 수정·삭제가 원천적으로 불가능하게 설계함으로써 이중지불을 차단한다. U/D 권한에서는 Deny All 통제를 통해 이중지불을 불가능하게 설계했다.

2) 블록체인에서 장부 생성(Create) 단계에서의 통제 특징

이제 CRUD 각 항목별로 세부적인 통제 방안을 알아보자. 먼저 Create 관점에서의 통제 특징이다.

누군가는 트랜잭션을 생성(Create)해야 하기 때문에 'Allow All or Deny All' 원칙에서 생성(Create) 부분은 'Allow All' 방식을 채택했다. 하지만 Allow All 방식에서는 악의적인 노드도 모두 트랜잭션을 생성할 수 있기 때문에 송금한 화폐를 다시 송금 요청하는 이중지불 문제가 발생할 수 있다. 이번 절에서는 생성(Create) 부분에서 Allow All 방식 채택에 따른 문제점(이중지불)을 알아보고 이런 문제점을 해결하기 위해 어떤 설계방식을 도입했는지 알아보겠다.

(1) '블록' 생성과정 이해

비트코인에서의 이중지불 차단 방안을 이해하기 위해서는 먼저 트랜잭션과 블록의 생성 및 저파이 전체적인 절차에 대한 이해가 필요하다. 앞서 전체적인 절차는 간단히 살펴보았기 때문에 여기서는 복습과 함께 추가로 분기 상황에 대해 살펴보겠다.

블록(장부)가 생성되는 과정은 크게 4단계로 구분하여 이해할 수 있다.

1. 트랜잭션 생성
2. 트랜잭션 전파 및 검증
3. 대표블록 선정 및 생성
4. 대표블록 전파 및 블록체인 연결

이 과정은 앞서 2.2.3절에서 살펴봤다. 다시 한번 확인해 보기 바란다. 블록이 생성되는 과정을 간단히 복습하면 다음과 같다.

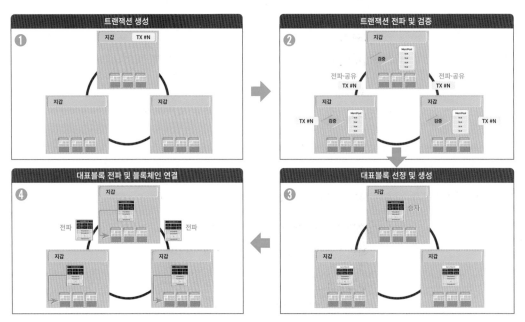

그림 2-68 블록 생성 절차

❶ 트랜잭션이 생성된다.

❷ 생성된 트랜잭션은 네트워크를 통해 전파되고 검증을 거쳐 각 노드에 저장된다.

❸ 각 노드 후보블록들의 Nonce 찾기 경쟁을 통해 대표블록이 선정된다.

❹ 선정된 대표블록은 다시 네트워크로 전파되어 각 노드의 블록체인에 연결된다.

일반적으로 트랜잭션 생성 및 블록 생성은 그림 2-68과 같이 생성된다. 여기에 추가로 더 검토할 상황이 있는데, 바로 분기 상황이다.

앞선 모래알 찾기 게임을 다시 한번 보자. 수많은 모래알에서 2명 이상이 동일 출신의 모래알을 동시에 찾을 가능성은 매우 낮다. 하지만 불가능한 것은 아니다. 우연히 두 사람이 동시에 '한국 강릉 앞바다 모래'를 찾을 수도 있다.

이처럼 비트코인에서도 2개의 노드가 약 10분 동안 조건을 충족하는 Nonce 값을 동시에 찾기는 어렵지만 불가능한 것은 아니다. 분산된 장부에서 모든 장부를 일치시키기 위해서는 오직 하나의 대표블록만 생성되어야 한다. 대표블록이 동시에 2개 생성된다면 합의에 도달할 수 없기 때문에 다음 그림에서처럼 분기(Fork)가 발생한다.

중앙시스템은 하나의 장부만을 관리하기 때문에 분기라는 개념 자체가 존재하지 않는다. 반면 분산 장부에서는 노드 간 장부가 불일치하기 때문에 합의 과정을 거쳐 하나의 장부로 일치시킨다. 합의 과정을 거쳤는데도 장부가 일치하지 않는 상황을 분기라고 한다. 다음 그림을 보면 블록 #4에서 2개의 대표블록이 블록 #3에 연결되어 있는 것을 확인할 수 있다.

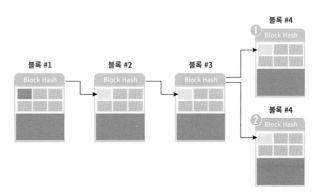

그림 2-69 분기(Fork) 상황

Note

MemPool에 저장된 트랜잭션들은 모두 검증을 마쳤기 때문에 각 노드의 MemPool과 후보블록에 저장된 트랜잭션들은 모두 신뢰할 수 있다. 하지만 트랜잭션이 전파 과정에서 지연 등이 발생하여 특정 시점에 각 노드가 모두 동일한 트랜잭션을 저장하고 있나고 볼 수 없나. 또한 각 노드는 후보블록을 만들 때 MemPool에서 보상이 최대가 되는 방향으로 본인 후보블록에 추가할 트랜잭션들을 자유롭게 선택할 수 있다. 따라서 노드별 후보블록들은 서로 다르다. 각 노드가 생성한 후보블록들은 모두 검증을 거쳤기 때문에 누가 대표블록으로 선정되든 문제는 없지만, 노드별 후보블록들은 서로 다르다. 서로 다른 후보블록 2개가 동시에 대표블록으로 선정된다면 동일한 블록이 아니기 때문에 분기가 발생한다.

각 노드의 후보블록이 대표블록으로 선정되지 않았다고 하더라도 본인 후보블록에 포함된 모든 트랜잭션이 사라지는 것은 아니다. 다른 대표블록이 전달되면 대표블록에 포함된 트랜잭션 내역들을 본인 MemPool에서 모두 삭제한다. 하지만 대표블록에 포함되어 있지 않은 트랜잭션들은 본인 MemPool에 여전히 남아있으며 다음 대표블록에 포함될 수 있다.

다음 그림은 대표블록이 하나 선정되었을 때와 동시에 두 개 선정되었을 때를 나타낸다. 대표블록을 선정하는 방식이 단순히 Nonce 값을 누가 먼저 찾느냐는 게임이기 때문에 얼마든지 2명 이상이 동시에 Nonce 값을 찾을 수도 있다. 이럴 경우 분기가 발생한다.

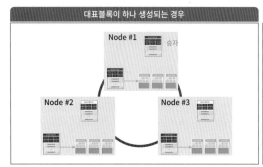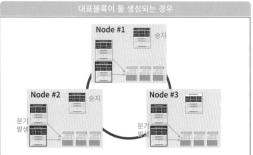

그림 2-70 분기가 발생하는 이유

분기가 발생했다는 것은 아직 합의에 도달하지 않았음을 의미하며 이는 장부가 최종 확정되지 않았다는 것을 의미한다. 화폐 시스템 관점에서 분기란 장부가 확정되지 않은 상태이기 때문에 매우 민감한 부분이다. 비트코인에서 이러한 분기가 발생했을 때 어떻게 분기가 해결되는지 알아보겠다.

먼저, 앞선 그림 2-21을 보면 새로운 블록이 생성되기 위해서는 Header에 '이전 블록 해시값'을 포함시켜야 한다. 새로운 블록을 생성할 때 이전 블록이 분기된 상황이라면 2개의 이전 블록이 존재하기 때문에 어떤 블록의 해시값을 새로운 블록의 Header에 포함시켜야 하는 선택의 문제가 발생한다. 그림 2-71을 보면, 블록 #4단계에서 2개의 대표블록이 생성되어 분기가 발생했다.

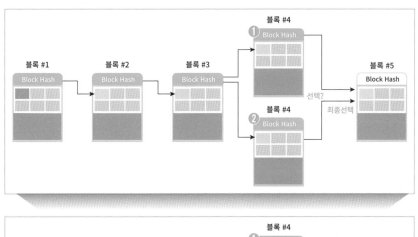

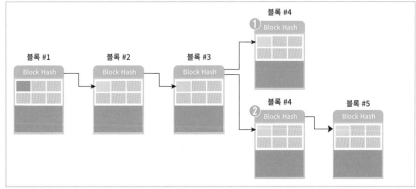

그림 2-71 분기 상황에서 새로운 블록 추가

블록 #5가 생성되기 위해서는 먼저 후보블록을 생성해야 한다. 후보블록을 생성할 때 Header에 '이전 블록 해시값' 정보가 필요하다. 그런데 4단계에서 2개의 정식 블록이 존재하기 때문에 하나를 선택해서 선택된 블록의 Block Hash 값을 블록 #5 Header에 추가하게 된다. 여기에서는 4단계에서 2번 블록을 선택했다는 것을 의미한다.

그림 2-72에서는 블록 #5가 블록 #4의 2번째 블록을 선택했고, 이후 블록 #6도 블록 #5에 이어서 생성되었다.

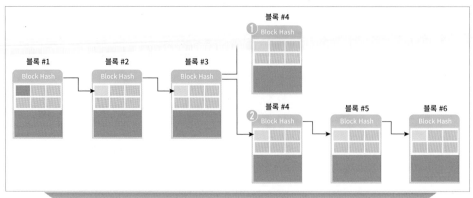

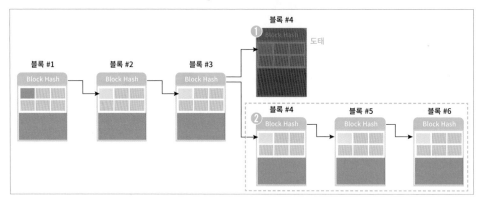

그림 2-72 Longest chain 규칙

블록 #6에서도 블록 #5의 블록을 선택하여 연결하면 결국 가장 긴 체인이 자연스럽게 선택되고 블록 #4에서 분기되었던 1번째 블록은 도태된다.

이렇게 최종 도태된 블록을 고아블록이라고 한다. 대표블록이 2개 선정되면 일단 2곳 모두에게 보상한다. 그리고 최종 탈락하면 지급된 보상을 회수해간다. 실제로는 보상받은 비트코인을 바로 사용할 수 없도록 일정 시간을 설정하고, 나중에 고아블록이 되면 사용할 수 없게 조치한다.

가능성은 매우 낮겠지만, 블록 #4부터 분기가 지속되는 상황을 살펴보자. 그림 2-73은 블록 #4가 분기된 상황에서 블록 #5를 생성할 때 일부 노드들은 분기된 블록 #4의 1번째 블록으로부터 이전 블록 해시값을 가져올 것이고, 다른 일부 노드들은 분기된 블록 #4의 2번째 블록으로부터 이전 블록 해시값을 가져올 것이다.

블록 #5를 생성하기 위한 Nonce 값 찾기 경쟁에서도 2개의 대표블록(③블록 #5, ④블록 #5)이 선정되었다. 그런데 우연히 '③블록 #5'는 '①블록 #4'의 해시값을 이전 블록 해시값으로 선택했고, '④

블록 #5'는 '②블록 #4'의 해시값을 이전 블록 해시값으로 선택했다. 이럴 경우 분기가 해소되지 않고 분기 상태가 지속된다. 블록 #6을 생성할 때도 동일한 방식이 적용된다면 분기 상태는 유지된다. 실제로 분기가 2, 3단계까지 유지될 가능성은 매우 낮다. 하지만 불가능한 것은 아니다.

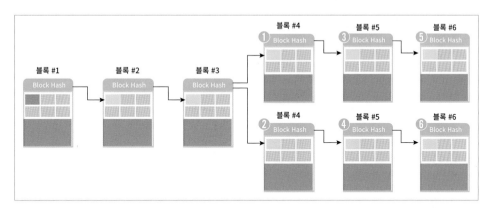

그림 2-73 분기가 지속되는 상황

Note

분기 상태는 화폐 시스템 관점에서 장부가 확정되지 않았기 때문에 그만큼 불안한 상태임을 의미한다.

그럼 어떻게 하면 분기 발생을 최소화할 수 있을까?

눈치 게임을 예로 들어보자. 눈치 게임은 게임을 시작한 사람이 1을 외치면 2, 3, 4... 순서대로 더 높은 숫자를 외치다 둘 이상이 동시에 같은 숫자를 외치거나 가장 마지막으로 숫자를 외치면 패배한다.

10명이 5초 이내에 눈치 게임을 완료해야 하는 상황과 10명이 1분 이내에 눈치 게임을 완료해야 하는 상황을 가정해 보자. 둘 이상이 동시에 같은 숫자를 외칠 가능성은 '5초 이내에 완료해야 하는 상황'에서 훨씬 빈번하게 발생할 것이다.

이처럼 1만 개의 노드가 참여한 상황에서 분기 발생 가능성은 10초 이내에 Nonce 값을 찾도록 설정하는 것보다 10분 이내에 Nonce 값을 찾도록 설정하는 것이 훨씬 낮다.

블록은 약 10분 단위로 생성되도록 설계되어 속도와 확장성 문제의 원인이 되기도 하지만, 다른 한편으로 10분이라는 오랜 시간 단위로 블록을 생성하게 설계함으로써 화폐 발행을 어렵게 하고, 위변조를 어렵게 하고, 여기에서처럼 분기 발생도 최소화하는 데 기여한다.

다음 그림은 분기 발생 시 정리되는 과정을 하나의 그림으로 표현한 것이다.

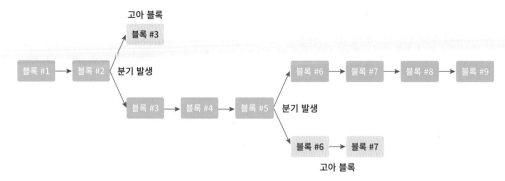

그림 2-74 Longest Chain 규칙 및 고아 블록

(2) 블록 생성 과정에서의 이중 지불 발생 문제 및 통제 방안

앞서 트랜잭션·블록 생성 과정에 대해 살펴보았는데, 이번 절에서는 분산 장부 환경에서 이중지불 발생 가능성과 단계별 통제 방안에 대해 알아보겠다.

(가) 분산된 장부에서 이중지불 발생 가능성

중앙시스템 장부

중앙시스템은 하나의 장부만 관리하기 때문에 생성과 동시에 하나의 장부에 기록된다. 이 기록을 기반으로 이중지불 시도를 식별 및 차단한다.

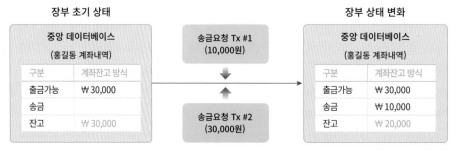

그림 2-75 중앙시스템·단일 장부에서의 장부 특징

예를 들어, 잔고가 30,000원인 계좌에서 홍길동이 10,000원 송금 요청과 30,000원 송금 요청을 동시에 실행하는 이중지불 시도가 있다고 가정해 보자. 아무리 동시에 요청했다고 하더라도 중앙시스템은 1초도 수만분의 1로 쪼개서 처리하기 때문에 2건의 요청은 우선순위가 결정된다. 10,000원 송금 요청이 우선순위가 높기 때문에 10,000원 요청만 처리되고, 30,000원 요청은 잔고 부족으로 처리 요청이 거절된다.

분산 장부의 이중 지불 가능성

분산 장부 환경에서는 발생된 거래 내역이 전파되고 합의하기까지 상당한 시간이 소요된다. 거래기록이 장부에 최종 기록되기 전에는 발생된 트랜잭션들이 이중지불인지 확인할 수가 없기 때문에 이중지불 시도가 가능하다.

동일한 예를 들어, 그림 2-76에서 분산된 장부에서 모든 장부는 잔고가 30,000원으로 동기화된 상태다. 홍길동이 Node #1에서 10,000원을 송금하고 Node #2에서 30,000원을 송금하는 상황을 가정해 보자.

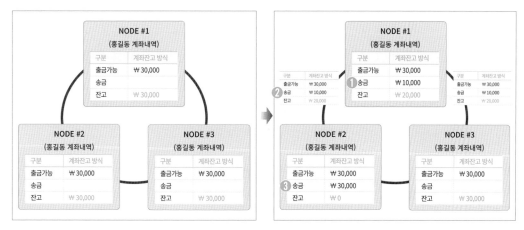

그림 2-76 분산 장부에서의 이중지불 가능성

❶ Node #1에서 잔고가 30,000원이기 때문에 10,000원 송금 요청이 가능하다.

❷ 10,000원 송금 내역이 다른 노드로 전파 중인 상황에서

❸ 홍길동은 Node #2에서 30,000원을 송금 요청한다. 앞서 Node #1에서 10,000원 송금 요청한 거래기록이 아직 전달되지 않는 상황이고 Node #2의 잔고는 여전히 30,000원이기 때문에 Node #2에서는 30,000원 송금 요청이 가능한 상황이다. 결국 홍길동이 10,000원과 30,000원을 각각 송금하는 이중지불이 가능해진다.

비트코인에서는 거래내역인 트랜잭션이 생성되어 장부에 기록되기까지 약 10분이 소요된다. 다르게 표현하면 이 10분 동안은 네트워크상에 존재하는 장부들은 불일치 상황이며 이런 불일치 상황에서는 얼마든지 이중지불 시도가 가능하다.

화폐 시스템에서 이중지불을 차단하기 위해서는 하나의 장부이거나 분산된 장부라고 하더라도 단한 순간도 장부가 불일치되면 안 된다.

(나) UTXO 이해

장부가 10분 동안 불일치되는 상황에서도 비트코인은 어떻게 이중지불을 차단할 수 있었을까? 비트코인은 일정 시간 동안 장부가 불일치 상황이고 악의적인 노드가 산재하는 상황에서도 이중지불 문제가 발생하지 않게 설계되었다. 이를 위한 핵심 아이디어가 바로 비트코인의 화폐 방식인 UTXO(Unspent Transaction Output)다. 비트코인의 이중지불 문제 해결 방안을 살펴보기 위해서는 먼저 UTXO라는 화폐 방식을 이해할 필요가 있다. 먼저 '디지털'의 특징부터 이해해 보자.

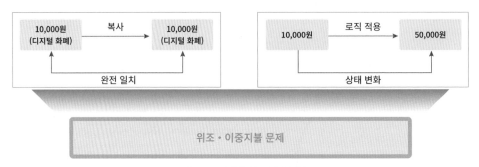

그림 2-77 디지털의 특징과 위험성

디지털의 대표적인 특징은 무한하고 완벽한 복제가 가능하며 또한 적용된 로직에 따라 상태가 자동으로 변한다. 이런 특징 때문에 디지털 형태로 구현하면 아주 편리하고 효율적으로 처리가 가능하다. 하지만 이런 편리한 디지털의 특징이 경우에 따라서는 문제를 야기할 수 있다. 예를 들어 디지털 지폐를 무한하고 완벽하게 복제한다거나 1만 원짜리 디지털 지폐를 프로그램 로직을 적용하여 5만 원짜리로 둔갑시킬 수도 있다.

반면 아날로그 지폐 상황에서는 완벽한 복사는 불가능하다. 또한 로직을 적용한다고 해서 상태가 변화하는 것은 아니다.

그림 2-78 아날로그 특징

비트코인은 디지털이지만, 앞서 소개한 아날로그 특징을 지닌 UTXO라는 화폐 방식을 설계했다.

인터넷 계좌에서 잔고만 표시되는 계좌잔고 방식과 달리 UTXO는 마치 우리가 일상에서 휴대한 지갑 속의 지폐와 유사하게 작동한다. 지폐처럼 고유하게 식별이 가능하며 복사도 불가능하며 로직을 통해 상태도 변하지 않는다.

비트코인은 인터넷 계좌잔고에 표시된 단순 숫자 형태의 화폐가 아니라, 디지털 형태지만 마치 지폐와 같은 특징을 지닌 화폐로 이해하면 쉽다. 비트코인은 바로 이런 UTXO 방식이다.

> **TIP**
>
> UTXO는 Unspent Transaction Output의 약자로서 '미사용 트랜잭션 출력값'으로 해석된다. UTXO를 그대로 풀어 쓰면 이해하기 어려운 개념이다. 일상생활에서 지갑 속에 저장되어 있는 '종이돈' 정도로 개념을 잡는 것이 좋을 것 같다. 지갑 속에 실재하는 지폐는 하나의 중요한 특징이 있다. 바로 이 지폐는 아직 다른 지불로 사용되지 않았다는 것을 의미한다. 다르게 표현하면, 지갑 속의 화폐로 지불한다면 이는 이중 지불이 아니다. 이미 지불했다면 지갑 속에 존재할 수 없기 때문에 지갑 속에 존재하는 지폐는 아직 사용되지 않았고 지불에 사용하고자 한다면 이는 이중지불이 아니라는 것을 의미한다. 지갑에 존재하지 않는 화폐로 지불을 했다면 그것은 신뢰할 수 없을 것이다.
>
> '이중지불'이란 용어는 과거 지폐만 사용하던 시절에는 존재하지 않던 개념이다. 인터넷 기반 디지털 방식으로 송금하면서 이중지불이라는 개념이 생겨났다. 비트코인은 바로 과거 지폐와 같은 방식으로 화폐를 제작함으로써 이중지불을 차단했다고 볼 수 있다.
>
> UTXO와 상대적인 개념으로 STXO(Spent Transaction Output)라는 용어도 사용한다. UTXO 상태에서 사용했다면 해당 UTXO는 STXO 상태로 변경된다.

그럼 지갑 속 지폐의 특징을 이해해 보자.

- 지갑 속 지폐 하나를 꺼내서 동시에 2곳에 결제하는 것은 불가능하다.
- 지갑 속 지폐를 사용하기 위해서는 그 이전에 반드시 해당 지폐가 지갑으로 들어오는 단계가 필요하다. 즉, 지폐를 지갑에 넣어 두어야 나중에 빼서 쓸 수 있다.
- 지갑에 1만 원짜리만 있는데, 7천 원을 지불해야 하는 상황이라면 1만 원짜리를 꺼내서 지불하고 3천 원이라는 잔돈을 돌려받아 다시 지갑에 저장한다.
- 지갑 속에 보관된 지폐는 내가 사용할 수 있는 돈이라는 것을 의미한다. 한편 지갑에서 꺼내 이미 사용했다면 더 이상 내가 사용할 수 있는 지폐가 아니다.

UTXO도 지갑 속의 지폐와 아주 유사하다.

- 하나의 식별 가능한 UTXO를 두 번 사용하는 것은 불가능하다.
- UTXO를 사용하기 위해서는 반드시 그 이전에 입력 과정이 있어야 한다.

- 5BTC를 이용하여 2BTC를 지급하고자 한다면 5BTC는 사라지고 대신 잔돈인 3BTC가 다시 지갑에 저장된다.

- UTXO(Unspent Transaction Output)란 아직 사용하지 않는 화폐를 의미한다.

UTXO가 생성 및 소멸되는 상황을 도식화하면 다음 그림과 같다.

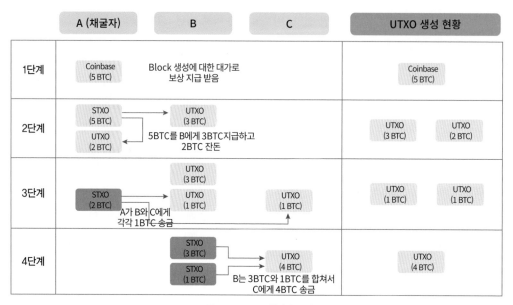

그림 2-79 UTXO 생성과 소멸

1. 1단계에서는 A(채굴자)가 채굴에 성공하여 5BTC를 지급받은 상황이다. 따라서 A 지갑에는 5BTC UTXO가 생성된다.

2. 2단계에서는 A가 B에게 3BTC를 지급하는 상황이다. A는 5BTC를 이용하여 B에게 3BTC를 지급하고 2BTC를 돌려받았다. A의 입장에서는 5BTC를 사용했기 때문에 5BTC는 더 이상 UTXO가 아니다. 대신 잔돈으로 2BTC를 받았기 때문에 2BTC UTXO가 새롭게 생성되었다. 반면 B는 3BTC를 지급받았기 때문에 3BTC UTXO가 새롭게 생성되었다.

3. 3단계에서는 A가 B와 C에게 각각 1BTC씩 송금했다. A는 2BTC를 모두 지급했기 때문에 더 이상 UTXO는 존재하지 않는다. 반면 B는 1BTC를 받았기 때문에 1BTC UTXO가 새롭게 생성된다. C 역시 1BTC UTXO가 새롭게 생성된다.

4. 4단계에서는 B가 C에게 4BTC를 지급하는 상황이다. B는 본인이 가진 두 개의 UTXO를 더해서 C에게 4BTC를 지급했다. 따라서 B는 더 이상 UTXO가 존재하지 않으며 C는 새로운 4BTC UTXO가 생성되었다.

제일 오른쪽에 있는 UTXO 생성 현황은 네트워크 전체 관점에서 단계별로 새롭게 생성된 UTXO 현황을 나타낸다. UTXO란 Unspent Transaction Output의 약자로서, 아직 사용하지 않는 화폐를 의미한다. 다르게 표현하면 사용이 가능한 화폐라는 의미다.

이중지불이란 이미 사용한 화폐를 다시 사용하는 것을 의미한다. 반대로 사용하지 않은 화폐(UTXO)를 2번 이상 사용하지 않도록 통제만 한다면 이중지불은 발생하지 않을 것이다. 비트코인에서 UTXO라는 화폐 방식을 채택하는 데는 몇 가지 이유가 있지만, 가장 큰 이유는 이중지불을 차단할 수 있기 때문이다. UTXO가 1번만 사용될 수 있게 적절하게 통제만 하면 이중지불 문제를 해결할 수 있다.

정리하면, 비트코인은 UTXO 형태로 제작되었고, UTXO가 2번 이상 사용되지 않게 설계하여 이중지불 문제를 차단했다.

(3) 블록 생성 과정에서 이중지불 차단을 위한 단계별 통제 방안

이중지불을 차단하는 것은 UTXO를 1번만 사용하도록 통제하는 것이라고 했다. 트랜잭션이 생성되어 최종 블록체인에 연결되기까지 다양한 단계가 존재한다. 단계별로 어떻게 UTXO가 1번만 사용될 수 있게 통제하는지 살펴보자.

살펴보기에 앞서, 1만 개 이상의 노드가 존재하고 실시간으로 트랜잭션이 생성되고 전파되는 실제 네트워크 상황은 상당히 변화무쌍하고 역동적이다. 그런 모든 상황을 도식화해서 표현하는 데는 한계가 있다. 따라서 이어지는 설명은 상황을 간단하게 추상화했고 부분적으로 현실과 조금 다르게 묘사한 경우도 있다. 다음 설명 및 상황들은 단지 개념적으로 이해하는 데 참조로 활용하고 좀 더 현실적인 상황은 다른 다양한 자료를 통해 학습할 것을 부탁한다.

(가) 트랜잭션 생성 단계

A가 B에게 3BTC를 송금하는 경우, 3BTC라는 UTXO를 포함시켜 트랜잭션을 작성한다. UTXO는 지폐와 같은 특징을 지니기 때문에 고유한 식별이 가능하며 따라서 하나의 트랜잭션 내에 동일한 UTXO를 2번 사용하지 못하도록 프로그램적으로 설계되어 있다. 결국 트랜잭션을 생성하는 단계에서는 동일한 UTXO가 2번 이상 사용되지 못한다. 트랜잭션 생성 단계에서는 UTXO가 1회만 사용되도록 통제된다는 것을 확인할 수 있다.

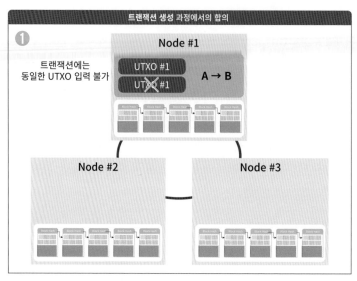

그림 2-80 트랜잭션 생성 과정에서의 합의

하나의 트랜잭션 내에 동일한 UTXO를 2번 사용하지 못하지만, 동일한 UTXO를 이용하여 각각 다른 2개의 트랜잭션을 생성하는 것은 가능하다. Node #1에서 UTXO #1을 이용하여 B에게 송금하는 트랜잭션을 생성할 수 있고, 동시에 동일한 UTXO #1을 이용하여 C에게 송금하는 트랜잭션을 각각 생성할 수 있다. 생성된 트랜잭션은 아직 최종 블록체인에 기록되지 않았기 때문에 블록체인에 최종 기록되기 전까지는(약 10분) 이 트랜잭션의 존재 자체를 알 수가 없으며, 따라서 악의적인 노드는 동일한 UTXO를 이용하여 얼마든지 수많은 트랜잭션을 생성할 수 있다.

(나) 트랜잭션 전파 및 검증

네트워크에는 수천, 수만 개의 노드가 존재하며, UTXO #1 소유자라면 다양한 노드에서 UTXO #1을 포함한 트랜잭션을 얼마든지 생성할 수 있다. 하나의 트랜잭션 내에 동일한 UTXO가 2번 이상 포함되지는 않지만, UTXO #1을 포함한 트랜잭션은 여러 개 생성할 수 있다는 말이다. 다음 그림에서는 Node #1에서 UTXO #1을 포함한 트랜잭션을 2개 생성한 상황으로 가정해 보겠다.

하나의 트랜잭션에서는 동일한 UTXO가 2번 이상 사용되지 못하지만, 동일한 UTXO를 이용하여 2개의 트랜잭션을 생성할 수 있다면 이중지불 시도를 할 수 있다. 다음 그림은 동일한 UTXO를 포함하여 2개 이상 생성된 트랜잭션이 있을 경우 전파 및 검증 과정에서 어떻게 이중지불이 차단되는지를 보여준다.

동일한 UTXO #1을 이용하여 B에게 송금하고 C에게 송금하는 2개의 트랜잭션을 생성했다고 가정하자. 이 2개의 트랜잭션은 네트워크를 통해 전파되고 각 노드는 이들에 대한 검증을 수행한다.

각 노드는 다양한 검증을 수행하는데, 그중 하나가 해당 트랜잭션에 포함된 UTXO가 이미 다른 트랜잭션에 존재하는지를 검증하는 것이다. 먼저 각 노드는 유효한 UTXO를 'UTXO Set'이라는 저장소에 등록해둔다. 그리고 새롭게 접수된 트랜잭션의 UTXO가 UTXO Set에 이미 존재하는지를 검증한다. 새로 접수된 UTXO가 이미 UTXO set에 존재한다면 해당 트랜잭션을 폐기한다.

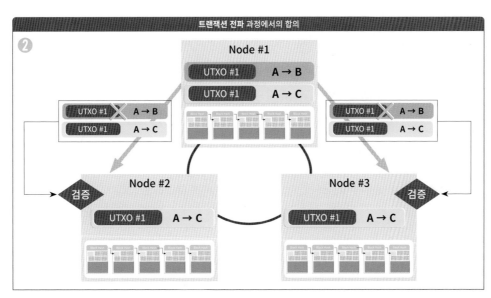

그림 2–81 트랜잭션 전파 과정에서의 합의

그림에서 UTXO #1이 포함된 2개의 트랜잭션이 생성 및 전파되었다. 2개의 트랜잭션 중 'A→C' 트랜잭션이 먼저 도착했고 검증 과정을 거친 후 각 노드에 저장되었다. 이때 접수된 UTXO #1은 UTXO Set에 등록된다. 그 다음에 도착한 'A→B' 트랜잭션은 해당 UTXO #1이 이미 UTXO Set에 등록되어 있기 때문에 거절된다.

> **Note   UTXO Set**
>
> 아직 사용되지 않은 모든 UTXO 집합을 'UTXO Set'이라고 한다. UTXO set은 모든 UTXO 정보를 포함하고 있으며 네트워크상의 모든 Full Node는 UTXO set을 항상 최신 상태로 갱신한다. UTXO가 생성되고 소멸될 때마다 UTXO Set 정보가 업데이트된다. 새 블록이 전파될 때마다 이 블록에 포함된 트랜잭션에서 소비한 UTXO는 UTXO set에서 제거하고 새로 발생한 UTXO는 추가하여 업데이트한다. 따라서 UTXO set은 전체 네트워크에서 거래의 전체 상태를 관리한다.
>
> 예를 들어, '10BTC를 소유한 A가 B에게 4BTC를 송금'하는 트랜잭션을 생성했다면, 이때 B 소유의 4UTXO가 생성되고, A 소유의 6UTXO(잔돈)가 생성되며, 10UTXO는 소멸된다.

트랜잭션 생성 단계에서 '동일한 UTXO가 포함된 여러 개의 트랜잭션'이 생성된다고 하더라도 전파·검증 과정에서 결국 하나의 트랜잭션만 유효한 것으로 인정받게 된다.

트랜잭션 생성 단계에서는 트랜잭션 내에 2개 이상의 UTXO가 포함되지 못하게 통제되는 상황을 살펴보았고, 트랜잭션 전파·검증 단계에서는 동일한 UTXO가 포함된 여러 개의 트랜잭션이 생성되더라도 결국 하나의 트랜잭션만 선택되는 상황을 살펴보았다. 결국 검증 과정에서 UTXO Set을 통해 UTXO는 1회만 사용되게 통제되었으며, 따라서 이중지불 문제는 발생하지 않는다.

이를 통해 전파·검증 단계에서 비트코인의 한 가지 특징을 알 수 있다. 비트코인은 결국 누가 악의적 노드이고 누가 선의적 노드인지를 구분하지 못한다. 역시 어떤 트랜잭션이 선의적 거래이고 어떤 트랜잭션이 이중지불을 시도하는 악의적 거래인지 구분하지 못한다. 단지 전파 과정에서 먼저 도착한 트랜잭션을 유효한 것으로 인정한다. 설사 악의적인 트랜잭션이라고 하더라도 먼저 도착하면 유효한 것으로 인정해 준다. 그리고 동일한 UTXO가 포함된 또 다른 트랜잭션이 도착하면 거절한다. 설사 나중에 도착한 트랜잭션이 선의적 의미의 거래 내역이라 하더라도 그렇다.

> Note
>
> 트랜잭션이 전파되면 각 노드는 모든 트랜잭션을 일정한 체크리스트에 의해 검증을 수행해서 문제가 없으면 트랜잭션을 저장하지만 문제가 있으면 폐기한다. 비트코인 개발자 가이드에서 체크리스트를 제공한다.
>
> 1. 구문을 검사하고 트랜잭션의 구문과 데이터 구조가 프로토콜에서 제공하는 규칙을 준수하는지 확인한다.
>
> 2. 트랜잭션의 입력과 출력이 비어 있지 않은지 확인한다.
>
> 3. 트랜잭션의 크기가 최대 블록 크기보다 작은지 바이트 단위로 비교해 검사한다.
>
> 4. 출력값은 허용된 화폐 범위 안의 값이어야 한다.
>
> 5. 모든 입력은 이전의 출력에 명시돼 있어야 한다. 코인베이스 트랜잭션은 전달된 적이 없으므로 예외다.
>
> 6. nLockTime이 31비트를 초과하지 않는지 확인한다(nLockTime은 트랜잭션이 블록에 포함되지 않을 시간을 지정한다).
>
> 7. 트랜잭션이 유효하려면 100바이트보다 작아야 한다.
>
> 8. 표준 트랜잭션에서 서명 연산의 수는 둘 이하여야 한다.
>
> 9. 비표준 트랜잭션을 거부한다. 예를 들어, ScriptSig는 스택에 숫자만 푸시할 수 있다. ScriptPubkey가 isStandard() 검사를 통과하지 못하는 경우도 있다. isStandard() 검사는 표준 트랜잭션만 허용하도록 지정한다.
>
> 10. 트랜잭션 풀이나 메인 브랜치의 블록 안에 이미 일치하는 트랜잭션이 있으면 트랜잭션을 거부한다.
>
> 11. 각 입력에 대응되는 참조 출력이 트랜잭션 풀에 속한 다른 트랜잭션에 있으면 트랜잭션을 거부한다.

12. 입력마다 참조 출력으로 미지출 트랜잭션(UTXO)이 있어야 한다.

13. 입력마다 참조한 출력 트랜잭션이 코인베이스 트랜잭션이면 최소 100번의 승인이 있어야 한다. 그렇지 않으면 트랜잭션을 거부한다.

14. 입력마다 참조한 출력이 존재하지 않거나 이미 지출된 경우 트랜잭션을 거부한다

15. 참조한 출력 트랜잭션을 사용해 입력값을 가져와 합계뿐만 아니라 각 입력값이 허용 범위인 0~2,100만 BTC 내에 있는지 확인한다. 입력값의 합이 출력값의 합보다 작으면 트랜잭션을 거부한다.

16. 트랜잭션 수수료가 너무 낮아 빈 블록에 들어가지 않으면 트랜잭션을 거부한다.

17. 각 입력의 로킹 해제 스크립트에 상응하는 유효한 출력 스크립트가 있어야 한다.

[출처: 책 ≪블록체인 완전정복 2/e≫(에이콘출판사 2019) 내용 인용]

(다) 블록 생성 과정

앞선 (나) 상황에서는 'A→C' 트랜잭션이 모두 먼저 도착하는 상황을 가정하여 설명했다. 그런데 다음 그림에서 보는 것처럼 네트워크 상황에 따라서 특정 노드에는 'A→C' 트랜잭션이 먼저 도착하지만 다른 노드에서는 'A→B' 트랜잭션이 먼저 도착할 수 있다. 이렇게 되면 하나의 노드는 'A→B' 트랜잭션이, 다른 노드에는 'A→C' 트랜잭션이 각각 저장된다. 각 노드 관점에서는 하나의 UTXO만 존재하지만, 네트워크 전체적으로는 동일한 UTXO가 사용된 2개의 트랜잭션이 존재하는 상황이 발생한다.

각 노드는 해당 MemPool에 저장된 트랜잭션들을 이용하여 각각 후보블록을 만들고 네트워크 전체적으로 대표블록을 선정하기 위한 경쟁에 돌입한다. 이 합의 과정을 통해 네트워크 전체적으로 하나의 대표블록만 선정되기 때문에 동일한 UTXO가 다른 노드에 산재되어 있다고 하더라도 결국 하나의 UTXO만 선택된다.

결국, 네트워크 전체적으로 동일한 UTXO가 사용된 트랜잭션이 각각 다른 노드에 존재하더라도 합의 과정을 거치면서 하나의 노드에 포함된 UTXO만 살아남게 된다.

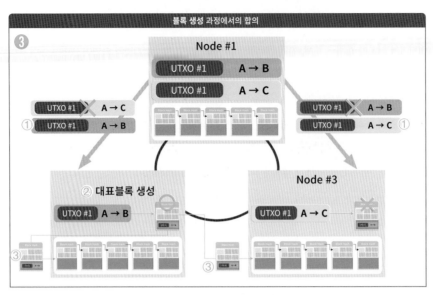

그림 2–82 블록 생성 과정에서의 합의

네트워크 전체적으로 서로 다른 노드에 동일한 UTXO가 존재한다고 하더라도 합의 과정을 통해서 동일한 UTXO는 한 번만 사용되도록 통제된다.

(라) 동시에 블록이 생성되는 분기 과정

(다) 상황에서 합의 과정을 거쳐 UTXO는 결국 하나만 선택된다는 것을 확인했다. 그런데 다음 그림 2-83을 보면, 가능성은 아주 희박하지만 'A→B' 트랜잭션이 포함된 후보블록과 'A→C' 트랜잭션이 포함된 후보블록이 동시에 대표블록으로 선정될 수도 있다. 각 트랜잭션이 포함된 노드가 Nonce 값을 동시에 찾는다면 2개의 후보블록이 함께 대표블록으로 선정될 수 있다. 앞서 설명했던 것처럼, 이런 경우 분기가 발생한다. 분기를 통해 동일한 UTXO가 여전히 2개 존재하는 상황이 유지된다.

그런데 앞서 분기가 해소되는 과정을 살펴보았던 것처럼, 분기도 결국 하나만 채택되고 분기된 다른 블록은 결국 도태된다. 분기 상황에서도 결국 하나의 UTXO만 남는다는 것을 확인할 수 있다.

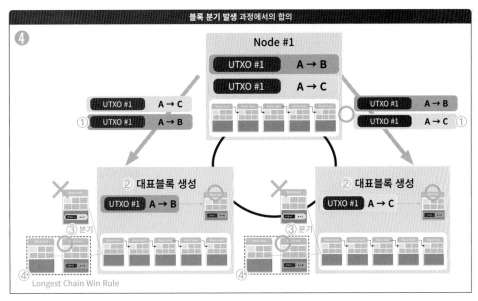

그림 2-83 분기 발생 상황에서의 합의

마무리

결과적으로, 트랜잭션 생성에서 정식 블록이 생성될 때까지 여러 과정을 거치는데, UTXO는 여러 번 사용될 수 있는 이중지불 가능성은 존재하지만, 결과적으로 항상 하나의 UTXO만 최종 블록에 저장된다.

하나의 트랜잭션에는 하나의 UTXO만 포함되도록 통제되었고, 각 노드에는 동일한 UTXO가 포함되지 않도록 통제되었다. 그리고 동일한 UTXO가 서로 다른 노드에 중복으로 존재하는 경우에도 합의 과정을 거쳐 하나의 UTXO만 생존하게 했다. 마지막으로 분기 과정에서도 결국 하나의 블록체인으로 귀결되면서 하나의 UTXO만 남게 된다.

단계별로 간단히 정리하면,

- 트랜잭션 레벨에서는 구조적인 설계를 통해 하나의 UTXO가 사용되도록 통제한다.
- 개별 노드 레벨에서는 검증 과정을 통해 하나의 UTXO만 존재하도록 통제한다.
- 전체 네트워크 레벨에서는 합의 과정을 통해 하나의 UTXO만 남도록 통제한다.
- 마지막으로 분기 상황에서도 Longest Chain 규칙에 의해 하나의 UTXO만 남도록 통제한다.

분산된 장부 구조라고 하더라도 UTXO라는 화폐 방식을 통해 검증, 합의, Longest Chain 규칙 등을 통해 UTXO가 한 번만 사용되도록 통제하는 방법으로 이중지불을 차단할 수 있다.

전체 과정을 개별 노드 단계에서의 통제 방안과 전체 네트워크 상황에서의 통제 방안으로 구분할 수 있다. (가)~(나) 단계가 개별 노드 단계에서의 통제 방안이라고 할 수 있고, (다)~(라) 단계가 전체 네트워크 상황에서의 통제 방안이라고 할 수 있다.

먼저, 개별 노드 단계에서 UTXO를 2번 사용하지 못하도록 하는 통제 방법을 간단하게 표현하면 다음과 같다.

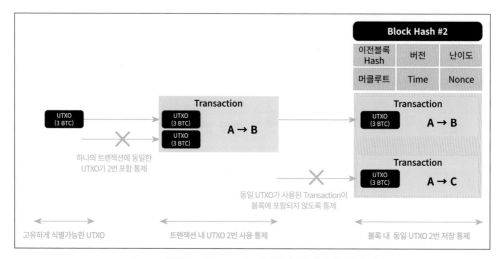

그림 2-84 개별 노드에서 UTXO가 2번 사용되지 못하게 하는 통제 방안

개별 노드에서 트랜잭션, 블록 단위에서 UTXO가 1회만 사용되게 통제된다.

다음으로, 전체 네트워크 상황에서 UTXO를 2번 사용하지 못하게 하는 통제 방법을 간단하게 표현하면 그림 2-85와 같다. 개별 노드에서는 UTXO가 2번 사용되지 못하게 통제하는 방법을 사용한다면, 전체 네트워크에서는 하나를 선택하는 방법을 사용한다.

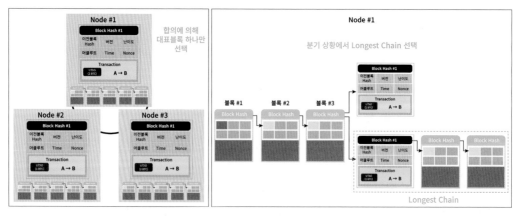

그림 2-85 전체 네트워크 상황에서 UTXO가 2번 사용되지 못하게 하는 통제 방안

전체 네트워크 상황에서 합의 알고리즘과 Longest Chain 규칙을 통해 하나의 UTXO가 선택되도록 통제된다.

'장부 생성(Create) 단계'에서의 '이중지불 가능성 및 통제 방안'에 대해서 살펴보았다. 중앙시스템 환경과 달리 탈중앙화 환경에서는 접근 통제가 안 되기 때문에 누구나 장부 생성에 참여할 수 있다. 그리고 누가 악의적 노드인지 식별이 불가능하다. 또한, 트랜잭션 생성에 대한 제어가 불가능하기 때문에 얼마든지 트랜잭션을 생성할 수 있다. 이런 환경은 이중지불과 같은 취약성에 노출된다. 하지만 비트코인은 UTXO라는 화폐 방식과 단계별 검증을 통해 UTXO가 1회만 사용되는 통제 메커니즘을 구현해 탈중앙 환경에서도 이중지불 문제가 발생하지 않게 통제할 수 있었다. 한편 선의적 · 악의적 트랜잭션을 구분하지 못하고 오직 2회 사용만 차단하는 방식으로 통제하는 것은 여전히 비트코인의 한계다.

3) 블록체인에서 장부 읽기(Read) 단계의 통제 특징

중앙시스템의 경우 사용자에 따라 읽기 권한도 차등하여 부여한다. 중앙시스템 존재하지 않는 블록체인에서는 'Allow All or Deny All' 선택에서 '읽기' 권한은 모두에게 허용하게 설계되어 있다. '읽기'는 서비스에 직접적으로 악의적 영향을 주지 않기 때문에 블록체인에서도 모두에게 읽기 권한을 부여하는 것은 크게 문제 되지 않는다.

단지 모두에게 읽기를 허용할 경우 개인의 프라이버시 문제가 발생할 수 있다. 그래서 블록체인에서는 개인정보 대신 공개키와 개인키를 통해서만 거래를 할 수 있도록 설계했다.

모두에게 읽기 권한을 허용한다는 의미를 혼동해서는 안 된다. 다음 그림 2–86을 보면, 첫 번째 그림은 중앙시스템의 데이터베이스 접근 시 사용자별로 선택적으로 읽기 권한을 부여한 상황이다. 두 번째 그림은 중앙시스템의 데이터베이스에 누구에게나 읽기 권한을 부여한 상황이다. 세 번째 그림은 완전히 동일한 장부를 개별적으로 소유하여 읽을 수 있는 상황이다.

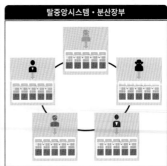

그림 2–86 중앙장부·분산 장부 상황에서의 Read 권한

여기에서 말하는 '누구나 읽을 수 있다'는 것은 세 번째 상황을 의미한다. 모든 네트워크 참여자는 동일한 장부의 복사본을 가지고 있고 본인이 소유한 장부를 읽을 수 있기 때문에 누구나 모두 장부를 읽을 수 있다는 의미다.

- 첫 번째 그림은 하나의 장부에 읽기 권한이 제한된 경우다.
- 두 번째 그림은 하나의 장부에 읽기 권한이 모두 허용된 경우다.
- 세 번째 그림은 노드마다 동일한 분산 장부를 소유하고 있어 각자 본인 장부를 모두 읽을 수 있는 경우다.

> **TIP**
>
> 카카오 모임 통장이 있다. 모임 통장은 하나의 장부에 모든 사람이 읽을 수 있는 권한을 부여하여 투명성을 높인 사례다. 카카오 모임 통장은 그림에서 2번째 그림과 유사하다. 반면 드롭박스는 실시간으로 모든 데이터의 복사본이 연결된 디바이스 노드에 업데이트 및 저장된다. 따라서 드롭박스는 3번째 그림과 유사하다. 블록체인은 드롭박스처럼 본인의 디바이스에 복사본이 저장되는 형태로 모든 데이터를 읽을 수 있다. 드롭박스와 블록체인의 차이점은 드롭박스는 중앙시스템이 존재하며, 일종의 Private 블록체인이라고 볼 수 있다는 점이다.

4) 블록체인에서 장부 수정·삭제(Update/Delete) 단계의 통제 특징

앞서 탈중앙화 기반 화폐 시스템은 2가지 상황에서 이중지불이 발생할 수 있다고 했다. 첫 번째는 분산된 장부에서 장부의 불일치에 따른 이중지불 가능성, 두 번째는 적절한 중앙 통제 장치가 없는 상황에서 장부를 수정할 경우 이중지불이 발생할 수 있다.

장부를 생성(Create)하는 과정에서 이중지불 가능성 및 UTXO를 통한 통제 방안에 대해 먼저 살펴보았다. 여기에서는 장부 위변조를 통한 이중지불 시도를 차단하는 방안에 대해 살펴보겠다.

금융 시스템뿐만 아니라 대부분 데이터베이스에서도 수정·삭제는 매우 민감한 영역이다. 수정·삭제를 적절히 통제하지 못할 경우 심각한 데이터 불일치와 거래의 위변조를 야기할 수 있기 때문이다. 그래서 일반 데이터베이스에서도 수정·삭제 권한을 생성·읽기 권한보다 더 엄격하게 통제하고 관리한다.

비트코인과 같은 탈중앙 기반 화폐 시스템에서 누구나 장부를 수정·삭제하도록 허용한다면 장부를 위변조하여 이중지불과 같은 심각한 문제를 야기할 수 있다. 따라서 비트코인에서는 수정·삭제가 누구에 의해서도 불가능하고 어떠한 경우에도 불허하게 설계했다. 'Allow All or Deny All'에서 Deny All 방식을 채택했다.

(1) 위변조 차단의 핵심 원리 이해

비트코인에서는 수정 · 삭제가 원천적으로 불가능하도록 설계했다. 비트코인의 수정 · 삭제 차단 메커니즘을 쉽게 이해하기 위해 '끝말잇기' 사례를 들어 보겠다. '블록체인'이라는 단어를 시작으로 끝말잇기 게임을 진행한다고 가정하자.

블록체인 → 인사동 → 동사무소 → 소방관 → 관공서 → 서울 → 울산 · · ·

이때 누군가가 기존 끝말잇기 체계를 뒤집기 위해 '블록체인'을 '블록체온'으로 변경해서 '블록체인'으로 시작한 끝말잇기를 따라잡는 상황을 가정해 보자.

- 블록체인 → 인사동 → 동사무소 → 소방관 → 관공서 → 서울 → 울산 · · · · ·
- 블록체온 → ? → ? → ? → ? → ? → ?

'블록체온'으로 끝말이 변경되었으니 '온'으로 시작하는 단어를 고민해야 한다. '온'으로 시작하는 단어를 고민하여 찾았다고 끝나지 않는다. 끝말잇기는 꼬리에 꼬리를 물기 때문에 연결된 모든 단어를 수정해야만 한다.

끝말잇기 게임을 통해 3가지 특징을 이해할 수 있다.

- 첫째는 '블록체인'에서 '블록체온'으로 수정하면 '온'으로 시작되는 새로운 단어를 다시 생각해야 한다.
- 둘째는 '온'으로 시작되는 새로운 단어를 생각해 냈다고 끝나지 않는다. 끝말이 꼬리에 꼬리를 물기 때문에 결국 이후에 연결된 모든 단어를 다시 생각해야 한다.
- 셋째는 처음 '블록체인'으로 시작한 끝말잇기는 계속 연결할 새로운 단어를 생성해 내며 앞으로 나간다. 따라서 '블록체온'으로 수정한 끝말잇기는 '블록체인'으로 진행 중인 끝말잇기를 따라잡을 수 없다.

블록체인도 끝말잇기와 유사한 원리를 이용하여 위변조가 불가능하도록 설계했다.

(2) 블록과 블록체인의 독특한 특징을 활용한 수정 · 삭제 통제 방안

이미 앞서 학습한 내용이지만, '수정 · 삭제 통제를 통한 이중지불 차단' 관점에서 다시 한번 살펴보겠다. 블록체인의 수정 · 삭제 불가능의 원리는 '블록과 블록체인의 독특한 구조'에 기반한다.

블록 관점

앞서 해시함수의 특징에 대해 알아보았다. 주요 특징 중의 하나는 입력값의 사소한 변화에도 결괏값이 민감하게 반응한다는 것이다. 블록은 구조적으로 모든 데이터를 Hash 함수로 엮어 놓은 것으로 볼 수 있다. 따라서 해시함수의 그러한 특징이 블록의 독특한 구조에 그대로 반영되어 있다. 그리고 해시함수의 특징을 기반으로 독특한 블록의 구조 때문에 사소한 데이터의 위변조에도 쉽게 식별되고 수성 및 삭제 시도가 어려워진다.

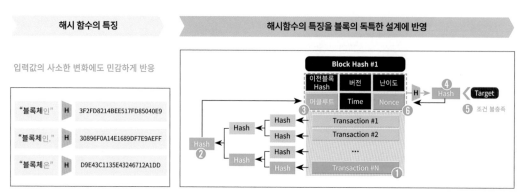

그림 2-87 해시함수의 특징과 블록의 구조

끝말잇기에서 '블록체인'을 '블록체온'으로 수정하면 '온'으로 시작하는 새로운 단어를 찾는 고민 과정이 필요하다.

유사하게 블록의 트랜잭션을 수정하면 Header의 머클루트가 변경되고 머클루트가 변경되면 Header의 해시값이 변경된다. 해시값이 변경되면 목푯값보다 작다는 조건을 충족하지 못할 수 있기 때문에 충족되도록 약 10분 동안 작업해서 Nonce 값을 다시 찾아야 한다.

블록체인 관점

해시함수의 그러한 특징은 앞선 블록 구조뿐만 아니라 블록체인 구조에도 동일하게 반영되어 있다. 이전 블록의 해시값이 다음 블록 생성 시 포함되는 구조를 지닌다. 이러한 구조에서는 이전 블록의 데이터 수정이 다음 블록뿐만 아니라 연결된 모든 블록의 변경을 초래한다. 입력값의 사소한 변화에도 출력값이 민감하게 반응한다.

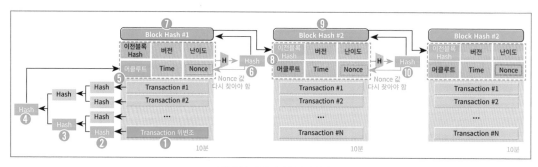

그림 2-88 해시함수의 특징과 블록체인의 구조

끝말잇기에서 '온'으로 시작하는 단어를 찾는다고 끝나지 않는다. 이어지는 모든 단어를 바꿔줘야 한다. 유사하게 블록체인도 새로운 후보블록을 생성할 때 Header에 '이전 블록체인 해시값'을 포함하게 설계되어 있다. 트랜잭션 데이터를 수정하면 해당 블록뿐만 아니라 연결된 모든 블록의 Nonce 값을 약 10분간의 작업을 통해 다시 찾아야 한다.

트랜잭션 위변조를 통해 이중지불을 시도하려는 악의적인 노드가 아무리 강력한 Hash Power를 소유했다고 하더라도 연결된 모든 블록에 대해 10분 정도 작업을 통해 Nonce 값을 다시 찾아야 한다. 악의적인 노드는 정상적인 블록체인보다 더 빠른 속도로 블록을 생성해 가면서 따라잡아야만 위변조를 시도할 수 있다. 하지만 정상적인 블록체인은 10분 단위로 계속 새로운 블록을 생성해 나가는 상태이며 결과적으로 악의적인 노드는 정상적인 블록체인을 도저히 따라잡을 수 없게 되어 결국 수정 및 삭제가 불가능하게 된다.

마무리

장부 수정 · 삭제(Update · Delete) 단계에서 '이중지불 통제 방안'에 대해서 살펴보았다. 적절한 통제 장치가 없는 탈중앙화 환경에서는 '접근제어' 또는 '권한제어'를 할 수 없다. 이런 통제 장치가 전혀 없는 상황에서 화폐 시스템의 장부를 위변조하려는 시도는 치명적인 이중지불 문제로 이어질 수 있다. 따라서 비트코인에서는 구조적 · 물리적으로 수정 · 삭제가 불가능하도록 설계했다. 해시함수의 고유한 특징과 이전 블록의 해시값을 다음 블록에 포함시켜 마치 체인처럼 설계한 독특한 블록체인 구조를 통해 수정 · 삭제가 완전히 불가능함을 보장한다.

2.3.3 화폐시스템 관점 비트코인 · 블록체인 작동원리 이해

2.3.1절에서는 비트코인 블록체인이 작동하는 핵심 아이디어 관점에서 작동 원리를 알아보았다. 2.3.2절에서는 탈중앙시스템 관점에서 작동 원리를 이해해 보았다.

2.3.3절에서는 화폐 시스템 구현 관점에서 작동 원리를 살펴보겠다. 블록체인 기반 화폐 시스템 구현을 위한 요구사항에 대해 이해하고, 이런 요구사항을 어떻게 구현했는지 그 작동 원리를 살펴보겠다.

비트코인은 '블록체인' 기반 '화폐 시스템'이다. 화폐 시스템이 구현된 원리를 이해하기 위해서는 우선 탈중앙화 및 분산 장부 환경에서 화폐 시스템을 구현하기 위해 필요한 요구사항을 먼저 정리할 필요가 있다.

비트코인 블록체인 핵심 가치 식별

3가지 핵심 가치는 다음과 같다.

[탈중앙]   [분산]   [탈중앙 · 분산 기반 금본위제]

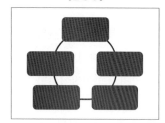 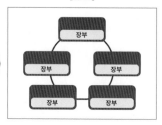 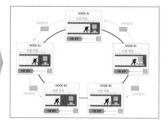

그림 2-89 비트코인의 핵심 가치

- 탈중앙
- 분산
- 금본위제

사토시 나카모토는 '탈중앙' 및 '분산원장' 기반으로 '금본위제'를 구현하고자 했다.

화폐 시스템 구현을 위한 필요 요소 식별

일반적으로 이해하는 화폐 시스템은 다음과 같은 4가지로 구성되었다고 이해할 수 있다.

1. **화폐**: 화폐 발행 규모 및 화폐 발행 방식
2. **거래**: 거래의 존재 증명 및 화폐 송금 및 지급 관련
3. **장부**: 거래내역 기록 및 장부 무결성 보장 방안
4. **관리**: 화폐 시스템 유지·보수 및 의사결정 방안

블록체인 기반으로 화폐 시스템 구현을 위한 요구사항 식별

전통적으로 중앙 집중 방식의 화폐 시스템이 탈중앙 기반으로 구현되기 위해 필요한 요소들을 '비트코인 · 블록체인' 관점과 '화폐 시스템 구현 요소'를 상호 연계해서 분석하면 다음과 같은 8가지 요구사항을 도출할 수 있다.

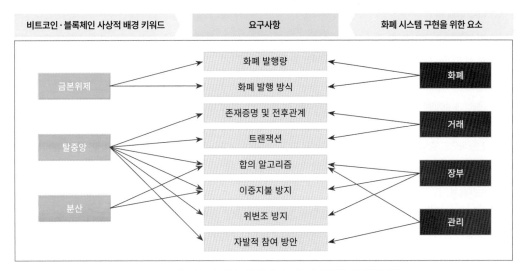

그림 2-90 탈중앙·분산 장부 기반 화폐 시스템 구현을 위한 요구사항 식별

1. **화폐 발행량**: '금본위제'를 '화폐' 관점 구현 요소

2. **화폐 발행 방식**: '금본위제'를 '화폐' 관점 구현 요소

3. **존재증명 및 전후관계**: '탈중앙화' 기반에서 '거래' 관점 구현 요소

4. **트랜잭션**: '탈중앙화' 기반에서 '거래' 관점 구현 요소

5. **합의 알고리즘**: '탈중앙화·분산' 기반에서 '장부·관리' 관점 구현 요소

6. **이중지불 방지**: '분산' 기반에서 '장부' 관점 구현 요소

7. **수정 삭제 불가**: '탈중앙' 기반에서 '장부' 관점 구현 요소

8. **자발적 참여 유인 방안**: '탈중앙' 기반에서 '관리' 관점 구현 요소

블록체인 기반 화폐 시스템 구현을 위한 요구사항 정의

앞서 식별된 블록체인 기반 화폐 시스템 구현을 위해 식별된 8가지 요구사항을 상세히 정의하면 다음과 같다.

1. 화폐 발행량

   화폐 시스템 구현을 위해서는 우선 유통에 필요한 화폐가 필요하다. 하지만 중앙정부의 신용에 기반한 무분별한 화폐 발행은 인플레이션과 같은 문제점을 야기한다. 따라서 화폐 발행량을 통제하는 금본위제와 유사한 방식이 요구된다.

2. 화폐 발행 방식

현 법정화폐는 인쇄기로 쉽게 찍어낼 수 있다. 반면 금본위제에 사용되는 금은 곡괭이로 수많은 작업을 통해 어렵게 채굴한다. 따라서 화폐가 어렵게 발행되는 방식이 요구된다.

3. 존재증명 및 전후 관계

은행 데이터베이스에서는 새로운 거래 데이터가 생성되면 해당 데이터에 대해서 타임스탬프를 부여한다. 사실상 모든 거래와 계약에서는 거래의 존재증명 및 우선권 설정을 위해 타임스탬프 또는 이와 유사한 기능이 필요하다. 전통적으로 중앙기관이나 제3 신뢰 기관에서 타임스탬프를 찍어주었는데, 블록체인에는 그 어떤 중앙기관이나 제3 신뢰 기관이 없다. 따라서 탈중앙 기반으로 타임스탬프를 부여할 수 있는 설계 방안이 요구된다.

4. 트랜잭션

중앙시스템에서는 생성된 트랜잭션이 실행을 통해 별도의 중앙 장부의 상태를 변화시키는 방식으로 운영된다. 반면 탈중앙 기반에서는 별도의 중앙 장부가 존재하지 않는다. 따라서 개인 간(P2P) 직접 화폐를 송금하고 거래내역 자체가 장부가 될 수 있는 설계 방안이 요구된다.

5. 합의 알고리즘

분산된 형태의 장부는 장부를 일치시키는 합의 과정이 중요하다. 중앙시스템이 존재하지 않기 때문에 어떠한 방식으로 합의에 도달할 것인지에 대한 고민이 요구된다.

6. 이중지불 방지

분산된 장부 구조에서는 장부가 불일치되는 상황이 존재하며 악의적인 노드는 이를 악용하여 이중지불을 시도할 수 있다. 따라서 분산된 환경에서도 이중지불을 차단할 수 있는 설계 방안이 요구된다.

7. 위변조 방지

화폐 시스템 장부에서 악의적인 수정·삭제는 치명적인 결과를 초래할 수 있다. 중앙 관리자가 존재하지 않은 탈중앙화 환경에서 악의적인 수정·삭제가 불가능하도록 통제하는 방안이 요구된다.

8. 자발적 참여 방안

화폐 시스템을 구현하기 위해서는 운영적·시스템적 관리가 필요하다. 탈중앙화 환경에서는 중앙관리자를 대신하여 시스템에 참여시킬 수 있는 인센티브 방안이 요구된다.

블록체인 기반으로 화폐 시스템 구현을 위한 8개 요구사항을 식별 및 정의했다. 이제 8가지 요구사항을 실제로 어떻게 구현했는지 상세히 알아보겠다.

1) 화폐 발행량

전체 발행량은 2,100만 개로 설계되어 있다

비트코인은 2009년부터 발행되기 시작했으며, 처음에는 블록 생성(10분)마다 50BTC가 생성되며 4년마다 반씩 줄어들어 2140년에 0.00000001BTC를 끝으로 발행이 중단된다. 2140년까지 총 발행 규모는 21,000,000BTC로 제한되어 있다.

- 10분 단위로 Block 생성
- 1일 Block 생성 개수 – 6 X 24 = 144
- 1주일 Block 생성 개수 – 1008
- 1년 Block 생성 개수 – 52,560
- 2140년 누적 블록 개수 – 6,929,999

- 최초 보상 금액 - 50BTC
- 4년 주기로 보상액 절반으로 감소
- 2140년 보상 금액 - 0.00000001BTC
- 총발행량 - 21,000,000BTC
- 처음 24년간 99% 채굴, 나머지 107년 동안 1% 채굴

년도	2009	2010	2011	2012	2013	2014	2015	2016	2017	2018	2019	2020	2021	....	2033	....	2140
년 블록생성	52,560	52,560	52,560	52,560	52,560	52,560	52,560	52,560	52,560	52,560	52,560	52,560	52,560				
누적 블록	52,560	105,120	157,680	210,240	262,800	315,360	367,920	420,480	473,040	525,600	578,160	630,720	683,280				6,929,999
보상 비트코인 금액	50 BTC				25 BTC				12.5 BTC				6.25 BTC				0.00000001 BTC
누적 비트코인 발행량									16,500,000			18,000,000					21,000,000
누적 비트코인 발행률									78%			85%			99%		100%
난이도	1								1조 8천억 배	13조 6천억							

그림 2–91 비트코인 발행량 관련 시뮬레이션(공식적인 자료가 아니며 관련 기본 정보를 기반으로 시뮬레이션하여 재구성)

화폐공급량은 4년마다 반으로 떨어지게 설계되었다

화폐공급량은 4년마다 반으로 떨어지게 설계했다. 처음에는 블록을 생성하면 보상으로 50BTC를 발행하여 지급했다. 4년마다 그 발행량이 25BTC, 12.5BTC, 6.25BTC로 줄어들며 결국 0에 수렴하도록 설계되었다.

블록이 210,000개(4년) 생성될 때마다 화폐공급량이 절반으로 떨어진다. 처음에 보상으로 50BTC를 발행하고, 4년 뒤에는 25BTC, 이후 4년 뒤에는 12.5BTC가 지급되었으며 현재는 6.25BTC를 지급한다. 다음 그림은 4년 단위로 발행량이 절반씩 줄어드는 상황을 표현한 것이다.

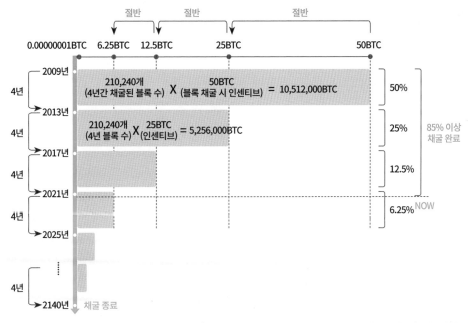

그림 2–92 4년마다 절반으로 감소하는 비트코인 발행량(공식적인 자료가 아니며 관련 기본 정보를 기반으로 시뮬레이션하여 재구성)

화폐 발행량 설계 원리의 시사점

비트코인 논문에는 "The steady addition of a constant of amount of new coins(일정한 화폐량을 안정적으로 공급)"이라는 표현이 있다. 제한된 화폐량과 화폐 공급량이 시간이 갈수록 줄어들게 설계한 원리를 기반으로 사토시 나카모토가 지향하고자 했던 4가지 목표를 추론해 볼 수 있다.

- 화폐 공급은 일정하고 안정적이어야 한다.
- 시간이 지날수록 공급량을 줄여 인플레이션 가능성을 차단해야 한다.
- 총발행량을 한정하여 가치를 보장한다.
- 화폐 발행 시기와 규모, 총발행량 규모가 모두 예측 가능하게 하여 안정적이고 체계적인 대응이 가능하게 한다.

2) 화폐 발행 방식

화폐 총발행량 못지않게 화폐를 발행하는 방식도 중요하다. 1차 세계대전에서 패한 독일은 배상금을 갚기 위해 밤낮없이 인쇄기로 마르크를 찍어냈다. 이처럼 쉽게 발행된 화폐는 인플레이션을 가속화해 20억 배의 물가 상승이라는 하이퍼인플레이션을 야기했다.

블록체인에서 화폐 발행 철학

비트코인 백서에는 다음과 같은 문구가 있다.

> *The steady addition of a constant of amount of new coins is analogous to gold miners expending resources to add gold to circulation. In our case, it is CPU time and electricity that is expended.* (새로운 화폐 발행 방식은 금을 채굴하는 것과 유사하게 일정한 화폐량을 안정적으로 공급하는 방식이다. 금 채굴에 일정한 노력과 작업이 소요되는 것처럼 비트코인에서는 CPU 연산과 에너지 소비라는 자원을 통해 화폐를 발행한다.)

화폐 발행 방식에 대한 사토시 나카모토의 생각을 간접적으로 엿볼 수 있는 대목이다. 광부가 곡괭이와 땀이라는 재원(resources)을 투입하여 어렵게 금을 채굴하는 것처럼 작업과 노력을 투입하여 어렵게 화폐를 발행하는 방안을 고민했을 것이다. 화폐란 찍어내면 되는 것이 아니라 노력과 고생에 대한 결과물이며 이를 통해 손쉽게 화폐를 발행하는 것을 통제할 수 있다.

비트코인은 CPU와 전기를 활용해 화폐를 발행한다고 설명한다. 앞서 소개한 것처럼 10분이라는 시간 동안 수많은 연산 작업을 통해 조건을 충족하는 Nonce 값을 찾아야만 화폐를 발행할 수 있게 했다.

10분이라는 안정적인 화폐 발행 간격

독일에서 하이퍼인플레이션이 발생할 당시, 대부분 사람은 정부가 언제 어느 정도 규모로 화폐를 발행하는지 모르고 있었다. 하이퍼인플레이션이 발생하고 나서야 심각성을 깨달았고 그때는 이미 손을 쓸 수 없는 상황이었다. 하지만 정보를 독점한 일부 금융 세력은 이 정보를 이용하여 벼락부자가 될 수 있었다.

비트코인에서는 수많은 연산 작업을 통해 Nonce 값을 찾아야만 화폐를 발행할 수 있으며 평균적으로 Nonce 값을 찾는 데 약 10분이 소요된다. 다르게 표현하면, 화폐가 약 10분 단위로 발행되게 설계됐다는 것을 알 수 있다. 이를 통해 화폐 발행 규모와 시기를 예측할 수 있으며 이에 적절히 대응할 수도 있다.

난이도 조절을 통한 안정적인 화폐 발행 방안

비트코인은 CPU라는 재원(resources)을 이용하며 10분 정도 소요되는 연산 작업을 통해 Nonce 값을 찾아야만 화폐가 발행된다. 그런데 CPU 성능은 계속 개선되고 있으며 GPU, FPGA, ASIC 등으로 발전되고 있다. 개선된 연산 장치를 이용할 경우 연산 작업을 쉽게 수행하므로 더 빨리 Nonce 값을 찾을 수 있다. Nonce 값을 찾는다는 것은 화폐를 발행한다는 의미이기 때문에 Nonce 값을 빨리 찾는다는 것은 그만큼 빨리 화폐를 발행할 수 있다는 이야기다. 이는 안정적이고 어렵게 화폐를 발행한다는 비트코인 정신에 위배된다. 사토시 나카모토는 이에 대한 대안으로 '난이도(Difficulty)'라는 개념을 설계에 추가로 반영했다.

기본적으로 약 10분 정도의 연산 작업을 통해 Nonce 값을 찾게 하고, 2,016개 블록이 생성될 때마다 연산 속도를 체크해서 연산 속도가 빨라질 경우 난이도를 높여서 항상 평균 10분 정도를 유지할 수 있게 설계했다. 이는 기술의 발전과 상관없이 어떠한 상황에서도 안정적인 화폐 발행을 하겠다는 원칙이다.

다음 그림은 비트코인의 실제 난이도를 나타낸다. 블록체인닷컴 익스플로러 데이터에 따르면 2021년 6월 11일 기준 난이도는 23.244조 배에 달한다.

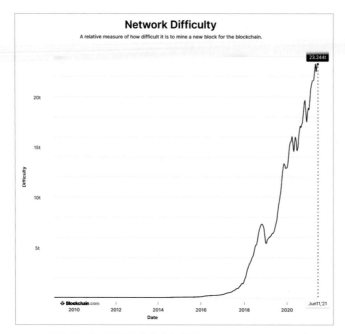

그림 2-93 비트코인 채굴 실제 난이도(출처: Blockchain com Explorer)

- 2,016개의 블록이 생성될 때마다 블록이 생성된 시간을 측정해 난이도를 주기적으로 조절한다. (약 2주 단위로 난이도 측정 및 조정)

- 난이도 상향은 한 번에 최대 300%까지 상승 가능, 하향은 최대 75% 수준까지 낮출 수 있게 설계되어 있다.

- 현재 난이도는 최초 난이도에 비해 23조2,440억 배 높다.

Note 난이도 의미 이해

앞서 모래알 찾기 게임을 다시 상기해 보자. 모래알 찾기가 빨라질 때마다 모래알 출신 범위를 좁히는 방향으로 모래알 찾기 시간을 약 10분으로 유지했다. 난이도를 조절한다는 것은 목푯값을 변경하여 Nonce 값이 포함될 범위를 조정하는 것을 의미한다.

예를 들어 Nonce 값을 찾는 속도가 빨라져서 난이도를 높이고자 한다면 목푯값을 낮추면 값이 포함될 범위가 줄어들기 때문에 그만큼 Nonce 값을 찾기가 어려워진다.

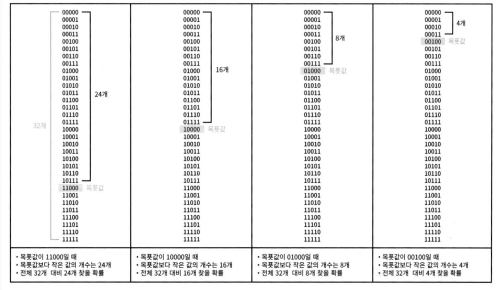

그림 2-94 목푯값과 난이도의 의미 이해

3) 트랜잭션

앞선 1)과 2)의 내용이 화폐 발행과 관련된 내용이었다면, 이번 트랜잭션 부분과 다음 존재 증명 및 우선순위는 발행된 화폐가 개인 간 송금되는 거래 방식에 관한 내용이다.

(1) 송금 방식의 이해

오프라인 송금 방식

오프라인(Off-line) 송금에서는 개인 간(P2P) 직접 송금이 가능하다. 지갑에서 지폐를 꺼내서 상대방에게 건네면 된다. 또한 시장에서 물건을 구입하고 현금으로 지급하면 개인 간 송금이 된다. 다시 말하면 지폐로 직접 지급한다면 개인 간 직접 송금이 가능하다.

인터넷 송금 방식

현 지폐 화폐 구조에서 온라인으로 송금할 경우에는 개인 간 직접 송금이 불가능하다. 디지털 데이터만 전송할 수 있는 인터넷 전송에서 종이지폐를 직접 전달할 수 없기 때문이다.

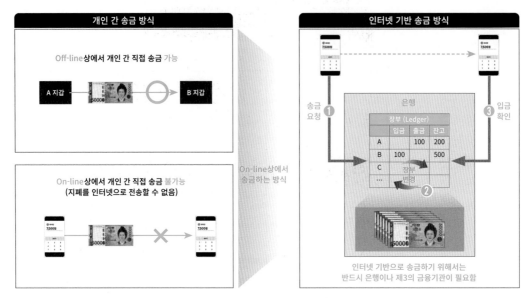

그림 2-95 **온라인으로 송금하는 방식**

인터넷 송금에서 마치 지폐가 상대방 계좌로 직접 송금한 것처럼 느껴지지만, 실제로는 은행이 모든 계좌를 개설 및 관리하고 계좌의 상태만 변경하는 것이다. 은행 역시 고객들 계좌 사이에 현금을 이동시키는 것이 아니라 고객들의 계좌 상태, 즉 장부만을 관리하는 것이다. 인터넷 기반으로 개인 간 송금을 하기 위해서는 반드시 은행과 같은 제3 기관이 필요하다.

은행을 통해 인터넷으로 송금할 때는 다음과 같은 특징이 있다.

- 돈은 은행 지하 창고에 저장되어 있을 뿐, 돈이 실제로 이동하지는 않는다.
- 은행은 이용자의 계좌를 개설하여 계좌의 상태만 관리한다. 즉, 장부 관리다.
- 이용자는 모바일 UI를 통해서 송금 요청 및 입금 확인만 한다.

은행을 통한 인터넷 기반으로 A가 B에게 송금하는 과정을 자세히 살펴보자. 먼저 은행은 고객들의 전체 돈을 은행 금고에 저장해 두고, 저장된 돈을 기반으로 고객 장부의 상태만 변경해 준다. 물론 실제로는 고객의 모든 돈이 은행 금고에 저장되어 있는 것은 아니지만, 이렇게 가정하고 설명하겠다.

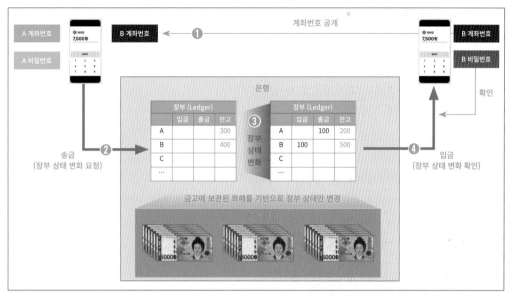

그림 2-96 온라인으로 송금되는 절차

1. 먼저 B의 계좌번호가 A에게 공개된다.

2. A는 모바일 UI를 통해 송금 요청을 한다.

3. A의 송금 요청에 따라 은행 중앙 계좌의 상태를 변경한다.

4. B는 변경된 계좌의 상태를 B의 비밀번호를 통해 확인한다.

시장에서는 지갑에서 지폐를 꺼내서 건네면 거래가 마무리된다. 그런데 그림의 송금 과정을 보면 좀 더 복잡한 것을 알 수 있다.

(2) 트랜잭션 개념

앞서 트랜잭션이란 하나의 논리적 작업을 처리하기 위해 수행되는 일련의 작업 단위라고 설명했다. 따라서 화폐 시스템에서의 트랜잭션이란 'A가 B에게 화폐를 송금하기 위해 수행되는 일련의 작업 묶음'이다. 그림 2-97에서 보면 송금을 위한 일련의 작업 절차가 트랜잭션이라고 볼 수 있다.

개인 간 직접 송금의 트랜잭션 개념

시장에서 A가 B에게 직접 송금하는 과정의 트랜잭션 개념을 이해해 보자.

- A는 본인 지갑을 오픈한다.
- 지갑에 보관된 화폐 금액 및 수량을 체크한다.

- 송금할 지폐를 선택해서 꺼낸다.

- 꺼낸 지폐를 B에게 건넨다.

- B는 건네받은 지폐 금액이 맞는지 확인한다.

- B는 건네받은 지폐를 본인 지갑에 집어넣는다.

개인 간 직접 송금에서는 지폐를 개인 간에 직접 전달하는 일련의 행동을 트랜잭션으로 볼 수 있다.

은행에서 종이 장부 기반 송금의 트랜잭션 개념

개인 간 직접 송금이 아닌 은행이라는 제3 기관을 통해 송금하기 위해 필요한 거래내역(트랜잭션)은 다음과 같다. 개인 간 송금에서는 지폐가 직접 오고 가지만, 은행 계좌를 통한 송금은 지폐가 직접 오고 가지 않는다. 계좌의 상태만 변경될 뿐이다.

- 송금자의 금액 확인

- 수신자 계좌번호와 송금액 입력

- 송금자의 잔고가 송금액보다 크다는 것을 검증

- 송금자 계좌에서 송금액만큼 공제

- 수신자 계좌에 송금액만큼 증액

종이 장부 기반에서는 사람이 직접 내역을 검토 및 검증하고 송금 관련 거래내역을 직접 종이 장부에 수기로 기록하는 일련의 작업을 트랜잭션이라고 할 수 있다.

은행에서 디지털 장부 기반 송금의 트랜잭션 개념

은행에서 종이 장부 대신 디지털 장부(데이터베이스)를 사용할 때도 종이 장부 때와 비슷한 절차가 필요하다. 하지만 '디지털 장부' 기반 송금과 '종이 장부' 기반 송금은 차이점이 있는데, 종이 장부에서는 거래내역(트랜잭션)을 사람이 직접 수기로 기입했다면 디지털 장부 기반 송금에서는 사람이 아닌 전산으로 처리된다. 전산으로 처리되기 위해서는 프로그램이 필요하다.

따라서 디지털 장부 기반에서는 송금을 위해 필요한 검토와 검증을 위한 로직, 그리고 장부(데이터베이스)의 상태를 변화시키기 위해 실행 가능한 일련의 연산 작업이 필요하다.

위에서 언급한 송금에 필요한 일련의 세부 작업 내역은 사람이 이해할 수 있는 자연어 상태다. 이것을 화폐 시스템이 이해하고 실행하기 위해서는 실행에 필요한 데이터와 명령어로 구조화하고 프로그래밍 형태로 구현해야 하는데, 이것이 바로 트랜잭션이다.

'트랜잭션' 관점에서 트랜잭션이 생성 및 작동되는 절차를 살펴보자.

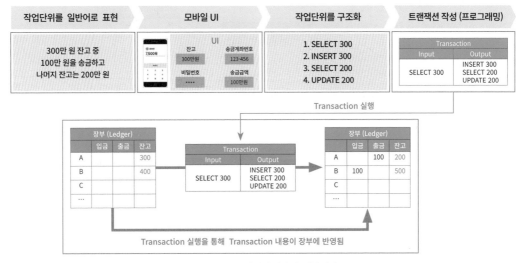

그림 2-97 트랜잭션 생성 및 실행 절차

1. 이용자는 송금에 필요한 내용을 모바일의 UI로 입력한다.

2. 입력된 데이터에 따라 명령 구문을 나열한다.

3. 이 명령 구문을 실행할 수 있는 형태로 전환하여 트랜잭션을 생성한다.

4. 이 트랜잭션을 실행하여 장부의 상태를 변화시키고 송금이 완료된다.

송금자의 요청 내용을 구조화하고, 구조화된 내역을 프로그래밍하고, 프로그램을 실행시켜 장부의 상태를 변화시키는 일련의 작업 과정을 트랜잭션으로 볼 수 있다.

트랜잭션만 좀 더 자세히 살펴보자. 트랜잭션은 화폐 시스템이 이해하고 실행할 수 있게 '데이터'와 '명령어'로 구성된 프로그램이다. 'A에게 100원을 송금한다'에서 'A와 100원'은 데이터이며, '송금한다'는 명령어다. 송금이란 바로 장부의 상태 변화다. 그림에서처럼 송금 요청에 따라 장부의 상태를 변화시키도록 설계된 연산의 묶음이 트랜잭션이라고 할 수 있다.

연산의 묶음을 4가지로 나열하면 다음 그림과 같다. 연산은 명령어와 데이터로 구성된 것을 확인할 수 있다. 송금 요청에 따라 장부의 상태를 변화시키기 위한 명령어와 데이터로 구성된 프로그램을 트랜잭션이라고 할 수 있다.

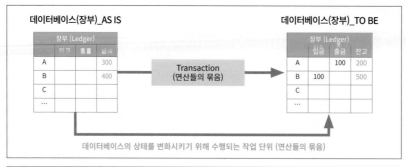

No	설명	연산	사례
1	계좌의 잔액을 확인한다.	SELECT BALANCE	SELECT 300
2	인출할 금액을 입력한다.	INSERT AMOUT	INSERT 300
3	인출 금액을 제외한 나머지 잔액을 확인한다.	SELECT REMAINING BALANCE	SELECT 200
4	인출 금액을 제외한 나머지 잔액을 현재 잔액으로 저장한다.	UPDATE REMAINING BALANCE	UPDATE 200

그림 2-98 프로그램 관점의 트랜잭션 이해

은행을 통해 실제로 인터넷 송금하는 과정을 살펴보면 다음과 같다.

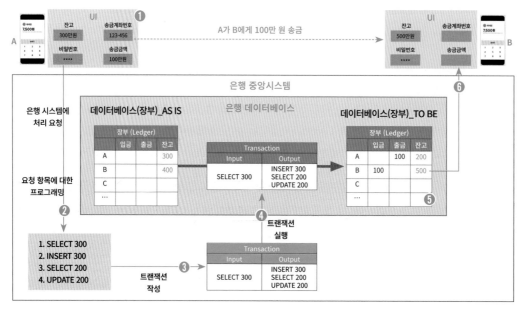

그림 2-99 실제 온라인 송금 과정

❶ 송신자는 은행 App에 접속하여 UI로 송금 요청을 한다.

❷ 모바일 App에 기입된 정보는 구조화되어 은행 중앙시스템으로 전송된다.

❸ 은행 중앙시스템은 모바일 App을 통한 송금 요청을 기반으로 트랜잭션(명령어)을 작성한다.

❹ 은행 장부(데이터베이스)에서 트랜잭션을 실행시킨다.

❺ 트랜잭션 실행에 의해 장부의 상태를 변화시킨다.

❻ 장부의 상태가 변경된 결과를 수신자에 전달한다.

송금 트랜잭션 관련 3가지 요소

개념 측면의 트랜잭션은 송금자의 거래 요청에 따라 저장된 화폐를 기반으로 장부의 상태를 변화시키는 것이고, 구현 측면의 트랜잭션은 이러한 장부의 상태를 변화시키기 위해 실행 가능한 연산 묶음이다.

트랜잭션 개념을 토대로 트랜잭션 관련 3가지 요소를 식별할 수 있다.

- **거래 관련 정보**: 계좌, 금액 등
- **거래 내역 기록**: 장부
- **거래 대상**: 화폐

(3) 송금 시스템 구현에 필요한 요소

은행 기반 송금 시스템이 작동하기 위해서는 3가지 요소가 필요함을 확인할 수 있다.

- 첫째, **계좌**와 **비밀번호**다. 사용자는 은행에 개인정보를 제출하고 계좌를 신청하여 우선 계좌와 비밀번호를 부여받아야 거래할 수 있다.
- 둘째, 발급된 계좌 기반으로 송금 등 거래내역을 기록 및 관리해 줄 수 있는 **중앙 장부**가 필요하다.
- 셋째, 고객의 **지폐**는 실제로 전송되지 않고 별도의 공간에 안전하게 보관되어야 한다.

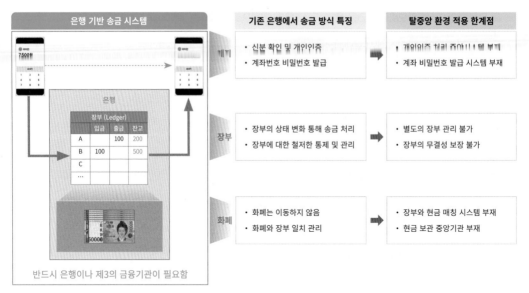

그림 2-100 기존 중앙시스템의 특징과 탈중앙 적용 한계점

기존 송금 시스템 구현을 위해 계좌번호, 장부, 현금 보관이 필요하다. 그런데 그림에서처럼 이를 구현하기 위해서는 중앙시스템이 필요하다.

(4) 탈중앙 환경에서의 송금 방식

앞서 소개한 3가지 요소는 모두 은행이라는 중앙시스템을 기반으로 구현되고 작동한다. 중앙시스템이 존재하지 않는 블록체인 같은 탈중앙화된 시스템에서는 이 3가지를 구현할 수 없다. 그림 2-100에서 살펴본 기존 송금 시스템의 특징을 탈중앙 환경에 적용 시 한계점을 정리해 보자.

계좌 관점

- 탈중앙화 환경에서는 개인을 인증해 줄 수 있는 중앙시스템이 없다.
- 개인에게 계좌정보나 비밀번호를 부여할 중앙시스템이 없다.
- 사용자별 계좌를 관리해 줄 수 없다.

장부 관점

- 장부 관리 및 무결성을 보장해 줄 수 있는 중앙시스템이 없다.
- 트랜잭션에 따른 계좌의 상태를 변경해 줄 수 있는 중앙시스템이 없다.

화폐 관점

- 장부와 현금을 분리하고 장부와 현금을 매칭(Matching)해줄 중앙시스템이 없다.
- 현금을 별도로 보관 및 관리해줄 중앙기관이 없다.

따라서 탈중앙화된 시스템에서 화폐를 송금하기 위해서는 중앙시스템과 전혀 다른 방식의 트랜잭션이 필요하다. 비트코인에서 이런 한계점을 어떤 방식으로 해결했는지 알아보겠다.

가) 탈중앙 환경에서 계좌를 어떻게 구현할까?

은행 같은 중앙시스템은 사용자별 계좌를 개설하여 송금을 처리한다. 하지만 중앙시스템이 존재하지 않는 탈중앙화된 환경에서는 이러한 계좌와 비밀번호 기반으로 송금을 진행하기가 어렵다. 탈중앙화 환경에서 계좌와 비밀번호를 대체할 수 있는 다른 방안이 필요하다. 택배 배달 사례를 통해 탈중앙화 환경에서 계좌와 비밀번호를 구현하는 아이디어를 생각해 보자.

개인 간 직접 전달 아이디어

택배기사가 택배를 택배 주인에게 전달하는 몇 가지 방법이 있다. 일반적으로 택배기사가 택배 물건을 주소지로 직접 배달해 주는 P2P 거래가 가능하다. 하지만 택배 주인이 낮에 부재중이거나 도난 위험 등이 있어 경비실이라는 신뢰 기관에 맡기는 경우가 많다. 경비실에 맡기면 택배 주인은 나중에 신분을 증명하고 택배를 찾아간다. 그런데 경비 아저씨가 부재중인 상황이거나 경비실이 없는 주거 환경, 또는 심야에는 경비실을 통한 택배 전달이 어렵기 때문에 다른 대안이 필요하다.

그래서 최근에는 무인 택배보관함을 도입하는 사례가 늘어나고 있다. 무인 택배보관함의 작동 원리는 이렇다. 택배기사가 물건을 택배보관함에 넣어두고 보관함의 위치와 보관함을 열 수 있는 비밀번호를 소유자에게 문자로 전송한다. 소유자는 나중에 비밀번호를 이용하여 저장된 보관함을 열고 찾아가면 된다. 무인 택배보관함은 경비실이라는 제3 신뢰 기관이 없이도 '잠금과 해제' 원리를 이용하여 물건이 안전하게 전달될 수 있다는 장점이 있다.

다음 그림을 통해 무인 택배보관함을 통한 전달 과정을 다시 살펴보자.

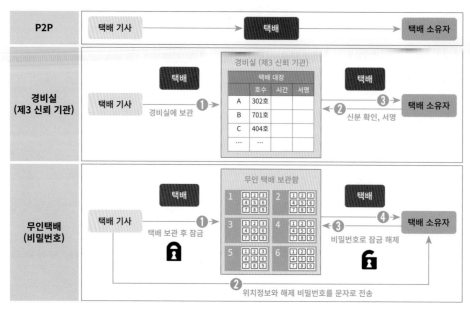

그림 2-101 개인 간 직접 전달을 위한 아이디어

1. 택배기사가 택배를 보관함에 저장하고 잠근다.

2. 보관함 위치와 비밀번호를 주인에게 전송한다.

3. 주인은 전송받은 비밀번호를 이용하여 잠금을 해제한다.

4. 보관된 택배를 찾는다.

경비실이라는 제3 신뢰 기관 없이도 '잠금'과 '잠금 해제' 방식을 통해 개인 간 전송 메커니즘을 구현할 수 있음을 확인할 수 있다.

개인 간 직접 송금을 위한 비대칭키 활용 가능성

이런 무인 택배의 '잠금 · 잠금 해제' 아이디어 기반 개인 간 전송 메커니즘을 '계좌번호 · 비밀번호' 기반 송금 메커니즘에 적용할 수 있다.

돈을 특정 계좌번호로 송금한다는 의미는 계좌번호 주인만 확인 및 재사용할 수 있기 때문에 돈이 계좌번호에 잠겼다는 의미이기도 한다. 계좌번호에 입금된 돈을 비밀번호로 접근하여 확인한다는 의미는 잠긴 계좌번호를 잠금 해제한다고 해석할 수 있다. 송금 시 사용되는 '계좌번호 · 비밀번호'를 '잠금 · 잠금 해제' 개념으로 구현할 수 있으며 이때 사용되는 기술이 바로 '비대칭키 암호' 기술이다.

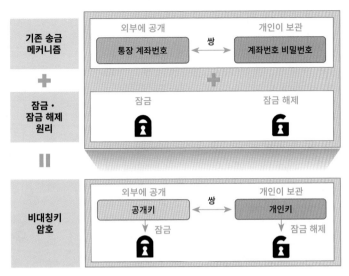

그림 2-102 개인 간 직접 송금을 위한 비대칭키 아이디어

앞서 비대칭키에 대해 간단히 살펴보았다. 비대칭키는 수학적으로 쌍의 관계인 2개의 키가 생성되며 공개키로 암호화하면 개인키로만 복호화된다. 송금하고자 하는 돈을 A의 공개키로 암호화하면 A 이외에는 아무도 돈을 해독할 수 없다. 개인키를 소유한 A만이 돈을 해독할 수 있다. 이 원리를 이용하면 개인 간의 송금 효과를 구현할 수 있다. 택배에서 잠금과 잠금 해제를 통해 개인 간 직접 전달을 할 수 있었던 것처럼, 화폐 송금 역시 공개키(잠금)와 개인키(잠금 해제)를 통해 개인 간 직접 송금이 가능하다.

기존 송금 방식	비대칭키 기반 송금 방식
계좌번호·비밀번호는 쌍의 관계	공개키·개인키는 쌍의 관계
계좌번호는 외부에 공개 비밀번호는 반드시 본인만 보관	공개키는 외부에 공개 개인키는 반드시 본인만 보관
계좌번호로 송금 쌍인 비밀번호로 입금 확인	공개키로 암호(송금) 쌍인 개인키로 해독(입금 확인)

다음 그림을 통해 작동 원리를 좀 더 자세히 이해해 보자.

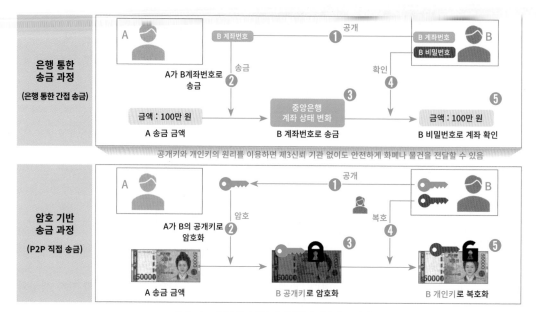

그림 2-103 은행 송금 방식과 비대칭키 기반 송금 방식

첫 번째 그림은 기존 은행을 통한 송금 방식을 표현한 것이다. A가 B로 송금하는 상황을 가정하면, 먼저 B는 계좌번호와 그 계좌의 쌍으로 존재하는 비밀번호를 은행으로부터 부여받는다.

❶ B는 본인 계좌번호를 A에게 공개한다.

❷ A는 공개된 B 계좌번호로 100만 원을 송금 요청한다.

❸ B 계좌번호로 100만 원이 전송된다.

❹ B는 계좌번호와 쌍으로 존재하는 비밀번호를 통해 계좌에 접속한다.

❺ 비밀번호를 통해 100만 원이 입금되었음을 확인하고 이를 재사용할 수 있다.

계좌번호와 비밀번호 기반 송금에는 반드시 은행이라는 중개 기관이 필요하다. 두 번째 그림은 비대칭키를 통해 은행 없이도 개인 간에 직접 송금하는 방식을 표현한다.

❶ B는 B 공개키를 A에게 공개한다.

❷ A는 공개된 B 공개키로 화폐를 암호화한다.

❸ B 공개키에 의해 화폐는 잠긴다.

❹ B는 공개키와 쌍으로 존재하는 개인키를 통해 해독한다.

❺ 개인키를 통해 화폐 소유를 검증하고 이를 재사용할 수 있다.

계좌번호와 비밀번호를 별도로 발급 및 관리할 수 없는 탈중앙 화폐 시스템인 비트코인에서는 비대 칭키(공개키, 개인키)를 통해 송금을 구현한다. 정리하면 다음과 같다.

| 은행 | 공개된 계좌번호로 입금, 계좌번호와 쌍인 비밀번호를 통해 입금 확인 |
| 비대칭키 | 공개된 공개키로 암호화, 공개키와 쌍인 개인키를 통해 복호화 |

개인 간 직접 송금을 위한 대칭키 활용 가능성

잠금 · 잠금 해제를 구현하는 원리라면 비대칭키 외에 대칭키도 있다. 비대칭키는 2개의 키를 이용 하여 잠금 · 잠금 해제를 구현하는 반면, 대칭키는 하나의 키를 이용한다. 비대칭키 대신 대칭키를 이용하면 안 될까?

앞에서 예로 든 무인 택배보관함 방식을 다시 살펴보면 한 가지 문제점을 발견할 수 있다. 택배 주인 외에 택배기사도 비밀번호를 알고 있다는 점이다. 그럴 일은 없겠지만, 택배기사가 비밀번호를 자신 의 지인에게 알려주고 지인을 통해 몰래 택배를 빼돌릴 수 있는 위험성이 존재한다. 하나의 비밀번 호만 존재하고 이 번호를 주인 외에도 다른 사람도 알고 있는 상황이면 리스크는 여전히 남아 있다.

다음 그림 2-104를 보자. 대칭키는 하나의 키만 존재하며 잠금과 잠금 해제에 모두 사용된다. 잠금 에 사용된 대칭키가 해커에 의해 탈취된다면 화폐 역시 탈취당한다

비대칭키를 사용하면 공개키로 잠겼을 때 개인키로만 잠금이 해제된다. 개인키는 항상 본인만 소유 하고 있기 때문에 해커에 의해 탈취될 염려는 없다. 대칭키를 통해 구현도 가능하지만, 키 탈취 문제 가 있기 때문에 비트코인은 비대칭키를 통해 송금한다.

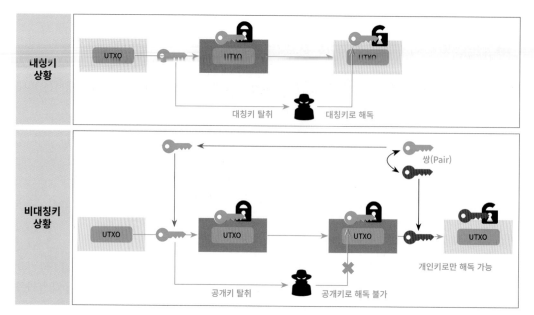

그림 2-104 대칭키 기반 송금과 비대칭키 기반 송금의 차이

정리하면, 일반적인 송금은 은행이라는 기관을 매개로 하여 계좌번호/비밀번호를 기반으로 작동한다. 계좌번호/비밀번호를 발급 및 관리할 수 없는 비트코인에서는 공개키/개인키를 이용하여 개인 간 직접 송금하는 원리를 구현했다. 비트코인에서 송금이란 수신자의 공개키로 암호화하는 것이고, 입금 확인은 수신자의 개인키로 해독하는 것이다. 비대칭키 암호 기술을 이용하여 은행 없이도 개인 간에 직접 송금할 수 있는 메커니즘을 구현했다.

나) 탈중앙 환경에서 장부를 어떻게 설계할까?

앞의 그림 2-96에서 보는 것처럼, 은행과 같은 중앙시스템에서는 이용자들이 트랜잭션을 생성하면 트랜잭션을 장부에 반영하여 장부의 상태를 변화시키는 방식으로 송금을 처리한다. 탈중앙 환경에서는 은행과 같은 중앙시스템이 없기 때문에 은행 데이터베이스와 같은 장부를 운영할 수 없다. 다른 접근 방법이 필요하다.

탈중앙 환경에서 장부의 개념

개인 간에 지폐를 통해 거래하는 상황을 한 번 살펴보자.

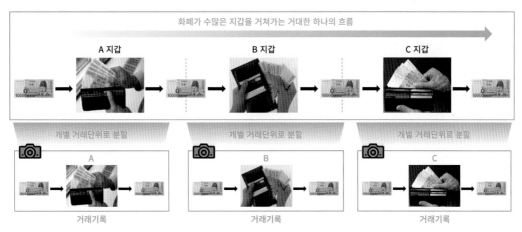

그림 2-105 **지갑을 통한 개인 간 직접 송금 과정의 이해**

그림 2-105는 우리가 시장에서 개인 간 직접 지폐를 주고받는 상황을 나타낸다. A 지갑에 지폐가 입금되면 지출이라는 형태로 출금한다. 이는 다시 B에게 입금되고 B에서 다시 출금되어 C에게 입금된다.

모든 지폐 거래는 입금과 출금이 존재하며 지폐는 수많은 지갑을 거쳐 가는 거대한 하나의 흐름이다. 지폐가 입금되고 출금되는 과정을 하나의 단위로 규정하고 각 단위를 사진으로 찍으면 다음과 같은 세부 거래 기록이 식별된다.

비트코인 블록체인에서는 화폐의 거대한 흐름에서 개별 단위로 분할한 하나의 거래내역이 트랜잭션이 된다. 그림 2-105에서 트랜잭션을 찾아보면 다음과 같이 표현할 수 있다.

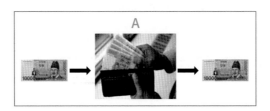

그림 2-106 **개인 간 직접 지폐 거래의 트랜잭션 개념**

다음 그림 2-107처럼 중앙시스템이 존재하여 별도의 장부를 관리하는 상황이라면, 이러한 트랜잭션을 기반으로 장부의 상태를 변화시키면 된다. 즉, 발생하는 모든 거래 내역을 하나의 장부에 기록 및 갱신하면 된다.

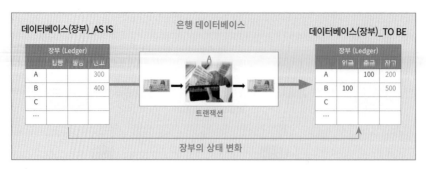

그림 2-107 중앙 장부에서 거래내역을 저장하는 방식

하지만 탈중앙시스템에서는 이런 장부를 기록 및 갱신할 별도의 중앙시스템이나 관리자가 없다. 따라서 탈중앙시스템에서는 다음 그림처럼 거래 내역을 구조화하여 폴더에 그냥 차곡차곡 쌓아두는 방식으로 장부를 작성한다.

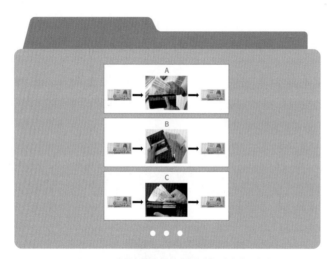

그림 2-108 탈중앙 환경에서 거래내역을 저장하는 방식

그림 2-109처럼 화폐가 지갑에 입금되고 출금되는 모든 단계별 거래기록을 그대로 차곡차곡 쌓아 저장한 것이 블록체인(장부)이다. 이는 지폐가 개인 지갑을 거쳐 지나간 모든 지폐 흐름을 입금/출금 단위로 모두 사진을 찍어서 파일에 저장해 두는 것과 유사하다.

거래내역을 발생 순서대로 쌓지 않더라도 모든 입금과 출금은 포인터(Pointer)를 통해 논리적으로 연결되어 있다. 따라서 저장된 블록체인만 보면 화폐가 어디에서 어디로 얼마만큼 송금되었는지 투명하게 알 수 있다.

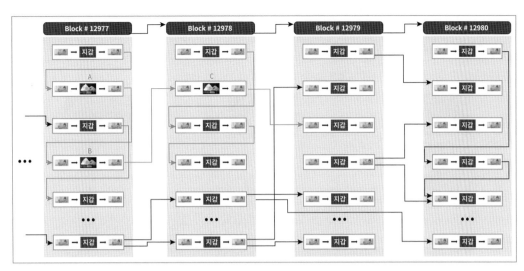

그림 2-109 블록체인에서 거래내역이 저장되는 모습

탈중앙 환경에서 장부의 형태

탈중앙 환경에서 장부가 어떤 형태로 생성되고 저장되는지 자세히 알아보자. 먼저 개인 간 복잡하게 지폐가 거래되는 상황을 다음 그림과 같이 표현해 보겠다.

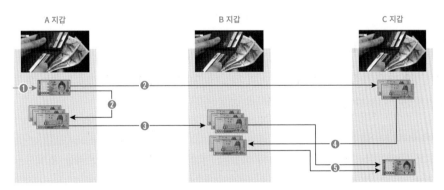

그림 2-110 지갑을 통해 개인 간에 직접 지폐가 송금되는 상황

1. A에 누군가로부터 5만 원이 입금되었다.

2. A는 C에게 2만 원을 지급하기 위해 5만 원을 전달하고 3만 원을 돌려받았다.

3. A는 잔돈 3만 원을 다시 B에게 전달했다.

4. 그리고 C는 보관 중인 2만 원을 B에게 전달했다.

5. B는 A로부터 받은 3만 원과 C로부터 받은 2만 원을 합쳐 5만 원을 C에게 지급했다.

이런 전체적인 지폐의 흐름 과정은 수많은 개별 거래 단위로 구분이 가능하다. 전체 흐름을 개별 단위로 구분하고 구조화하면 다음 그림과 같다.

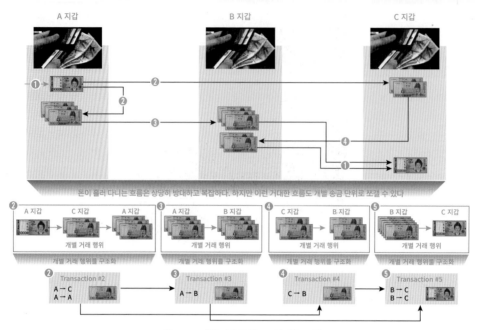

그림 2-111 **개별 거래 단위로 구분 및 구조화**

'돌고 돌아 돈'이라는 표현이 있다. 지폐는 수많은 사람의 지갑을 거쳐 흘러 다닌다. 이런 돈의 흐름은 상당히 방대하고 복잡하다. 하지만 이처럼 복잡한 지폐의 흐름도 개별 거래로 모두 쪼갤 수 있고 개별화된 거래를 구조화한 것이 트랜잭션이라 할 수 있다.

개별 송금 행위를 트랜잭션이라고 볼 때 트랜잭션은 다음과 같은 특징이 있다. 하나의 거래는 입금과 출금으로 구성된다. 입금은 다른 사람의 출금과 연결된다. 마지막으로 금액을 쪼개기도 하고 합치기도 한다.

개인 간 거대한 화폐 흐름을 개별 거래 단위로 구분하고 구조화하여 트랜잭션을 생성하고 이 트랜잭션을 블록에 차곡차곡 쌓아 저장한 것이 바로 블록체인이라는 장부다.

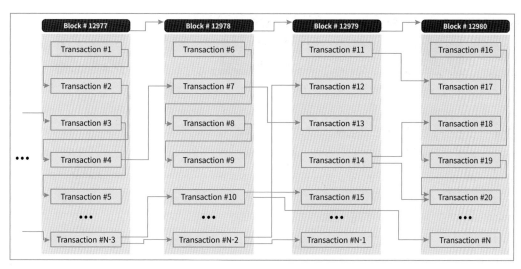

그림 2-112 블록체인 내부의 실제 모습

그림 2-112에서 화살표는 비트코인이 송금된 경로를 표현하기 위해 실제 포인터로 연결되어 있다.

탈중앙 환경에서 개인 간 직접 송금 과정과 이에 대한 거래 기록이 블록체인에 저장되는 상태를 정리하면 그림 2-113과 같다.

- 개인 간 직접 송금 거래 단위를 구조화 → 트랜잭션
- 구조화된 거래 내역을 장부화 → 블록(장부)
- 장부를 분산화 → 블록체인(분산 장부)

이것이 비트코인 블록체인이다.

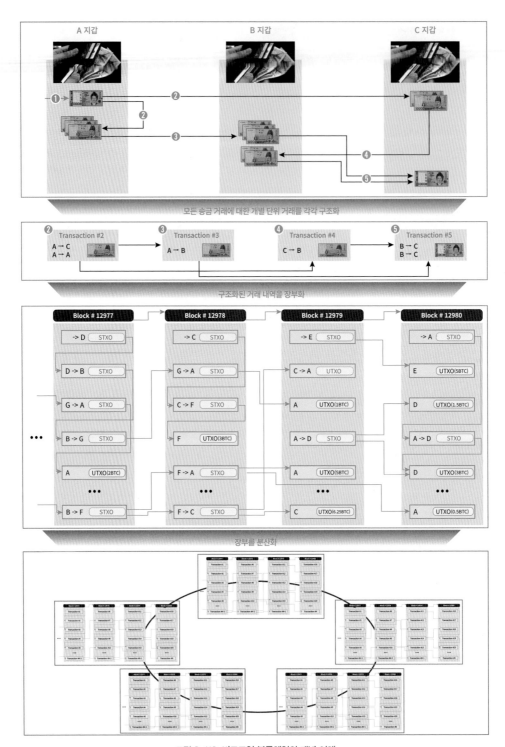

그림 2-113 **비트코인 블록체인의 개념 이해**

- 시장에서 개인끼리 직접 지폐를 건네며 거래하는 것처럼 비트코인도 어떠한 중앙·중개 기관 없이 개인 간 직접 송금과 입금을 한다.

- 비트코인이라는 화폐가 거쳐 지나가는 모든 과정을 개별 단위로 구분하고 이를 구조화한 형태가 트랜잭션이다.

- 트랜잭션들을 블록에 차곡차곡 저장하는 형태로 장부를 구성한다.

- 새로 생성된 블록(장부)은 합의 과정을 거쳐 분산된 노드에 모두 전파되고 동기화된다.

P2P 간 송금에 관한 모든 거래 활동을 개별 송금 활동으로 쪼개어 각각 구조화하고, 구조화된 개별 거래내역(트랜잭션)을 위변조가 불가능한 형태로 장부화하고, 완성된 장부를 합의 과정을 거쳐 모든 노드에 동일한 장부로 분산화한 것이 블록체인이다.

다) 탈중앙화 환경에서 화폐를 어떻게 구현할까?

송금 시스템을 구현하기 위해서는 계좌, 장부, 화폐가 필요하다. 이번에는 마지막 요소인 화폐에 대해서 알아보겠다.

비트코인에서 화폐의 보관 방법

금핵본위제에서는 금화를 화폐로 썼고 현재 법정화폐에서는 지폐를 화폐로 사용한다. 그러면 비트코인에서 화폐는 어떤 형태일까?

예를 들어 곗돈 모임에서 계주는 장부를 항상 투명하게 공개하며 관리한다. 그런데 계주가 돈만 가지고 도주해 버리는 사고가 발생했다. 아무리 장부를 투명하게 관리하더라도 장부와 돈이 분리된 상황에서는 의미가 없다. 또한 장부와 돈의 일치 여부도 검증하는 작업이 필요하다. 현 화폐 시스템은 장부와 화폐가 분리되어 있으며, 장부와 화폐의 일치 여부를 검증하고 관리해야 한다. 탈중앙 기반인 비트코인에서는 그렇게 관리할 수 없다. 다른 아이디어가 필요하다.

중세 금세공업자에게 금을 맡기면 '금보관증'을 발행해 주었다. 사람들은 금 대신 발행된 금보관증을 화폐처럼 사용하기 시작했다. 보관증은 '홍길동의 금 100온스를 보관한다'라는 일종의 거래 기록이다. 그런데 이 보관증이 100온스라는 화폐와 동일하게 사용될 수도 있다. 여기에서 보관증은 거래 기록인 동시에 화폐가 된다.

그림 2-114 비트코인(화폐)의 보관 방식

비트코인의 화폐도 이와 유사한 개념으로 작동한다. 비트코인 트랜잭션 자체가 화폐다. 거래내역이 'A가 B에게 5BTC 송금'이라는 트랜잭션을 생성했다면 이 트랜잭션 자체가 B 소유의 5BTC라는 이 야기다.

트랜잭션 자체가 비트코인 화폐이며 이 트랜잭션들은 모두 블록체인에 저장되어 있다. 따라서 우리 가 거래하는 모든 비트코인은 개인 지갑에 저장되는 것이 아니라 블록체인이라는 장부에 산재하여 저장돼 있다.

비트코인에서 화폐의 형태

오프라인(Off-line)에서는 지폐를 이용하여 개인 간 직접 송금 및 거래가 가능하다. 하지만 온라인 기반으로 송금할 때는 지폐를 전송할 수 없기 때문에 반드시 은행과 같은 중개 기관이 필요하다. 중 개 기관 없이 탈중앙화된 방식으로 개인 간 화폐를 송금하기 위해서는 종이 화폐가 디지털 형태로 바뀌어야 한다. 디지털 형태로 변경되면 중개 기관 없이도 개인 간 직접 송금이 가능하다.

정리하면, 중개 기관 없이 개인 간 직접 송금을 하기 위해서는 화폐 형태가 디지털이어야 한다. 비트 코인은 형태적으로 디지털 화폐다.

다음 그림을 보면, 오프라인 상황에서는 지폐로 개인 간 직접 송금이 가능하다. 하지만 온라인에서 는 종이 화폐를 직접 전송할 수 없기 때문에 반드시 중개 기관이 필요하다. 따라서 온라인에서 개인 간 직접 송금을 위해서는 온라인에서 전송 가능한 디지털 화폐로 바뀌어야 한다.

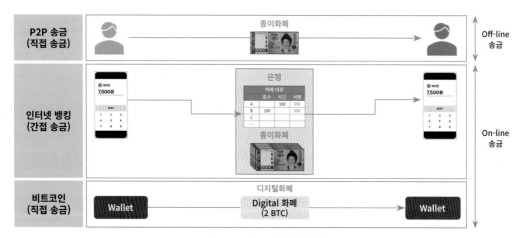

그림 2-115 비트코인 화폐의 형태

세계 각국 중앙은행에서 검토하고 있는 CBDC는 지폐를 디지털 형태로 바꾸는 것이다. 돈이 디지털 형태로 바뀌면 개인 간 직접 송금이 가능해진다. 은행을 거치지 않고 개인 간 송금을 할 수 있게 된다.

결국 다음과 같이 정리할 수 있다.

- 중앙시스템에서는 장부와 화폐를 분리해서 관리하지만, 탈중앙시스템에서는 장부와 화폐를 일체화해야 한다.

- 개인 간 직접 송금을 위해서는 화폐의 형태가 디지털 형태여야 한다.

탈중앙 환경에서 송금 방식 정리

비트코인에서 화폐는 금 보관증처럼 거래내역(트랜잭션)에 내포되어 있으며 형태적으로는 디지털 형태라는 것을 알아봤다. 그리고 앞서 비트코인에서는 계좌 · 비밀번호 대신 비대칭키를 이용하여 송금한다고 했다. 이제 화폐와 송금 방식을 연계하여 비트코인 블록체인이 실제로 구현된 형태를 이해해 보겠다.

먼저 B 지갑에서 2천 원 현금을 꺼내 C 지갑에 직접 전달하는 상황을 가정해 보자.

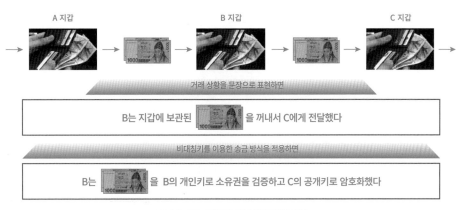

그림 2-116 개인 간 송금 방식의 재해석

B가 C에게 2천 원을 지급하기 위해 B 지갑을 열어 2천 원을 꺼내 C에게 전달한다. 탈중앙화된 비트코인은 계좌번호와 비밀번호 대신 비대칭키를 적용한다고 했기 때문에 이를 다시 표현하면, 'B는 2천 원에 대해 B의 개인키로 소유권을 검증하고 C의 공개키로 암호화한다.'고 말할 수 있다. 이 송금 과정을 구조화하면 다음과 같다.

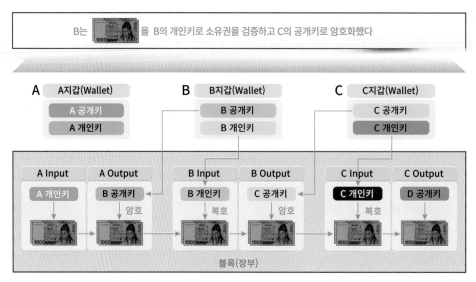

그림 2-117 탈중앙 환경에서 송금 과정의 구조화

비트코인은 디지털 형태여야 한다고 했다. 따라서 그림 2-117에서 종이지폐로 표현된 이미지를 디지털 형태인 비트코인으로 변경해서 다시 표현하면 그림 2-118과 같다. 그림을 보면 2BTC라는 비트코인 화폐가 트랜잭션에 포함된 것을 알 수 있다.

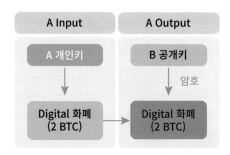

그림 2-118 비트코인 트랜잭션 구조

이 트랜잭션을 통해 앞서 학습한 3가지 의미를 요약할 수 있다.

- 비트코인(화폐)은 장부와 일체화되어 있다(트랜잭션 내에 실제 비트코인 포함).
- 비트코인은 디지털 형태로 존재한다.
- 계좌 · 비밀번호 대신 비대칭키(공개키, 개인키)를 사용한다.

블록은 이런 트랜잭션을 차곡차곡 저장해둔 형태라고 했다. 다음 그림은 트랜잭션이 논리적인 순서에 따라 블록에 저장된 상태를 보여준다.

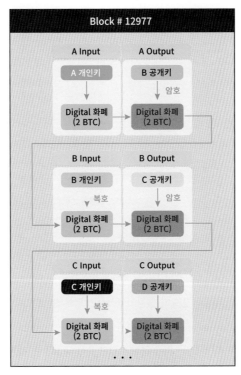

그림 2-119 비트코인 블록 구조

생성된 블록은 합의 과정을 거쳐 블록체인에 연결된다. 다음 그림 2-120은 화폐가 트랜잭션에 포함되어 있고 트랜잭션들을 쌓아서 블록을 생성하고 블록들이 체인으로 연결되어 있는 블록체인을 보여준다.

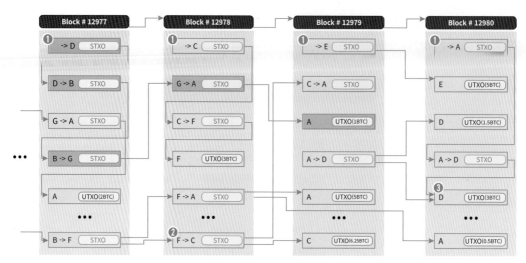

그림 2-120 비트코인 블록체인 구조

비트코인 블록체인 내부 보습을 자세히 살펴보면,

- 각 트랜잭션에는 UTXO와 STXO가 존재한다. UTXO 형태로 존재했다가 사용되고 나면 STXO로 변경된다.

- 모든 트랜잭션은 논리적으로 연결되어 있으며, 출금이 존재하기 위해서는 반드시 이전에 입금 과정이 존재한다는 것을 확인할 수 있다.

- ❶을 보면 각 블록의 첫 번째 트랜잭션은 입금 과정이 없고 출금 과정만 존재한다. 각 블록의 첫 번째 트랜잭션은 'Coinbase Transaction'이라고 하여 채굴에 대한 보상으로 지급되는 트랜잭션이다. 따라서 입금 과정이 없다.

- ❷는 하나의 트랜잭션에서 2곳으로 출금이 발생했다는 것을 의미한다.

- ❸은 2곳에서 입금이 발생했다는 것을 의미한다.

이용자들은 비트코인 지갑을 통해 본인의 비트코인을 확인하고 송금하는데, 이는 지갑에 실제로 비트코인이 존재하는 것이 아니라 블록체인상에 존재하는 비트코인을 식별하여 논리적으로 보여주는 것이다. 정리하면, 비트코인은 화폐 관점에서 디지털 형태로 존재하며 디지털화된 화폐는 트랜잭션이라는 거래내역에 일체화되어 있다.

마무리

화폐 시스템에서 A가 B에게 송금하기 위한 일련의 작업 묶음이 트랜잭션이다. 송금 트랜잭션은 계좌, 장부, 지폐가 필요하다. 그런데 이런 요소들은 모두 중앙시스템 기반으로 작동한다. 비트코인 같은 탈중앙시스템에서는 근본적으로 다른 접근 방법을 통해 이 3가지를 구현해야 한다.

계좌는 비대칭키 암호기술을 이용하여 중앙시스템 없이 개인 간 직접 송금을 할 수 있다. 장부는 중앙 장부 대신 거래내역을 그냥 차곡차곡 저장하는 형태로 구현했다. 화폐는 디지털화된 형태로 트랜잭션에 일체화시키는 방법으로 구현했다.

4) 존재 증명 및 우선순위 보장

자산가였던 홍길동이 사망하면서 다음과 같은 유언장을 남겼다. 하지만 왠지 형식이 어색하다. 중요한 서명이 빠져 있고 날짜도 없다. 그리고 변호사 등에 의한 공증도 되어 있지 않다. 이 유언장을 신뢰할 수 있을까? 실제로 유사한 사례가 있었다. 형식을 갖추지 못한 유언장에 대해 취소 소송을 제기했는데, 1심에서 유서가 무효라는 판결이 내려졌다. 유언장에 유언자의 서명이 없었기 때문에 유언장을 신뢰할 수 없다는 이유에서였다.

그림 2-121 유언장의 구조 (서명)

다음 유언장을 살펴보자.

홍길동이 사망하면서 2개의 유언장을 남겼다. 그런데 날짜가 없다. 2개의 유언장이 모두 유효하다면 어떤 유언장을 시간상으로 우선순위로 하느냐에 따라 기부금과 상속액은 크게 차이가 난다.

첫 번째 유언장을 우선순위로 한다면, 재산의 절반은 기부하고 나머지 절반의 재산에서 첫째 아들에게 70%를 상속하는 것이다. 두 번째 유언장을 우선순위로 한다면, 재산의 70%를 첫째에게 지급하고 나머지 30% 중에서 절반을 사회에 기부하게 된다.

그림 2-122 유언장의 구조 (날짜)

모든 거래와 계약이 신뢰를 확보하기 위해서는 본인 서명 또는 제3 신뢰 기관의 공증과 날짜가 반드시 필요하다. 송금도 일종의 거래이며 존재 증명과 우선순위 증명이 필요하다.

(1) 타임스탬프 개념 이해

우편물에는 날짜와 시간이 찍힌 고무도장을 찍어준다. 우편물뿐만 아니라 금융권, 공공기관, 또는 일반 회사에서도 타임스탬프를 많이 사용한다. 수많은 거래와 계약에는 타임스탬프나 그와 비슷한 방식을 적용하고 있으며, 크게 3가지 정보를 포함하고 있다.

그림 2-123 타임스탬프의 개념 및 구성(출처: 구글 이미지)

타임스탬프는 2가지 의미를 지닌다. 첫째는 해당 시간에 이 거래가 발생 또는 존재했음을 증명한다. 둘째는 거래 내역이 충돌하는 상황이 발생할 경우 시간상 빠른 거래가 우선순위임을 증명한다.

모든 거래에 있어 거래의 존재 증명 및 전후 관계를 보장하는 것은 중요하다. 거래가 존재했음에도 그것을 부정하거나 전후 관계를 뒤집어 버릴 수 있기 때문이다. 따라서 대부분 거래에서는 타임스탬프(Timestamp)를 찍는다. 타임스탬프에는 거래가 발생한 시간과 거래의 존재를 증명하는 서명 정보가 포함되어 있어 해당 시간에 그 거래가 존재했음을 증명한다.

사례를 하나 들어보겠다. 예전에는 전세 계약에서 집이 경매로 넘어가면서 임대인이 전세금을 돌려받지 못하는 상황이 종종 발생했다. 집주인이 집을 담보로 근저당을 설정하여 우선권이 은행으로 넘어갔기 때문이다. 그래서 전세 계약 시 우선변제권 보장을 위해 등기부 등본을 떼서 저당 여부를 확인한다. 하지만 저당이 잡혀 있지 않음을 확인하고 계약을 했는데도 나중에 근저당이 설정되어 있어 낭패를 보는 경우도 발생한다. 임대인이 등기부 등본을 확인하는 시점과 실제 전세 계약을 하는 시점 사이에 집주인이 근저당을 설정했기 때문이다. 이 경우 전세 계약보다 은행 담보 대출 계약이 시간상 먼저 발생했기 때문에 우선변제권을 행사할 수 없다.

이런 문제가 발생하지 않도록 임대인은 전세 계약 시점에서 등기부 등본을 확인하고 전세 계약을 맺는다. 그리고 계약이 끝나자마자 임대차계약서 원본과 신분증을 가지고 동사무소에 가서 전입신고와 함께 확정일자를 받는다. 이때 동사무소 담당자는 신분증과 임대차계약서를 확인해서 맞으면 확정일자를 찍어주고 관련 내용을 동사무소에 별도로 기록해 둔다.

그림 2-124 확정일자 (출처: 구글 이미지)

전세 계약 사례에서 '확정일자'는 3가지 의미를 지닌다.

- 해당 날짜/시간에 전세 계약이 발생했음을 증명

- 확정일자에 기입된 시간을 기준으로 변제우선권 청구 가능

- 동사무소라는 공인된 제3 기관에서 확정일자의 신뢰를 증명 및 보장

(2) 블록체인에서 존재 증명 및 우선순위 증명

타임스탬프 개념은 온라인상의 거래(트랜잭션)가 발생했을 때도 동일하게 적용된다. 데이터베이스에서도 거래 트랜잭션이 발생하면 모든 트랜잭션에 대해 각각 타임스탬프를 찍는다. 타임스탬프를 통해 이 시간에 거래가 실제로 존재했다는 존재 증명과 타임스탬프 시간 기준으로 우선순위 처리가 가능하기 때문에 논리적 정합성과 거래의 일치성이 보장된다.

은행이나 주식시장에서도 수많은 트랜잭션이 동시다발적으로 발생하지만, 시간 단위를 짧게 쪼개다 보면 우선순위가 구분된다. 따라서 수많은 트랜잭션이 동시에 발생했다고 하더라도 개별 트랜잭션 단위로 타임스탬프를 찍을 수 있으며 우선순위 구분이 가능하다. 은행이나 주식 시스템은 1초에도 수천 건의 트랜잭션이 처리되기 때문에 초 단위로 타임스탬프가 설정되지 않고 초를 다시 1만 분의 1초나 1천만 분의 1초 단위로 쪼개서 사용한다.

결과적으로 중앙시스템 환경에서는 중앙시스템이 존재하고 하나의 시스템에서 하나의 장부에 시간 단위를 잘게 쪼개서 모든 트랜잭션을 일렬로 세워서 타임스탬프를 부여하는 것은 어렵지 않다. 화폐 시스템인 비트코인에서도 거래의 일치성과 논리적 정합성을 위해서 타임스탬프가 필요하다. 하지만 블록체인 기반의 화폐 시스템에서는 기존 중앙시스템에서 사용하는 타임스탬프 방식을 그대로 적용할 수 없다.

완전히 탈중앙화된 환경에서 타임스탬프를 찍어줄 주체도 없고 분산된 시스템에서 시간을 모두 일치시키기도 어렵다. 중앙시스템은 하나의 시스템과 하나의 장부만 존재하기 때문에 중앙시스템에서 보는 트랜잭션에 절대적인 시간의 타임스탬프를 찍어주는 것이 가능하다. 하지만 블록체인과 같은 분산된 시스템에서 전 세계 수만 개 노드의 시간을 동기화하기는 어렵다. 또한, 분산된 시스템의 시간 동기화를 위해서는 또 다른 중앙시스템이 필요하다. 결국 중앙 관리자나 중앙시스템이 없는 완전한 탈중앙 환경에서는 별도의 시간 관리자를 두어 절대적인 시간을 기준으로 타임스탬프를 찍는 것은 어렵다. 따라서 블록체인에서는 절대적인 시간이 아닌 거래의 논리적인 순서 방식으로 타임스탬프를 찍도록 설계했다.

다음 그림을 보면 Block #3이 Block #4보다 앞서 존재하는 것처럼 보이지만, 그림에서 단지 앞에 위치한다고 해서 시간적으로 우선한다는 것을 보장할 수는 없다. 논리적으로 처리되는 프로그램 구조에서 블록에 우선순위를 부여하는 타임스탬프를 부여하지 않는 이상 Block #3이 Block #4보다 우선으로 존재했다는 것을 증명할 수는 없다.

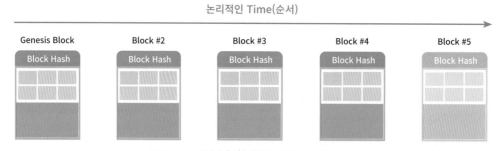

그림 2-125 물리적 우선순위와 논리적 우선순위의 차이

중앙시스템 기반으로 타임스탬프를 부여할 수 없는 블록체인에서는 조금 독특한 설계를 했다. 새로운 블록을 생성할 때 이전 블록의 해시값을 포함시켜야만 새로운 블록이 생성되게 한 것이다. 새로운 블록의 해시값은 다시 그다음 블록 생성에 포함된다.

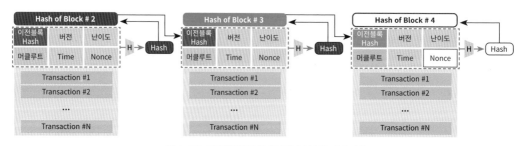

그림 2-126 블록체인에서 존재 증명·우선순위 개념 이해

Block #4가 생성되기 위해서는 이전 블록(Block #3) 해시값이 필요하기 때문에 Block #4가 생성되었다는 것은 앞서 Block #3이 이미 존재함을 의미한다. 또한 Block #3이 Block #4보다 시간상 앞선다는 것을 증명한다.

이런 구조에서는 각 블록에 대해 별도의 타임스탬프를 부여하지 않더라도 Block #4보다 Block #3이 순서상 먼저 발생했음을 알 수 있으며, Block #4가 존재할 수 있다는 것은 앞서 Block #3이 존재함을 증명한다. Block #3의 존재 없이는 Block #4가 생성될 수 없기 때문에 Block #4의 존재 자체가 Block #3의 존재를 증명하는 것이다. 그리고 Block #4에 Block #3의 Hash 값이 포함되어 있다는 것은 Block #3이 Block #4보다 앞서 존재했다는 우선순위를 보장한다.

이는 마치 당신이 존재한다는 것 자체가 당신의 부모님이 존재한다는 것을 증명하는 것과 같으며, 당신의 부모님이 당신보다 앞서 존재했음을 증명하는 논리와 비슷하다.

블록체인은 이처럼 이전 블록의 해시값을 다음 블록 생성에 포함해서 새로운 블록을 생성하는 방식으로 별도의 타임스탬프가 없어도 존재 증명 및 우선순위를 보장할 수 있게 되었다.

다음 그림에서 보는 것처럼 블록체인에서는 이전 블록의 해시값을 다음 블록에 포함해서 순서대로 배치하는 방식으로 간접적으로 타임스탬프를 구현하여 존재 증명과 우선순위를 구현한다. 논리적인 순서를 배치하는 것을 Time이라고 볼 수 있고, 이전 블록의 해시값을 구해서 다음 블록에 포함하는 행위를 Stamp라고 할 수 있다.

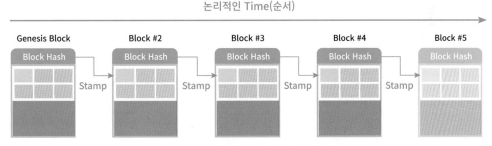

그림 2-127 블록체인에서 타임스탬프 구현 방안

- **존재 증명**: 새로운 블록을 생성하기 위해서는 이전 블록의 해시값이 필요하다. Block #4가 존재한다는 것은 Block #3이 존재함을 증명하며, Block #3이 존재한다는 것은 Block #2가 존재한다는 존재 증명이 가능하다.

- **우선순위**: 새로운 블록에 이전 블록의 해시값이 필요하기 때문에 Block #4보다 Block #3이 우선이고, Block #3보다 Block #2가 우선임을 보장한다.

이런 타임스탬프가 실제로 어떻게 작동하는지 한 번 살펴보자.

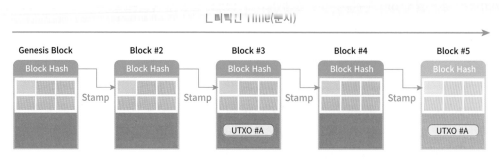

그림 2-128 블록체인에서 타임스탬프 활용

예를 들어, UTXO #A를 Block #3에서 이미 사용했는데, Block #5에서 다시 사용하려는 시도가 있다고 가정하자.

Block #5가 존재하기 위해서는 Block #4와 Block #3이 존재해야 한다. Block #5에 대한 존재 자체가 Block #3이 존재했음을 증명하는 것이고, Block #3이 Block #5보다 먼저 발생했음을 증명한다. UTXO #A가 이미 Block #3에서 발생했고 Block #3의 존재 증명과 Block #5보다 먼저 발생했음이 증명되었기 때문에 Block #5에서 UTXO #A를 다시 사용하는 것을 차단할 수 있다.

비트코인 논문에서는 이 부분을 '타임스탬프 서버'라는 용어를 사용하여 간략하게 설명하고 있다.

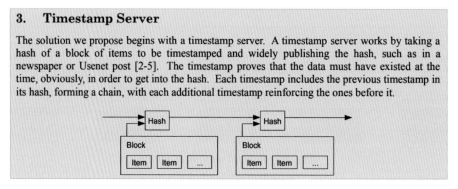

그림 2-129 비트코인 백서의 '타임스탬프' 관련 설명

블록이 체인처럼 연결되는 이런 독특한 구조를 이용하여 위변조 차단뿐만 아니라 존재 증명 및 우선순위도 구현할 수 있다.

5) 합의 알고리즘

비트코인은 현재 약 1만 개 정도의 분산된 장부가 존재한다. 중앙 통제 장치도 존재하지 않는 블록체인 상황에서 분산된 장부의 일치는 매우 중요한 이슈다. 특히 화폐 시스템의 경우에는 장부의 불일치가 이중지불 문제로 이어질 수 있기 때문에 가장 중요한 요소라고 할 수 있다.

(1) 합의 개념

블록체인에서 '합의'란 개념을 상당히 고차원적으로 설명하는 사례도 많지만, 간단히 말하면 '서로 다른 것을 일치시켜 주는 것'이 합의다. 블록체인처럼 분산된 장부에서는 장부를 서로 일치시키는 것이 합의다.

블록체인에서만 합의가 필요한 것은 아니다. 기존 분산 DB에서도 합의(동기화)가 필요하다. 차이점이라면 분산 DB에서는 중앙시스템이 직접 합의를 주도하든지, 아니면 중앙시스템에서 대표 시스템을 지정하여 합의에 도달하게 한다. 합의에 도달하는 방식과 절차를 중앙시스템에서 지정만 해준다면 합의는 어렵지 않다.

블록체인에서 합의란 단순히 분산된 장부를 일치시킨다는 의미를 넘어서서 완전히 탈중앙화 환경에서 합의에 도달한다는 의미가 더 크다. 중앙시스템이 존재하지 않는 탈중앙화 상황에서 적절하게 합의에 도달하기는 결코 쉽지 않으며 또한 서비스의 특성에 맞는 적절한 합의 과정이 필요하다. 합의에 도달하기 위한 방법이나 절차 등을 정립하여 정형화한 것이 '합의 알고리즘'이다.

(2) 블록체인에서의 합의 알고리즘

블록체인에서 장부를 일치시키는 2가지 방법을 앞서 살펴보았다.

- 다수 의견 채택 방식
- 대표자 의견 채택 방식

가) 다수 의견 채택 방식인 PBFT 합의 알고리즘

PBFT(Practical Byzantine Fault Tolerance) 합의 알고리즘을 쉽게 이해하기 위해서 TMR이라는 사례를 몽해 실명해 보겠다.

비행기와 같은 민감한 시스템은 TMR(Triple-Modular Redundancy) 기법을 통해서 하드웨어를 설계하는 경우가 많다. Triple-Modular Redundancy는 '3개 중복'을 의미한다. 아주 중요하고 민감한 기능이 갑자기 작동이 멈추거나 잘못된 신호를 접수하면 치명적인 결과로 이어질 수 있다. 이에 대한 대응책으로 중요한 기능 구현을 위해 동일한 3개의 장치를 동시에 가동시켜 1개가 갑자기 작동이 멈추더라도 나머지 2개가 대신 작동을 지속해 나가기 때문에 장애를 극복할 수 있다. 또한 3개의 장치에서 출력되는 신호가 다를 경우 2개 장치에서 출력되는 신호를 정상적인 신호로 처리하게 설계되어 있다.

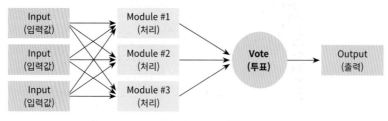

그림 2-130 TMR 개념

TMR은 장애가 발생할 가능성이 있으나 모든 부품이 동시에 장애가 발생할 확률은 낮다는 가정을 기반으로, 특정 부품이 고장 나더라도 문제없이 서비스를 지속해서 진행하기 위해 고안된 기법이다. IT 시스템에서 자주 언급되는 '이중화', 'Fault Tolerance' 등의 용어도 TMR과 유사한 개념이다. 장애가 발생하더라도 이중화 등을 설계하여 서비스를 지속해 나가는 기술이다.

TMR과 유사한 개념의 합의 알고리즘이 바로 PBFT다. 분산 네트워크 분야에서 오래된 이슈이자 풀어야 할 대표적인 과제가 바로 '비잔틴 장군의 딜레마'다. 분산된 5개 군대가 합심하여 공통의 적을 공격해야만 승산이 있다. 그런데 공격 시간과 방식을 전달하는 과정에 배신자가 존재한다면 악의적인 정보를 전파할 것이며, 결국 공격은 실패하게 된다. 이처럼 분산 네트워크 환경에서 배신자와 같은 악의적인 노드가 존재할 경우 어떻게 이를 극복하고 합의에 도달할 것인지에 대한 연구 분야가 바로 비잔틴 장군의 문제다.

앞서 TMR에서는 부품의 장애가 발생할 가능성이 있다는 것을 전제로 다수의 신호를 정상 신호로 받아들였다. PBFT도 악의적인 노드가 섞여 있을 수 있다는 가능성을 전제로 다수의 메시지를 정상적인 메시지로 간주한다.

TMR에서는 3개 장치 중 2개의 신호를 정상적인 신호로 받아들인다. 즉, 2/3 신호를 정상적인 신호로 인정한다. PBFT도 중간에 배신자가 존재하더라도 전체 참여자 중 배신자가 1/3을 넘지 않으면 합의에 도달한 것으로 간주한다.

좀 더 쉽게 이해하기 위해 그림으로서 설명해 보겠다. 설명을 쉽게 하기 위해 일반적인 비잔틴 장군의 딜레마와 조금 다르게 상황을 설정하여 설명하겠다.

분산된 부대가 성을 공격하여 승리하기 위해서는 '동시 공격'이 필요하기 때문에 '공격 시간' 메시지를 전파하여 공격 시간에 대한 합의를 도출하는 것이 무엇보다 중요하다. 4개의 부대가 존재하는 상황에서 최소 3개 부대 이상이 동시에 공격해야 승산이 있는 전투다. 그런데 항상 배신자가 있기 마련이며 배신자에 의해 전파되는 메시지가 왜곡될 수 있다.

예를 들어 주력 부대인 A가 B에게 '8시 공격' 메시지를 전송했다. B는 C에게 다시 '8시 공격' 메시지를 보냈다. 그런데 배신자인 C가 D에게 '4시 공격'으로 변경해서 전송했다.

결국 A와 B만 8시에 공격에 참여했고, 이 공격은 실패할 확률이 높다.

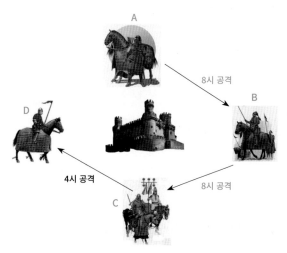

그림 2-131 비잔틴 장군의 딜레마 (출처: 구글 이미지 기반 재구성)

이런 배신자 문제점을 해결하기 위해 메시지를 전송하는 방법을 바꿔 보았다.

A가 다른 모든 부대(B, C, D)에 '8시 공격' 메시지를 일제히 전송한다. 메시지를 받은 B는 다시 '8시 공격' 메시지를 다른 부대인 A, C, D에 전송하고 C, D도 각각 전파한다. C는 배신자였기 때문에 '4시 공격'을 전파했다.

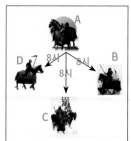 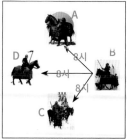  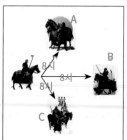

그림 2-132 메시지 전송 방법

- A는 총 3개의 메시지를 받았는데, 2개는 '8시 공격', 1개는 '4시 공격'이었고

- B도 총 3개의 메시지를 받았는데, 2개는 '8시 공격', 1개는 '4시 공격'이었고

- D도 총 3개의 메시지를 받았는데, 2개는 '8시 공격', 1개는 '4시 공격'이었다.

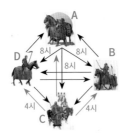

구분	8시 메시지	4시 메시지	최종 판단
A	2개	1개	8시 (2/3)
B	2개	1개	8시 (2/3)
C	배신자		
D	2개	1개	8시 (2/3)

그림 2-133 메시지 전송 결과 및 판단

- A는 다수결에 의해 '8시 공격'을 더 신뢰하고 8시에 공격에 참여할 것이다.

- B도 다수결에 의해 '8시 공격'을 더 신뢰하고 8시에 공격에 참여할 것이다.

- D도 다수결에 의해 '8시 공격'을 더 신뢰하고 8시에 공격에 참여할 것이다.

3개 부대의 참여로 공격은 성공한다.

이런 결론에 도달하기 위해서는 먼저 신뢰자가 배신자보다 더 많을 것이라는 가정이 있어야 하고 3분의 2라는 다수결을 적용하기 위해서는 배신자의 수와 총 부대의 수가 중요하다. 총 4개 부대에서 1개의 부대가 배신자라면 상기와 같은 시나리오에 의해 2/3 다수결에 따라 '8시 공격' 메시지를 신뢰할 수 있다.

이를 정리하여 수식화하면 다음과 같다. 부정한 노드가 f개 있을 때, 총 노드 개수가 3f + 1개 이상이면 네트워크에서 이루어지는 합의는 신뢰할 수 있다. 이 말을 다시 표현하면, 총 노드 개수가 '3f + 1'개 있을 때 악의적인 노드 f가 있더라도 합의하는 데 특별히 문제가 없다는 뜻이다.

전체 노드(3f+1)	악의적 노드(f)	설명
4	1	4개 노드가 존재하는 상황에서 1개의 악의적인 노드가 존재하더라도 합의에 도달할 수 있다.
7	2	7개 노드가 존재하는 상황에서 2개의 악의적인 노드가 존재하더라도 합의에 도달할 수 있다.
9	3	9개 노드가 존재하는 상황에서 3개의 악의적인 노드가 존재하더라도 합의에 도달할 수 있다.

PBFT는 부정한 노드가 f개 있을 때 총 노드 개수가 (3f+1)개 이상이면 2/3 다수결에 의해 합의를 끌어낼 수 있는 합의 알고리즘이다. PBFT는 참여한 노드가 다른 모든 노드와 각각 통신해야 한다. 소규모 그룹에서는 유효하지만, 참가자 노드가 늘어난다면 다른 참가자와의 통신량은 기하급수적으로 늘어나게 되어 네트워크 전체적으로 비효율적이다. 따라서 PBFT는 소규모 네트워크에 적합하며 Public 블록체인보다는 Private 블록체인에 더 적합하다고 볼 수 있다.

나) 대표자 의견 채택 방식인 POW 합의 알고리즘

대표자를 선출하고 합의에 도달하는 대표적인 방식이 POW다. POW 방식은 각 노드에 저장된 트랜잭션을 포함한 후보블록을 만들고 가장 많은 작업을 투입하여 조건을 충족하는 값을 가장 먼저 찾는 노드를 대표자로 선출하여 대표자의 장부를 전파하고 다른 노드들은 이 대표자의 장부를 채택하는 방식으로 합의에 도달한다. 대표자 의견 채택 방식인 POW 합의 알고리즘은 앞서 설명했기 때문에 추가 설명은 생략하겠다.

PBFT합의 알고리즘에서는 트랜잭션이 생성되면 다수결에 의해 2/3만 확보되면 바로 합의에 도달하고 확정(Finality)된다. 합의되고 확정된 트랜잭션을 분산된 노드에 전파하기 때문에 분기라는 것이 발생하지 않는다.

반면에 POW는 대표 장부를 선정하여 다른 장부에 전파하여 동기화하는 과정을 통해 합의에 도달한다. 계산 문제 풀기를 통해 대표자를 선정하다 보니 여러 명의 대표자가 동시에 선정될 수 있기 때문에 분기가 발생할 수 있다. 또한 강력한 대표자가 나타나 새로운 장부를 악의적으로 생성할 수 있기 때문에 분기가 발생할 가능성이 있고 확정(Finality)이 늦어질 수 있다.

(3) POW 합의 알고리즘

비트코인에서는 앞서 소개한 POW 합의 알고리즘을 사용한다. 즉, 대표 장부를 선정하여 다른 노드에 전파하는 방식으로 합의에 도달한다. 분산 DB에서는 중앙시스템이 대표 장부를 지정한다.

그런데 비트코인에서는 중앙시스템이 존재하지 않기 때문에 대표 장부를 선택하기 위해 POW(작업증명) 방식을 채택했다. 참여한 노드가 일제히 Nonce 찾기 경쟁에 돌입하여 Nonce를 가장 빨리 찾는 노드를 대표 노드로 선정한다.

일반적으로 가장 많은 연산을 해야 Nonce 값을 가장 먼저 찾고 대표 노드로 선정되는 것으로 이해하고 있지만, 실제로는 그렇지 않다. 이를 이해하기 위해서는 해시(Hash) 함수의 특징을 이해할 필요가 있다.

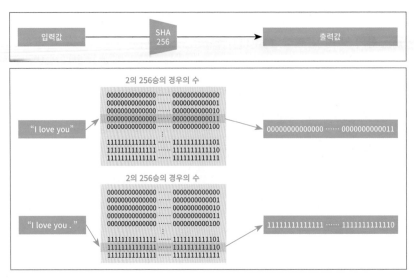

그림 2-134 해시 함수 SHA-256 특징

해시함수는 입력값에 대해 랜덤(무작위)한 값을 출력한다. 비트코인 POW는 SHA-256이라는 해시 함수를 사용한다. 이는 2의 256승 개의 경우의 수를 가진다. 이는 2의 256승(2^256) 개의 후보 값 중에서 랜덤하게 하나의 값이 출력된다는 의미다.

2^256이 어느 정도 경우의 수를 지니는지 알아보자.

2^2 = 4 (경우의 수 - 00, 01, 10, 11)

2^3 = 8 (경우의 수 - 000, 001, 010, 011, 100, 101, 110, 111)

2^4 = 16

2^8 = 256

2^16 = 65536

2^32 = 4294967296

2^64 = 18446744073709551616

2^128 = 340282366920938463463374607431768211456

2^256 = 115792089237316195423570985008687907853269984665640564039457584007913129639936

보통 로또에 당첨될 확률이 8,145,060분의 1 정도 된다. 어떤 입력 데이터를 SHA-256 해시 함수에 넣어 특정 출력값으로 나올 수 있는 확률은 1/115792089237316195423570985008687907853269984665640564039457584007913129639936이다. 물론 비트코인 POW에서는 특정 값을 찾는 것이 아니라 목푯값보다 작은 값을 찾기 때문에 실제 확률은 이보다 훨씬 낮다.

각 노드의 후보블록은 모두 다르기 때문에 찾아야 할 Nonce 값도 모두 다르다. 또한 해시값이 랜덤하게 출력되기 때문에 Nonce 값을 찾는 것은 일종의 복불복이다. 정말 운이 좋으면 Nonce에 '0'을 대입했을 때 바로 조건을 충족하는 해시값을 찾을 수도 있고 운이 나쁘면 수십 분 연산 작업을 해야 할 수도 있다.

블록 생성 시간을 정리한 자료가 있어 소개한다. SPRI(소프트웨어정책연구소) 칼럼에 기재된 자료를 보면, 실제로 비트코인에서 Nonce 값을 가장 빨리 찾은 경우 4.7분 정도 소요되었고, 가장 오래 걸린 블록 생성 시간은 47.8분 정도였다. 다음 그림은 블록 생성 평균 시간을 보여준다.

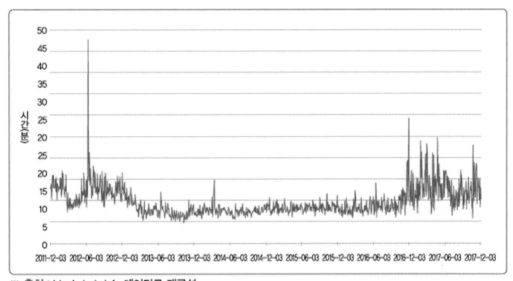

※ 출처 : blockchain.info 데이터로 재구성

그림 2-135 비트코인 블록 생성 평균 시간 (2일 간격 평균값, 2017년 12월 7일 현재)(출처: SPRI(소프트웨어정책연구소) 칼럼)

블록을 생성하는 문제는 확률에 기반을 두기 때문에 블록 생성 시간을 정확히 10분에 맞추기는 어렵다. 또한 랜덤 값 출력이라는 특징 때문에 운도 많이 따르지만, 평균적으로 보면 채굴 승자는 연산을 많이 한 노드나 채굴 장비가 뛰어난 노드로 귀결된다. 반드시 가장 많은 작업을 한 노드가 대표자로 선정된다고 할 수는 없지만, 평균적으로 많은 연산 작업을 한 노드가 대표자로 선정된다.

(4) 비트코인에서의 합의 알고리즘

비트코인에서 합의 알고리즘이라면 POW만을 생각한다. 하지만 비트코인에서 '합의'를 좀 더 포괄적으로 이해할 필요가 있다.

앞서 2.3.2절에서 이중지불은 트랜잭션이 생성된 상황과 장부를 수정하는 상황에서 발생할 수 있다고 했다. 그리고 트랜잭션 생성 단계에서는 UTXO를 통해서 이중지불을 차단했다고 설명했다 트랜잭션이 생성되면 최종적으로 블록체인에 기록되기까지 10분 정도 소요된다. 이 10분 동안은 네트워크의 장부들이 서로 불일치 상태라는 것을 의미한다. 장부가 불일치된 상황에서는 이중지불 공격 가능성이 있으며 비트코인은 UTXO라는 화폐 방식으로 이를 차단했다고 했다. 따라서 장부가 불일치된 상태에서 UTXO를 한 번만 사용될 수 있게 하는 단계별 통제 방안이 모두 합의 과정이라고 볼 수 있다.

- 트랜잭션 레벨에서는 구조적인 설계를 통해 하나의 UTXO가 사용되게 통제한다.
- 개별 노드 레벨에서는 검증 과정을 통해 하나의 UTXO만 존재하게 통제한다.
- 전체 네트워크 레벨에서는 합의 과정을 통해 하나의 UTXO만 남게 통제한다.
- 마지막으로 분기 상황에서도 Longest Chain 규칙에 의해 하나의 UTXO만 남게 통제한다.

비트코인과 같은 화폐 시스템에서 합의란 결국 장부의 일치를 통해 이중지불을 방지하기 위한 조치다. 따라서 비트코인에서 이중지불을 차단하기 위한 단계별 통제 장치가 모두 합의 과정이라고 볼 수 있다.

6) 이중지불 방지

중앙시스템에서는 일반적으로 이중지불이 발생하지 않는다. 다양하고 강력한 통제 장치들로 중무장하고 있기도 하며, 하나의 장부를 관리하면서 발생한 모든 트랜잭션에 타임스탬프를 부여하기 때문에 존재 증명 및 우선순위를 결정할 수 있다. 이런 상황에서는 이중지불이 발생하지 않는다.

하지만 중앙시스템이 존재하지 않고 수많은 장부가 분산되어 있는 비트코인 환경에서는 다르다. 중앙시스템이 존재하지 않는 탈중앙화 환경에서는 적절한 통제 장치가 전혀 없다. 시스템 접근에 대한 접근 통제도 없고 장부 수정에 대한 권한 통제도 없다. 누구나 네트워크에 참여하고 누구나 장부에 접근 가능하다. 누구나 장부에 접근하여 장부를 임의로 조작할 수 있다. 또한 1만 개의 장부가 전 세계에 걸쳐 분산되어 있다. 트랜잭션이 하나 생성되면 장부가 일치하는 데 10분이 소요된다. 10분 동안 분산된 장부는 불일치 상태이며 불일치 상태를 이용하여 이중지불 공격을 할 수 있다.

어떠한 통제 장치도 없고 분산된 장부 구조는 매우 불안정하고 위험하다. 더구나 민감한 화폐 시스템에서는 이런 구조가 아주 치명적이다. 따라서 이러한 탈중앙화나 분산 장부 구조를 기반으로 화폐 시스템을 구축한다는 것은 생각도 할 수 없었다. 그런데 사토시 나카모토는 비트코인을 통해 이런 이중지불 문제를 말끔히 해결했다.

UTXO기반 검증, 합의 알고리즘, Longest Chain 규칙 등을 통해 장부의 불일치 상황에서도 이중지불이 발생하지 않게 통제했다. 또한 누구나 장부에 접근이 가능한 환경에서 누구든, 어떠한 상황에서든 장부를 구조적으로 수정 불가능하게 설계함으로써 장부 조작에 의한 이중지불 가능성을 차단했다. 이중지불 방지를 통한 통제 방안은 2.3.2절에서 자세히 살펴보았다. 따라서 추가 설명은 생략하겠다.

7) 위변조 방지

앞서 위변조를 방지하기 위한 방안에 대해 모두 살펴보았다. 앞서 배운 내용을 요약 및 복습하는 수준에서 설명을 마무리하겠다.

블록체인의 핵심 특징인 비가역성 성질은 다음 요소에 기반하여 가능하다.

1. 블록의 독특한 구조 – 위변조를 하면 블록을 다시 생성해야 한다.
2. 블록 생성에 10분이라는 시간 소요 – 위변조를 하더라도 10분이라는 엄청난 연산 시간을 소요해야만 한다.
3. 블록체인의 구조 – 블록을 모두 체인처럼 연결한다.
4. 블록체인의 분산 저장 – 합의된 블록체인(장부)은 수만 개의 노드에 동일한 형태로 분산 저장되어 있다.

이를 좀 더 자세히 설명하면 이렇다.

1. **블록의 독특한 구조**
   모든 거래 내역이 해시화되어 머클루트라는 하나의 값으로 표현되고, 이 값은 블록 헤더 중 하나의 값으로 입력된다. 머클루트를 포함한 헤더의 해시값이 목푯값보다 작아야 블록을 생성하는데, 트랜잭션 중 하나라도 변경되면 머클루트가 변경되고 이는 다시 해시값이 변경되어 목푯값보다 작아야 한다는 요건을 충족시키기 위해 Nonce 값을 다시 찾아야 하는 구조로 되어 있다.

2. **10분의 시간 소요**
   위변조 시 블록을 다시 생성해야 하는데, 블록 생성 자체를 어렵게 함으로써 위변조에 대한 의욕을 저하시킨다.

3. **블록체인**
   새로운 블록을 생성할 경우에 이전 블록의 해시값을 포함해야 하며, 생성된 블록의 해시값은 다시 다음 블록의 헤더에 포함된다. 블록 해시값이 변경되면 그와 연결된 블록의 해시값에 변화를 초래해 모든 블록을 다시 생성해야 하는 어려움이 발생한다.

4. **블록체인의 분산 저장**
   블록체인은 합의를 거쳐 완전히 동일한 장부가 수만 개의 노드에 각각 저장된다. 설사 한 개의 노드에서 위변조가 시도된다고 하더라도 수만 개의 노드에 분산된 모든 장부를 동일하게 모두 위변조하는 것은 불가능하다.
   분산된 장부가 투명성을 보장하지만, 동시에 데이터 위변조를 방지해 장부의 신뢰성을 향상시킨다.

8) 화폐 발행 및 자발적 참여 유인 방안

지금까지 탈중앙 및 분산 구조에서 화폐 시스템의 구현 방안에 대해서 알아보았다 화폐 시스템을 구현하기 위한 핵심 아이디어가 POW였음을 알아봤다. 중앙시스템이 존재하지 않는 환경에서 화폐도 발행해야 하고, 위변조 방지를 위한 작업도 수행해야 하고, 분산된 장부의 합의에도 도달해야 한다.

비트코인은 바로 어려운 작업 수행을 통해서 이를 구현하고자 했다. 작업은 상당한 시간과 많은 (전기) 에너지를 필요로 한다. 많은 시간과 많은 비용이 소모되는 어려운 작업에 참여시키기 위해서는 바로 보상 메커니즘이 필요하다. 비트코인은 화폐 발행을 바로 보상 메커니즘과 연계해 설계했다.

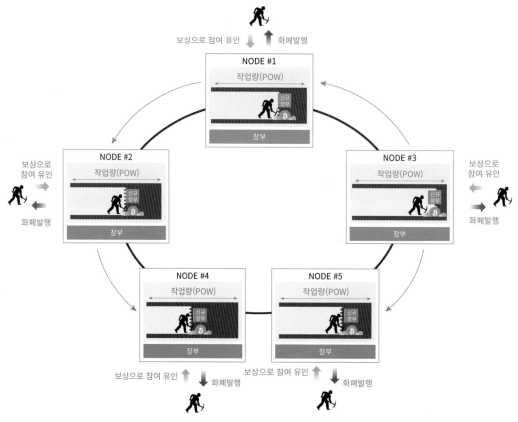

그림 2-136 비트코인 화폐 발행 및 인센티브 연계 방안

2.3.4 POW 관점 비트코인 · 블록체인 작동원리 이해

2.3.1절에서 탈중앙 화폐 시스템인 비트코인을 구현하기 위한 핵심 아이디어 관점에서 POW를 이미 살펴보았다. 비트코인에서는 POW가 매우 중요한 개념인데, 많은 사람이 POW를 잘못 이해하고 있는 것 같다. 그래서 이번 절에서는 'POW'에 좀 더 집중해서 비트코인 · 블록체인 작동 원리를 설명하려고 한다.

1) POW(작업증명) 이해

POW는 비트코인 이전부터 연구되고 활용되어 온 개념이다. 또한 POW를 합의 알고리즘으로 많이 언급하는데, POW의 본래 의미는 합의 알고리즘과 상관없다.

(1) 비트코인 이전의 POW 개념 이해

POW가 비트코인에서 주목을 받기 시작했지만, POW라는 개념과 그에 관한 연구는 오래전부터 검토되고 활용되었다. 따라서 비트코인의 POW를 제대로 이해하기 위해서는 먼저 비트코인 이전에 POW의 개념이 어떻게 소개되고 그 연구가 어떻게 발전되어 왔는지를 이해할 필요가 있다.

가) POW 관련 연구의 히스토리 추적

POW 히스토리 및 연구에 대해 체계적으로 정리된 자료가 없다 보니 POW 관련 기록을 토대로 하나씩 추적해 보는 작업을 진행해 보았다. 참고로 이 책에서 소개된 POW 히스토리 추적은 개인적으로 정리한 자료이며, 공식적인 자료가 아니라는 점을 참고하기 바란다.

POW 관련 연구 추적

비트코인 백서에서 POW와 관련하여 언급된 Reference를 기준으로 POW 연구 및 논문을 추적했으며 추적한 내용을 정리하면 다음과 같다.

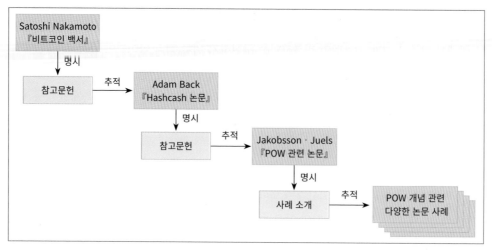

그림 2-137 POW 관련 연구 추적

추적을 통해 식별된 POW 관련 연구

POW 관련 연구 및 활용을 추적하여 식별된 연구 사항을 정리하면 다음과 같다.

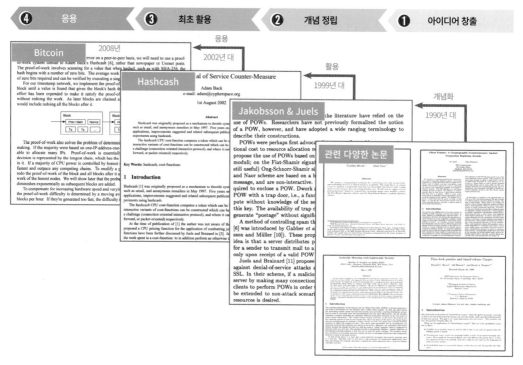

그림 2-138 식별된 POW 관련 연구 정리

비트코인을 기준으로 시간 역순으로 POW 관련 연구를 추적했으며, 식별된 관련 연구를 다시 시간 순으로 정리하면 POW는 다양한 아이디어로 활용 가능성이 연구되다가 개념화되고, Hashcash에 의해 최초 활용되었으며 비트코인에서 응용된 것으로 이해할 수 있다.

정리하면, '아이디어 창출 단계 → POW 개념 정립 → POW 최초 활용 → 비트코인에서 응용'으로 발전되어 왔음을 확인할 수 있다. 단계별로 좀 더 자세히 살펴보자.

POW 아이디어 창출 단계

POW가 공식적으로 개념화되기 이전부터 POW 원리와 방식, 또는 특징을 다양한 서비스에 활용하려는 연구가 진행됐다.

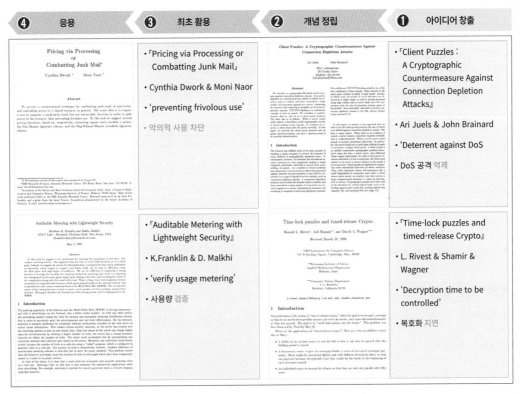

그림 2-139 POW 관련 연구 추적 (아이디어 창출 단계)

몇 가지 연구 사례를 보면, 일정한 컴퓨팅 연산 작업 수행을 통해 스팸 차단, DoS 공격 저지, 사용량 검증, 복호화 지연 등을 위해 POW 원리가 핵심 아이디어로 활용되는 연구가 있었음을 확인할 수 있다. 하지만 구체적인 개념 정립은 안 된 상황이었으며, POW라는 용어도 아직 존재하지 않던 상황이다.

POW 개념 정립 단계

POW 원리가 많이 연구되었을 뿐, 개념적으로 정립은 안 된 상황이었는데 Jakobsson&Juels의 논문 "Proofs of Work and Bread Pudding Protocols"에서 처음으로 POW 개념이 정립되고 용어가 공식화된다.

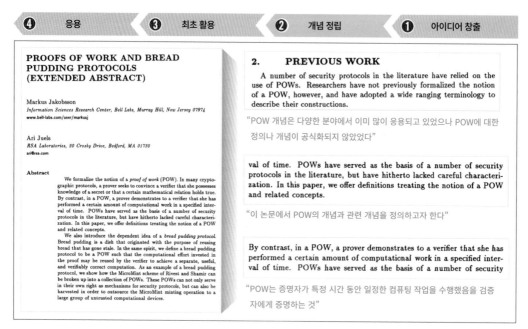

그림 2-140 POW 관련 연구 추적 (POW 개념 정립 단계)

본 논문을 통해 POW라는 개념과 특징이 규정되었다고 볼 수 있다.

POW 최초 활용 단계

아이디어와 개념으로 존재하던 POW를 실제로 최초 활용한 사례가 아담 백(Adam Back)의 'Hashcash'이다.

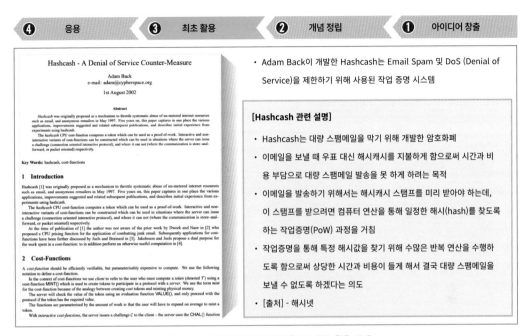

그림 2-141 POW 관련 연구 추적 (POW 최초 활용 단계)

아담 백은 Hashcash를 개발하여 'Spam 방지' 및 'DoS(Denial of Service) 방지' 목적으로 활용하고자 했다. 블록체인 정보 포털 사이트인 해시넷에서 소개한 Hashcash 관련 내용을 보면, Hashcash는 특정 해시값을 찾기 위해 수많은 반복 연산을 수행하게 하여 결국 대량 스팸메일을 차단 및 저지하려는 목적으로 개발되었다고 소개한다.

비트코인에서의 POW 응용 단계

비트코인 백서의 'POW' 소개 섹션을 보면 아담 백의 Hashcash 아이디어를 참조했음을 확인할 수 있다.

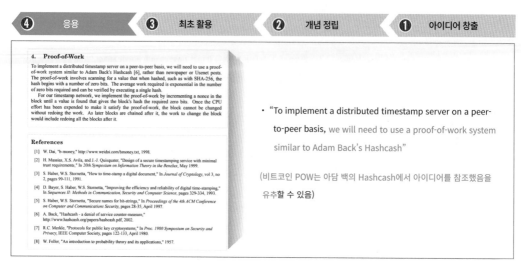

그림 2-142 POW 관련 연구 추적 (비트코인에 응용 단계)

나) 비트코인 이전의 선행 연구에서 POW 개념

POW 개념을 이용한 다양한 선행 연구를 알아봤다. 비트코인 이전에 POW는 어떤 개념으로 연구 및 활용되었는지 기존 논문 내용을 토대로 간단하게 정리해 보자.

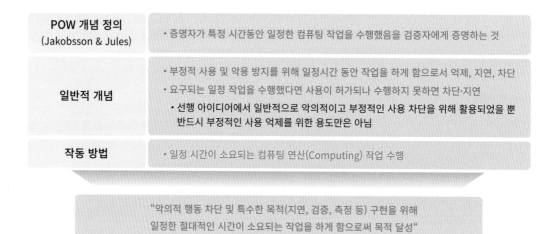

그림 2-143 선행 연구에서 POW의 일반적인 개념

(2) POW(작업증명)의 개념

POW(작업증명) 개념의 이해

보안 개념으로 '인증'이 있다. 인증은 자신의 신분 및 자격을 증명하는 것을 말한다. 사용자 인증의 유형에는 사용자가 알고 있는 지식을 기반으로 인증, 사용자가 소유한 것을 기반으로 인증, 사용자의 생체 정보를 기반으로 인증하는 방법이 있다.

지식 기반 증명	지식(알고 있는 지식) 기반으로 증명 Ex. 패스워드(Password)
소유 기반 증명	소유(본인이 직접 휴대)를 기반으로 증명 Ex. 스마트카드, OTP
생체 기반 증명	본인의 생체 정보를 기반으로 증명 Ex. 지문, 홍채, 정맥

인증 개념과 유사하게, 자격을 기반으로 증명해야 할 때가 있다. 부동산 중개업을 하기 위해서는 공인중개사 자격이 있어야 한다. 자격이 있다는 것을 증명하는 방법은 열심히 공부해서 공인중개사 자격증을 취득하는 것이다. 법률 서비스업을 하기 위해서는 법률 서비스 자격이 있어야 한다. 자격이 있다는 것을 증명하려면 로스쿨을 수료하고 자격시험을 통과하여 자격증을 취득해야 한다.

일정한 시간 동안 작업을 했다는 것을 증명하는 경우도 있다. 예를 들어, 대한민국의 군인이 되기 위해서는 6주간의 훈련(작업)을 완료했다는 것을 증명해야 드디어 군인으로서 복무를 할 수 있다. 벌금형을 선고받았는데, 벌금을 낼 돈이 없다면 교도소에서 정해진 시간 동안 노역을 해야 한다. 주어진 시간 동안 노역했다는 것을 증명해야만 벌금이 면제된다.

비트코인의 POW를 보면, 요구되는 일정한 작업을 완료했다는 것을 증명하면 대표블록으로 선정되고 보상이 지급된다. 비트코인에서 작업을 완료했다는 것을 증명하는 것은 조건을 충족하는 Nonce 값을 찾는 것이다. 조건을 충족하는 'Nonce 값' 자체가 바로 필요한 작업을 수행했다는 증거이자 증명이다.

비트코인의 POW를 훈련소 사례와 연계하면 다음과 같이 정리할 수 있다.

- Nonce 값을 찾기 위한 연산 작업 = 훈련소 훈련

- 요구되는 연산량 = 6주

- 찾은 Nonce 값 (작업증명) = 훈련소 수료증 (자격증명)

일정한 연산 작업을 완료했다는 것을 증명하면, 즉 Nonce 값을 찾으면 블록 생성 및 보상이 주어진다. 6주간 훈련을 완료했다는 것을 증명하면, 즉 수료증을 받으면 육군 군인으로 인정해 준다.

POW 관련 선행 연구를 통해 본 POW 개념 이해

작업증명은 어떤 작업을 수행했다는 것을 통해서 증명하는 단순한 개념이지만 실제로 작업증명 개념을 앞선 선행 연구 내용을 토대로 어떻게 활용 및 응용하고자 했는지 알아보겠다.

선행 연구에서의 POW 개념을 다시 정리하면, 어떤 악의적 행동을 차단·저지하거나 특수한 목적 구현을 위해 일정한 시간이 소요되는 작업을 하게 함으로써 원하는 목적을 달성하는 것으로 이해할 수 있다.

대표적인 사례가 사토시 나카모토가 참조했던 아담 백(Adam Back)의 Hashcash다. Hashcash는 스팸메일 및 DoS(Denial Of Service) 방지를 위해 POW 개념을 활용했다. 과거 필터링 기술이 발달하지 않았던 이메일 초기 단계에서는 스팸메일이 골칫거리였다. 한 번에 수천·수만 통의 이메일을 동시에 송부할 수 있기 때문에 홍보용 스팸메일이 넘쳐났다.

이런 문제점을 개선하기 위해 아담 백은 메일 하나를 보낼 때마다 일정한 시간 동안 연산 작업을 하게 설계했다. 일반적인 상황에서 약 10초 동안 일정한 연산 작업을 완료했다는 것을 증명하면 메일 하나를 보낼 수 있게 설계했다. 메일 하나 보내는 데 10초는 그리 긴 시간이 아니기 때문에 그 정도는 충분히 감내할 수 있다. 하지만 수천·수만 통의 스팸메일을 보내는 상황에서는 이야기가 달라진다. 1개 메일에는 10초가 걸리지만, 1만 통의 메일을 보내려면 100,000초의 연산 작업을 해야 한다. 100,000초면 1,667분이고, 시간으로는 28시간이다. 즉, 28시간 동안 계속 연산 작업을 해야만 1만 통의 이메일을 보낼 수 있다. 이러한 설계를 통해 스팸메일을 보내고자 하는 의욕을 차단하려고 했다.

Hashcash의 사례에서도 부정적 사용 및 악용 방지를 위해 일정한 작업을 수행해야만 마침내 사용을 허용하게 함으로써 억제, 지연, 차단하는 방안으로 연구되었음을 확인할 수 있다.

(3) POW 개념을 활용한 사례

논문에서는 주로 스팸메일 등 악의적인 행동에 대한 저지 및 지연을 위해 연구되어 왔음을 알 수 있다. POW 개념을 너무 고상하게 생각할 필요는 없다. POW는 우리 주변에서도 쉽게 접할 수 있는 개념이다.

필리버스터

국회가 소란스러울 때 '필리버스터(Filibuster)' 관련 뉴스가 종종 등장한다. 필리버스터는 국회에서 소수당이 다수당의 독주나 횡포를 막고 견제하기 위해 합법적인 수단으로 의사 진행을 지연하거나 방해하는 일명 '무제한 토론'이다.

우리나라에서 처음으로 필리버스터를 한 사람은 1964년 당시 국회의원이었던 고 김대중 전 대통령이다. 1964년 자유민주당 의원이었던 김준연 의원이 박정희 대통령이 한일기본조약 추진 과정에서 일본으로부터 금품을 수수했다는 발언을 했다가 그에 대한 체포동의안이 발의됐다. 당시 동료 국회의원이었던 김대중 전 대통령은 체포동의안을 저지하기 위해 5시간 19분 동안 쉬지 않고 발언을 이어 나갔고 결국 임시국회 회기가 마감되면서 체포동의안 처리는 결국 무산되었다.

이 제도는 1973년에 중단되었다가 2012년에 부활했으며, 2016년 테러방지법 통과를 저지하기 위한 필리버스터가 주목받았고, 2020년 12월 국가정보원법 개정 반대를 위한 필리버스터도 관심을 받았다.

필리버스터는 다양한 방법이 가능한데, 가장 많이 사용되는 방법은 무제한 토론이다. 다수당의 독주와 횡포를 차단 및 저지하기 위해서 특별한 기법이나 방법을 동원하는 것이 아니라 부당성을 알리는 연설을 계속 이어 나가는 것이다. 쉽게 말하면 시간 끌기로 저지하는 것이다. 부정 및 악용(다수당의 횡포) 방지를 위해 일정 시간 작업(연설)을 하여 억제 및 지연(시간 끌기)시키는 것이다.

그림 2-144 필리버스터 사례 [출처 : 구글 이미지]

일반적인 POW 개념과 필리버스터를 비교하면 다음과 같다.

구분	POW	필리버스터
대상	악의적인 행동 (스팸메일)	악의적 행동 (다수당의 횡포)
목적	저지·지연	저지·지연 (시간 끌기)
방법	단수 컴퓨팅 연산	단순 연설

스팸메일을 저지 및 차단하기 위해서 10초간 연산 작업을 하는 것은 의미가 없다는 것을 알면서도 연단에서 시간 끌기를 이어나가는 필리버스터와 유사하다.

비밀번호 해제 저지

2015년 미국 캘리포니아에서 14명을 총으로 쏴 죽이는 테러가 발생한다. 미국 FBI가 테러범을 잡고 수사하기 위해 테러범이 사용한 아이폰을 확보하여 분석하고자 했으나, 아이폰 잠금장치를 해제하지 못하는 상황이 발생한다. FBI는 애플에 해제 요청을 했지만, 애플은 사생활 보호를 이유로 이를 거부한다. FBI는 제3의 보안업체를 통해서 결국 잠금장치를 해제했지만, 관련 뉴스가 국내에도 많이 소개되면서 아이폰의 보안성이 뛰어난 것처럼 주목받았다.

실제로는 아이폰의 보안이 뛰어났다기보다는 암호 해제 방법을 어떻게 설정하느냐의 문제였다. 아이폰의 보안 설정은 이렇다. 아이폰은 6자리 비밀번호를 설정하여 잠금을 해제한다. 6자리 비밀번호는 숫자, 알파벳 대문자, 소문자를 조합하여 만들 수 있다. 따라서 이론적으로 나올 수 있는 6자리 조합의 경우의 수가 560억 개 정도다. 즉, 비밀번호를 모르는 사람이 이 아이폰을 잠금 해제하기 위해서는 560억 개의 비밀번호 조합을 모두 대입해보는 수고(작업)를 해야 하는 것이다.

560억 개면 엄청나게 많은 경우의 수로 보안 수준이 높은 것으로 이해할 수 있지만, 프로그램을 이용하면 Brute-Force(무차별 대입) 방법을 통해 쉽게 해결할 수 있다. Brute Force 기법은 프로그램적으로 가능한 모든 조합의 임의 비밀번호를 빠르게 대입해 봄으로써 비밀번호를 찾아내는 기법이다.

아이폰은 이런 Brute-Force 공격 차단을 위해 5회 이상 비밀번호 입력이 틀리면 1분간 입력 기능이 잠긴다. 6회에서도 틀리면 5분간 비밀번호 입력이 잠긴다. 7회에서 틀리면 15분, 8회에서도 틀리면 1시간 동안 잠기고, 10번째도 비밀번호가 틀리면 휴대폰 내 저장된 데이터가 영구 삭제되는 '자동 포맷'이 발생하게 설정되어 있다. Brute Force 기법으로 10번 무작위 대입을 했는데 틀리면 자동 포맷이 되기 때문에 Brute Force 기법을 사용할 수 없는 상황이다.

아이폰은 최첨단 보안 기법을 통해서 스마트폰에 저장된 데이터를 보호하는 것이 아니라 일종의 POW 기법을 동원하여 암호 강도를 높였다. 이런 보안 기법은 아이폰에만 적용되는 것이 아니라 대부분 시스템에서 도입하고 있다. 인가자가 아닌 악의적인 사람이 스마트폰에 임의로 접근하여 데이터를 탈취하려는 행위에 대해 일정한 작업과 지연을 통해 악의적인 행동을 차단시킨다는 점에서 POW 개념과 유사하다고 볼 수 있다.

(4) POW 개념

작업증명에 대한 일반적인 개념, 관련 연구 개념, 유사한 사례 등을 통해서 POW 개념을 정리해보자.

- 부정적 사용 및 악용 방지를 위해 일정 시간 동안 작업하게 함으로써 억제, 지연, 차단

- 방법적으로는 일정 시간이 소요되는 컴퓨팅 연산(Computing) 작업 수행

2) 비트코인에서 POW 활용 방안

비트코인을 구현하기 위한 핵심 아이디어로 POW를 활용했고 POW를 다양한 기능과 역할에 활용했음을 살펴봤다.

POW를 처음으로 활용했던 Hashcash 사례를 다시 보자. Hashcash는 Spam mail 차단을 위해 어려운 작업을 수행해야만 메일을 송부할 수 있다.

스팸 메일의 가장 큰 원인은 너무나 쉽게 메일을 보낼 수 있다는 구조적인 특징에 기인한다. 따라서 메일을 보내는 것 자체를 어렵게 설계할 필요가 있었다. 어렵게 설계하기 위해 POW를 활용했다. 어려운 작업을 수행해야 하고 그 작업을 수행했다는 것을 증명하면 메일 송부를 승인해 주었다.

Hashcash의 POW 개념이 비트코인에도 그대로 적용되어 있다. 화폐 발행을 너무나 쉽게 하고 있다. 탈중앙 환경에서 대표자 선정은 중요한데 대표자 선정을 너무 쉽게 해서는 안 된다. 분산된 구조에서 너무 쉽게 합의에 도달하면 포크가 발생할 수 있기 때문에 이를 어렵게 해야 한다. 중앙시스템이 없는 상황에서 악의적인 노드는 너무나 쉽게 장부를 위변조할 수 있다.

따라서 화폐 발행도 어렵게 설계할 필요가 있고, 위변조가 안 되도록 어렵게 설계할 필요도 있다. 또한 어려운 작업을 수행해야만 대표자로 선정해 준다. 이처럼 악의적인 행동을 저지 및 억제하기 위해 어렵게 설계할 필요가 있다. 어렵게 설계하기 위한 방안으로 POW를 다양하게 활용하고 있다.

3) POW에 대한 올바른 이해

POW가 블록체인을 위한 기술이라거나 합의알고리즘이라고 특정하여 이야기하는 경우가 많은데, 이것은 잘못된 생각이다. POW는 오래전부터 악의적인 것을 차단할 목적으로 어려운 작업을 강요하여 악의적인 것을 억제 및 차단하려는 목적으로 많이 활용되고 연구된 개념이다. 사토시 나카모토는 POW라는 개념과 아이디어를 비트코인 설계 및 기능 구현을 위한 요소요소에 적절하게 응용 및 활용했을 뿐이다. 합의, 위변조 방지, 화폐 발행 등 비트코인 구현의 많은 요소를 POW와 연계하여 구현한 것이다.

비트코인에서 POW를 활용하는 방안을 정리하면 다음과 같다.

- POW는 합의 과정에서는 대표노드를 선정하는 역할을 한다. 즉, 가장 많은 작업을 한 노드가 대표로 선정된다.

- POW라는 어려운 작업 과정을 거쳐야만 하기 때문에 위변조 방지 효과가 있다.

- POW의 결과로서 블록이 생성된다.

- POW 과정에 참여하게 하기 위한 인센티브 메커니즘과 연계된다.

- POW 과정을 거쳐 화폐를 발행한다.

그렇다면 암호화폐 발행을 왜 POW와 연계하여 설계했을까? 사토시 나카모토가 비트코인을 설계할 때 의도했는지 의도하지 않았는지는 모르겠지만, 약간의 상상력을 발휘하여 한번 추론해 보겠다. POW 개념부터 다시 상기해 보자. POW는 악의적인 행위를 저지 및 지연할 목적으로 활용되기도 하며 일정한 작업을 했다는 것을 증명함으로써 목적을 달성할 수 있다.

사토시 나카모토는 화폐 시스템에서 중앙은행과 시중은행이 무차별적으로 발행하는 화폐로 인해 (인플레이션이 발생하고 그로 인해) 우리의 자산 가치가 떨어지는 것에 대해 심한 우려를 표했다. 이런 맥락에서 보자면, 사토시 나카모토는 무분별한 화폐 발행을 악의적인 행동으로 보고 있다. 어려운 채굴 과정을 거쳐야만 금을 채굴할 수 있는 것처럼 화폐도 어렵고 힘든 작업 과정을 통해서 발행할 필요가 있었다.

화폐 발행을 POW와 연계했다는 사실을 통해 사토시 나카모토가 기존 화폐 발행 방식을 어떻게 인식하고 있었는지를 엿볼 수 있다. 화폐 남발은 악의적인 행위다. 이런 악의적인 행위를 차단하기 위해서 어떠한 기술이나 기법도 통용되지 않고 오로지 광부가 금을 캐듯이 어려운 작업을 수행해야만 비로소 화폐를 발행할 수 있어야 한다.

2.3.5 기타 작동 메커니즘 이해

비트코인·블록체인의 작동 원리를 이해하기 위해서 핵심 아이디어, 탈중앙화, 화폐, POW 관점에서 살펴보았다. 이번 2.3.5절에서는 다양한 이슈 관점에서 작동 원리와 연계하여 설명하겠다.

1) 암호화폐와 블록체인은 분리할 수 있는가

한동안 우리나라 정부는 블록체인과 암호화폐를 분리하여 지원한다는 입장을 고수해 왔다. 그리고 2018년에는 유시민 작가와 정재승 카이스트 교수가 "가상통화, 신세계인가 신기루인가"라는 제목으로 TV 토론을 하기도 했다. 많은 소주제를 다루었지만, 가장 열띤 소주제는 '블록체인과 암호화폐를 분리할 수 있는가'였다.

사람들은 다양한 경제 활동을 한다. 힘든 경제 활동을 하는 이유는 명확하다. 보상이 따르기 때문이다. 금전적인 보상이 따르지 않는다면 경제 활동에 참여하고자 하는 사람은 거의 없을 것이다. 경제 활동이 아니더라도 사람들은 특정한 이득을 얻기 위하여 시간을 투입하거나 자본을 제공하는 투자 활동을 한다. 투자는 미래의 이익을 기대하며 돈을 미리 할당하는 것이다. 방법이야 어떻든 결국 사람들은 금전적인 보상을 기대하며 참여한다.

블록체인과 암호화폐와의 관계

먼저, 블록체인 메커니즘적으로 블록체인과 암호화폐를 분리할 수 있는지 명확하게 이해할 필요가 있다. 블록체인에 참여하기 위해서는 노드라는 컴퓨터가 필요하고 거대한 장부를 저장할 데이터 저장소도 필요하다. 그뿐만 아니라 채굴에 참여하기 위해서는 엄청난 에너지를 소비해야 한다.

은행 같은 중앙 기관은 은행 시스템을 운영하기 위해 예산을 할당하여 시스템을 구입하고 관리자를 고용하여 운영을 맡긴다. 블록체인은 완전히 탈중앙화된 시스템이다. 탈중앙화되어 있을 뿐 여전히 시스템이 필요하고 시스템을 운영할 사람도 필요하다. 또한 화폐 발행 및 장부를 생성하기 위해서는 막대한 전기도 필요하다. 하지만 탈중앙화된 블록체인은 시스템을 구매하기 위해 예산을 할당하거나 관리자를 고용할 주체(중앙기관)가 없다.

사토시 나카모토는 중앙기관 대신 보상 메커니즘을 설계하여 노드의 자발적인 참여를 통해 시스템과 운영을 구현하도록 설계했다. 노드가 자발적으로 시스템, 전기를 제공하고 운영에 참여하면 그 대가로 발행된 화폐를 보상으로 제공하는 방향으로 설계했다. 인센티브 때문에 노드는 자발적으로 참여하고, 자발적 참여를 통해 탈중앙화된 환경에서도 시스템이 작동한다.

'블록체인과 암호화폐를 분리할 수 있다, 없다?'는 소모적인 논쟁이며 이분법적 사고다. 과거 석유로만 작동하던 자동차 시대에 자동차와 석유는 분리할 수 있다, 없다를 논쟁하는 것과 유사하다.

사토시 나카모토 관점에서 암호화폐는 두 가지 의미를 지닌다. 하나는 화폐이고 다른 하나는 인센티브다. 화폐를 탈중앙화 기반(블록체인)으로 발행하려다 보니 인센티브가 필요했고 발행된 화폐를 인센티브로 활용했다. 화폐 관점이 아닌 인센티브 관점에서 보자면, 인센티브로서 화폐는 탈중앙시스템(블록체인)의 원료와 같은 역할을 한다. 자동차의 석유와 같은 역할이다. 석유 없는 자동차가 움직일 수 없는 것처럼 화폐라는 보상이 없으면 탈중앙시스템인 블록체인은 작동할 수 없다. 이런 관점에서 '블록체인과 암호화폐는 분리할 수 없다'고 많이 이야기하며 주장한다.

하지만 개인적으로 이 문제는 좀 더 유연한 자세와 명확한 설명이 필요하다고 생각한다. 블록체인과 암호화폐의 관계를 좀 더 명확히 설명하면, '중앙화된 시스템이 존재하지 않는 완전한 탈중앙화 환경에서는 자발적인 참여를 유인하기 위한 인센티브 메커니즘이 필요하다. 블록체인에서는 인센티브 메커니즘으로 암호화폐를 활용한다. 다르게 표현하면, 'Public 블록체인에서는 암호화폐가 필수가 아니라 인센티브 메커니즘이 필수다. 그리고 인센티브 메커니즘으로 암호화폐를 사용한다.'

그 말이 결국 둘을 분리할 수 없다는 것 아니냐고 주장할 수도 있다. 하지만 암호화폐는 기존 중앙시스템에서도 얼마든지 발행할 수 있다. 또한 탈중앙 환경이라도 블록체인이 아닌 다른 기술을 활용하여 얼마든지 암호화폐를 발행할 수 있다. 인센티브 관점에서 보더라도 화폐 시스템인 비트코인은 자연스럽게 암호화폐를 인센티브로 검토할 수 있지만, 화폐 시스템이 아닌 다른 서비스에 블록체인을 적용한다면 얼마든지 다른 인센티브 방식을 설계할 수 있다.

암호화폐 관점에서 보면 블록체인은 암호화폐를 발행하기 위한 다양한 기반 기술 옵션 중 하나다. 블록체인 관점에서 보면 암호화폐는 탈중앙화 시스템 구현을 위한 다양한 인센티브 설계 옵션 중 하나일 뿐이다. 이 부분은 5장에서 좀 더 자세히 다루겠다.

사토시 나카모토는 탈중앙화된 환경에서 암호화폐를 발행하기 위해 블록체인이라는 기술을 활용했을 뿐이며 블록체인 기반에서 발행된 화폐를 보상으로 설계했다. 또한 사토시 나카모토는 화폐 시스템을 개발했기 때문에 자연스럽게 발행된 화폐를 인센티브로 활용하는 아이디어가 떠올랐을 것이다. 화폐 시스템이 아닌 범용 블록체인 플랫폼 관점에서 보자면 좀 더 유연한 사고와 설계가 가능하다고 본다.

'분리할 수 있다, 없다'라는 이분법적 접근은 오해와 악용을 초래할 수 있다. 다음 그림처럼 중앙시스템 기반으로 서비스를 운영하다가 기존 중앙시스템을 블록체인 기반으로 구축하면 블록체인을 작동시키기 위해 코인(Coin)이 필요하다. 또한 블록체인에서 인센티브와 연계되어 발행되는 코인과 별도로, 서비스 영역에서도 토큰이라는 것을 발행할 수 있다. 대표적인 사례가 과거 싸이월드의 도토리다. 토큰은 블록체인과 상관없이 발행될 수 있다. 심지어 중앙시스템 기반으로 발행될 수도 있다.

그림 2-145 코인과 토큰의 의미

현재 코인과 토큰을 모두 암호화폐라고 부른다. '블록체인과 암호화폐는 분리할 수 없다'는 관점에서 보면, 블록체인 기반 서비스를 구축하려면 무조건 토큰(암호화폐)을 발행해야 한다거나 토큰을 발행하면 그 서비스는 무조건 블록체인 기반일 것이라는 오해를 일으킬 수 있다. 그리고 중앙시스템 기반 서비스에서 토큰을 발행하고 이를 마치 블록체인 기반으로 속여 사기를 칠 수도 있다.

또한 최근에는 엔터프라이즈 블록체인이라 하여 Private 블록체인도 블록체인 영역으로 인정해 주는 분위기다. Private 블록체인은 사실상 중앙기관을 기반으로 운영되다 보니 탈중앙화가 아니며, 따라서 인센티브 메커니즘이 꼭 필요한 것은 아니다. Private 블록체인에서도 코인을 발행할 수 있지만, 굳이 발행할 필요는 없다.

자동차가 구동되기 위해서는 석유라는 원료가 필요하다. 과거에는 자동차 원료로 석유만 가능했고 석유만 상상할 수 있었다. 이런 상황에서도 '자동차와 석유는 분리할 수 없다'라는 표현은 적합하지 않다. '자동차와 연료는 분리할 수 없다. 연료로 석유를 활용한다'가 더 적절한 표현이다.

블록체인과 암호화폐의 관계나 연관성에 많은 혼선이 있는데, 크게 두 가지 이유 때문이라고 생각되며, 이를 명확하게 정리할 필요가 있다.

- 암호화폐라는 용어
- 비트코인 관점의 암호화폐

첫째는 암호화폐라는 용어가 주는 혼선이다. 화폐라는 용어가 마치 우리가 일상에서 사용하는 화폐를 연상시킨다. 비트코인은 목적 자체가 대안 화폐 개념이었으며, 따라서 암호화폐라고 명명해도 크게 문제 되지 않을 것이다. 하지만 다른 대부분 암호화폐는 비트코인에서 아이디어를 착안했을 뿐, 대안 화폐 목적이 아니다. 특정 시스템과 서비스를 위해 인센티브 또는 서비스 생태계 활성화를 위한 토큰처럼 활용된다. 또한 코인과 토큰 개념을 구분할 줄 알아야 한다. 코인은 블록체인과 연계되어 발행되며 토큰은 서비스 영역에서 발행된다.

둘째는 비트코인 관점의 암호화폐다. 비트코인 관점에서 암호화폐는 두 가지로 활용된다고 설명했다. 하나는 법정화폐에 대한 대안 화폐로서 일종의 서비스 목적이다. 다른 하나는 탈중앙시스템인 블록체인을 작동시키기 위한 인센티브로서의 암호화폐다. 즉, 서비스 관점에서 보자면 화폐이며 인프라(블록체인) 관점에서 보자면 인센티브다. 반면 블록체인 기반 게임 서비스는 서비스로서의 암호화폐는 필요 없지만, Public 블록체인을 작동시키기 위한 인센티브로서의 코인은 필요하다.

그림 2-146 비트코인 암호화폐의 두 가지 활용

비트코인은 화폐 서비스와 인센티브라는 두 가지 목적으로 활용되지만, 이더리움은 화폐 서비스가 아니기 때문에 인센티브 관점으로만 활용된다.

인프라 영역에서 필요한 코인과 서비스 관점에서의 토큰을 구분해서 이해할 필요가 있다. 독자적인 자체 블록체인을 기반으로 발행되는 암호화폐가 코인이라면, 자체 블록체인 없이 다른 블록체인 플랫폼을 기반으로 하는 서비스에서 발행되는 암호화폐는 토큰이다. 코인과 토큰을 합쳐서 암호화폐라고 한다. 물론 비트코인처럼 하나의 블록체인 플랫폼에 하나의 서비스만 구현하는 상황이라면 인프라에서 발행한 코인을 서비스에서도 그대로 활용할 수 있다.

간단히 정리하면, 블록체인 영역에서 발행되는 것이 코인이며, 서비스 영역에서 발행되는 것이 토큰이다. 블록체인에서 발행되는 코인(이더리움 코인)과 그 기반 서비스(DApp) 영역에서 발행되는 토큰은 직접적인 연관성이 없으며 서로 구분되어 발행된다. 반면 비트코인은 블록체인에서 발행되는 코인(비트코인)이 서비스 영역에서도 화폐(비트코인)로 활용된다. 금화본위제가 금을 채굴해서 채굴된 금을 그대로 화폐로 사용하는 것처럼, 블록체인에서도 인센티브와 연계되어 발행된 암호화폐가 그대로 화폐 서비스에 활용되는 것이다.

이런 개념을 바탕으로 다양한 시나리오를 통해 코인과 토큰, 그 활용에 대해 알아보자.

Public 블록체인 기반으로 전용 서비스를 하는 경우

앞서 소개한 것처럼 탈중앙화된 Public 블록체인을 구현하기 위해서는 반드시 인센티브와 연계된 코인(Coin)이라는 암호화폐 발행이 필요하다. 코인은 블록체인이 작동하는 데 반드시 필요하며, 이렇게 발행된 코인은 다양한 목적으로 활용될 수 있다.

그림 2-147 Public 블록체인 기반 전용 서비스 상황에서 코인과 토큰

1. 비트코인처럼 블록체인 작동을 위한 인센티브뿐만 아니라 발행된 코인을 하나의 '화폐 서비스'로 그대로 활용한다.

2. 블록체인 작동을 위한 인센티브로 코인이 발행되며, 발행된 코인은 게임 서비스 활성화를 위해 다양하게 활용된다.

3. 블록체인 작동을 위한 인센티브 용도로만 코인이 발행된다.

Public 블록체인 기반으로 다양한 DApp 서비스를 하는 경우

블록체인을 플랫폼 형태로 MainNet으로 활용할 수 있으며 MainNet 기반으로 다양한 DApp 서비스가 가능하다. 각각의 Dapp 서비스는 자체적인 토큰(Token)을 발행해서 사용한다. 토큰을 발행하는 기준이 명확히 정해져 있는 것은 아니다. 서비스의 목적 및 설계 방식에 따라 적절히 조합 및 연계도 가능하다.

그림 2-148 Public 블록체인 기반의 다양한 서비스 상황에서 코인과 토큰

1. 코인은 블록체인 작동을 위한 인센티브로 발행되며, 발행된 코인은 다양한 DApp 서비스 생태계 활성화를 위한 보조수단으로 활용할 수 있다.

2. 코인은 블록체인 작동을 위한 인센티브 용도로만 발행되며, 다양한 Dapp은 서비스 목적에 따라 자체적으로 토큰을 발행해서 사용할 수 있다.

Private 블록체인 기반으로 서비스를 하는 경우

Public 블록체인과 대조적으로 Private 블록체인은 완전한 탈중앙화가 아니다. 따라서 Private 블록체인에서 코인 발행은 옵션이다.

그림 2-149 Private 블록체인 기반 서비스 상황에서 코인과 토큰

1. Private 블록체인에서도 코인을 발행하여 발행된 코인을 화폐 서비스 등에 활용할 수 있다.

2. Private 블록체인에서는 별도의 코인을 발행하지 않고, DApp에서는 토큰을 발행할 수 있다.

3. Private 블록체인에 별도의 코인을 발행하지 않고 DApp에서도 토큰을 발행하지 않는다.

블록체인의 핵심 특징은 탈중앙화다. 탈중앙화된 환경에서는 자발적으로 생태계에 참여할 수 있는 다양한 인센티브나 윤활유 같은 장치가 필요하다. 탈중앙화된 블록체인에서 인센티브나 윤활유 같은 역할을 하는 것이 바로 암호화폐(코인, 토큰)다. 암호화폐와 블록체인을 분리할 수 있다, 없다는 식의 접근보다는 블록체인의 건전한 생태계 발전을 위해 암호화폐가 유용하게 활용될 수 있다는 식으로 접근하는 것이 필요해 보인다. MainNet&DApp, Coin&Token에 관해서는 3장에서 별도로 자세히 설명하겠다.

2) 왜 10분인가?

블록은 약 10분 단위로 생성된다. 정확히는 조건을 충족하는 Nonce 값을 찾는 확률 계산에 짧게는 수분에서 길게는 수십 분이 소요될 수 있다. 블록 생성 시간을 왜 약 10분으로 설계했는지에 대한 설명은 없다. 또한 실제로 10분 단위로 생성되는 것도 아니다. 일반적으로 10분 정도일 뿐이다. 따라서 10분이라는 숫자에 집중하기보다는 왜 블록 생성에 이렇게 많은 시간이 소요되게 설계했는지를 정확히 이해하는 것이 중요하다. 블록이 생성되는 데 오랜 시간이 소요되는 것이 바로 비트코인 화폐 서비스 활성화의 발목을 잡고 있기 때문이다.

이렇게 블록 생성에 오랜 시간이 소요되는 이유에 대해서는 앞서 설명했다. 간단히 다시 한번 정리하면 다음과 같다.

1. 블록 생성에 절대적인 시간·연산이 소요되게 함으로써 위변조 방지 효과

2. 분산 네트워크에서 포크 발생 최소화

3. 안정적인 화폐 발행

첫째, 블록을 짧은 시간에 쉽게 생성한다면 악의적인 노드가 블록 내용을 위변조하고 블록을 빨리 재생성하여 이중지불과 같은 악의적인 행동을 개시할 수 있다. 따라서 블록을 재생성하는 것을 어렵게 설계할 필요가 있었다.

둘째, 화폐 시스템은 안정성이 제일 중요하다. 분산된 장부에서 안정적인 상황이란 분산된 장부들이 빨리 합의에 도달하는 것이다. 신속히 합의에 도달하기 위해서는 대표자가 1명만 선출되어야 한다. 예를 들어, 1만 명이 참가하는 10m 달리기 경주에서 1등을 선발하는 게임을 한다고 하자. 많은 사람이 동시에 결승점에 골인할 것이기 때문에 1등을 선발할 수 없다. 1만 명이 참가한 경주에서 1등을 선발하기 위해서는 경주 길이를 늘이면 된다. 경주 길이가 늘어날수록 2명 이상이 동시에 결승점에 골인할 확률은 그만큼 줄어든다. 약 1만 개의 분산 노드가 존재하는 비트코인 환경에서 짧은 시

간에 장부가 생성되게 설계한다면 Nonce 값을 동시에 찾을 가능성은 그만큼 높아진다. 최대한 분기가 발생하지 않게 충분한 시간이 필요하다.

마지막으로 중앙은행과 시중은행에 의해 너무 쉽게 너무 많은 화폐가 공급되면 인플레이션 같은 상황이 발생하며, 이는 우리의 자산을 고갈시키는 부작용을 초래한다. 화폐를 금 채굴처럼 천천히 안정적으로 제한된 양만 공급되게 설계할 필요가 있다. 블록 생성 시 암호화폐가 발행되기 때문에 암호화폐의 공급 속도를 늦추기 위해서는 블록 생성 속도도 늦출 필요가 있었다.

트랜잭션이 생성되고 장부에 기록되기까지 약 10분이 소요된다. 이는 결제와 송금 시 10분을 기다려야 한다는 이야기다. 일상 생활 거래에서 10분을 기다린다는 것은 매우 비현실적이다.

사토시 나카모토도 이런 부분을 충분히 인지했을 것으로 생각한다. 단지 느린 서비스에 따른 불편보다 '10분'이라는 시간을 통해 구현하고자 했던 가치를 더 중요하게 고려하지 않았을까 생각해 본다.

3) 51%는 어떤 의미인가

2004년 소니와 삼성전자가 LCD 패널을 생산하는 합작법인인 S-LCD를 설립했었다. 당시 삼성과 소니가 각각 51%대 49%의 지분을 갖기로 했었다. 50%대 50%가 아니고 왜 51대 49일까?

삼성이 51% 지분을 가진다는 것은 삼성이 51%만큼의 의사결정과 경영권을 확보하고 소니가 나머지 49%의 경영권을 확보한다는 의미가 아니다. 다수결로 의사결정을 하는 상황에서 삼성전자가 독점적인 100% 의사결정/경영권을 확보할 수 있는 상징적인 지분 비율이 바로 51%이다.

다수결 논리의 민주주의에서 독자 세력이 51% 보유한다는 것은 사실상 100%와 동일하다. 대통령 선거에서 51%를 득표하면 상대 후보가 몇 표를 획득하는지에 상관없이 대통령에 당선된다.

채굴 경쟁에서 51% 컴퓨팅 파워를 가졌다는 것은 물리적인 수치 개념의 51%의 노드를 확보했다거나 51%의 물리적인 해시파워를 가졌다는 의미가 아니라 채굴 경쟁에서 독점적으로 블록을 생성할 수 있거나 영향력을 발휘할 수 있는 권한이나 힘을 가졌다는 상징적인 개념이다. 물리적으로 10%의 해시파워만 가지고도 생태계 내에서 블록체인을 마음대로 통제 및 제어할 수 있다면 '51% 공격자'라고 할 수 있다. 즉, 비트코인 생태계에서 블록 생성을 마음대로 조작 및 통제할 수 있는 주체를 51% 공격자라고 상징적으로 칭한다.

Nonce 값 찾기로 생태계가 작동하는 비트코인에서 해시파워는 일종의 권한이자 힘이다. 해시파워가 독점되거나 51%의 힘을 얻게 된다면 이는 시스템이 독점된 것이며 더 이상 탈중앙시스템이 아니다. 따라서 탈중앙화를 지향하는 비트코인에서 51% 공격은 반드시 피해야 할 상황이다. 비트코인 같은 탈중앙화 시스템에서는 51% 힘을 갖는 것도 어렵지만, 노드 스스로도 51% 힘을 가지려 하지 않을 것이다.

비트코인 생태계에서 특정 주체나 세력이 51% 컴퓨팅 파워를 가졌다고 인식되는 순간 참여자들은 더 이상 장부를 신뢰할 수 없기 때문에 비트코인 생태계를 떠날 것이다. 생태계 참여자 그 누구도 생태계가 훼손되는 것을 원하지 않는다는 가정에서 51% 해시파워를 갖는다는 것은 생태계를 망가뜨리는 자살 행위다.

Ghash.IO는 대표적인 비트코인 채굴 풀 기업이다. 한때 51% 이상의 채굴이 알려지면서 Ghash.IO는 다음과 같은 성명을 발표했다.

> *"우리의 투자, 참여 및 동기부여가 높은 직원은 비트코인의 광범위한 수용을 보호하고 성장시키는 것이 우리의 의도임을 확인하고 절대적으로 비트코인을 해치거나 손상시키지 않습니다. 우리는 비트코인에 대한 51% 공격이나 이중지불을 한 적이 없으며 결코 참여하지 않을 것입니다. 이러한 위협으로부터 보호하기 위해 CEX.IO는 51% 공격 문제를 총체적으로 해결하는 것을 목표로 하는 주요 채굴 풀과 비트코인 재단의 정상 회담을 제안합니다."*

> *(참조: https://www.coindesk.com/ghash-io-never-launch-51-attack)*

비트코인 채굴에 대한 이해관계 때문에 해시파워 향상에 열을 올리지만, 생태계 참여자 그 누구도 51% 해시파워를 가지려고 하지 않을 것이며, 참여자 스스로 51% 공격을 막으려고 노력할 것이다. 51%를 독점했다고 알려지는 순간 생태계는 공멸하기 때문이다.

4) 이중지불 공격

탈중앙화와 분산 장부 구조에서는 장부의 위변조 가능성 및 장부의 불일치로 이중지불 가능성이 있지만, 비트코인은 UTXO · 검증 · 합의 알고리즘, 그리고 비가역성을 보장하는 독특한 블록체인 설계를 통해 이중지불 공격을 차단했다고 설명했다. 비트코인은 일반적인 관점에서 이중지불 공격을 차단하도록 설계했다.

어떤 기술이든 완벽한 기술이란 현실적으로 어렵고 취약점이 있으며, 그 취약점을 이용하여 공격을 시도하려는 사례가 있다. 현재는 취약점이 발견되지 않았더라도 앞으로 계속 새로운 취약점이 발견될 것이고 그 취약점을 이용하여 공격하려는 시도는 계속 발생할 것으로 본다.

비트코인 · 블록체인도 마찬가지다. 탈중앙화와 분산장부라는 구조적인 원인으로 발생되는 이중지불 문제는 차단되었으나, 다양한 취약점을 이용하여 얼마든지 이중지불 공격이나 악의적인 공격을 할 수 있다.

취약점을 이용하여 이중지불을 공격할 수 있는 대표적인 사례 2가지를 소개한다.

첫째, RBF 기능을 이용한 공격

2021년 1월 21일 비트코인이 11% 급락하는 상황이 발생한다. 미국 가상화폐 관련 기관인 비트멕스 리서치(BitMEX Research)가 RBF(Replace-by-Fee) 거래에 따른 중복 사용(Double Spending)이 발생한 것으로 보인다는 가능성을 제시하자 시장의 불안을 자극하여 급락했던 것이다.

RBF를 통한 이중지불 공격 가능성을 살펴보자. RBF 기반 공격을 이해하기 위해서는 두 가지 개념을 이해할 필요가 있다.

우선 RBF 기능을 이해해야 한다. 새롭게 생성된 트랜잭션은 네트워크에 전파되고 각 노드의 검증 과정을 거쳐 각 노드의 MemPool에 임시 저장된다. 일정 시간이 지나면 MemPool의 트랜잭션을 후보블록에 탑재하여 블록 생성 작업에 돌입한다. 이때 MemPool에 있는 트랜잭션이 선정되어 후보블록에 탑재되는 주요 기준 중 하나가 수수료다. 트랜잭션에 수수료가 낮게 책정되어 있다면 트랜잭션 처리가 그만큼 늦어지고 MemPool에서 오랫동안 대기하게 된다. 이때 트랜잭션 생성자가 MemPool에 대기 중인 트랜잭션을 빨리 처리하기 위하여 다시 회수하여 수수료를 조정하고 다시 전파하는 기능을 RBF(Replace-By-Fee)라고 한다.

> **TIP** 수수료와 트랜잭션 처리
>
> 중앙시스템을 이용하여 트랜잭션을 처리하려면 수수료를 지불해야 한다. 탈중앙화 환경에서도 수수료가 필요하다. 탈중앙화 환경이라도 중앙시스템이 존재하지 않을 뿐 수많은 노드에 의해 처리되기 때문에 이렇게 트랜잭션을 처리해주는 노드에 보상으로 수수료를 지급한다. 트랜잭션 작성 시 수수료를 책정하게 되어 있는데, 수수료를 높게 책정해두면 그만큼 트랜잭션이 빨리 처리된다.

다음으로, 'Zero Confirmation'이라는 개념을 이해해야 한다. 트랜잭션이 생성되어 전파되면 각 노드에서 검증을 거쳐 MemPool에 임시 저장된다. 검증 과정을 마쳤다는 것은 트랜잭션이 무결하고 문제가 없다는 것을 보장하기 때문에 MemPool에 저장된 트랜잭션은 결국 언젠가는 블록에 저장되어 블록체인에 기록될 것이다. 트랜잭션 검증을 마치고 MemPool에 등록되었다면 아직 블록체인에 정식 저장되지 않았다고 하더라도 승인된 거래로 간주할 수 있다.

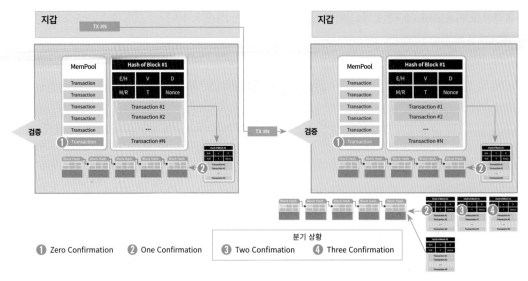

그림 2-150 Zero Confirmation 이해

1. **Zero Confirmation**: 트랜잭션이 검증 과정을 마치고 각 노드의 MemPool에 저장된 상태

2. **One Confirmation**: POW 과정을 거쳐 대표블록이 선정된 상태

3. **Two Confirmation**: 분기된 상황에서 다음 블록이 이어진 상태

4. **Three Confirmation**: 분기된 상황에서 그다음 블록이 이어진 상태

비트코인은 거래내역이 장부에 기록되기까지 약 10분이 소요된다. 따라서 결제하고 10분을 기다려야 한다. 하지만 비트코인 결제를 허용하는 일부 상점을 보면 단 몇 초 만에 결제를 승인해 주는 경우가 있다.

이는 바로 Zero Confirmation 때문이다. 앞서 설명한 것처럼 트랜잭션은 일단 MemPool에 저장이 되면 시간은 다소 소요되더라도 결국 블록체인에 저장되어 기록된다. 따라서 MemPool에만 저장되면 지불로 간주하고 결제 승인을 해주는 것이다. 즉, 이 상점에서는 Zero Confirmation으로 결제 완료를 승인한 것이다.

RBF에 의한 이중지불 공격은 RBF 기능이 Zero Confirmation 상황에서 발생할 수 있다. RBF 기능을 이용한다고 해서 무조건 이중지불 공격을 시도하는 것이 아니라 몇 가지 상황이 맞아야 한다.

공격 시나리오는 다음과 같다.

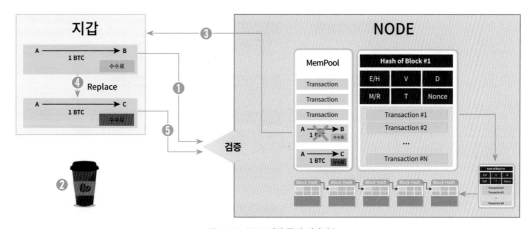

그림 2-151 RBF 기반 공격 시나리오

1. 상점에서 커피를 주문하고 비트코인으로 지불했다. 거래내역(트랜잭션)이 MemPool에 저장된다.

2. 상점 주인은 거래내역이 MemPool에 저장(Zero Confirmation)된 것을 확인하고 커피를 제공했다.

3. 커피 주문자는 상점에서 나오자마자 RBF 기능을 이용하여 방금 처리되어 MemPool에 보관된 트랜잭션을 회수한다.

4. 트랜잭션의 수수료를 두 배로 올리고 수신자 정보까지 변경하여 새로운 트랜잭션을 생성한다.

5. 수정된 트랜잭션을 재배포한다.

동일한 화폐를 이용하여 커피에 대한 거래내역은 회수되어 취소되고 새로운 거래 내역으로 재배포한다. 커피 거래내역은 취소되었지만, 커피는 이미 획득한 상황이기 때문에 이중지불이 된다. 참고로, RBF 기능은 선택사항이다. RBF 기능을 Disable로 설정할 수 있다.

둘째, 51% 공격

가장 많이 언급되는 블록체인 공격 기법이다. 현실적으로 51% 공격을 시도하기는 어렵지만, 불가능한 것은 아니다. 앞선 RBF 기능을 이용한 공격은 Zero Confirmation을 기반으로 공격한 형태다. 따라서 이런 문제점 해소를 위해 트랜잭션이 대표블록에 포함되는 One Confirmation까지 기다리기로 했다. 하지만 One Confirmation 상황에서도 강력한 해시파워를 이용하면 이중지불 공격이 가능하다. 공격 시나리오는 다음과 같다.

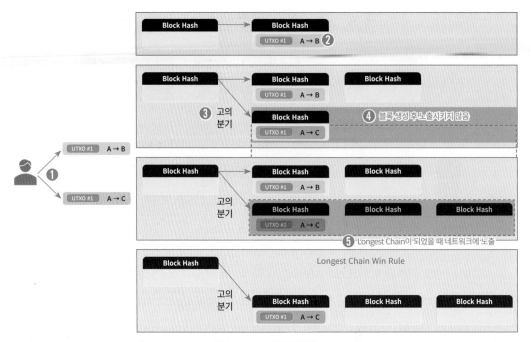

그림 2-152 51% 공격 시나리오

1. 주문자는 UTXO #1을 이용하여 B(상점)와 C에게 각각 지불하는 2개의 트랜잭션을 생성한다.

2. 먼저 상점에 지불하는 트랜잭션을 전파하여 블록을 생성한다. 트랜잭션이 블록에 포함되었기 때문에 One Confirmation이 되었으며 블록에 정식 포함되었기 때문에 신뢰하고 상점은 커피를 제공한다.

3. 강력한 해시파워를 이용하여 고의로 분기시키고 UTXO #1을 C에게 송금한 트랜잭션을 블록에 포함시킨다.

4. C에게 송금한 트랜잭션이 포함된 블록은 생성되었지만, 아직 네트워크에 전파하지 않고 기다린다. 분기가 계속 유지되는 상태다.

5. 강력한 해시파워를 이용하여 네트워크상의 실제 블록체인보다 더 긴 체인을 생성했을 때 네트워크에 노출시킨다.

6. Longest Chain 규칙에 따라 더 긴 체인이 받아들여지면서 C에게 송금한 트랜잭션이 포함된 블록체인이 채택되고 B에게 송금한 트랜잭션은 취소된다.

2번 단계에서 UTXO #1을 이용하여 상점(B)에 지불하고 커피를 제공받았다. 하지만 5번 단계에서 C에게 지불한 트랜잭션이 포함된 블록이 최종 선택되면서 상점(B)에 지불된 트랜잭션은 취소되었다. 이중지불이 발생한 것이다.

물리적으로는 51% 공격이 불가능한 것은 아니다. 하지만 앞서 Nonce 값을 찾는 과정을 살펴보았던 것처럼, 1만 개의 노드가 일제히 Nonce 찾기 경쟁에 돌입한다. Nonce 값은 SHA-256 기반의 확률 게임이기 때문에 운도 상당히 영향을 미친다. 강력한 해시파워를 갖추었다고 하더라도 운(Luck)이 따른다는 것을 보장할 수 없고, 51% 공격을 하기 위해서는 연속적으로 블록을 생성할 수 있어야 한다. 1만 명과 경쟁하여 운이 따른다는 보장도 없지만, 그 운이 연속으로 따르기는 더욱더 어렵다. 그런 운까지 뛰어넘는 강력한 해시파워를 갖추고자 한다면 그만큼 많은 비용을 지불해야 한다. 51% 공격에 따른 이익보다 51% 공격을 위한 비용이 훨씬 더 크기 때문에 공격하는 것이 무의미하다.

2.4 비트코인·블록체인 작동 프로세스

앞서 블록체인 작동 프로세스를 이미 살펴보았으나, 이제 블록체인 작동 원리를 이해한 상황에서 작동 프로세스를 다시 한번 복습해 보자.

먼저 비트코인·블록체인을 구조적 측면에서 살펴보자.

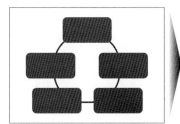 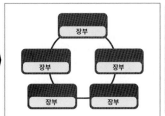 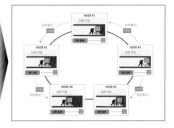

그림 2-153 탈중앙·분산 장부 기반 금본위제 구현 개념도

- 중앙시스템을 탈피한 탈중앙화 시스템 구조를 지닌다.
- 장부는 분산되어 투명하게 공개된다.
- 탈중앙화와 분산 장부 기반으로 POW라는 아이디어를 활용하여 화폐 발행 및 유통 시스템을 구현했다.

앞서 블록체인 작동 프로세스는 드롭박스 작동 원리와 유사하다고 설명했다. 노드로서 네트워크에 참여하여 트랜잭션을 생성하여 장부에 최종 기록되기까지의 전체 프로세스를 살펴보겠다.

먼저 트랜잭션 생성 및 전파까지의 절차를 살펴보자.

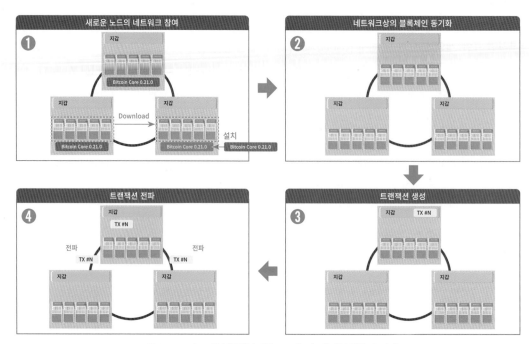

그림 2-154 비트코인 블록체인 작동 프로세스 (트랜잭션 생성 및 전파)

1. 비트코인 블록체인은 완전히 탈중앙화된 시스템으로서 참여의 제한도 없고 참여한 모든 노드는 동등한 지위를 지닌다. 네트워크에 참여하기 위한 특별한 자격은 없으며 단지 Bitcoin core라는 프로그램만 설치하면 된다. 참여한 노드는 우선 주변 노드로부터 누적된 장부(블록체인)를 다운로드 받아 동기화한다.

2. 장부의 다운로드가 완료되면 네트워크 내 다른 노드와 완전히 동일한 장부를 소유하게 되며, 네트워크 모든 노드의 장부는 일치된 상태가 된다.

3. 트랜잭션은 누구나 생성 가능하며, 송금자는 지갑의 개인키와 공개키를 이용하여 트랜잭션을 생성한다.

4. 생성된 트랜잭션은 네트워크에 전파된다. 노드는 전 세계에 1만 개 정도 분산되어 있기 때문에 1만 개 노드에 모두 전파되는 과정에서 지연 및 손실도 발생할 수 있다.

다음으로, 트랜잭션 검증 및 후보블록 생성까지의 절차를 살펴보자.

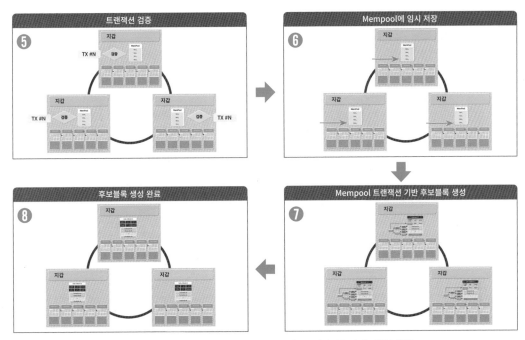

그림 2-155 비트코인 블록체인 작동 프로세스 (트랜잭션 검증 및 후보블록 생성)

5. 네트워크에 전파된 트랜잭션은 각 노드에서 일정한 체크리스트에 따라 검증 과정을 거친다. 동일한 UTXO를 사용한 2개의 트랜잭션이 네트워크에 전파되었다면 먼저 전파된 트랜잭션만 유효하고 늦게 전파된 트랜잭션은 검증 과정에서 폐기된다

6. 검증에 통과한 트랜잭션은 MemPool에 임시 저장되고 검증에 실패한 트랜잭션은 폐기된다. UTXO set을 통해 관리하기 때문에 동일한 UTXO가 포함된 트랜잭션이 접수되면 폐기한다.

7. 일정 시간이 지나면 각 노드는 MemPool에 저장된 트랜잭션들을 선정하여 후보블록을 생성한다. MemPool에서 트랜잭션을 선정할 때는 수수료와 저장 시간을 고려하여 결정한다.

8. 각 노드는 트랜잭션 데이터를 하나의 해시값으로 표현한 머클루트와 이전 블록 해시값을 이용하여 후보블록을 완성한다. 각 노드에 있는 후보블록들은 모두 검증이 완료된 트랜잭션으로 구성되어 있어 누구든 대표블록으로 선정될 자격을 갖추었다. 한편 특정 시각 기준으로 각 노드의 MemPool에 저장된 트랜잭션이 서로 다르고 각 노드가 트랜잭션을 선정할 수 있기 때문에 후보블록은 서로 다르다.

마지막으로, 블록 생성 및 동기화까지의 절차를 살펴보자.

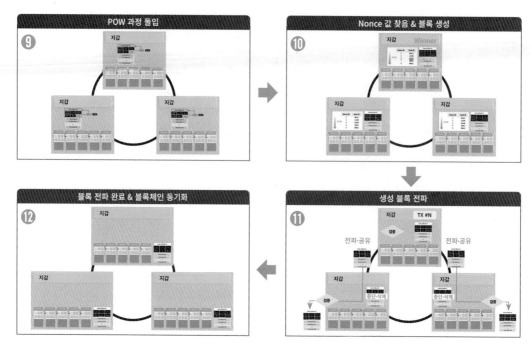

그림 2-156 비트코인 블록체인 작동 프로세스(블록 생성 및 동기화)

9. 후보블록이 완성되면 후보블록 중 대표블록 선정을 위한 채굴 과정에 돌입한다. 목푯값보다 작은 해시값이 나오는 Nonce 값을 찾기 위한 연산 작업을 수행한다.

10. POW 과정을 거쳐 가장 먼저 Nonce 값을 찾은 노드가 대표블록으로 선정된다. 대표노드로 선정되면 보상으로 암호화폐(비트코인)가 발행되어 지급된다. 2개 노드가 동시에 Nonce 값을 찾았다면 대표블록은 2개로 선정된다.

11. 선정된 대표블록이 네트워크에 전파되면 각 노드는 검증을 통해 대표블록을 기존 블록체인에 추가한다. 대표블록이 정식 블록체인에 추가(기록)되었기 때문에 대표블록에 포함된 트랜잭션들은 각 노드의 MemPool에서 삭제된다. 그리고 2개의 대표블록이 선정된 상황이라면 블록체인에 추가되는 과정에서 분기가 발생한다.

12. 신규 대표블록 추가를 통해 네트워크의 모든 노드는 동일한 장부로 동기화된다. 분기된 상황이었다면 Longest Chain 규칙에 따라 가장 긴 체인이 최종적으로 살아남는다.

2.5 Game을 통한 블록체인 작동 원리 실습

예전에 소모임에서 블록체인을 강의할 기회가 있었다. 블록체인을 어떻게 쉽게 설명할까 고민하다가 게임을 하나 개발해서 소모임에서 실제로 시도해 본 적이 있다.

준비물

- 1천 원짜리 현금 20~30매
- 참여자 각자 펜과 노트

게임 방식

- 블록체인의 블록 생성 과정을 끝말잇기 방식으로 체험
- 앞 단어의 끝말로 시작하는 단어를 가장 먼저 찾은 사람에게 1천 원의 보상이 지급되고 정답은 주위에 전파해 검증 과정을 거친 후 각자 노트에 기입해 나감
- 게임의 재미를 위해 정답을 맞힐 경우 실제 현금을 지급

게임 규칙

- 제시된 단어를 시작으로 끝말잇기
- 단어가 주어지면, 끝말을 이을 단어를 생각하고 생각해낸 단어의 총 획수를 계산한 다음 손을 들어 '정답'이라고 외치면 다른 사람들은 하던 작업을 중단 (ex. "인사동/14")
- 가장 먼저 정답을 외친 사람에게는 즉시 1,000원 현금이 지급됨 (두 사람이 동시에 맞히면 두 사람에게 모두 지급)
- 정답을 가장 먼저 찾은 사람은 좌로 해당 정답(인사동/14)을 작은 목소리로 전파하고, 단계적으로 계속 전파시킴
- 정답을 수신한 사람은 해당 정답이 맞는지(끝말로 시작하는 단어가 맞고 단어의 총획수가 맞는지 체크) 검토 후 맞으면 본인의 노트에 연결하여 기입하고, 틀리면 폐기
- 두 사람이 동시에 '정답'을 찾으면, 2개의 정답이 모두 전파되고, 사람들은 분기해서 노트에 모두 기입
- 전파되는 과정에서 끝말에 이을 단어를 미리 생각해 두는 것을 방지하기 위해서 단계마다 이을 단어의 자릿수를 별도로 설정

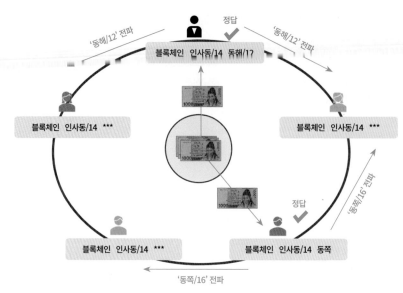

그림 2-157 게임을 통한 블록체인 작동 방식 이해

게임 진행

앞서 설명한 게임 방식과 게임 규칙을 기준으로 게임을 다음과 같이 진행했다.

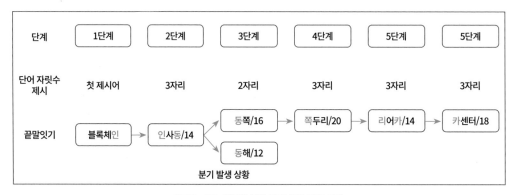

그림 2-158 게임을 통한 블록 생성 과정 이해

1. 1단계에서 감독관이 '블록체인'이라는 단어를 최초로 제시했고 동시에 이을 단어의 자릿수를 '3자리'라고 공표했다.

2. 참여자 모두 블록체인의 끝말인 '인'으로 시작하는 3자리 단어(인사동)를 찾아내고 그 단어의 총획수(14)를 빠르게 계산했다.

3. 참여자 중 한 사람이 '정답'이라고 외쳤고, 정답을 찾은 사람은 단어와 총획수를 주변으로 전파했다. 감독관은 정답을 찾은 사람에게 1천 원을 지급했다.

4. 단어와 총획수를 전파받은 나머지 사람들은 블록체인의 끝말인 '인'으로 시작하는 단어가 맞는지, 3자리 글자인지, 그리고 총획수가 맞는지 검증했다. 검증 조건을 모두 충족하면 각자 본인의 노트에 "블록체인 → 인사동/14"를 기입했고, 검증에 실패하면 폐기했다.

5. 3단계에 이을 단어로 감독관이 '2자리'라고 공표했다.

6. 참여자들은 다시 일제히 '동'으로 시작하는 2자리 단어와 그 단어의 총획수 찾기 경쟁에 돌입했다.

7. 그런데 '동'이라는 끝말이 쉽고 2자리가 짧아서인지 두 사람이 동시에 '정답(동해/12, 동쪽/16)'을 외쳤다. 두 사람 모두 본인의 정답을 주변에 전파했고, 감독관은 두 사람 모두에게 각각 1천 원씩 보상을 지급했다.

8. 2개의 정답을 전파받은 다른 사람들은 이를 모두 검증하고 이상이 없으면 각자 본인 노트에 기입했다. 그런데 2개의 단어가 서로 다르기 때문에 노트에서 분기해 기입했다.

9. 4단계에서 찾을 단어로 감독관이 '3자리'라고 공표했다.

10. 3단계에서 분기된 상황이기 때문에 '쪽'으로 시작하는 단어를 찾을지 아니면 '해'로 시작하는 단어를 찾을지를 참여자 각자가 결정해서 찾기 경쟁에 돌입했다.

11. 한 사람이 '정답(쪽두리/20)'을 외쳤고, 그가 찾은 정답을 전파했다. 3단계에서 분기된 상황에서 '동쪽/16'으로 끝말잇기가 결정되었고 '동해/12'는 자연스럽게 폐기되었다. 감독관은 4단계 정답자에게 1천 원을 지급했고, 3단계에서 '동해/12'를 찾았던 정답자로부터 1천 원을 회수했다.

12. 일정 단계가 지난 후 종료하고 각자의 노트에 적힌 끝말잇기를 모두 공개하게 했다. 참여자들의 노트에 적힌 끝말잇기가 모두 일치했다.

실제로 소모임에서 수행했던 게임이다. 과연 성공할 수 있을까 반신반의하며 시작했는데, 게임이 끝나고 참여자들이 공개한 장부가 모두 일치함을 확인할 수 있었다. 현실적인 한계는 있었지만, 게임을 통해 블록체인 작동 메커니즘에 직접 참여해 볼 수 있는 좋은 기회였다.

필자는 감독관으로서 정답을 맞히면 즉시 1천 원을 지급하면서 전체적으로 게임이 진행되는 상황을 블록체인 작동 메커니즘 관점에서 유심히 관찰했는데, 몇 가지 시사점을 발견할 수 있었다.

- 첫째, 게임을 한다고 했을 때 사람들의 첫 반응은 시큰둥했지만, 1천 원짜리 20장을 직접 흔들어 보여주자 눈빛이 조금 달라졌다. 또한 게임을 통해 실제로 현금 1천 원이 지급되자 게임에 참여하는 사람들의 태도가 달라지기 시작했다. 비록 1천 원이라는 소액이었지만, 분명 적극적인 참여를 유인하는 효과가 있었다. 화폐 지급을 통해 인센티브 메커니즘이 작동하고 있음을 확인할 수 있었다.

- 둘째, 찾은 정답을 주위에 전파하는 과정을 살펴보았다. 원활하고 신속하게 선바뇌ㅣ도 했지만, 간혹 전화를 받은 사람도 있었고 집중하지 못하는 사람도 있어 전파가 늦어지는 상황도 관찰할 수 있었다. 트랜잭션이 실제 네트워크에 전파되는 과정에서도 이처럼 예상치 못한 손실이나 지연이 발생할 수 있으며 안전한 전파를 위해서는 블록 생성 및 전파 속도를 늦출 필요가 있다는 것을 확인할 수 있었다.

- 셋째, 두 사람이 동시에 정답을 외치는 상황도 실제 재현되었다. 과연 Longest Chain으로 귀결될지를 지켜봤는데, 결국 분기가 해소되고 자연스럽게 하나의 체인으로 귀결되었다.

- 넷째, 처음에는 끝말에 이을 단어만 찾는 방식으로 게임을 진행했다. 그런데 이을 단어를 너무 빨리 찾았고 찾은 단어가 완전히 전파되기도 전에 추가로 이을 단어가 전파되고 분기되어 게임 자체를 진행할 수가 없었다. 그래서 이을 단어의 자릿수를 지정하고 단어의 총획수까지 구하는 방식으로 게임 규칙을 변경했다. 변경 이후부터 안정적으로 끝말잇기가 작동함을 확인할 수 있었다. 분산된 환경에서 분기 없이 안정적으로 블록이 생성되고 전파되기 위해서는 블록 생성 및 전파에 일정한 시간 간격을 두는 것이 필요하다는 것을 확인할 수 있었다. 완전 탈중앙화된 비트코인 블록체인에서는 약 10분 단위로 블록이 생성되게 설계되어 있다.

끝말잇기 게임을 블록체인과 연계해서 살펴보자.

게임	블록체인
끝말잇기	이전 블록의 해시값을 다음 블록 생성 시 포함시킴
이을 단어와 총획수 찾기	Nonce 값 찾기 (POW)
단어 자릿수 제시 및 총획수	분기 발생 저지 (10분 소요)
1천 원 지급	인센티브

2.6 비트코인과 블록체인의 차이점

이 책은 '비트코인 블록체인'에 한정하여 블록체인을 설명한다고 미리 언급했다. 많은 사람이 비트코인, 블록체인, 이더리움을 명확하게 구분하여 이해하지 못하는 것 같다. 그래서 이번 절에서 간략하게 짚고 넘어가려고 한다.

1) 비트코인과 블록체인 개념

비트코인은 P2P 전자화폐 시스템이다. 탈중앙화 환경에서 화폐를 발행하고 개인 간 송금을 할 수 있는 '화폐 시스템'이다. 전통적인 화폐 시스템은 중앙집중 방식이고 은행이라는 매개를 통해 거래된다. 그런데 사토시 나카모토는 탈중앙 환경에서 개인 간에 직접 송금할 수 있는 화폐 시스템을 개발하고자 했고 작동 및 구현을 위해 독특한 기반 기술을 활용했다. 그 기반 기술을 블록체인이라고 부른다.

다음 그림은 비트코인을 시작으로 블록체인 개념화 및 이더리움으로 발전된 히스토리를 보여준다.

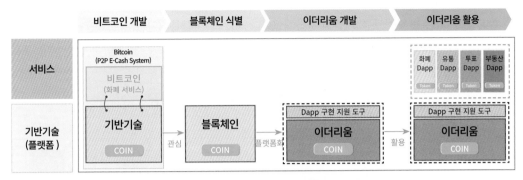

그림 2-159 비트코인·블록체인·이더리움 개념 이해

비트코인(P2P 화폐 시스템)은 기반 기술과 화폐 서비스로 구분된다. 사토시 나카모토는 블록체인이라는 단어를 사용하지 않았고 기반 기술을 체계화하지도 않았다. 오로지 탈중앙 기반 화폐 시스템을 어떻게 구현할 것인지에 집중했다.

이후에 사람들은 비트코인이라는 화폐 시스템보다는 그 기반 기술에 더 관심을 갖기 시작했다. 그리고 그 기반 기술을 '블록체인'이라고 명명하고 체계화하기 시작했다.

그리고 식별되고 개념화된 '블록체인' 기술을 화폐 목적이 아닌 다른 분야로도 활용하기 위해 비탈릭 부테린은 블록체인을 플랫폼화하고 다양한 서비스를 지원하도록 설계한 이더리움을 개발했다. 이더리움의 출현으로 다양한 서비스가 별도의 블록체인 구축 없이 블록체인 플랫폼 기반으로 다양한 탈중앙 서비스(DApp)를 론칭할 수 있었다.

정리하면, 비트코인이라는 탈중앙 기반 화폐 시스템이 출현했고, 비트코인의 기반 기술에 대한 관심과 주목으로 블록체인이 식별 및 개념화되었고, 블록체인을 범용적으로 활용하기 위해 플랫폼 형태인 이더리움으로 발전했다.

2) 비트코인과 이더리움의 차이점

사람들이 비트코인의 기반 기술인 블록체인에 관심을 갖기 시작하면서 블록체인을 다양하게 응용해 보려는 시도가 있었다. 하지만 비트코인 블록체인은 비트코인이라는 화폐 시스템에 특화된 블록체인이었다. 화폐 시스템에 특화된 블록체인을 다른 서비스에 적용하기에는 한계가 있었고, 그래서 비트코인 블록체인을 수정하여 다른 서비스에도 활용하려는 시도가 있었는데 대표적인 사례가 이더리움이다.

이더리움은 화폐에 한정된 블록체인을 다른 서비스에도 적용하기 위해 비트코인 블록체인을 새롭게 재설계했다. 이더리움은 더 나아가 이를 특정 서비스로 한정하기보다는 다양한 서비스에서 공통으로 합8할 수 있는 범용 플랫폼 개념의 블록체인이다. 비트코인 블록체인이 비트코인이라는 단일 화폐 서비스에 특화된 블록체인이라면 이더리움은 모든 서비스에 범용으로 활용할 수 있는 범용 블록체인 플랫폼이다.

다음 그림을 통해 비트코인 블록체인과 이더리움(범용 블록체인 플랫폼)을 이해해 보자.

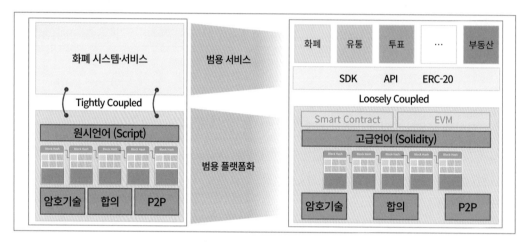

그림 2-160 비트코인과 이더리움 비교

비트코인 블록체인과 이더리움의 주요 차이점은 먼저 '튜링 불완전성'과 '튜링 완전성'으로 대변되는 구현 언어의 특징이다. 그리고 플랫폼을 지향하는 이더리움은 다양한 서비스를 활용할 수 있게 Smart Contract, DAPP 개발 도구, 토큰 생성 기능 등을 지원한다.

(1) 튜링 완전성 & 튜링 불완전성

비트코인과 이더리움을 구분하는 주요 키워드 중 하나가 '튜링 불완전성 & 튜링 완전성'이다. 튜링 완전성은 어렵지 않은 개념이지만, 익숙하지 않은 단어이고 개념을 너무 추상적으로 설명하다 보니 많은 사람이 이해하기 어려워하는 단어다. 튜링 완전성을 이해하기 위해 하나의 시스템 개발 사례를 들어 보겠다.

점수를 입력하면 자동으로 '합격'과 '불합격'을 처리해주는 시스템을 개발한다고 하자. 90점 이상이면 합격이고 90점 미만이면 불합격이다.

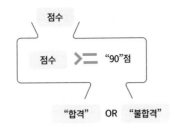

그림 2-161 IF 문을 이용한 서비스 구현 사례

이 시스템 조건을 구조화하면 다음과 같이 정리할 수 있다.

IF(점수>=90), then "합격", else "불합격"

이를 우리에게 익숙한 엑셀 함수를 이용하여 표현하면 다음과 같다.

=IF(점수>=90, "합격", "불합격")

IF 문 하나만 이용해도 특정 시스템 구현이 가능하지만, IF 문을 반복적으로 활용한다면 더 다양하고 복잡한 서비스 구현도 가능하다.

이번에는 '합격 or 불합격'이 아닌 학점(A 학점, B 학점, C 학점, D 학점)을 부여하는 시스템을 개발한다고 하자. 90점 이상이면 A 학점, 80점 이상이면 B 학점, 70점 이상이면 C 학점 70점 미만이면 D 학점이다.

점수	학점
90 ~ 100	A
80 ~ 90	B
70 ~ 79	C
~ 69	D

이를 엑셀 함수를 통해 구현하면 다음과 같다.

이름	점수	학점
홍길동	89	=IF(F3>=90,"A",IF(F3>=80,"B",IF(F3>=70,"C","D")))
김유신	67	
이순신	95	
강감찬	78	
유관순	84	
윤봉길	90	

함수를 모든 셀에 적용하면 다음과 같은 결과를 도출할 수 있다.

이름	점수	학점
홍길동	89	B
김유신	67	D
이순신	95	A
강감찬	78	C
유관순	84	B
윤봉길	90	A

이처럼 IF 문의 반복 사용만으로도 다양한 서비스를 실제로 구현할 수 있다. IF 문을 반복해서 사용한다거나 특정 조건(IF)에 도달할 때까지 무한 반복(WHILE)하도록 설정한다면 세상의 모든 서비스를 프로그램적으로 구현하는 것이 실제로 가능하다. 즉, IF 조건문과 FOR/WHILE 반복문을 이용하면 세상의 웬만한 서비스는 모두 구현이 가능하다.

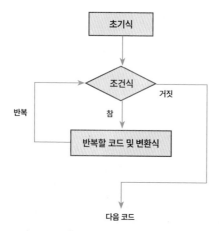

그림 2-162 IF/WHILE 문을 이용한 튜링 완전성 개념

전체 프로세스를 최대한 잘게 자르고, 세부 프로세스를 조건문과 반복문을 적절히 조합하여 설계하면 세상의 모든 서비스를 프로그램으로 표현할 수 있다.

세상의 모든 문제를 기계적으로 해결할 수 있게 프로그램으로 구현 가능한 언어를 '튜링 완전 언어'라고 한다. 바꾸어 말하면 프로그램 언어가 IF 조건문과 FOR/WHILE 반복문을 지원한다면 그 프로그래밍 언어를 튜링 완전 언어라고 한다. 오늘날 사용하는 대부분 프로그램 언어(C, JAVA 등)는 IF, FOR/WHILE을 지원하고 있기 때문에 튜링 완전 언어다.

세상의 모든 문제를 기계적으로 해결한다는 튜링 완전성은 오늘날 컴퓨터 지식으로는 너무나 당연한 개념이지만, 컴퓨터가 세상에 존재하지 않던 시대에는 획기적인 개념이었다. 튜링 완전성은 컴퓨터가 개발되기도 이전인 1936년 영국의 수학자인 튜링에 의해 최초로 제시된 개념이다. 컴퓨터가 존재하기 전인 1936년에 튜링은 인간의 도움 없이도 기계가 알아서 문제를 해결해 줄 수 있는 기계를 만들고 싶어 했다. 이처럼 현존하는 모든 문제를 풀 수 있는 기계를 '튜링머신'이라고 했고 튜링머신은 튜링 완전 언어를 이용한 알고리즘을 통해서 구현될 수 있다고 했다.

튜링의 생각은 이러했다. 프로세스를 충분히 작은 단위로 분할하고 이를 조건문과 반복문을 통해 알고리즘으로 구현하면 세상의 모든 문제는 풀 수 있다. 즉, IF 조건문과 For/While 반복문을 활용하여 알고리즘을 구현하면 다양한 문제 해결이 가능하다.

> **TIP 앨런 튜링**
>
> 2019년 7월 15일 영국중앙은행 총재는 50파운드 지폐 뒷면 초상 인물로 '앨런 튜링'이 선정되었음을 밝혔다.
>
> 그는 오늘날 컴퓨터의 기본 원리 및 아키텍처를 최초로 설계한 사람이라고 할 수 있다. 앨런 튜링은 1936년 '튜링머신(Turing Machine)'이라는 개념을 제시했다. 현대 컴퓨터 구조를 제시한 폰 노이만도 후일에 튜링의 논문에서 아이디어를 얻었음을 고백한 바 있다. 인공지능에서 튜링 테스트라는 개념도 앨런 튜링에 의해 고안되었다.
>
> 특히 그는 2차 세계대전을 승리로 이끈 주역 중 한 사람으로 소개되기도 한다. 연합군은 2차 세계대전 당시 독일군의 '에니그마'라는 암호체계를 도저히 해독할 수 없었다. 앨런 튜링은 에니그마를 해독할 수 있는 암호 해독기를 개발했다. '이미테이션 게임'이라는 영화에서는 2차 세계대전 당시 앨런 튜링이 암호 해독기를 개발하는 과정을 다루고 있다.
>
>
>
> 그림 2-163 영국 50 파운드 지폐 초상 인물로 선정된 앨런 튜링(출처: SBS 뉴스)

비트코인의 튜링 불완전성

비트코인에서는 트랜잭션 구현을 위해 Script라는 언어를 사용한다. 그런데 이 Script 언어의 특징은 일반적으로 사용하는 반복문과 복잡한 흐름 제어 기능을 사용하지 않는다. 그래서 비트코인 언어인 Script를 튜링 불완전 언어라고 한다. 사토시 나카모토가 반복문과 복잡한 흐름 제어 기능을 지원하지 않는 Script 언어를 채택한 것은 다분히 의도적이었다.

비트코인에서 이런 반복문과 복잡한 흐름 제어 기능을 의도적으로 사용하지 않는 이유는 다음과 같다.

- 첫째, 'A가 B에게 얼마를 송금했다'라는 아주 간단한 프로세스만 처리하기 때문에 굳이 복잡한 언어가 필요 없다.
- 둘째, 다른 서비스와 달리 화폐 서비스는 '안정성'과 '보안성'이 가장 중요하다. 공격자가 반복 명령문을 삽입한다면 무의미한 무한 작업이 반복되어 네트워크 전체에 과부하를 유발하여 서비스가 중단되는 DoS(Denial Of Service) 공격 등에 노출될 수 있다.
- 셋째, 무한반복 기능이 있다고 하면 거래 과정에서 의도적으로 '송금' 명령문을 무한 반복시켜 비트코인이 계좌에서 계속 빠져나가는 문제를 야기할 수 있다.
- 넷째, 화폐 시스템은 예측 가능해야 안전하다. 하지만 반복문을 실행시켜 무한루프에 빠지면 실행 시간을 예측할 수 없게 된다.

정리하면, 간단한 프로세스만 요구하는 송금 시스템에서 굳이 반복문이 필요 없었고, 오히려 잠재적인 위험성만 내포하고 있기 때문에 의도적으로 제거했다.

화폐 시스템에서는 반복문이나 복잡한 흐름 제어가 필요 없지만, 다른 다양한 서비스 구현을 위해서는 이런 기능들이 필요하다. 이런 특징 때문에 비트코인 블록체인을 다른 서비스에 활용하는 데 한계가 있었다. 이더리움은 Script 대신 튜링 완전성을 지원하는 Solidity라는 언어를 사용하여 반복문과 흐름 제어 기능 등을 지원했으며, 따라서 다양한 서비스에서도 활용 가능하다.

일반인에게 익숙하지 않은 '튜링 완전성'이라는 단어가 주는 고상함 때문에 이더리움이 마치 혁신적인 기능을 지원하는 것처럼 오해하는 사람들이 많은데, 오늘날 대부분 프로그램 언어는 튜링 완전성을 지원한다. 비트코인은 서비스적 특징 때문에 고의로 튜링 불완전 언어를 채택했을 뿐이다. 튜링 완전성은 새로운 개념도 아니고 그렇게 특별하지도 않다. 단지 기존 비트코인의 스크립트와 차별화하기 위해서 이더리움의 주요한 특징 중의 하나로 '튜링 완전성'이 자주 언급될 뿐이다.

이더리움도 반복문의 잠재적 문제점(DoS, 무한루프)을 간과했던 것은 아니다. 하지만 다양한 서비스 분야로 활용을 확대하기 위해서는 불가피하게 튜링 완전 언어를 채택할 수밖에 없었고 반복문 수용에 따른 잠재적 위험성은 다른 방법을 통해서 극복하고자 했다. 이더리움은 가스(Gas)라는 개념을 도입했다. 프로그램이 실행될 때마다 가스라는 수수료를 지급하게 함으로써 악의적인 무한루프를 차단했다. 무의미한 실행을 반복하면 그만큼 많은 가스 수수료를 지급해야 하기 때문에 악의적인 실행을 저지·억제할 수 있다.

TIP 가스(Gas) 개념 이해

가스(Gas)는 악의적인 행위 차단을 위해 고안된 장치다. 이는 POW 개념과 유사하다고 볼 수 있다. POW가 악의적인 행동을 차단하기 위해 작업(Work)을 시키는 것이라면 가스는 악의적인 행동을 차단하기 위해 수수료(Gas)를 요구한다는 개념으로 이해할 수 있다. 가스도 기능 면에서는 POW와 유사한 개념으로 활용된다. POW를 특정한 기능이나 알고리즘이라기보다는 악의적인 행동을 차단하기 위한 아이디어 관점에서 이해할 필요가 있다.

(2) 블록체인 플랫폼

이더리움이 비트코인과 구분되는 두 번째 특징은 바로 블록체인 플랫폼을 구현했다는 것이다. 스마트폰 비유를 통해 블록체인 플랫폼 개념을 설명하겠다.

그림 2-164 스마트폰을 통한 플랫폼 개념 이해

과거 휴대폰 시대에는 휴대폰이라는 단말기를 기반으로 전화나 문자와 같은 한정된 서비스만 이용할 수 있었다. 스마트폰 시대에 접어들면서 전화 기능뿐만 아니라 다양한 서비스가 스마트폰을 통해 서비스되었다. 휴대폰이 스마트폰과 다른 두 가지 특징이 있다.

- 첫째, 시스템과 서비스가 밀접하게 연결(Tightly Coupled)되어 있다.
- 둘째, 시스템(단말기)은 특정 서비스(전화, 문자)만을 위해 설계 및 개발되었고 다른 서비스는 지원하지 않는다.

반대로 스마트폰의 주요 특징은 다음과 같다.

- 시스템은 다양한 기능과 서비스를 지원하기 위한 일종의 범용 플랫폼 역할을 수행한다.
- 범용 플랫폼을 기반으로 다양한 서비스 구현이 가능하다.

휴대폰 단말기는 쉽게 비트코인 블록체인 개념으로 이해할 수 있고, 스마트폰은 이더리움 개념으로 이해할 수 있다. 우열이나 우수성 관점에서 비교하는 것이 아니라 특화된 서비스이냐, 아니면 범용 서비스를 지원하느냐는 '플랫폼' 관점에서 비교하면 그렇다는 것이다.

그림 2-165 블록체인 플랫폼 이해

비트코인 블록체인은 화폐 서비스를 위해 개발되었고 화폐 시스템에 특화되어 있다. 반면, 이더리움은 다양한 앱(App)이 블록체인 기반으로 서비스되는 것을 지원하는 기반 범용 블록체인 플랫폼이다. 이더리움은 플랫폼으로서 다양한 서비스가 구현되는 것을 지원하기 위해 스마트 컨트랙트와 EVM이라는 기능을 새롭게 설계했으며, 다양한 서비스(DApp) 구현이 가능하도록 다양한 개발 도구를 지원할 뿐만 아니라 서비스 구현에 필요한 토큰을 발행할 수 있도록 ERC-20 표준도 제공한다.

범용 서비스를 지원한다고 해서 반드시 우수한 것은 아니다. 전용 시스템과 범용 시스템은 분명 장단점이 있으며 서비스의 목적과 특징에 따라 전용 시스템이 더 적합한 경우도 있고 경제성과 효율성을 고려했을 때 범용 플랫폼이 더 유용할 때도 있다.

전용 시스템은 특정 목적과 기능만을 위해 설계되고 개발되기 때문에 특정 서비스에 최적화된 설계가 가능하다. 또한 굳이 불필요한 기능을 추가하지 않아도 되기 때문에 개발 비용이 저렴하다. 반면에 전용 시스템은 해당 서비스 외에는 다른 서비스에 활용이 불가능하기 때문에 다른 서비스를 위해서는 다시 별도의 시스템을 개발해야 한다는 단점이 있다.

우리가 평소에 사용하는 PC는 범용 플랫폼이다. PC로 수많은 서비스 구현이 가능하다. 범용 컴퓨터는 설계 및 개발도 어렵고 개별 서비스에 최적화되어 있지 않아 전문성이 떨어진다.

반면에 다양한 개별 시스템에 삽입되는 임베디드 시스템은 전용 시스템이다. 임베디드 시스템도 일종의 컴퓨터다. 하지만 다양한 기능을 삭제하고 특수한 기능만 구현하도록 설계된 소형 특화 컴퓨터다.

비트코인과 이더리움은 자체 상가 건물과 백화점 개념에 비유될 수 있다.

구분	비트코인 비유	이더리움 비유
비유	자체 상가 건물을 건축하고 스포츠 전문 매장 오픈	백화점을 건축하면 스포츠, 여성복, 명품점 등이 입점
특징	• 건물과 매장이 일체화 • 건물은 스포츠 매장 전용	• 백화점과 매장이 분리 • 다양한 매장이 백화점에 입점 가능

비트코인은 서비스와 시스템이 하나로 결합된 개념이지만, 이더리움은 시스템에 해당되는 블록체인과 서비스에 해당되는 DApp으로 구현된다. 이더리움은 블록체인 플랫폼만 제공하고 서비스 제공 업자들은 별도로 시스템을 개발하지 않고 단지 이더리움 플랫폼 위에서 서비스만 론칭하여 구현하면 된다.

블록체인 관련 사업을 검토한다면 크게 3가지 유형으로 검토할 수 있다.

그림 2-166 블록체인 관련 사업 영역

1. 특정 서비스를 구현하기 위한 전용 블록체인 – ex. 비트코인

2. 범용 탈중앙화 서비스를 구현하기 위한 범용 블록체인 플랫폼 – ex. 이더리움

3. 범용 플랫폼 기반 다양한 탈중앙화 서비스(Dapp) – ex. DApp

이는 다음과 같이 비유할 수 있다.

블록체인 관련 사업 유형	유사 비유
특정 서비스 · 전용 인프라 (비트코인)	자체 상가 건물 보유 자영업자
블록체인 플랫폼 (이더리움)	백화점
범용 블록체인 기반 서비스 (DApp)	백화점 입점 업체

2장을 마무리하며

1장에서 비트코인 · 블록체인이 탄생하게 된 배경과 관련 역사를 이해했다. 2장에서는 그런 배경과 역사를 기반으로 탄생한 비트코인 · 블록체인이 구현된 원리와 작동 메커니즘에 대해 알아보았다.

비트코인은 화폐 시스템이다. 중앙화 기반으로 구현된 전통적인 화폐 시스템의 문제점을 극복하기 위해 탈중앙화와 분산 원장 기반으로 화폐 시스템을 구현하고자 했다.

중앙시스템·관리자가 존재하는 환경에서는 시스템을 설계하고 운영하는 데 크게 문제가 되지 않지만, 완전한 탈중앙화 환경에서는 사소한 기능조차 구현하기가 쉽지 않으며 기존 중앙시스템과 완전히 다른 접근 방식이 필요하다.

비트코인은 탈중앙화 및 분산원장 기반의 화폐 시스템으로서, 탈중앙 관점, 화폐 시스템 관점, 실제 구현 관점 등 다양한 관점이 있다.

이 장에서는 그 작동 원리를 이해하기 위해 다음 내용을 살펴봤다.

- 먼저 비트코인이 구현되기 위한 핵심 아이디어 관점에서 작동 원리를 이해하고자 했다. 핵심 아이디어는 중앙시스템 차원의 통제 장치가 없기 때문에 악의적인 행동이 발생되지 않도록 '어렵게' 설계할 필요가 있었다.

- 다음으로 탈중앙화 관점에서 작동 원리를 이해하고자 했다. 탈중앙화는 접근·권한 통제 장치가 없다. 따라서 불가피하게 "Allow All, Deny All" 전략을 사용할 수밖에 없었다.

- 전통적인 화폐 시스템은 철저히 중앙집중 방식이었다. 하지만 탈중앙 기반으로 화폐 시스템을 구현하기 위해서는 전통 화폐 방식과 전혀 다른 접근이 필요했다. 탈중앙화 기반 화폐 시스템 구현을 위해 식별된 8가지 요소를 비트코인에서는 어떻게 구현했는지 살펴보았다.

- 비트코인 작동의 핵심 원리이자 핵심 요소는 바로 POW다. 따라서 POW 관점에서 비트코인·블록체인이 어떻게 구현되었는지 알아보았다.

- 마지막으로, 블록체인과 암호화폐 분리 여부, 51% 개념, 왜 10분인지, 이중지불 공격 시나리오 관점에서 작동 원리를 이해해 보려고 했다.

작동 원리를 넘어 세부 구현 측면에서 살펴보면, 비트코인·블록체인은 암호기술을 포함하여 다양한 기술 요소에 기반하고 있다. 따라서 비트코인·블록체인을 제대로 이해하기 위해서는 기술 요소에 대한 좀 더 깊이 있는 이해가 필요하다. 3장에서는 비트코인·블록체인 구현을 위한 세부 기술 요소는 무엇이고 이런 기술들이 실제로 어떻게 구현됐는지 살펴보겠다.

블록체인이 한참 주목받던 2017~2018년에 국내에서도 블록체인 관련 세미나가 많이 진행되었는데, 당시 발표자의 상당수가 주로 암호학을 전공한 교수들이었던 기억이 난다. 당시에는 왜 블록체인 세미나에 암호학 교수가 연사로 나서는지 이해가 잘 안 되었지만, 나중에 블록체인을 본격적으로 공부하면서 이해할 수 있게 되었다.

비트코인 블록체인을 기술적으로 좀 더 깊이 검토하다 보면 개인 신원, 블록의 형태, 블록체인 형태, POW 과정, 송금, 검증 등 대부분 기능과 구현에 암호기술이 활용됨을 확인할 수 있다. 비트코인을 암호화폐(Cryptocurrency)라고 부르는 이유도 이와 같다. 따라서 블록체인을 제대로 이해하기 위해서는 암호에 대한 지식과 이해가 매우 중요하다.

2장에서는 최대한 기술요소를 배제한 상태로 블록체인 작동 메커니즘을 설명했다. 이번 3장에서는 작동 메커니즘 구현에 실제 활용된 암호기술 및 기타 기술 요소를 설명하고자 한다.

일반인뿐만 아니라 IT를 전문으로 하는 분들에게도 암호는 상당히 어렵다. 또한 그 내용과 범위가 결코 작지 않다. 암호를 본격적으로 공부해 보고자 한다면 다른 책이나 자료를 참조할 것을 권한다. 이 책은 블록체인 작동 원리를 설명하는 데 목적이 있기 때문에 암호학에 대해 체계적으로 설명하기보다는 암호기술의 기본 개념과 그 기술들이 블록체인에 어떻게 활용되는지를 쉽게 이해하는 방향으로 설명하겠다.

3.1 블록체인 암호기술

암호에 대한 기본 개념과 전체적인 흐름, 그리고 블록체인을 이해하는 데 필요한 암호 지식에 한정해 설명하겠다.

3.1.1 암호 개요

암호라고 하면 사람이 판독 가능한 메시지를 타인에게 감추기 위해 판독이 불가능한 형태로 변형하여 전파하고, 이를 다시 원문으로 복구하는 것으로 이해된다. 초기에는 암호가 이처럼 메시지를 숨기기 위한 용도로 활용되었다. 하지만 최근에는 암호기술이 발전하여 기밀성뿐만 아니라, 무결성, 전자서명 등 다양하게 활용된다. 일반 사람에게는 암호가 피부에 와 닿지 않겠지만, 우리가 일상에서 사용하는 다양한 IT 매체, 인터넷, 모바일 뱅킹, 전자 문서 등에 이미 다양한 암호기술이 적용되고 있다.

1) 암호 개요

(1) 암호 개념

암호의 어원은 그리스어의 '비밀'이란 뜻을 가진 크립토스(Kryptos)로 알려져 있다. 암호란 사람이 읽고 이해할 수 있는 평문(Plaintext)을 다른 사람이 읽거나 해독하지 못하도록 암호문(Ciphertext)으로 바꾸는 모든 수학적인 원리, 수단, 방법 등을 취급하는 기술이나 과학을 의미한다. 초기 암호의 목적은 기밀성이었다.

그림 3-1 암호 개념

패스워드(Password)를 암호라고 부르는 경우도 있지만, 패스워드와 암호는 엄연히 다르다. 패스워드가 특정 시스템에 접근하기 위한 권한 여부를 검증하는 수단이라면, 암호는 특정 정보를 타인이 해독 불가능한 상태로 변형하는 것을 말한다.

(2) 암호 관련 용어 이해

암호를 이해하기 위해서는 우선 암호 관련 용어에 조금 익숙해질 필요가 있다. 다음 그림처럼 사람이 이해할 수 있는 평문을 이해할 수 없는 암호문으로 변경하는 것을 암호화(Encryption)라고 하고, 반대로 암호화된 문장을 사람이 이해할 수 있는 평문으로 복원하는 것을 복호화(Decryption)라고 한다.

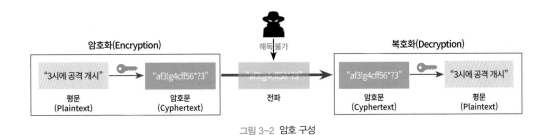

그림 3-2 암호 구성

암호 용어	설명
평문(Plaintext)	일반인 누구나 읽고 이해할 수 있는 문서
암호문(Cyphertext)	평문을 이해할 수 없게 고의로 왜곡한 문서
암호화	평문을 암호문으로 변경하는 과정
복호화	암호문을 평문으로 복원하는 과정

암호 메커니즘 관점에서도 용어를 이해할 필요가 있다.

그림 3-3 암호 메커니즘

안호 용어	설명
암호 알고리즘	평문을 암호문으로 만드는 절차 및 기술을 설계한 구현체
키(Key)	암호 알고리즘 구현에 필요한 가변 정보

비유하자면, 4자리 숫자로 Lock/Unlock을 하는 자전거 자물쇠에서 자물쇠는 '암호 알고리즘'이라고 볼 수 있으며 4자리 숫자는 '키(Key)'라고 할 수 있다.

2장에서 간단히 살펴본 키 유형 관련 용어도 다시 복습해 보자. 암호화 키와 복호화 키가 동일한 키를 대칭키라고 하며, 암호키와 복호화 키가 다른 키를 비대칭키라고 한다. 비대칭키는 개인만 소유하는 개인키와 외부로 공개하는 공개키로 구성된다. 개인키로 암호화하면 개인키와 쌍을 이룬 공개키로만 복호화가 가능하고, 공개키로 암호화했다면 공개키와 쌍을 이룬 개인키를 통해서만 복호화된다.

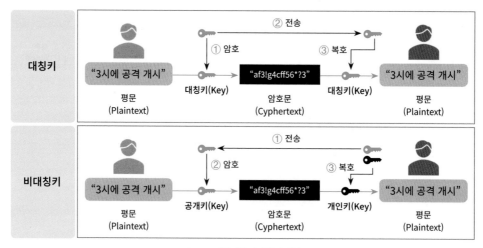

그림 3-4 대칭키와 비대칭키 개념도

암호 용어	설명
대칭키	암호화 키와 복호화 키가 동일
비대칭키	암호화 키와 복호화 키가 다름 (비대칭키는 공개키와 개인키로 구성)
공개키	공개키와 개인키는 쌍(Pair)의 관계이며 공개키는 외부에 공개 가능한 키
개인키	개인키와 공개키는 쌍(Pair)의 관계이며 개인키는 개인만 보관하는 키

마지막으로 암호를 통해 구현된 기능에 대한 용어를 정리해 보자. 대면 거래에서는 사람이 눈으로 직접 확인하거나 도장이나 서명과 같은 물리적 장치를 이용하여 인증한다. 하지만 모든 데이터가 완벽하게 복제 가능한 디지털 형태이며 비대면으로 처리되는 인터넷에서는 그 특성상 암호를 통한 다양한 기능 구현이 필요하다.

먼저 보안 기능이 적용되는 대상을 식별하면 다음과 같다.

그림 3-5 영역별 보안 기능

각각의 기능을 세부적으로 살펴보면 다음과 같다.

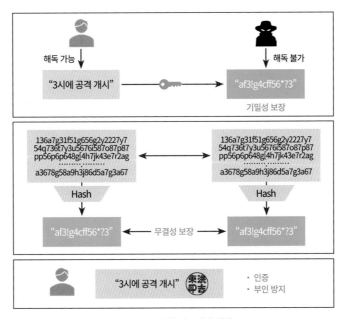

그림 3-6 보안 기능 개념 이해

- 기밀성은 타인이 정보를 이해하지 못하게 암호기술을 이용하여 숨기는 것을 말한다.

- 무결성은 데이터가 수정되지 않았는지를 암호기술을 이용하여 검증할 수 있다. 수천 페이지로 작성된 계약서가 있다면 이 계약서가 수정되었는지를 일일이 확인하는 것은 매우 어렵고 비효율적이다. 수천 페이지짜리 파일을 짧은 길이로 해시화하여 동일성 여부를 체크하면 무결성을 확인할 수 있다.

- 인증과 부인 방지는 우리가 일상에서 사용하는 서명이나 인감도장과 유사하다. 서명이나 인감도장은 본인이 확약한다는 인증이며 나중에 부인하는 것을 방지한다. 물리적 서명도 암호기술을 이용하여 전자적 형태로 구현할 수 있다.

보안 기능을 정리하면 다음 표와 같다.

보안 기능	설명	구현 암호기술
인증	비대면 거래에서 본인 신원 인증	비대칭 암호
부인 방지	비대면 거래에서 본인이 서명한 것에 대한 부인을 방지	비대칭 암호
기밀성	데이터가 외부에 공개되지 않도록 보호	대칭·비대칭 암호
무결성	데이터가 추가·삭제 또는 변조되지 않도록 보호	해시함수

3.1.2 암호 원리

참고로 암호 원리는 블록체인을 이해하는 데 직접 필요한 지식은 아니다. 이 내용이 너무 어렵게 느껴진다면 바로 3.1.3절로 넘어가도 괜찮다.

1) 암호와 키

금고에 귀중품을 보관할 때 키가 있어야 금고를 잠그고 열 수 있는 것처럼, 암호에서도 키(Key)가 있어야 암호화 및 해독을 할 수 있다. 암호에서 키는 매우 중요한 정보이자 요소다. 실제 암호에서 암호 알고리즘과 키가 어떻게 작동되는지 알아보자.

고대 로마에서 사용되던 시저 암호는 알파벳을 평행으로 이동시키는 형태로 암호문을 만들었다. 다음 그림을 보면 평문인 abcdefghizklmnopqrstuvwxyz를 평행으로 3자리만큼 문자를 이동하여 암호문을 작성하는 과정을 설명한다.

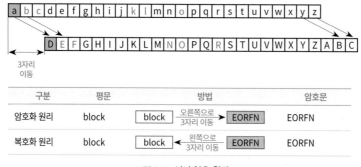

그림 3-7 시저 암호 원리

시저 암호 사례를 정리하면 다음과 같다.

구성 요소	설명
평문	block
암호 알고리즘	알파벳에서 평행으로 x만큼 문자 이동
키 (Key)	3
암호문	EORFN

시저 암호 사례를 구조화하면 다음과 같다.

그림 3-8 시저 암호 메커니즘

실제로 활용되었던 시저 암호는 모든 문자에 하나의 키를 일괄적으로 적용했기 때문에 패턴을 쉽게 파악해서 해독할 수 있다는 문제점이 있다. 패턴을 알아내지 못하게 하기 위해 암호 알고리즘과 Key를 좀 더 복잡하게 구현할 필요가 있다. 즉, 모든 문자를 획일적으로 평행이동 하는 것이 아니라 문자별로 서로 다르게 평행이동 한다면 해독이 어려워질 수 있다. 다음 그림은 'block'이라는 평문에 알파벳별로 다른 키를 적용하여 복호화하는 과정을 보여준다.

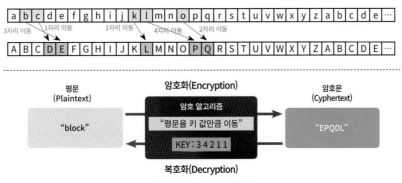

그림 3-9 시저 암호 개선 방안

이를 정리하면 다음과 같다.

구성 요소	설명
평문	block
암호 알고리즘	알파벳에서 평행으로 x만큼 문자 이동
키 (Key)	3 4 2 1 1
암호문	EPQDL

앞서 하나의 키를 사용했을 때보다 패턴 식별이 어려워 해독이 더 어려워진 것을 확인할 수 있다. 단, 키 길이는 '3'에서 '34211'로 늘어났다. 1만 개의 문자로 구성된 문서를 암호화한다면 '1만 개 길이의 키'가 필요하다.

컴퓨터상에서 XOR 연산을 통해 암호화·복호화하는 사례를 살펴보자.

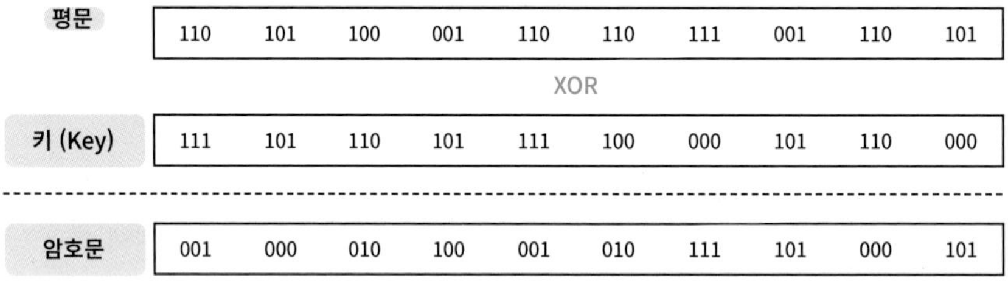

평문	110	101	100	001	110	110	111	001	110	101
					XOR					
키 (Key)	111	101	110	101	111	100	000	101	110	000
암호문	001	000	010	100	001	010	111	101	000	101

그림 3-10 XOR 연산 사례

평문을 키와 XOR 연산하여 암호문을 생성한다. 그림에서처럼 키 길이는 평문의 길이와 동일하다는 것을 알 수 있다.

TIP \ XOR 연산

XOR 연산은 서로 같은 숫자가 나오면 '0'을 출력하고, 다른 숫자가 나오면 '1'을 출력한다.

A	B	XOR 연산
0	0	0
0	1	1
1	0	1
1	1	0

2) 암호 원리

시저 암호 원리를 알아봤는데, 암호를 구현하는 원리는 크게 2가지 방법이 있다. 바로 '재배열'과 '치환'이다. 재배열은 평문의 위치를 서로 바꾸는 것이며 치환은 다른 문자로 바꾸는 것을 말한다.

유형	설명
재배열	평문의 글자 위치를 서로 바꾼다. 암호화: **암호알고리즘** ××× → **호암고알즘리** 복호화: **호암고알즘리** ××× → **암호알고리즘**
치환	평문의 글자를 다른 문자나 숫자로 대체한다. 암호화: **암호알고리즘** ‖‖‖‖‖‖ → **C + - 가 3 z** 복호화: **C + - 가 3 z** ‖‖‖‖‖‖ → **암호알고리즘**

(1) '재배열' 암호 원리의 대표 사례

재배열 암호의 대표적인 사례가 앞서 살펴본 로마 시대의 시저 암호다. 시저 암호의 특징을 정리하면 다음과 같다.

구성	설명
개념	문자 집합 내부에서 자리를 바꿈(Transposition)
특징	평문에 사용된 문자와 암호문에 사용된 문자가 일대일 대응
키(Key)	이동한 자릿수가 Key 값

(2) '치환' 암호원리의 대표 사례

치환 암호의 대표적인 사례가 비즈네르 암호다. 비즈네르 암호를 적용하기 위해서는 먼저 '비즈네르 표'가 필요하다. 비즈네르가 개발한 '비즈네르 표'는 원문 알파벳이 한 줄 내려갈 때마다 한 자리씩 뒤로 이동하는 표를 말한다.

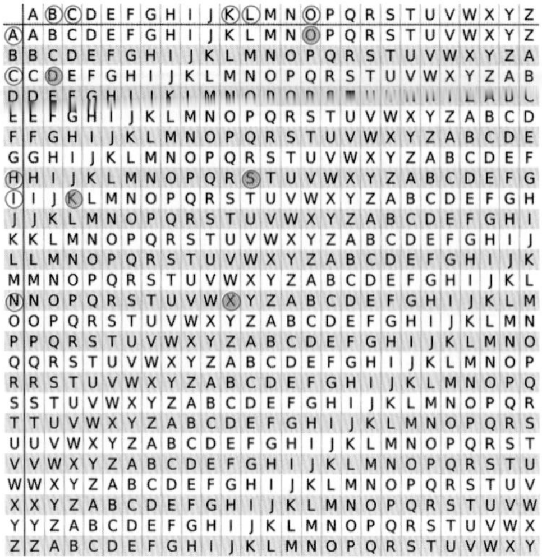

그림 3-11 비즈네르 표

예를 들어, 평문 글자를 표의 가로에서 찾고, 키를 표의 세로에서 찾아서 서로 만나는 지점이 암호문이 된다.

비즈네르 표	사례					의미
표 가로	B	L	O	C	K	평문
표 세로	C	H	A	I	N	키
만나는 지점	D	S	O	K	X	암호문

비즈네르 암호의 특징을 정리하면 다음과 같다.

구성	설명
개념	평문의 문자를 다른 문자로 치환(Substitution)
특징	Key 값을 무엇으로 설정하느냐에 따라 암호문은 완전히 달라짐
키(Key)	임의의 값 선정 가능

암호원리 한계점

암호원리인 재배열과 치환을 살펴보았는데, 이런 암호원리는 평문과 암호문의 관계를 지속해서 관찰하고 분석하면 키(Key)를 해독할 수 있다는 한계점이 있다. 다음 사례를 한번 보자.

우연히 'blockchain'이라는 평문과 이에 매칭하는 '18 2 15 19 1 19 24 17 25 4'라는 암호문 정보를 취득했다고 가정해 보자.

그림 3-12 평문과 암호문 정보 취득

평문과 암호문과의 관계를 자세히 분석하다 보면 일정한 패턴을 찾아낼 수 있다.

그림 3-13 평문과 암호문 관계 패턴 추론

분석을 통해 'k는 1이고 k 이후부터 1씩 증가'와 'a는 17이고 이후부터 1씩 증가'라는 패턴을 추출할 수 있으며, 이를 정리하면 'k은 1이며 k부터 1씩 증가하고 a은 17이며 a부터 1씩 증가한다'는 것을 알 수 있다. 이를 정리하면, 다음과 같은 암호 알고리즘과 키 정보를 유추해 낼 수 있다.

평문	a	b	c	d	e	f	g	h	i	j	k	l	m	n	o	p	q	r	s	t	u	v	w	x	y	z
암호문	17	18	19	20	21	22	23	24	25	26	1	2	3	4	5	6	7	8	9	10	11	12	13	14	15	16

이처럼 재배열이나 치환 원리를 이용하더라도 평문과 암호문과의 관계를 관찰 및 분석하면 키 정보를 유추해 낼 수 있다는 한계점이 있다.

암호원리 한계점 극복 방안

이런 패턴 유추 문제점을 해결하기 위해서 실제로 하나의 암호원리를 적용하는 것이 아니라 2가지 암호원리를 혼용해서 사용한다. 2가지 암호원리가 혼용 및 반복되어 사용되면 패턴을 알아내기가 그만큼 어려워진다.

앞서 치환을 통한 암호 사례에 새배열 사례를 추가한 암호화를 살펴보자. 치환과 재배열을 각각 적용하면 패턴 유추를 통해 해독할 가능성이 있지만, 치환과 재배열을 함께 적용하면 패턴 유추가 그만큼 어려워진다.

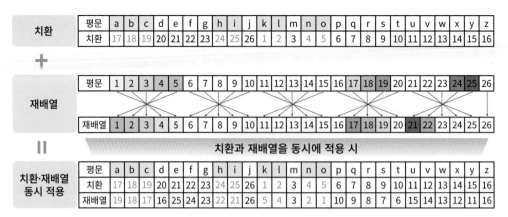

치환	평문	a	b	c	d	e	f	g	h	i	j	k	l	m	n	o	p	q	r	s	t	u	v	w	x	y	z
	치환	17	18	19	20	21	22	23	24	25	26	1	2	3	4	5	6	7	8	9	10	11	12	13	14	15	16

재배열	평문	1	2	3	4	5	6	7	8	9	10	11	12	13	14	15	16	17	18	19	20	21	22	23	24	25	26
	재배열	1	2	3	4	5	6	7	8	9	10	11	12	13	14	15	16	17	18	19	20	21	22	23	24	25	26

치환과 재배열을 동시에 적용 시

치환·재배열 동시 적용	평문	a	b	c	d	e	f	g	h	i	j	k	l	m	n	o	p	q	r	s	t	u	v	w	x	y	z
	치환	17	18	19	20	21	22	23	24	25	26	1	2	3	4	5	6	7	8	9	10	11	12	13	14	15	16
	재배열	19	18	17	16	25	24	23	22	21	26	5	4	3	2	1	10	9	8	7	6	15	14	13	12	11	16

그림 3-14 치환과 재배열을 동시에 적용한 사례

암호원리

실제로 암호 알고리즘을 만드는 원리는 치환과 재배치를 혼용하는 것이다. 그리고 '치환과 재배치'를 혼용한 것을 다시 수회 반복한다. 이처럼 혼용과 반복을 추가할수록 암호 강도는 높아진다.

다음 그림을 보면, A, B, C, D, E를 숫자로 치환한다. 치환된 숫자를 다시 재배열한다. 그리고 치환된 숫자를 다시 문자로 치환한다. 치환된 문자를 다시 재배열한다.

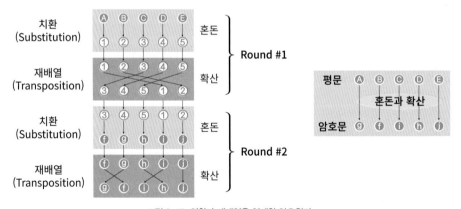

그림 3-15 치환과 재배열을 연계한 암호원리

암호학에서는 치환(Substitution)에 '혼돈(Confusion)'이라는 용어를, 재배열(Transposition)에 '확산(Diffusion)'이라는 용어를 사용한다. 그리고 치환과 재배열을 한번 혼용한 것을 라운드(Round)라고 한다. 즉, 라운드(Round)가 몇 회냐에 따라 암호의 강도가 결정된다고 볼 수 있다.

암호 원리를 '혼돈과 확산'이라는 용어를 이용하여 다시 설명해 보겠다. 평문을 암호문으로 숨기더라도 평문과 암호문과의 관계 패턴을 분석하면 관계를 유추할 수 있다. 따라서 평문을 암호문으로 숨기는 작업뿐만 아니라 평문과 암호문과의 관계 패턴도 숨기는 작업이 추가로 필요하다.

그림 3-16 혼돈과 확산 이해

혼돈이란 치환을 통해 평문을 암호화하여 메시지 추측을 어렵게 하는 것이다. 확산이란 재배치를 통해 암호문과 평문의 관계 추론을 어렵게 하는 것이다. 정리하면, 치환을 통해 암호문과 비밀키와의 관계를 숨기는 혼돈을 구현하고 재배치를 통해 평문과 암호문과의 관계를 숨기는 확산을 구현한다.

3.1.3 대칭키 암호

1) 대칭키 암호 개념
대칭키는 암호화 키와 복호화 키가 동일한 키를 말한다. 송신자(암호자)는 평문을 대칭키로 암호화하고 암호문과 대칭키를 함께 수신자에게 송부한다. 수신자는 수신한 대칭키로 암호문을 복호화한다.

2) 대칭키의 한계점
대칭키는 암호문과 대칭키를 함께 전송한다. 전송 과정에서 악의적 해커가 암호문과 키를 탈취할 수 있다.

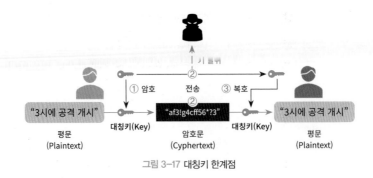

그림 3-17 대칭키 한계점

키만 있으면 암호문을 해독할 수 있기 때문에 키를 안전하게 배송하는 문제가 발생한다. 대칭키의 가장 큰 문제점은 바로 키를 수신자에게 어떻게 안전하게 전달하느냐는 '키 배송 문제'가 발생한다는 점이다.

3.1.4 비대칭키 암호

비대칭키는 대칭키의 키 배송 문제를 해결하기 위한 방안으로 고안된 개념이다.

1) 비대칭키 개념

대칭키의 키 배송 문제를 해결하기 위해 비대칭키 암호는 암호화 키와 복호화 키가 서로 다른 키를 사용한다. 비대칭키는 수학적으로 아주 밀접하게 연관된 쌍(Pair)으로 구성된 2개의 키를 발행하며, 하나의 키로 암호화하면 반드시 그 키와 쌍을 이루는 다른 키로만 복호화가 가능하게 설계된 암호다.

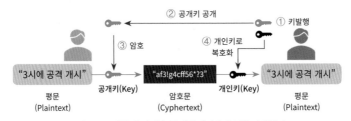

그림 3-18 대칭키 키 배송 문제를 해결하기 위한 비대칭키

1. 먼저 수신자는 수학적으로 쌍을 이룬 비대칭키(개인키와 공개키)를 발행한다.

2. 2개의 키 중 공개키를 송신자에게 전송한다.

3. 송신자는 평문을 암호문으로 암호화한다.

4. 암호문이 전송되면 수신자는 개인키로 복호화한다.

암호화 키와 복호화 키가 서로 달라서 키를 직접 배송할 필요가 없어 키 배송 문제가 해결된다. 또한, 공개된 키는 암호화에만 사용되고 복호화에는 사용할 수 없기 때문에 공개키를 탈취하더라도 아무런 의미가 없다.

비대칭키의 특징은 아주 중요하다. 다시 한번 복습하자.

1. 2개의 키는 수학적으로 밀접하게 연관된 쌍(Pair)을 이룬다

2. 한 개는 외부에 공개(공개키)되어도 좋지만, 다른 한 개는 외부에 공개되어서는 절대 안 된다.

3. 공개키로 암호화했다면 공개키와 쌍을 이룬 개인키로만 해독이 가능하다.

4. 개인키로 암호화했다면 개인키와 쌍을 이룬 공개키로만 해독이 가능하다.

5. 외부에 공개된 공개키를 통해서 쌍을 이룬 개인키의 유추는 어려워야 한다.

비대칭키의 이런 특징을 이용하여 대칭키의 키 배송 문제를 해결했다.

비대칭키의 한계점

비대칭키는 키 배송 문제를 해결했지만, 상당히 많은 연산을 요구한다. 처리 속도가 너무 느려서 용량이 큰 평문을 암호문으로 처리하는 데 현실적인 한계가 있다. 따라서 실무에서는 대칭키와 비대칭키를 혼용한 '디지털 봉투'라는 기술을 이용한다.

대칭키는 속도가 빠르지만 키 배송 문제가 있었다. 반면 비대칭키는 속도는 느리지만 키 배송 문제를 해결했다. 이를 적절히 조합하면, 평문을 대칭키를 이용하여 빠르게 암호화하고 소량의 데이터인 대칭키를 배송할 때 비대칭키를 이용할 수 있다.

디지털 봉투란 대용량 데이터를 대칭키를 통해 암호화하고 암호화에 사용된 대칭키를 다시 비대칭키로 암호화하여 전송하는 기술을 말한다. 즉, 평문은 대칭키로 암호화하고 대칭키는 다시 비대칭키로 암호화하는 것이다.

다음 그림은 디지털 봉투의 작동 원리 및 절차를 보여준다.

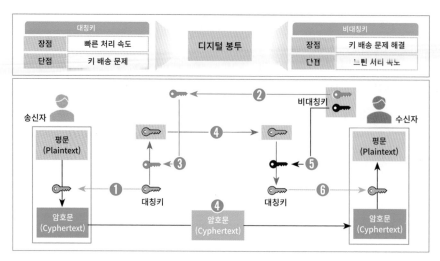

그림 3-19 디지털 봉투 이해

1. 송신자는 대칭키를 이용하여 평문을 암호문으로 암호화한다.

2. 수신자는 비대칭키를 발행하여 공개키를 송신자에 전송한다.

3. 송신자는 평문을 암호화하는 데 사용한 대칭키를 수신자로부터 받은 공개키를 사용하여 암호화한다.

4. 평문을 암호화한 암호문과 대칭키를 암호화한 암호문을 전송한다.

5. 수신자는 공개키와 쌍을 이룬 개인키를 이용하여 대칭키를 복호화한다.

6. 수신자는 암호문을 대칭키로 복호화하여 평문을 만든다.

2) 비대칭키 원리

비대칭키의 태생적 배경은 바로 앞서 설명한 대칭키의 키 배송 문제였다. 즉, 비대칭키도 처음에는 기밀성 보장으로 활용되었다. 그런데 비대칭키가 '발행된 2개의 키가 수학적으로 밀접하게 연관된 쌍'이라는 독특한 특징을 활용하면 기밀성뿐만 아니라 다양한 응용 및 활용이 가능하다는 사실을 발견하게 된다.

비대칭키를 이용한 다양한 활용을 이해하기 위해서는 비대칭키의 원리를 이해할 필요가 있다. 비대칭키 원리의 핵심 특징은 다음 2가지로 요약될 수 있다.

- 비대칭키를 구성하는 2개의 키는 수학적으로 밀접하게 연관되어 있다.

- 공개키를 통해 개인키를 유추하는 것은 매우 어렵다(반면, 개인키를 통한 공개키 생성은 쉬워야 한다).

이런 특징을 구현할 수 있는 대표적인 사례가 소인수분해와 타원곡선 알고리즘이다. 이런 알고리즘을 이용하여 실제 개인키와 공개키를 도출하는 과정은 상당히 어렵다. 우선 실제보다 간단하게 재구성하여 기본 작동 원리를 이해하는 데 초점을 맞춰보겠다.

소인수분해를 이용한 비대칭키 원리

    A = B x C(사례: 21 = 3 x 7)

어떤 수 A는 B와 C 라는 두 수의 곱으로 나타낼 수 있다. 이때 두 수 B와 C를 인수라고 한다. 그리고 B와 C가 소수일 경우 소인수라고 한다. 위의 사례를 보면 3과 7은 21의 소인수라고 하며, 21을 구성하는 2개의 소수를 구하는 과정을 소인수분해라고 한다.

21을 소인수분해 하면 소인수는 3과 7이라는 것을 쉽게 알 수 있다. 그런데 4733072289205 99379를 소인수분해 하는 것은 매우 어렵다. 다음과 같은 수를 소인수분해 하는 것은 컴퓨터를 활용하더라도 결코 쉽지 않다.

    114381625757888867669265779976146612010218296672124236256256184293570693524573389783059712356395870505898907514899290026879

이처럼 소인수가 충분히 클 경우 소인수분해가 매우 어렵다는 원리를 이용하여 비대칭키 알고리즘을 구현할 수 있다.

    N = p * q

- N: 공개키
- p와 q: 개인키

위의 사례를 이용하면, 4733072289205993793=870248209×543876131로 구성된다.

- 4733072289205993793(N) → 공개키로 설정
- 870248209(p)*543876131(q) → 개인키로 설정

앞서 소개한 비대칭키의 특징과 비교해 보면 다음과 같다.

- 4733072289205993793는 870248209*543876131과 수학적으로 밀접하게 연관되어 있다.
- 4733072289205993793를 이용하여 '870248209*543876131'을 유추하는 것은 매우 어렵다. 반면, '870248209*543876131'을 이용하면 4733072289205993793는 쉽게 도출할 수 있다.

소인수분해 원리를 이용해 생성된 비대칭키를 활용하는 모습을 그림으로 표현하면 다음과 같다.

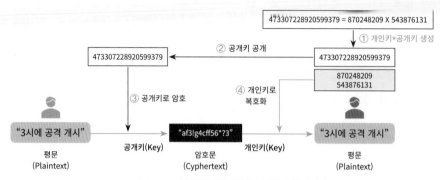

그림 3-20 소인수분해를 이용한 비대칭키 원리 사례

소인수분해의 어려움을 이용한 사례를 통해 비대칭키의 특징을 다시 정리하면 다음과 같다.

- 개인키를 이용하면 공개키를 쉽게 구할 수 있다.
- 반면, 공개키를 통해서 개인키를 유추하는 것은 어렵다.
- 공개키와 개인키는 수학적으로 밀접하게 연관되어 있다(N=p*q).

타원곡선 알고리즘을 이용한 비대칭키 원리

비대칭키의 2번째 원리는 타원곡선 알고리즘에 기반한다. 비트코인의 비대칭키 알고리즘은 바로 이 타원곡선 알고리즘을 이용한다.

타원곡선은 다음 그림처럼 $y^2=x^3+ax+b$를 만족하는 (x, y) 점들의 집합을 의미하며 x축을 중심으로 대칭이 되는 곡선을 말한다. 그리고 타원곡선에서 덧셈 연산이란 특정 값의 접점을 타원곡선으로 이은 교점을 x축으로 대칭시킨 점을 의미한다.

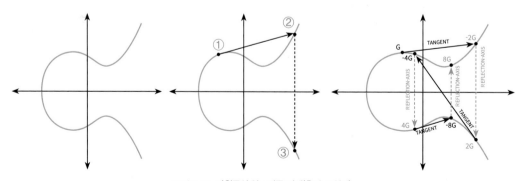

그림 3-21 타원곡선 알고리즘 이해(출처: IT위키)

그림 3-21을 통해 타원곡선의 덧셈 연산을 설명하면, 임의의 점인 G의 접점을 타원곡선으로 이은 교점은 -2G다. 이 점을 x축으로 대칭시킨 점이 2G다. 즉, 임의의 점인 G의 덧셈 연산은 G의 접점을 타원곡선으로 이은 교점(-2G)을 x축으로 대칭시킨 점인 2G다.

2G의 덧셈 연산은 2G의 접점을 타원곡선으로 이은 교점(-4G)을 x축으로 대칭시킨 점(4G)을 의미하며, 4G의 덧셈 연산은 4G의 접점을 타원곡선으로 이은 교점(-8G)을 x축으로 대칭시킨 점(8G)을 의미한다. 이렇게 하여 타원곡선의 덧셈 연산과 관련된 하나의 공식을 도출할 수 있다.

```
Q = N * G
```

- G: 타원곡선상의 임의의 점 (임의 생성)

- N: 덧셈한 횟수 (이동한 횟수)

- Q: G를 시작으로 N번 덧셈한 결괏값

타원곡선 덧셈의 특징을 이 공식과 연계해서 보면, 임의의 점인 G가 주어질 때 N번 이동하면 이동한 값(Q)이 무엇인지 쉽게 알 수 있다. 하지만 Q라는 정보만 주어지면 이 값이 타원곡선 상의 어느 점(G)에서 몇(N) 번의 덧셈 연산을 거쳐 도달하게 되었는지는 알 수가 없다. 앞의 그림에서 '8G' 정보만 주어진다면 이 값이 어디에서 시작하여 몇 번의 덧셈 연산으로 '8G'까지 도달했는지 알 수 없다.

결론적으로 다음과 같이 말할 수 있다.

- G와 N을 이용하면 Q를 쉽게 구할 수 있다.

- 하지만, Q 정보만으로 N과 G를 구할 수 없다.

이 공식에서 N을 개인키로 설정하고 Q를 공개키로 설정할 수 있다.

```
Q = N * G
```

- Q: 공개키

- N: 개인키

타원곡선을 이용한 비대칭키 작동 방식을 다음 그림을 통해 알아보자.

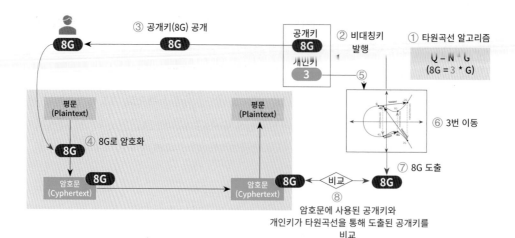

그림 3-22 타원곡선 알고리즘을 이용한 비대칭키 사례

1. 타원곡선을 통해 임의의 점 G를 이용하여 '8G=3*G'를 도출한다.

2. '8G=3*G'를 이용하여 개인키와 공개키 발행한다.

3. 공개키(8G)를 외부에 공개한다.

4. 공개된 공개키를 이용하여 암호화한다.

5. 발행된 개인키와 암호에 사용된 공개키가 쌍인지 검증(해독)하기 위해 개인키를 타원곡선 알고리즘에 대입한다.

6. 이미 발행된 개인키가 3이었기 때문에 타원곡선에서 3번 이동한다.

7. 임의의 점 G에서 3번 이동으로 8G 값을 얻었다.

8. 3번 이동을 통해 구한 8G와 암호문에 사용된 공개키가 서로 일치하는지 검증한다.

타원곡선 알고리즘 사례를 이용하여 비대칭키의 특징을 정리하면 다음과 같다.

- 개인키(N번 덧셈)를 이용하면 공개키(8G)를 쉽게 구할 수 있다.

- 반면 공개키(8G)를 통해서 개인키(N번 덧셈)를 유추하는 것은 어렵다.

- 공개키와 개인키는 수학적으로 밀접하게 연관되어 있다(Q=N*G).

3) 비대칭키 생성

비트코인에 사용되는 타원곡선 알고리즘에 대해 알아보았다. Q=N*G에서 N이 개인키이고 Q가 공개키라고 하였다. 이런 원리를 기반으로 비트코인에서 실제로 개인키, 공개키, 주소가 생성되는 과정을 알아보자.

개인키

Q=N*G에서 개인키에 해당되는 N은 임의의 점 G에서 몇 번 이동할 것인지를 나타낸다. 이동 횟수에 해당되는 N은 무작위로 생성된다. 즉, 개인키는 무작위로 생성된다는 말이다. 일정한 로직에 기반한 생성기를 통해 개인키가 무작위로 생성되는 것이 아니라 예측 불가능한 방법으로 임의의 숫자가 생성된다. 경우의 수도 2의 256승이다. 2의 256승을 10진수로 표현하면 10의 77승이며, 우주의 원자 개수가 10의 80승 정도다. 개인키를 예측한다는 것은 사실상 불가능하다. 2진수 256비트는 너무 길기 때문에 16진수 64자리로 보통 표현한다.

```
1E99423A4ED27608A15A2616A2B0E9E52CED330AC530EDCC32C8FFC6A526AEDD
```

공개키

Q=N*G에서 임의의 점 G와 개인키 N이 확정되면 타원곡선 함수를 이용하여 Q(공개키)를 쉽게 구할 수 있다.

주소

2장에서 개인키와 공개키를 통해서 송금하는 과정을 살펴보았다. 실제로 개인키와 공개키를 이용하여 송금을 구현하기도 한다. 공개키를 그대로 주소로 활용해도 되지만, 보안 강화 및 길이 측면에서 공개키를 한 번 더 해시한 값을 주소로 활용한다.

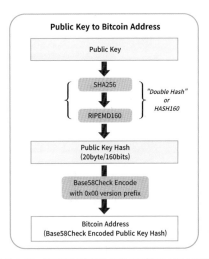

그림 3-23 공개키에서의 주소 도출 과정(출처: 구글 이미지)

키의 생성 방식과 특징을 요약하면 다음과 같다.

그림 3-24 개인키·공개키·주소의 관계 및 특징

랜덤하게 생성된 개인키에서 타원곡선함수를 이용하여 공개키를 구하고 공개키를 해시하여 주소를 만든다. 특성상 개인키를 통해 쉽게 공개키를 생성할 수 있고 공개키를 통해 쉽게 주소를 알 수 있나. 하지만 반대로 주소를 이용하여 공개키를 추론할 수는 없으며, 공개키를 이용하여 개인키를 도출할 수도 없다. 개인키는 누구도 추론할 수 없고 개인키를 보관하고 있는 개인만 알 수 있다.

4) 비대칭키 원리 응용

비대칭키는 원래 대칭키의 키 배송 문제를 해결하기 위해 개발되었다. 하지만 비대칭키의 독특한 특징 때문에 다양하게 활용될 가능성을 생각하게 되었다. 대표적인 사례가 전자서명과 부인 방지다. 인감도장 사례를 들어 설명해 보겠다.

중요한 계약이나 회사 업무를 위해 인감도장을 활용한다. 인감도장은 일종의 서명으로서 가장 중요한 특징은 배타적 독점권·사용권을 지닌다는 것이다. 계약서에 인감도장을 찍는다는 것은 계약서를 검토했고, 계약서 내용에 대해 동의하며, 계약 조건을 승인 및 확약한다는 것으로서, 인감도장의 소유와 사용은 오로지 특정 개인으로만 한정되어야 한다. 이런 논리로 인감도장은 공개·공유·복제되어서는 안 되고 오로지 개인만 소유하고 사용해야 하는 특징을 지닌다. 인감도장이 사용되는 시나리오를 간단히 표현하면 다음 그림과 같다.

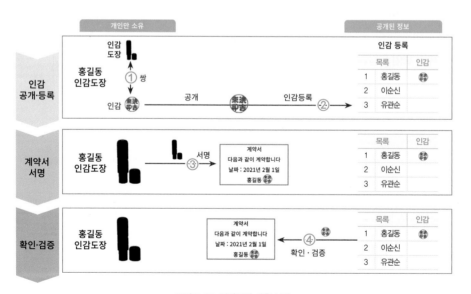

그림 3-25 인감도장 사용 사례

1. 인감도장으로 인감을 찍는다(인감도장과 인감은 쌍의 관계).

2. 인감도장은 개인이 보관하고 인감은 공인된 외부 기관에 신고 및 등록한다.

3. 계약서 체결을 위해 인감도장으로 계약서에 날인(서명)한다.

4. 계약서 유효성 검증 및 분쟁 시 공개된 인감과 대조를 통해 확인 및 검증한다.

인감도장은 계약서 등에서 일종의 서명 역할을 한다. 서명은 작성된 계약서가 무결하다는 것을 확인했고 해당 날짜에 이 계약이 존재했음을 인증하며 계약서 내용에 동의한다는 확약이다. 등록된 인감은 인감도장을 통해 날인된 인감이 맞는지를 검증하는 데 활용된다.

인감도장의 특징을 간략하게 정리해 보자.

- 인감도장 – 배타적 독점권 · 사용권을 지님

- 인감과 인감도장은 1:1로 정확히 쌍을 이룸

- 서명과 검증에 사용

인감도장은 종이 계약서 형태에서만 사용 가능하다. 요즘과 같이 전자문서가 보편화되는 상황에서는 인감도장을 사용할 수 없다. 디지털 형태의 인감도장이 필요하다. 인감도장의 특징과 유사하면서 디지털에서 사용할 수 있는 기술은 무엇이 있을까 생각해 보면 바로 비대칭키 암호기술이 떠오른다. 전자문서에서는 비대칭키를 이용하여 인감도장과 같은 서명 · 인증을 디지털 형태로 구현한다. 이것이 바로 전자서명이다.

인감과 인감도장의 관계를 보면 앞서 살펴본 개인키와 공개키의 관계와 유사하다는 것을 알 수 있다.

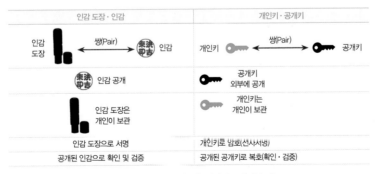

그림 3-26 인감도장·인감을 개인키·공개키와 비교

인감과 인감도장은 당사자가 인감도장으로 서명하면 외부에 등록된 인감으로 검증하는 데 활용된다. 인감과 인감도장의 특징과 유사한 개인키와 공개키를 활용하면 전자적 형태의 서명을 구현할 수 있을 것 같다는 생각이 든다. 개인키와 공개키가 쌍으로 존재하는 상황에서 본인이 소유한 개인키로 암호화(서명)하고 외부에 공개된 공개키로 복호화(검증)하는 원리를 이용하여 전자서명을 구현한다.

> **Note** 왜 개인키로 암호화하면 전자서명이 되는 것일까?
>
> 계약이나 거래를 확약하고 승인하기 위해서 서명 또는 인감도장을 사용한다. 서명의 유효성을 보장하기 위해서는 서명과 인감도장에 대해 약 당사자의 배타적 소유권과 사용권이 보장되어야 한다. 누구나 소유가 가능하고 사용이 가능한 장치로 서명하면 그 서명은 유효하지 않다. 따라서 서명할 때는 반드시 당사자의 배타적 소유권과 사용권이 보장된 장치를 사용해야 한다. 대표적인 사례가 '인감도장'이다. 인감도장은 누구에게도 공유 및 공개되지 않으며 항상 개인이 배타적으로 소유하며 사용한다.
>
> 인감도장은 디지털 세상에서 사용할 수 없다. 따라서 디지털 세상에서 서명하기 위해서는 개인만이 배타적으로 소유하고 사용할 수 있는 다른 디지털 장치가 필요하다. 바로 비대칭 암호의 '개인키'이다. 개인키는 당사자만 소유하면서 사용할 수 있다. 이러한 이유로 개인키로 암호화한 암호문이 전자서명이 된다.

다음 그림은 앞선 '그림 3-25. 인감도장 사용 사례'를 개인키와 공개키를 활용하여 재구성한 것이다.

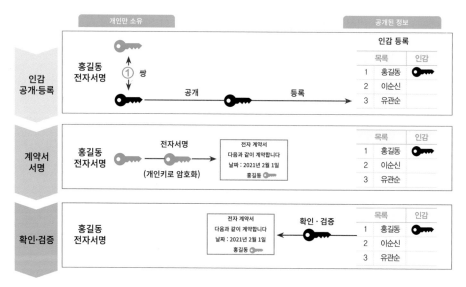

그림 3-27 인감도장 사용 사례에 개인키·공개키 적용

기밀성을 위해 개발되었던 비대칭키의 독특한 특징을 활용하여 전자서명에도 활용할 수 있다는 것을 알 수 있다. 그런데 앞서 기밀성을 위해 활용한 비대칭키와 전자서명을 위해 활용한 비대칭키 구현 방식이 좀 달라 보인다.

다음 그림을 통해 기밀성에 활용한 비대칭키와 전자서명에 사용한 비대칭키의 차이점을 이해해 보자.

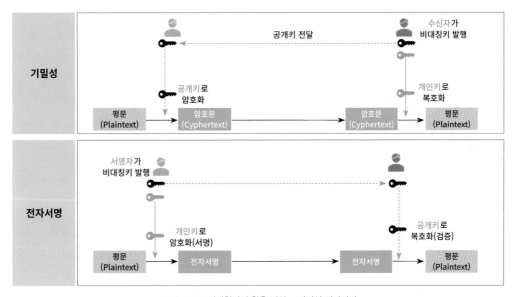

그림 3-28 비대칭키의 활용 방안 – 기밀성·전자서명

기밀성은 숨기는 것이 목적이기 때문에 공개된 키를 이용하여 누구나 암호화할 수 있지만, 복호화는 메시지 수신자로만 한정해야 한다. 따라서 공개키로 암호화하고 개인키를 소유한 사람만 복호화할 수 있게 하여 기밀성을 구현한다.

반면 전자서명은 기밀성이 목적이 아니다. 특정 개인이 서명하고 다수의 사람이 검증하는 것이다. 서명을 위한 암호화는 특정인으로 한정해야 한다. 따라서 개인키를 소유한 사람이 서명하고 공개된 공개키로 복호화(검증)하는 것이다.

다음 표를 보면, 기밀성과 전자서명에 따라 비대칭키를 발행하는 주체가 서로 다르며 암호화와 복호화 당사자도 반대다.

활용 분야	구분	송신자(서명자)	수신자(검증자)
기밀성	비대칭키 발행		수신자가 비대칭키 발행
	암호화	송신자가 '수신자 공개키'로 암호화	
	복호화		수신자가 '수신자 개인키'로 복호화
전자서명	비대칭키 발행	송신자가 비대칭키 발행	
	암호화(서명)	송신자가 '송신자 개인키'로 암호화	
	복호화(검증)		수신자가 '송신자 공개키'로 복호화

전자서명 원리

인감도장을 이용하여 계약서에 서명할 경우, 먼저 계약서 내용을 점검하고 문제가 없다면 계약서 하단에 인감도장을 날인하는 형식으로 서명한다. 개인만 소유한 인감도장으로 날인했다는 것은 본 계약의 내용, 계약 존재 여부, 계약 이행에 대한 확약과 다름없다.

전자서명도 이와 비슷한 원리와 절차로 진행한다. 계약서 내용을 개인키로 암호화하여 '전자서명(DS)'을 새롭게 생성하고 이 DS를 전자계약서에 추가하는 형태로 전자서명을 한다. 계약 내용을 홍길동만이 소유한 개인키로 암호화(서명)했다는 것은 계약 내용에 대해서 홍길동이 확약한 것을 의미한다. 또한 어떤 계약서에 대한 전자서명이 홍길동의 공개키로 복호화된다면 이는 홍길동이 개인키로 이 전자서명을 생성했다는 것을 의미하며, 따라서 부인 방지 효과가 있다.

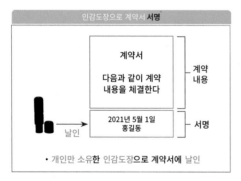 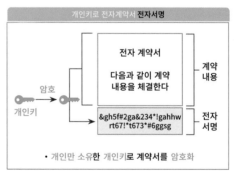

그림 3-29 전자서명 개념

인감이 계약서 하단에 날인하는 것이라면, 전자서명은 계약서를 개인키로 암호화하여 전자서명을 생성하는 것이다. 따라서 디지털 계약서와 전자서명은 별개로 존재한다. 전자서명을 생성하고 검증하는 과정을 좀 더 자세히 알아보자.

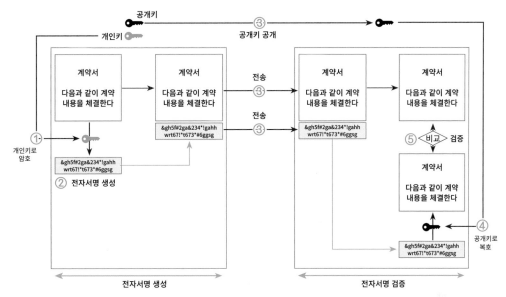

그림 3-30 전자서명 원리 이해

전자문서를 그대로 개인키로 암호화하여 전자서명을 생성해도 되지만, 전자문서의 해시값을 먼저 구하고 해시값을 개인키로 암호화하여 전자서명 하는 것이 좀 더 일반적이다.

다음 그림을 살펴보면 왼쪽 그림은 전자문서를 그대로 개인키로 암호화(서명)한 경우고, 오른쪽 그림은 전자문서의 해시값을 먼저 구하고 개인키로 암호화(서명)한 경우다.

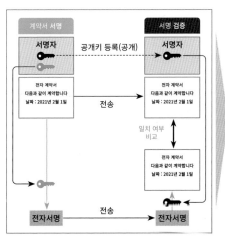
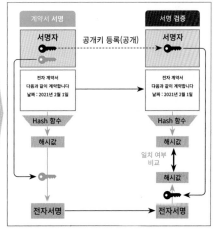

그림 3-31 해시값을 이용한 전자서명

왼쪽 그림의 경우 문서 전체를 전자서명 해야 하는데, 비대칭키는 상당히 느리기 때문에 속도 문제가 발생할 수 있으며, 또한 검증 과정에서도 전자문서를 직접 비교해야 하는 번거로움이 있다. 반면 오른쪽 그림의 경우, 문서를 해시할 경우 축약된 해시값을 개인키로 암호화하면 빠르게 전자서명을 생성할 수 있을 뿐 아니라 검증 과정에서도 해시값끼리 비교를 통해 쉽게 검증이 가능하다.

다음 그림을 통해 해시값을 이용하여 전자서명을 생성하고 검증하는 과정을 자세히 정리해 보겠다.

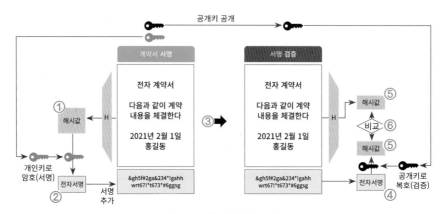

그림 3-32 전자서명 생성과 검증

1. 전자문서를 해시하여 해시값을 생성한다.

2. 해시값을 개인키로 암호화하여 전자서명을 생성한다.

3. 전자문서와 전자서명을 함께 전송한다.

4. 검증을 위해 전송받은 전자서명을 공개키로 복호화한다.

5. 전송받은 전자문서의 해시값과 전자서명을 공개키로 복호화한 해시값을 구한다.

6. 2개의 해시값을 서로 비교하여 검증한다.

어떤 전자서명이 홍길동의 공개키로 복호화되었다면 그 전자서명은 홍길동이 개인키로 암호화(서명)한 것임을 입증한다. 이를 통해 홍길동 본인이 서명한 것이 아니라는 부인을 방지할 수 있다. 결국 전자서명을 구현하면 서명, 무결성 검증, 부인 방지의 효과를 기대할 수 있다.

5) 일상에서의 비대칭키 원리와 유사한 사례

비대칭키는 두 개의 키가 쌍이며 개인키는 본인만 보관하고 공개키는 외부에 공개된다. 개인키로 서명하면 개인키와 쌍인 공개키로 검증하는 특징을 지닌다. 일상생활에서도 비대칭키 원리와 유사한 사례는 많다.

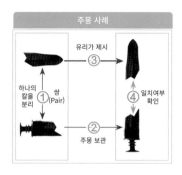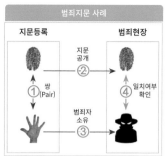

그림 3-33 비대칭키 원리와 유사한 사례들

주몽 사례

인기리에 방송되었던 사극 드라마 '주몽'을 보면, 주몽의 아들인 유리가 칼 조각을 들고 주몽을 찾아가는 장면이 나온다. 주몽은 부여에서 신변의 위협을 느껴 급하게 부여를 떠나면서 예 씨 부인 배 속에 있는 아이가 태어나면 본인을 찾아오라고 하면서 칼을 두 조각 내어 한 조각은 처마 밑에 숨겨두고 나머지 한 조각은 본인이 휴대하고 부여를 떠난다. 성인이 된 유리는 처마 밑에 숨겨져 있던 칼을 들고 주몽을 찾아간다. 주몽은 유리가 가져온 칼과 본인이 휴대한 칼을 서로 대조하여 유리가 본인의 아들이라는 것을 확인하고 태자로 책봉한다.

주몽 사례를 통해 비대칭키의 특성을 찾아보자.

- 주몽은 하나의 칼을 두 조각으로 분리했다. 두 개의 조각 난 칼은 서로 쌍(Pair)을 이룬다.
- 한 조각은 주몽 본인이 계속 휴대했고 나머지 조각은 외부에 공개하여 처마 밑에 보관했다.
- 아들(유리)이 장성하여 조각 난 칼을 주몽에게 제시하자 주몽이 보유한 칼과 서로 대조해 유리가 본인이 아들임을 검증했다.

신데렐라 사례

- 신데렐라 발과 구두는 서로 쌍(Pair)이다.
- 신데렐라 발은 본인만 가지고 있으며 구두는 외부에 공개된 상태다.
- 외부에 공개된 구두와 신데렐라 발을 대조하여 구두의 주인이 신데렐라라는 것을 검증한다.

범죄지문 사례

- 사람 손과 지문은 쌍으로 존재한다.
- 손은 본인 개인만 소유하며 손가락의 지문은 등록되어 외부에 공개되어 있다.
- 범죄자가 범죄 현장에서 지문을 남겼다면 등록된 지문과의 대조를 통해 범죄자를 식별할 수 있다.

존재 형태	개인보관	외부공개	서명	검증
개인키 · 공개키 쌍	개인키 개인 보관	공개키 외부공개	개인키로 서명	공개키로 검증
칼 2조각은 쌍	주몽 칼 조각	유리 칼 조각	주몽 칼을 꺼내서	유리 칼로 대조
발과 신발은 쌍	신데렐라 발	신데렐라 신발	신데렐라 신에	신발을 신겨 봄
손과 지문은 쌍	범죄자 손가락	등록된 지문	범죄자 지문을	등록된 지문 대조

3가지 사례를 통해서 비대칭키의 특징(쌍, 하나는 외부 공개, 다른 하나는 개인만 소유)을 적절히 활용하면 다양하게 응용할 수 있음을 알 수 있다.

6) 비대칭키 원리 기반 활용 사례

비대칭키의 원리가 보안(기밀성, 무결성, 인증)에 사용된 사례를 살펴보자.

(1) 스마트폰과 전화번호

일상에서 많이 사용하는 스마트폰과 전화번호 사례를 통해 비대칭키의 개념을 설명하겠다. 특정 스마트폰 단말기에는 하나의 독립된 번호만 부여된다. 따라서 스마트폰 단말기와 전화번호는 쌍이다. 스마트폰 단말기는 항상 개인이 휴대한다. 전화번호는 외부 지인이나 친구들에게 공개된다.

그림 3-34 스마트폰과 전화번호의 관계 및 특징

이런 관계와 특성을 기반으로 '전화번호와 스마트폰'의 관계를 '공개키와 개인키'의 관계로 비교할 수 있다.

전화번호 · 스마트폰	공개키 · 개인키
전화번호와 스마트폰은 1:1 쌍	공개키와 개인키는 쌍
전화번호 (외부 공개)	공개키
스마트폰 (본인만 소유)	개인키
인증에 사용	개인키로 암호화하여 서명
기밀성 전달에 사용	공개키로 암호화하여 암호문

스마트폰과 전화번호의 이런 특징을 이용하여 인증과 기밀성을 구현하는 방안을 살펴보겠다. 학교 시스템으로부터 개인 인증을 거쳐 성적 정보를 개인만 받아보는 시나리오를 살펴보겠다.

스마트폰 이용 인증번호

과거에는 주로 본인의 신원을 인증하기 위해서 주민등록번호, 이름, ID, PW를 많이 활용했다. 최근에는 4~6자리 인증번호를 스마트폰으로 전송하면 스마트폰 소유자가 문자로 받은 인증번호를 입력하여 본인이 해당 스마트폰의 소유자임을 검증한다.

이는 전화번호와 스마트폰이 서로 1:1 쌍의 관계이고, 스마트폰은 오로지 개인만 소유 · 보관한다는 특징을 기반으로 한다. 인증을 요구하는 서비스에서는 해당 전화번호로 인증번호를 전송한다. 전화번호와 스마트폰은 1:1 쌍의 관계이기 때문에 인증번호는 오직 해당 스마트폰으로만 전송된다. 해당 스마트폰은 전화번호의 보유자만 소유 및 접근할 수 있기 때문에 문자로 전송된 인증번호를 밝힌다면 그 전화번호와 보유자는 유효하며 신뢰할 수 있다. 전화번호는 공개키로 볼 수 있고 스마트폰은 개인키로 볼 수 있다.

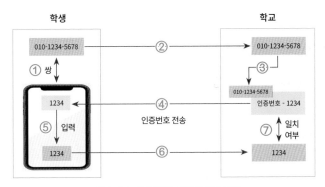

그림 3-35 스마트폰을 이용한 인증 방법

1. 학생의 전화번호와 스마트폰은 쌍으로 존재한다.

2. 학생은 먼저 본인 신원을 확인하기 위해 스마트폰 인증을 하기로 하고 전화번호를 학교에 공유한다.

3. 학교에서는 인증번호 4자리를 전달받은 학생의 전화번호로 전송한다.

4. 전화번호로 전송된 인증번호 4자리는 전화번호와 쌍으로 존재하는 스마트폰에 문자로 전송된다.

5. 학생은 스마트폰에 문자로 받은 4자리 문자를 입력란에 입력한다.

6. 입력란에 입력된 인증번호 4자리는 다시 학교로 전달된다.

7. 전화번호로 전송한 인증번호와 나중에 입력란에 입력된 인증번호의 일치 여부를 확인한다.

마지막 7번 단계에서 인증번호의 일치 여부를 검증하게 되는데, 이때 학생 전화번호로 전송되는 인 증번호는 일종의 공개키 개념으로 이해할 수 있고 학생 스마트폰을 통해 입력된 인증번호는 일종의 개인키 개념으로 이해할 수 있다.

기밀성 보장

기밀성 보장 방안을 비대칭키와 번호·스마트폰을 비교하여 설명해 보겠다. 인증할 때는 개인키 로 먼저 암호화하여 서명했지만, 기밀성을 위해서는 공개된 공개키를 이용하여 암호화를 먼저 진 행한다.

유사하게, 학생이 본인의 전화번호를 학교에 공개하면 학교는 해당 전화번호로 성적을 문자 전송한 다. 전화번호와 스마트폰은 1:1 쌍의 관계이고 스마트폰은 성적을 요구한 학생만 소유 및 접근할 수 있기 때문에 성적을 해당 전화번호로 전송했다는 것은 해당 학생만 정보에 접근할 수 있는 기밀성을 지닌다는 뜻이다.

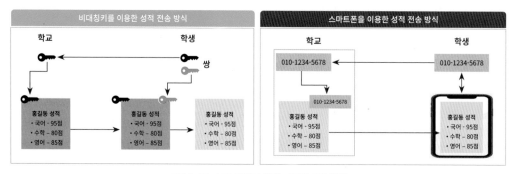

그림 3-36 스마트폰을 이용한 기밀성 구현 방안

1. 학생은 성적을 본인의 스마트폰으로만 전송받고 싶어(일종의 기밀성 유지), 학생 본인의 전화번호를 학교에 전송 한다.

2. 학교에서는 학생의 성적을 방금 수신한 전화번호로 전송한다.

3. 성적은 전화번호와 쌍의 관계인 스마트폰으로만 전송된다. 본인 스마트폰에만 성적이 전송되기 때문에 기밀성이 유 지된다.

(2) 공인인증서

비대칭키를 이용하여 신원을 인증하는 대표적인 방법이 바로 과거 공인인증서다. 지금은 '공인'이라 는 자격을 상실했기 때문에 공동인증서라 부른다.

먼저 공동인증서(과거 공인인증서) 개념과 작동 원리를 이해해 보자. 공동인증서는 인감도장과 개념 및 작동 원리가 유사하다. 다음 그림은 인감도장과 공동인증서의 작동 원리를 설명하고 있다.

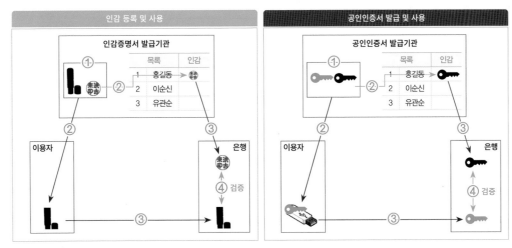

그림 3-37 비대칭키를 활용한 공인인증서 원리

인감도장과 비대칭키 모두 쌍으로 구성된 2개를 하나는 개인이, 다른 하나는 공인기관이 관리하면서 검증 과정에서 서로 일치 여부를 검증하는 방식이다.

절차	인감도장	공인인증서
①	인감도장과 인감을 확인	개인키와 공개키를 발행
②	인감을 공인기관에 등록	공개키를 공인기관에 등록
③	은행에 인감도장과 인감을 각각 제출	은행에 공개키와 개인키 각각 제출
④	은행은 인감도장과 인감을 검증	은행은 공개키와 개인키 검증

공동인증서는 공인기관에서 개인키와 공개키를 기반으로 공인인증서를 발급해주고, 은행은 이용자로부터 받은 개인키와 공인기관으로부터 받은 공개키를 서로 검증하여 신원을 확인하는 방식이다.

다음으로 신분을 확인하는 일반적인 절차를 알아보자. 일반적으로 신분을 확인하는 절차는 '식별'과 '인증'을 거친다.

- 식별은 본인이 누구인지를 밝히는 것으로, 대표적인 사례가 ID다.

- 인증은 밝힌 신분이 맞는지를 확인하는 절차로서 대표적 사례가 패스워드(Password)다.

은행에서의 대면 거래나 온라인 비대면에서도 이러한 식별·인증 과정을 거친다. 은행에서 대면 거래 시의 식별 및 인증 과정과 비대면 거래에서의 식별 및 인증 과정을 각각 살펴보자.

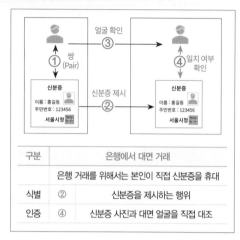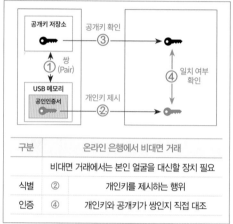

그림 3-38 식별과 인증

그림 3-38의 왼쪽 그림은 대면 신원 인증을 보여준다.

1. 홍길동의 신원 정보 및 홍길동 사진을 부착하여 신분증을 제작한다. 홍길동과 신분증은 쌍이보다.

2. 홍길동이 은행에 가면 본인 신원을 검증하기 위해 우선 신분증을 제시한다.

3. 그리고 모자를 벗어 본인 얼굴을 보여준다.

4. 은행 직원은 신분증의 사진과 얼굴 대조를 통해 신원을 확인한다.

그림 3-38의 오른쪽 그림은 비대면 신원 인증을 보여준다.

1. 공개키와 개인키를 쌍으로 하는 비대칭키를 발행한다. 개인키는 항상 본인이 휴대하며 공개키는 공개키 저장소에 별도로 보관된다.

2. 온라인 송금을 위해 홍길동은 본인의 개인키를 은행에 전송한다.

3. 은행은 공개키 저장소에서 홍길동의 공개키를 가져온다

4. 홍길동의 개인키와 공개키 저장소에서 가져온 키를 대조하여 홍길동 신원을 확인한다.

비대칭키를 설명하면서 다양한 유사 사례와 활용을 설명했다. 비대칭키의 개념과 특성에 익숙해지고 개념을 확실히 잡기를 바라는 마음에 많은 설명과 공간을 할애했다. 비대칭키는 블록체인 암호기술의 큰 축이다. 비대칭키와 해시함수의 개념과 특성을 명확하게 정립해 둔다면 블록체인을 제대로

이해하는 데 도움이 될 것이다. 비대칭키가 블록체인에서 어떻게 활용되는지는 3.1.6절에서 설명하겠다.

3.1.5 해시(Hash) 함수

'Hash'라는 영어 단어의 원래 의미는 '고기와 감자를 잘게 다져 섞어 만든 요리'다. 암호에서도 해시(Hash)는 원형을 도저히 복원할 수 없을 정도로 원본 데이터를 잘게 다져서 섞어 버린다는 뜻을 내포한다.

앞서 배운 암호화키는 타인이 보지 못하게 암호화하지만, 다시 복호화 키를 이용하여 평문으로 복원한다. 반면에 해시는 다시 되돌릴 수 없게 완전히 뭉개 버리는 암호를 말한다. 이는 출력값을 이용하여 입력값을 유추할 수 없다는 의미다. 그래서 해시함수를 일방향 암호라고 부르기도 한다. 해시함수의 개념과 특징은 2.2.1절에서 이미 살펴보았다. 간단하게 다시 복습해 보겠다.

1) 해시(Hash) 함수 개념

해시함수란 임의의 길이의 데이터를 고정된 길이의 데이터로 출력하는 함수다. 어떤 크기의 데이터를 입력하더라도 해시함수를 거치면 고정된 길이를 지닌 암호문으로 출력한다.

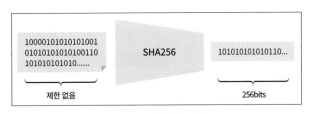

그림 3-39 해시함수 개념

해시함수의 특징은 다음과 같다.

- 첫째, 항상 고정된 길이 값으로 출력한다.
- 둘째, 입력값의 사소한 변화에도 결괏값은 민감하게 반응하여 변한다.
- 셋째, 출력값을 이용하여 입력값 추론이 불가능하다.

2) 해시함수의 활용

해시함수의 이런 특징이 어떻게 활용되는지 알아보자.

(1) 기밀성에 활용

사용자가 시스템에 접근하기 위해서는 ID와 PW가 필요하다. 그런데 ID와 PW를 시스템 서버에 그 대로 저장할 경우 탈취될 수 있다. 실제로 과거에는 서버에 저장된 사용자 ID와 PW를 탈취해서 악용되는 사례도 있었다.

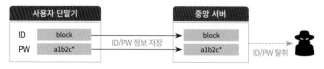

그림 3-40 ID·PW 저장의 위험성

중앙시스템의 입장에서는 사용자의 ID와 PW가 서로 일치하는지만 검증하면 되지, 굳이 ID와 PW 정보 자체를 보관할 필요는 없다. 그래서 ID와 PW 정보를 그대로 저장하지 않고 해시함수로 변환하여 저장한다. 해시함수를 적용하면 원본 데이터를 알아볼 수 없게 암호화된다.

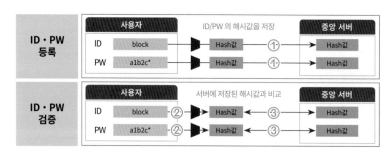

그림 3-41 ID·PW의 해시값 저장

① 시스템에 ID와 PW를 등록할 때 ID와 PW를 해시값으로 변환하여 저장된다.

② ID와 PW를 이용하여 시스템에 접근하고자 할 경우 본인의 ID와 PW는 해시값으로 변환된다.

③ 중앙시스템에 이미 등록된 본인 ID·PW 해시값과 시스템 접근에 사용된 ID·PW의 해시값을 비교 검증하여 일치하면 시스템 접근을 허용한다.

이처럼 해시함수를 이용하여 기밀성 보호에 활용하는 사례는 해시함수의 세 번째 특징인 '출력값을 이용하여 입력값 추론이 불가능하다'에 기반한다.

개인정보 보호법 시행령 30조를 보면 안전성 확보 조치에 관한 세부 기준을 정해서 고시하게 되어 있다. '개인정보의 기술적 · 관리적 보호조치 기준' 6조에 따르면, '제6조(개인정보의 암호화) ① 정보통신 서비스 제공자 등은 비밀번호는 복호화되지 아니하도록 **일방향 암호화**하여 저장한다'라고 명시되어 있다.

Memo

개인정보의 기술적 · 관리적 보호조치 기준에 따르면, 비밀번호는 복호화되지 못하도록 일방향 암호화(해시함수)를 적용하고 기타 다양한 개인정보는 안전한 암호 알고리즘을 적용할 것을 제시하고 있다.

[개인정보의 기술적 · 관리적 보호조치 기준]

제6조(개인정보의 암호화) ① 정보통신 서비스 제공자 등은 비밀번호는 복호화되지 아니하도록 **일방향 암호화**하여 저장한다.

② 정보통신 서비스 제공자 등은 다음 각호의 정보에 대해서는 안전한 암호 알고리즘으로 암호화하여 저장한다.

   1. 주민등록번호

   2. 여권번호

   3. 운전면허번호

   4. 외국인등록번호

   5. 신용카드번호

   6. 계좌번호

   7. 바이오 정보

③ 정보통신 서비스 제공자 등은 정보통신망을 통해 이용자의 개인정보 및 인증정보를 송 · 수신할 때는 안전한 보안서버 구축 등의 조치를 통해 이를 암호화해야 한다. 보안서버는 다음 각호 중 하나의 기능을 갖추어야 한다.

   1. 웹서버에 SSL(Secure Socket Layer) 인증서를 설치하여 전송하는 정보를 암호화하여 송 · 수신하는 기능

   2. 웹서버에 암호화 응용프로그램을 설치하여 전송하는 정보를 암호화하여 송 · 수신하는 기능

④ 정보통신 서비스 제공자 등은 이용자의 개인정보를 컴퓨터, 모바일 기기 및 보조 저장매체 등에 저장할 때는 이를 암호화해야 한다.

   * 참고로, 법체계는 헌법–법률–시행령–규칙 순서다. 모든 법 및 규제사항을 헌법이나 법률에서 규정할 수 없기 때문에 헌법이나 법률에는 원칙적인 사항이나 반드시 준수되어야 할 사항만을 명기하고 나머지 하위법은 명령이나 규칙으로 규정하도록 되어있다. 추가로 헌법은 국민투표로 제정되며, 법률은 국회의원, 시행령은 대통령, 규칙은 부처 장관에 의해 제정된다.

(2) 무결성에 활용

수천 페이지짜리 문서 파일이 인터넷 전송 과정에서 수정되지 않았고 무결성을 유지하고 있다는 것을 확인 및 검증하는 방법을 생각해 보자. 원본 파일을 가져다가 한 줄씩 검토하는 방법도 생각할 수 있겠지만 너무 비효율적이다.

또한 보안 프로그램의 보안성 구현 여부를 인증해 주는 CC 인증을 획득했는데, 이 프로그램이 CC 인증 획득 당시의 프로그램 상태를 유지하고 있는지를 확인하기 위해 1만 줄에 달하는 프로그램 코드를 일일이 확인한다는 것은 매우 비현실적이다.

대용량 문서 파일이 전송 과정에서 수정되지 않았다는 것을 검증하기 위한 하나의 방법으로, 문서를 전송하기 전에 원본 파일의 해시값을 구한다. 그리고 전송이 완료된 문서의 해시값을 구한다. 전송하기 전후의 해시값을 비교하여 일치한다면 전송 과정에서 수정이 없었음을 검증하며 반대로 불일치한다면 전송 과정에서 어떠한 형태로든 수정이 있었다는 것을 의미한다.

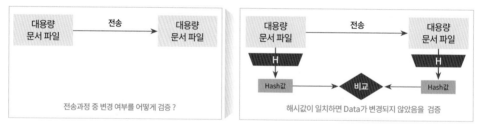

그림 3-42 해시함수를 이용한 무결성 활용 사례

무결성을 활용하는 대표 사례가 앞서 살펴보았던 머클 트리다. 다음 그림을 보면, 모든 데이터의 해시값을 구하고 해시값들을 나무 형태로 연결 및 표현한 구조를 머클 트리라고 하며, 머클 트리의 최상단에는 머클 트리의 모든 정보를 하나의 해시값으로 표현한 머클루트가 존재한다.

머클루트는 머클 트리의 모든 데이터를 하나의 해시값으로 표현하고 있기 때문에 머클루트 내에 존재하는 데이터의 어떠한 사소한 변화에도 머클루트 값은 민감하게 변한다. 따라서 머클루트 값 하나만 체크하면 전체 머클 트리 내 모든 데이터의 수정 여부를 쉽게 확인할 수 있다. 여기에서는 간단한 형태의 머클 트리로 표현했지만, 수만 개의 데이터를 머클루트로 구현하면 그 효과는 적지 않다고 볼 수 있다.

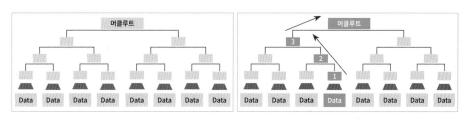

그림 3-43 해시함수를 이용한 무결성 활용 사례 – 머클루트

각 데이터의 무결성을 체크하기 위한 용도라면 굳이 머클 트리 형태가 아니라 그림 3-43의 왼쪽 그림처럼 모든 데이터를 더해서 바로 하나의 해시값으로 표현할 수도 있다. 하지만 이럴 경우 데이터 중 하나가 변경되었다는 것은 확인할 수 있지만, 어떤 데이터가 변경되었는지는 확인할 수 없다. 반면 그림 3-44의 오른쪽 그림을 보면 변경 여부뿐만 아니라 어떤 데이터가 변경되었는지도 쉽게 식별이 가능하다.

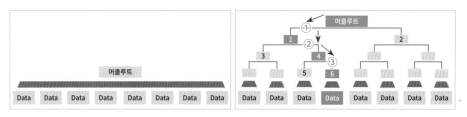

그림 3-44 머클루트를 활용한 무결성 확인 방안

① 머클 트리 내 어떤 데이터가 수정되었다면 머클루트 값도 변경될 것이다. 머클루트는 1번 해시값과 2번 해시값을 가지고 있기 때문에 1번 해시값이 변경된 것을 확인하고 1번 쪽에서 변경이 발생했다는 것을 알 수 있다.

② 1번 해시값은 3번 해시값과 4번 해시값을 가지고 있다. 확인 결과 4번 해시값에서 변경이 발생했다는 것을 확인할 수 있다.

③ 4번 해시값은 5번 해시값과 6번 해시값 정보를 가지고 있다. 확인 결과 6번 해시값이 변경되었다는 것을 알 수 있다. 결국 어떤 데이터가 변경되었는지 쉽게 찾아낼 수 있다.

이처럼 해시함수를 이용하면 무결성 여부를 쉽게 검증한다. 이는 해시함수의 2번째 특징인 '입력값의 사소한 변화에도 출력값이 민감하게 반응한다'에 기반한다.

(3) 데이터 축약에 활용

해시함수는 입력값을 일정한 길이의 값으로 축약해 준다고 하여 'MD(Message Digest)'라고 불리기도 한다.

URL 길이가 너무 길어서 문서를 작성하기가 어려울 때가 있다.

```
https://www.google.com/search?sxsrf=ALeKk02Di07xuUg6PSWHDudQ32toDXHOaQ%3A161430552695
8&source=hp&ei=9lg4YL_SN9nrQbUzLHQAg&iflsig=AINFCbYAAAAAYDhnBsFtKqZsT1JwHOUcQiDobf_haz
jA&q=%EB%B8%94%EB%A1%9D%EC%B2%B4%EC%9D%B8&oq=%EB%B8%94%EB%A1%9D%EC%B2%B4%EC%9D%B8&gs_
lcp=Cgdnd3Mtd2l6EAMyBAgjECcyBAgjECcyBAgjECcyBQgAELEDMggIABCxAxCDATIECAAQAzICCAAyAggAM
gIIADICCAA6BwgAELEDEAo6BwgjEOoCECc6BAgAEAo6BAgAEENQkwZYpCxgyS1oCXAAeACAAWGIAd4JkgECMT
WYAQCgAQGqAQdnd3Mtd2l6sAEK&sclient=gws-wiz&ved=0ahUKEwi_pfbbvIbvAhXZdd4KHVRmDCoQ4dUDC
Ac&uact=5
```

이때는 URL 단축 프로그램(Bit.ly)을 이용하면 간편하고 깔끔하게 처리할 수 있다.

그림 3-45 URL 단축 프로그램을 이용한 데이터 축약 사례

이렇게 긴 URL도 단축 프로그램을 이용하면 https://bit.ly/37OUOc3로 축약할 수 있다. 이런 단축 프로그램 역시 해시함수의 원리를 이용한다.

그런데 단축된 URL을 클릭하면 원래 장문의 주소로 변경해준다. 이는 해시함수의 '출력값을 이용하여 입력값을 유추할 수 없다'는 특징과 배치된다. 참고로, 단축 프로그램은 출력값과 입력값을 매칭(Matching)시키는 데이터 정보를 별도로 관리하기 때문에 단축된 URL을 이용하여 원문 URL로 변환할 수 있는 것이다.

이처럼 해시함수를 이용하면 어떠한 데이터도 일정한 크기의 데이터로 축약해 효율성을 향상시킨다. 이는 해시함수의 첫 번째 특징인 '항상 고정된 길이의 값으로 출력한다'에 기반한다.

3) 해시의 작동 원리

해시 작동과 관련된 내부 알고리즘은 매우 어렵다. 따라서 다른 유사한 사례를 통해 작동 원리만 간단히 알아보겠다.

'어떤 입력데이터를 34로 나눈 몫의 소수점 5자리에서 9자리 숫자를 출력'하는 연산이 있다고 가정해 보자. '3,463,637'이라는 입력값을 입력데이터로 대입하면, '70588'이라는 출력값을 도출할 수 있다. 그리고 이를 구조화해 표현하면 다음과 같다.

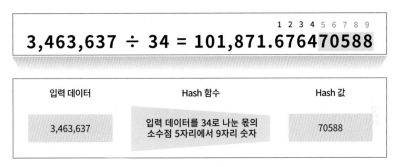

그림 3-46 해시의 작동 원리 사례

이는 해시함수 구조와 유사하게 '3,463,637'이라는 값을 입력값으로 하여, '입력 데이터를 34로 나눈 몫의 소수점 5자리에서 9자리 숫자'라는 함수 과정을 거치면, '70588'이라는 값이 출력된다는 것을 의미한다.

위의 해시함수를 다양하게 시뮬레이션하여 해시의 작동 원리를 설명해 보겠다. 상기 해시함수에 다양한 값을 입력했을 때의 실제 상황을 표로 정리하면 다음과 같다.

입력데이터	함수	몫	해시값
3,463,637	입력데이터를 34로 나눈 몫의 소수점 5자리에서 9자리 숫자	101,871.676470588	70588
3,463,638	입력데이터를 34로 나눈 몫의 소수점 5자리에서 9자리 숫자	101,871.705882353	82353
23	입력데이터를 34로 나눈 몫의 소수점 5자리에서 9자리 숫자	0.676470588	70588
0.1	입력데이터를 34로 나눈 몫의 소수점 5자리에서 9자리 숫자	0.002941176	41176

시뮬레이션을 통해 도출된 결과를 토대로 다음과 같이 분석할 수 있다.

- 시뮬레이션 표를 보면 어떠한 길이의 값을 입력해도 출력값(해시값)은 항상 5자리로 고정된 길이의 값을 출력한다. (해시함수의 첫 번째 특징과 일치)

- 입력데이터에서 숫자 하나만 변경했는데도 결괏값인 해시값은 완전히 다른 값을 출력한다. (해시함수의 두 번째 특징과 일치)

- 출력값(해시값)을 기준으로 입력데이터를 추론하는 것은 불가능하다. (해시함수의 세 번째 특징과 일치)

이를 해시함수의 특징을 기준으로 다시 정리해 보자.

해시함수 특징	설명
고정 길이 값 출력	해시값은 몫의 소수점 5자리에서 9자리로 어떤 데이터를 입력해도 항상 총 5 숫자의 해시값 출력
사소한 변화에도 민감 반응	입력데이터를 3,463,637에서 3,463,638로 하나의 숫자만 바꾸었을 뿐인데, 완전히 다른 해시값을 출력
일방향성	'70588'이라는 해시값으로 입력데이터를 유추한다는 것은 사실상 불가능
해시값 무작위성	입력데이터에 대한 출력값의 예측이 불가능
해시값의 일관성	입력데이터만 동일하다면 해시값은 항상 동일

해시함수의 작동 원리를 살펴보았는데, 이는 하나의 유사한 사례일 뿐 실제로 이렇게 작동하지는 않는다.

4) 해시 충돌

해시는 다양한 분야에 현재 활용되고 있다. 해시함수의 주요 특징 중 하나는 어떠한 값을 입력해도 항상 고정된 길이의 출력값을 갖는다는 것이다. 해시의 이런 특징으로 인해 한 가지 문제점이 발생한다. 바로 결괏값이 충돌하는 문제다.

우리나라 사람들의 이름은 일반적으로 3글자다(3글자 이름만 있다고 가정해 보겠다). 5천만 명의 우리나라 사람 이름을 모두 3글자로 짓다 보니 필연적으로 동명이인이 발생한다. Input은 5천만의 경우의 수가 있는데, Output의 길이는 무조건 3글자이기 때문에 동명이인 문제, 즉 충돌이 발생하는 것이다.

해시함수도 마찬가지다. 디지털 세상에는 너무나 많고 다양한 데이터가 존재한다. 특히 고정된 길이가 아닌 길이에 상관없는 데이터라면 말 그대로 헤아릴 수 없이 많다. 이런 데이터 환경에서 어떤 길이·유형의 데이터를 입력해도 항상 고정된 길이의 값을 출력하는 해시함수에서는 필연적으로 충돌 문제가 발생할 수밖에 없다. 해시함수에서 충돌 문제가 발생한다는 것은 앞선 해시함수의 두 번째·세 번째 특징과 상충한다. 해시함수의 특성을 보장하면서 이런 충돌 문제를 해결하는 방법은 무엇일까?

동명이인 문제를 해결하는 방법은 무엇일까? 이름의 글자 수를 늘리면 해결된다. 예를 들어 이름 글자 수를 4자로 늘리면, 동명이인은 분명 더 줄어든다. 만일 이름 글자 수를 100자로 늘리면 동명이인은 대폭 줄어들 것이다. 이름 글자 수를 1,000자, 10,000자로 늘리면 동명이인은 거의 발생하지 않는다고 볼 수 있다. 이름 길이가 길어지면 길어질수록 생성 가능한 이름의 경우의 수는 기하급수적으로 늘어나기 때문이다.

해시함수에서도 이런 충돌 문제를 해결하는 방법은 동일하다. 바로 출력값의 길이를 엄청 크게 늘이는 것이다. 출력값의 길이를 충분히 늘이면 이 출력값이 나올 수 있는 경우의 수는 기하급수적으로 늘어나므로 충돌 가능성이 그만큼 떨어지는 것을 넘어 가능성이 제로에 가까워진다. 비트코인에서 사용하는 SHA-256 해시함수는 출력값의 경우의 수가 11579208923731619542357098500868790785326998466564056403945758400791312963993개다. 전 세계에 있는 모래 중에서 두 사람이 각각 선택했는데, 같은 모래일 가능성은 거의 제로라고 이해하는 것과 같은 개념이다.

해시 알고리즘은 MD4, MD5, SHA-0, SHA-1, SHA-256, SHA-512 순으로 발전하고 있다. 발전해 가는 큰 원칙은 바로 출력값의 길이를 늘여가는 것이다.

SHA-256의 의미

비트코인에서는 'SHA-256'이라는 해시함수를 사용한다. SHA-256의 의미는 무엇일까? 이를 이해하기 위해서는 먼저 비트 개념을 이해할 필요가 있다.

전기를 통해 작동하는 컴퓨터는 전기의 On과 Off를 통해 데이터를 표현하고 처리한다. On/Off로 구성된 형태를 1비트(bit)라고 한다. 이는 숫자 개념으로 보면 이진수와 동일한데, 컴퓨터는 데이터를 저장하고 처리할 때 2진수를 사용한다.

먼저 이해를 돕기 위해 다음 그림을 살펴보자. 비트 개념과 비트에서의 표현 방법과 표현 가능 수 관점에서 이해해 보자.

	비트 개념		표현 방법		표현 가능 수
1 Bit				0 1	2가지 (2^1)
2 Bit				00 01 10 11	4가지 (2^2)

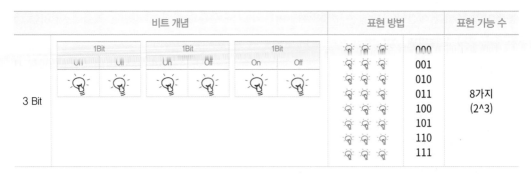

비트 개념			표현 방법	표현 가능 수
3 Bit			000 001 010 011 100 101 110 111	8가지 (2^3)

그림 3-47 비트 개념

- On/Off로 구성된 형태를 1비트라고 하며, 1비트에서는 On일 때와 Off일 때 2가지 표현이 가능하다.

- 1 비트로 표현 가능한 사례는 '높고/낮음', '남성/여성', '합격/불합격'으로 2가지 표현만 가능하다.

- 좀 더 다양한 표현을 위해서는 그림에서처럼 비트 수를 늘리면 된다.

- 2비트로 표현 가능한 사례 – 00, 01, 10, 11로 2비트는 총 4가지 상황을 표현할 수 있다.

- 일주일 요일은 총 7개 상황(경우의 수)이기 때문에 4가지 상황만 표현 가능한 2 비트로 일주일의 요일을 표현할 수 없다.

- 일주일 요일을 표현하기 위해서는 최소 3비트가 필요하다. 000(월), 001(화), 010(수), 011(목), 100(금), 101(토), 110(일).

이런 원리로 '3비트(bit)'를 개념화하면 다음과 같다.

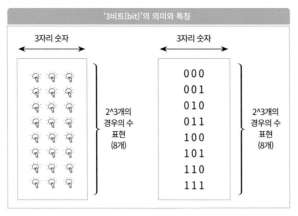

그림 3-48 비트의 의미와 특징

즉, 3비트는 0/1로 된 이진수에서 3자리로 표현되며 경우의 수는 2^3인 8개가 된다.

동일한 원리로 256비트를 구조화하면 다음과 같다. SHA-256 해시함수란 어떤 길이의 값을 입력하더라도 256비트의 고정된 결괏값을 출력하는 함수를 말한다. 앞서 배운 비트 개념으로 256비트를 이해하면 다음과 같다.

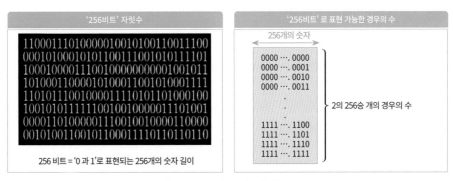

그림 3-49 256비트 자릿수와 경우의 수

256비트는 256개의 자릿수로 구성된 숫자를 표현하며 2^256개의 경우의 수를 지닌다. 다음 그림을 보면 가로가 256자리 숫자임을 알 수 있다. 그리고 세로가 2의 256승 개의 경우의 수를 나타낼수 있음을 의미한다.

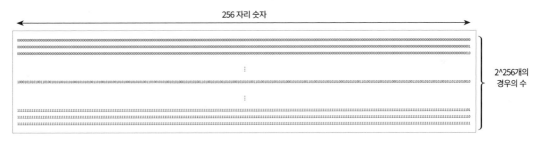

그림 3-50 256비트 자릿수와 경우의 수 사례

그림 3-49의 세로축에 표기된 '2의 256승'의 경우의 수는 얼마나 될까?

- 2비트 – 2의 2승 = 4 (경우의 수 – 00, 01, 10, 11)

- 3비트 – 2의 3승 = 8 (경우의 수 – 000, 001, 010, 011, 100, 101, 110, 111)

- 4비트 – 2의 4승 = 16

- 8비트 – 2의 8승 = 256

- 16비트 – 2의 16승 = 65536

- 로또 당첨 확률 = 8145060

- 32비트 – 2의 32승 = 4294967296

- 64비트 – 2의 64승 = 18446744073709551616

- 128비트 – 2의 128승 = 340282366920938463463374607431768211456

- 256비트 – 2의 256승 =

115792089237316195423570985008687907853269984665640564039457584007913129639936

256비트로 표현할 수 있는 경우의 수는 2의 256승으로서, 115792089237316195423570985008
68790785326998466564056403945758400791312939936개다.

결론적으로 해시함수가 고정된 길이의 출력값을 배출하더라도 출력값이 충분히 길면 특정 출력값이
선택될 경우의 수가 무한대에 가까워지기 때문에 사실상 충돌은 발생하지 않는다.

참고로, 가능성이 무시할 정도로 낮다는 것이지 수치상 0%라는 말은 아니다. 일단 가능성은 무시할
정도로 낮다는 가정하에 해시함수의 특성이 보장된다.

3.1.6 블록체인의 암호기술 활용 방안

앞서 비트코인 블록체인의 핵심 기반 기술이라 할 수 있는 비대칭키 암호와 해시함수에 대해 알아보
았다. 다음으로 이런 암호기술이 비트코인 블록체인에서 실제로 어떻게 사용되는지 알아보겠다. 대
부분 이미 학습한 내용이기 때문에 암호기술이 어떻게 적용되고 있는지만 간단히 짚어주는 방향으
로 설명하겠다.

1) 블록체인의 구조

트랜잭션이 모여서 블록을 형성하고 블록을 체인으로 연결한 구조가 블록체인이다. 트랜잭션, 블록,
블록체인 구조 자체가 암호기술을 이용하여 구현됐다.

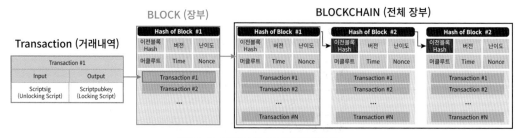

그림 3-51 암호기술을 이용한 블록체인 구조

1. **트랜잭션**: 송금을 위해 필요한 공개키와 개인키가 포함되어 있다.

2. **블록**: 트랜잭션을 하나의 해시값으로 압축하고 블록 Header 정보를 하나의 해시값으로 압축하여 Block Hash 값을 구한다.

3. **블록체인**: Block Hash 값이 다음 블록 생성 시 이전 블록 해시값으로 포함된다.

(1) 트랜잭션 구조

개인 간 거래내역인 트랜잭션은 입력데이터와 출력데이터로 구성된다. 입력데이터에는 송신자의 공개키와 전자서명 정보가 담겨 있으며, 출력데이터에는 수신자의 공개키가 저장되어 있다. 즉, 2장에서 이미 살펴보았던 것처럼 이런 비대칭키는 화폐의 송수신에 이용한다. 공개키는 일종의 계좌번호 역할을 하며 개인키는 비밀번호 같은 역할을 해서 개인 간 송금이 이루어진다. 트랜잭션과 관련된 자세한 내용은 나중에 별도로 자세히 다루겠다.

그림 3-52 비대칭키 기반 트랜잭션 구조

(2) 블록 구조

각 트랜잭션의 해시값을 트리 형태로 구조화하고 최상단에 위치한 머클루트를 블록 Header에 저장한다. 그리고 블록 Header 전체를 하나의 해시값으로 압축하여 Block Hash 값을 구성한다.

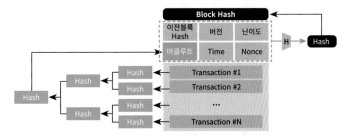

그림 3-53 해시함수를 이용한 블록의 구조

개인키와 공개키로 구성된 트랜잭션을 모두 해시(Hash)화하고 이를 다시 하나의 값으로 해시(Hash)화한 것이 블록이라고 볼 수 있다.

(3) 블록체인 구조

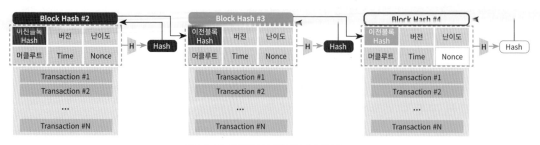

그림 3-54 해시함수를 이용한 블록체인 구조

각 블록의 해시값은 다음 블록 생성 시 Header에 포함된다. 그리고 이렇게 생성된 블록의 해시값은 다시 다음 블록 생성 시 Header에 포함된다. 즉, 개인키와 공개키로 구성된 트랜잭션을 모두 해시화하여 하나의 블록을 생성하고, 이들 블록의 해시값을 다음 블록에 포함하는 연결체가 블록체인이라고 할 수 있다.

블록과 블록체인의 구조에 많이 사용된 해시는 '입력값의 사소한 변화에도 결괏값은 민감하게 반응하여 변한다'는 해시함수의 두 번째 특징이 반영되어 있다고 볼 수 있다.

2) POW에서 Nonce 값 찾기

비트코인에서는 화폐 발행, 블록 생성, 대표블록 선정, 위변조가 어렵게 설계하기 위해 작업이라는 개념을 도입했다. 열심히 작업했다는 것을 증명하면 화폐도 발행되고 대표블록도 생성된다. 결국 비트코인은 참여한 노드들이 작업을 해야 시스템이 작동한다.

비트코인에서의 작업은 제시된 목푯값보다 작은 해시값을 충족하는 Nonce 값을 찾는 과정이다. 다시 설명하면, Nonce를 하나씩 대입해 보면서 해시값을 직접 구하는 과정이 작업이다. 즉, 비트코인 작동에 필요한 작업이 해시값을 구하는 과정이다.

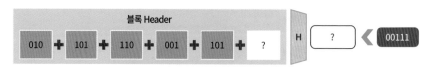

그림 3-55 해시함수를 이용한 Nonce 값 찾기

POW에 사용된 해시함수는 '출력값을 이용하여 입력값 추론이 불가능하다'는 해시의 세 번째 특징을 활용한다고 볼 수 있다. 어떤 입력값을 대입했을 때 조건을 충족하는 해시값이 출력되는지 알 수 없기 때문에 0부터 1씩 증가해가며 직접 대입해 봐야 하므로 작업 과정이 힘들다.

3) 위변조 차단 방안에 활용

위변조 차단 방안은 블록 및 블록체인의 구조와도 연계된다. 따라서 블록과 블록체인의 구조에 사용된 해시의 특성에 의해 위변조를 차단하는 데 활용된다.

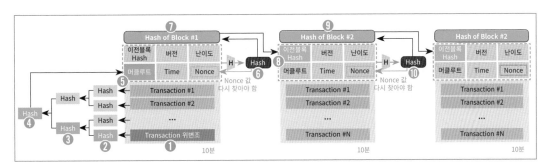

그림 3-56 해시함수를 이용한 위변조 차단 방안

해시를 기반으로 한 이런 독특한 구조는 사소한 변화에도 결괏값이 민감하게 반응한다는 해시함수의 특징과 연계되어 위변조를 차단하는 효과로 이어진다.

4) 지갑 (개인 신원 – 익명성 보장)

거래를 하기 위해서는 은행에서 계좌번호와 비밀번호를 발급받아야 한다. 비트코인에서는 계좌번호와 비밀번호 대신 개인키와 공개키를 발급받아 이용한다. 비대칭키를 발급받기 위해 어떠한 개인정보도 제출할 필요가 없으며 사용 과정에서도 익명성이 보장된다.

5) 송금

비트코인 블록체인에서 송금 과정은 비대칭키를 활용한다. 송신자의 개인키는 소유권 검증에 사용되고 수신자의 공개키는 송금을 위한 주소 역할을 한다.

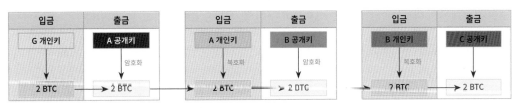

그림 3-57 비대칭기를 이용한 비트코인 송금

6) 트랜잭션 검증

트랜잭션이 생성되면 네트워크의 모든 노드에 전파된다. 트랜잭션을 수신한 다른 노드의 입장에서는 이 트랜색션의 출저에 대한 검증과 전송 과정에서 위변조되지 않았다는 것을 확인할 필요가 있다. 새롭게 전파된 트랜잭션의 검증을 위해 비대칭키를 사용하는데, 이는 기밀성이 아닌 서명 및 검증 용도로 활용된다.

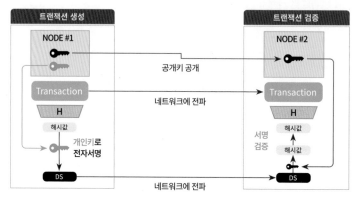

그림 3-58 비대칭키(공개키)를 이용한 트랜잭션 검증

3.1.6절을 정리하면, 비트코인 블록체인은 형태적 구조, 탈중앙 구현, 화폐 송수신 서비스의 모든 영역이 비대칭키와 해시함수라는 암호기술을 활용하고 있다는 것을 알 수 있다.

- 트랜잭션, 블록, 블록체인 구조 자체가 비대칭키와 해시함수로 작성되었다.

- 탈중앙 구현을 위한 합의 알고리즘, 위변조 방지 등에 해시함수를 이용한다.

- 송금 서비스를 위해 송수신 과정 및 검증에 비대칭키를 이용한다.

다음 그림은 비트코인 블록체인에서 암호기술이 사용된 요소와 영역을 식별해서 구조화한 것이다. 우리가 이해하고 있는 비트코인 블록체인의 구조와 동일하다. 다르게 말하면, 우리가 이해하는 비트코인 블록체인은 대부분 암호기술을 이용하여 구현 및 기능을 수행한다고 볼 수 있다.

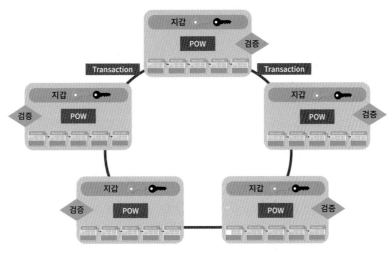

그림 3-59 비트코인 블록체인에 암호기술이 사용된 접점

비트코인 블록체인 구조에서 세부 영역별로 활용되는 암호기술과 구현 기능을 정리하면 다음과 같다.

블록체인 작동 메커니즘 요소	활용된 암호기술	구현 기능
블록 · 블록체인 구성 및 구조	해시함수	해시값이 연결
트랜잭션 구조	비대칭키	계좌번호 · 비밀번호 저장
개인 신원	비대칭키	익명성 보장
화폐 송금 과정	비대칭키	계좌번호 · 비밀번호 구현
전파된 트랜잭션 검증	비대칭키	서명과 검증 구현
POW 수행(블록 생성, 화폐 발행)	해시함수	작업 구현
위변조 차단 방안	해시함수	위변조 물리적 차단

블록체인의 구조 및 작동 원리를 대부분 나열했다고 볼 수 있다. 블록체인의 구조 구현 및 작동을 위해 해시함수와 비대칭키가 사용되고 있음을 알 수 있다.

3.2 블록체인 구현 기술

3.1절에서는 블록체인의 핵심 기반 기술이라 할 수 있는 암호기술에 대해 알아보았다. 3.2절에서는 암호기술 외에 블록체인을 구현하기 위한 다양한 기술 요소에 대해 알아보겠다.

3.2.1 P2P(Peer-to-peer)

비트코인 백서의 제목은 『Bitcoin: A Peer-to-Peer Electronic Cash System』이다. 제목에서 'Peer-to-peer'란 무슨 말일까?

1) P2P 개념

서버 클라이언트(Client-Server)라는 용어를 많이 사용한다.

- **서버**: 데이터를 저장 관리하고 필요한 데이터와 서비스를 제공하는 시스템

- **클라이언트**: 필요한 서비스와 데이터를 서버에 요청하고 제공받는 단말기

서버 클라이언트 구조는 일반적으로 중앙집중 시스템의 대표적인 시스템 구현 방식이다. 따라서 기존 시스템 대부분을 서버 클라이언트 방식으로 이해해도 무방하다.

반면, P2P 네트워크는 네트워크에 참여하는 각 노드(Node)가 중앙 서버 없이 직접 데이터를 주고받는 방식을 말한다. 각 노드가 서버 역할도 하면서 동시에 클라이언트 역할을 수행한다. P2P 네트워크는 중앙시스템이나 관리자 없이 각 노드가 동등한 자격과 권한으로 서로 데이터를 주고받으면서 자율적으로 유지되는 네트워크다.

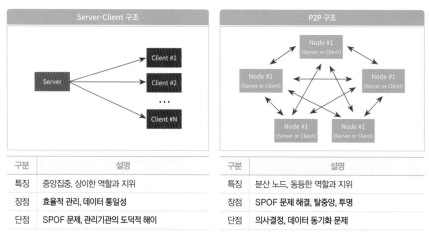

구분	설명
특징	중앙집중, 상이한 역할과 지위
장점	효율적 관리, 데이터 통일성
단점	SPOF 문제, 관리기관의 도덕적 해이

구분	설명
특징	분산 노드, 동등한 역할과 지위
장점	SPOF 문제 해결, 탈중앙, 투명
단점	의사결정, 데이터 동기화 문제

그림 3-60 서버-클라이언트 구조와 P2P 구조 비교

각각의 방식은 장단점이 있다. 서버 클라이언트 구조는 시스템이 중앙으로 집중되어 있기 때문에 관리하기가 용이하다. 반면 SPOF 문제나 중앙 기관의 도덕적 해이 문제에 취약하다. P2P(Peer-to-Peer) 구조는 중앙집중의 구조적인 문제를 해결할 수 있지만, 탈중앙화되어 효율적인 관리가 어렵고 분산된 데이터에 대한 동기화 과정이 필요하다.

피어(Peer)와 노드(Node)라는 용어가 혼용되고 있다. 피어와 노드를 동일한 개념으로 이해해도 크게 무리가 없지만, 약간의 차이점이 존재한다.

- 피어(Peer)는 영어로 '나이나 신분이 같거나 비슷한 또래'를 의미한다.
- 노드(Node)는 영어로 '마디 또는 연결 접점'을 의미한다.

피어(Peer)는 동등하고 대등한 관계에 좀 더 집중된 개념이고, 노드(Node)는 모두가 연결된 네트워크에 참여하는 대상(접점)에 가까운 개념이다.

그림 3-61 NODE와 Peer의 개념 비교

서버 클라이언트(Server Client)와 같은 중앙 집중적 구조가 아닌 참여자들이 대등하고 동등한 지위와 역할로 서로 통신 및 서비스를 주고받는 구조를 P2P(Peer-to-Peer)라고 한다.

블록체인은 중앙시스템이 존재하지 않는다. 모든 개별 노드가 독립적이고 동등한 지위를 기반으로 통신하는 네트워크 구조다. 탈중앙화와 분산장부 형태를 구현하기 위해 가장 기반이 되는 영역이 바로 P2P 네트워크(Peer-to-Peer Network)다.

2) 노드(Node) 유형과 역할

비트코인 블록체인에서 노드(Node)는 P2P 네트워크에 참여하는 모든 컴퓨터를 의미한다. 비트코인 네트워크에 참여하기 위해서는 Bitcoin Core라는 소프트웨어가 필요하다. 따라서 Bitcoin Core가 설치 및 구동되고 네트워크 통신이 가능한 컴퓨터는 누구든지 비트코인 노드가 될 수 있다. 블록체인에서 노드란 블록체인 생태계/네트워크에 참여하는 모든 서버, PC, 스마트폰, 접속 디바이스를 의미한다.

> **Note** Bitcoin Core(Bitcoin Client 소프트웨어)
>
> - 비트코인 네트워크에 참여하기 위해 비트코인 노드에 설치되는 소프트웨어
> - 처음에 이 소프트웨어는 사토시 나카모토에 의해 배급되었으며, '비트코인'이라는 이름으로, 나중에는 '비트코인-Qt'(Bitcoin-Qt)라는 이름으로, 이후에 '비트코인 코어'(Bitcoin Core)로 이름이 변경
> - 비트코인 개발은 오픈 소스로 진행되며 개발자라면 누구나 프로젝트에 기여
> - 모든 필요한 내용은 Github repository 사이트에 등록
> - 오픈소스 라이선스 – MIT license

먼저, 비트코인 블록체인에서 노드(Node)가 어떤 역할을 하는지 살펴보자.

1. **지갑**: 개인키 공개키 관리

2. **채굴**: 블록 생성, 합의, 화폐 발행

3. **블록체인(장부)**: 모든 장부 저장

4. **검증**: 전파된 트랜잭션 및 블록 검증

5. **네트워크**: 전파 및 자료 요청에 대응

초기에 비트코인 노드(Node)들은 노드에 부여된 모든 역할을 수행했다. 하지만 다양한 목적의 노드들이 참여하고 다양한 컴퓨팅 디바이스들도 출현했으며 네트워크의 효율적 운영이라는 과제가 생기면서 다양한 유형의 노드로 구분되었다. 단적인 예로 스마트폰에 모든 블록체인 장부 데이터를 저장하는 것이 불가능하기 때문에 스마트폰으로 참여하는 노드는 장부 저장이나 채굴과 같은 역할을 수행할 수 없다.

다음 그림은 네트워크상 노드의 유형과 간단한 구조를 설명하고 있다.

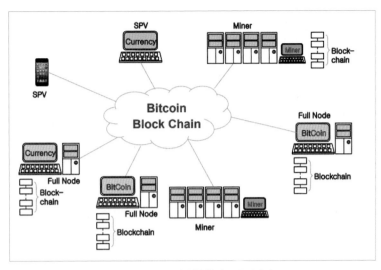

그림 3-62 노드의 유형 (출처: 구글 이미지)

주요 노드별 역할을 간단히 정리해보면 다음과 같다..

노드 유형	지갑	채굴	블록체인(장부)	네트워크 전파
Full Node	○	○	○	○
Mining Node		○	○	○
Light Node	○			○
API Client	○			○

(1) Full 노드

Full 노드는 비트코인 블록체인 노드의 모든 역할을 수행한다. 지갑, 채굴, 블록체인, 검증, 네트워크 등 노드의 모든 역할을 수행한다.

- 블록체인이라는 분산원장을 모두 저장하고 관리한다.
- 전파된 트랜잭션과 블록의 신뢰성과 정합성을 검증한다.
- 전파받은 트랜잭션들로 후보 블록을 색성하여 채굴에 참여한다.
- 다른 노드(SPV 노드)로부터 데이터 제공 요청 시 데이터를 제공한다.
- 지갑을 통해 트랜잭션을 생성한다.

Full 노드는 기본적으로 블록체인이라는 모든 장부를 저장하고 있어야 하기 때문에 초기에 Full 노드로 참여하면 주변 노드로부터 모든 장부를 다운로드 받는다. 새로운 블록이 계속 생성되고 있기 때문에 블록체인의 크기는 계속 증가하고 있으며 2021년 6월 14일 기준으로 350GB다.

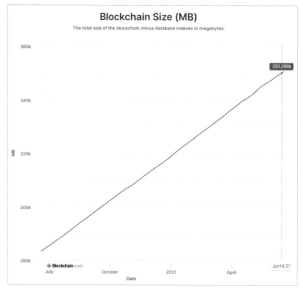

그림 3-63 블록체인 크기 (출처: blockchain.com)

(2) Lightweight(SPV) 노드

Full 노드를 구현하기 위해서는 350GB 이상의 저장공간이 필요하고 채굴에 참여하기 위해서는 충분한 연산능력을 지닌 연산장치가 필요하다. SPV(Simplified Payment Verification) 노드는 스마트폰이나 태블릿처럼 저장공간 제약이나 전력 제한이 있는 컴퓨팅 기기에서 최소한의 정보만을 소유하면서 필요할 때마다 주변 Full 노드로부터 필요한 정보를 제공받아 역할을 수행하는 노드로 이해하면 된다.

- 지갑을 통해 트랜잭션 생성 및 자신의 지갑과 관련된 거래의 유효성만 검증한다.
- 블록체인 전체 데이터를 저장하지 않고 각 블록의 헤더 정보만 다운로드한다.
- 데이터나 검증이 필요할 경우 다른 주변 Full Node에 의존하여 역할을 수행한다.

SPV 노드는 모든 블록체인 데이터를 저장하고 있지 않기 때문에 인접 Full 노드로부터 필요한 정보를 가져와서 검증을 수행한다. 다음 그림을 통해 SPV 노드의 검증 작동 원리에 대해 간단히 알아보자.

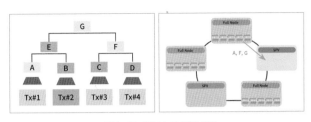

그림 3-64 SPV 노드 검증 원리

SPV 노드로 네트워크에 참여하고 있는 상점 주인이 방금 손님이 지불한 거래내역(Tx#2)이 블록체인에 등록되었는지 검증하는 상황을 가정해 보자.

Tx#2가 블록체인에 등록됐는지를 검증하기 위해서는 원래 전체 블록 데이터를 다운로드 받아야 한다. 하지만 상점 주인은 SPV 노드이기 때문에 모든 블록체인 정보를 가지고 있지 않다. 블록의 헤더(Header)에는 머클루트(G) 값이 포함되어 있다. 그런데 G값만으로 Tx#2가 포함되어 있는지 알수 없다. 블록의 바디(Body)에 저장된 Tx#1과 Tx#2에서 A와 B값을 구하고, Tx#3와 Tx#4에서 C와 D값을 구하고, 다시 A와 B를 통해 E를 구하고, C와 D를 통해 F를 구한다. 마지막으로 E와 F를 통해 도출한 해시값이 블록 헤더의 머클루트 값과 일치한다면 비로소 Tx#2가 포함되어 있다는 것이 검증된다. 결국 블록의 모든 데이터가 존재해야 특정 트랜잭션의 존재에 대한 검증이 가능하다. 하지만 머클트리 구조를 이용하면 모든 데이터 없이도 A, F, G값만 있으면 Tx#2의 존재 검증이 가능하다. Tx#2를 통해 B값을 구할 수 있고, A값을 제공받으면 A와 B를 이용하여 E값을 구할 수 있다. F값이 주어지면 E와 F를 이용하여 G값을 구할 수 있다. 따라서 주변 Full 노드로부터 A, F, G값만 다운로드 받으면 Tx#2의 검증이 가능하다.

다음 그림처럼 이해를 돕기 위해 해시값이 아닌 단순 덧셈 연산으로 사례를 들어보면, 상점 주인은 주변 Full 노드로부터 A, F, G 값으로 2, 3, 9 데이터를 받았다. 상점 주인은 Tx#2가 4라는 것을 확인했고 2와 4를 더해서 E(6) 값을 구할 수 있다. 그리고 6과 3을 더하면 9다. Full 노드로부터 받은 G(9)와 일치한다면 B 값은 4가 맞다는 뜻이며, 이는 B가 블록체인에 저장되어 있다는 것을 보장한다.

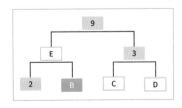

그림 3-65 SPV 노드 검증 사례

(3) Mining 노드

Mining 노드는 채굴에 특화된 노드로 이해할 수 있다.

- Mining 노드는 전파된 트랜잭션의 유효성을 검증하고 새로운 블록 생성에 참여한다.

- 생성한 블록은 Full 노드로 전파한다.

- 블록 생성 과정에 참여하여 경쟁에서 승리하면 블록을 생성하고 보상을 받는다.

- Mining 노드들은 트랜잭션들을 Mempool에 직접 저장할 수도 있고 저장되어 있지 않은 트랜잭션들을 Full 노드에 요청할 수도 있다.

- 채굴(Mining)을 목적으로 하기 때문에 경쟁에서 승리하기 위해 막강한 성능의 GPU와 ASIC 장비를 구비하여 채굴 성능을 높이는 방향으로 노드를 설계한다.

(4) 3rd Party API 클라이언트

비트코인 블록체인 네트워크에 직접 참여하지는 않지만(Bitcoin Core 소프트웨어가 설치되지 않음), 비트코인 관련 서비스(송금, 잔고 확인 등)를 이용하고자 하는 상황도 존재한다.

노드로 직접 참여하지 않지만, 3rd Party API 서버에서 제공하는 API를 통해 간접적인 방법으로 서비스를 이용한다. 클라이언트는 블록체인 헤더 및 데이터와 같은 어떠한 정보도 직접 저장하고 있지 않고 오직 자신의 거래를 위한 지갑의 키(Key) 정보만 가지고 있다. API 서버에서 제공하는 API를 통해서 본인의 거래 인증 여부, 잔고 등을 확인할 수 있다.

암호화폐 거래소를 통해 지갑을 개설하고 거래나 잔고를 확인하는 서비스가 일종의 '3rd Party API 클라이언트'라고 할 수 있다.

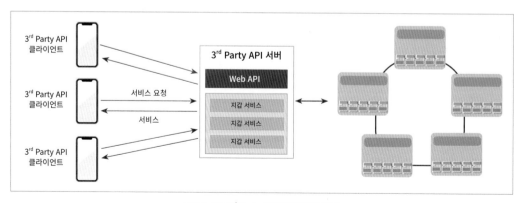

그림 3-66 3rd Party API 클라이언트 개념

정리하면, 비트코인 초기에 각 노드는 모든 블록체인 데이터를 저장하고 있었고, 검증 및 채굴과 같은 기능을 모두 수행했다. 하지만 현재는 다양한 형태의 노드를 허용하게 되었다. 블록체인 데이터를 모두 보관하지 않고 채굴에만 참여할 수 있고, 스마트폰을 이용한 노드에서는 트랜잭션 생성 및 처리에만 활용할 수도 있다.

3.2.2 트랜잭션

비트코인은 화폐 시스템이다. 좀 더 정확히 표현하면 탈중앙화 기반 기술인 블록체인으로 화폐 서비스를 구현한 것이 비트코인이다. 앞서 블록과 블록체인의 특성을 살펴보았고 블록체인을 구현하기 위하여 암호기술이 어떻게 활용되었는지도 살펴보았다.

탈중앙화를 구현하기 위한 기술이 블록체인이었다면, 송금과 같은 화폐 서비스를 구현하기 위한 핵심 기술이 바로 트랜잭션이다. 전통적인 트랜잭션은 중앙시스템 기반으로 구현 및 실행되지만, 비트코인은 탈중앙화 기반으로 서비스를 구현하기 때문에 블록체인 기반으로 작동하는 트랜잭션이며, 이는 전통적인 중앙시스템 기반 트랜잭션과 설계 및 작동 방식이 다를 수밖에 없다.

앞서 트랜잭션에 대한 개념적 이해와 암호기술 기반으로 송금되는 과정을 살펴보았다. 이번에는 좀 더 기술적인 측면에서 자세히 살펴보겠다.

1) 화폐 송금 방식의 이해

탈중앙 화폐 시스템인 비트코인에서의 송금의 특징을 다시 한번 복습해보자.

화폐 방식

홍길동이 월급을 받아 커뮤니티에 회비를 납부하는 과정을 보자. 이때 크게 3가지 액션으로 구성된다.

그림 3-67 송금 절차 및 단계

1. 첫째, 홍길동이 화폐를 사용하기 위해서는 먼저 다른 사람(회사)의 출금 과정이 있어야 한다.

2. 둘째, 홍길동 계좌로 입금이 완료되었다면 비밀번호를 이용하여 입금을 확인하는 과정이 필요하다.

3. 셋째, 입금 및 확인 과정을 거친 후 커뮤니티에 회비를 송금한다.

은행에서는 계좌(Account)별로 잔고(Balance)를 관리하며 잔고를 기준으로 송금을 처리한다. 다음 그림에서도 20원, 15원, 35원이 각각 입금되었다면 모두 모아서 '70원 입금'으로 처리한다. 그리고 35원을 출금하고자 한다면 370원 잔고에서 35원을 송금한다. 반면 비트코인에서는 UTXO 방식을 채택하고 있는데, 이는 마치 지갑에서 고유한 지폐를 선택해서 지급하는 것과 유사하다.

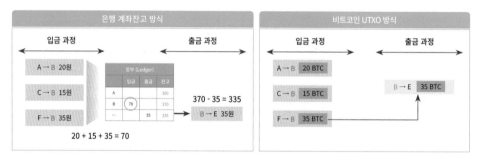

그림 3-68 계좌 잔고 방식과 UTXO 방식 차이

비트코인에서는 계좌별로 잔고를 별도로 관리해 줄 수 있는 중앙시스템이 존재하지 않기 때문에 송금 과정이 마치 시장에서 개인이 지갑에서 특정 지폐를 꺼내서 상대에게 직접 건네는 방식과 유사하다.

다음 그림은 개인 간 화폐를 직접 전달하는 과정을 보여준다. B가 지갑에서 '1만 원' 지폐를 꺼내서 C에게 직접 전달하는 과정이다. 비트코인도 마찬가지다. 잔고 방식이 아니라 고유하게 식별 가능한 비트코인(UTXO)을 선택하여 C에게 직접 전송하는 과정이다.

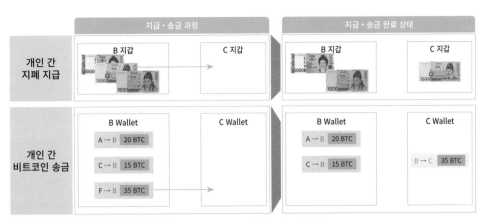

그림 3-69 개인 간 지폐·비트코인 직접 송금

그림에서 비트코인 송금 과정을 살펴보면, B는 고유하게 식별 가능한 비트코인(35BTC)을 선택해서 C에게 지급한다. B지갑에서 C지갑으로 송금이 완료되면 B지갑에 있던 화폐(35BTC)는 이미 사용되었기 때문에 더 이상 사용할 수 없도록 처리된다. 그리고 C지갑에는 35BTC라는 새로운 화폐(UTXO)가 생성된다.

송금 방식

은행에서는 중앙시스템에서 이용자별 계좌(Account)를 관리하면서 계좌 간 상태를 변경하는 방식으로 송금이 이루어진다. 반면, 비트코인에서는 별도의 중앙시스템 없이 각 개인이 소유한 비대칭키를 이용하여 개인 간 직접 송금을 진행한다.

다음 그림은 UTXO 화폐를 비대칭키를 이용하여 송금하는 방식을 표현하고 있다.

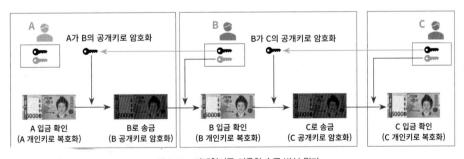

그림 3-70 비대칭키를 이용한 송금 방식 원리

공개키는 일종의 주소 역할을 한다고 볼 수 있다. A가 B에게 송금한다는 것은 B의 공개키로 암호화한다는 것을 의미하며 본인 소유 검증 및 재사용하기 위해서는 B의 개인키로 복호화한다는 것을 의미한다. B의 관점에서 그림을 자세히 보면 A(이전 거래)는 B의 공개키로 암호화하고 B는 본인(B) 의 개인키로 복호화한다는 것이다.

트랜잭션의 개념

UTXO 기반의 화폐 방식과 비대칭키 기반의 송금 방식을 구조화하면 다음과 같다.

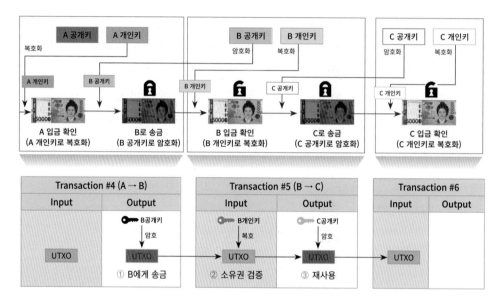

그림 3-71 비대칭키와 UTXO 개념을 적용한 송금 방식 이해

여기에서도 현재 B가 Transaction #5를 작성하는 상황에서 Transaction #4(이전 트랜잭션)에서 B의 공개키로 암호화(송금)하면 Transaction #5에서 B는 B의 개인키로 복호화하여 소유권을 검증 한다.

- A에서 B로 송금하는 Transaction #4의 출력(Output)을 보면, B의 공개키로 암호화하여 B에게 송금한다.
- B에서 C로 송금하는 Transaction #5의 입력(Input)을 보면, B의 개인키로 복호화하여 B의 소유권을 증명한다.
- B에서 C로 송금하는 Transaction #5의 출력(Output)을 보면, C의 공개키로 암호화하여 C에게 송금한다.

'UTXO라는 화폐 방식'으로 '비대칭키를 이용하여 송금'하는 과정을 '입력(Input)과 출력(Output) 구조'로 정형화한 구현체가 바로 비트코인 트랜잭션이다.

TxID(Transaction ID) 이해

우리가 시장에서 물건값을 지불하기 위해서는 지갑을 열어 수많은 지폐 중에서 어떤 지폐로 지불할 것인지를 선택해야 한다. 그 지폐는 금액이 동일하다 하더라도 물리적으로 고유하게 식별된다. 비트 코인 화폐는 트랜잭션에 포함되어 있고 이런 트랜잭션은 그림 3-72처럼 블록체인에 산재돼 저장되어 있다.

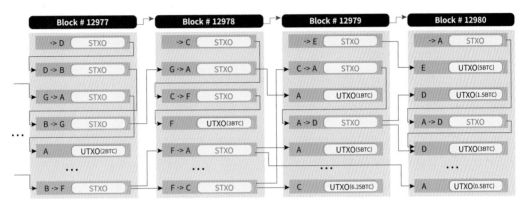

그림 3-72 비트코인이 블록체인상에 존재하는 형태

이런 블록체인에서 UTXO를 사용하기 위해서는 사용하고자 하는 UTXO를 특정해야 하며, 그 특정된 UTXO가 포함된 트랜잭션을 식별할 수 있어야 한다. 이처럼 사용하고자 하는 UTXO가 포함된 트랜잭션을 식별할 수 있는 고유한 ID가 TxID(Transaction ID)이다. TxID는 Transaction을 고유하게 식별할 수 있는 ID로 이해하면 된다.

다음 그림에서 2BTC를 송금하기 위해 블록체인에서 '12345'라는 TxID를 식별 및 선택했다. 2BTC를 송금하기 위한 트랜잭션을 생성할 때 먼저 Input에 TxID를 입력한다. 이는 이 트랜잭션은 'TxID :12345'에 있는 2BTC를 이용하여 송금한다는 것을 의미한다.

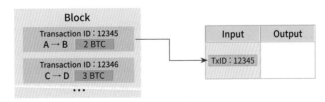

그림 3-73 TxID 개념 이해

트랜잭션에서 모든 입력은 다른 트랜잭션의 출력과 연결되어 있다고 했다.

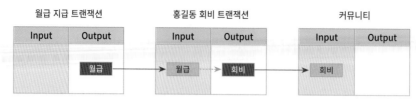

그림 3-74 트랜잭션들의 입력과 출력 연결

이처럼 트랜잭션의 입력(Input)에는 항상 사용된 UTXO가 포함된 트랜잭션 ID가 입력되어 있다.

VOUT(Output Index) 이해

지갑에 5천 원짜리 지폐 2장과 1천 원짜리 지폐 3장이 있는데, 총 7천 원을 지불해야 하는 상황을 가정해 보자. 일반적으로 5천 원짜리 지폐 한 장과 1천 원짜리 지폐 2장을 꺼내서 지불할 것이다.

그림 3-75를 보면 Aggregating Transaction과 Distributing Transaction 상황을 설명한다. Aggregating Transaction은 여러 장의 지폐를 하나의 수신자에게 송금하는 과정을 나타내며 Distributing Transaction은 하나의 지폐를 여러 수신자에게 분리하여 송금하는 과정을 나타낸다. 용어 자체는 큰 의미가 없으니 다음 그림을 통해 상황만 이해하길 바란다.

먼저 Aggregation Transaction 상황을 보자. 10BTC를 송금하기 위해서 하나의 UTXO만으로는 부족하다. 그래서 이전에 B에게 송금된 트랜잭션 3개를 선택하여 10BTC로 합쳐서 송금하고 있다. 반대로 Distributing Transaction 상황은 10BTC를 이용하여 3명의 수신자에게 각각 3BTC, 2BTC, 5BTC를 송금한다.

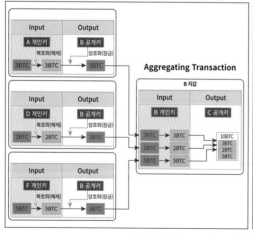
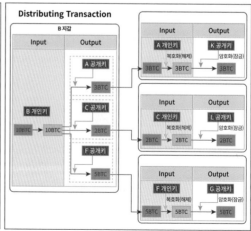

그림 3-75 Aggregating 트랜잭션과 Distributing 트랜잭션 이해

Distributing Transaction 상황을 좀 더 자세히 살펴보면, 이 트랜잭션은 10BTC 중 3BTC는 A에게 송금된 것이고, 2BTC는 C에게 송금되었으며, 나머지 5BTC는 F에게 송금되었다는 것을 의미한다.

A가 송금받은 3BTC를 재사용하기 위해 새로운 트랜잭션을 생성한다면 입력(Input)에 사용하고자 하는 UTXO가 포함된 이전 트랜잭션을 특정해서 TxID를 입력해야 한다. 그런데 3BTC가 포함된 이전 트랜잭션은 3BTC 외에 2BTC와 5BTC도 존재한다. 따라서 트랜잭션을 고유하게 식별하는 TxID 정보만으로는 부족하다.

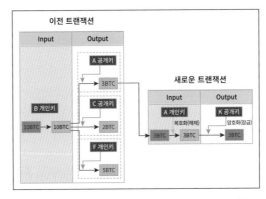

그림 3-76 Distributing 트랜잭션에서 특정 UTXO 식별 방안

TxID뿐만 아니라 트랜잭션 내에서 특정 UTXO를 지정할 수 있는 추가적인 식별 장치가 필요한데, 그것이 바로 VOUT다. TxID가 트랜잭션을 특정한 번호라면, VOUT는 동일한 트랜잭션 내 여러 개의 UTXO가 존재할 때 특정 UTXO를 식별할 때 사용된다.

트랜잭션에 여러 개의 UTXO가 존재할 경우 순서대로 번호를 지정하는 방식으로 VOUT (Output Index) 값을 부여한다. 다음 그림에서처럼, 첫 번째 UTXO의 VOUT는 0이고, 두 번째 UTXO부터 1씩 증가한다.

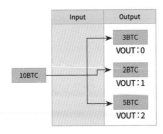

그림 3-77 VOUT 개념

이전 트랜잭션의 TxID가 12345이고 이 트랜잭션의 출력(Output)의 첫 번째 UTXO라면 다음 그림과 같이 표현할 수 있다.

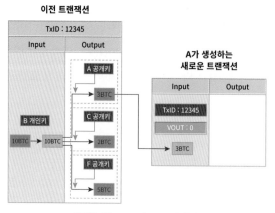

그림 3-78 TxID와 VOUT의 활용

2) 트랜잭션 구성

비트코인 트랜잭션을 이해하기 위해 송금 과정을 다시 한번 정리해 보겠다.

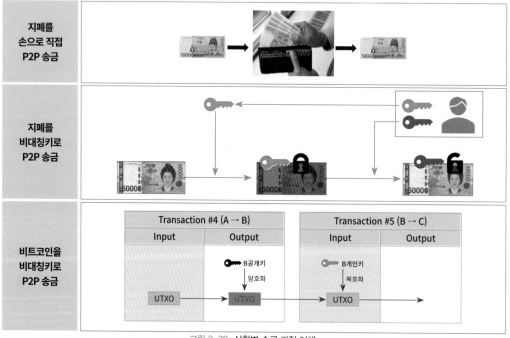

그림 3-79 상황별 송금 과정 이해

개인 간 직접 송금하는 대표적인 방식이 지폐를 손으로 직접 건네는 방식이다. 이것을 온라인상에서 개인 간 직접 송금하기 위해서는 디지털 형태의 화폐를 비대칭키로 송금하는 방식이 필요하다. 앞에 서 트랜잭션이란 'UTXO라는 화폐 방식'으로 '비대칭키를 이용하여 송금'하는 과정을 '입력(Input) 과 출력(Output) 구조'로 정형화한 구현체라고 설명했다. 트랜잭션의 구성과 구조는 다음과 같다.

그림 3-80 트랜잭션의 구성과 구조

그런데 그림 3-79의 트랜잭션에는 한 가지 요소가 빠져 있다. 바로 서명이다.

3) 트랜잭션에서 전자서명 생성과 검증

모든 계약에는 승인 · 동의 · 확약의 의미로 본인만이 독점 소유권과 사용권을 가진 장치로 인증을 한다. 대표적인 인증 장치가 서명이나 인감도장이다. 인터넷 송금을 할 때 송금 계좌번호와 금액을 모두 기입하고 마지막 단계에서 본인 비밀번호를 입력해야 송금이 처리된다. 인터넷을 통한 송금도 일종의 계약으로서 인증이 필요하다. 온라인상에서 서명이나 인감도장을 사용할 수 없기 때문에 본 인만 아는 비밀번호를 입력하는 것이 일종의 인증이다. 인터넷 송금이라는 계약에서 인증은 바로 비 밀번호다.

트랜잭션 전자서명 생성

비트코인에서도 트랜잭션 생성 시 이런 서명이 필요하다. 개인키와 공개키를 사용하는 비트코인에 서는 개인만 소유와 사용이 가능한 개인키를 이용하여 전자서명을 생성한다. 인감도장으로 날인한 것을 나중에 공개된 인감 정보로 검증했던 것처럼, 비트코인 트랜잭션도 개인키를 이용하여 생성한 전자서명을 포함하여 네트워크에 전파하면 각 노드에서 공개된 공개키로 트랜잭션을 검증한다.

먼저 트랜잭션에서는 전자서명을 어떻게 생성하는지 알아보자. 앞서 그림 3-29와 3-30에서 전자 서명의 개념 및 간단한 절차를 살펴보았다. 일반적인 전자서명은 원본 메시지를 생성자의 개인키로 암호화하여 전자서명을 생성하고 생성된 전자서명을 원본 메시지와 함께 송부하는 방식이었다.

반면 비트코인 트랜잭션에서 전자서명을 생성하는 방식은 일반적인 전자서명 생성과 조금 다르다. 다음 그림을 보면 차이점을 발견할 수 있다.

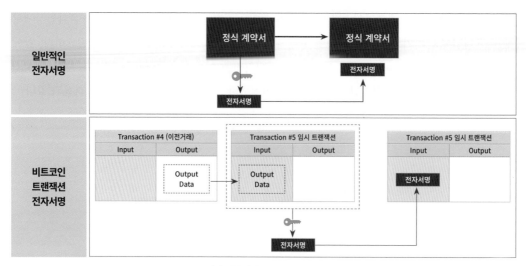

그림 3-81 일반 전자서명과 트랜잭션 전자서명의 차이

그림을 보면 완성된 트랜잭션을 기반으로 전자서명을 생성하지 않고, 임시 트랜잭션을 기반으로 전자서명을 생성하고 생성된 전자서명을 정식 트랜잭션의 입력(Input)에 포함시켜 정식 트랜잭션을 완성하는 것을 볼 수 있다. 비트코인 트랜잭션의 전자서명을 생성하는 과정을 좀 더 자세히 살펴보자.

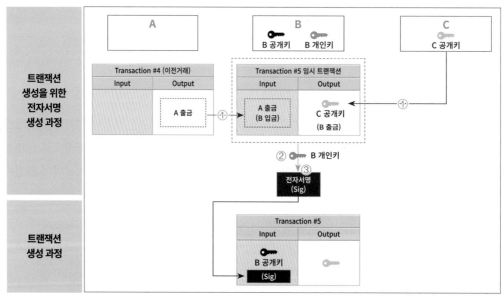

그림 3-82 트랜잭션의 전자서명 생성 과정

Transaction #5의 입력(Input)은 이전 트랜잭션(Transaction #4)의 출력(Output)과 연계되어 있으며, Transaction #5의 출력(Output)은 C의 공개키(송금 주소)와 연계되어 있다. 따라서 Transaction #4의 출력(Output) 데이터를 Transaction #5의 입력(Input)에 입력하고, C의 공개키를 Transaction #5의 출력(Output)에 입력하여 임시 Transaction #5를 완성한다. '임시 완성된 Transaction #5'를 B의 개인키로 암호화하면 임시 Transaction #5에 대한 전자서명이 생성된다. 생성된 전자서명을 '정식 Transaction #5'의 입력(Input)에 포함한다.

트랜잭션 전자서명 검증

다음으로, 트랜잭션 서명을 검증하는 과정을 살펴보자. 먼저 일반 전자서명 검증 과정을 다시 상기해 보자.

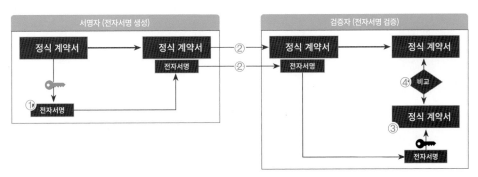

그림 3-83 일반 전자서명 검증 과정

1. 계약서를 개인키로 전자서명을 생성한다.

2. 생성된 전자서명과 계약서를 전송한다.

3. 수신자는 전자서명을 공개키로 복호화하여 계약서를 생성한다.

4. 원본 계약서와 전자서명을 통해 복호화된 계약서를 비교하여 검증한다.

이제 트랜잭션의 전자서명 검증 과정을 살펴보자. 트랜잭션의 전자서명 생성 과정이 일반 전자서명의 생성 과정과 조금 달랐던 것처럼 검증 과정도 조금 차이가 나는 것을 확인할 수 있다.

트랜잭션의 전자서명을 생성할 때는 생성자가 이전 트랜잭션 출력값을 연계한 임시 트랜잭션을 이용하여 전자서명을 생성했다. 완성된 트랜잭션이 전파되면 검증자도 생성 과정에서 만들어졌던 임시 트랜잭션과 동일한 절차로 재현하여 임시 트랜잭션을 생성하고 이를 네트워크로 수신된 정식 트랜잭션과 비교하여 검증한다. 다음 그림을 통해 자세한 절차를 알아보자. 참고로 그림 구현상의 이유로 Input과 Output위치를 고의로 바꿔서 작성하였기 때문에 참조해주길 바란다.

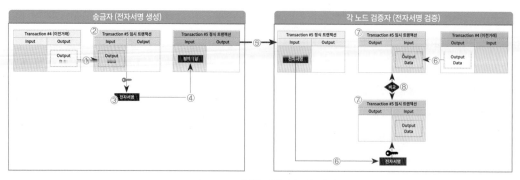

그림 3-84 트랜잭션 전자서명 검증 과정

1. 전자서명을 생성하기 위해 임시 트랜잭션이 필요하고 임시 트랜잭션의 입력(Input) 데이터를 위해 이전 트랜잭션의 출력값을 가져온다.

2. 임시 트랜잭션을 완성한다.

3. 임시 트랜잭션을 개인키로 암호화하여 전자서명을 생성한다.

4. 생성된 전자서명을 정식 트랜잭션의 입력(Input)에 삽입한다.

5. 생성된 정식 트랜잭션을 네트워크에 전파한다.

6. 각 노드는 수신된 트랜잭션에서 전자서명을 공개키로 복호화하여 생성 과정에서 사용되었던 임시 트랜잭션을 재생하고 동시에 생성 과정에서 만들었던 동일한 임시 트랜잭션을 재현하기 위해 이전 트랜잭션에서 출력값을 가져온다.

7. 전자서명을 공개키로 복호화하여 임시 트랜잭션을 생성하고 동시에 생성 과정과 동일한 방식으로 재현된 임시 트랜잭션을 생성한다.

8. 각각 생성된 임시 트랜잭션을 비교하여 검증한다.

앞서 설명한 생성 및 검증을 5개의 큰 절차로 구분하여 다시 한번 설명해 보겠다.

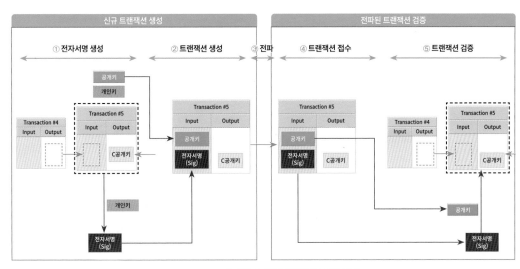

그림 3-85 트랜잭션 전자서명 생성·검증 주요 단계

1. **전자서명 생성**: 이전 트랜잭션 #4의 출력값을 임시 트랜잭션 #5의 입력에 포함시키고 수신자의 공개키를 임시 트랜잭션 #5의 출력에 포함시켜 임시 트랜잭션을 생성한다. 임시 트랜잭션을 개인키로 암호화하여 전자서명(Sig)을 생성한다.

2. **트랜잭션 생성**: 생성된 전자서명을 정식 트랜잭션 #5의 입력에 포함시켜서 정식 트랜잭션 #5를 생성한다.

3. **네트워크에 전파**: 생성된 트랜잭션 #5는 네트워크에 전파한다.

4. **트랜잭션 수신**: 전파된 트랜잭션 #5가 각 노드에 접수되면 검증 과정을 거친다.

5. **트랜잭션 검증**: 수신된 전자서명을 공개키로 복호화하여 임시 트랜잭션을 재생하고 생성 과정과 동일한 절차로 임시 트랜잭션을 재현하여 생성된 두 개의 임시 트랜잭션을 비교하여 검증한다.

해시함수를 통한 검증의 효율화

전자서명을 생성할 때 계약서를 바로 개인키로 암호화하여 생성할 수도 있지만, 일반적으로 계약서의 해시값을 구하고 해시값을 개인키로 암호화하여 전자서명을 생성한다고 그림 3-32에서 설명했다.

해시값을 통해 전자서명을 생성하는 절차는 복잡해 보이기 때문에 앞의 그림들에서는 우선 개념 이해 차원에서 고의로 트랜잭션을 바로 전자서명 하는 이미지로 표현했다. 하지만 실제로는 트랜잭션의 해시값을 전자서명 생성 및 검증에 이용한다.

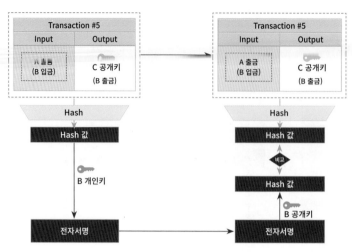

그림 3-86 해시함수 적용 트랜잭션 전자서명 검증

참고로 모든 구성과 절차를 포함해 그림으로 표현하면 너무 복잡해진다. 설명 대상과 논점에 따라 일부 구성이 생략되거나 절차를 건너뛰어 설명하기도 하므로 이런 점을 고려하여 그림을 참조하기 바란다. 그림 3-86도 전자서명이 정식 트랜잭션에 포함되는 과정은 생략하고 해시값을 이용한 전자서명 생성과 검증 과정만 집중해서 표현한 것이다.

이전 트랜잭션에 대한 이해

그림 3-81을 보면 임시 트랜잭션을 생성하기 위해 이전 트랜잭션 정보를 가져온다. 또한 검증 과정에서도 임시 트랜잭션을 재현하기 위해 이전 트랜잭션이 필요하다. 이전 트랜잭션은 어디에 존재하는 것일까?

이전 트랜잭션은 이미 처리되어 블록체인에 저장되어 있는 상태다. 그리고 각 노드는 완전히 동일한 블록체인 장부를 각각 저장하고 있다. 따라서 각 노드에는 모든 거래내역이 이미 저장되어 있다. 저장된 트랜잭션 중에서 필요한 이전 트랜잭션을 찾아서 복사해 오면 된다.

다음 그림은 이전 트랜잭션이 블록체인에 저장되고 새로운 트랜잭션 생성 시 블록체인에서 가져오는 상황을 보여준다.

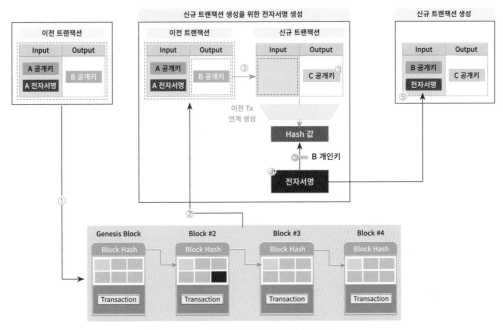

그림 3-87 이전 트랜잭션 저장 및 이용

1. 새로운 트랜잭션 생성 과정과는 별도로 이전에 트랜잭션이 생성되어 블록체인에 저장되어 있다.

2. 새로운 트랜잭션 생성 시 참조하고자 하는 이전 트랜잭션을 블록체인에서 찾아 복사해 온다.

3. 이전 트랜잭션의 출력값을 새로운 트랜잭션의 입력값으로 복사해 온다.

4. 전자서명을 생성한다.

5. 전자서명을 이용하여 정식 트랜잭션을 생성한다.

생성 과정에서 이전 트랜잭션은 모두 블록체인에 저장되어 있기 때문에 블록체인에서 찾아서 복사해 오면 된다. 상기 그림에서 검증 과정은 표현하지 않았지만, 검증 과정에서도 임시 트랜잭션을 재현할 때 필요한 이전 트랜잭션을 블록체인에서 가져온다.

앞서 트랜잭션 생성과 검증, 트랜잭션을 해시화하여 전자서명 생성, 이전 트랜잭션 보관 위치 등에 대해 알아보았다. 이런 내용을 모두 포함하는 상황과 절차를 표현하면 다음 그림과 같다. 앞서 설명한 전자서명 내용을 좀 더 상세히 나타냈다.

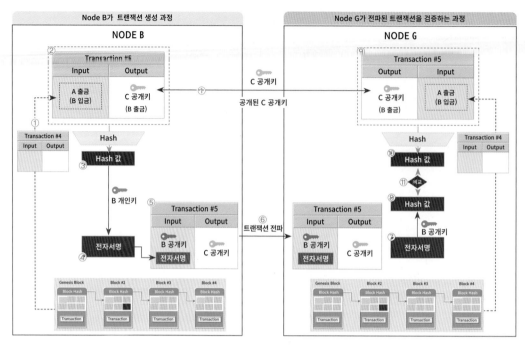

그림 3-88 트랜잭션 전자서명 생성 및 검증 과정 상세

1. 먼저 임시 트랜잭션을 생성해야 하기 때문에 블록체인에서 연계할 이전 트랜잭션의 출력값을 가져오고 외부에 공개된 수신자 공개키를 가져온다.

2. 이전 트랜잭션의 출력값과 수신자 공개키를 각각 Input&Output에 포함시켜 임시 트랜잭션 #5를 생성한다.

3. 임시 트랜잭션 #5의 해시값을 구한다.

4. 해시값을 B 개인키로 암호화하여 전자서명을 생성한다.

5. 전자서명을 정식 트랜잭션 #5에 포함시킨다.

6. 생성된 정식 트랜잭션을 전체 네트워크에 전파한다.

7. 전파되어 수신된 트랜잭션의 검증 과정에 돌입한다.

8. 전자서명을 B 공개키로 복호화하여 해시값을 구한다.

9. ②과정에서 생성된 임시 트랜잭션 #5를 Node #G에서도 조합하여 재현한다.

10. Node #G에서 재현된 임시 트랜잭션 #5의 해시값을 구한다.

11. ⑧단계와 ⑩단계에서 각각 생성된 해시값을 서로 비교하여 검증한다.

NODE #G의 검증 과정에서 전자서명이 B 공개키로 풀렸다는 것은 트랜잭션 생성자가 B 개인키를 이용하여 전자서명을 생성했다는 것을 의미하며 트랜잭션 생성자가 B 개인키를 소유하고 있다는 것을 보장한다. 추가로 전자서명의 해시값과 트랜잭션의 해시값이 일치한다는 것은 전파 과정에서 무결성이 보장되었다는 것을 증명한다.

4) 트랜잭션 검증 과정 상세

트랜잭션 생성 · 검증 과정을 살펴보았는데, 트랜잭션 검증을 자세히 보면 두 가지 요소의 검증이 필요하다는 것을 확인할 수 있다. 두 가지 요소를 이해하기 위해 다른 사례를 들어보겠다. 홍길동이 월급을 받아 커뮤니티에 회비를 납부하는 과정을 보자.

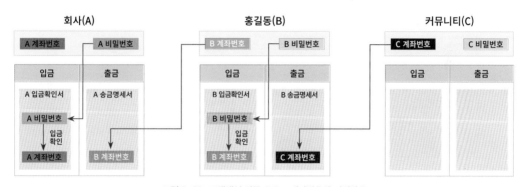

그림 3-89 트랜잭션 검증 요소 – 계좌번호와 비밀번호

홍길동이 커뮤니티에 회비를 송금하기 위한 트랜잭션을 생성했다. 이 트랜잭션이 유효성을 가지려면 두 가지 검증 요건이 필요하다.

- 회사에서 송금한 계좌가 홍길동 계좌번호가 맞는가?
- 홍길동이 계좌번호에 대한 비밀번호를 알고 있는가?

홍길동이 커뮤니티에 회비를 납부하기 위해서는 그 전에 입금 과정이 필요하다. 따라서 회사에서 홍길동 계좌번호로 송금한 것이 맞고 홍길동이 그 계좌번호에 대한 비밀번호를 알고 있다면 홍길동이 회사에서 받은 돈을 재사용하여 커뮤니티로 송금하고자 하는 트랜잭션은 유효하다는 것이 증명된다.

비트코인에서는 공개키가 계좌번호 역할을 하고 개인키가 비밀번호 역할을 한다. 홍길동 사례에서 비대칭키 기반으로 검증 요건을 다시 정리하면 다음과 같다.

- 회사에서 홍길동 공개키로 암호화한 것이 맞는가?
- 홍길동이 개인키를 소유하고 있는 것이 맞는가?

트랜잭션이 전파되면 각 노드는 이 두 가지를 검증한다. 공개키와 전자서명.

- 이전 트랜잭션의 수신자 공개키 검증
- 트랜잭션 전자서명 검증

이전 트랜잭션의 수신자 공개키 검증

다음 그림에서 B가 C에게 송금하기 위해서 트랜잭션 #4를 참조하여 트랜잭션 #5를 생성하고 있다. B가 트랜잭션 #4의 화폐를 재사용하기 위해서는 먼저 트랜잭션 #4의 화폐가 B의 공개키로 암호화 (자금)되었는지를 우선 검증할 필요가 있다. 즉, 이전 트랜잭션의 수신자 공개키 검증이 필요하다.

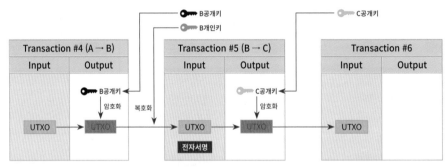

그림 3-90 수신자 공개키 검증

이전 트랜잭션 수신자 공개키를 검증하는 절차를 간단히 표현하면 다음 그림과 같다.

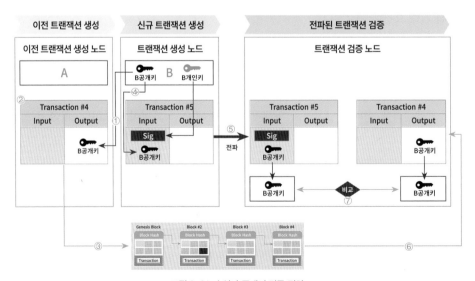

그림 3-91 수신자 공개키 검증 절차

1. A는 B에게 송금하기 위해 주소에 해당되는 B 공개키를 이용한다.

2. B 공개키를 출력(Output)에 포함하여 트랜잭션 #4를 생성한다.

3. 생성된 트랜잭션은 전파·검증·합의 과정을 거쳐 블록체인에 저장된다.

4. B는 트랜잭션을 생성할 때 전자서명(Sig)뿐만 아니라 본인 공개키도 입력(Input)에 포함시켜 트랜잭션 #5를 생성한다.

5. 새롭게 생성된 트랜잭션을 네트워크에 전파한다.

6. 검증 과정에서 각 노드는 트랜잭션 #5가 참조한 트랜잭션 #4를 블록체인에서 복사해 온다.

7. 트랜잭션 #4의 출력(Output)에는 B 공개키가 포함되어 있고 트랜잭션 #5의 입력(Input)에는 B 공개키가 각각 저장되어 있다. 이를 비교하여 검증한다.

두 공개키를 비교하여 일치한다는 것은 홍길동이 회비를 납부하기 위한 선행 단계에서 회사에서 출금한 계좌가 내 계좌가 맞다는 것을 의미한다.

트랜잭션 전자서명 검증

회사에서 송금한 계좌가 내 계좌가 맞다는 것을 검증했다. 이젠 계좌번호에 대한 비밀번호 소유 여부를 검증해야 한다. 비밀번호로 계좌번호에 접속할 수 있다면 이 계좌번호는 내 소유라는 것이 증명된다. 즉, 홍길동이 개인키를 소유하고 있다는 것을 검증해야 한다.

개인키를 소유하고 있다는 것을 검증하는 과정은 이미 그림 3-88에서 살펴보았기 때문에 추가적인 설명은 생략하겠다. 전자서명 생성 단계에서 개인키로 암호화하여 전자서명을 생성했는데, 검증 과정에서 전자서명이 개인키와 쌍인 공개키로 풀리면 전자서명은 개인키로 암호화되었다는 것을 증명하며, 결국 개인키를 소유하고 있다는 것이 검증된다.

5) 트랜잭션 생성 · 검증 전체 프로세스

트랜잭션 생성 및 검증 과정을 부분적으로 알아봤는데, 트랜잭션 생성 및 검증 과정의 전체 프로세스를 하나의 그림으로 살펴보겠다.

공개키 검증 전체 프로세스

먼저 공개키를 검증하는 과정이다. 다음 그림은 B가 C에게 송금하는 트랜잭션을 생성하여 네트워크에 전파하고 D 노드에서 이 트랜잭션을 검증하는 시나리오다.

- **트랜잭션 생성**: B 노드

- **B가 사용하고자 하는 이전 트랜잭션**: A가 생성한 트랜잭션

- **송금**: B가 C에게 송금

- **전파된 트랜잭션 검증**: D 노드

공개키를 검증하는 세부 절차는 다음 그림과 같다. 참고로 순서는 절대적인 순서라기보다는 설명을 위한 편의상 순서로 이해하는 것이 좋을 것 같다.

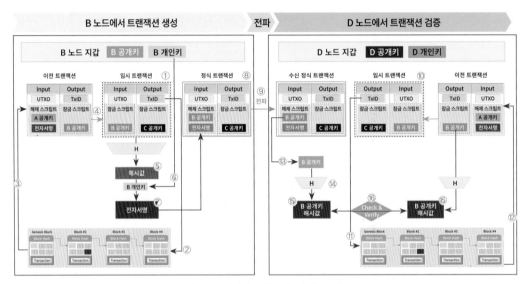

그림 3-92 수신자 공개키 검증 전체 프로세스

1. B가 C로 송금하는 트랜잭션을 생성하려고 한다.

2. 먼저 TxID 정보를 이용하여 이전 트랜잭션을 블록체인에서 찾는다.

3. TxID와 일치한 이전 트랜잭션을 찾아서 복사해 온다.

4. 이전 트랜잭션에서 출력값을 가져오고 수신자 공개키를 가져와서 임시 트랜잭션을 완성한다.

5. 임시 트랜잭션의 해시값을 구한다.

6. 트랜잭션의 해시값을 개인키로 암호화한다.

7. 개인키로 암호화하여 전자서명을 생성한다.

8. 생성된 전자서명을 포함해 정식 트랜잭션을 완성한다.

9. 완성된 트랜잭션을 네트워크에 전파한다.

10. 수신된 트랜잭션을 이용하여 검증을 위한 임시 트랜잭션을 생성한다.

11. TxID 정보를 이용하여 블록체인에서 이전 트랜잭션을 찾는다.

12. TxID와 일치한 이전 트랜잭션을 찾아서 복사해 온다.

13. 수신된 트랜잭션의 공개키를 식별한다.

14. 공개키의 해시값을 구한다.

15. 공개키의 해시값과 이전 트랜잭션의 공개키 해시값을 식별한다.

16. 비교하여 공개키의 유효성을 검증한다.

참고로, 그림에서는 '잠금 스크립트'에 '공개키'가 저장되어 있다. 하지만 실제로는 '공개키의 해시값 (주소)'이 저장된다. 관련 내용은 다음 스크립트에서 설명하겠다.

전자서명 검증 전체 프로세스

다음 그림은 개인키 소유 여부와 무결성을 검증하는 프로세스다.

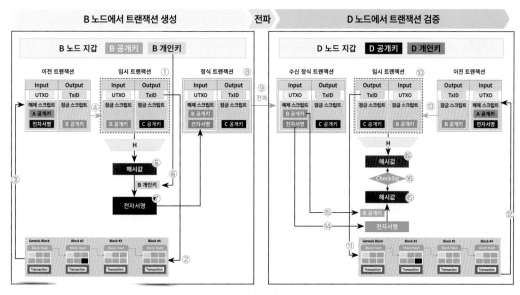

그림 3-93 전자서명 검증 전체 프로세스

블록체인 생성 과정은 공개키 검증과 동일하기 때문에 생략하겠다.

10. 수신된 트랜잭션을 이용하여 검증을 위한 임시 트랜잭션을 생성한다.

11. TxID 정보를 이용하여 블록체인에서 TxID 정보를 지닌 이전 트랜잭션을 찾는다.

12. TxID 와 일치한 트랜잭션을 찾아서 복사해 온다.

13. 검증을 위한 임시 트랜잭션은 이전 트랜잭션에서 출력값을 가져오고 수신자 공개키를 포함시킨다.

14. 다른 한편에서 수신된 트랜잭션의 전자서명을 식별한다.

15. 전자서명을 공개키로 복호화한 값과 검증 트랜잭션의 해시값을 각각 구한다.

16. 두 값을 비교한다.

공개키·전자서명 검증 전체 프로세스

앞서 각각 살펴본 공개키 검증과 전자서명 검증 과정을 하나의 프로세스로 정리하면 그림 3-94와 같다. 다음 그림에서는 공간상 제약으로 이전 트랜잭션을 블록체인에서 복사해 오는 과정 등이 일부 생략되어 표현되었다.

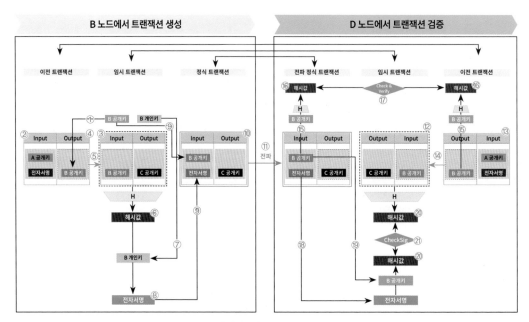

그림 3-94 공개키 검증과 전자서명 검증 연계 프로세스

앞서 개별적으로 절차를 설명했기 때문에 별도의 설명은 생략하겠다. 단, 5번까지의 단계가 오해의 소지가 있어 5번까지만 보충 설명하겠다.

1. 이전에 A는 B에게 송금하기 위해서 B 공개키를 이용하여 트랜잭션을 생성했다.

2. B 공개키를 포함한 트랜잭션을 생성하고 전파하여 블록체인에 저장되었다.

3. 이전에 A가 B에게 송금한 화폐를 사용하여 B가 C에게 송금하는 트랜잭션을 생성하고자 한다.

4. C에게 송금하는 트랜잭션을 생성하기 위해 먼저 A가 B에게 송금했던 이전 트랜잭션을 블록체인에서 복사해 온다.

5. B가 정식 트랜잭션을 생성하기 위해 전자서명이 필요하고 전자서명을 생성하기 위해 이전 트랜잭션의 출력(Output) 데이터를 가져온다.

공간상 제약으로 모든 절차를 포함해 설명하는 데 한계가 있음을 이해해 주길 바란다.

6) 스크립트(Script) 이해

이해를 쉽게 하기 위해 트랜잭션을 개념적으로 설명했지만, 실제로 트랜잭션은 일종의 프로그램이다. 컴퓨터가 이해하고 처리하기 위해서는 프로그램 형태로 작성해야 한다.

스크립트(Script) 개념

시장에서 개인 간 지폐로 송금하는 과정은 지폐를 지갑에 넣고 빼고 상대방에게 건네고 받는 행위들로 구성된다. 컴퓨터에서는 이런 모든 행위를 프로그램으로 구현해야 한다.

앞서 개념적으로 알아봤던 트랜잭션도 컴퓨터에 의해 실제로 처리되기 위해서는 명령어 형태로 변환해야 한다. 비트코인에서 화폐를 주고받는 행위를 컴퓨터가 이해하고 처리할 수 있게 하기 위해 프로그래밍 언어를 이용한 구현체가 스크립트다.

비트코인의 스크립트 개념을 이해해 보자. 다음 그림을 보면, G가 A에게 2BTC를 송금하고, A는 이를 다시 B에게 송금하는 과정을 보여준다. 이를 구조화하여 표현하면 다음과 같다.

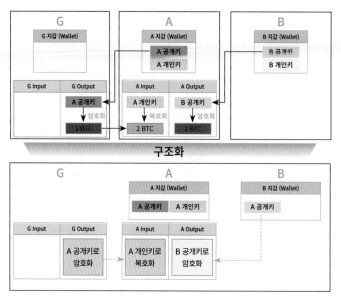

그림 3-95 비트코인 송금 과정 구조화

구조화한 내용을 다시 명령어 구문으로 바꾸면 다음과 같다.

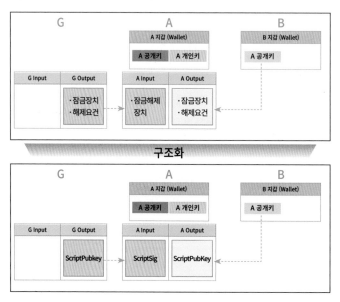

그림 3-96 비트코인 송금 과정 프로그램화

스크립트(Script)는 두 가지 유형이 있다. A의 입력(Input)을 프로그램 언어로 작성한 것이
Scriptsig이고 A의 출력(Output)을 프로그램 언어로 작성한 것이 ScriptPubKey다.

- ScriptPubKey(잠금 스크립트): 출력값을 소비하기 위해 충족되어야 하는 요건을 스크립트로 작성한 것

- ScriptSig(해제 스크립트): 잠금 스크립트에 의한 잠긴 화폐를 소비할 수 있도록 하는 조건을 스크립트로 작성한 것

'G Output'에 위치한 ScriptPubKey의 의미는 화폐를 수신자의 공개키로 암호화하여 잠갔으니 공개키와 쌍인 개인키를 소유한 사람만 이 화폐를 풀 수 있다는 조건을 제시하는 것이며, 'A Input'에 위치한 ScriptSig의 의미는 앞서 잠긴 화폐를 해제할 수 있는 장치(개인키)를 소유하고 있다는 것을 제시하는 것이다. 다르게 설명하면 ScriptPubKey(잠금 스크립트)는 잠긴 화폐를 해제할 수 있는 요건을 제시하고 있으며 ScriptSig(해제 스크립트)는 앞선 잠금 스크립트의 해제 요건을 충족할 수 있는 소비 조건을 제시하는 것이라고 이해할 수 있다. 즉, ScriptPubKey는 공개키로 잠갔으니 개인키를 소유한 사람만 해제할 수 있다는 조건을 제시한 것이며 ScriptSig는 개인키를 소유하고 있으니 해제할 수 있다는 자격을 제시하는 것이다.

스크립트(Script) 표준

Script를 작성하는 표준은 몇 가지 있다. 우선 2가지 표준만 소개하겠다. 앞서 공개키를 그대로 주소로 사용해도 되지만, 공개키를 한 번 더 해시한 값으로 주소를 활용한다고 설명했다. P2PK는 Pay to Public Key로 공개키(Public Key)를 주소로 활용하는 것이며, P2PKH는 Pay to Public Key Hash로 공개키의 해시값을 주소로 활용하는 것이다.

다음 그림을 보면, P2PK는 수신자의 공개키를 그대로 잠금에 사용한다. P2PKH는 수신자 공개키의 해시값을 잠금에 사용한다.

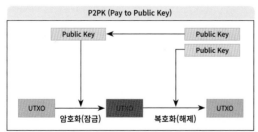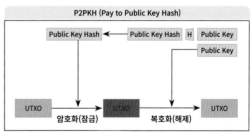

그림 3-97 스크립트 표준 유형

앞의 설명 및 그림에서는 간단하게 설명하기 위해 공개키를 바로 주소로 사용하는 것으로 설명했지만, 실제로는 '공개키의 해시값'을 더 많이 사용한다. 일종의 수신자 주소로서 수신자 공개키(P2PK)를 사용하는 것보다는 수신자 공개키의 해시값(P2PKH)을 더 많이 사용한다. 혼동된다면 그냥 공개키 하나로 이해하고 있어도 큰 무리는 없다.

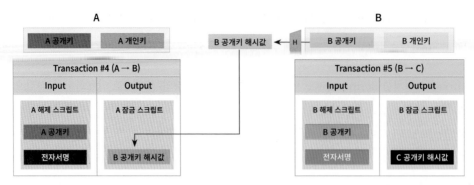

그림 3-98 P2PKH 표준 사례

앞서 그림 3-91과 그림 3-92에서도 실제로는 공개키 해시값이 사용되지만, 편의상 공개키를 그대로 사용했었다. PKH보다 P2PKH 표준을 더 많이 사용하므로 지금부터는 P2PKH 표준으로 설명하겠다.

트랜잭션에서 스크립트 형태

스크립트는 다음 그림처럼 크게 4가지로 구성된다.

1. TxID

2. ScriptSig (해제 스크립트)

3. Value

4. ScriptPubkey (잠금 스크립트)

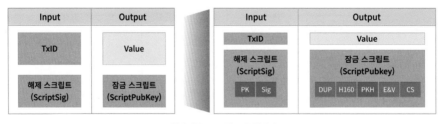

그림 3-99 스크립트 구성 요소

- 입력(Input)은 TxID와 해제 스크립트(ScriptSig)로 구성되며 해제 스크립트는 다시 〈SIG〉와 〈PubKey〉로 구성된다.

- 출력(Output)은 Value와 잠금 스크립트(ScriptPubkey)로 구성되며 잠금 스크립트는 다시 5개 명령어와 데이터로 구성된다.

트랜잭션의 세부 구성 요소와 개념을 정리하면 다음과 같다. 그림 3-99의 트랜잭션의 구성요소를 상세하게 다시 정리한 것이다.

구분	주요 구성	약어	명령어	설명
Input	TxID			이전 트랜잭션 해시값
	ScriptSig (해제 스크립트)	Sig	〈Sig〉	〈개인키로 생성한 서명〉
		PK	〈PubKey〉	〈공개키〉
Output	Value			송금 화폐
	ScriptPubkey (잠금 스크립트)	DUP	OP-DUP	복사(Duplicate)하라
		H160	OP-HASH160	160비트 길이 해시하라
		PKH	〈PubKeyHash〉	〈공개키의 해시값〉
		E&V	OP-EQUALVERIFY	동일 여부 체크하라
		CS	OP-CHECKSIG	〈공개키〉와 〈서명〉 관계 검증

참고로 트랜잭션상에 표기된 약어는 공식 약어가 아니라 임의로 작성한 약어다. 프로그램은 '데이터'와 '연산 명령어'로 구성되는데, 스크립트를 데이터와 명령어로 구분하여 정리하면 다음과 같다.

명령어 구성	OP-CODE	연산 명령	OP-DUP, OP-HASH160, OP-EQUALVERIFY, OP-CHECKSIG
	Operand	데이터	〈SIG〉, 〈PubKey〉, 〈PubKeyHash〉

데이터와 명령어 관점에서 스크립트 구성 요소를 다시 설명하면, 잠금 스크립트는 다음과 같이 구성된다.

- 〈공개키 해시값〉이라는 데이터
- 〈공개키〉를 검증하라는 명령어
- 〈공개키〉와 〈전자서명〉을 서로 검토하라는 명령어

공개키로 잠그고(송금) 잠금 해제(입금 확인 및 재사용)를 위한 조건(공개키 검증과 전자서명 검증)을 명시하고 있다.

해제 스크립트는 다음과 같이 구성된다.

- '전자서명' 데이터
- '공개키' 데이터

잠금 해제에 필요한 데이터인 '전자서명'과 '공개키' 정보를 명시하고 있다. 잠금 스크립트에서 잠금 해제를 위한 조건을 제시하고 해제 스크립트의 전자서명과 공개키를 이용하여 조건을 충족시키면 잠금이 해제된다는 것을 의미한다.

다음 그림 3-100은 그림 3-98을 스크립트 '데이터'와 '명령어' 관점에서 다시 정리한 것이다.

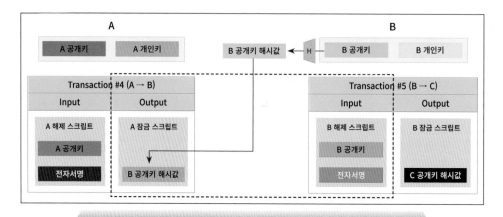

그림 3-100 데이터와 명령어 관점의 스크립트 구성

그림 3-100을 보면 두 가지 검증을 수행한다. 공개키 검증과 전자서명 검증이다.

- Verify ⟨PubKey⟩
- Check ⟨PubKey⟩ and ⟨Sig⟩

앞서 그림 3-89에서 트랜잭션이 전파되면 두 가지 검증이 필요하다는 것을 설명했다. 수신자 공개키 검증(회사에서 송금한 계좌가 홍길동 계좌가 맞는지)과 트랜잭션 전자서명 검증(홍길동이 비밀번호를 소유하고 있는지)이 그것이다. 이 두 가지 검증이 그림 3-100의 두 가지 검증을 의미한다. 이전에 A가 B에게 송금하기 위해 B 공개키로 잠갔던 화폐를 B가 재사용하기 위해서는 이전 트랜잭션이 B 공개키로 잠근 것이 맞는지 검증하고 B가 B 공개키와 쌍인 개인키를 소유하고 있다는 것을 증명하면 B는 A가 보낸 화폐를 재사용할 수 있다는 것을 표현한 것이다.

스크립트 작동 방식

앞서 트랜잭션 검증 과정을 공개키와 개인키 개념으로 설명했으나, 스크립트(Script) 작동 관점에서 더 자세하게 살펴보겠다. 스크립트 작동 관점에서 '이전 트랜잭션의 출력(Output)'과 '신규로 생성하는 트랜잭션의 입력(Input)'이 필요하다. 그리고 앞서 살펴본 데이터와 세부 연산 명령어들을 스크립트 작동 관점에서 정리하면 다음 그림과 같다.

Transaction #4의 Output에 위치한 잠금 스크립트는 화폐를 잠그고 잠긴 화폐를 해제할 수 있는 조건을 제시하고 있으며 Transaction #5의 Input에 위치한 해제 스크립트는 잠긴 화폐를 해제하는 데 필요한 자격을 제시하고 있다. 앞서 검증 대상은 공개키와 전자서명이라고 했다. 따라서 해제 스크립트에는 〈Sig〉와 〈Pubkey〉가 저장되어 있다.

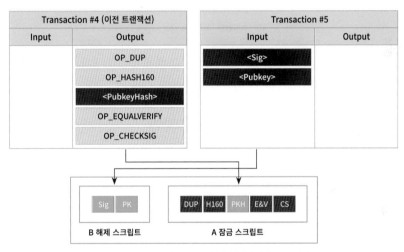

그림 3-101 스크립트 작동을 위한 데이터와 연산 명령어

비트코인에서 화폐를 송금한다는 의미는 이전에 A가 B 주소(공개키)로 잠가 두었던 화폐를 잠금 해제하고 재사용한다는 것을 의미한다. 이를 다르게 설명하면, A가 B의 공개키로 잠그고 잠금 해제 요건을 제시했으며 B는 잠금 해제 요건을 충족시켜 잠금을 해제하고 재사용한다고 이해할 수 있다.

이 과정을 명령어로 처리하기 위해서는 그림 3-101처럼 이전 트랜잭션에서 A가 설정한 잠금 해제 조건에 B가 필요한 데이터를 제시하여 잠금 해제 요건을 충족하는지 검증해야 한다. 즉, A의 잠금 스크립트와 B의 해제 스크립트가 일련의 연산 작업을 통해 처리됨을 알 수 있다. 그림 3-101에 정리된 일련의 데이터와 연산 명령어가 의미하는 바는 다음과 같다.

해제에 필요한 자격 조건(B 해제 스크립트)을 가지고 있다면 그 조건을 가지고 잠글 때 제시한 해제 조건(A 잠금 스크립트)을 충족하는지 한 번 검증해 보라는 의미다. 여기에서 자격 조건이 바로 검증 대상이며 전자서명과 공개키를 의미한다.

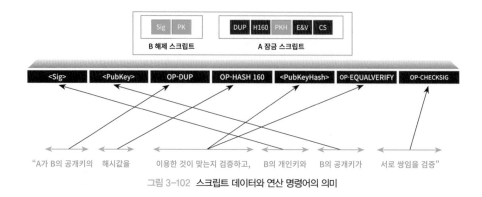

그림 3-102 스크립트 데이터와 연산 명령어의 의미

이는 앞서 살펴본 두 가지 검증 과정을 의미한다. 바로 공개키 검증과 전자서명 검증이다.

> **TIP 스택(Stack) 자료구조 이해**
>
> 스크립트를 실제 실행할 때는 스택(Stack)이라는 자료구조를 이용한다.
>
> 예를 들어 쌓아둔 접시에서 중간 접시를 꺼내기 위해서는 위에 있는 접시부터 하나씩 제거해야 한다. 이는 마지막에 쌓은 접시를 가장 먼저 제거해야 하는 후입선출(Last In First Out) 방식이다.
>
> 한편 놀이동산에 줄을 서서 대기 중이라면, 제일 앞에 있는 사람부터 차근차근 놀이동산 시설물을 이용할 것이다. 이는 선입선출(First In First Out) 방식이다.
>
> 앞서 소개한 두 가지 사례는 인간의 사고로는 너무나 당연한 논리지만, 컴퓨터에서는 후입선출과 선입선출 과정을 별도의 로직으로 구현해야만 처리할 수 있다. 이처럼 후입선출 방식으로 로직을 처리해야 할 때 스택(Stack) 자료구조를 이용하고, 선입선출 방식으로 로직을 처리해야 할 때는 큐(Queue) 자료구조를 사용한다.
>
> 비트코인 스크립트(Script)를 실행하는 데는 스택(Stack) 자료구조가 이용된다.

스크립트 작동 절차

다음 그림은 잠금 스크립트와 해제 스크립트의 데이터와 명령어가 스택(Stack) 자료구조를 이용하여 실행되는 과정을 보여준다.

"A가 B의 공개키의 해시값을 이용한 것이 맞는지 검증하고, B의 개인키와 B의 공개키가 서로 쌍임을 검증"

<Sig>	<PubKey>	OP-DUP	OP-HASH 160	<PubKeyHash>	OP-EQUALVERIFY	OP-CHECKSIG

Sig	PK	DUP	H160	PKH	E&V	CS

1	<Sig> <PubKey>	Sig PK	'B 해제 스크립트'에서 <Sig>와 <PubKey>를 가져온다
2	OP-DUP	PK DUP	<PubKey>를 복사한다
3	OP-HASH160	PK DUP H160	복사한 <PubKey>를 160비트로 Hash한다
4	<PubKeyHash>	PKH	'A 잠금 스크립트'에서 <PubKeyHash>를 가져온다
5	OP-EQUALVERIFY	PK DUP H160 PKH E&V	3단계의 Hash값과 4단계의 <PubKeyHash>의 일치를 검증한다
6	OP-CHECKSIG	Sig PK CS	1단계의 <Sig>와 <PubKey>가 쌍(Pair)임을 검증한다

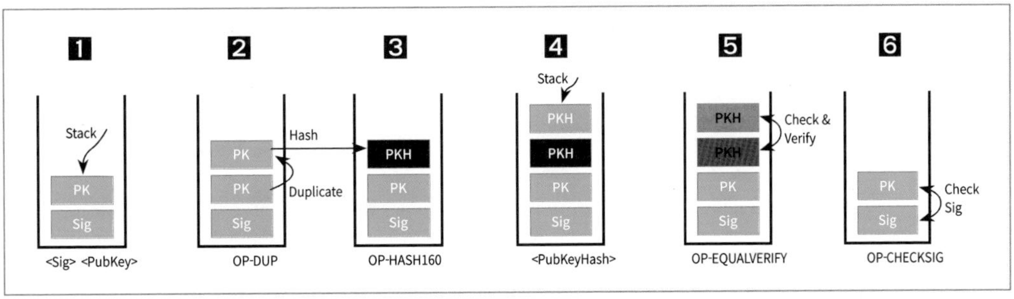

그림 3-103 스크립트 작동 절차

1. 해제 스크립트에서 'Sig'와 'PK'를 적재한다.

2. PK를 복사(DUP)한다.

3. 복사한 PK의 해시값(H160)을 구한다.

4. 잠금 스크립트에서 PKH를 가져온다.

5. ③, ④ 단계의 공개키 해시값의 일치 여부를 검증한다.

6. Sig와 PK 관계를 검증한다.

해제에 필요한 검증 대상(공개키, 전자서명)을 적재해서 한 번 해제 조건을 충족하는지 검증한다는 의미다.

무슨 말인지 이해가 잘 되지 않을 것이다. 이를 앞서 살펴본 전체 프로세스에 대입해서 한번 살펴보겠다. '공개키를 검증'하는 스크립트가 스택을 통해 처리되는 절차를 전체 프로세스와 연계해서 표현하면 다음과 같다.

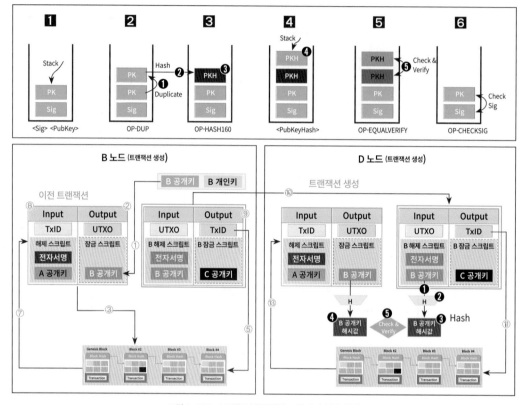

그림 3-104 스크립트 작동 절차 – 공개키 검증 상세

공간상 제약으로 전자서명 작성 과정 등 일부 절차는 생략되었고 설명을 위해 앞의 그림들과 약간 차이가 나는 것을 참고하기 바란다. '전자서명을 검증'하는 스크립트가 스택을 통해 처리되는 절차를 전체 프로세스와 비교해서 표현하면 다음과 같다.

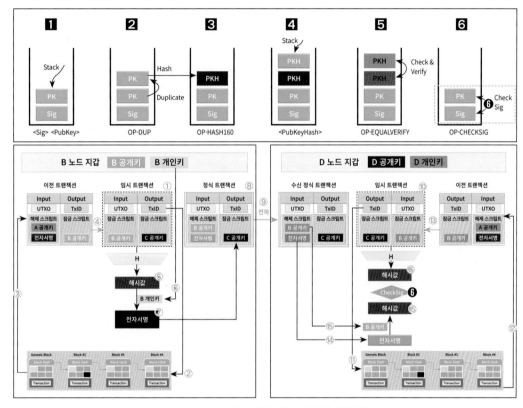

그림 3-105 스크립트 작동 절차 – 전자서명 검증 상세

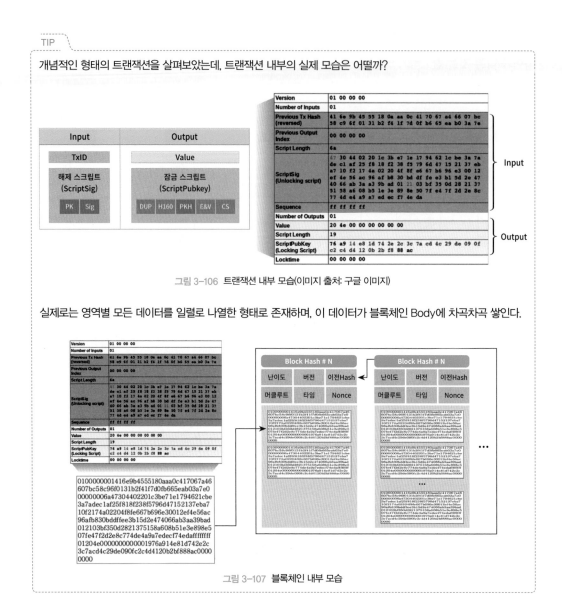

개념적인 형태의 트랜잭션을 살펴보았는데, 트랜잭션 내부의 실제 모습은 어떨까?

그림 3-106 트랜잭션 내부 모습(이미지 출처: 구글 이미지)

실제로는 영역별 모든 데이터를 일렬로 나열한 형태로 존재하며, 이 데이터가 블록체인 Body에 차곡차곡 쌓인다.

그림 3-107 블록체인 내부 모습

스마트 컨트랙트

스마트 컨트랙트라는 용어는 이더리움에서 본격적으로 사용하기 시작했다. 하지만 비트코인의 Script도 일종의 스마트 컨트랙트로 볼 수 있고, 블록체인 분야에서 스마트 컨트랙트는 중요한 기술 요소이므로 별도로 한번 알아보겠다.

스마트 컨트랙트를 이해하기 위해서는 먼저 기존 계약의 일반적인 문제점을 이해할 필요가 있다. 계약은 크게 다음과 같은 3단계로 구분된다.

단계	1단계	2단계	3단계
설명	계약 내용 협의	계약서 체결(계약 성립)	계약 이행
단계 대표 용어	청약	승낙	이행

일반적으로 계약 관련 문제는 3단계에서 발생한다. 계약을 체결했는데, 계약서를 위변조하거나 계약 이행을 미루거나 이행하지 않는 경우에 발생한다.

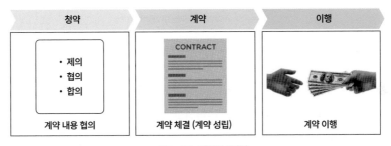

그림 3-108 계약의 3단계

3단계에서 계약 관련 문제점은 크게 4가지 정도로 정리할 수 있다.

- 첫째는 상호 협의 및 서명까지 완료한 계약서를 위조하거나 존재 자체를 부정해 버리는 경우다.
- 둘째는 위변조나 존재를 부정하는 것을 차단하기 위해 제3 신뢰 기관에 의해 공증을 받기도 하는데, 이럴 경우 금전적 비용과 시간적 비용이 많이 소요된다.
- 셋째는 애매한 계약 내용을 주관적으로 해석하여 계약 이행을 하지 않는 경우다.
- 넷째는 속된 표현으로 '배 째라'라는 식으로 계약 이행을 미루거나 거절하는 경우다.

즉, 기존 계약의 문제점은 승낙은 했는데 이행이 되지 않아서 생기는 경우가 대부분이다. 이런 문제를 해결하기 위한 하나의 아이디어는 '승낙과 이행이 동시에', 그리고 '이행을 강제화'하는 조치가 필요하다. 이처럼 승낙과 이행이 동시에 발생 및 강제화되게 설계된 대표적인 사례가 바로 음료수 자판기다. 음료수 자판기 이용 과정도 다음과 같이 3단계로 구분할 수 있다.

지폐 투입(청약) → 버튼 클릭(승낙) → 음료수 출력(이행)

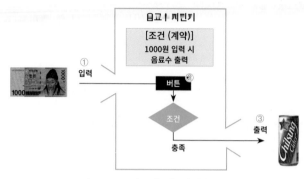

그림 3-109 스마트 컨트랙트의 개념적 이해

음료수 자판기는 계약과 이행이 자동화되고 계약 성립과 이행이 동시에 발생하는 특징을 지닌다.

계약 내용을 코드화하고 조건이 성립되면 자동화하는 개념은 이전부터 검토되어 왔다. 이 개념에 '스마트 컨트랙트(Smart Contract)'라는 용어를 부여하고 체계화한 사람은 닉 자보(Nick Szabo)다. 이런 아이디어는 오래전부터 있어 왔지만, 현실에서 범용으로 사용하는 데 어려움이 있었다. 계약 내용을 프로그램 코드(Code)로 구현해 두었는데, 코드(Code)를 위변조해 버리면 계약 자체를 신뢰할 수 없다. 또한 코드(Code) 위변조 방지를 위해 제3 기관을 이용한다면 이는 또한 기존 계약 방식과 다르지 않다.

블록체인 기술이 제3 신뢰 기관도 필요 없고 위변조도 완벽하게 차단해준다는 것이 보장되면서 스마트 컨트랙트(Smart Contract)가 다시 주목받고 있으며 현실 세계에서의 사용성을 검토하게 되었다. 비트코인 스크립트도 일종의 스마트 컨트랙트라고 할 수 있다.

블록체인 환경에서 스마트 컨트랙트 구현이 가능했던 이유는 탈중앙화 구현 및 위변조 차단이라는 특징 이외에도 다른 한 가지가 있다. 일반 계약에서는 계약과 돈이 별도로 존재한다. 아무리 계약 이행을 강제화해도 돈을 송금해 주지 않는 이상 계약이 이행되지 않는다. 비트코인 같은 암호화폐는 프로그램 코드로 구현되었으며 프로그램 코드로 통제할 수 있다. 따라서 스마트 컨트랙트를 작성하고 이를 암호화폐와 연동시키면 계약 조건에 따라 화폐 송금을 강제화해 계약 이행의 자동화와 강제화가 가능하다.

정리하면, 스마트 컨트랙트는 계약의 성립과 이행이 자동화되는 것은 물론이고, 계약 성립과 이행이 동시에 발생하는 것을 의미한다. 구현된 코드는 위변조되지 않으며 실행 결과 또한 비가역성이 보장된다. 그리고 디지털 화폐를 코드로 구현할 수 있기 때문에 다양한 거래에 적용 가능하다.

모든 거래와 서비스는 일종의 계약이다. 계약 불이행에 따른 다양한 문제가 발생하고 있으며 이런 계약 위반 관련 문제를 방지하기 위해 중앙시스템이나 제3 신뢰 기관을 이용한다. 일상의 다양한 계약을 중앙시스템이나 제3 신뢰 기관 없이 개인 사이의 이슈로 남겨 둔다면 계약 위반이나 불이행에 따른 다양한 문제가 야기될 것이며, 그에 따라 거래나 서비스가 활성화되기 어려울 것이다.

제3 신뢰 기관이 존재하지 않는 탈중앙화 환경에서 개인 간 거래 및 서비스가 활성화되기 위해서는 개인 간 계약을 안전하게 이행해 주는 장치가 필요하다. 바로 이런 장치가 스마트 컨트랙트라고 할 수 있다. 따라서 블록체인 같은 탈중앙화 환경에서 개인 간 거래 및 서비스 활성화를 위해 스마트 컨트랙트는 아주 중요한 핵심요소다.

3.3 블록체인 생태계 기술

3.3.1 메인넷(MainNet) & 디앱(DApp)

집을 새롭게 짓는 것은 상당히 어려운 작업이다. 비용도 많이 소요될 뿐만 아니라 전기, 상하수도, 쓰레기 처리, 도로 문제 등도 고려해야 하며 건축 관련 법적, 제도적 검토도 이루어져야 한다. 그래서 집을 직접 새롭게 건축하는 것보다는 이미 완성된 주택을 임대하여 생활하는 것이 더 효율적일 수도 있다.

상점도 마찬가지다. 상점을 구비하고 인테리어와 기반 시설을 갖추는 것은 매우 어려운 일이다. 자체적인 상가 건축 대신 백화점에 입점하는 것도 한 가지 방법이다.

이와 마찬가지로, 블록체인을 기반으로 서비스를 구축하고자 하는 경우에도 독자적인 블록체인 플랫폼을 직접 구축할 수도 있지만, 이미 구축된 블록체인 플랫폼에 입점하여 서비스를 수행할 수도 있다.

그림 3-110 메인넷과 디앱(DApp)의 개념

다른 블록체인 플랫폼에 입점하지 않고 자체적인 블록체인을 구비하는 것을 메인넷(MainNet)이라고 한다. 반대로 자체적인 블록체인 플랫폼을 구축하지 않고 블록체인 플랫폼에 론칭하여 서비스를 구현하는 것을 디앱(DApp)이라고 한다.

DApp을 메인넷에 대응하는 개념으로 이해할 수도 있지만, 좀 더 정확하게 구분하자면 DApp은 오히려 탈중앙화 기반으로 구현되는 서비스를 의미한다. 즉, 메인넷은 자체적인 블록체인 구비 여부가 기준이라면, DApp은 자체 블록체인이든 다른 블록체인 플랫폼에 론칭하여 사용하든 그 기반이 블록체인이면 모두 DApp이라고 할 수 있다. 이더리움 같은 블록체인 플랫폼에 서비스를 론칭해도 DApp이고 비트코인처럼 자체적인 블록체인을 기반으로 한 서비스도 DApp이다.

1) 메인넷(MainNet)

자체적인 블록체인 플랫폼을 구축하여 독자적인 생태계를 구성하는 플랫폼을 메인넷(MainNet)이라고 한다. 비트코인처럼 특수 서비스 목적을 위한 블록체인도 메인넷(MainNet)이라고 할 수 있으며, 다양한 범용 서비스들을 지원하기 위한 이더리움 같은 블록체인 플랫폼도 메인넷(MainNet)이다.

탈중앙 기반 서비스를 개발 및 구현하고자 해도 탈중앙 기반 플랫폼인 블록체인 플랫폼을 구축하는 것은 시간과 비용 측면에서 쉬운 일이 아니다. 자체 블록체인 플랫폼을 개발하고 구축하여 서비스를 구현하는 것보다 이미 구축된 블록체인 플랫폼을 이용하여 서비스를 구현하는 것이 훨씬 효율적이며 경제적일 수 있다.

이처럼 서비스 구현을 위한 기반인 블록체인 플랫폼을 메인넷이라고 하며 메인넷 기반으로 서비스되는 애플리케이션을 DApp이라고 부른다. 따라서 블록체인에서 사업 모델은 크게 두 가지로 구분될 수 있다. 하나는 블록체인 플랫폼인 메인넷을 개발하여 서비스하는 것이며, 다른 하나는 메인넷 기반의 응용 서비스를 론칭하는 것이다. 일반적으로 메인넷의 주요 고객은 DApp 서비스 업체가 되고, DApp의 주요 고객은 일반 서비스 이용자가 된다.

메인넷 특징을 간략히 정리하면 다음과 같다.

- 특정 서비스 또는 범용 서비스 구현을 위해 자체 블록체인 플랫폼 및 생태계를 구축할 수 있다.
- 자체 코인을 발행할 수 있다.
- DApp 서비스를 구현할 수 있는 기반 환경을 제공한다. 메인넷에 하나의 특화 DApp을 구현할 수 있고 다양한 범용 서비스를 구현할 수도 있다.

메인넷은 어떻게 개발할까?

비트코인이나 이더리움처럼 능력 있는 특정 개인이나 단체, 재단 차원에서 대규모 프로젝트로 자체적인 메인넷을 개발할 수 있다. 하지만 블록체인 플랫폼은 대부분 오픈소스로 개방되어 있기 때문에 개방된 코드를 가져와서 라이선스를 준수하는 범위에서 재활용 및 부분 수정해서 개발하는 경우가 대부분이다. 하지만 오픈소스를 가져다가 재개발한다고 하더라도 기능 구현 및 안전성 검증, 테스트 과정이 쉬운 일은 아니다.

그렇다면 다양한 메인넷이 이미 시장에 출시되어 있는데, **왜 많은 비용과 시간을 들여 메인넷을 개발하려는 것일까?**

메인넷은 자체적인 블록체인 플랫폼을 기반으로 다양한 DApp 서비스와 연계된 하나의 독립된 생태계를 구축할 수 있기 때문에 메인넷 자체로서 가치가 있다. 그리고 메인넷은 자체적인 코인을 발행할 수 있어 코인을 목적에 맞게 자유롭게 설계할 수 있고 코인 상장 및 거래에 따른 수익을 창출할 수도 있다. 메인넷에 다양한 DApp 서비스가 론칭될 경우 수많은 거래 수수료 수익을 창출할 수도 있다. 또한 기존에 서비스되는 블록체인 플랫폼의 설계 원칙과 철학이 서비스가 지향하고자 하는 목적과 다를 수 있다. 이때 DApp 서비스의 목적에 최적화된 메인넷을 자체적으로 구축할 수 있다.

메인넷의 가치는 얼마나 많은 DApp 서비스를 확보했고 얼마나 역동적으로 서비스가 운영되는지에 따라 결정된다고 볼 수 있다. 따라서 메인넷 업체들은 보다 많은 DApp과 인기 있는 DApp을 유치하기 위해 홍보나 영업 활동을 한다. 또한 다양한 DApp들이 쉽고 편리하게 메인넷을 활용 및 론칭할 수 있도록 다양한 개발 도구나 프레임워크를 지원하기도 한다.

DApp 서비스를 검토하고 있다면 어떤 고민과 고려사항이 필요할까?

DApp 서비스 업체들은 DApp 서비스에 최적화된 독자적인 메인넷 구축을 고려할 수 있다. 하지만 비용과 역량이 부족하다면 이미 출시된 다른 메인넷을 활용하는 것이 더 나을 수 있다. 메인넷에서는 독자적인 코인(Coin)을 발행할 수 있는 반면, DApp 서비스는 토큰(Token)을 발행할 수 있다. 토큰을 발행하여 DApp 서비스 구현에 적절하게 활용할 수 있다. DApp 서비스 업체들이 기반 플랫폼으로 메인넷을 선택할 때는 DApp 서비스의 특징과 가장 잘 부합하는 특장점을 지닌 메인넷을 선택해야 한다. 예를 들어 속도가 최우선이라면 이더리움보다는 EOS를 더 적극적으로 검토할 수 있다. 메인넷도 다양한 형태나 특장점이 존재하기 때문에 자사의 DApp 서비스에 적합한 기능과 환경을 구현하는 메인넷을 선택해야 한다.

처음부터 독자적인 메인넷 구축을 검토할 수 있지만, 기술력과 비용이 부족할 경우 우선 다른 메인넷 기반으로 서비스를 론칭하여 운영하다가 나중에 인지도를 높이고 투자를 유치하여 자체 메인넷을 구축할 수도 있다. EOS도 처음에는 이더리움 ERC-20 토큰 기반으로 시작했다가 나중에 자금을 유치하여 독자적인 메인넷을 구축한 사례다.

2) 디앱(DApp)

PC에 다양한 응용 프로그램을 설치하여 사용하는데, 이를 애플리케이션(Application)이라고 한다. 스마트폰 시대에 들어서면서 이를 줄여 앱(App)이라고 부른다.

DApp이란 Decentralized App으로서, 탈중앙화된 애플리케이션을 의미한다. 즉, 블록체인 플랫폼 기반으로 서비스되는 App을 DApp으로 이해할 수 있다.

개발자 관점에서 App과 DApp을 구분하면 다음과 같다.

- App = 프런트엔드(Frontend) + 중앙 서버 + DBMS
- DApp = 프런트엔드(Frontend) + 블록체인 플랫폼 + 분산원장

App은 프로그램과 데이터가 중앙 집중적으로 처리 및 저장되는 반면, DApp은 탈중앙화 기반으로 처리 및 저장된다. DApp은 탈중앙화와 분산된 노드로 서비스가 지원되기 때문에 서비스의 영속성이 보장된다는 장점이 있다.

2000년 초절정의 인기를 누렸던 싸이월드가 2020년 역사 속으로 사라졌다. 싸이월드 서비스가 중단되자 많은 사람이 당시 축적됐던 모든 추억과 데이터가 사라지는 것에 대해 아쉬워했다. 모든 시스템과 데이터가 중앙 집중적으로 관리되다 보니 중앙 관리 조직이 서비스를 중단하자 중앙 집중적으로 관리되던 모든 서비스와 데이터가 사라지게 되었다. 싸이월드와 같은 서비스가 블록체인 기반으로 구축하고 운영되었다면 서비스의 영속성이 보장되기 때문에 이번처럼 서비스가 중단되거나 사라지지는 않았을 것이다.

여기서, 한 가지 오해하지 말아야 할 부분이 있다. 비트코인은 데이터 저장부터 서비스 구현까지 완벽한 탈중앙화 기반 서비스다. 어떠한 중앙시스템이나 중앙화된 데이터 저장 장치가 존재하지 않는다.

반면 최근에 소개되는 다양한 DApp들은 완벽하게 탈중앙화 기반으로 운영되는 서비스는 거의 없다. 단순히 블록체인 구색을 갖추었거나 일부 데이터만 블록체인에 올리는 형태가 대부분이다. 블록체인 같은 탈중앙시스템은 여전히 많은 기술적 문제점(속도, 데이터)과 법적 이슈를 갖고 있다. 따라서 현재 소개되는 대부분 DApp 서비스들은 서비스의 목적과 유형에 따라 기존 중앙화된 시스템과 적절히 조합하여 서비스 중이다.

3.3.2 코인(Coin) & 토큰(Token)

코인과 토큰에 대한 기본 개념은 2장에서 이미 살펴보았다. 이번 절에서는 코인과 토큰의 기술적인 측면을 설명하고 4장에서는 암호화폐(코인, 토큰)에 대해 설명하겠다.

1) 비트코인 · 코인 · 토큰 구분

암호화폐, 코인, 토큰에 대한 표준화된 용어 정의나 코인과 토큰에 대한 구분이 명확한 것은 아니다. 여기서는 일반적으로 통용되는 용어나 이해를 바탕으로 정리하겠다. 개념에 대한 정의나 구분이 다를 수도 있다는 점을 미리 밝혀둔다.

비트코인은 화폐(Coin) 관련 두 가지 관점에서 바라볼 필요가 있다. 비트코인은 목적 자체가 법정화폐 대체 또는 법정화폐의 보완적인 수단으로 개발되었다. 그리고 비트코인은 독특하게도 탈중앙 기반 시스템(블록체인)으로 작동한다. 탈중앙 환경에서는 시스템을 작동시킬 주체가 없기 때문에 인센티브를 기반으로 자발적인 참여를 유인해야 한다. 비트코인에서는 인센티브로서 화폐(Coin)를 지급한다. 비트코인은 탈중앙시스템을 운영하기 위한 인센티브 수단으로서 화폐를 발행하고 발행된 화폐를 일상생활의 화폐로써 활용한다.

이더리움은 블록체인 플랫폼이다. 범용 블록체인 플랫폼을 제공하며 다양한 애플리케이션이 이더리움 기반으로 론칭되어 서비스될 수 있다. 이더리움도 탈중앙 기반으로 작동되기 때문에 인센티브로서 코인이 필요하다. 그리고 블록체인 영역과는 별도로 서비스(애플리케이션) 영역에서 서비스의 특징 및 목적 구현을 위해 토큰이라는 것을 발행해서 사용할 수 있다. 과거 싸이월드 도토리나 게임머니처럼 서비스 내에서의 적절한 토큰 사용은 서비스 활성화에 기여한다.

다음 그림은 비트코인, 코인, 토큰을 개념적으로 보여준다.

그림 3-111 비트코인·코인·토큰 구분

- 비트코인은 블록체인 작동을 위한 인센티브로써 Coin이 발행되며, 이를 (법정) 화폐로 사용한다.

- 이더리움 같은 블록체인에서는 인센티브로서 Coin이 발행된다.

- 블록체인과 별도로 서비스 영역에서 서비스의 특징 및 목적에 따라 토큰(Token)을 발행할 수 있다. 꼭 발행이 필요한 것은 아니다.

코인은 블록체인 기반으로 발행되고 토큰은 서비스 기반으로 발행된다고 이해할 수 있다.

2) 비트코인 · 코인 · 토큰 이해

세 가지를 간단히 구분해 보았는데, 각각에 대해 좀 더 자세히 살펴보자.

비트코인

사토시 나카모토는 화폐 및 화폐 시스템을 개발했다. 비트코인 논문에서는 'Coin'이라는 용어를 사용한다. 비트코인은 중앙기관 없이 개인 간 거래할 수 있는 'P2P e-Cash System(개인 간 디지털 화폐 시스템)'이다. 탈중앙화 기반으로 화폐를 발행하고 개인 간 직접 화폐를 송금할 수 있는 화폐 시스템 자체가 목적이었다. 비트코인에서는 목적 자체인 화폐를 발행하는 것과 탈중앙시스템이 작동할 수 있도록 자발적인 참여를 유인하기 위한 인센티브로 코인(Coin)을 활용했다. 결국 비트코인에서 코인(Coin)은 화폐와 인센티브로 사용된다.

코인(Coin)

비트코인에서는 탈중앙화 블록체인 플랫폼을 자발적으로 구동하기 위한 인센티브뿐만 아니라 화폐 서비스를 위해서도 사용되었다. 이더리움에서도 플랫폼 구동을 위해 인센티브 목적으로 코인(Coin)이 필요하다. 결과적으로 탈중앙화 시스템인 Public 블록체인을 구동하기 위해서는 자발적인 참여를 유인할 수 있는 인센티브 목적의 코인(Coin)이 반드시 필요하다.

Public 블록체인 관점에서 자발적인 참여 및 시스템 구동을 위해 코인이 필수적으로 필요하다는 것이지 코인이 반드시 인센티브 목적으로만 활용된다는 것을 의미하지는 않는다. 코인은 인센티브와 연계해서 발행되지만, 다양한 목적으로 활용 및 응용이 가능하며, 심지어 자발적인 참여 유인이 불필요한 Private 블록체인에서도 필요에 따라 블록체인 플랫폼 영역에서 코인을 발행할 수 있다.

토큰(Token)

토큰이라는 개념은 블록체인 이전부터 존재했고 실제로 다양하게 활용되고 있었다. 대표적인 사례가 한국형 SNS인 싸이월드의 도토리나 게임 아이템이다. 비트코인의 출현으로 영감을 받아 보다 많은 서비스가 토큰을 발행해서 서비스 활성화에 다양하게 응용하려고 한다. 그리고 블록체인 기반 서비스는 토큰을 거의 발행하는 쪽으로 이해하는 분위기다. 실제로 탈중앙화 환경에서는 자발적 작동 메커니즘 구현을 위해 인센티브 기반으로 서비스를 설계하는 것이 필요한데, 이런 측면에서 토큰과 블록체인은 궁합이 잘 맞는다. 하지만 블록체인 기반 서비스가 꼭 토큰을 발행해야 하는 것은 아니며 중앙시스템에서도 필요에 따라 얼마든지 토큰을 발행할 수 있다.

또한 블록체인 플랫폼 기반으로 발행되는 코인(Coin)을 토큰 대신 서비스에 연계되도록 설계할 수도 있다. 코인은 Public 블록체인을 작동하기 위한 연료와 같은 역할을 하는 반면, 토큰은 건전한 서비스 생태계 활성화를 위한 측면이 강하다. 서비스의 건전한 발전과 활성화를 위해 토큰을 설계하고 발행하는 것이 순서지만, 일부에서는 토큰 발행 자체에 목적을 두고 서비스를 기형적으로 설계하는 본말이 전도된 사례도 벌어진다.

토큰 이코노미(Token Economy)

토큰 이코노미는 행동 심리학에 기반한 치료법에서 유래했다. 토큰 이코노미는 행동 장애가 있는 사람들에게 토큰이라는 보상을 통해 행동의 변화를 일으키기 위한 하나의 방법으로 연구되었다. 이런 토큰 이코노미가 블록체인 출현으로 더 주목받기 시작했다.

블록체인은 탈중앙 환경에서 보상에 의해 자율적으로 시스템과 서비스가 작동될 수 있는 메커니즘이 필요하다. 이런 관점에서 블록체인과 토큰 이코노미의 결합은 아주 이상적이다. 중앙 관리자나 중앙시스템이 존재하지 않는 환경에서 자발적 참여 및 작동을 위한 보상체계가 필요하고 토큰 발행 및 제공을 통해 시스템과 서비스가 건전하게 발전해 나갈 수 있게 설계하려는 것이 바로 블록체인 기반 토큰 이코노미(Token Economy)다.

비트코인·코인·토큰 비교

비트코인 논문에서는 'Coin'이라는 용어를 사용하지만, 개발자나 IT 전공자들은 비트코인이 암호기술 기반으로 발행되는 화폐라 하여 'Cryptocurrency(암호화폐)'라는 용어를 사용하기 시작했다.

암호화폐라는 용어는 이후 블록체인 기반으로 발행되는 코인(Coin)이나 토큰(Token)을 포괄하는 대표 용어로 사용되기 시작했고, 블록체인 기반 또는 블록체인과 연계하여 발행되는 코인(Coin)이나 토큰(Token)을 모두 암호화폐라고 부르기 시작했다.

'암호화폐'라는 용어 때문에 많은 사람이 혼동하는 깃 같다. '화폐'라는 단어가 주는 인상 때문에 마치 코인과 토큰이 일상에서 쓰는 법정화폐처럼 화폐 같은 존재로 잘못 이해되거나 법정화폐를 대체할 잠재성을 지닌 것처럼 포장되기도 한다.

비트코인은 화폐가 목적이기 때문에 암호화폐라고 부를 수 있을 것 같다. 비트코인 초기에는 화폐로서 역할이 부각되었지만, 점점 화폐로서의 이용 가능성은 낮아져 가는 분위기이며 최근에는 화폐보다는 '디지털 금'과 같은 디지털 자산 또는 가상 자산 개념으로 성격이 변해가는 추세다.

다음 그림은 블록체인 생태계에서 코인과 토큰이 발행되고 활용되는 개념도를 나타낸다.

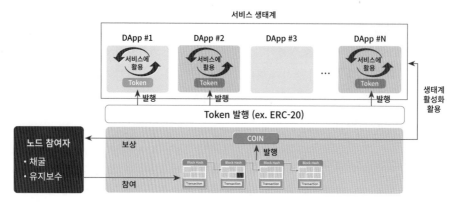

그림 3-112 블록체인 생태계에서 코인과 토큰의 역할

코인은 탈중앙시스템인 블록체인을 작동시키기 위한 인센티브 목적으로 발행되며, 또한 발행된 코인은 생태계 활성화를 위해 다양하게 활용될 수 있다. 토큰은 서비스 형태 및 활성화를 위해 발행되며 블록체인 기반 서비스라 하더라도 토큰이 꼭 필요하지는 않다. 코인은 (Public) 블록체인에서 반드시 필요하지만, 토큰은 서비스 설계 방식에 따라 선택사항이다.

다음 그림은 블록체인 영역과 서비스 영역의 다양한 상황별 코인과 토큰의 발행 및 활용 상황을 나타낸다.

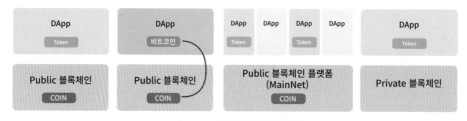

그림 3-113 상황별 코인과 토큰 활용

- 첫 번째 그림은 Public 블록체인 구동을 위해 코인은 반드시 필요하고 DApp 서비스에서도 서비스 특성에 따라 토큰을 발행하여 활용함을 보여준다.

- 두 번째 그림은 비트코인을 나타낸다. Public 블록체인 유지를 위해 코인이라는 비트코인이 발행되고 발행된 비트코인은 다시 서비스 영역에서 화폐로 활용된다.

- 세 번째 그림은 이더리움이라는 블록체인 플랫폼에서 블록체인 구동을 위해 코인이 반드시 필요함을 나타낸다. 이더리움 기반으로 다양한 DApp 서비스가 가능한데, 일부 DApp 서비스는 토큰을 발행해서 활용하지만 일부 서비스는 토큰을 발행하지 않는다.

- 네 번째 그림은 Private 블록체인으로서, 자발적 참여 유인을 위한 인센티브가 굳이 필요 없기 때문에 코인을 발행하지 않았다. Private 블록체인 기반으로 운영되는 서비스라고 하더라도 필요에 의해 토큰을 발행하여 사용한다. Private 블록체인에서 코인 발행은 필수는 아니지만, 필요에 따라 할 수 있다.

코인 발행 방식

마지막으로 코인 발행 방식에 대해 알아보자. 코인을 발행할 때는 다음과 같은 요소들을 기준으로 발행 방식을 설계할 수 있다.

- 코인 발행을 채굴방식으로 할 것인지, 아니면 발급방식으로 할 것인지를 결정해야 한다. 비트코인은 채굴방식이다.

- 총발행량을 사전에 정의할 것인지, 아니면 필요할 때마다 추가로 발행할 것인지를 결정해야 한다. 비트코인은 사전에 정의되어 있다.

- 비트코인처럼 발행 속도를 통제 및 제어할 것인지, 아니면 별도의 제약을 두지 않을 것인지 검토해야 한다. 비트코인은 발행 속도를 10분으로 정하고 발행 금액도 통제되어 있다.

3.4 블록체인 한계점 극복 기술

3.4.1 속도 · 확장성 개선 기술

블록체인 포문을 연 비트코인은 상당히 느린 서비스다. 거래 기록이 약 10분 단위로 저장되고, 안전한 거래를 위해서는 6번의 승인이 필요하기 때문에 약 1시간이라는 시간이 소요된다.

비트코인이 필요에 의해 고의로 블록이 늦게 생성되게 설계되었다고 하더라도 결제 및 송금 서비스를 위해 10분이라는 시간은 분명 현실적인 활용에 큰 장애 요소가 된다.

비트코인이 화폐 시스템으로 부적합하다고 평가받는 가장 큰 요인 중 하나도 바로 속도와 확장성 문제였다. 하지만 탈중앙 기반 분산 시스템은 전파 및 합의 과정이 필요하기 때문에 물리적으로 속도와 확장성 문제가 발생할 수밖에 없다. 즉, 탈중앙화와 속도 · 확장성 문제는 트레이드 오프(Trade-Off) 관계다.

Note

- **속도**: 합의에 도달하여 거래기록이 장부에 기록되는 데 걸리는 시간

- **확장성**: 갑자기 많은 트래픽이 발생했을 경우 다운이나 지연 없이 서비스 연속성이 보장되는 성질

탈중앙 기반의 블록체인이 다양한 서비스로 활용되기 위해서는 속도 및 확장성 개선이 필수라 할 수 있다. 현재 블록체인의 속도와 확장성을 개선하기 위한 아이디어나 방법은 크게 4가지 방향으로 검토되고 있다.

1) 블록의 용량 증대를 통해 속도나 확장성 개선

비트코인 블록은 약 1MB다. 블록에 담을 수 있는 트랜잭션의 수는 제한적이며, 자연스럽게 수많은 트랜잭션이 빨리 처리되지 못하고 지연이 발생하게 된다. 블록의 용량 증대를 통한 속도 개선은 2가지 방법으로 검토되었다.

첫째는 고정된 블록의 가용 공간을 늘려서 속도를 개선하기 위한 최초 아이디어가 Segwit이다. Segwit(Segregated Witness)은 블록에서 가장 많은 공간을 차지하는 전자서명 데이터를 별도로 분리하여 외부에 저장하고, 대신 그 공간에 더 많은 트랜잭션을 담자는 아이디어다. 현재 비트코인은 Segwit이 적용되어 있다.

다른 방법은 바로 블록 크기 자체를 늘리는 쪽이다. Segwit을 반대했던 세력들은 Segwit이 적용된 비트코인을 거부하고 비트코인을 하드포크시켜 블록 용량을 8MB로 늘린 '비트코인 캐시'를 새롭게 론칭했다.

2) 블록체인 내에서 기술을 통해 속도나 확장성 개선 방향

대표적인 방법이 데이터베이스의 Sharding에서 아이디어를 착안한 '샤딩(Sharding)' 기술이다.

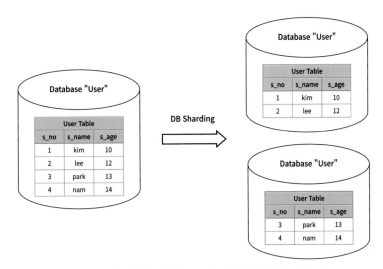

그림 3-114 데이터베이스 샤딩(Sharding) 기술(이미지 출처: cubrid.org)

기존 블록체인은 모든 노드가 동일한 거래 장부를 똑같이 보관 및 검증에 활용했다면, 샤딩 (Sharding)은 거래 장부를 조각내서 각각의 노드가 일부의 장부만 할당받아 보관하고 활용하는 방식이다. 노드들이 전부 똑같이 일을 하는 것이 아니라, 분업을 통해서 각자 다른 장부들을 보관 및 검증하고 나중에 합치는 방식이다. 쉽게 말해 분업화를 통해 속도를 개선하려는 기술이다.

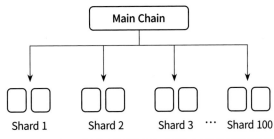

그림 3-115 블록체인 확장성 위한 샤딩 개념(이미지 출처: 구글 이미지)

3) 블록체인 외부와 연계를 통해 속도나 확장성 개선 방향

모든 데이터를 블록체인 내에서 처리하지 않고 블록체인 외부에 별도의 Off-Chain을 설계하고 일부 데이터를 Off-Chain을 통해 처리하는 방식이다. 대표적인 방법이 라이트닝 네트워크다.

라이트닝 네트워크(Lightning Network)는 거래 당사자 간의 수많은 거래를 블록체인상에서 모두 기록 및 검증하지 않고 Off-Chain을 개설하여 별도로 처리하게 하고 일정한 거래내역이 쌓이면 최종 거래 기록만을 블록체인상에 기록하는 방식이다. 여러 번의 거래를 진행하더라도 두 번의 거래로 인정되어 수수료를 절약할 수 있으며 또한 블록체인상에 거래내역을 기록할 때 이를 암호화해서 당사자 외에는 거래 기록을 열람할 수 없게 조치할 수 있다. 결국 라이트닝 네트워크에서는 모든 트랜색션을 메인 체인에 기록하지 않고 최종적인 결과만을 저장하는 방식으로 속도와 확장성을 개선했다.

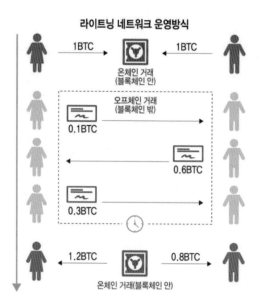

그림 3-116 라이트닝 네트워크 개념도 (출처: 한국블록체인협회)

4) 합의 알고리즘 재설계를 통해 속도나 확장성 개선 방향

탈중앙화 환경에서는 필연적으로 속도와 확장성이 제약된다. 트레이드오프 관계인 탈중앙화와 속도에서 속도를 개선하기 위해 탈중앙화의 가치를 일부 훼손시키는 것이다. 예를 들어 블록체인 플랫폼인 EOS는 DPOS라는 합의 알고리즘을 사용한다. EOS의 DPOS는 12명의 BP(Block Producer)를 대표자로 선정하여 이 대표자만 합의에 참여하는 방식이다. 12명만 합의에 참여하기 때문에 매우 빠른 속도로 데이터 처리 및 합의가 이루어진다. 그런데 12 BP가 과연 탈중앙화로 볼 수 있느냐는 공격을 당하기도 한다. 이처럼 블록체인이 가진 고유한 핵심 가치를 훼손하면서 블록체인이 가진 문제점을 개선하려는 방안도 최근에는 적극적으로 검토되고 있다.

3.4.2 영지식증명

1) 영지식증명 개념

영지식증명은 익명성 보장 암호기술로서, 블록체인 이전부터 오랫동안 연구되어온 분야다. 예를 들어 젊은 대학생이 편의점에서 술을 사려고 하면 신분증을 제시해야 한다. 성인이라는 것만 증명하면 되는데, 신분증 제시를 통해 불필요하게 이름, 주소, 주민등록번호와 같은 개인정보를 노출해야 하는 문제가 발생한다. 이 대학생 사례처럼 굳이 불필요한 개인정보를 제공하지 않고 단순히 성인 여부만 증명하는 것이 필요하다.

이처럼 정보를 제공하지 않고도 True or Not을 증명할 수 있는 기술이 영지식증명(Zero-Knowledge Proof)이다. 말 그대로 아무 지식(정보)을 제공하지 않고도 진위를 증명할 수 있는 것이다.

영지식증명의 개념을 정의하면 거래 상대방에게 어떠한 정보도 제공하지 않으면서 자신이 해당 정보를 가지고 있다는 사실을 증명하는 것이다. 익명성을 보장하는 암호기술인 영지식증명이 블록체인에서 새롭게 주목받고 있다. 영지식증명이 블록체인에서 어떻게 활용되는지 알아보겠다.

2) 블록체인의 특징 이해

블록체인의 다양한 특징 중 '익명성과 투명성'으로 한정하여 살펴보겠다. 블록체인 네트워크에 참여하면 공개키와 개인키가 발급되며 이를 가지고 모든 거래가 이루어진다. 따라서 거래 당사자를 식별할 수 없는 익명성이 보장된다. 한편 블록체인은 분산장부를 이용하여 모두에게 투명하게 공개되는 투명성을 제공한다. 정리하면, '거래 당사자의 익명성'과 '거래내역의 투명성'을 보장한다고 볼 수 있다.

거래 당사자의 익명성이 보장되지만, 거래내역 등 모든 정보가 완전히 공개되어 있어 지속적인 모니터링과 추적을 통해 일정 수준의 신원 식별이 가능해진다. 결국 의도와는 달리 거래 당사자의 완벽한 익명성이 보장되지 않는다고 볼 수 있다.

또한 화폐 시스템이 아닌 엔터프라이즈 시장에서도 다양한 기밀 정보가 있는데, 이런 정보들이 모두 투명하게 공개된다면 블록체인 사용하기를 꺼릴 것이다. 완벽한 투명성을 보장하는 블록체인에서 기밀성과 익명성은 중요한 이슈이며, 따라서 기밀성과 익명성을 보장하는 영지식증명 기술이 블록체인과 연계해서 주목받고 있는 것이다.

3) 영지식증명 작동 방식

현실 생활의 다양한 상황에서 수많은 의사결정을 해야 한다. 합리적인 의사결정을 위해서는 다양한 변수들을 모두 고려하여 철저하게 분석하고 수학적으로 계산하여 최적의 결과를 도출할 필요가 있다. 하지만 현실적으로 제한된 정보와 시간 제약으로 모든 문제를 수학적으로 철저하게 분석한다는 것은 현실적으로 불가능하다. 대안으로 기존의 지식이나 알려진 정보를 기반으로 확률적 판단을 기반으로 의사결정을 할 수도 있다. 영지식증명은 바로 이런 확률적 데이터에 기반하여 증명하는 방식이다.

편의점 사례를 다시 한번 살펴보자. 젊은 대학생은 본인이 성인이라는 것만 증명하면 된다. 신분증을 제시하지 않고 어떻게 대학생이 성인이라는 것을 증명할 수 있을까?

편의점 주인은 젊은 대학생에게 몇 가지 질문을 던진다. "월급날이 언제입니까?", "전공이 뭐예요?", "무슨 부대에서 근무했어요?", "최근에 투표는 언제 하셨지요?" 등이 가능하다. 편의점 주인의 수많은 질문과 손님의 답변을 기준으로 '확률적'으로 손님이 19세 이상일 거라는 추측을 할 수 있다. 그리고 질문의 횟수가 많으면 많을수록 그 확률은 높아진다.

이처럼 질문과 대답 과정을 반복하다 보면 확률적으로 손님이 성인인지 아닌지를 검증할 수 있다. 이런 방식은 최근 비대면 환경에서 개인 신원을 확인하기 위해 보완적으로 사용되기도 한다. 개인 신원을 증명할 수 있는 다양한 질문(집 주소, 전화번호 끝자리 등)을 던지고 답변을 기반으로 신원을 확인한다.

다른 사례를 한번 살펴보자. 어떤 함수식이 있을 때 A가 함수식이 무엇인지 말하지 않으면서 A가 그 함수식이 무엇인지 알고 있다는 것을 검증하는 상황이다.

A가 함수식을 말하지 않았는데도 A가 그 함수식을 알고 있다는 것을 어떻게 증명할까? 그림 3-116을 보자.

- 검증자가 '1'이라는 입력값을 제시하자, A는 입력값에 대한 함수의 결괏값이 1이라고 답변했다.
- 검증자가 '2'라는 입력값을 제시하자, A는 입력값에 대한 함수의 결괏값이 3이라고 답변했다.

이런 시뮬레이션을 진행하다 보면 A의 답변을 통해 A가 함수식을 알고 있다는 것을 증명할 수 있다. 그리고 시뮬레이션 횟수가 많을수록 함수식을 알고 있을 거라는 확신은 더 커진다.

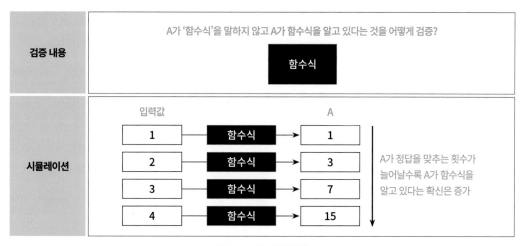

<table>
<tr><td>검증 내용</td><td>A가 '함수식'을 말하지 않고 A가 함수식을 알고 있다는 것을 어떻게 검증?

함수식</td></tr>
</table>

그림 3-117 영지식증명 원리

A가 함수식을 직접 말하지는 않았지만, 검증자가 제시한 질문에 대한 답변을 통해 A가 함수식을 알고 있다는 것을 검증할 수 있다.

영지식증명은 증명자와 검증자가 일련의 질문 및 답변으로 구성된 대화를 통해 증명하는 방식이다. 증명자와 검증자가 서로 일반 난수와 비밀정보로부터 연산한 결괏값을 주고받으면서 확률적으로 진위 여부를 판단하는 것이며 상호 증명 횟수가 늘어날수록 확신도는 높아진다. 이 검증 방법은 증명에 필요한 직접적이면서 결정적인 정보를 제공하지 않는다. 대신 수많은 질문과 답변을 통해 확률적으로 증명한다. 경험적으로 확률상 가능성이 높다는 것이지, 100% 확신한다는 것을 의미하지는 않는다. 완벽하고 100% 확신에 기반한 검증이 어려울 경우 이처럼 간접적인 방법을 통해 검증할 수 있다.

4) 블록체인에서의 영지식증명 활용 방안

암호화폐에서 활용 방안

블록체인은 거래 당사자의 익명성이 보장되지만, 거래 관련 모든 정보가 투명하게 공개되면 익명성이 훼손될 수 있다. 이런 익명성 훼손을 방지하기 위해 영지식증명 기술을 암호화폐에 적용한 다크코인이 등장하기도 했다. 랜섬웨어가 발생했을 때 대가로 모네로 암호화폐를 요구한 내용이 기사화되면서 순식간에 모네로 가격이 급등한 사건이 있었다. 랜섬웨어와 같은 범죄자들이 추적 불가능한 모네로를 요구하면서 모네로에 대한 수요가 예상되어 생긴 일이다. 이 모네로 화폐는 영지식증명을 이용하여 추적이 불가능한 화폐다. 그러다 보니, 범죄 조직들이 모네로를 선호한다.

하지만 이런 다크코인은 랜섬웨어와 같은 해킹에 활용되거나 국내에서도 성 착취와 인권유린 영상을 유포한 'n번 방' 채널 입장료로 악용된 사실이 적발되면서 시장에서 퇴출당하는 분위기다.

정리하면, 블록체인은 원래 거래 당사자의 익명성을 보장하도록 설계되었다. 하지만 모든 거래내역이 투명하게 공개되고 추적이 가능하게 되면서 익명성이 훼손되는 문제가 발생했다. 이런 익명성을 보장하기 위한 방안으로 영지식증명 기술을 활용하여 익명성을 보호하려고 했고 이런 영지식증명 기술을 적용한 다크코인도 등장했다. 하지만 이런 다크코인이 테러 지원 및 마약 거래에 악용되면서 최근에는 점점 시장에서 퇴출당하는 분위기다. 따라서 영지식증명 기술을 암호화폐의 익명성 보장에 적용하기는 어려울 것으로 예상된다. 기술적으로 어려운 것이 아니라 법적, 제도적 관점에서 어렵다.

블록체인 기반 서비스에서의 활용 방안

비트코인과 같은 화폐 시스템에서는 모든 거래내역이 공개되면서 신뢰성과 투명성을 보장하는 효과가 있다. 하지만 블록체인을 다른 서비스로 확대할 경우 데이터의 기밀성 문제가 발생한다.

예를 들어 블록체인 기반 투표시스템을 구축한다고 하자. 블록체인의 투명성과 비가역적 특성을 이용하여 투명한 투표 결과 공개 및 투표 결과의 위변조 방지를 보장할 수 있다. 하지만 투표는 투표자의 익명성이 보장되는 비밀투표도 보장되어야 한다. 블록체인을 활용하여 투표 결과의 투명성과 비가역성을 보장하고 동시에 영지식증명 기술을 유권자 정보에 적용하여 비밀투표를 보장하는 방안으로 활용할 수 있다.

정리하면, 블록체인은 완전히 투명하게 공개하도록 설계했지만 서비스의 목적과 특징에 따라 특정 정보에 대해서는 기밀성이 요구되는데, 블록체인의 기밀성이 보장되지 않아 블록체인 도입을 꺼릴수 있다. 이때 블록체인을 활용하면서 동시에 영지식증명 기술을 이용하여 특정 정보의 기밀성과 익명성을 보장할 수 있다.

암호화폐의 익명성 보장을 위해 영지식증명을 활용하는 것은 어려워 보인다. 반면 블록체인을 통해 투명성은 보장하면서 동시에 기밀성을 훼손하는 부분은 영지식증명 기술을 활용하여 보완할 수 있을 것 같다.

3장을 마무리하며

1장에서는 비트코인 · 블록체인이 탄생하게 된 배경과 관련 역사를 알아봤다. 2장에서는 그런 배경과 역사를 기반으로 탄생한 비트코인 · 블록체인이 구현된 원리와 작동 메커니즘을 알아보았다. 3장에서는 비트코인 · 블록체인의 원리와 작동 메커니즘 구현에 사용된 실제 기술에 대해서 알아보았다.

3.1절에서는 암호기술, 3.2절에서는 블록체인 구현 기술을 살펴보았고, 3.3절에서는 블록체인 생태계 기술, 3.4절에서는 블록체인의 한계점 극복 기술을 알아보았다.

블록체인 형태 및 작동 메커니즘 관점에서 볼 때 트랜잭션, 블록, 블록체인의 존재적 형태뿐만 아니라 블록체인 작동 원리 및 구현 기능이 대부분 암호기술로 이루어져 있다는 것을 확인할 수 있다.

- 트랜잭션, 블록, 블록체인의 형태 자체가 암호로 구현되어 있다.
- 탈중앙화 및 분산장부 작동을 위한 합의 알고리즘, 검증 과정도 암호기술을 이용하여 구현되고 있다.
- 화폐 시스템 구현을 위한 송금 주소, 송수신 방법, 트랜잭션 검증 등도 암호기술을 이용한다.

비트코인 블록체인은 처음부터 끝까지 암호기술로 이루어졌다고 봐도 무방하다. 그것이 비트코인을 암호화폐라고 부르는 이유이기도 하다. 이는 다르게 이야기하면, 비트코인 블록체인을 제대로 이해하기 위해서는 암호기술에 대한 이해와 암호기술이 비트코인 블록체인에 어떻게 활용되었는지를 이해할 필요가 있다는 의미이기도 하다.

암호기술은 일반인에게 익숙하지 않고 어렵다. 최대한 쉽게 설명하려고 했지만, 여전히 낯설게 느껴지는 부분도 많을 것이다. 하지만 최소한 블록체인 관련 서비스나 사업을 검토하고 있다면 암호기술에 익숙해질 필요는 있다.

04
블록체인 현황과 활용

1~3장까지는 최초의 블록체인이라 할 수 있는 비트코인과 그 기반 기술인 블록체인에 대한 이해와 작동 원리, 그리고 그 기반 기술요소에 대해서 알아보았다. 이 책은 블록체인을 이론적 · 기술적으로 제대로 이해하는 것이 목적이었기 때문에 최초의 블록체인인 비트코인의 사상적 배경과 그 작동 원리에 집중했었다.

하지만 현재 진행되고 연구되는 블록체인 및 관련 서비스를 보면 초기의 비트코인 · 블록체인과 상당히 다른 양상으로 발전 및 전개되는 것을 알 수 있다. 초기 비트코인 관점으로만 현재의 블록체인을 바라봐서는 안 된다. 그러기에 현시점에서 블록체인을 좀 더 현실적인 활용성 관점에서 이해하기 위해서는 초기 비트코인 · 블록체인이 어떻게 전개 및 발전되고 있는지를 이해하는 것도 중요하다.

이 책이 비트코인과 블록체인에 대한 정확한 개념과 작동 원리를 명확히 이해하는 것을 목적으로 하기 때문에 비트코인 이후에 전개된 변화무쌍한 전개 상황 및 활용에 대해서는 자세히 다루지 않을 것이다. 큰 틀에서 인사이트를 가지고 갔으면 하는 토픽과 테마에 대해서만 간단히 다룰 것이다. 현재 블록체인이 전개되는 상황이나 그 발전 및 응용은 다른 책이나 자료를 통해 학습하기를 권한다.

4.1 블록체인 전개 현황

사토시 나카모토가 비트코인을 세상에 내놓은 지도 어느덧 13년이 흘렀다. 2009년 비트코인이 나온 이후 블록체인은 다양한 변화와 발전을 하고 있다. 물론 발전적인 방향으로도 진화하고 있지만, 한편으론 원래의 의미를 왜곡하고 본질적 가치를 훼손하는 방향으로 변질되기도 한다.

이번 장에서는 사토시 나카모토가 개발한 초기 비트코인 블록체인 대비 이후 블록체인의 진행 및 전개 방향에 대해 다음의 몇 가지 관점에서 설명해보고자 한다.

1. 채굴

2. 하드포크

3. 블록체인 유형

4. 블록체인 세대별 구분

5. 해킹

4.1.1 채굴

비트코인에서 채굴이란 아주 중요한 개념이다. 비트코인에서 채굴이란 CPU 연산 과정을 이용해서 조건을 충족하는 Nonce 값을 찾는 과정으로서 화폐 발행뿐만 아니라 블록을 생성하고 합의에 도달하고 위변조를 어렵게 하는 등 다양하게 활용된다.

초기만 하더라도 비트코인이 많이 알려지지 않았고 채굴에 참여한 대부분 사람이 수익보다는 재미로 참여하는 수준에 불과했다. 하지만 이후 비트코인의 가치가 부각되고 가격이 급등하면서 채굴에 새로운 변화를 맞게 된다. 컴퓨터 CPU 성능이 바로 돈과 연결되기 때문에 CPU 성능 극대화 및 전용 채굴기로 변질된다.

1) 채굴 방식의 변화

1세대 CPU 채굴기

채굴 난도가 높지 않았던 초기에는 개인용 컴퓨터(PC)로도 채굴할 수 있었다. 2009년 1월 10일 비트코인을 개발한 사토시 나카모토는 비트코인의 첫 블록을 생성할 때 개인 컴퓨터(PC)에 있는 중앙처리장치(CPU)를 이용해 채굴한 것으로 알려져 있다. 하지만 채굴에 참여하는 사람들이 늘어나고 비트코인 가치가 상승하면서 전문적인 채굴업자들도 생겨났다. 자연스럽게 더 이상 개인 컴퓨터의 CPU로는 채굴하기가 어려워졌다. 기술적인 이슈가 아니라 인센티브라는 지극히 원초적인 동기가 CPU를 시장에서 퇴출시키고 있었다. 2011년부터 비트코인 가격이 오르기 시작하고 재굴 침여자도 늘어나 경쟁이 심화되면서 GPU 재굴 방식이 CPU를 대체하기 시작했다.

2세대 GPU 채굴기

채굴 경쟁이 심화되어 채굴 난도가 상승함에 따라 고성능 병렬연산 처리 기능이 뛰어난 그래픽카드(GPU 기반)를 여러 대 장착한 전문 채굴기를 사용하게 되었다. Nonce 값을 찾는 과정은 특별한 기술이나 알고리즘이 필요 없이 숫자를 1부터 차례대로 대입해 가며 답을 찾는 과정이기 때문에 GPU의 병렬연산을 이용할 경우 획기적으로 빠르게 Nonce 값을 찾을 수 있었다. GPU는 원래 게임이나 그래픽 분야에서 단순 반복 계산을 병렬로 처리하여 처리 속도를 향상시키는데, 이런 병렬처리가 비트코인 채굴의 Nonce 값을 찾는 데 유용했기 때문이다.

다음 그림은 순차처리와 병렬처리의 차이점을 설명해 준다. 1~1,000의 숫자 사이에서 937을 찾는 단순한 연산으로 가정해서 살펴보자.

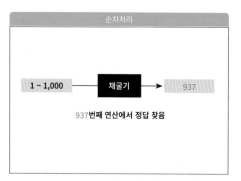 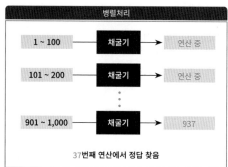

그림 4-1 순차처리와 병렬처리

1~1,000에서 937을 찾기 위해 순차처리에서는 937번 연산을 수행해야 한다. 반면 병렬 처리는 100단위로 병렬로 처리하기 때문에 37번의 연산만으로 937을 찾아낼 수 있다.

GPU 대비 CPU는 경쟁 상대가 안 되기 때문에 GPU의 출현으로 CPU 기반 채굴방식은 자취를 감추게 되었다. 일반적인 PC를 이용하여 누구나 비트코인 생태계에 참여하고 공평한 경쟁을 통해 비트코인을 발행하고자 했던 사토시 나카모토의 생각은 완전히 다른 방향으로 진행되고 있었다.

CPU 기반 채굴에서는 탈중앙화 환경에서 누구나 참여가 가능하며 공평하게 경쟁이 가능했다. 하지만 GPU 기반 채굴이 일반화되면서 GPU 기반 채굴자에게만 채굴 보상이 돌아가는 왜곡된 방향으로 흘러갔다. 사토시 나카모토도 지인과의 이메일 교환에서 GPU에 대한 입장을 간단히 언급했다. 하지만 사토시 나카모토의 순진했던 생각(gentleman's agreement to postpone the GPU arms race)은 빗나갔다.

Note 사토시 나카모토가 GPU 관련해 지인과 교환한 이메일 내용

지인이 GPU 사용 가능성에 대해 언급하자, 사토시 나카모토가 답변하는 이메일

당시 이메일 내용을 간단히 의역하여 소개하면 이렇다.

Nonce 값 찾기 연산을 통해 화폐가 발행되는 구조에서 GPU를 도입할 경우 자연스럽게 채굴 속도가 빨라진다. (난이도 등을 설계에 반영하여) 하루에 발행되는 화폐가 항상 고정적이게 설계했기 때문에 큰 문제는 되지 않지만, 대신 GPU 소유 노드가 CPU 노드보다 빠르게 채굴할 것이다. 가능한 한 GPU 연산을 지연시키기 위한 신사협정이 필요하다. GPU 기반 채굴 행위를 가능한 한 미루어야 하며, CPU를 통해 누구든지 공정하고 평등하게 경쟁해야 한다.

Re: A few suggestions

December 12, 2009, 01:08:17 PM

Suggestion :

Since the coins are generated faster on fast machines,

many people will want to use their GPU power to do this, too.

So, my suggestion is to implement a GPU-computing support using ATI Stream and Nvidia CUDA.

Re: A few suggestions

December 12, 2009, 05:52:44 PM

The average total coins generated across the network per day stays the same. Faster machines just get a larger share than slower machines. If everyone bought faster machines, they wouldn't get more coins than before.

We should have a gentleman's agreement to postpone the GPU arms race as long as we can for the good of the network. It's much easier to get new users up to speed if they don't have to worry about GPU drivers and compatibility. It's nice how anyone with just a CPU can compete fairly equally right now.

3세대 ASIC 채굴기

비트코인 가치가 폭등하면서 채굴 방식에서도 예상치 못한 전혀 새로운 국면을 맞게 된다. 관련 배경을 이해하기 위해서는 채굴 분야의 큰손이라 할 수 있는 중국의 우지한에 대한 이해가 필요하다.

우지한(吳忌寒, Wu Jihan)은 중국 베이징대학을 졸업하고 사모펀드 매니저 등을 역임한 금융 전문가였다. 2011년에 사토시 나카모토가 쓴 비트코인 백서를 읽고 중국 최초로 중국어로 번역하기도 했다. 같은 해 우지한은 자신의 전 재산 10만 위안을 모두 비트코인에 투자했고 불과 2년 사이에

1,000배 정도 가치가 상승하여 큰 부자가 되었다. 2012년에는 채굴기 업체인 AsicMiner 회사 설립에 투자자로 참여하여 상당한 수익을 거두기도 했다. 2013년에는 잔커퇀과의 운명적인 만남을 통해 채굴기 제조업체인 비트메인(Bitmain)을 창업하고 크게 성공하면서 블록체인 업계의 큰손으로 등극한다. 잔커퇀은 중국과학기술 대학을 졸업한 반도체 디자인 전문가였는데, 비트코인 채굴에 최적화된 ASIC 기반 채굴기를 개발하면 회사 지분의 60%를 주는 조건으로 공동창업을 하고 6개월 만에 첫 채굴기 개발에 성공한다.

그림 4-2 우지한과 잔커퇀

CPU는 컴퓨터에서 다양한 작업과 기능을 구현할 수 있도록 설계된 범용 칩이다. 반면 ASIC은 특정 목적을 위해 불필요한 장치나 알고리즘을 모두 제거하고 오로지 특정 기능을 위해 연산하도록 특화되어 설계된 전용 칩을 말한다.

비트코인에서 채굴이란 Nonce에 1씩 대입하면서 Hash 연산을 통해 목푯값보다 작은 값을 찾는 아주 단순하면서도 특화된 작업이다. Nonce 값을 찾는 작업에 특화된 ASIC 칩을 개발하여 적용한다면 당연히 CPU나 GPU보다 탁월한 연산 성능을 낼 수 있다.

중국의 우지한이 이끄는 비트메인(Bitmain) 회사는 목푯값 이하의 해시를 빠르게 찾아낼 수 있는 주문형 반도체인 ASIC을 이용한 전용 채굴기를 제작했고 이 ASIC 채굴기를 대량 생산함에 따라 기존 GPU 채굴기 시대는 막을 내리고 ASIC 채굴기 시대로 접어들게 되었다.

모두가 ASIC 전용 채굴기로 무장하면서 채굴 난이도는 급상승했고 에너지 과소비와 같은 문제점이 본격적으로 대두되었다. 하지만 ASIC의 출현은 비트코인에 대해 더 근원적인 화두를 던졌다. 아무리 연산 속도가 개선되더라도 '난이도'가 설계되어 있기 때문에 Nonce 값을 찾는 속도는 일정하게 유지될 수 있다. 하지만 보다 더 큰 문제는 사토시 나카모토가 꿈꾸었던 탈중앙화의 가치와 이상이 ASIC에 의해 완전히 훼손되었다는 것이다. 사토시 나카모토는 누구나 개인 PC로 자유롭게 네트워크에 참여한 탈중앙화된 시스템을 구현하고자 했다. 하지만 ASIC의 등장으로 현재 채굴은 10여 개의 채굴 전문 기업이 독점하고 있다(내용 참조 – 해시넷).

Mining Pool

비트코인 가치가 급등하고 채굴 경쟁이 심화되면서 전문 채굴 기업이 등장했다. 하지만 기업형 채굴도 경쟁력을 확보하기 어려워졌다. 승자독식(Winner take All) 방식으로 채굴이 이루어지는 환경에서 개별적으로 채굴에 참여하는 것은 경쟁력이 없었다. 그래서 수많은 채굴자가 Pool(공동참여)을 형성하여 집단으로 채굴작업을 수행하고 수익을 참여도와 공헌도에 따라 분배하는 방식도 출현했다.

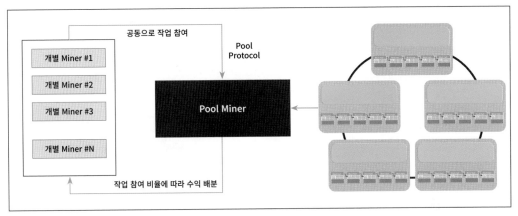

그림 4-3 Mining Pool 개념도

2) ASIC 채굴기 문제점 대응 방안

ASIC 채굴기는 에너지 문제도 야기하지만, 더 근본적인 문제는 채굴과 시스템이 독점화되는 것이다. 이런 ASIC 기반 채굴의 문제점을 극복하기 위해 ASIC을 무력화하는 기법들이 소개되었다.

Ethash

이더리움은 초기 비트코인과 동일한 POW를 사용했다. ASIC 채굴기를 이용한 채굴 독점이 발생하자 Ethash라는 합의 알고리즘을 도입했다. Ethash는 POW와 동일하지만, ASIC채굴기에 의한 채굴을 무력화시킨 POW의 한 유형으로 이해할 수 있다.

Ethash를 이해하기 위해 쉬운 비유를 하나 들어 보겠다. 금을 채굴해서 생계를 이어 나가는 한 마을이 있었다. 마을 주민들은 전통적으로 곡괭이를 이용하여 금을 채굴하고 금을 팔아 생계를 이어갔다. 그런데 외지인(外地人)이 전동 드릴이라는 어마 무시한 도구를 들고 들어와 채굴하기 시작했다. 전동 드릴 때문에 금 채굴이 외지인에 의해 독점화되고 있었다.

마을 주민들은 비상 회의를 소집했고 채굴 녹점을 방지하기 위해 외시인과 합의했다. 전동 드릴을 허용하되, 1회 충전하면 10초만 작동되게 제한하고, 재충전하려면 금광 밖에 설치된 충전소에서 다시 충전해서 사용할 수 있게 한 것이다. 10초 동안 전동 드릴로 채굴하는 이점보다 재충전을 위해 밖에 왔다 갔다 하는 시간이 훨씬 더 컸기 때문에 더 이상 전동 드릴은 그 효력을 발휘하지 못했다.

Ethash의 작동 원리를 설명해 보겠다. CPU는 고성능으로 데이터를 처리하지만, 처리할 데이터가 저장되어 있는 Memory는 CPU와 멀리 떨어져 있어 CPU에서 Memory에 데이터를 요청하고 데이터를 가져오는 데 상당한 시간이 소요된다. 이런 병목 현상을 극복하기 위해 고안된 개념이 Cache다. Cache는 CPU 근처에 위치시키고 CPU에서 필요한 데이터를 예측하여 미리 가져다가 보관해 두기 때문에 CPU는 Memory까지 이동하지 않고 Cache에서 빠르게 필요한 데이터를 가져다 처리할 수 있다.

그림 4-4 CPU와 메모리 작동 원리

ASIC도 Cache 기반으로 단순한 연산 작업을 고속으로 수행하여 빠른 성능을 구현할 수 있다. 하지만 Ethash 방식은 필요한 데이터를 Memory에서 직접 가져오도록 했으며 그것도 총 64회 메모리에 접근하도록 설계했다.

다음 그림을 보면 ASIC이 Cache에 기반한 데이터를 고속 연산하는 반면, Ethash는 연산할 때마다 총 64회 원거리 Memory에 직접 접근하도록 설계하여 ASIC을 무력화했다. 참고로, 다음 그림은 Ethash의 작동 원리를 이해하기 쉽게 단순하게 구조화한 것이다. 실제와는 조금 다르다는 것을 참고하기 바란다.

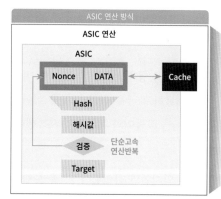
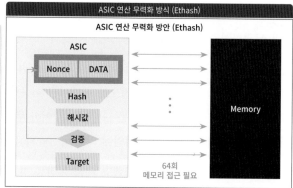

그림 4-5 Ethash 작동 원리

이런 원리에 따라 더 이상 ASIC은 성능을 발휘하지 못하게 되었다. 이더리움은 비트메인의 ASIC 채굴기 무력화를 위해 이런 원리를 기반으로 Ethash라는 채굴방식을 채택했다. 하지만 비트메인은 다시 이더리움 Ethash를 무력화하는 ASIC 채굴기 버전을 출시했다. 그 설계 로직은 공개되지 않았다.

참고로, Ethash 작동 원리도 POW의 개념을 활용했다고 볼 수 있다. POW가 특정 기술이라기보다는 악의적인 행동을 저지하기 위해 작업을 요구하는 개념적인 의미라고 앞서 설명한 바 있다. Ethash 역시 ASIC에 의한 악의적인 행동을 차단하기 위해 메모리에서 데이터를 64번 읽어오는 단순한 작업을 통해 악의적인 행동을 저지하려는 개념을 도입한 것이다.

4.1.2 하드포크(Hard Fork)

모든 소프트웨어는 오류 수정, 성능 개선, 기능 추가 등을 위해 지속적인 업데이트를 진행한다. 업데이트 과정에서 업데이트 내용이 경미하여 이전 버전과 호환이 가능한 경우도 있지만, 업데이트 내용이 크면 이전 버전과 호환되지 않는 경우도 있다. 이처럼 업데이트를 통해 이전 버전과 호환 가능한 범위의 새로운 버전을 소프트포크(Soft Fork)라고 하고, 이전 버전과 호환이 되지 않는 경우를 하드포크(Hard Fork)라고 한다.

소프트웨어를 개발할 때도 기존 소프트웨어 소스를 통째로 복사해서 새로운 기능이나 성능 향상을 위해 새로운 버전의 소프트웨어를 개발하는 것도 하드포크라고 할 수 있다.

블록체인 분야에서도 동일하게 오류나 해킹 등으로 대규모 업데이트가 발생할 경우 부득이하게 이전 버전과 호환이 되지 않아 하드포크가 발생하기도 한다. 대표적인 사례가 'The DAO' 해킹 사건으로 대규모 업데이트를 통해 '이더리움'과 '이더리움 클래식'으로 분리된 하드포크다.

문제는 하드포크를 악용하는 경우다. 블록체인은 암호화폐와 직접 연관되어 있다 보니 암호화폐에 대한 이해관계 때문에 블록체인 플랫폼 개선과는 상관없이 하드포크를 단행하는 경우가 종종 발생한다.

하드포크로 분기하여 새로운 블록체인 플랫폼을 구축하면 그 기반으로 발행되는 암호화폐도 달라지기 때문에 하드포크를 통해 새로운 암호화폐를 발행하는 용도로 악용되기도 한다.

1) 비트코인 하드포크

비트코인에서 가장 큰 문제로 지적되는 것은 2가지다.

1. 느린 속도

2. 과도한 에너지 소비

이 2가지 문제를 해결하는 과정에서 각각 하드포크가 발생했다.

느린 속도 개선을 위한 하드포크

현실 거래 서비스에 지급수단으로서 비트코인을 활용하기 위해서는 비트코인 처리 속도를 개선해야 한다는 목소리가 힘을 얻기 시작했고 속도 문제를 개선하기 위한 방향은 크게 2가지로 논의되고 있었다. 2가지 모두 하나의 블록에 더 많은 트랜잭션을 삽입하여 전체 트랜잭션 처리 속도를 개선하자는 것이었다.

- Segwit: 소프트포크 필요

- **블록 크기 자체를 늘리는 것**: 하드포크 필요

3장의 그림 3-105를 보면, 트랜잭션의 해제 스크립트 안에 전자서명(Sig) 데이터가 있다. 이 전자서명 데이터가 블록에서 상당한 공간을 차지하고 있었다. 이 전자서명 데이터를 블록에서 별도로 분리하여 처리하고 대신 전자서명 데이터 공간에 더 많은 트랜잭션을 삽입하여 처리속도를 개선하려는 시도가 'Segwit(Segregated Witness)'이다. 전자서명 부분만 별도로 Off-Chain에서 작동하게 분리하면 되기 때문에 기존 시스템에 영향을 주지 않으면서 처리속도를 개선할 수 있었다. 즉, Segwit은 소프트포크 영역이다.

화폐 시스템의 특성상 안정성을 가장 중요시하는 비트코인 시스템에서 블록의 크기를 늘리는 하드포크보다는 안정적인 개선이 가능한 소프트포크를 통해 속도를 개선하는 Segwit 쪽으로 기울었다.

그런데 우지한을 비롯한 채굴 세력들이 Segwit에 반대하고 나섰다. 다양한 명분을 내세웠지만, 실질적인 이유는 Segwit을 단행하면 본인들이 개발한 ASIC 채굴기가 Segwit 환경에서 작동되지 않기 때문이었다.

결국 Segwit으로 진행되었지만, 우지한이 이끄는 비트메인(Bitmain) 등 큰 규모 채굴업자들이 세력을 규합하여 기존 비트코인을 고의로 하드포크시켜 '비트코인 캐시'라는 새로운 암호화폐를 만들게 된다. 비트코인 캐시는 그들이 명분으로 내세웠던 블록 크기를 8MB로 확대했다.

이를 계기로 비트코인은 2개로 분리된다. 기존의 '비트코인'과 비트코인에서 새롭게 하드포크된 '비트코인 캐시'다.

과도한 에너지 문제 해결을 위한 하드포크

비트코인의 2번째 문제점이었던 과도한 에너지 소비를 개선하는 과정에서도 하드포크가 발생했다. 앞서 이더리움에서 ASIC을 무력화하기 위한 방안으로 Ethash 합의 알고리즘을 사용했다고 설명했다. 비트코인에서도 이런 ASIC 연산을 무력화하기 위한 기술이 Equihash이다. 중국의 잭 리아오(Jack Liao)가 비트코인에 Equihash 기술을 적용하여 하드포크된 암호화폐인 '비트코인 골드'를 개발했다.

초기 비트코인에서 비트코인 캐시와 비트코인 골드가 하드포크되었으며, 비트코인 캐시는 다시 Bitcoin SV, Bitcoin Cash ABC로 다시 하드포크되었고, 하드포크될 때마다 새로운 화폐가 생겨난다. 다음 그림은 비트코인 하드포크 계보를 보여준다.

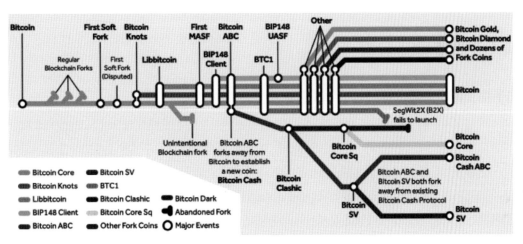

그림 4-6 비트코인 하드포크 계보 (출처: visualcapitalist.com)

하드포크 과정에는 나름의 이유와 명분이 있지만, 이해관계자들의 갈등이 그 주요 원인이다. 하드포크를 탈중앙화의 맹점으로 볼 수도 있다. 탈중앙화된 시스템에서 이해관계자들의 이해관계 충돌이나 의견 불일치가 발생했을 경우 원만하게 합의에 도달하는 중재 장치가 없다. 합의에 도달하지 못할 경우 결국 하드포크를 통해 분리된다.

2) 이더리움 하드포크

DAO는 Decentralized Autonomous Organization의 약자로, 탈중앙화된 자율 조직을 의미한다. 특정한 중앙집권 주체 없이도 개인이 자율적으로 조직을 구성하고 제안과 투표를 통해 운영되는 조직을 의미한다. 이런 DAO라는 이상적인 개념을 실체화하기 위한 프로젝트가 'The DAO' 프로젝트였다.

The DAO 프로젝트는 약 1.5억 달러를 모으며 성공적으로 펀딩을 마쳤다. 그런데 해커들이 취약점에 공격 코드를 삽입해 DAO를 해킹하여 약 360만 개의 이더리움을 탈취하는 'The DAO 해킹 사건'이 발생한다.

이더리움 개발팀은 잘못된 거래기록을 무효화해 투자자들에게 돈을 다시 돌려주기 위해 체인을 오류 이전 상태로 되돌려 새로운 체인을 만들기로 결정했다. 즉, 하드포크를 단행했다. 이 하드포크는 성공적으로 이루어졌고 하드포크된 새로운 체인을 기존 이름을 그대로 사용하여 '이더리움'이라고 명명하게 되었다.

그런데 하드포크에 반대하던 일부가 새로운 체인을 반대하고 하드포크 이전의 체인을 계속 유지하고자 했다. 이들은 새롭게 생성된 이더리움과 구별하기 위해 기존 오리지널 이더리움 체인을 '이더리움 클래식'이라는 이름으로 변경하고 오리지널 이더리움을 유지하고 있다.

4.1.3 블록체인 유형

1) Public 블록체인

최초의 블록체인인 비트코인은 어떠한 중앙시스템이나 관리자도 존재하지 않으며 노드 참여에 대한 제한도 없는 완전한 탈중앙화 기반 시스템이다. 또한 모든 데이터는 누구에게나 투명하게 공개되며 누구든지 데이터를 생성할 수 있다. 이처럼 참여의 제한이 없고 완전히 탈중앙화된 시스템이며 누구든지 데이터를 읽고 쓸 수 있는 블록체인을 Public 블록체인이라고 한다. 하지만 이런 초기 Public 블록체인은 활용 과정에서 다양한 문제점이 노출된다.

정보 공개

엔터프라이즈 시장에서는 데이터의 투명한 공개보다는 기밀 정보를 철저하게 보호하는 것이 더 중요했다. 그리고 익명성이 보장된다고 하더라도 모든 정보가 완전하게 투명하게 공개된다면 조합이나 예측을 통해 개인의 프라이버시 문제로도 이어질 수 있었다.

속도

Public 블록체인은 참여의 제한이 없다 보니 전 세계 누구나 노드로서 참여가 가능하다. 새로운 거래내역이 생성되어 전 세계에 분산된 노드에 모두 전파되고 분산된 장부가 합의에 도달하기 위해서는 절대적인 시간이 필요하다. 이런 완전히 분산된 구조는 필연적으로 속도와 확장성 문제를 야기한다.

통제성

Public 블록체인은 어떠한 중앙화된 조직이나 기구가 없다. 따라서 서비스를 수행하는 과정에서 다양한 이슈나 이해관계 충돌이 발생했을 때 이를 적절하게 해결 및 중재할 수가 없다. 이런 충돌이나 의견 불일치는 하드포크와 같은 극단적인 선택으로 귀결되는 경우가 많다. 이런 하드포크는 시스템의 신뢰성을 떨어뜨리고 잠재적인 위험을 야기할 수 있다.

이런 문제로 인해 Public 블록체인을 다양한 서비스에 실제로 적용 및 활용하기에는 많은 한계점이 있다는 것을 깨닫게 된다. 특히 접근 통제가 필요하고 기밀 데이터를 취급하는 기업이나 기관과 같은 엔터프라이즈 시장에서는 Public 블록체인을 적용하기가 사실상 어려운 상황이었다.

2) Private 블록체인

Public 블록체인의 문제점을 극복하고 엔터프라이즈 시장에서도 블록체인을 활용하기 위한 현실적인 방안으로서 블록체인의 장점은 유지하면서 서비스의 현실적 특성에 맞게 일정 부분 제약 및 변형된 블록체인이 검토되었는데, 바로 Private 블록체인이다. Private 블록체인은 엔터프라이즈 마켓을 겨냥한 것으로 이해할 수 있다.

Private 블록체인은 사실상 중앙시스템 및 중앙 관리자가 존재한다. 중앙시스템을 기준으로 네트워크 참여 자체를 제한할 수 있으며 참여자 중에서도 데이터 유형 및 참여자 권한에 따라 데이터에 대한 접근도 통제할 수 있다. 비트코인과 같은 완전 탈중앙화된 블록체인을 Public 블록체인이라고 한다면, 일정한 제약이나 통제를 통해 기업 시장에서도 활용하고자 하는 블록체인이 바로 Private 블록체인이다.

하지만 Private 블록체인도 극복해야 할 많은 도전 과제가 있다. 중앙 조직이 존재한다면 기존 중앙집중 시스템과의 차별성이나 시스템의 성격을 규명하기가 쉽지 않다. 또한 중앙 조직의 통제 하에 운영되는 노드들끼리 검증된 내용을 과연 신뢰할 수 있느냐는 문제도 발생한다.

3) Consortium 블록체인

Public 블록체인과 Private 블록체인의 장단점이 적절하게 조합한 블록체인이 바로 Consortium 블록체인이다. 동일한 목적이나 이해관계를 가지고 있는 다수의 기업과 단체들이 하나의 컨소시엄을 구성하고 그 안에서 작동되도록 만든 블록체인이 Consortium 블록체인이다. Consortium 블록체인은 중앙기구가 존재하며 참여 제한이 있다는 측면에서 Private 블록체인과 유사하다고 볼 수 있지만, Consortium은 하나의 중앙 조직이 존재하는 것이 아니라 공동의 목표를 지닌 다수의 여러 기관이 컨소시엄을 구성하여 공정성과 확장성을 보완한 형태다. 또한 단일 기관에 의한 독단적 의사결정 및 운영을, 컨소시엄 형태로 견제와 균형을 유지한다.

Consortium 블록체인도 한계점이 존재할 수 있다. 참여한 Consortium 회원 간 이해충돌 문제가 발생했을 경우 해결 및 중재에 어려움이 있을 수 있다. 그리고 관련 당사자들을 Consortium에 참여시킬 수 있는 유인책이 부족하다는 문제점이 있고 회원끼리 담합할 경우 탈중앙화의 의미가 퇴색되기도 한다.

마지막으로, 현실에서 Public 블록체인과 Private 블록체인을 명확하게 구분하기 어렵다는 의견도 있다. 예를 들어 대표자를 선출하여 블록체인에 참여하는 EOS는 Public 블록체인인지, 아니면 Private 블록체인인지 애매할 때도 있다. 참여가 21개 BP로 제한되어 있기 때문에 Private 블록체인이라 주장하는 사람도 있고, 21명의 BP가 결국 참여자들의 투표에 의해 대표자로 선출되기 때문에 Public 블록체인으로 볼 수 있다고 말하는 사람도 있다. 모든 국민이 참여하는 것이 민주주의지만, 현실적인 한계를 고려하여 국민의 대표인 국회의원을 통해 참여하는 간접민주주의도 민주주의라 할 수 있는 것처럼 EOS도 Public 블록체인으로 간주하는 것이 맞다고 보는 사람들도 있다.

대한민국 정부에서 대한민국 국민이면 누구나 참여 가능한 블록체인을 구축했다면 이 블록체인은 Public일까, Private일까? 대한민국 국민으로 참여를 제한했기 때문에 Private으로 볼 수 있지만, 대한민국 국민은 누구든지 참여할 수 있다는 면에서 참여의 제한이 없기 때문에 Public 성격도 지녔다고 볼 수 있다.

4.1.4 블록체인 세대별 구분

2015년 멜라니 스완(Melanie Swan)이 쓴 ≪블록체인: 신(新) 경제를 위한 청사진(Blockchain: Blueprint for a New Economy)≫에는 '블록체인 3.0'이라는 키워드가 등장한다. 이를 계기로 블록체인을 1세대, 2세대, 3세대로 구분하여 설명하기 시작했다.

블록체인 세대를 구분하는 기준은 명확하게 정립된 것은 아니지만, 보편적으로 받아들여지는 기준으로 간단히 살펴보자.

1) 1세대 블록체인

최초의 블록체인 기반 서비스인 비트코인을 1세대 블록체인이라고 한다. 사토시 나카모토는 그의 논문 제목에도 나와 있듯이 개인 간 직접 송금이 가능한 전자화폐 시스템을 개발했다. 그리고 이를 구현하기 위한 기반기술로서 블록체인을 활용했다. 결과적으로 사토시 나카모토가 활용한 기반기술인 블록체인은 화폐 시스템에 특화된 블록체인이라고 할 수 있다.

2) 2세대 블록체인

비트코인이 나오고 시간이 흐르면서 사람들은 그 기반기술인 블록체인에 관심을 갖기 시작했다. 화폐 시스템으로만 한정된 블록체인을 다른 다양한 산업이나 서비스로 확대해서 적용해보고자 시도한 대표적인 사람이 비탈릭 부테린이다.

비탈릭 부테린은 비트코인 블록체인이 화폐 시스템에 특화되었기 때문에 다른 서비스에 적용하기에는 한계가 있음을 깨닫고 범용 블록체인으로 활용하기 위해 비트코인 블록체인과 조금 다른 블록체인을 개발하게 된다. 그것이 이더리움이다.

이더리움을 2세대 블록체인이라고 한다. 1세대 비트코인 블록체인과 구분되는 이더리움의 특징은 블록체인을 플랫폼화하고 스마트 컨트랙트를 이용하여 다양한 분야로 활용을 확대하고자 했으며 이를 구현하기 위해 튜링 완전성 언어를 지원했다.

비트코인과 이더리움의 특징에 따른 차이점은 앞서 2장의 그림 2-259에서 설명했다. 다시 한번 참조하기 바란다.

2세대 블록체인인 이더리움은 화폐로만 한정된 블록체인을 다양한 산업/서비스에서 활용할 수 있도록 범용 플랫폼을 갖추었다는 차원에서 주목을 받았지만, 실용적 측면과 범용적 측면에서 서비스로 활용되기에는 여전히 한계점을 갖고 있었다. 그 한계점을 나타내는 대표적인 사례를 하나 소개해 보겠다.

이더리움은 블록체인 플랫폼이며, 이러한 플랫폼이 빛을 발하기 위해서는 다양한 DApp 서비스가 이더리움 기반으로 개발되고 서비스되어야 했다. 이더리움 입장에서도 빨리 킬러 DApp이 나와 주기를 고대했다. 그러다가 2017년 11월에 크립토키티(CryptoKitties)라는 이더리움 기반의 고양이 양육 게임이 큰 인기를 끌기 시작했다.

크립토키티에서 유저들은 고양이를 사서 수집하고 서로 교배를 통해 새로운 펫을 스스로 만들어내고 이들의 시장적 가치를 매기는 재미를 더했다. 상당한 관심과 인기를 끌었고 캐릭터 고양이 한 마리가 1억 원에 팔리는 상황도 발생했다. 크립토키티가 폭발적인 관심을 받게 되면서 자연스럽게 과도한 트래픽이 발생했고, 이로 인해 서비스가 지연되면서 제때 고양이를 번식하거나 매매할 수 없는 상황도 발생했다.

만약 이더리움 네트워크를 활용하여 중요한 계약 혹은 금융거래를 하다가 이러한 서비스 문제가 발생했을 경우 그 피해는 고스란히 사용자들에게 돌아가는 상황이었다. 탈중앙화 분산 원장이 지니는 속도와 확장성 문제가 여전히 큰 한계점으로 작용했다.

또 다른 문제점은 이더리움은 트랜잭션이 발생할 때마다 사용자가 수수료를 지불하도록 설계되었는데, 아무리 재미있는 게임이라도 게임 속 모든 활동 트랜잭션에 수수료 비용이 발생하면 사용자도 크게 부담을 느낀다. 이런 문제점과 함께 크립토키티의 인기도 점점 시들어 갔다. 크립토키티(CryptoKitties)는 이더리움 DApp의 가능성과 한계성을 동시에 보여준 대표적인 사건이었다.

3) 3세대 블록체인

멜라니 스완(Melanie Swan)의 저서 ≪블록체인: 신(新) 경제를 위한 청사진(Blockchain: Blueprint for a New Economy)≫을 보면 Blockchain 1.0, 2.0, 3.0을 소개한 내용이 나온다.

세대 구분을 간단히 표현하면 다음과 같다.

- 블록체인 1.0은 화폐 서비스다.
- 블록체인 2.0은 스마트 컨트랙트 기반의 다양한 서비스로의 확산이다.
- 블록체인 3.0은 사회 전반에 대한 확산과 적용이다.

Note

멜라니 스완의 저서인 ≪블록체인≫을 보면 Blockchain 1.0, 2.0, 3.0에 대해서 설명하고 있다.

Blockchain 1.0, 2.0, and 3.0

The economic, political, humanitarian, and legal system benefits of Bitcoin and blockchain technology start to make it clear that this is potentially an extremely disruptive technology that could have the capacity for reconfiguring all aspects of society and its operations. For organization and convenience, the different kinds of existing and potential activities in the blockchain revolution are broken down into three categories: Blockchain 1.0, 2.0, and 3.0. Blockchain 1.0 is *currency*, the deployment of

cryptocurrencies in applications related to cash, such as currency transfer, remittance, and digital payment systems. Blockchain 2.0 is *contracts*, the entire slate of economic, market, and financial applications using the blockchain that are more extensive than simple cash transactions: stocks, bonds, futures, loans, mortgages, titles, smart property, and smart contracts. Blockchain 3.0 is blockchain *applications* beyond currency, finance, and markets—particularly in the areas of government, health, science, literacy, culture, and art.

그림 4-7 멜라닌 스완 ≪Blockchain: Blueprint for a new economy≫

멜라니 스완이 3세대 블록체인이라는 용어를 만들기는 했지만, 블록체인 3.0에 대한 명확한 개념이 정립된 것은 아니다. 일반적인 개념 관점에서 블록체인을 사회 전반으로 확대하기 위해 블록체인이 지닌 문제점과 한계점을 개선하는 전반적인 시도나 기술 일체를 블록체인 3.0으로 이해하는 것이 맞을 것 같다. 블록체인 세대 구분을 '범용성'과 '실용성' 측면에서 구분하면 다음과 같이 정리할 수 있다.

특징	1세대 블록체인	2세대 블록체인	3세대 블록체인
범용성		○	○
실용성			○

1세대 블록체인은 비트코인으로, 범용성과 실용성이 떨어진다. 2세대 블록체인은 스마트 컨트랙트 기반으로 범용성을 추구했지만, 실용성은 여전히 떨어진다. 3세대 블록체인은 범용성과 함께 실제 서비스에 활용하기 위한 다양한 도전 과제를 해결한 블록체인으로 이해할 수 있다.

4.1.5 블록체인 해킹

암호화폐 해킹 사고가 가끔씩 언론을 통해 소개된다. 동시에 '블록체인은 해킹이 불가능한 기술로 알려져 있는데 어떻게 해킹이 발생하느냐'는 질문들도 함께 쏟아진다. 블록체인은 과연 보안적으로 완벽한지와 블록체인에서의 해킹의 의미를 이해해 보자.

1) 해킹과 정보보안

해킹이라 하면 일반적으로 전산망을 통하여 타인의 정보시스템에 접근 권한 없이 무단 침입하여 정보 열람 및 유출, 위변조와 같은 부당 행위를 하는 것을 통칭한다. 보안 3요소(기밀성, 무결성, 가용성) 관점에서 보면, 무단 침입하여 데이터를 유출 및 열람하거나 데이터를 위변조하는 행위, 또는 시스템 작동을 중단시키는 등의 악의적 행동을 말한다. 해킹 공격에 대해 이런 보안 3요소를 지키고 보장하는 것을 정보보안이라고 한다.

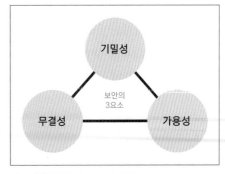

그림 4-8 보안 3요소

이런 보안 3요소를 훼손하기 위한 해킹의 유형은 다음과 같다.

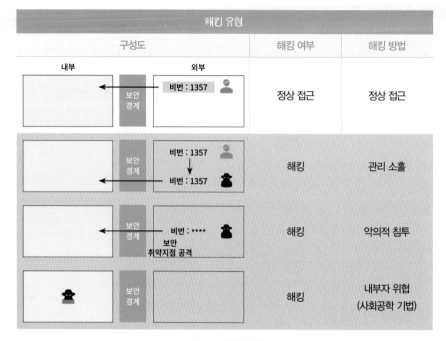

그림 4-9 해킹 유형

많은 사람이 앞의 그림 중 3번째 상황인 해커가 외부에서 고도의 기술을 이용해 침투하여 공격하는 것만을 생각하는데, 실제 통계에 따르면 관리 소홀이나 내부자에 의한 위협이 더 크다는 자료도 나오고 있다.

2) 블록체인 해킹 공격 형태

블록체인에서 해킹 공격이 어떻게 이루어지는지 살펴보자. 블록체인의 해킹 공격을 이해하기 위해서는 먼저 블록체인이 어떻게 구성되고 요소별로 어떤 취약점이 있는지 점검할 필요가 있다.

다음 그림은 블록체인의 구성 요소와 해킹 공격 접점을 보여준다. 블록체인 네트워크에 참여하기 위해서는 노드의 형태로 참여한다. 노드에는 비트코인 코어 프로그램뿐만 아니라 블록체인이라는 장부가 저장되어 있으며 지갑에 키도 보관되어 있다.

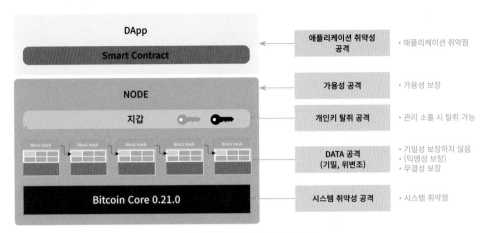

그림 4-10 블록체인 해킹 공격 접점

상기 그림을 참고해 하나씩 살펴보자.

블록체인 프로그램

Bitcoin Core와 같은 블록체인 프로그램도 소프트웨어다. 소프트웨어는 자체적으로 다양한 취약점을 가지고 있으며 해커들은 이런 취약점을 공격한다. 소프트웨어 개발은 결국 사람이 수행하는 것으로 항상 취약점에 노출되어 있으며 이를 방지하기 위해 시큐어 코딩 가이드를 제작·배포하기도 하고 취약점 점검 도구를 활용하기도 한다.

소프트웨어를 통한 구현체가 아무리 보안에 뛰어나다고 하더라도 소프트웨어 자체에 취약점이 존재할 수 있고 해커는 이런 소프트웨어의 취약점을 찾아서 공격할 수 있다. 소프트웨어 취약점은 블록체인과는 상관없는 영역이며 소프트웨어 보안 영역이다.

블록체인(장부)

블록체인은 데이터가 저장된 데이터베이스와 같은 개념이다. 모든 데이터가 공개되어 있기 때문에 데이터의 기밀성은 보장되지 않는다. 반면, 개인키와 공개키를 사용하기 때문에 개인정보의 익명성은 보장된다. 블록체인은 데이터의 수정과 삭제가 불가능하게 설계되어 무결성이 보장된다고 볼 수 있다. 가용성 측면에서 동일한 블록체인이 수많은 노드에 분산 저장되어 있기 때문에 가용성을 완벽하게 보장한다고 볼 수 있다.

의도적으로 기밀성 대신 투명성을 선택한 것을 제외하면 블록체인은 데이터에 대한 무결성과 가용성을 완벽하게 보장한다고 볼 수 있다. 이런 이유로 블록체인이 보안에 뛰어나다고 하는 것이다. 더 정확히 이야기하면 보안 3요소 중 무결성과 가용성을 완벽하게 보장한다고 볼 수 있다.

- **기밀성**: 보장하지 않음

- **무결성, 가용성**: 완벽하게 보장

- **익명성**: 일정 보장

지갑

'암호화폐를 탈취당했다'고 말하는데 이는 잘못된 표현이다. 비트코인은 블록체인 내부의 트랜잭션에 암호화된 상태로 저장되어 있다. 그리고 이 장부는 누구나 소유하고 있다.

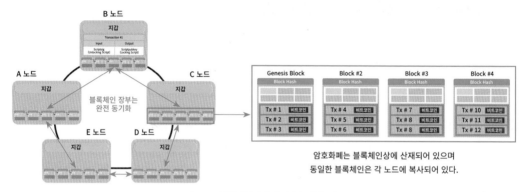

그림 4-11 블록체인에서 화폐가 존재하는 형태

암호화폐를 탈취당한 것이 아니라 암호화폐를 복호화해서 재사용할 수 있는 개인키를 탈취당한 것이다. 개인키는 은행의 비밀번호와 같은 기능을 하기 때문에 매우 중요한 정보다. 개인키를 통해서만 화폐의 소유권을 주장하고 재사용할 수 있기 때문에 개인키는 매우 중요하며 탈취되지 않도록 보호해야 한다. 지갑에는 개인키와 공개키가 저장되어 있다. 사용자의 관리 소홀이나 개인키 접근 비밀번호를 잊어버리면 암호화폐를 재사용할 수 없다.

DApp & 스마트 컨트랙트

DApp과 스마트 컨트랙트도 소프트웨어 프로그램을 통해 구현한다. 앞서 설명했듯이 소프트웨어는 구현 과정에서 코드 결함이나 취약점을 지니게 된다. 블록체인 기반 서비스 구현을 위해 스마트 컨트랙트와 DApp도 코드를 구현하는 과정에서 다양한 취약점이 발생하며 해킹 공격의 대상이 된다. 이더리움과 이더리움 클래식의 하드포크 원인이 되었던 'The DAO 프로젝트'도 스마트 컨트랙트의 코드상 결함 문제로 해킹이 발생한 사례다.

이런 문제점에 대응하기 위해 스마트 컨트랙트의 코드 결함이나 보안 취약점을 찾아내고 설계대로 구현되었는지를 점검해 주는 '스마트 계약 감사(Smart Contract Audit)'라는 서비스 업체와 도구도 생겨나고 있다.

정리하면, 블록체인에서 보안에 뛰어나다는 것은 데이터의 무결성과 가용성을 보장해 준다는 것이다. The DAO 프로젝트와 같은 스마트 컨트랙트 이슈는 소프트웨어 취약점 문제이며, 암호화폐 탈취는 블록체인과 상관없는 개인키 관리 문제다.

3) 암호화폐 탈취 공격

암호화폐는 개인키를 통해서만 소유권을 검증하고 재사용할 수 있기 때문에 암호화폐 탈취란 개인키를 탈취당했다는 것을 의미한다. 블록체인에서 암호화폐를 탈취할 수 있는 유일한 방법은 잠겨 있는 암호화폐를 풀 수 있는 개인키를 탈취하는 것이다.

개인키 관점에서 비트코인과 유사하게 작동하는 원리가 바로 공인인증서다. 앞서 그림 3-37에서 공인인증서의 작동 원리를 알아보았다. 외부에 공개되어 등록된 공개키와 쌍으로 존재하는 개인키를 본인만 소유하여 보관하면서 신원 인증 시 제시하여 본인의 신원을 증명하는 것이다. 개인키는 사용자가 숙지하고 있는 비밀번호를 통해서만 활성화된다. 비밀번호를 입력하면 개인키가 활성화되고 개인키와 공개키가 서로 검증을 통해 신원 인증을 해주는 서비스다.

공인인증서를 사용하려면 개인키를 활성화하기 위한 복잡한 비밀번호를 잊어서는 안 된다. 잊어 버리지 않기 위해 파일에 적어 두기도 하는데, 해킹 공격으로 비밀번호가 기입된 문서를 탈취당할 수 있기 때문에 인터넷이 연결된 컴퓨터에 비밀번호를 기입해 두어서는 안 된다. 그리고 개인키는 NPKI 폴더에 저장되는데 쉽게 복사(copy)가 가능하다. NPKI 폴더가 인터넷이 연결된 컴퓨터에 저장되어 있을 경우 역시 외부 해킹 공격에 의해 개인키를 탈취해 갈 수 있다. 이런 문제를 방지하기 위해 공인인증서(개인키)를 인터넷과 차단된 USB 메모리에 저장해 다니는 것이 일반화되어 있다. 안전한 공인인증서를 사용하기 위해서는 2가지 요소가 필요하다. 비밀번호 숙지와 인터넷과 차단된 USB 메모리에 개인키를 보관하는 것이다.

암호화폐 탈취, 즉 개인키 탈취 공격도 공인인증서의 개인키 탈취와 거의 동일하다. 우선 개인키 접근 비밀번호를 잊어서는 안 되고 개인키가 탈취되지 못하게 인터넷과 차단된 장치(USB 메모리)에 보관하는 것을 권장한다.

(1) 암호화폐 탈취의 특징

개인키 탈취가 암호화폐 탈취를 의미

암호화폐 소유 검증 및 재사용을 할 수 있는 유일한 방법은 개인키다. 따라서 개인키를 탈취당한다는 것은 암호화폐를 탈취당하는 것과 동일하다. 개인키에 접근할 수 있는 비밀번호를 잊어서도 안되고 개인키가 탈취당하지 않도록 조치를 취해야 한다.

개인키는 인터넷과 차단된 장소에 보관

은행 웹사이트를 방문하면 '전자금융거래 십계명'과 같은 전자 금융 거래를 위해 주의해야 할 사항을 나열해 두고 있다. 주의사항을 체크하다 보면 이런 항목이 있다.

"공인인증서는 USB 등 이동식 저장장치에 보관하여 주십시오."

공인인증서를 인터넷과 차단된 USB 메모리에 보관할 것을 권장하고 있다. 중요한 개인키가 인터넷과 연결된 컴퓨터에 보관되어 있을 경우 외부 해킹 공격에 의해 탈취당할 수 있기 때문이다. 마찬가지로 개인키가 보관된 지갑을 인터넷과 연결된 장소에 보관할 경우 외부 공격에 탈취당할 수 있기 때문에 인터넷과 격리된 지갑(Cold Wallet)을 이용할 것을 권장하고 있다.

내부자 공격과 사회공학 기법

일반적으로 해킹이라 하면 고도의 숙련된 해커가 최첨단 기술/기법을 동원하여 전산시스템의 보안장치를 뚫고 침투하는 것을 생각한다. 물론 이런 경우도 있지만, 실제 해킹 사례를 보면 내부자 소행이나 사회공학 기법에 의해 자료가 유출되는 경우가 더 많다고 한다.

일반적으로 내부 직원들을 신뢰하게 되는데, 이런 신뢰를 악용하여 거래소 내부자가 암호화폐를 탈취하는 공격도 자주 발생한다.

이렇게 해서 암호화폐 탈취 관련 특징 3가지를 알아보았다. 개인키 탈취는 암호화폐 탈취와 동일하므로 개인키가 탈취되지 않도록 관리해야 한다. 그리고 외부 해킹에 의해 개인키가 탈취당할 수 있기 때문에 개인키는 인터넷과 차단된 장치에 보관해야 한다. 또한 아무리 개인이 주의를 기울이더라도 거래소 같은 곳에 지갑을 보관하면 거래소 내부 직원이 악의적인 마음을 먹고 탈취할 경우 대응 방법이 없다.

Note **사회공학 기법**

사회공학 기법은 기술적인 방법이 아니라 사람 간의 신뢰와 친분을 악용하거나 사소한 실수를 이용하여 공격하는 기법이다

우리나라 삼국시대에 나당 연합군에 맞서 백제는 천혜의 요새인 공산성에서 최후의 일전을 준비한다. 하지만 백제 의자왕은 제대로 싸워보지도 못하고 포로로 잡힌다. 천혜의 요새인 공산성이 함락된 것이 아니라 백제 부하 장수의 반란으로 스스로 성문을 열어 준 것이다.

난공불락의 트로이 성을 열게 만든 것도 창과 무기가 아니라 트로이 목마를 이용하여 트로이군을 속인 기만술이 었다.

명나라를 무너뜨린 청나라 군대는 만리장성을 넘지도 않고 성문을 파괴하지도 않았다. 명나라 최고 책임자 장수(오삼계)가 만리장성 문을 활짝 열어줬다. 북방 청나라가 명나라를 침공하자 오삼계라는 장군이 군대를 이끌고 만리장성으로 출정한다. 이 틈을 타 이자성이 농민반란군을 이끌고 베이징으로 진격해 자금성을 함락시킨다. 이자성의 부장이 오삼계의 애첩을 빼앗았다는 소식을 듣고 오삼계는 오히려 만리장성 문을 활짝 열어 청군과 함께 선봉에 서서 베이징으로 진격한다.

---

(2) 거래소 해킹

비트코인 노드에 참여하면 지갑이 생성되며 지갑에는 공개키와 개인키가 생성된다. 노드 참여자는 지갑을 직접 관리하면서 송금 등에 활용한다. 하지만 네트워크에 참여하지 않고 단순히 거래소를 통해 암호화폐 거래를 목적으로 하는 이용자들은 거래소 내 지갑을 이용한다.

개인이 직접 개인키를 관리하는 상황에서는 개인의 관리 소홀로 개인키가 탈취당할 수 있다. 반면 거래소는 개인키를 직접 관리해주기 때문에 거래소 시스템이 취약하거나 거래소의 관리 소홀 또는 거래소 관리자의 내부 공격에 의해 개인키가 탈취당할 수 있다.

거래소가 거래 이용자의 개인키를 거래소의 시스템에 보관하는데, 해커가 거래소의 시스템을 침투하여 개인키를 탈취할 수 있다. 블록체인이 취약해서 암호화폐나 개인키가 탈취되는 것이 아니라 개인키를 보관하는 거래소의 시스템이 취약하면 개인키를 탈취당할 수 있다. 거래소에서 암호화폐 탈취 해킹 사고가 발생했다는 것은 고객의 개인키가 탈취당했다는 의미이며, 개인키가 보관된 거래소 시스템이 취약하여 시스템 공격을 받았다는 것을 의미한다.

콜드월렛(Cold Wallet)과 핫월렛(Hot Wallet)

거래소 해킹 사건이 터질 때마다 등장하는 용어가 핫월렛, 콜드월렛이다. 암호화폐 지갑(Wallet)이 온라인에 연결되어 있는지에 따라 핫월렛(Hot wallet)과 콜드월렛(Cold wallet)으로 나뉜다.

- 핫월렛은 온라인에 연결돼 있어 실시간으로 거래할 수 있는 지갑
- 콜드월렛은 오프라인 상태에 있어 거래하려면 별도의 절차를 거쳐야 하는 지갑

다음 그림을 보면, 핫월렛, 콜드월렛을 공인인증서와 비교하여 설명하고 있다. 공인인증서를 인터넷에 연결된 PC에 저장해 둔다면 인증이 필요할 경우 바로 PC에서 신원 인증을 할 수 있다. 간편하고 편리하다. 하지만 인터넷에 연결된 PC에 중요한 공인인증서를 저장하면 탈취당할 위험이 있다. 반면 공인인증서를 USB 메모리에 저장해 두면 USB를 항상 휴대하고 다녀야 하고 인증이 필요할 때마다 USB 메모리를 PC에 연결해서 사용해야 하는 불편함이 있다. 하지만 인터넷과 차단되어 있기 때문에 탈취될 가능성은 거의 없다.

핫월렛과 콜드월렛도 마찬가지다. 핫월렛은 인터넷에 연결되어 있는 지갑이다. 온라인상에 존재하는 개인키를 이용하여 트랜잭션을 쉽게 처리할 수 있다. 하지만 외부 공격에 의해 개인키가 탈취될 수 있는 문제점이 있다. 반면 콜드월렛은 오프라인에서 거래내역을 생성하고 개인키로 서명한 뒤 생성된 트랜잭션을 온라인에 입력하면 거래가 완료된다. 콜드월렛은 거래하기는 다소 불편하지만, 핫월렛보다 안전하게 암호화폐를 보관할 수 있다는 장점이 있다.

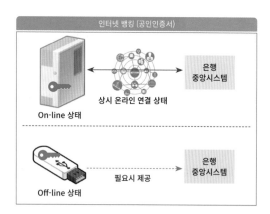
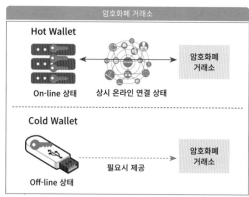

그림 4-12 콜드월렛과 핫월렛 개념

거래소 해킹 공격 방법

다음 그림은 해커가 암호화폐를 탈취하는 상황을 설명한다. 암호화폐는 블록체인상에 암호화되어 저장되어 있기 때문에 블록체인상에 존재하는 암호화폐를 직접 탈취하더라도 크게 의미가 없다. 대신 암호화폐를 재사용할 수 있는 키가 보관되어 있는 거래소 시스템을 공격해야 한다.

거래소 시스템에서 지갑을 인터넷이 연결된 장소에 보관 중일 경우 외부 해킹 공격에 의해 탈취당할 수 있다. 지갑을 인터넷이 차단된 장소에 보관했다면 외부 해킹 공격으로부터는 차단될 수 있지만, 내부자가 공격하거나 지갑에 접근하는 비밀번호를 잊어버렸을 때 문제가 발생한다.

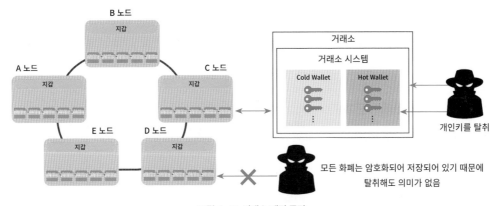

그림 4-13 거래소 해킹 공격

개인키가 콜드월렛에 보관되면 탈취 염려가 없을 거라고 생각할 수 있지만, 거래소 내부자가 탈취하는 사례도 종종 보고된다. 캐나다 암호화폐 거래소 QuadrigaCX는 개인키를 콜드월렛에 보관했다. 이 거래소는 콜드월렛을 회사 대표인 제러드 코튼 한 명이 관리하고 있었다. 이런 상황에서 제러드 코튼이 여행 중 급사하는 사고가 발생한다. 대표 이외에는 아무도 콜드월렛 비밀번호를 알지 못해, 결국 고객들은 한화 약 1,000억 원이 넘는 화폐를 환불받지 못하고 현재 파산절차를 밟고 있다.

이처럼 블록체인 해킹과 관련하여 알아보았다. 블록체인 해킹이 발생하면 어느 부분에서 어떻게 공격이 발생했는지 우선 이해할 필요가 있다. 블록체인뿐만 아니라 스마트 컨트랙트와 DApp도 모두 소프트웨어다. 소프트웨어 취약점에 의한 공격은 블록체인과 직접적인 연관이 없는 부분이다. 또한 개인키가 탈취되는 문제도 블록체인과 상관없다.

4.2 블록체인에 대한 오해

4.2.1 사토시 나카모토는 비트코인을 만들었나, 블록체인을 만들었나?

블록체인에 관심 있는 사람들과 이야기하다 보면 가장 많이 혼동하는 부분이 비트코인과 블록체인과의 관계다. 비트코인과 블록체인을 명확하게 구분하지 못하는 사람이 의외로 많다. 또한 사토시 나카모토가 블록체인을 개발했고 개발된 블록체인이 잘 작동하는지를 테스트해 보기 위해 비트코인을 만들어 한 번 시험해 봤다고 생각하는 사람도 있다.

사토시 나카모토는 비트코인이라는 화폐 시스템을 만들었고 이 시스템을 탈중앙 기반으로 구동하기 위해 블록체인이라는 기술을 활용했다고 앞서 설명했다. 여기에서는 좀 더 논리적인 근거로 설명해 보겠다.

비트코인과 블록체인과의 관계

우선 위키피디아(Wikipedia)의 비트코인 정의부터 살펴보자.

> *"Bitcoin is a decentralized digital currency, without a central bank or single administrator, that can be sent from user to user on the peer-to-peer bitcoin network without the need for intermediaries."*
>
> *(비트코인은 중앙은행이나 중개 기관 없이 개인 간 직접 송금이 가능한 탈중앙화된 디지털 화폐다.)*

위키피디아에 따르면, 비트코인의 정의에는 블록체인이라는 단어가 나오지 않는다. 사토시 나카모토가 소개한 논문 제목은 『Bitcoin: A Peer-to-Peer Electronic Cash System』이며 이 9페이지짜리 논문에도 블록체인이라는 단어는 나오지 않는다.

비트코인 논문뿐만 아니라 사토시 나카모토가 남긴 기록을 모두 검토해 봐도 사토시 나카모토가 개발하고자 한 것은 화폐 시스템이다. 블록체인에 대한 용어도 출현하지 않을뿐더러 블록체인에 대해 체계적인 설명을 정립하지도 않았다. 기존 화폐 시스템에 대한 신랄한 비판과 그에 대한 대안으로서 비트코인을 제시하고 있을 뿐이다.

먼저 비트코인과 블록체인과의 관계를 이해하기 위해 2장에서 설명했던 그림 2-258을 다시 한번 살펴보기 바란다. 비트코인은 P2P e-Cash System이며, 이를 논리적으로 구분하면 '화폐 서비스'와 '기반기술'로 구분할 수 있다. 그리고 나중에 사람들이 이 기반기술에 관심을 갖고 '블록체인'이라는 명칭과 함께 화폐 시스템 외에 다양한 용도로 활용하고자 시도하게 되었다.

우리가 편의상 비트코인의 기반기술을 블록체인이라는 명칭으로 별도로 분리하여 이야기하지만, 비트코인은 화폐 시스템 관점에서 보면 블록체인으로 별도로 구분되지 않고 화폐 시스템과 밀접하게 연결되고 특화되어 있다. 사토시 나카모토는 P2P 화폐 시스템 개발을 목적으로 했고 그 기반기술로 블록체인을 활용했다. 반면 비탈릭 부테린은 블록체인 개발을 목적으로 했다.

다음 그림은 비트코인과 이더리움이 목표로 한 대상을 명시한 것이다.

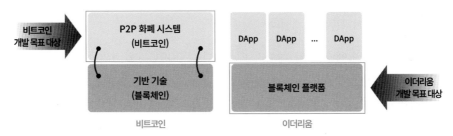

그림 4-14 비트코인과 이더리움의 목표 대상

비트코인을 만들고자 했나, 아니면 블록체인을 실험하고자 했나?

사토시 나카모토는 탈중앙화된 P2P 전자화폐 시스템을 개발했고, 이렇게 개발된 기반기술(블록체인)을 다른 서비스 목적으로 활용할 생각도 없었다. 이렇게 생각하는 이유와 근거는 다음과 같다. 동일한 내용을 앞에서 소개했지만, 본 주제에 맞춰 다시 한번 간단히 정리해 보겠다.

첫째, 사토시 나카모토가 작성했던 논문을 통해 사토시 나카모토가 고민했던 내용을 유추해 볼 수 있다. 『Bitcoin: A Peer-to-Peer Electronic Cash System』이라는 제목의 비트코인 논문에는 비트코인이 전자화폐 시스템임을 명확하게 규정하고 있으며 무엇을 위한 서비스인지도 정확하게 설명하고 있다.

둘째, 사토시 나카모토가 2009년 2월 11일 P2P foundation에 게시한 글을 보면 비트코인을 세상에 내놓게 된 배경과 이유에 대해 명쾌하게 설명하고 있다. 이미 1장에서 소개했던 것처럼 그는 기존 화폐 시스템의 문제점을 다양한 관점에서 지적하고 있다.

셋째, 비트코인은 Script 언어를 사용하여 개발했다. 화폐 시스템은 '송금' 정도의 아주 간단한 로직만 구현하면 되지만, 반대로 안정성과 보안성은 무엇보다도 뛰어나야 한다. 이런 화폐 시스템 구현에 최적의 언어가 바로 Script 언어다. Script 언어는 보안성과 안정성이 뛰어나 화폐 시스템 구현에 최적이지만, 매우 단순한 언어로서 다양한 분야의 서비스를 개발하기에는 매우 제약적이다. 특히 대부분 서비스 개발에 필요한 For/While 같은 순환 명령을 사용할 수 없다. 이런 특징을 기반으로 비트코인 블록체인을 다른 서비스 분야로 활용 및 확대하려는 생각이나 고려가 없었음을 유추해 볼 수 있다.

넷째, 비트코인 논문은 사이퍼펑크 메일링리스트에 최초로 공개되었다. 비트코인 논문이 참조한 Reference나 논문을 통해 구현된 기술들과 사상을 검토하면 사이퍼펑크의 계보를 잇고 있다는 것을 추측할 수 있다. 데이비드 차움은 익명성 보장을 위한 암호화폐(ecash)를 개발했고 웨이다이는 익명성과 분산 저장 방식의 암호화폐(B-Money)를 고안했다. 닉자보는 Bitgold라는 분산형 디지털 화폐 구현을 위한 메커니즘을 설계했다.

다섯째, Genesis Block에 저장된 메시지 때문이다. 2009년 1월 4일 비트코인 최초의 블록(Genesis Block)이 생성되었다. 첫 블록에는 "The Times 03/Jan/2009 Chancellor on brink of second bailout for banks(은행에 대한 두 번째 구제 금융이 임박한 장관)"라는 메시지가 담겨 있다. 사토시 나카모토가 의도한 것이 내포되어 있다고 볼 수 있다.

비트코인 개발에 참여했다고 알려진 마이크 헌(Mike Hearn)이 한 언론 인터뷰에서 비트코인이 하나의 실험이었다고 언급한 적이 있는데, 이를 두고 비트코인을 블록체인 구현을 위한 하나의 서비스로서의 실험이었다고 이해하는 사람도 있다. 하지만 여기서 실험이란 블록체인 구현을 위한 하나의 테스트 실험이라기보다는 비트코인이라는 탈중앙화된 화폐 시스템 자체가 과연 현실 세계에서 작동할 수 있을지를 실험했다는 말로 이해할 수 있다.

4.2.2 POW는 전기를 많이 소비하는 알고리즘이다?

비트코인 논문을 보면 다음과 같은 문구가 나온다.

> *The steady addition of a constant of amount of new coins is analogous to gold miners expending resources to add gold to circulation. In our case, it is CPU time and electricity that is expended.*
>
> *(새로운 화폐를 발행하는 것이 금 채굴과 유사하며 비트코인에서는 CPU와 전기 소비를 통해 화폐를 채굴한다.)*

POW는 전기와 에너지를 기반으로 작동하는 알고리즘이라는 것을 알 수 있다. 하지만 그렇다고 전기를 많이 소비하는 알고리즘이라는 의미는 아니다. 사토시 나카모토가 추구했던 이상은 누구나 소유하고 있는 일반 PC를 이용하여 비트코인 네트워크 생태계에 참여하여 공평하게 화폐 채굴에 참여하는 것이었다.

비트코인 채굴의 특징을 이해해 보자. 일반적인 컴퓨팅 작업에서 고성능 연산 장치를 사용하면 작업 시간이 단축된다. 정해진 작업을 처리하기에 필요한 연산은 정해져 있다. 고정된 작업량을 더 빠른 속도로 연산하면 작업 시간은 그만큼 단축되는 것이 맞다. 하지만 비트코인은 다르다. 비트코인은 '주어진 작업을 누가 더 빨리 수행하느냐'의 경쟁이 아니라 '10분 동안 누가 더 많은 작업을 수행하느냐'의 경쟁이다.

앞서 설명했던 것처럼, 사토시 나카모토는 Nonce 값을 찾는 데 언제나 10분이라는 시간을 유지하게 설계했다. 이를 위해 난이도라는 개념을 접목했다. 연산 기술이 진화하면 작업 시간이 단축되는 것이 아니라, 연산 성능이 개선될수록 작업량을 늘려서 10분이라는 시간을 유지한다. CPU에서 GPU를 거쳐 ASIC으로 진화하면서 Nonce 값을 찾는 시간이 더 빨라진 것이 아니라, Nonce 값을 찾기 위해 그만큼 더 많은 연산을 하고 있는 것이다.

CPU를 사용하든 ASIC을 사용하든 항상 10분이 걸리는데 왜 사람들은 바보처럼 더 많은 전기를 소비하면서까지 ASIC을 선호할까? 이유는 비트코인 채굴이 기본적으로 '경쟁'이라는 방식으로 작동하며 이 경쟁 방식이 인간의 탐욕과 연계되기 때문이다.

오직 한 사람에게만 탐스러운 비트코인이 지급된다. 그리고 그 비트코인을 얻기 위한 유일한 방법은 다른 경쟁자들보다 더 많은 연산을 하는 것이다. 더 많은 연산을 하기 위해 더 좋은 연산 장치가 필요했다. 경쟁에 뒤지지 않기 위해 네트워크에 참여한 모든 사람이 최고의 연산 장치를 원했고 이런 상황이 많은 전기 소비로 이어졌다. POW 자체가 전기를 많이 소비하는 알고리즘이 아니다. 단지 경쟁에 의한 채굴방식과 인간의 탐욕이 POW에서 전기를 많이 소비하게 하고 있다.

4.2.3 블록체인은 익명성이 완벽하게 보장된다?

앞서 영지식증명 기술을 소개하면서 블록체인의 익명성에 대해서 살펴보았다.

은행에서 계좌를 개설하고 거래하기 위해서는 은행에 개인정보가 제공되어야 한다. 모든 개인정보가 은행에 저장되어 있을 뿐만 아니라 모든 거래내역도 기록된다. 은행에서는 개인별 계좌를 개설하고 계좌정보를 기반으로 장부를 기록하고 유지하기 때문에 개인정보 및 신원정보는 반드시 필요하다. 이외에도 마약·도박·무기 밀매 등 각종 범죄 행위에 자금세탁이나 테러지원금과 같은 불법적인 거래를 차단하기 위해 FATF(자금세탁방지기구)와 같은 국제기구나 우리나라 정부 등은 '특정금융거래정보의 보고 및 이용 등에 관한 법률'을 통해 개인정보에 대한 확인을 법률로 명시하고 있다. 국내 송금 시에는 송금인·수취인의 성명과 계좌번호, 해외 송금 시에는 성명과 계좌번호는 물론 주소 정보까지 금융기관에 제공해야 한다. 현실 금융거래에서는 익명성이란 존재하지 않는다.

비트코인 같은 탈중앙화 시스템에서는 어떠한 개인정보도 제공되지 않는다. 개인정보를 제공하더라도 그것을 관리하고 식별해 줄 수 있는 중앙시스템이 존재하지 않는다. 비트코인 네트워크에 노드로 참여하면 시스템에 개인키와 공개키만 발행한다. 개인키도 랜덤하게 생성되어 제공되기 때문에 노드가 누구인지 알지 못한다. 심지어 사람인지 컴퓨터 프로그램인지도 식별하지 못한다. 어떠한 개인정보도 요청하거나 제공하지 않으며 발행되는 키가 누구에게 발행되었는지도 알 수가 없다.

하지만 모든 거래내역이 투명하게 공개되다 보니 블록체인상의 정보와 부가적인 정보를 조합 및 연계하면 어느 정도 추적이 가능하다. 모든 트랜잭션 거래내역을 추적하고 IP 주소를 특정하면 해당 IP 주소를 소유한 사람까지 특정할 수 있게 된다.

> **Note** 데이터 비식별화와 비트코인 익명성
>
> 데이터 3법의 핵심은 4차 산업혁명의 원유라 할 수 있는 데이터를 적극적으로 활용하여 신산업을 육성하자는 것이다. 좋은 취지의 법이지만, 데이터 3법 통과 및 시행을 두고 시끄럽다.
>
> 데이터에는 개인정보가 포함되어 있기 때문에 개인정보에 대한 비식별 조치를 하고 사용하게 되어 있다. 데이터 3법을 적극적으로 찬성하는 쪽은 개인정보를 비식별 조치했기 때문에 익명성이 보장되어 데이터를 적극적으로 활용하자는 주장이고, 반대하는 쪽은 아무리 비식별 조치를 했어도 정보를 조합하고 연계하면 얼마든지 재식별이 가능하기 때문에 개인정보 보호 차원에서 재고해야 한다는 것이다.
>
> 여기서 데이터 3법의 찬반을 논의하자는 것은 아니고 아무리 비식별 조치를 하더라도 어느 정도 재식별이 가능하다는 것을 설명하기 위해 예를 든 것이다. 데이터의 속성상 완벽한 비식별은 물리적으로 불가능하다. 이처럼 비트코인에서도 익명성이 보장된다고 하더라도 거래내역과 다양한 정보를 조합하면 어느 수준까지 개인정보를 유추해낼 수 있다.

추적 기술을 통해 익명성을 보장하기가 어려워지자 영지식증명 기술을 활용한 다크코인이 출시되기도 했다. 하지만 FATF(자금세탁방지기구)나 국내 특금법(특정금융정보법)에서는 테러 및 불법 자금을 허용하지 않기 때문에 다크코인은 대부분 시장에서 퇴출당하고 있다.

정리하면, 비트코인은 모든 거래 내역을 투명하게 공개하지만 개인키 사용을 통해 개인 신원에 대한 익명성은 보장한다. 하지만 기술적으로 조합과 추적을 통해 익명성을 무력화할 수 있으며, 제도적으로도 익명성을 허용하지 않는다.

TIP

암호화폐의 익명성을 기반으로 악의적인 용도로 활용되는 것을 차단하기 위해 암호화폐의 거래를 분석하고 추적하는 서비스도 출현하고 있다. 대표적인 서비스가 체이널리시스 (Chainalysis)다. 체이널리시스는 비트코인 지갑주소를 기반으로 입출금 거래를 분석하고 지갑의 모든 입출금 내역을 분석할 수 있다. 특정 거래가 어떤 비트코인 주소로 연결되었는지와 거래량 규모도 분석할 수 있다. 특히 IP 주소와 연계하여 거래의 이동 경로를 추적할 수도 있다.

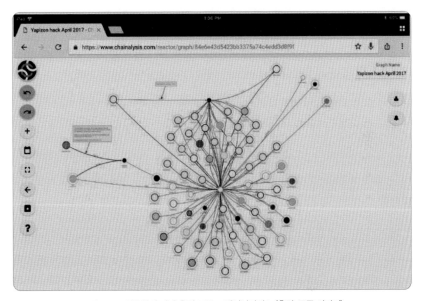

그림 4-15 암호화폐 거래 추적 도구 – 체이널리시스 (출처: 구글 이미지)

4.2.4 블록체인에 저장된 데이터는 완벽하게 무결성을 보장한다?

모든 거래내역이 해시로 연결되어 블록을 만들고 블록들은 서로 체인 형태로 연결되는 독특한 구조 때문에 비가역성이 보장되어 블록체인 내에 저장된 데이터는 수정과 삭제가 불가능하다. 따라서 블록체인에 저장된 데이터는 무결성을 보장한다고 볼 수 있다.

돼지고기 유통시스템에 블록체인 기술을 적용한 기업에서 다음과 같이 홍보하는 경우가 있다. "유통이력 데이터를 블록체인에서 관리하기 때문에 데이터 위변조가 불가능하여 유통의 신뢰성을 보장한다." 맞는 말이다.

하지만 다음과 같은 상황을 한번 살펴보자. 돼지고기를 도살하고 포장하는 역할은 여전히 사람이 한다. 돼지고기 유통 이력 데이터를 입력하는 역할도 여전히 사람이 한다. 돼지고기를 도살하거나 포장하던 사람이 나쁜 마음을 먹고 유통기간이 지난 돼지고기로 바꿔치기 할 수 있다. 또한 데이터 입력 시 나쁜 마음을 먹고 유통기간을 조작하여 부정한 데이터를 블록체인 시스템에 입력할 수 있다. 이런 상황에서 블록체인에 저장된 데이터는 절대 수정이 불가능하니 이 돼지고기와 유통 데이터의 신뢰성을 보장한다고 할 수 있을까?

블록체인이면 무조건 무결성과 신뢰성을 보장한다고 잘못 이해하는 경우가 있다. 블록체인은 블록체인에 이미 등록된 데이터의 위변조를 방지해 주는 기술이지 블록체인에 입력되는 데이터가 이미 조작된 데이터인지 무결한 데이터인지 검사하는 역할까지 수행하지는 않는다.

농수산물 유통과정에서 문제가 발생한다면 대부분 관련 데이터가 시스템에 등록되기 이전에 이미 조작된다. 중앙 시스템에서 데이터가 쉽게 조작된다고 생각하는 것은 중앙 시스템의 특징(통제, 접근 권한, 로그 정보, 사후감독 등)을 잘 모르고 하는 이야기다. 블록체인 이전의 기존 중앙 시스템에서도 데이터가 쉽게 위변조되는 경우는 거의 없다. 데이터의 위변조나 돼지고기 바꿔치기는 시스템 밖에서 발생한다.

블록체인이 데이터의 무결성을 보장하는 것은 맞지만, 블록체인에 입력되는 데이터의 무결성까지 검증하지는 않는다. 블록체인에 등록 완료된 데이터의 무결성을 보장하는 것이지 블록체인에 등록되기 전 단계의 무결성까지 보장하는 것은 아니다. 아이러니하게도 이미 위변조되어 블록체인에 저장된 데이터는 블록체인 내에서 절대 정상 데이터로 수정할 수 없다.

4.2.5 암호화폐를 발행하기 위해서는 ICO가 필요하다?

ICO를 통해야만 암호화폐를 발행할 수 있다고 오해하는 사람들도 있고 블록체인과 암호화폐가 활성화되기 위해서는 반드시 ICO가 필요하다고 생각하는 사람도 의외로 많은 것 같다. ICO를 이해하기 위해서 먼저 ICO의 모티브가 되었던 IPO에 대해 이해할 필요가 있다.

IPO(Initial Public Offering)는 비상장기업이 유가증권시장이나 코스닥시장에 상장하기 위해 그 주식을 법적인 절차와 방법에 따라 불특정 다수의 투자자에게 팔고 재무 내용을 공시하는 것으로 '기업공개'라고도 한다.

사업을 하다 보면 막대한 자금이 필요하다. 이런 자금을 조달하기 위해서 투자를 받거나 회사채를 발행하거나 금융권에서 대출을 받기도 한다. 이런 조달 방법은 자금 규모도 제한적이고 고정적인 이자 비용이 발생하기 때문에 기업 입장에서 좋은 방법은 아니다.

기업 입장에서는 이자 비용이 발생하지 않고, 영구적으로 자금 사용이 가능하며, 거액의 자금 조달이 가능한 IPO를 선호한다. 회사에서 주식을 발행하고 투자자들에게 판매하며 투자자들은 투자금 액만큼의 회사 지분을 갖게 된다. 회사 지분을 갖게 되면 회사에서 수익이 났을 때 배당금을 받을 수 있으며, 주식을 주식 시장에서 자유롭게 사고팔 수 있기 때문에 가치가 오르면 팔아서 시세차익을 볼 수도 있다. 대신에 기업은 주식을 발행하고 상장하는 조건으로 회사의 각종 경영정보를 시장에 투명하게 공개해야 한다.

유동성이 풍부하여 자금 조달이 필요하지 않은 알짜배기 기업들은 굳이 상장할 필요가 없다. 오히려 상장을 꺼린다. 기업을 공개하면 기업 경영의 모든 상황을 시장으로부터 감시받아야 하는 번거로움도 있고 각종 의무사항을 준수해야 하며 경영정보를 규정에 맞게 제때 공시해야 한다. 결론적으로 IPO는 기업 자금 조달의 한 형태다.

블록체인 기반 프로젝트나 서비스를 구현하려면 막대한 자금이 필요한데, 이때 자금 조달의 한 방법으로 나중에 서비스 구현에 사용될 암호화폐를 미리 발행해서 자금 조달에 활용하는 것이 ICO이다.

이더리움 창시자 비탈릭 부테린은 이더리움에 대한 명확한 비전과 백서를 완성했다. 백서 내용을 구현하기 위해 막대한 자금이 필요했고 이더리움 구현에 필요한 암호화폐를 미리 발행하여 ICO를 통해 자금을 조달했고 이 자금을 기반으로 이더리움을 개발했다. ICO의 전형적인 표본이라고 할 수 있다.

국내에서도 한때 ICO가 붐이었다. 하지만 개발할 서비스에 대한 명확한 구상과 설계보다는 일단 자금 조달부터 하고 보자는 분위기가 많았다. 블록체인 기반 서비스 개발을 위해 암호화폐를 이용하여 자금을 조달하는 것이 순서인데, 서비스 개발에 대한 명확한 준비나 아이디어 없이 자금 조달 자체를 위해 암호화폐를 남발하는 사례가 많았다. ICO를 통해 자금을 조달하고 서비스를 성공적으로 론칭한 사례는 현재까지 찾아보기 힘들다. 피해는 고스란히 투자자에게 돌아갔고, 이로 인해 정부는 ICO에 대해 부정적인 시각을 갖게 되었다. ICO를 진행할 때 프로젝트 설계가 구체적이지 않고 암호화폐를 어떻게 활용할 것인지에 대한 정확한 설계 없이 그냥 백서(White Paper) 하나만으로 진행되는 경우가 많아 위험이 크다고 볼 수 있다.

IPO는 주주들을 보호하기 위해서 상장조건을 까다롭게 관리한다. 반면, ICO는 관련 규정이 현재로서는 전혀 없다. 사실상 내충 작성한 백서(White Paper) 하나만 가지고 ICO를 진행하는 기업이 많다. ICO는 자금을 투자하고 그 대가로 암호화폐를 지급받는 것이다. 관련 사업이 성공적으로 론칭되어 암호화폐의 가치가 상승하고 그로 인한 시세차익을 목적으로 투자에 참여하는 사람이 많다.

IPO를 통한 주식은 회사의 지분이다. 투자금을 내고 지분을 확보하는 것이다. 반면 ICO는 회사나 서비스에 대한 지분을 확보하는 것이 아니다. 단순히 암호화폐를 지급받는 것이다. 암호화폐를 어떤 목적으로 설계하느냐에 따라 서비스에 대한 지분일 수도 있고 향후 서비스의 이용권일 수도 있고, 또는 의사결정에 참여할 수 있는 권한일 수도 있다. 아니면 아무 의미 없는 쿠폰 정도일 수도 있다. ICO에 참여하고자 한다면 최소한 개발하고자 하는 프로젝트 또는 서비스에 대한 가치 평가와 더불어 암호화폐가 어떤 목적으로 설계되었는지, 어떻게 활용될 수 있는지도 검토가 필요하다. 수많은 돈을 투자하고 암호화폐를 받는데 그 암호화폐가 어떤 의미이고 어떤 목적으로 활용될 것인지 모른다면 위험 부담이 너무 크다.

ICO는 자금 조달 방법일 뿐 암호화폐 발행은 ICO와 상관없이 진행할 수 있다. 그리고 개발하고자 하는 서비스가 성공 잠재성이 있다면 암호화폐에 기반한 ICO가 아니더라도 다른 투자 방안을 찾을 수 있다.

4.2.6 블록체인을 도입해야만 위변조를 방지할 수 있다?

블록체인의 도입 및 활용 관련하여 데이터의 위변조 방지를 위해 블록체인을 도입해야 한다고 많이 이야기한다. 블록체인이 제공하는 비가역성 특징 때문에 블록체인을 도입하면 데이터의 위변조를 차단할 수 있는 것은 맞다. 따라서 블록체인을 도입하면 위변조를 방지할 수 있다.

그럼 이런 질문을 해 볼 수 있다. 블록체인을 통해서 위변조를 방지할 수 있다면 블록체인 이전의 시스템들은 위변조를 차단하지 못했다는 논리인가? 기존 시스템에서 데이터 위변조가 발생한 사례는 있다. 하지만 기존 시스템을 신뢰하지 못할 정도의 수준은 아니다. 특히 은행과 같은 금융시스템에서 데이터가 위변조되었다는 이야기는 들어 보지 못한 것 같다. 중앙시스템에 대한 약간의 IT 지식만 있어도 중앙시스템의 데이터를 임의로 위변조하는 것이 사실상 불가능하다는 것을 알게 된다.

그렇다면 이렇게 정리하는 것이 맞을 것 같다. 기존의 중앙시스템들은 중앙 관리자뿐만 아니라 다양한 통제 장치(물리적 통제, 기술적 통제, 접근 통제, 권한 통제, 사후 통제 등)를 통해서 위변조를 철저히 차단하고 있다. 그런데 탈중앙시스템은 위변조를 차단할 수 있는 이런 통제 장치가 하나도 없다. 따라서 다른 대안이 필요했고 블록체인과 같은 독특한 암호적·구조적 특성을 통해 위변조가 물리적으로 불가능하도록 설계한 것이다.

중앙 시스템은 중앙 통제에 의해 무결성이 보장된다. 하지만 탈중앙 시스템은 무결성을 보장해 줄 수 있는 이런 중앙 통제 장치가 없다. 따라서 어쩔 수 없이 중앙 통제가 아닌 해시값을 통해 블록을 체인처럼 연결하는 구조적인 방식으로 무결성을 보장하는 방법을 고안해 냈다. 정확하게 표현하자면 중앙 시스템이 데이터의 무결성을 보장하지 않기 때문에 블록체인이 필요한 것이 아니라 탈중앙 환경에서는 중앙 통제 장치가 없기 때문에 무결성을 보장하기 위한 방안으로 블록을 체인으로 연결한 독특한 방식을 이용하는 것이다.

기존 중앙시스템이 위변조가 쉽기 때문에 블록체인을 도입해야 한다는 논리보다는, 탈중앙시스템에서는 위변조를 차단할 통제장치가 없기 때문에 그 대안으로 블록체인 기술을 통해 위변조를 차단해야 한다는 논리가 더 맞을 것 같다. 블록체인은 기존 보안 통제 장치가 부족하거나 탈중앙 환경으로 시스템을 도입하고자 할 경우 통제 장치 대안으로 검토해 볼 수 있다.

블록체인의 환상에서 빨리 벗어날 필요가 있다. 블록체인은 분명히 훌륭한 기술이지만, 현실 적용 측면은 다른 이슈다. 우리가 시스템에서 사용하는 데이터에는 수정되면 절대 안 되는 데이터보다 수정과 삭제가 필요한 데이터가 훨씬 많다. 수정·삭제가 안 되는 극단적인 블록체인보다는 적절한 통제 장치를 통해 보안을 유지하면서 필요에 따라 수정·삭제도 가능한 기존 중앙시스템이 훨씬 더 유연하고 효율적이라고 볼 수도 있다.

블록체인이 내세우는 '비가역성'이라는 독특한 특징을 남발하면서 아무 생각 없이 '데이터 위변조 방지를 위해 기존 시스템을 블록체인으로 도입해야 한다'는 것은 설득력이 약하다. 블록체인 활용 측면에서 좋다 나쁘다는 획일적 접근보다는 적용하고자 하는 서비스의 요구사항을 명확히 이해하고 요구사항에 맞게 중앙시스템과 블록체인을 적절하게 혼합하여 설계하는 것이 필요하다. 예를 들어, 다음과 같이 설계할 수도 있다.

- 수정·삭제가 필요한 데이터 → 중앙시스템에 저장
- 수정·삭제되면 안 되는 데이터 → 블록체인에 저장
- 수정·삭제되어야 하지만, 무결성이 필요한 데이터 → 중앙시스템에 저장하고 저장된 데이터의 해시값을 구해서 블록체인에 저장

4.2.7 비트코인 발행량과 유통량은 동일하다?

사토시 나카모토는 2140년까지 총 2,100만 개의 비트코인을 발행하도록 설계했다. 2140년이 되면 총 2,100만 개의 비드코인이 발행되고 유통된다. 특별히 문제가 없으면 2140년이면 2,100만 개가 발행될 것으로 보인다. 그렇다면 유통량도 2,100만 개일까? 논리적으로는 2,100만 개가 발행되었으니 2,100만 개가 유통되는 것이 맞다. 하지만 실제 유통량은 2,100만 개보다 훨씬 적을 가능성이 높다.

발행된 비트코인의 소유권을 검증하고 재사용하기 위해서는 반드시 개인키가 필요하다. 그런데 관리 소홀이나 불의의 사고를 당해 개인키를 사용할 수 없을 경우 비트코인에 접근할 수 없다. 실제로 개인키를 잊어버려 수백억 원을 찾지 못하는 사례가 있는가 하면 비트코인 보유자가 갑작스러운 사고로 사망할 경우 해당 비트코인은 더 이상 유통될 수 없다. 은행시스템의 경우 유족이 가족 관계 증명을 통해 찾을 수 있겠지만, 비트코인은 개인키로만 비트코인에 접근할 수 있다. 이미 상당량의 비트코인이 개인키의 분실이나 사고로 사용할 수 없는 상황에 놓여 있고 앞으로도 이런 사고는 계속 발생할 수 있다.

그러면 2,100만 개 이상으로 화폐 발행을 늘릴 수 있을까? 물론 가능하다. 2,100만 개가 발행되도록 설계했을 뿐, 2,100만 개 이상 발행하지 못하도록 물리적인 장치를 설정해 둔 것은 아니다. 커뮤니티가 동의하고 소프트웨어만 변경하면 2,100만 개 이상으로 계속 발행도 가능하다.

4.2.8 노드의 개수가 탈중앙 수준를 의미한다?

비트코인의 노드 개수는 2021년 6월 기준 9,700개 정도이고 이더리움의 노드 개수는 6월 기준 5,600개 정도다. EOS는 12개의 BP(Block Producer)로 고정되어 있다. 국내 블록체인 시범 사업을 보면 하이퍼레저 패브릭을 기반으로 시범 사업을 많이 구축하며 노드는 그리 많지 않다. 4~5개 정도인 경우가 많다. 노드 수가 적다고 할 수도 있지만, 시범 사업이라는 것을 고려하면 충분히 이해가 간다.

업계 담당자들과 이야기하다 보면 노드 수의 많고 적음을 가지고 탈중앙화 수준을 이야기하는 경우가 있다. 노드가 많을수록 탈중앙화되었다고 보는 것은 기본적으로는 맞다. 그럼 4~5개의 노드로 구성된 시범사업들은 탈중앙화와 거리가 멀다고 보는 것이 맞는가?

다음과 같은 4가지 상황을 제시해 보겠다.

1. 중앙시스템 하나

2. 중앙시스템 통제 기반 분산 시스템 구축 (5개의 노드 구성)

3. Private 블록체인 구축 (100개의 노드 구성) – 중앙시스템의 통제를 받음

4. Consortium 블록체인 구축 (4개의 노드 구성) – 노드의 권한은 동등

위의 사례에서 가장 탈중앙화된 상황은 몇 번일까? 먼저 노드의 개수만 놓고 보면 3, 2, 4 순으로 탈중앙화되었다고 볼 수 있다. 그런데 2번과 3번은 분산 노드의 형태지만, 중앙시스템의 통제를 받고 있다.

업계 담당자들이 탈중앙화를 위해 적정 노드 개수를 묻기도 한다. 물론 많으면 많을수록 좋다. 하지만 노드가 모두 중앙시스템에 강력한 통제를 받고 있다면 분산 DB와 다를 바 없다. 노드의 개수보다 오히려 각 노드의 지위·역할이 어떻게 되고 어떤 이해관계자들이 노드로 참여하느냐가 더 중요한 탈중앙화의 가치일 것 같다.

노드가 단지 3~5개로 적더라도 각 노드가 동등한 권한으로 견제와 균형을 유지한다면 탈중앙이라고 말할 수 있다. 물론 탈중앙이라는 조건(중앙시스템 통제 없이 모든 노드가 동등한 권한으로 참여)을 충족시킨 상황에서는 노드 수가 많을수록 탈중앙화 수준은 높다고 말할 수 있다. 노드의 개수보다는 각 노드의 지위가 더 중요하며 어떤 이해관계자가 노드로 참여하는지가 탈중앙화의 더 중요한 기준이 될 것 같다.

4.3 블록체인 활용 방안

블록체인을 다양하게 활용하려는 시도나 사례는 많다. 책이나 인터넷 등에서 다양한 블록체인 활용 사례가 소개되고 있기 때문에 여기에서 다시 언급하는 것은 무의미할 것 같다.

다양한 활용 사례 소개 대신 여기서는 대표적인 몇 가지 활용 사례를 소개하고 활용되는 방향성과 블록체인 활용에 대한 평가 위주로 설명하고자 한다.

4.3.1 블록체인 활용 개요

1) 활용의 개념

많은 블록체인 활용 사례가 소개되고 있지만, 아직까지 Killer Application이라 할 정도로 주목받을 만한 활용 사례는 많지 않으며 활성화된 사례는 거의 없다. '구현'과 '활용'과 '활성화'는 다르다. 구현 사례는 많더라도 활용 사례 및 활성화 사례는 적을 수 있다.

(1) '활용'의 의미

구현, 활용, 활성화는 다른 개념이다. 일반적으로 '서비스 구현' → '서비스 활용' → '서비스 활성화' 단계로 발전한다. 구현은 다시 개념증명, 시범 프로젝트, 본 사업으로 구분될 수 있다. 일반적으로 새로운 시스템이나 서비스를 도입하고자 할 때 다음과 같은 절차로 진행한다.

개념증명(PoC) → 시범 프로젝트(Pilot) → 본 사업(구현) → 활용 → 활성화

- 개념증명(PoC)은 개념적으로 기술적 가능성을 사전 검증해 보는 단계다.
- 시범 프로젝트(Pilot)는 검증된 기술을 소규모 프로젝트로 추진해 보는 것이다.
- '본 사업'은 시범 프로젝트를 통해 얻은 가능성과 피드백을 기반으로 실제 서비스를 구현하는 단계라고 볼 수 있다.

구현되었다고 하더라도 이것이 실제 서비스에서 활용되고 있는지는 다른 이야기다. 또한 실제 활용되는 것과 활성화는 또 다른 이야기다. 하나의 예를 들어보겠다.

해킹이나 개인정보 유출 사건이 빈번해지자 공공과 금융기관은 법률을 개정하여 업무망과 인터넷망을 분리하는 망 분리를 의무화했다. 대부분 업무가 인터넷 기반으로 수행되는 환경에서 업무망과 인터넷망을 분리해서 사용하는 것은 매우 비효율적이었다. 법률적 컴플라이언스 이슈 때문에 망 분리를 구현해 두었지만, 업무 효율성이 떨어져 사용하지 않는 사례도 빈번하게 발생했다. 지금은 기술적으로도 많이 진전되었고 사용자의 의식도 많이 개선되어 보편적으로 사용하고 있지만, 초기만 하더라도 구현은 해두고 실제 사용하지 않는 사이트를 종종 볼 수 있었다. 망 분리가 구현되었지만, 활용되지는 않고 있었다. 구현이 서비스를 구축하는 것이라면, 활용은 그 서비스를 사용하는 것이며, 활성화는 그것을 활발히 적극적으로 사용하는 것을 의미한다.

국내에서도 블록체인 활용 사례가 많이 소개되고 있지만, 현재 국내 활용 사례들을 자세히 살펴보면 대부분 'PoC-Pilot' 단계에 머물러 있다. 비트코인도 '활용' 단계라고 하기에는 부족해 보인다. 실제로 화폐로서 거의 사용되지 않고 있기 때문이다.

국내 블록체인 활용 사례를 조사할 기회가 있어 인터넷 등을 통해 블록체인 활용 사례들을 점검한 적이 있다. 인터넷에서 블록체인 기반 모 서비스가 많이 활성화되어 있는 것처럼 홍보되고 있어 해당 서비스 대표와 인터뷰를 진행하면서 활용 현황을 확인한 적이 있었다. 예상과 달리 그 서비스에는 현재까지 트랜잭션이 한 건도 발행하지 않았다고 했다. 서비스와 시스템이 구현되었을 뿐 활용 및 활성화는 안 되고 있었던 것이다. 인터넷이나 책을 통해 수많은 활용 사례가 소개되고 있다. 하지만 실제로 자세히 체크하다 보면 상당 부분이 구현 사례이지 활용 사례는 아닌 경우가 많다.

(2) 블록체인의 범주

블록체인 활용 관련 블록체인의 범주를 지정하는 것도 필요해 보인다. 다음 5가지 사례를 보자.

일반적으로 이해되는 블록체인

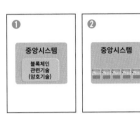 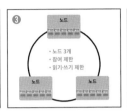  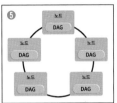

그림 4-16 블록체인 범주 유형

1. 중앙시스템으로 운영되고 있으며 블록체인에 활용되는 기술 요소들을 적절히 활용

2. 중앙시스템으로 운영되지만, 블록체인이라는 독특한 장부 형태를 도입

3. 3개의 노드에 블록체인이라는 장부도 도입, 하지만 참여가 제한되며 읽기와 쓰기 권한도 통제

4. 누구나 노드에 참여 가능하며 읽기와 쓰기 제한이 없고 완전히 탈중앙화

5. 4번과 유사하지만, 블록체인이라는 형태 대신 DAG라는 알고리즘을 사용

비트코인 블록체인 관점에서 보자면 4번째가 블록체인이다. Public 블록체인을 의미한다. 하지만 Public 블록체인은 속도나 확장성 이슈뿐만 아니라 실제로 현실에서 구현하는 데 많은 애로 사항이 있다. 대안으로 Private 블록체인을 검토하기도 한다. 블록체인 범주를 좀 더 포괄적으로 확대해서 본다고 하더라도 상기 5가지 사례에서 어디까지를 블록체인 범주로 볼 수 있는지 검토가 필요하다.

1번째와 2번째 사례를 보면, 아무리 블록체인 관련 암호기술이나 블록체인 형식의 장부 기술을 활용한다고 하더라도 완전히 중앙화된 시스템을 블록체인으로 보기는 어려울 것으로 생각된다. 3번째 사례를 보면, 노드가 3~5개로 구성된 Private 블록체인 형태로 볼 수 있다. Private 블록체인은 사실상 중앙기관에 의해 통제받기 때문에 블록체인이라고 하기에 애매하다. 하지만 엔터프라이즈 마켓의 특수성을 고려할 때 최근에는 하이퍼레저 패브릭과 같은 Private 블록체인도 블록체인으로 간주된다. Private 블록체인이라고 하더라도 노드 구성과 노드 참여자를 균형 있게 서비스 목적에 맞게 적절하게 설계한다면 탈중앙화의 가치를 일정 부분 구현할 수도 있다. 4번째 사례는 우리가 일반적으로 이해하는 블록체인으로 볼 수 있다. 완선 탈중앙화되어 있으며 노드 참여의 제한이 없고 합의에 의해 트랜잭션이 처리된다. 5번째는 4번째 사례와 거의 유사하지만, 블록체인이라는 구조 대신 DAG라는 알고리즘을 사용했다. 이는 IOTA에 실제로 적용하고 있는 블록체인이다. 업계에서는 이를 3세대 블록체인으로 간주한다.

여기서는 우선 5가지 사례를 제시했지만, 시장에는 무수히 많은 블록체인 유형과 시나리오가 존재한다. 어떤 유형까지를 블록체인 범주로 볼 것이냐에 따라 블록체인 활용 사례는 달라질 수 있다. 실제고 경영시스템 내 제시에 약간의 수색을 갖추고 블록체인 기반 서비스라고 홍보하는 사례도 있다. 블록체인 개념과 활용이 변화무쌍하게 발전해 가고 있는 현 상황에서 블록체인 범주를 정하는 것은 무의미하다. 단지 블록체인과 완전히 거리가 멀어 보이는 서비스인데도 블록체인 활용 사례로 소개되는 경우가 있는데, 이런 경우에는 주의가 필요하다는 것을 주지하기 바란다.

(3) 블록체인 기반 서비스의 의미

'블록체인 기반 XXX'라는 타이틀로 서비스를 홍보 및 소개하는 경우가 많다. 블록체인이라는 단어가 주는 '투명, 신뢰, 혁신'의 이미지 때문인지 블록체인을 서비스에 연계하려는 시도가 많다. 홍보 기사나 문구를 보면 기존의 문제점을 완전히 개선하고 예전에 없던 새로운 혁신적인 서비스인 것처럼 홍보한다. 하지만 막상 자세히 들여다보면 고개가 갸우뚱해질 때가 많다.

서비스 당사자의 입장에서는 블록체인과의 연관성을 과도하게 부풀려서 홍보하려는 습성 때문에 이해가 가지만, 블록체인 서비스 소비자나 투자자의 입장에서는 블록체인 활용에 대해 정확히 이해할 필요가 있다. 실제로 블록체인 기반 서비스인지, 아니면 단순히 홍보에 활용하기 위한 상술(商術)인지는 구분할 수 있어야 한다.

블록체인 기반 XXX 서비스에서 '기반'이라는 의미는 금본위제의 '본위'와 유사한 의미일 수 있다. 서비스의 근본·기반·인프라·시스템 부분이 '블록체인'으로 구성되었다는 의미일 것이다. 하지만 자세히 들여다보면 블록체인 기반이 아닌 경우가 더 많다. 블록체인이 약간 보완적으로 활용되거나 부분적인 기능 구현에 사용되거나, 아니면 블록체인에 사용된 기술 요소 일부만을 접목해 '블록체인 기반 XXX'로 홍보하는 경우도 많다.

그런데 문제는 '블록체인 기반 XXX'로 홍보되는 서비스에서 블록체인이 어떻게 활용되었는지에 대한 정확한 정보나 아키텍처가 대부분 공개되지 않고 있다는 점이다. 이런 부족한 정보는 블록체인에 대한 오해와 잘못된 선입견을 갖게 한다.

필자가 활용 사례들을 분석한 결과에 기초하면, 현실과 다르게 미사여구로 포장된 활용 사례가 많은 것이 사실이다. 맹목적인 숭배나 지지보다는 응원은 보내되 좀 더 냉철하게 블록체인 활용 사례를 바라볼 필요는 있어 보인다.

부풀려서 홍보하려는 서비스 이해관계자들을 탓하려는 것도 아니고 많은 활용 사례가 실은 블록체인 기반이 아니라는 것을 강조하려는 것도 아니다. 꼭 탈중앙화가 아니더라도 블록체인 기술을 연계 · 융합하여 기존 서비스를 개선하거나 새로운 서비스를 창조해 내려는 시도 자체는 가치와 의미가 있다. 오히려 권장할 일이다. 단지 블록체인 활용과 어떻게 활용되었는지에 대한 인사이트(Insight)는 가지고 갈 필요가 있다는 것을 강조하고 싶다.

4.3.2 블록체인 활용 분야

사토시 나카모토는 전통적인 화폐와 화폐 시스템의 문제점을 분석하고 그 문제점을 극복하고 개선하기 위해 기술적으로 고민했고, 그 고민의 결과물이 블록체인이다.

지금까지 존재하지 않았고 경험해 보지도 못한 '탈중앙'이라는 철학과 사상은 오늘날 대부분 서비스에 맞지 않는다. 또한 1~2장에서 살펴본 것처럼 비트코인과 비트코인 블록체인은 화폐 시스템에 최적화되어 있다. 이더리움이나 다른 블록체인 플랫폼들이 범용 서비스를 위해 많이 소개되고 있지만, 초기 블록체인인 비트코인을 크게 벗어나지 못하고 있다. 다른 다양한 서비스에 적용하는 데 여전히 한계가 있다.

비트코인처럼 완전히 탈중앙화만이 진정한 블록체인이라고 고집할 필요는 없어 보인다. 비트코인 블록체인은 탈중앙화 분산원장이라는 새로운 시스템 아키텍처를 소개해줬을 뿐만 아니라 다양한 기술요소 및 사상 · 아이디어 · 영감 · 메시지 등을 제공한다. 이런 개별 요소를 적절히 활용하는 것도 가치가 있고 블록체인 활용으로 간주할 수 있다고 본다.

먼저 블록체인이 지닌 특장점을 이해하고 블록체인으로 활용하는 방향성에 대해 알아보겠다.

1) 블록체인의 특장점

1. 탈중앙화
2. 투명성
3. 비가역성
4. 스마트 컨트랙트(Smart Contract)
5. 토큰 이코노미(Token Economy)

블록체인의 각 특장점에 대한 상세한 설명은 앞서 소개했기 때문에 추가로 언급하지는 않겠다.

2) 블록체인의 특장점을 활용한 사례 예시

(1) 탈중앙화 – 비트코인

탈중앙화 목표를 위한 대표적인 서비스 사례로 비트코인을 들 수 있다. 중앙정부와 중앙은행에 의한 화폐가 무분별하게 발행되는 것을 차단하고자 했고, 제3 기관에 의한 송금의 불편함을 해소하고자 했다. 그래서 화폐 발행과 송금을 탈중앙화 기반으로 구현하고자 했다.

(2) 투명성 – 돼지고기 유통 시스템

- **문제점:** 중국 업체의 불량한 식품 위생 및 가짜 식품으로 많은 문제점이 제기되었다. 특히 오염된 식품의 추적 관리가 어려워 모든 매장의 제품을 전량 폐기하는 문제점도 발생했다.

- **대응:** 중국 월마트는 이런 문제점에 대응하기 위해 IBM Hyperledger Fabric 블록체인 기술을 적용하여 시스템을 구축했다. 추가로 IOT 센서 등을 부착해 자동으로 데이터가 생성되어 블록체인에 저장되었으며 유통 과정상의 모든 데이터가 블록체인에 저장되었다. 블록체인에 저장된 데이터는 모든 노드에 공유 및 동기화되어 투명하게 관리되었다.

- **기대효과:** 생산부터 유통까지의 모든 과정을 추적해 식품 안전성과 투명성·효율성 제고뿐만 아니라, 위생 문제가 발생했을 경우에도 빠른 추적 및 대응이 가능하게 되었다.

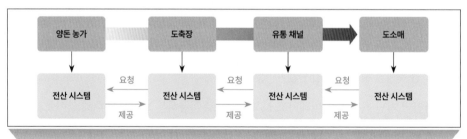

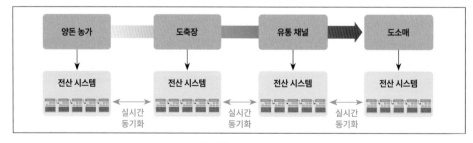

그림 4-17 블록체인 기반 돼지고기 유통시스템

(3) 비가역성 - 온라인 투표 시스템

온라인 투표 시스템에서 무엇보다도 중요한 요소 중 하나는 데이터의 무결성이다. 투표자의 투표 관련 데이터가 변경되지 않았다는 것을 보장해야 한다. 이런 데이터의 무결성 보장을 위해 블록체인을 활용할 수 있다.

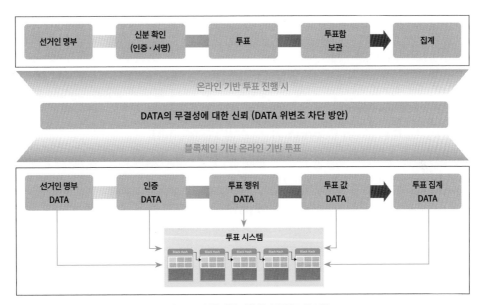

그림 4-18 블록체인 기반 온라인 투표 시스템

(4) 스마트 컨트랙트(Smart Contract) - 보험금 자동청구 서비스

- **문제**: 기존 실손보험은 소액 청구가 빈번한 상품임에도 보험 수령액 대비 보험 청구 절차가 복잡하여 보험금 청구 자체를 포기하는 사례가 자주 발생했다.

- **대응**: 복잡한 절차를 간소화하기 위해 블록체인 및 스마트 컨트랙트 기술을 도입하여 소액 보험금 자동 지급 서비스를 출시했다. 보험계약을 스마트 컨트랙트 기반으로 블록체인에 등록하면, 병원에서 보험금 관련 증빙 서류가 생성되어 보험사에 전달되고 계약 조건이 충족되면 보험사에서 보험계약자에게 자동으로 보험금을 지급한다.

- **기대효과**: 스마트 컨트랙트 기반으로 보험 청구 및 지급이 자동화되었고, 보험금 청구 관련 서류가 위변조되는 것을 차단할 수 있었다.

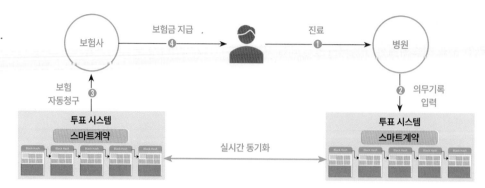

그림 4-19 블록체인 기반 보험금 청구 시스템

(5) 토큰 이코노미(Token Economy) – 스팀잇(Steemit)

▪ **문제**: 기존 콘텐츠 플랫폼은 광고가 많고 콘텐츠 생산에 대한 동기 부여가 부족했다. 또한 일방향으로 콘텐츠가 생산되어 피드백 등에 의한 콘텐츠 정화 작업이 부족했다.

▪ **대응**: 블록체인을 이용하여 인센티브 기반의 토큰 이코노미(Token Economy)를 설계하여 생태계 모든 참여자에게 보상 시스템을 적용했다. 보상을 통해 자발적인 콘텐츠 생산을 유인했으며 콘텐츠 참여자들은 '좋아요'를 통해 콘텐츠 정화 및 품질 제고에 기여했다. 콘텐츠 등록자뿐만 아니라 콘텐츠에 대한 평가(큐레이션)자에게도 보상이 돌아가는 구조로 설계했다.

▪ **기대효과**: 콘텐츠를 생산하면 보상을 받고 독자들의 '좋아요' 등의 평가에 의해 콘텐츠 품질이 개선되었다. 콘텐츠 품질 개선으로 생태계 활성화 및 참여를 확대하는 선순환 구조를 구현했다.

그림 4-20 토큰 이코노미 – 스팀잇

4.3.3 블록체인 활용 사례

일반적인 블록체인 활용 사례보다는 블록체인 활용 관련 이슈와 시사점이 있는 몇몇 사례만 소개하고자 한다.

1) 암호화폐

블록체인 활용 관련 암호화폐가 우선적으로 떠오를 수 있다. 블록체인 활용 사례로서 암호화폐를 이야기할 때 주의할 것이 있다.

앞서 비트코인에서 암호화폐는 2가지 의미를 지닌다고 했다. 하나는 화폐라는 서비스이고, 다른 하나는 탈중앙시스템을 작동시키기 위한 인센티브 개념이다. 비트코인은 이 둘을 연계한 것이라서 구분하기가 애매하지만, 이더리움의 코인은 화폐 서비스가 목적이 아니며 이더리움이라는 탈중앙 블록체인 플랫폼을 작동시키기 위한 인센티브다. 비트코인이라는 화폐 서비스는 블록체인의 활용 사례로 볼 수 있지만, 이더리움의 코인은 블록체인 활용 사례가 아니다. 단지 블록체인 구동을 위한 하나의 메커니즘적 요소다.

암호화폐 자체가 하나의 서비스로 활용된다면 블록체인 활용 사례로 볼 수 있지만, 블록체인 구현을 위한 인센티브로써 코인이나 서비스(DApp) 활성화를 위한 윤활유로써 사용되는 토큰은 활용 사례가 아니라는 이야기다. 쉬운 비유를 들자면, 싸이월드는 서비스이며 대표적인 SNS 서비스 사례로 볼 수 있다. 하지만 싸이월드라는 서비스에서 사용되는 도토리는 서비스 활용 사례가 아니다. 싸이월드 서비스를 좀 더 활성화하기 위한 하나의 요소일 뿐이다. 일단은 서비스로서의 암호화폐와 시스템과 서비스 구현을 위한 요소로의 암호화폐를 모두 포함하여 설명해 보겠다.

1장에서 비트코인은 과거 금본위제로의 회귀를 염두에 둔 설계였다고 설명했다. 다음 그림을 살펴보자. 금화 본위제에서는 금화를 실제 화폐로 사용했다. 광부들이 금을 채굴하면 채굴된 금으로 화폐를 주조하여 거래에 사용했다. 법정화폐 시대에는 중앙은행에서 인쇄기로 종이 화폐를 찍어내고 찍어낸 화폐는 상업은행을 거쳐 시중에 제공된다. 비트코인은 Nonce 값을 찾는 채굴 과정을 통해 비트코인을 발행하고 발행된 화폐는 인센티브로 지급되어 실생활에서 사용된다.

그림 4-21 화폐 발행 방식

앞의 그림에서 '금화본위제'와 '비트코인'을 좀 더 자세히 살펴보자

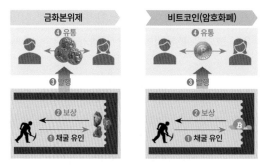

그림 4-22 금과 비트코인의 2가지 의미

금화본위제에서는 금이 화폐이기 때문에 일상에서 유통되기 위해서는 우선 금이 있어야 한다. 금은 광산에서 채굴해야만 획득할 수 있다. 금화본위제에서 광부는 누가 시켜서 채굴에 참여하는 것이 아니다. 금을 채굴할 경우 경제적인 보상이 따르기 때문에 자발적으로 채굴에 참여하는 것이다. 금화본위제에서는 중앙 정부에 의해 화폐가 공급되는 것이 아니라 사람들의 자발적인 참여를 통해 공급된다.

금화본위제에서 '금'은 2가지 의미와 가치를 지닌다.

- 금화(화폐)에 사용될 금을 생성(채굴)할 수 있도록 광부들의 곡괭이질을 유인하는 <u>인센티브</u>
- 광부들에 의해 발행된 금이 경제시스템에서 금화의 형태로 유통되는 <u>화폐</u>

즉, '금'은 채굴 관점에서는 인센티브이며 경제시스템 관점에서는 화폐를 의미한다. 비트코인도 이와 동일하다. 비트코인은 경제적인 보상을 기대하며 사람들의 자발적인 참여를 유인하는 인센티브인 동시에 발행된 비트코인은 경제시스템의 화폐로 활용된다.

비트코인 암호화폐와 이더리움 암호화폐의 차이

차이점을 설명하기에 앞서 암호화폐의 발행과 활용의 의미를 우선 살펴보겠다.

그림 4-23의 아래 영역은 '새로운 가치의 발견 및 창조'를 의미하고 위 영역은 '창조된 가치를 어떻게 활용하는가'를 의미한다. 그림 4-23의 1번은 금 채굴 및 활용을 보여준다. 금은 땅속에 존재하기 때문에 채굴이라는 과정을 통해서 가치가 창조된다. 그리고 창조(채굴)된 금은 화폐나 장신구 또는 산업용으로 활용된다. 2번 그림은 비트코인 채굴 및 활용을 보여준다. 채굴 과정을 거쳐 창조된 비트코인은 개인 간 거래가 가능한 디지털 화폐로 활용된다. 3번 그림은 다른 암호화폐(코인)를 채굴하는 과정을 보여준다. 이렇게 채굴된 코인은 다양하게 활용될 수 있다. 비트코인에서는 채굴된 코인을 단지 화폐로만 사용했지만, 다른 코인들은 얼마든지 다양하게 활용될 수 있다.

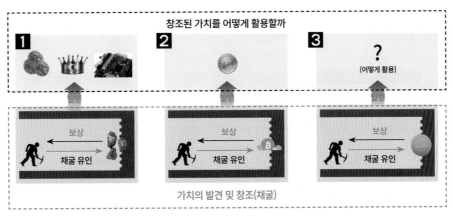

그림 4-23 가치의 창조와 활용

땅속에서 새로운 광물을 캐내는 것과 그 광물을 어떻게 활용할 것인지는 다른 문제다. 금을 처음 땅속에서 발견하고 캐냈을 때 사람들은 이 금속을 어떻게 활용할 것인지 고민했을 것이다. 고민하고 다양하게 시도하다가 화폐와 귀금속 등으로 활용하기 시작했다.

사토시 나카모토도 땅속(블록체인)에서 광물(비트코인)을 캐냈다. 그리고 그것을 화폐로 활용하고자 했다. 이후 사람들은 화폐보다는 안전자산 쪽으로 활용하는 방안을 검토하고 있다. 이더리움은 땅속(이더리움 플랫폼)에서 범용으로 사용될 수 있는 새로운 광물(코인)을 캐놓고 사람들에게 다양하게 활용하라고 제안하고 있다. 더 정확히 이야기하면, 비트코인은 활용 분야를 미리 정해두고 적절한 광물을 캐낸 것이라면, 이더리움은 범용으로 사용될 수 있는 새로운 광물을 캐놓고 다양하게 활용하려는 시도 중이라고 이해하는 것이 맞을 것 같다.

금이든 암호화폐든 일단 캐내는 작업이 필요하다. 금은 광산에서 캐내는 것이라면 암호화폐는 블록체인에서 캐낸다. 이렇게 캐낸 광물이 블록체인에서 말하는 '코인'이다. 다음은 채굴한 암호화폐를 어떻게 활용할 것인지를 고민해야 한다. 암호화폐 활용은 블록체인 영역보다는 서비스 영역이라고 볼 수 있다.

또한 아무리 훌륭하고 어렵게 채굴한 광물이라도 쓸모가 없다면 아무런 의미가 없다. 마찬가지로 아무리 잘 설계되어 채굴된 암호화폐라고 하더라도 그 암호화폐가 서비스 영역에서 적절히 활용되지 못하고 새로운 가치를 창출하지 못한다면 아무런 의미가 없다.

비트코인과 이더리움을 구분하면, 비트코인은 화폐라는 용도를 위해 특정 광물을 캐내서 활용한다. 즉, 이미 활용이 정해진 광물이다. 반면 이더리움은 범용적 사용 잠재력을 지닌 광물이다. 이런 이해를 바탕으로 암호화폐가 블록체인 생태계에서 어떤 의미를 지니는지 살펴보자.

비트코인과 이더리움을 블록체인 관점에서 도식화하면 다음과 같다.

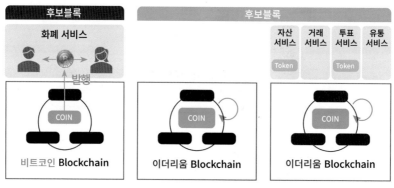

그림 4-24 비트코인과 이더리움 관점의 암호화폐 의미

비트코인이라는 암호화폐는 2가지 의미를 지닌다.

- 채굴을 위한 '인센티브 메커니즘'
- 활용 · 서비스로서의 '화폐'

이더리움 암호화폐는 조금 다르다. 비트코인은 화폐 시스템이 목적이었던 반면, 이더리움은 다양한 서비스가 론칭될 수 있는 기반인 블록체인 플랫폼이다. 따라서 이더리움 암호화폐는 인센티브라는 한 가지 의미만을 지닌다.

- 채굴을 위한 '인센티브 메커니즘'

다음으로 이더리움이라는 블록체인 플랫폼이 준비되면 그 기반으로 다양한 서비스(DApp)가 론칭 될 것이다. 각 서비스는 필요에 따라 토큰이라는 암호화폐를 발행하여 서비스 활성화에 활용할 수 있다. 그런데 토큰은 앞에서 언급된 인센티브나 화폐가 아니다. 물론 서비스(DApp)의 특징에 따라 인센티브나 화폐 역할을 할 수 있지만, 일반적인 개념으로 인센티브나 화폐라고 말할 수 없다.

암호화폐를 블록체인과 연계하여 정리하면 다음과 같다.

구분	인센티브	화폐
비트코인	○	○
이더리움 코인	○	
토큰		

비트코인은 화폐를 목적으로 했으며 탈중앙화 기반으로 발행하기 위해 인센티브라는 메커니즘을 화폐와 연계했다. 이더리움은 비트코인의 인센티브 메커니즘에 영감을 받아 이더리움 코인을 발행했다. 그리고 많은 서비스가 이런 암호화폐 발행에 영감을 받아 토큰을 발행했다. 토큰은 블록체인과 잘 맞을 수 있지만, 블록체인과 직접 연관이 있는 것은 아니다.

코인과 토큰의 차이

3장에서 이미 코인과 토큰에 관해 설명했지만, 이번에는 활용 관점에서 다시 살펴보겠다. 일반적으로 자체적인 블록체인 플랫폼 기반으로 발행되는 암호화폐를 코인(Coin)이라고 한다. 반면 서비스(DApp) 영역에서 발행되는 암호화폐를 토큰(Token)이라고 한다. 이런 관점에서 코인은 (Public) 블록체인과 직접 연관되는 부분이며 토큰은 직접적인 연관은 없다. 앞서 살펴본 것처럼, 비트코인, 코인, 토큰은 다른 개념이다. 그런데 이런 모든 개념이 '암호화폐 또는 가상화폐'로 획일적으로 불리다 보니 많은 혼동을 야기하고 있다.

표준화된 개념 정의는 아직 수립되지 않았지만, 우선 이 책에서는 다음과 같이 정리하겠다.

- 사토시 나카모토가 탈중앙·암호기술 기반으로 발행한 암호화폐가 '비트코인'이다.
- 블록체인 플랫폼 기반으로 발행되는 암호화폐를 '코인(Coin)'이라고 한다.
- DApp에서 서비스 필요에 의해 발행되는 암호화폐를 '토큰(Token)'이라고 한다.

블록체인하면 암호화폐 또는 가상자산 등을 먼저 떠올리다 보니 이런 개념이 마치 블록체인 기반으로 특화된 서비스처럼 혼동을 준다. 하지만 이런 개념과 특성은 블록체인 이전부터 존재했다. 비트코인은 최초의 암호화폐나 디지털 화폐가 아니며 최초의 가상자산도 아니다. 최초의 탈중앙 기반 가상화폐이자 가상자산이다.

통용 범위에 따른 화폐 유형

먼저 화폐를 이해하기 위해 통용되는 범위 기반으로 화폐의 유형에 대해 살펴보자.

구분	글로벌 단위	국가 단위	지역 단위	마을 단위	서비스 단위
화폐	기축 통화	법정화폐	지역화폐	마을화폐	서비스 토큰
사용 범위	글로벌	국가 內	지자체 內	지역·마을 內	서비스 영역 內
신뢰 기반/근거	패권(군사력, 경제력)	법·중앙정부 신뢰	지자체 조례	지역 커뮤니티 신뢰	서비스 설계
사례	미국 달러 EU 유로	달러($) 원화(₩)	김포페이 성남페이	대전 한밭레츠 '두루'	싸이월드 도토리 게임머니(골드, 보석)
특징	전 세계 어디서나 통용 가능	한 국가 내에서 통용 가능	특정 지자체 내에서만 통용 가능	특정 마을 내에서만 통용 가능	특정 서비스 내에서만 통용 가능

화폐는 한 국가에서 사용되는 법정화폐뿐만 아니라 글로벌 단위, 지역 단위, 서비스 단위에서도 다양한 화폐의 형태가 존재한다. 대전이라는 소규모 커뮤니티에서 자체적으로 발행 및 통용되는 '두루'라는 지역화폐도 화폐로 볼 수 있고, 싸이월드 도토리나 게임머니(골드, 보석) 등도 서비스 단위에서 통용되는 일종의 화폐라고 볼 수 있다.

그림 4-25 지역화폐(두루)와 게임머니(출처: 구글 이미지)

블록체인과 연계된 화폐 개념들

다음으로 최근에 블록체인과 연계되어 자주 거론되는 가상화폐, 디지털 자산, 토큰을 구분해서 살펴보자.

그림 4-26 중앙시스템 기반 가상화폐·가상 자산·유틸리티 토큰

가상화폐나 디지털 자산, 또는 유틸리티 토큰은 블록체인에서 갑자기 튀어나온 개념이 아니다. 블록체인 이전부터 비슷한 형태나 다른 명칭으로 존재해 오던 개념이다. 최초의 암호화폐인 ecash도 1990년대 초에 개발되었고, 전자화폐도 2000년 이전부터 수많은 국가에서 서비스 또는 시범 운영되고 있었다. 게임머니나 아이템 같은 가상자산 형태나 싸이월드의 도토리 토큰도 오래전부터 이미 서비스되던 영역이다.

> **Note** 전자화폐
>
> 2000년 7월 한국은행에서 발표한 '각국의 전자화폐 개발 현황' 자료에 따르면, 카드형 전자화폐는 2000년 4월 기준 조사대상 73개국 중 39개국에서 73개의 주요 프로젝트가 진행 중이며, 전국적으로 운영 중이거나 확산 중인 국가는 15개국, 시범 운영 중이거나 계획 중인 국가는 24개국으로 나타남.
>
> 네트워크형 전자화폐는 발전 초기 단계로서 2000년 4월 현재 조사대상 73개국 중 13개국에서 16개의 주요 프로젝트가 진행 중이며, 이는 대부분 시범 사용 중이거나 개발 중임.
>
> [출처: 한국은행 금융결제국_각국의 전자화폐 개발 현황]

블록체인 이전에는 이런 서비스들이 모두 중앙시스템 기반으로 구축되고 서비스되었다. 그러다가 블록체인이 나오면서 블록체인 기반으로 변화하고 발전적인 형태로 진화한다.

블록체인 환경으로 넘어오면서 2가지 변화가 생긴다. 먼저 기존의 중앙시스템 기반에서 탈중앙화 시스템으로 변경되다 보니 자발적인 참여를 통해 시스템을 작동시킬 수 있는 인센티브 성격의 '코인(Coin)'이 필요하게 되었다.

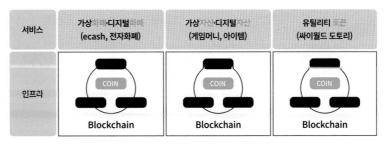

그림 4-27 블록체인 기반 가상화폐·가상 자산·유틸리티 토큰

서비스 단위인 가상화폐, 디지털 자산, 토큰도 블록체인 기반으로 더 다양화되고 진화된 개념으로 발전한다.

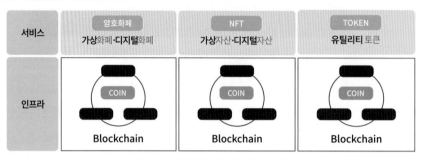

그림 4-28 블록체인 기반 암호화폐 유형들

다음으로, 가상화폐 또는 디지털화폐 영역을 좀 더 세분화해서 살펴보겠다. 가상화폐·디지털화폐에서 블록체인과 직간접으로 연계되는 화폐를 크게 4가지 정도로 생각할 수 있을 것 같다. 비트코인, Diem(이전 Libra), CBDC, 지역화폐가 그것이다. 블록체인 인프라 작동을 위한 코인이나 서비스 활성화를 위해 발행되는 토큰은 자체적으로 블록체인 활용 사례라고 보기 어렵다. 반면 블록체인과 직간접적으로 연계되는 화폐라는 서비스 형태는 블록체인 활용 사례로 간주할 수 있을 것 같다.

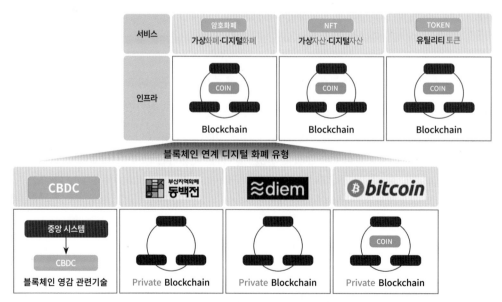

그림 4-29 블록체인 연계 디지털 화폐 유형

이 4가지 화폐의 유형을 좀 더 자세히 살펴보면 다음과 같다.

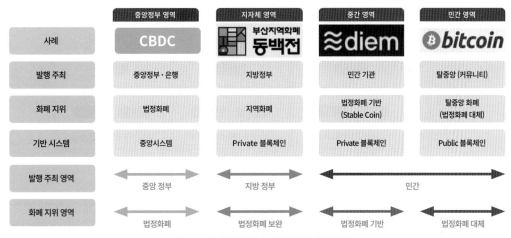

그림 4-30 블록체인 연계 디지털 화폐 유형 상세

- **CBDC**: CBDC는 중앙정부 · 은행에서 발행하는 화폐다. 기존 종이 화폐를 디지털 형태로 전환한 화폐를 의미한다. 블록체인과 직접적인 연관성은 없지만, 블록체인으로부터 영감을 받아 그 기반 기술을 적절히 활용할 것으로 예상된다

- **부산지역화폐 동백전**: 오래전부터 다양한 지역화폐가 각 지자체 조례를 근거로 사용되고 있었다. 최근에는 블록체인 기반으로 지역화폐를 발행하여 사용되는 경우가 많다. 동백전도 대표적인 블록체인 기반 화폐. 이들은 대부분 Private 블록체인 플랫폼을 기반으로 발행된다. (실제로는 블록체인 기반으로 지역화폐가 발행되는 것이 아니라 관련 데이터만 블록체인에 저장하는 형태)

- **페이스북 Diem**: Diem은 페이스북이라는 민간 영역에서 발행을 검토하는 화폐다. 법정화폐와 가치를 연동시킨 Stable coin으로서 법정화폐 성격도 지닌다.

- **비트코인**: 순수하게 탈중앙화 형태로 발행되는 화폐. 기존 법정화폐의 문제점에 대한 대안으로 제시되었으며 Public 블록체인 기반으로 발행된다.

다양한 암호화폐 및 토큰 유형에 대해서 알아보았다. 그러면 이런 암호화폐 및 토큰들이 통용 범위 관점에서 어떻게 연계되는지 살펴보자.

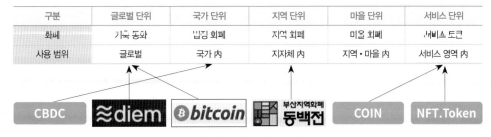

구분	글로벌 단위	국가 단위	지역 단위	마을 단위	서비스 단위
화폐	기축 통화	법정 화폐	지역 화폐	마을 화폐	서비스 토큰
사용 범위	글로벌	국가 內	지자체 內	지역 · 마을 內	서비스 영역 內

그림 4-31 블록체인 기반 디지털 화폐의 통용 범위

다음으로 Private 블록체인 (또는 엔터프라이즈 블록체인) 환경에서의 암호화폐를 살펴보자.

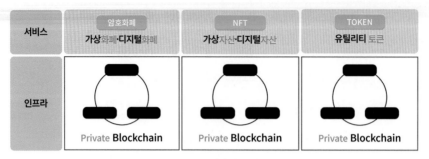

그림 4-32 Private 블록체인 기반 암호화폐 유형들

Private 블록체인은 사실상 중앙기관이 존재한다. 분산된 노드로 구성되어 있지만, 중앙시스템에 더 가까운 개념이다. 중앙시스템 기반으로 작동되다 보니 자발적인 참여를 유인하는 코인 발행이 절대적으로 필요한 것은 아니다. 필요에 의해 선택적으로 코인 발행을 설계할 수 있겠지만, Private 블록체인에서는 코인을 발행하지 않는 경우가 많다.

마지막으로, 코인과 토큰이 발행 및 활용되는 시나리오를 한번 정리해 보겠다. 지금까지 살펴본 내용을 기반으로 코인과 토큰을 상황에 따라 분류하면 다음과 같다. 이는 하나의 사례로 정리한 내용이며 관점에 따라 다양한 유형과 분류가 가능하다.

블록체인 영역			DApp 영역	
유형	참여 유인 여부	발행 필요성	서비스 특징	발행 필요성
Public	참여 유인 필요	코인 필요	화폐 (서비스)	토큰 필요
			서비스 특성상 토큰 활용	토큰 필요
			토큰 이코노미 설계	토큰 필요
			일반 서비스	토큰 불필요
Private	참여 유인 필요	코인 필요	화폐 (서비스)	토큰 필요
			서비스 특성상 토큰 활용	토큰 필요
			토큰 이코노미 설계	토큰 필요
			일반 서비스	토큰 불필요
	참여 유인 불필요	코인 불필요	화폐 (서비스)	토큰 필요
			서비스 특성상 토큰 활용	토큰 필요
			토큰 이코노미 설계	토큰 필요
			일반 서비스	토큰 불필요

2) CBDC

최근에 지인으로부터 앞으로 암호화폐에 투자해 보고 싶은데 어떻게 생각하느냐는 의견을 묻는 질문을 실제로 받았다. 이유를 물었더니, '요즘 CBDC가 핫한 이슈이고 각국에서 CBDC를 검토하고 있기 때문에 CBDC가 대세가 되면 암호화폐가 급등할 것 같다'는 답변이 돌아왔다.

많은 사람이 CBDC를 블록체인 기반으로 발행되는 암호화폐와 유사한 개념으로 오해한다. 따라서 CBDC가 활성화되면 분위기에 편승해서 암호화폐 가치도 상승할 것이라 믿고 암호화폐 투자를 검토하는 사람들이 있다. 하지만 결론부터 말하자면 블록체인과 CBDC는 직접적으로 아무런 연관이 없다. 오히려 CBDC는 블록체인과 상반되는 개념이다. 관점에 따라 다를 수 있겠지만, 우선 필자는 CBDC와 블록체인은 상관이 없을뿐더러 오히려 반대되는 개념이라는 관점을 가지고 설명하겠다.

(1) CBDC 출현 배경

필자는 수년째 현금을 휴대하지 않고 있다. 물론 지갑도 없다. 스마트폰의 간편결제나 스마트폰 케이스에 있는 신용카드 1~2장으로 모든 결제 및 송금을 처리한다. 필자뿐만 아니라 주위의 대부분 사람이 그렇다. 더 이상 사람들은 현금을 사용하지 않는다. 이런 분위기에서 한국은행에서도 동전 없는 사회나 현금 없는 사회에 대한 이슈가 종종 소개된다. 2018년 기준 한국은행의 화폐 제조 비용은 1,104억 원, 폐기한 손상 화폐는 6억2700만 장이다.

실제로 아주 재미있는 범죄 사건이 있었다. 2015년도에 "10원짜리 동전 600만 개 녹여 팔아 2억원 챙겨"라는 제목의 기사가 올라왔다. 10원짜리 동전 제조에 주원료로 구리가 사용되는데, 10원 주조에 들어가는 구리의 양은 시중가로 10원 가치의 3~4배에 이른다. 이런 허점을 이용하여 범죄자들은 전국에 있는 10원짜리 동전 600만 개를 사들였고, 이를 녹여 되팔아서 2억 원 정도의 수익을 남긴 것이다. 심지어 10원짜리 동전을 사들일 때는 1.5배의 웃돈을 주고 사들였다고 한다.

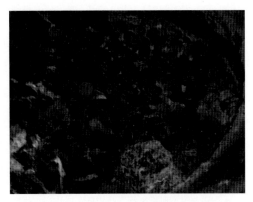

그림 4-33 동전 녹이는 모습(출처: 한겨레 신문)

범죄사는 2010년부터 2015년까지 무려 4번이나 동일한 범죄를 저질렀다.

2000년대 초반 중국에 출장 가서 현지 상점에서 물건을 구입하고 위안화를 지급하면 직원들이 형광등에 현금을 비춰보던 기억이 난다. 그만큼 위조지폐가 많다는 방증이다. 또한 코로나 시대에 현금 사용을 꺼리는 경우가 많다. 현금을 소독한다고 전자레인지에 돌렸다가 지폐를 태워버린 상황이 뉴스에 소개되기도 했다. 이처럼 오늘날 현금은 매우 비효율적이며 비용이 많이 발생한다.

최근에 디지털 트랜스포메이션(Digital Transformation)이 대세다. 모든 분야와 서비스가 디지털화되어 가고 있다. 디지털로 전환할 경우 많은 장점이 있다. 경제성뿐만 아니라 효율성도 극대화된다. 그런데 현재 디지털화되지 않은 대표 분야가 바로 화폐다. 디지털화되지 않은 화폐는 앞서 소개한 것처럼 많은 비용과 비효율성을 야기한다. CBDC는 바로 이 종이 화폐가 가진 문제점을 개선하기 위해 디지털로 전환한 화폐다.

(2) CBDC(Central Bank Digital Currency) 개념

중앙은행에서 발행하고 있는 법정화폐인 종이 화폐를 디지털 형태로 바꾼 화폐가 바로 CBDC(Central Bank Digital Currency)다. 이름에서도 알 수 있듯이, CBDC는 발행 주체나 화폐 성격 모두 기존 법정화폐와 동일하다. 단지 종이 형태인 지폐를 디지털(Digital) 형태로 바꾼 것뿐이다.

현재 모든 국가는 법정통화를 채택하고 있다. 각 국가에서 중앙은행을 통해 화폐를 발행하고 이 화폐를 법으로써 보장한다. 국민들은 싫든 좋든 중앙은행에서 발행한 이 법정화폐만을 사용할 수밖에 없는 구조다. CBDC는 이 법정화폐를 대체하는 것이 아니라 법정화폐로 사용되는 종이 화폐를 디지털 화폐로 전환한다는 개념이다. 즉, 종이 화폐나 CBDC 모두 중앙은행에서 발행하는 법정화폐다.

비트코인은 중앙은행에서 발행하는 화폐 시스템에 반기를 들고 탈중앙 기반으로 탄생한 화폐다. 비트코인이 탈중앙 기반으로 발행되고 투명성을 보장하면서 동시에 익명성을 보장하는 화폐라면, CBDC는 중앙은행에서 발행하며 통제와 관리를 더욱 강화한 화폐라고 볼 수 있다. 비트코인은 법정화폐 대체가 목적이다. 이런 관점에서 비트코인과 법정화폐인 CBDC는 반대되는 개념이라 볼 수 있다. 좀 더 명확하게 이해하기 위해 CBDC와 암호화폐를 비교하면서 설명해 보겠다.

- **발행 주체**: CBDC는 중앙은행에서 발행하는 법정화폐인 반면, 암호화폐는 탈중앙화 기반으로 발행된다.
- **신뢰 보장**: CBDC는 국가가 법으로 보장하는 반면, 암호화폐는 암호기술과 사람들의 신뢰를 기반으로 한다.
- **활용 기술**: CBDC는 다양한 기술을 이용하여 프로그래밍 형태로 발행되는 반면, 암호화폐는 블록체인 기술 기반으로 발행된다.
- **계좌 여부**: CBDC는 여전히 계좌가 필요하지만, 암호화폐는 계좌가 필요 없다. 단지 거래에 필요한 개인키와 공개키를 저장하는 지갑이 필요하다.
- **기반 통신**: 암호화폐는 인터넷이 안 되면 거래나 결제를 할 수 없지만, CBDC는 NFC 기술 등을 이용하여 결제가 가능하다.

이를 표로 다시 정리하면 다음과 같다.

구분	CBDC	암호화폐 (비트코인)
발행 주체	중앙은행	탈중앙시스템
주요 목표	통제 및 관리 용이	탈중앙화 · 투명성
화폐 유형	법정화폐 (정부의 신뢰)	암호화폐 (암호기술 기반)
화폐 형태	디지털 형태	디지털 형태
계좌 여부	계좌 필요	계좌 불필요
통신 기술	인터넷 또는 NFC	인터넷

비교표를 보면 디지털이라는 형태만 같을 뿐 다른 모든 영역은 반대되는 개념이라는 것을 확인할 수 있다.

CBDC가 활발하게 검토된 것은 암호화폐 분위기 영향도 있었지만, 디지털 화폐는 2000년대 이전부터 검토되고 있었고 CBDC에 대한 논의가 본격적으로 시작된 것은 2008년이다. 글로벌 금융위기 이후 각국 중앙은행들은 경기 부양을 위해 기준금리를 인하했고, 심지어 유럽 중앙은행(ECB)과 일본 중앙은행(BOJ)은 마이너스 금리를 도입했다. 그러나 이런 마이너스 금리의 정책적인 효과는 생각보다 크지 않았다. 이때 대안으로 제시된 것이 CBDC였다. 디지털 화폐 계좌에 설정된 돈에 수수료를 부과하여 돈의 가치를 하락시키면, 계좌에 돈을 모아두기보다는 투자나 소비에 나설 것이라고 생각했다. 즉, 중앙은행이 디지털 화폐 계좌에 적용하는 금리를 조절해 시중은행을 거치지 않고 기업과 가계에 직접 통화정책을 펼칠 수 있다는 생각으로 검토되었다.

CBDC와 간편결제의 차이점

일상에서 간편결제를 보며 디지털 형태의 화폐를 이미 사용하고 있다고 생각하는 사람들도 있다. 인터넷뱅킹이나 간편결제도 디지털 형태로 처리되기 때문에 CBDC와 유사하다고 생각할 수 있다. 하지만 디지털 형태의 간편결제와 CBDC는 근본적으로 다르다.

인터넷뱅킹이나 간편결제는 반드시 은행과 같은 중계 금융기관이 필요하다. 은행은 지폐를 금고에 보관하고 보관된 금을 기반으로 장부를 관리한다. 고객들의 송금 요청이 오면 장부의 상태만 관리해 준다. 이런 행위가 마치 디지털 화폐를 사용하고 있다는 착각을 일으킬 수 있지만, 간편결제는 여전히 종이 화폐 기반이고 종이 화폐는 전혀 이동하지 않는다. 대신 중계기관이 장부만 관리해 주는 것이다. 그림 2-96을 다시 한번 체크해 주길 바란다. 반면 CBDC는 화폐 자체가 디지털 형태의 화폐다. A가 B에게 송금하면 실제 화폐가 상대방 계좌로 전송된다.

또한 간편결제는 가맹점이 아니면 지급을 거부할 수 있다. 하지만 CBDC는 법정화폐로서, 국가가 법으로 정한 화폐라서 거부할 수 없다.

종이 화폐와 CBDC의 차이점

종이 화폐는 말 그대로 종이 형태의 화폐다. 종이 형태의 화폐는 많은 한계점이 있다. 우선 발행 비용(종이, 인쇄, 장비) 및 거래 비용(발행, 유통, 휴대, 지급, 잔돈, 회수 등)이 발생한다. 또한 개인 간 직접 지급되기 때문에 아무런 기록이 남지 않으며 추적이 불가능하다. 물론 익명성 측면에서는 종이 화폐가 더 좋겠지만, 관리 측면에서 종이 화폐는 통제가 어렵다.

반면 디지털 화폐는 초기 구축 비용 외에는 비용이 거의 발생하지 않는다. 디지털 형태이다 보니 모든 거래 기록 및 데이터가 축적된다.

지자체에서 온누리상품권이라는 종이 형태의 지역 화폐를 발행해서 지역경제 활성화 및 서민 지원으로 많이 활용한다. 최근에는 블록체인 기반의 지역 화폐를 도입하는 지자체가 늘어나고 있다. 블록체인 기반 지역 화폐는 비트코인처럼 블록체인 기반으로 지역 화폐를 채굴(발행)하는 형태가 아니라 오히려 기존의 종이 형태로 발행되는 상품권을 디지털 형태로 변환하여 기록 및 관리하기 위한 용도로 활용한다.

(4) CBDC와 블록체인의 관련성

위키피디아에서는 'CBDC'를 다음과 같이 정의하고 있다.

> *The present* concept of CBDCs was directly inspired by Bitcoin, *but a* CBDC is different from virtual currency and cryptocurrency, *which are not issued by a state and lack the legal tender* status declared by the government. *CBDC implementations will likely not need or use any sort of distributed ledger such as a blockchain.*

> *(CBDC 개념은 비트코인으로부터 영감을 받았지만, CBDC와 가상화폐/암호화폐와는 다르다. CBDC는 블록체인 같은 분산원장이 필요 없거나 사용하지 않을 것이다.)*

비트코인의 가치가 폭등하고 한창 주목받던 분위기에서 중국의 블록체인 발전 전략과 함께 CBDC 준비 상황이 언론에 소개된다. 이는 CBDC가 블록체인과 직접 연관이 있다는 느낌을 주기에 충분했다. 또한 블록체인 사업 및 이해관계자들은 이를 놓치지 않았고 연관성에 대해 분위기를 띄우면서 CBDC가 마치 블록체인 기반으로 발행되는 것처럼 착각하는 상황을 만들어 버렸다.

물론 CBDC를 구현하기 위해서 블록체인 관련 기술을 활용할 수 있다. 향후 CBDC에 대한 세부적인 아키텍처가 소개될지 모르겠지만, 법정화폐를 디지털 형태로 발행하는 시스템은 상당히 보수적으로 구현 및 운영될 수밖에 없다.

앞서 살펴본 것처럼 비트코인과 CBDC는 반대되는 개념이다. CBDC 구현에 블록체인 일부 기술요소를 활용할 수도 있다. 하지만 그렇다고 CBDC를 블록체인 기반 화폐라고 하기는 어렵다. 마치 한국 사람이 일본 음식과 옷을 즐긴다고 해서 일본 사람이라고 할 수 없는 논리와 비슷하다.

3) DID(Decentralized ID)

DID를 인터넷에서 검색하다 보면 블록체인이 꼬리표처럼 따라다닌다. 또한 블록체인 활용 분야로 가장 많이 언급되는 서비스 중 하나가 바로 DID일 것이다. 하지만 많은 자료에서 DID를 두리뭉실하게 설명할 뿐 명확하게 정리해 주는 자료는 많지 않다.

(1) DID 개념

DID를 블록체인 기반으로 발행되는 ID(신분증)로 소개하는 경우가 많다. 블록체인은 DID 구현을 위한 하나의 핵심 요소 중 하나인 것은 맞지만, 블록체인 없이도 DID를 얼마든지 구현할 수 있다. DID(Decentralized Identity)의 'Decentralized'도 블록체인을 고려한 개념이 아니다.

DID를 이해하기 위해서는 먼저 기존 ID에 대해서 살펴봐야 한다. 먼저 전통적인 개인 정보와 ID 정보는 중앙시스템에 저장되었다. 중앙시스템에 저장된 ID를 기반으로 개인의 신원을 인증하고 서비스를 이용할 수 있었다.

수많은 사람의 개인정보가 특정 서비스 기업의 중앙 서버에 모두 저장되어 있다. 동시에 개인은 여러 서비스를 이용하다 보니 수 개의 ID 정보가 각각 다른 기업의 중앙시스템에 저장된다. 본인의 개인정보가 기업들의 중앙 서버에 모두 저장되어 있다는 것도 문제지만, 만일 이런 개인정보가 해킹에 의해 탈취당할 경우 다양한 문제를 야기할 수 있다. 과거 수많은 개인정보 해킹 사고가 있었다. 대한민국 성인 대부분의 개인정보는 이미 모두 털렸다고 이해하는 것이 맞을 것이다.

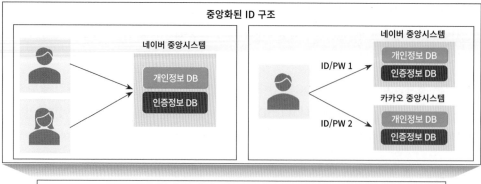

그림 4-34 중앙화된 ID구조와 탈중앙화된 ID구조

이처럼 개인의 신원정보가 기업들의 중앙 서버에 저장되지 않게 하고 개인이 직접 소유 및 관리할 필요성이 제기된다. 이처럼 개인 신원정보가 중앙 서버에 저장되지 않고 각자 개인에게 분산되어 있다는 관점에서 DID(Decentralized ID)이다. DID 정의는 사용자의 신원정보를 타인 또는 기관에 맡기지 않고 사용자가 스스로 자신의 신원정보를 관리하고 통제하는 것을 의미한다

그림에서 개인정보와 인증정보가 모두 개인으로 분산된 형태가 어색하게 느껴질 수도 있지만, 우리는 이미 개인 신원정보를 이렇게 개인이 직접 보관하고 관리해 오고 있었다. 바로 공인인증서가 그렇다. 공인인증서에서는 개인의 신원정보에 해당되는 공인인증서와 개인키를 본인이 직접 보관 및 관리하고 있다. 그림 3-37을 다시 한번 확인해 주길 바란다. 개인정보를 개인이 직접 보관 및 관리한다는 관점에서 보면 공인인증서와 DID는 유사하다.

Note

오마이뉴스 – "공인인증서 못 없애는 은행들의 진짜 속사정은?"

"만약 공인인증서를 아예 없애면 해킹 등 사고 때 무조건 금융회사가 책임지게 된다."

공인인증서를 완전히 없애지 못한 이유에 대해 1일 한 시중은행 관계자가 한 말이다. 이 관계자는 이어 "은행에 책임이 없다는 걸 증명해야 하는데 그게 어렵다."며 "은행이 증명하지 못하면 소비자에게 보상해줘야 한다."고 말했다. 또 그는 "무턱대고 없애면 은행 간 혼란이 발생된다."며 "만약 없앤다면 협의를 거쳐야 하는 구조"라고 덧붙였다.

사실상 시중은행들이 금융사고 책임을 소비자에게 떠넘기기 위해 이러한 전략을 택한 것으로 보인다. 은행들이 공인인증서를 고집하는 것에 대해 장항배 중앙대 산업보안학과 교수는 "(소비자가 아닌) 은행을 위한 것"이라고 설명했다.

공인인증서 없이도 금융거래를 가능하게 한 점에 대해 카카오뱅크 관계자는 이렇게 말했다.

"공인인증서는 보안 관리의 책임을 소비자가 지는 형태다. 공인인증서 관리를 제대로 하지 않아 해킹을 당하거나 개인정보가 노출되면 개인에게 관리부실 책임을 따지게 된다. 하지만 우리는 공인인증서가 아닌 자체 인증서를 쓴다. 소비자가 아닌 카카오뱅크가 직접 책임지겠다는 것이다."

출처: 오마이뉴스

삼성 SDS 블로그 – 패스워드 없는 인증기술 FIDO

사용자가 인증을 요청할 경우 서비스 업체는 인증에 필요한 한 번만 쓸 수 있는 난수(One Time Challenge)와 인증 리스트를 보내 인증을 요청합니다. 사용자는 디바이스에 등록된 지문으로 개인키가 저장된 보안 영역을 열고, 개인 키를 꺼내 서버에서 전송된 난수(One Time Challenge)에 전자 서명해 서버로 전송합니다. 서버는 사용자가 보내온 전자서명을 등록된 공개키로 검증하여 원문의 위·변조가 없음을 확인하면 사용자 인증 요청을 최종 승인하는 방식이다. 생체정보 활용 부분을 제외하면 현재 우리가 사용하는 공인인증서 원리(PKI)와 흡사합니다.

출처: 삼성 SDS 공식 블로그

디지털타임스 – [기고] 디지털 신분증 '분산 ID' 판 키우자 (이기혁 DID 얼라이언스 코리아 부회장)

DID는 FIDO 사상과 유사하다. 즉, 자신의 신원을 중앙 서버를 통해 관리하는 게 아닌, 스마트폰, 태블릿 등 개인 기기에 분산화해서 관리한다. 이는 개인정보가 네트워크를 통해 서버에 저장되고, 서버의 개인정보를 꺼내 보는 과정에서 개인정보 유출 피해의 75%가 외부 해킹과 같이 보안 위협을 받고 있다는 통계로 볼 때 개인정보 노출 위험이 크게 감소될 것이다.

출처: 디지털타임스

(2) 공인인증서와 DID 비교

앞서 DID가 공인인증서와 유사하다고 설명했는데, 개인 신원정보를 개인이 보관하고 관리한다는 측면에서 공인인증서와 유사하다는 것이지 DID는 공인인증서와 차이가 있다.

공인인증서와 DID의 유사점과 차이점을 통해 DID의 정확한 개념을 이해해 보자. 먼저 공인인증서나 DID는 기본적으로 비대칭키 암호기술 기반으로 작동한다. 개인키는 본인이 보관하고 외부에 공개된 공개키와 서로 쌍임을 증명하여 개인 신원을 증명하는 방식이다.

다음 그림을 보면, 공인인증서와 DID 작동 원리를 설명한다. 비대칭키 기반으로 작동하는 절차와 원리는 거의 동일하다. 차이점은 공인인증서는 공개키가 공인인증기관의 공개키 저장소에 저장되는 반면, DID는 블록체인에 저장된다.

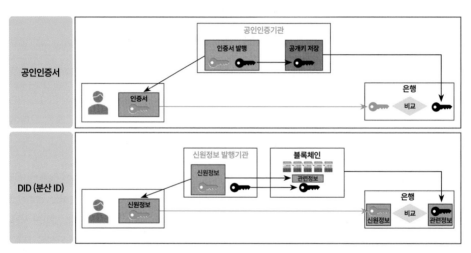

그림 4-35 공인인증서와 DID 비교

공인인증서와 DID의 유사점과 차이점을 몇 개의 관점으로 구분해서 설명해 보겠다.

인증서 · DID 발행

- 공인인증서는 공인인증기관을 통해 인증서를 발행한다.

- DID도 신원정보 발행기관을 통해 신원정보를 발급받는다. DID의 경우 제3의 신뢰 기관이 관여하지 않는 것으로 많은 사람이 알고 있는데, 실제로 초기 개인의 신원을 확인하고 신원정보를 발급받기 위해서는 제3의 신뢰 기관이 필요하다.

개인 신원정보 저장 위치

- 공인인증서는 개인키와 인증서를 개인이 보관한다. 일반적으로 USB 메모리에 많이 관리한다.

- DID도 개인 신원정보를 개인이 관리한다.

공개키 저장소

- 공인인증서의 공개키는 인증기관의 공개키 저장소에 보관된다.

- DID는 블록체인에 저장된다. (꼭 블록체인에 저장해야 하는 것은 아니다.)

신원증명

- 공인인증서는 개인이 제공하는 개인키와 인증기관의 공개키 저장소의 공개키를 비교하여 신원을 증명한다.

- DID는 개인이 제공하는 개인키와 블록체인에 저장된 공개키를 비교하여 신원을 증명한다.

DID는 공개키가 블록체인에 저장되기 때문에 공개키를 가져와 검증하는 단계에서 제3 신뢰 기관을 거치지 않는다고 이야기할 수 있지만, 이는 공개키가 Public 블록체인에 저장되었을 때를 의미한다. 예를 들어 국내 DID 서비스를 위해 특정 공인 기관에서 Private 블록체인을 구축하고 공개키를 저장하게 한다면 결국 DID도 제3 신뢰 기관을 거치는 것과 동일하다. DID를 통해 전 세계 어디서나 신원인증을 할 수 있다는 것은 초기 DID 발급 과정에서 공통된 신뢰 기관을 통해 신원을 서로 인정받아야 하며, 공개키가 전 세계 모든 사람이 접근할 수 있는 Public 블록체인에 저장되어야 한다는 것을 의미한다.

인증서 개수

- 공인인증서는 개인당 하나의 공인인증서만 발급된다.

- DID는 여러 개의 DID를 발급받을 수 있다. ID마다 서로 다른 개인정보를 담아서 요청에 맞게 적합한 ID를 제시하면 된다. 예를 들어 성인인증이 필요한 상황이면 성인 여부만을 인증하는 ID를 제시하면 된다.

지금까지 살펴본 공인인증서와 DID의 차이를 표로 정리하면 다음과 같다.

구분	세부 항목	공인인증서	DID
공통점	작동 원리	비대칭키 기반 작동 원리 (공개키와 개인키)	
	신원정보 보관 주체	개인 신원정보를 개인이 보관	
	인증서 발행	개인 신원 증명 자료를 기반으로 제3 신뢰 기관이 발행	
차이점	공개키 저장 위치	인증기관 공개키 저장소	블록체인
	신원 증명 방식	신뢰 기관의 공개키 참조	블록체인상의 공개키 참조
	인증서·DID 개수	1개만 발급	여러 개 발급 가능
	글로벌 표준	표준 없음	표준 준비 중

(3) SSI와 영지식증명 연계

DID의 인증서 개수 부분을 좀 더 자세히 이해하기 위해서는 자기주권신원이라는 'SSI(Self Sovereign Identity)' 개념을 이해할 필요가 있다. 먼저 DID는 사용자의 신원정보를 타인 또는 기관에 맡기지 않고 사용자가 스스로 자신의 신원정보를 관리하고 통제하는 것을 의미한다. SSI는 개인이 자신의 디지털 신원을 제3 신뢰 기관이 아닌 자신이 완전히 소유하고 관리 권한을 가지며 개인의 프라이버시를 보호하는 것을 말한다.

DID가 개인의 신원정보를 누가 소유하느냐에 좀 더 초점을 맞춘 개념이라면, SSI는 신원정보 공개 범위를 스스로 결정하여 프라이버시를 보호하는 개념에 더 가깝다. SSI를 구현하기 위해서는 당연히 개인이 본인의 신원정보를 소유하고 있어야 하며 공개할 신원정보의 범위도 스스로 통제해야 한다. 따라서 DID와 SSI 관계 관점에서 보면 DID는 SSI 구현을 위한 하나의 요소라고 볼 수 있다.

여기서 신원정보 공개 범위를 어떻게 결정할까? 신원정보 범위에 따라 여러 개의 DID를 생성하면 된다. 성인 인증만 필요한 상황이면 성인임을 인증하는 DID를 생성하여 제시하면 되고 결혼 여부가 필요한 상황이면 결혼 여부를 인증하는 DID를 생성해서 제시하면 된다. 하나의 DID에 모든 신원정보를 담아서 제시할 필요 없이 여러 개의 DID를 만들어서 필요에 따라 선택적으로 제시하면 된다.

다음으로 SSI 관점의 DID 개념을 설명하겠다. 개인 신원정보가 모두 개인에 의해 보관되고 관리된다. 이런 관점에서 DID다. 그리고 다양한 신원정보를 기반으로 필요에 따라 적절한 신원정보가 포함된 DID를 생성하여 인증하면 된다. 다음 그림처럼 성인임을 인증하기 위해서는 나이 정보만을 기반으로 DID를 선택적으로 생성하여 인증하면 된다. 이런 관점에서 SSI라고 할 수 있다.

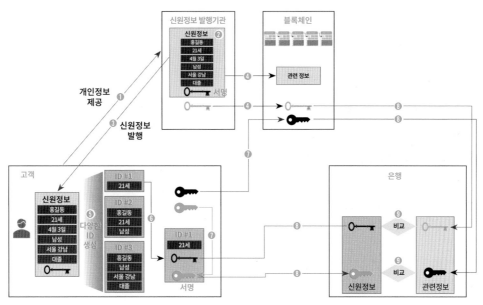

그림 4-36 SSI 관점의 DID

1. 사용자는 제3 신뢰 기관에 개인의 신원에 필요한 개인정보를 제시한다.

2. 신원정보 발행기관은 개인이 제공한 개인정보를 토대로 신원정보를 생성한다.

3. 발행기관은 신원정보를 발행기관의 개인키로 전자서명 하여 사용자에게 발행해준다.

4. 발행기관은 개인의 신원정보 관련 데이터와 발행기관의 공개키를 블록체인에 저장한다.

5. 사용자는 신원정보를 기반으로 다양한 ID를 생성할 수 있다.

6. 성인임을 인증하기 위해 나이 신원정보를 기반으로 DID를 생성한다.

7. DID를 사용자 본인의 개인키로 전자서명하고 공개키는 블록체인에 저장한다.

8. 사용자는 은행에 사용자의 전자서명과 발행기관의 전자서명을 제시하며, 은행은 블록체인에서 발행기관의 공개키와 사용자의 공개키를 가져온다.

9. 은행은 발행기관의 공개키와 개인키를 대조하고 사용자의 공개키와 개인키를 대조하여 검증한다.

성인임을 증명하는 인증 과정이라면 굳이 다른 개인정보는 필요 없다. 나이 정보만 있으면 성인임이 증명된다. 그런데 굳이 '21세'라는 나이를 공개할 필요는 없고 단지 성인이라는 것만 증명하면 된다. 이때 앞서 설명했던 영지식증명을 활용할 수 있다. '21세'라는 개인정보를 공개하지 않고도 영지식 증명을 이용하여 성인임을 증명할 수 있다.

다음 그림을 보면 영지식증명을 이용하여 '21세'라는 실제 정보는 숨기고 성인 여부를 확인할 수 있다.

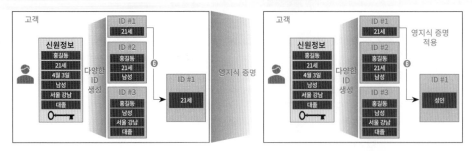

그림 4-37 영지식증명을 적용한 DID

- 성인 인증을 위해 필요한 최소한의 정보(나이)만 선별해서 ID를 만들어 제시할 수 있지만, 성인 여부만 인증하면 되는데 불필요하게 나이 정보가 포함되어 있다.

- 영지식증명을 이용하면 실제 정보를 숨기고 성인 여부를 검증할 수 있다.

4.4 블록체인의 도전과제와 극복 노력

4.4.1 블록체인 특장점에 대한 비판적 고찰

앞서 블록체인이 뛰어난 특장점이 있음에도 불구하고 활용에 많은 제약이 있다는 것을 살펴보았다.

1) 투명성과 기밀성

투명성의 반대는 기밀성인가? 투명성의 반대는 폐쇄와 독점이 아닐까 싶다. 폐쇄와 독점은 외부에 공개되어야 하는 정보가 일부 독점 세력에 의해 공개되지 않는 것을 말한다. 기밀성은 보호되어야 할 정보가 외부에 공개되지 않고 잘 지켜지는 것이다. 투명성은 공개되어야 할 정보가 공개되는 것이고 기밀성은 공개되면 안 되는 정보가 공개되지 않는 것이다. 따라서 조직이나 생활에서 투명성과 기밀성은 모두 필요하다.

블록체인에서는 모든 정보를 완벽하게 공개하는 극단적인 선택을 했다. 사용자별 접근을 통제할 수 있는 중앙시스템이 없다 보니 어쩔 수 없는 선택이었다. 투명성을 위한 조치다. 그런데 투명성을 위한 조치가 기밀성을 훼손하고 있다. 블록체인 최초의 서비스인 비트코인은 기존 중앙은행에 의한 불투명의 문제점을 개선하기 위해서 투명성을 높였지만, 다른 서비스 분야에서는 완벽한 투명성이 기밀성이 요구되는 서비스에 장애가 될 수 있다.

이런 이유로 엔터프라이즈 시장에서는 Public 블록체인 대신에 Private 블록체인이 검토되기도 한다. Private 블록체인의 대표적인 플랫폼인 Hyperledger Fabric은 참여자를 제한할 수 있을 뿐만 아니라 참여자 중에서도 그룹별로 기밀 정보가 필요할 때는 Channel이라는 기능을 통해서 정보를 허가된 그룹에만 공유되도록 설정되어 있다.

2) 프라이버시와 공익

코로나 대응 과정에서 확진자에 대한 동선이 과도하게 공개되면서 프라이버시 침해 논란이 있었다. 프라이버시가 우선이냐, 공익이 우선이냐? 물론 어느 한쪽으로 치우칠 수는 없을 것이다. 프라이버시 보호가 상대적으로 강한 유럽 일부 국가들은 우리나라의 과도한 신상 정보 공개에 대해 프라이버시 침해 우려를 표하기도 했다.

비트코인은 사이퍼펑크의 철학을 기반으로 하여 개인정보를 철저히 숨기는 익명성을 보장한다. 하지만 이런 익명성을 기반으로 송금되는 화폐가 해킹, 테러, 자금 세탁 등에 악용되면서 익명성을 차단하는 제도 및 법안들이 글로벌하게 이미 도입되고 있다.

3) 탈중앙화의 대가

중앙화된 독재와 억압을 탈피하기 위해 탈중앙화 정부를 선택한다면 그것은 무정부주의가 된다. 은행 거래에서 비밀번호를 잊어버리면 본인 신분 인증 후 재발급받으면 된다. 하지만 비트코인 같은 탈중앙화 환경에서 비밀키를 잊어버리면 영원히 돈을 찾을 수 없다. 중앙화의 문제점은 탈피했지만, 모든 책임은 개인의 몫이다.

4) 비가역성의 모순

약속한 내용을 손바닥 뒤집듯이 번복하는 경우도 많다. 심지어 문서상으로 계약서를 체결해도 계약서를 위변조하거나 해석상의 꼬투리를 잡으며 이행을 거부하거나 아무런 이유 없이 이행을 차일피일 미루기도 한다. 이런 문제를 해결하기 위해 신뢰할 수 있는 제3 기관을 이용하기도 하지만, 이는 많은 시간과 비용이 요구될 뿐만 아니라 제3 기관도 못 믿을 만한 사례가 허다하다. 그래서 아예 번복하지 못하게 조건만 맞으면 강제로 이행하고 더 이상 위변조도 못 하게 하는 것은 분명 유익할 수 있다.

하지만 다른 한편으로 보면, 실수나 필요에 의해 수정이나 번복을 해야 하는 경우도 발생한다. 그런데 어떤 상황에서도 수정이나 번복이 안 된다면 어떨까? 개인정보 보호법 21조(개인정보의 파기)에 따르면 용도가 끝난 개인정보는 일정 시간 내 폐기하게 되어 있다. 그런데 블록체인을 이용한다면 용도가 끝난 개인정보를 삭제할 수 없다.

5) 분산저장과 중복 복사

비트코인은 전 세계에 약 1만 개 정도의 노드가 존재한다. 노드의 유형은 다양하지만, 모든 노드가 Full Node로서 모든 블록체인 데이터를 복사하여 저장하고 있다고 가정해 보자. 투명성과 검증을 위해 1만 개의 노드는 완전히 동일한 형태의 장부를 각각 저장하고 있다. 300GB의 동일한 데이터 1만 카피를 복사해서 운영한다는 것은 낭비적이며 비효율적일 수 있다.

6) 분산과 합의 사이

탈중앙화 환경에서는 분산화가 진행될수록 신뢰성은 높아진다. 분산화될수록 독점이나 담합의 문제점은 사라지고 더 많은 노드가 검증에 참여할 수 있기 때문에 분산화될수록 신뢰성은 높아진다. 하지만 분산화될수록 합의에 도달하기까지의 시간과 비용이 많이 소요된다. 아무리 이상적인 화폐라 하더라도 장부에 기록되는 데 10분이 소요되고 안전하게 최종 승인되는 데까지 60분이 소요된다면 사회에서 받아들이기 힘들 것이다.

7) 토큰 이코노미(Token Economy)는 과연 구현될 수 있을까?

토큰 이코노미는 사실 행동심리학에 시초를 둔 용어다. 어떠한 행동을 이끌기 위해 '토큰'을 보상으로 주고, 그 토큰이 유·무형의 가치와 교환됨으로써 그 행동을 강화하는 방법을 뜻한다. 규율과 강요가 아닌 인센티브 기반으로 자율·자발적인 행동을 끌어내는 메커니즘을 말한다.

토큰 이코노미는 블록체인 기반으로 생성된 개념이 아니라, 탈중앙 환경에서 인센티브 기반으로 시스템이 작동된다는 메커니즘에 착안하여 기존의 토큰 이코노미가 재부각 및 재조명 받고 있는 것이다. 토큰 이코노미가 '인센티브에 의한 자발적'이라는 관점에서 보면 탈중앙화 기반의 블록체인과 더 잘 맞는 것은 사실이다. 그래서인지 스팀잇(Steemit)이라는 블록체인 SNS 서비스가 소개되면서 한때 토큰 이코노미가 많은 주목을 받았던 적이 있다.

다음 3가지 사례를 통해 블록체인과 토큰 이코노미와의 연관성을 살펴보자.

탈중앙 환경에서 토큰 이코노미 적용 사례 – Steemit

블록체인에서 토큰 이코노미가 본격적으로 주목받기 시작한 대표적인 사례가 'Steemit'이라는 블록체인 기반 서비스다. 2016년 4월 서비스를 시작한 이후 출시 2년 만에 가입자 수가 100만 명을 돌파하며 주목받았다. 콘텐츠 창작자뿐만 아니라 콘텐츠 이용자도 콘텐츠에 대한 추천(Voting)에 참여함으로써 보상을 받는다는 신선함 때문에 초기 관심을 끄는 데는 성공했다.

하지만 수익 모델 부재 및 지속가능성에 대한 설계가 부족하다는 지적이 있었는데, 그에 마땅한 대안을 제시하지 못했다. 또한 인플루언서에 대한 지나친 권한 집중으로 피로도는 쌓여 갔고, 건전한 콘텐츠 생산이라는 순수성보다는 오로지 토큰 수익 탐닉으로 전락하면서 과거의 영광을 찾지 못하고 끝없이 추락하고 있다.

중앙 환경에서 토큰 이코노미 적용 사례 – 유튜브

블록체인이 아닌 중앙화된 시스템에서도 토큰 이코노미가 잘 작동하는 사례가 있다. 바로 유튜브다. 유튜브가 콘텐츠를 생산하면 콘텐츠 소비에 따라 적절한 보상이 주어진다. 콘텐츠 크리에이터는 보상에 대한 기대감으로 더 좋은 콘텐츠 제작에 몰입한다. 유튜브는 선순환 생태계가 잘 구축될 수 있도록 중앙 기관에서 가이드 및 통제를 하고 거버넌스(Governance) 기반으로 보상체계를 구현했다.

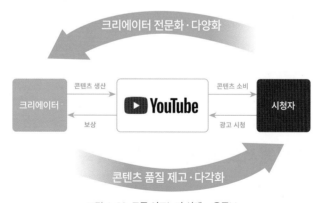

그림 4-38 토큰 이코노미 사례 – 유튜브

탈중앙 환경에서 토큰 이코노미가 적용되지 않았지만 잘 작동되는 사례 – 위키피디아

한편 탈중앙화 환경에서 토큰 이코노미를 설계하지 않아도 잘 작동하는 사례가 있다. 위키피디아는 탈중앙화 기반으로 운영된다. 누구나 참여하여 글을 생성, 수정, 삭제할 수 있다. 그런데 위키피디아는 토큰과 같은 보상이 주어지지 않는다. 토큰 이코노미가 설계되어 있지 않다. 하지만 사이트가 만들어진 이후로 계속 사용자들의 기여도는 증가하고 있다.

3가지 사례를 살펴보았다. 물론 의도성을 가지고 3가지 사례를 선택했다. 3가지 사례를 살펴보면, 토큰 이코노미가 블록체인과 잘 맞는 조합이기는 하지만 블록체인과 꼭 연동될 필요는 없다. 또한 블록체인에서 토큰 이코노미를 설계한다고 꼭 성공한다는 보장도 없다. 토큰 이코노미는 중앙 · 탈중앙의 문제는 아닌 것 같다.

수많은 이해관계자가 참여하고 다양한 이슈가 발생하는 환경에서 적절한 통제 장치도 없고 합리적인 의사결정 프로세스도 없는 상황에서 보상 체계만으로 선순환 생태계와 지속 가능한 시스템을 구현하는 것은 결코 쉽지 않다. 오히려 유튜브의 사례처럼 중앙 기관에 의한 적절한 통제와 거버넌스 체계를 기반으로 보상 체계를 구축할 때 더 잘 작동할 수 있을 거라는 생각도 든다.

블록체인의 특장점과 비판적 고찰을 검토한 결과는 다음과 같다. 한쪽을 지나치게 강조하거나 집중하면 다른 한쪽이 희생되는 관계를 상충관계(Trade-Off)라고 한다. 성장과 복지, 효율성과 형평성, 실업과 인플레이션, 환경 보호와 경제 성장, 일터와 가정, 공익과 프라이버시가 대표적인 Trade-Off 사례다.

중앙화와 탈중앙화도 이런 Trade-off 관계다. 블록체인의 핵심적인 특징도 대부분 이런 상충관계에 놓여 있다. 투명성과 기밀성, 탈중앙화와 적절한 통제성, 비가역성과 수정 가능성, 분산 저장과 중복 복사가 그렇다. 빚은 절대로 사용해서는 안 되는 대상일까, 아니면 필요에 따라 적절히 활용하는 것이 필요할까? 코로나와 같은 전대미문의 상황에서 유동성 증가에 따른 부작용을 고려해서 화폐 발행을 최소화하는 것이 옳은 정책일까, 아니면 무리를 해서라도 화폐를 발행해서 위기상황을 극복하는 정책이 필요할까?

4.4.2 기술적 관점에서의 도전 과제 및 극복 노력

1) 속도 및 확장성

비트코인은 화폐 시스템으로 트랜잭션은 A에서 B에게 화폐를 송금했다 정도의 아주 적은 데이터 크기로 구성되어 있다. 아주 작은 데이터지만, 네트워크에 연결된 모든 노드에 전파 및 합의 과정을 거치다 보니 자연스럽게 속도 및 확장성이 떨어진다. 비트코인이나 이더리움을 일반적인 서비스에 적용하기 어려운 가장 큰 이유가 바로 속도와 확장성이다. 탈중앙화된 구조에서 전파 및 합의를 거치는 구조는 필연적으로 속도와 확장성이 떨어질 수밖에 없다.

이런 속도 및 확장성의 문제를 극복하기 위한 노력도 이루어지고 있다. 다음 표는 속도와 확장성 개선을 위한 노력 및 기술을 정리한 것이다.

구분	속도 · 확장성 개선 방안	적용 사례
블록 내부 재조정	블록 내 많은 공간을 차지하는 전자서명 별도 분리	세그윗 (Segwit)
블록 크기 조정	1MB로 제한된 블록의 크기 확장	비트코인 캐시 (8BM)
합의 알고리즘 개선	빠른 합의에 도달하도록 합의 알고리즘 개선	DPOS (12명의 대표자)
기술 활용	데이터 처리를 분산시켜 병렬 진행	샤딩 (Sharding)
외부 체인 연계	중간 거래는 외부 처리, 최종 거래만 블록체인에 기록	라이트닝 네트워크
	중간 거래를 별도의 채널을 통해 처리	라이덴 (Raiden)
	특정 영역을 하위 체인(Child Chain)에서 담당	플라즈마 (Plasma)
탈중앙화 가치 훼손	일정 부분 중앙화된 블록체인 구현	Private 블록체인

항목별 내용은 앞서 직간접적으로 설명했기 때문에 자세한 설명은 생략하겠다.

2) 데이터 저장 방안

앞서 투명성과 기밀성과의 딜레마에 대해 설명했다. 투명성이 중요해서 데이터를 공개하는 것은 맞지만, 기밀이 요구되는 데이터까지 모두 공개할 수는 없다. 특히 개인정보나 기밀 정보를 취급하는 기업이나 기관에서는 모든 데이터를 공개할 수 없는 구조다. 이처럼 '투명성 · 기밀성'과 관련하여 크게 2가지 방향으로 검토되고 있다.

첫째는 참여 제한 및 읽기 통제가 가능한 Private 블록체인이다. Hyperledger Fabric은 특히 참여자 내에서도 Channel이라는 기능을 통해 참여자별 데이터 공유를 한정해 기밀성을 유지할 수 있다.

둘째는 블록체인을 다른 저장장치(데이터베이스, Off-chain)와 혼용하여 기밀성과 투명성을 동시에 보장하는 방안이다. 모든 데이터를 획일적으로 블록체인에 저장할 것이 아니라, 데이터의 특성을 분석하고 데이터 특성에 맞게 블록체인과 데이터베이스에 적절히 혼용해서 저장할 수 있다.

보안 관점에서 데이터에 요구되는 특징을 무결성, 기밀성, 투명성으로 분류한다면, 데이터별로 요구되는 특징을 분석하고 그 특성에 맞게 저장 방식을 결정하면 된다.

다음은 데이터에 요구되는 보안 특징별 저장 전략을 정리한 내용이다. 개인적인 관점에서 성리한 내용임을 참고하기 바란다.

요구되는 데이터 특성	블록체인	DB	연계	저장 전략
무결성	○			블록체인에 저장
기밀성		○		DB에 저장
투명성	○			블록체인에 저장
무결성 + 기밀성			○	원본 데이터는 DB, 해시값은 블록체인
무결성 + 투명성	○			블록체인에 저장
기밀성 + 투명성			○	원본 데이터는 DB, 해시값은 블록체인
무결성 + 기밀성 + 투명성			○	원본 데이터는 DB, 해시값은 블록체인

각 데이터는 다양한 보안적 특성이 있다. 무결성이 요구되기도 하고, 투명성이 요구되기도 하며, 기밀성이 요구되는 데이터도 있다. 또한 어떤 데이터는 두 가지 이상의 특성이 요구되기도 한다. 그리고 개인정보는 기밀성과 무결성이 요구되면서 동시에 삭제 가능해야 하는 특성이 있다. 따라서 데이터별 특성을 분석하여 저장 전략을 수립하는 것이 필요하다.

다음 그림은 기업 환경에서 데이터가 저장되는 3가지 시나리오를 설명하고 있다.

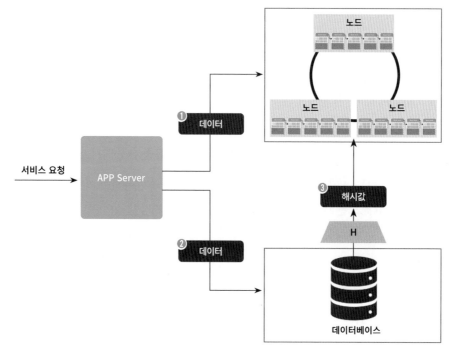

그림 4-39 블록체인 환경에서 데이터 저장 전략

1. 기업 데이터 중 무결성과 투명성이 요구되는 데이터는 블록체인에 저장한다.

2. 기밀성과 수정·삭제가 요구되는 데이터는 데이터베이스에 저장한다.

3. 기밀성과 무결성·투명성이 동시에 요구되는 데이터는 원본을 데이터베이스에 저장하고 저장된 데이터의 해시값을 별도로 블록체인에 저장한다.

실제로 엔터프라이즈 환경에서 블록체인 단독으로 구축하는 사례는 거의 없다. 대부분 데이터베이스와 연계해서 구축하는 경우가 많다. 기술적인 이슈도 있지만, 데이터의 보안적 특성 이슈도 있고 법·제도적 이슈도 영향을 준다. 앞서 설명했던 것처럼 개인정보 보호법상 개인정보는 용도가 폐기되면 삭제하도록 규정하고 있다.

3) 대용량 데이터 저장 방안

블록체인의 구조적 특성상 대용량 데이터를 블록체인에 저장하는 것은 비현실적이며 비효율적이다. 따라서 대용량 데이터를 저장하기 위해서는 데이터베이스와 연계해서 저장하거나 IPFS를 활용할 수 있다.

IPFS는 원래 블록체인과 별도로 웹의 분산화를 위해 만들어진 프로토콜이었다. 일종의 분산형 P2P 파일 시스템으로서 중앙 서버 없이도 분산된 노드들이 데이터를 보관하고 요청에 따라 P2P 통신으로 파일을 전송하는 시스템이다. 블록체인이 대용량 데이터를 처리해야 할 때 각 노드에 IPFS를 적용하면 대용량 파일은 IPFS로 분산 저장되고 블록체인에는 IPFS와 해당 파일의 연결 정보만 저장한다.

4.4.3 법·제도적 관점에서의 도전 과제 및 극복 노력

1) 특금법 개정

블록체인 법 제도와 관련해 반드시 이해하고 있어야 할 부분이 바로 특금법(특정 금융거래정보의 보고 및 이용 등에 관한 법률) 개정안이다. 특금법은 2021년 3월 25일 시행되었으며 특금법이 블록체인 및 암호화폐 시장의 하나의 큰 변곡점이 될 것으로 보인다. 특금법은 '무법지대'에 있었던 암호화폐를 제도권으로 편입했다는 긍정적인 측면과 '익명성'이라는 암호화폐의 가치를 훼손했다는 부정적 측면을 동시에 가지고 있다.

자금세탁과 테러 자금지원을 방지하기 위해 금융거래 관련 금융기관의 의무 및 준수를 규명한 법이 특금법이다. 암호화폐가 익명성을 무기로 자금세탁 및 테러 자금지원에 활용되는 상황이 발생하자 암호화폐도 특금법을 적용하자는 것이 이번 특금법 개정의 핵심이다. 암호화폐와 특금법의 관계를 제대로 이해하기 위해서는 약간의 배경지식이 필요하다.

자금세탁 방지 관련 국제 동향

- 80년대 신 자유시대에 들어서면서 세계적인 무역장벽이 없어지고 국가 간 자유롭게 상품 및 금융거래가 이루어지게 되었다. 특히 컴퓨터와 인터넷 기술의 발달로 국가 간 송금도 자유롭게 이루어지는 시대가 도래했다. 이런 환경은 글로벌 거래의 활성화와 경제적 효율성도 높였지만, 다른 한편으로 불법적인 금융 거래도 크게 증가시켰다. 특히 마약·도박·무기밀매 등 각종 범죄 행위를 위한 자금세탁이나 테러지원금 같은 불법적인 거래가 양산된 것이다.

- 1970년대 미국, 영국, 호주 등의 국가는 국가별로 마약범죄를 퇴치하기 위해 마약범죄 수익자금의 세탁을 불법화하는 법률을 제정했다.

- 1980년대 후반부터 1990년대 초반에는 국제적으로 마약 자금세탁에 공동 대응하기 위한 움직임이 나타났고, 1989년 G7은 마약 자금세탁에 대응하기 위해 자금세탁방지기구(FATF – Financial Action Task Force on Money Laundering)를 구성한다.

- 2001년 9월 11일에 발생한 9.11테러를 계기로 자금세탁방지 관련 국제규범은 획기적으로 강화되었다. 2001년 10월 30일 FATF는 테러 자금 조달에 관한 특별권고사항 8개를 채택했다.

- FATF는 처음에는 마약 자금세탁에 공동 대응하기 위해 시작되었으나, 점차 중대 범죄의 자금세탁, 테러 자금 조달, 대량살상무기 확산 금융으로 대응 영역을 넓혀갔다.

- 2008년 비트코인을 시작으로 암호화폐는 그 가치가 점차 올라가고 거래소를 통해 거래되면서 그 익명성을 이용하여 자금세탁, 탈세, 마약, 무기 밀매 등 불법 거래에 활용되기 시작했다. 게다가 모네로와 같은 다크코인이 랜섬웨어 범죄에 자주 이용되면서 문제가 되기 시작했다. 이에 가상자산이 자금세탁이나 테러 자금 등으로 악용·오용되는 것을 방지하기 위한 국제 기준 정립의 필요성이 제기됐다.

- 2019년 FATF 총회는 가상자산을 위한 자금세탁방지·테러 자금 조달금지 관련 기준(주석서)을 제시하게 된다.

  1. 가상자산 취급 업소는 감독 당국에게 허가를 받거나 신고, 등록해야 함

  2. 감독 당국은 가상자산 취급 업소의 의무 위반 시 허가·신고를 취소·제한·중지할 수 있는 권한이 있음

  3. 가상자산 취급 업소에게 금융회사에 준하는 자금세탁 방지 의무를 부과

국내 동향

- 1993년: 금융실명제가 최초로 실시되었다.

- 1995년: 마약류 불법거래방지에 관한 특례법이 시행되었다.

- 2001년: '특정금융거래정보의 보고 및 이용 등에 관한 법률', '범죄수익 은닉의 규제 및 처벌 등에 관한 법률'이 시행되었다.
- 2009년: FATF(국제 자금세탁방지기구)에 가입했다.
- 2019년: 가상자산이 자금세탁이나 테러 자금 등으로 오용되는 것을 방지하기 위한 국제기준이 제정되면서 우리나라에서도 FATF의 권고를 준용하기 위해 특금법 개정안을 의결했다.
- 2019년 특금법 개정: '특정 금융거래정보의 보고 및 이용 등에 관한 법률(특금법)'이 20대 국회에서 통과되었다.

우리나라 특금법 개정은 2019년 새로운 FATF 국제기준을 국내 법률과 맞추기 위한 조치로 이해하면 될 것 같다. 특금법 개정안 내용의 핵심은 암호화폐, 가상화폐 등 다양하게 혼용되었던 용어를 '가상자산(Virtual Asset)'으로 정의하고, 가상화폐거래소 계좌를 은행 실명계좌와 연동하며, 국제 FATF 국제기준과 보조를 맞추면서 가상자산 사업자들에게 자금세탁 방지 의무를 부과하여 암호화폐 시장의 질서를 확립하겠다는 취지다.

개정안 핵심 내용

개정된 특금법에는 기존 '금융거래'에 부과된 자금세탁방지 의무를 '금융거래 등'으로 수정해 기존 금융권뿐만 아니라 가상자산 사업자에게도 금융권 수준의 자금세탁 방지 의무를 부과하겠다는 것이 핵심이다. 이에 가상자산 거래 시에도 고객 확인 의무가 부과되며, 의심 거래 발생 시 보고 의무를 위해 고객별 거래내역을 분리해 관리하도록 했다.

특금법 개정 핵심 내용을 정리하면 다음과 같다.

1. 첫째, '가상자산'과 '가상자산사업자'라는 용어를 정의한다.
2. 둘째, AML/CFT(자금세탁방지/테러 자금 조달금지)를 위한 특금법 적용 대상으로 기존 금융회사에 가상자산사업자를 추가로 포함한다.
3. 셋째, 가상자산사업자가 특금법 대상에 포함됨에 따라 AML/CFT에 필요한 의무 및 준수사항을 따르도록 한다.

특금법에서 규정한 AML/CFT를 위한 의무 및 준수사항을 간단히 정리하면 다음과 같다.

- ISMS라는 정보보호 관리체계를 구축하고 이와 함께 실명 확인이 가능한 입출금계정을 갖추어야 한다.
- 가상자산 사업자는 가상자산 전송을 하면서 송금인 정보를 확보하고 수신인 정보도 입수해 보관해야 한다.
- 불법 재산 등으로 의심되는 거래는 FIU(금융정보분석원)에 보고해야 하며, 고객 확인 의무(CDD, EDD), 고객별 거래내역을 분리해 관리, 고객 예치금과 가상자산사업자 고유재산을 구분해 관리한다.

특금법을 암호화폐 관점에서 한마디로 정의하면, 더 이상 암호화폐는 익명성을 보장하지 않는다.

2) 기존 법체계와의 충돌 이슈

외환위기 이후 역대 정부들이 경제 활성화를 위해 전면에 내세웠던 '단골 메뉴'가 바로 규제개혁이다. 이명박 전 대통령은 당선기 시절 대불공단 기브기 옆 긴갓데를 지칭한 이근비 '전봇내 큐세'라는 유명한 일화를 만들었다. 박근혜 전 대통령도 마라톤 규제개혁 회의를 직접 주재하면서 규제를 '손톱 밑 가시', '암 덩어리' 등에 비유했다. 문재인 정부도 개별 규제개선만으로는 한계가 있다는 점을 절감하고 규제혁신 패러다임을 근본적으로 전환하겠다고 했다. 모두 규제개혁을 외치지만, 어떤 규제개혁도 피부에 와 닿지 않는다.

4차 산업혁명으로 대변되는 새로운 기술들이 규제에 가로막혀 한 발짝도 나가지 못하는 경우가 대부분이다. 블록체인 산업도 마찬가지다.

(1) 블록체인과 기존법 충돌 이슈

국내 개인정보 보호법과 EU의 GDPR은 저장된 개인정보의 처리 목적을 달성했을 때는 지체 없이 개인정보를 파기하도록 규정하고 있다. 하지만 블록체인은 비가역적 특성상 데이터 삭제가 불가능하다.

'민법'에서의 계약은 계약의 성립과 이행이 분리되는데, 블록체인의 스마트 컨트랙트는 조건만 맞으면 성립과 이행이 동시에 발생한다. 또한 코딩으로 구현된 스마트 컨트랙트를 민법상의 계약으로 간주할 수 있냐는 문제도 있다.

부동산 거래를 완료하기 위해서는 부동산등기부상에 소유권 등기가 완료되어야 한다. 블록체인 기반 부동산 거래 플랫폼을 구축한다고 해도 등기부상에 소유권 등기가 완료되지 않으면 스마트 컨트랙트의 자동 및 강제 집행력은 무의미하다.

블록체인 기반 숙박 공유 플랫폼을 구축한다고 해도 현행 관광진흥법 시행령에 따르면 내국인은 도시에서 민박 서비스를 할 수 없다.

여기서는 단지 몇 가지 사례를 들었을 뿐이다. 이런 새로운 기술이나 서비스가 기존 법체계와 충돌되는 이슈는 비단 블록체인으로 한정되지 않는다. 전 산업에 걸쳐 발생한다. 대표적인 사례가 '우버 서비스'다. 새로운 기술과 서비스들은 왜 이렇게 기존 법체계와의 충돌 문제가 심각하고, 규제개혁은 왜 그렇게 어려운 것일까?

(2) 우리나라 법체계의 특징

법체계를 구분할 때, 대륙법과 영미법으로 나뉜다. 대륙법은 로마 제국의 시민법에서부터 시작하여 독일과 프랑스를 중심으로 유럽에서 형성된 성문법을 말한다. 일본이 독일의 대륙법을 받아들였고, 우리나라도 일본의 영향을 받아 대륙법을 따르고 있다. 반면에 영미법은 영국에서 시작되어 미국과 영연방 국가들이 많이 채택하고 있는 법체계다.

성문법이라고도 불리는 대륙법은 사회 · 경제 행위에 있어서 모든 행위를 법령으로 열거하고 규정한다. 다시 말하면 법령에 명시된 것만 할 수 있고 명시되지 않는 것을 할 수 없다는 의미이기도 하다.

관습법이라도고 불리는 영미법은 명문화된 법령이 없다. 관습과 판례, 그리고 상식을 중요시한다. 기본적으로 모든 행위를 자유롭게 할 수 있다. 단지 관습, 판례, 상식에 비추어 문제가 있다면 사후적으로 규제한다.

대륙법의 특징을 Positive 규제방식이라고 하고, 영미법의 특징을 Negative 규제방식이라고 한다. Positive 규제방식을 쉽게 설명하면 법률적으로 명시된 것만 할 수 있고 나머지는 할 수 없다. 반면 Negative 규제방식은 법률적으로 명시한 것만 빼고 나머지는 뭐든지 할 수 있다. 단적인 예를 들면, 우리나라에서는 유턴(U-Turn)이 가능한 장소에 유턴 표지판이 세워져 있다. 유턴 표지판이 세워진 장소에서만 유턴할 수 있고 다른 장소에서는 유턴하면 안 된다. 반면 미국은 유턴하면 안 되는 장소만 표지판이 세워져 있고, 나머지 장소에서는 유턴이 모두 가능하다.

그림 4-40 Negative 규제방식 대표 사례_미국에서의 'U-TURN' (출처: 구글 이미지)

사소한 차이로 비칠 수 있지만, 새로운 기술과 서비스가 난무하는 4차 산업혁명 시대에는 이것이 엄청난 결과를 초래한다. 4차 산업혁명 시대의 기술과 서비스는 대부분 기존에 없던 새로운 혁신적인 것이다. 우리나라와 같은 Positive 규제 환경에서 보면, 이런 새로운 기술과 서비스는 기존 법체계에 명시되어 있지 않다. 법률적으로 정의되고 명시된 것만 할 수 있는 Positive 규제 환경에서는 법률에 없는 기술과 서비스를 할 수가 없다. 대표적인 사례로, '우버'라는 서비스는 우리나라 기존 법률에 존재하지 않는 서비스이며 기존 법률과도 충돌이 발생한다.

혹자는 법률을 개정하면 될 것 아니냐고 쉽게 말할 수 있지만, 이런 새로운 서비스 관련 법률 개정이 쉬운 것이 아니다. 이유는 크게 9가지 정도다.

첫째, 법률 체계를 보면 단순하지 않다. 용어 정의부터 시작하여 이해관계, 감독, 통제 방안, 제재 등 서비스와 관련된 모든 요소를 법률로 정의하고 있다. 이해관계자뿐만 아니라 모든 제도 및 시스템이 기존 법률 체계에 기반하여 구축되고 돌아간다. 법률만 바꾼다고 해결되지 않고 기존 이해관계자들을 설득하고 제도도 수정해야 하며 시스템도 새롭게 구축해야 한다.

둘째, 모든 서비스는 장단점이 있다. 규제방식만 놓고 보더라도 장단점이 있다. Negative 규제방식인 미국에서 'No Parking' 지역에서만 주차가 금지되고 다른 지역에서는 아무 곳에나 주차하여 시민들이 큰 불편을 겪는다는 이야기도 있다. 새로운 서비스를 검토할 때 서비스 초기에 긍정적인 측면과 부정적인 측면을 정확히 분석하기가 어렵기 때문에 법률부터 개정할 수 없다.

셋째, 부작용(Side Effect)을 예상할 수 없다. 전에 없던 새로운 서비스를 도입할 경우 어떤 잠재적 부작용이 나타날지 알 수 없다 보니 쉽게 법률부터 개정할 수 없는 노릇이다.

4차 산업혁명 관련 기술과 서비스들은 말 그대로 혁신적인 서비스들이다. 기존 제도와 서비스를 파괴하고 새로운 질서를 확립하는 파괴적 혁신(Disruptive Innovation)이다. Positive 규제방식 체제에서는 모든 법체계가 기존 질서에 맞추어 수립되어 있는데, 새로운 기술과 서비스가 맞을 리 없고 충돌할 수밖에 없다. 모든 법과 제도가 서로 맞물려 있고 기존 법체계는 기존 질서의 이해관계자들과 밀접하게 연관되어 있다. 바꾸기도 어렵지만, 기존 이해관계자들의 저항 또한 거세다. 규제개혁이 힘든 이유다.

우리나라 규제방식의 아쉬운 모습을 보여주는 재미있는 사례가 있다.

그림 4-41 초소형 전기차 '트위지' (출처: 구글 이미지)

요즘엔 초소형 전기차 '트위지'를 거리에서 자주 볼 수 있다. 유럽에서는 2012년부터 초소형 전기자동차가 운행되고 있었고, 우리나라에서도 초소형 전기자동차 운행을 추진했으나 규제 때문에 출시가 오랫동안 지연됐다. 이유는 우리나라 법체계상 자동차는 대형, 중형, 소형, 경형 자동차로만 분류되는데, 초소형 자동차가 자동차 분류에 없고 따라서 안전기준도 없기 때문에 허용할 수 없다는 것이었다. 결국 자동차 분류 체계 법률을 수정한 것이 아니라, '해외의 안전·성능 기준을 충족하는 초소형 전기차는 국내에서도 판매할 수 있도록 한다.'는 특례 조항 신설을 통해 도입하게 되었다. 이처럼 특례로 허가를 하면 나중에 다른 유사한 자동차가 출시되면 또 다른 특례를 만들어야 하는 문제가 생긴다. 참고로 유럽에서는 자동차 분류에 '기타' 분류가 명시되어 있어 기존 분류 체계에 포함되지 않으면 '기타' 분류로 포함시킨다.

(3) 대응 현황

앞서 설명한 것처럼 기존 법체계를 바꾼다는 것은 쉬운 일이 아니다. 그렇다고 손 놓고 있을 수도 없다. 그래서 하나의 대안으로 많은 국가에서 '규제샌드박스'라는 제도를 활용하고 있다.

'샌드박스'라는 용어는 원래 미국의 가정집에 아이들이 자유롭게 뛰어놀 수 있도록 만들어 놓은 모래 놀이터를 의미한다. 이처럼 신기술이나 새로운 서비스들이 기존 규제와 충돌이 발생할 경우, 기존 법체계에 적용받지 않고 일정 기간 기존 규제를 면제 또는 유예해 주는 제도가 '규제샌드박스'다. 새로운 서비스가 규제샌드박스로 지정되면 해당 서비스는 기존 규제에서 벗어나 서비스 가치를 검증하고 부작용이 없는지도 점검한다. 일정 기간 시범 서비스를 통해 서비스 가치가 입증되고 큰 부작용이 없다는 것이 검증되면 법률 개정 등을 통해 서비스가 허용된다.

그림 4-42 샌드박스(Sandbox) 개념 (출처: 구글 이미지)

규제샌드박스의 대표적인 유형으로 '임시허가'와 '실증 특례'라는 제도가 있다. 새로운 서비스가 기존 법체계와 상충되는 경우에는 2가지 유형이 있다.

- 초소형 자동차처럼 기존 법에 '근거 법령이 없는 경우'
- 내국인은 도시 민박을 허용하지 않는 '기존법과의 충돌'

근거 법령이 없을 경우에는 임시 허가제를 통해 임시로 서비스할 수 있도록 허가해주며, 기존 법과 충돌이 발생할 때는 실증사업을 통해 안전성 등을 한번 검토해 본다.

(4) 블록체인 산업에서의 대응 현황

법 충돌 이슈와 관련하여 블록체인은 더욱더 골치가 아픈 기술이다. 전통적인 사회 및 경제 시스템의 근간은 중앙시스템 방식이다. 자연스럽게 법 제도뿐만 아니라 사람들의 의식 및 인식까지 철저히 중앙집중 또는 제3 신뢰 기관을 통한 방식이다.

반면 블록체인은 기존 질서 체계와 완전히 상반되는 메커니즘이다. 우리가 일상에서 이해하는 기존 법 제도 체계를 부정한다. 블록체인이 기술적으로 기존 문제점을 개선한다고 해도 기존 법 · 제도와 의식까지 단기간에 바꾸기는 쉽지 않을 것이다. 블록체인이 활성화되기 어렵고 활용사례가 많지 않은 이유이기도 하다.

블록체인 업계에서도 손 놓고 있을 수는 없기 때문에 규제샌드박스를 통해 실증 특례나 임시허가를 받아 다양한 프로젝트를 추진하고 있는 상황이다.

1~3장까지는 사토시 나카모토의 시각에서 그가 무엇을 개발하고자 했고 그가 개발한 비트코인과 블록체인을 제대로 이해하기 위한 방향으로 설명했다. 최대한 객관적인 자료와 근거를 기반으로 사토시가 개발한 비트코인과 블록체인을 이해해 보려고 했으나 근거 자료나 해석이 부족한 경우에는 부분적으로 약간의 상상력과 추론도 가미했다.

4장에서는 사토시 나카모토의 비트코인 · 블록체인이 변화 및 발전되어 가는 과정을 검토해 보았다. 긍정적인 발전 모습도 볼 수 있었지만, 블록체인 초기의 가치가 훼손되거나 변질되어 가는 모습도 확인할 수 있었다.

이번 장에서는 사토시 나카모토가 만든 비트코인 · 블록체인, 그리고 이후의 다양한 블록체인 플랫폼과 관련 서비스들을 가치적 타당성과 서비스적 합리성 관점에서 평가 및 전망해 보려고 한다. 필자는 블록체인을 전문으로 하는 전문가도 아니고 학문적으로 연구하는 학자도 아니다. 언감생심 비트코인 · 블록체인의 평가와 전망을 피력할 위치도 아니고 역량도 부족하다. 하지만 암호화폐와 블록체인이 학문적으로나 산업적으로 정립되지 않는 상황에서 다양한 의견과 관점이 있을 수 있다고 본다.

블록체인을 공부하고 관련 프로젝트를 진행하면서 많이 고민했고 이런 고민을 나름의 관점에서 한번 정리해 보려고 한다. 논쟁과 다양한 시행착오는 새로운 기술이 안착하는 데 있어 건강한 하나의 과정이라고 생각한다. 새로운 기술에 대한 묻지마식 찬양과 일방적인 매도 · 비방은 지양해야겠지만, 건전한 목소리와 평가는 시향해야 할 것이다.

5.1 블록체인 개념과 범주를 어떻게 규정해야 하나

블록체인도 이제 새로운 기술이자 서비스로서 자리를 잡아 가는 분위기다. 하지만 블록체인의 개념과 정의를 여전히 정확하게 규정하기가 쉽지 않다. 단순히 분산원장이라고 하기에는 뭔가 부족해 보인다.

블록체인을 협의적 관점에서 보면 단순히 데이터를 저장하는 분산장부 정도로 생각할 수 있다. 즉, '블록+체인'이라는 형태학적 측면에서 데이터가 저장되는 일종의 장부(Ledger)다. 하지만 광의적 관점에서 바라보면 블록체인을 단순히 장부(Ledger)라기보다는 그것이 추구하고자 하는 가치에 어느 정도 부합하고 그 가치 구현을 위해 필요한 기술과 요소들이 적절히 구현된 것이라고 보는 것이 맞을 것이다. 즉, 탈중앙화 기반으로 신뢰와 투명성을 보장하는 기술, 시스템, 사상 등으로 확대 해석할 수도 있다.

광의적 관점에서 블록체인으로 간주되고 명명되기 위해서는 두 가지 요소가 동시에 충족되어야 한다고 본다.

- 가치 부합 측면에서 중앙기관에 의해 독점되지 않고 분산 형태를 통한 신뢰와 투명성
- 가치 구현 측면에서 분산 구조 및 합의 알고리즘, 비가역성 등을 보장하는 제반 기술

다음 그림을 보면 블록체인이라는 형태의 장부를 채택했으며 분산 구조다. 하지만 이들이 블록체인의 가치에 부합된다고 보기는 어렵다. 블록체인 가치를 훼손한 채 단순히 블록체인 관련 기술과 구조만 채택했다고 해서 이를 블록체인으로 간주하기는 어려울 것이다.

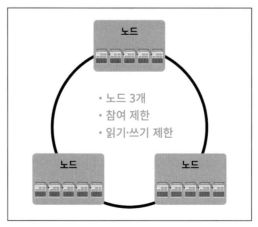

그림 5-1 블록체인으로 간주하기 어려운 사례

다음 그림을 보면 탈중앙화와 분산 구조를 띠고 있다. 특히 오른쪽 그림은 블록체인이라는 장부 대신 DAG라는 알고리즘을 사용했다. 이것은 블록체인이라는 장부 형태가 아니더라도 블록체인의 가치에 부합하고 합의 알고리즘이나 비가역성을 보장하는 기술 요소가 구현되어 있으므로 블록체인으로 간주할 수 있을 것이다.

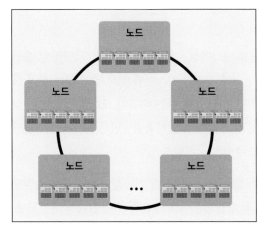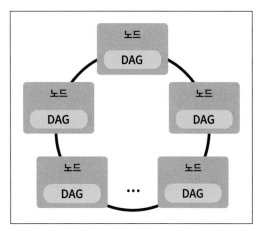

그림 5-2 **블록체인으로 간주하는 사례**

앞으로 블록체인 개념과 범주는 더욱더 변화무쌍하게 전개될 것이다. 다만 블록체인을 이해하고 바라보는 나름의 기준과 철학이 있어야 한다고 본다. 블록체인의 핵심 가치를 한마디로 표현하면 '중앙집중 · 독점화가 아닌, 탈중앙화와 분산 기반 신뢰 구현'이라고 할 수 있을 것이다.

신뢰를 구현하는 방식과 탈중앙화 정도의 차이는 있을 수 있겠지만, 특정 독점 세력이 아닌 분권화된 구조로 견제와 균형의 논리로 신뢰를 구현하기 위한 적절한 기술과 알고리즘을 활용했다면 블록체인으로 간주할 수 있을 것이다. 다시 말하면, 완전한 탈중앙화는 아니더라도 모든 권한과 의사결정이 독점 세력에 의해 집중되어 있지 않으면서 분산장부 등을 통해 투명성이 보장되게 구현되었다면 블록체인이라고 할 수 있을 것이다.

사토시 나카모토가 제시했던 초기의 비트코인과 블록체인은 그동안 많은 변화와 발전을 이뤘지만, 동시에 왜곡되고 기형적인 형태로도 진행되고 있다. 블록체인을 개념적으로 정립했다고 하더라도 어느 기술과 어느 범위까지를 블록체인으로 인정해야 하는지에 대한 고민은 여전히 남는다.

사토시 나카모토는 중앙정부와 중앙은행의 문제점을 지적하며 철저한 탈중앙화 기반의 비트코인을 세상에 내놓았지만, 엉뚱하게도 중앙은행에서 발행되고 더 강화된 통제를 목적으로 개발된 중국 CBDC를 블록체인 서비스라고 이해하는 사람도 있다. 중앙기관에서 3~5개의 블록체인 노드를 중앙 집중적으로 구축 및 관리하면서 블록체인 기반 시스템으로 소개하는 경우도 많다. 보편적으로 사용되는 범용 암호기술인 비대칭 암호와 해시 함수를 기반으로 서비스를 설계했다고 해서 블록체인 기술로 홍보되기도 한다. 중앙시스템 기반의 서비스 영역에서 토큰을 발행했다는 이유만으로 블록체인 기반 서비스로 둔갑하기도 한다. 최근 블록체인 활용 및 구축 사례를 보면 초기 완전한 탈중앙화 기반 블록체인과 상당히 다른 양상으로 전개 및 발전되면서 블록체인 개념과 범주에 대한 혼란을 야기하고 있다.

하지만 다른 관점에서 보면 '철저한 탈중앙화', '완전한 비가역성', '완벽한 공개'라는 극단적인 옵션들을 채택한 블록체인은 현실적으로 기존의 질서와 방식에 기반한 시스템에 전혀 맞지 않는 것이 사실이다. 따라서 순수한 블록체인보다는 기형적인 형태가 불가피하다는 의견이 오히려 설득력을 얻고 있다. 또한 부분적 왜곡과 기형적인 형태는 현실성을 고려한 적정 타협점이면서 블록체인이 발전해 가는 과도기적 상황이자 산고(産苦)의 과정이라고 주장하는 사람도 있다.

이런 상황에서 현실과 맞지 않는 이상적인 블록체인 철학만을 지향하며 이론적인 수준에서 논의만 하는 것도 비현실적이다. 또한 왜곡되고 기형적인 블록체인 활용 시도들을 무조건 폄훼하는 것도 올바른 접근 방법은 아니라고 본다.

어떤 중앙 기구나 통제 장치 없이 인센티브만으로 일반 대중의 참여를 유도하고 경쟁과 합의를 통해 화폐를 발행하고 이중지불 없이 개인 간 송금할 수 있는 기반 기술이 블록체인이다. 이런 블록체인은 수백 년 동안 이어져 온 중앙시스템과 제3 신뢰 기관이 지닌 문제점과 한계점을 극복할 수 있는 가능성과 잠재성을 보여주고 있다.

전통적인 문제점 개선 및 새로운 미래 가치 창출을 위해 긍정적으로 연구되고 활용 방안에 대한 역동적인 시도들이 적극적으로 필요한 기술임에는 분명하다. 현실적인 괴리감과 법·제도적 충돌, 그리고 부분적 부작용이 나타난다고 해서 사장하거나 방치할 대상은 아닌 것 같다.

블록체인으로 규정하기에는 많이 부족하고 아쉬운 점이 있다고 할지라도 법·제도적으로 뒷받침되지 않았고 기술이 성숙 및 발전되어가는 과도기적 상황임을 고려하여 블록체인 응용 및 활용을 위한 다양한 시도와 노력 자체는 존중받고 가치를 인정받아야 한다고 본다. 부작용은 대응해 가면 되는 것이지, 부작용을 우려하여 잠재성까지 차단하는 것은 올바른 방법이 아니다.

이런 차원에서 개인적으로 이 책에서 '유사 블록체인(Pseudo-Blockchain)'이라는 용어를 사용하고자 한다. 필자가 이 책에서 사용하고자 하는 '유사 블록체인'이란, 실제 블록체인도 아니고 블록체인으로 규정하고 간주하기에는 많이 아쉽지만, 블록체인으로부터 영감을 받아 아이디어, 관련 기술,

분산 구조 등을 활용하여 기존 서비스 · 문제점을 개선하고, 기존에 없던 새로운 혁신 서비스를 창조하는 방향으로 활용되는 제반 인프라 기술을 의미한다. 철저한 중앙집중 시스템이라고 하더라도 블록체인 관련 영감과 아이디어, 기술요소를 채택하여 서비스 개선 및 새로운 가치를 창출했다면 '유사 블록체인'으로 간주하자는 것이다. '비트코인 · 이더리움 블록체인 플랫폼이라는 고정된 틀 위에서 어떤 서비스를 창출할까?'라는 관점보다는 오히려 '서비스 개선을 위해 블록체인 또는 관련 요소들을 어떻게 활용할 것인가?'라는 관점으로 바라보자는 논리다.

예를 들어, CBDC를 다시 생각해 보자. CBDC는 사토시 나카모토가 타파하고자 했던 공격 대상이다. CBDC는 종이에서 디지털로 바뀌었을 뿐 사토시 나카모토가 지적한 문제점을 그대로 가지고 있다. CBDC도 여전히 중앙은행에서 화폐를 발행하고 있으며 CBDC는 더구나 종이로 인쇄하는 시간과 노고가 필요 없이 클릭 몇 번으로 무한한 돈을 창조해 낼 수 있다(참고로 CBDC는 비트코인처럼 채굴에 의해 화폐를 발행하는 방식이 아니다). CBDC는 가치와 사상 면에서 블록체인과 정반대 개념이다. CBDC는 가치적으로 블록체인과 반대일 뿐만 아니라 실제 블록체인 기반으로 구현되지도 않는다. 하지만 CBDC가 암호화폐로부터 영감을 받은 것은 사실이며 암호화폐가 예상보다 빠르게 CBDC의 검토 및 출시를 자극한 것은 맞다. 전통적인 종이 화폐가 디지털 형태로 변환되면 많은 효율성과 함께 다양한 긍정적인 변화가 예상된다. CBDC는 기존 금융 · 경제 시스템을 바꿀 수 있는 잠재력을 지닌다. CBDC가 블록체인과 연관성이 없다고 하더라도, 블록체인이 CBDC라는 새로운 서비스 출현에 '영감'을 주었다면 그 자체만으로 블록체인은 가치가 있는 것이다.

블록체인 개념과 범주가 유연하게 확장 및 진화해 가는 현 상황에서 블록체인 개념과 범주를 단적으로 규정하기란 쉽지 않다. 나름의 개념 정립과 기준을 가지고 블록체인을 바라볼 수 있는 안목을 키우는 것이 중요하다. 동시에 블록체인 또는 유사 블록체인을 활용하여 새롭게 창출되는 관련 서비스에 대해서는 좀 더 유연하면서 관대하게 바라보는 태도도 필요해 보인다.

블록체인이 주체가 아니라 서비스가 주체가 되어야 한다. 블록체인이라는 틀(프레임) 기반으로 가치와 서비스를 찾아야 한다는 강박관념에서 벗어나 서비스 개선 및 혁신 서비스 창출을 위해 블록체인 및 관련 요소들을 어떻게 적절히 활용 · 응용할 것인지를 고민하는 것이 더 중요하다. 블록체인이라는 틀에 맞지도 않는 서비스를 억지로 끼워 넣기보다는 서비스의 요구사항 · 문제점을 분석하고 그것을 해결을 위해 블록체인을 전체적으로 또는 부분적으로 어떻게 활용할 수 있는지를 고민하는 것이 더 올바른 접근 방법일 것이다. 아무런 문제 없이 잘 작동하는 기존 서비스 · 시스템에 억지로 예산을 들여가며 블록체인을 접목해 기형적인 시스템을 만들 필요는 없다.

5.2 암호화폐(가상자산) 전망

비트코인은 그 자체가 화폐다. 암호기술로 구현된 화폐라고 해서 암호화폐라고 부른다. 하지만 일반적인 블록체인 관점에서 암호화폐가 블록체인과 떼려야 뗄 수 없는 관계라는 강박관념에서 벗어났으면 하는 바람이다. 암호화폐(가상자산) 전망에 앞서 암호화폐(코인, 토큰)가 무엇이고 어떤 가치가 있는지 이해할 필요가 있다.

5.2.1 암호화폐에 대한 이해

암호화폐에 대해 전망하기 위해서는 무엇보다도 암호화폐를 이해하는 것이 중요하다. 코인과 토큰의 유형과 형태는 다양하지만, 우선 아주 단순한 사례를 하나 들어 보겠다.

아파트 단지 내 입주민들의 다양한 의견 반영 및 결정을 위한 자체 투표시스템을 구축하여 활용하는 상황을 가정해 보겠다. 처음에 동 대표 주도로 투표시스템을 구축하여 다양한 의사결정을 투표로 진행했다. 그런데 투표시스템이 동 대표 단독으로 구축 및 운영되다 보니 입주민들은 투표 결과에 대한 신뢰성에 의문을 품기 시작했다. 그래서 이에 대한 대안으로 '이더리움 기반 온라인 투표 시스템'을 구축하기로 합의했다.

이더리움은 중앙 서버 없이 수많은 노드가 자발적으로 참여하고 합의를 통해 서비스가 처리되는 블록체인 플랫폼이다. 이더리움은 시스템 작동 및 트랜잭션 처리를 위해 자발적인 참여를 유인할 수 있는 인센티브가 필요하므로 이더리움 코인을 발행하여 보상으로 지급한다. 그리고 서비스 이용자들은 서비스의 트랜잭션이 처리될 때마다 약간의 수수료를 지급해야 하고 이 수수료 역시 이더리움 작동에 참여하는 노드에 보상으로 지급된다. 보상으로 지급받은 코인은 이더리움 생태계 내에서 다양하게 활용될 수 있다. 이런 이더리움을 기반으로 투표 서비스가 구축되었으며 다양한 투표에 활용했다.

투표 서비스가 이더리움 기반으로 바뀌면서 기존에 동 대표 독단적으로 처리되던 문제점은 해결되었지만, 다른 문제가 하나 있었다. 투표율이 너무 저조했던 것이다. 그래서 투표율을 향상시키기 위한 방안으로 투표 서비스 기반 '토큰'을 발행하게 설계했다. 투표에 참여하면 토큰을 발행해 주었다. 그리고 이 토큰은 아파트 관리 비용으로 이용할 수도 있고 단지 내 체육 시설 등과 제휴를 통해 할인 쿠폰처럼 사용할 수 있게 했다.

정리하면, 기반 시스템 관점에서 보면 처음에는 동 대표가 예산을 할당하여 직접 시스템을 구축하고 운영했기 때문에 별도의 코인이 필요 없다. 하지만 탈중앙 블록체인인 이더리움 관점에서는 자발적인 참여를 유인할 수 있는 코인이 필요하다. 다음으로, 서비스 관점에서 보면 토큰을 발행하지 않더라도 서비스 구현에 문제는 없다. 단지 토큰을 발행하여 서비스에 적절히 활용할 경우 서비스를 좀더 잘 활성화할 수 있다. 또한 서비스 수준에서 발행되는 토큰은 기반 시스템이 반드시 탈중앙시스템일 필요도 없다. 중앙시스템 기반 투표 서비스에서도 투표 참여율 향상을 위해 토큰을 발행할 수 있다.

이것을 정리하면 다음과 같다.

구분	유형	필요 여부	영역
중앙시스템 기반 투표 서비스	코인	필요 없음	시스템 영역
	토큰	선택 사항	서비스 영역
블록체인 기반 투표 서비스	코인	필요	시스템 영역
	토큰	선택 사항	서비스 영역

비트코인과 다른 암호화폐(코인, 토큰)가 블록체인에서 어떤 의미를 지니는지는 앞서 그림 4-24에서 살펴보았다. 비트코인은 블록체인에서 인센티브로 활용되며 동시에 화폐라는 서비스로 이용했다. 이더리움 코인은 탈중앙시스템인 블록체인을 작동시키기 위한 인센티브로 활용되며, 별도로 서비스 영역의 토큰은 다양한 서비스의 활성화를 위해 설계될 수 있다.

비트코인, 이더리움, 토큰을 다시 구분하여 이해해 보자.

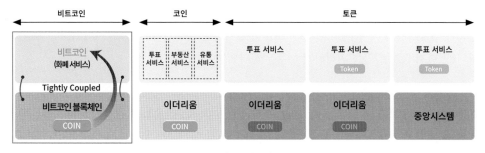

그림 5-3 비트코인·코인·토큰 비교

비트코인은 탈중앙시스템인 블록체인을 구동시키기 위한 인센티브 목적의 코인이 필요하다. 그리고 이 코인을 실제 화폐로 사용하고자 했다. 이더리움은 탈중앙시스템인 블록체인을 구동시키기 위해 인센티브 목적의 코인이 필요하다. 그리고 이 코인은 화폐와 같은 서비스 목적이 아니라 이더리움 작동 및 이더리움 생태계 활성화를 위해 활용될 수 있다.

블록체인 기반으로 구현되는 투표 서비스라고 하더라도 토큰 발행이 꼭 필요한 것은 아니다. 서비스 목적 및 설계에 따라 발행 여부를 결정하면 된다. 중앙시스템을 기반으로 하더라도 서비스 목적 및 설계에 따라 토큰이 필요하면 발행하여 활용할 수 있다.

5.2.2 화폐 관점에서의 암호화폐 이해

앞서 그림 4-28에서 소개했던 것처럼, 암호화폐가 의미하고 포함하는 영역은 다양하다. 블록체인 생태계 또는 서비스의 활성화를 위해 발행되는 코인과 토큰이 모두 '화폐'라는 용어로 사용되다 보니 혼란을 야기했었다.

그림 4-29와 그림 4-30에서는 블록체인과 연계되는 실제 화폐 사례를 소개했다. CBDC는 비트코인에서 영감을 받았지만, 블록체인과 직접적인 연관성은 없으며 우리가 이해하는 암호화폐 개념도 아니다.

국내에서 블록체인 기반으로 발행되는 지역 화폐 역시 암호화폐와는 다른 개념이다. 기존 온누리 상품권을 단지 디지털 형태로 발행하는 것이며 관련 데이터를 Private 블록체인에 저장하여 데이터 수집 및 활용에 사용하는 정도로 이해할 수 있다.

디엠(옛 리브라)은 어떠한가? 시작은 창대했으나 그 끝은 미약했다. 하나의 기업이 전 세계 국가의 발권력에 도전한 결과가 어떤지를 보여주는 대표적인 사례가 되었다. 페이스북 '리브라(Libra)'는 '글로벌 화폐'를 만들겠다는 거대한 포부로 시작되었지만, 결국 '디엠(Diem)'이라는 조그만 프로젝트로 전락하고 말았다.

비트코인은 실제 지불수단으로 활용되기도 하지만, 느린 처리 속도 등으로 '화폐'보다는 안전·투자 자산 또는 인플레이션 헤지(Hedge)로서 자리를 잡아가는 분위기다. 리플도 마찬가지다. 화폐 개념이 아니라, 단지 국제 송금을 편리하게 해주는 하나의 서비스 정도다.

다양한 사례를 통해 살펴본 것처럼, 화폐를 목적으로 개발된 비트코인도 화폐로써 사용되기에는 여전히 많은 한계점을 드러내고 있으며, 민간 영역에서 발행되는 글로벌 화폐는 국가와 중앙은행에 의해 좌절되었다. 거래소에서 많이 거래되는 코인과 토큰은 일상에서 사용하는 화폐가 아니며 가상자산 정도다. FATF(국제자금세탁방지기구)와 국내 특금법에서도 기존 암호화폐 명칭을 '가상자산'으로 통일했다. 이런 사례를 볼 때, 민간 영역에서 발행되는 화폐나 블록체인 기반의 (화폐 목적으로 발행된) 코인이나 토큰이 기존 법정 화폐를 대체 및 보완하는 것은 어려워 보인다.

다른 한편에서 살펴보면, 최근 남미 엘살바도르에서 비트코인을 법정화폐로 활용하는 법안이 의회를 통과했고 탄자니아 대통령도 중앙은행에 비트코인을 법정화폐로 지정하는 방안을 검토해 달라고 요청하기도 했다. 나이지리아와 케냐도 자국 통화의 하락으로 인해 비트코인을 고려 중인 것으로 확인되었다.

정부에 대한 신뢰가 보장되고 경제시스템이 안정화된 국가에서는 심각한 하이퍼인플레이션이 발생하지 않는다. 따라서 비트코인 같은 암호화폐가 주목받지 못한다. 하지만 정부에 대한 불신이 만연하고 금융 시스템이 불안정한 국가에서는 비트코인을 하나의 대안으로 검토하려 할 것이다.

민간 영역에서 발행되는 화폐가 일상 송금 및 거래에 사용되는 시대가 과연 올 수 있을까? 유럽은 1900년대 초까지만 하더라도 민간은행이 중앙은행 역할을 했다. 미국도 일반 상업은행들이 다양한 종류의 화폐를 발행했고 이런 화폐가 시장에서 사용되었다. 이런 전통이 깨지고 오늘날 화폐 시스템으로 바뀌게 된 계기는 1 · 2차 세계대전과 대공황이었다. 전쟁이나 대공황 같은 공포와 충격이 있을 때 경제 시스템과 화폐 시스템은 바뀔 수 있다. 오늘날 중앙정부의 신용에 기반한 법정화폐 체제는 쉽게 바뀌지 않을 것으로 생각된다. 미국 서브프라임 모기지 사태도 대공황 정도의 충격은 아니었지만, 전 세계에 많은 고통과 충격을 주었다. 기존 화폐 시스템의 변화를 외치는 비트코인이 주목받을 수 있었던 배경이기도 했다.

대부분 코인과 토큰이 암호화폐 또는 가상화폐로 불린다. 하지만 이런 코인과 토큰으로 실물거래에서 재화와 서비스를 구매할 수 있는 경우는 거의 없다. 단순히 포인트, 해당 서비스 이용권, 특정 서비스 토큰(ex. 싸이월드의 도토리), 특정 서비스 거래 아이템, 투자자산 등으로 활용되고 있다. 물론 코인과 토큰이 향후 실물거래에서 화폐처럼 사용될 수 있는 잠재성까지 부정하는 것은 아니다. 현시점에서는 암호화폐 · 가상화폐라는 용어보다는 코인, 토큰, 가상자산 등으로 명명하는 것이 더 바람직해 보인다.

비트코인은 법정화폐를 대체하거나 화폐로 사용하는 것을 목적으로 세상에 나왔다. 암호기술로 중무장했기 때문에 암호화폐로 불린다. 그런데 비트코인 이후의 대부분 코인과 토큰은 비트코인으로부터 영감과 아이디어를 얻어 기존의 개념을 재포장하거나 새로운 영역의 서비스를 창조하여 '암호화폐'라는 좋은 마케팅 용어를 적극 활용하고 있다. 최근 싸이월드가 기존 도토리 대신 암호화폐를 써서 서비스를 게재한다는 기사가 있었다. 이 경우 블록체인과 암호화폐를 잘 이해하지 못하는 일반인의 입장에서는 마치 비트코인 암호화폐와 싸이월드 암호화폐를 동일 선상에서 바라보는 오해를 할 수도 있다.

5.2.3 암호화폐(가상자산) 평가 방법

이번에는 암호화폐가 왜곡되고 오해되는 부분을 우신 싶여보고 임호화폐를 올바르게 평가하는 빙법에 대해 알아보겠다.

1) 잘못된 방향으로 흘러가는 암호화폐

비트코인이 소개되고 이후 사람들은 기반 기술인 블록체인에 관심을 갖기 시작했으며, 다양한 블록체인 플랫폼이 소개되었고 블록체인 플랫폼 기반의 다양한 프로젝트도 진행되었다. 또한 비트코인 가격이 급등하면서 다양한 암호화폐와 관련 서비스도 소개되었다. 하지만 이상과 달리 비트코인과 같은 암호화폐와 블록체인을 현실 서비스에 그대로 적용하기에는 많은 문제점과 한계점을 지니고 있었고, 그에 따라 초기 프로젝트들은 대부분 실패로 끝났다.

절치부심하던 관련 업계와 투자자들은 현실적인 타협을 통해 돌파구를 찾고자 했다. 현실적인 타협이란 비트코인과 블록체인의 본질적 가치 그대로 현실에 적용하기 어렵기 때문에 비트코인과 블록체인의 가치와 철학을 일정 부분 훼손시키거나 아이디어만 착안하거나 일부 기술 요소만 활용하는 다소 변형된 형태를 의미한다. 현실적인 타협만으로 서비스를 활성화하기에는 역시 부족했다. 기존 서비스와의 차별성이 부각되지 않았고 대중의 이목을 끄는 데 한계가 있었다. 따라서 실체적인 활용적 접근보다는 '블록체인'과 '비트코인(암호화폐)'이라는 키워드만 전면에 내세워 마케팅과 홍보에 적극적으로 활용했다. 이는 서비스 실체에 대한 집중을 분산시켰고 서비스의 부차적인 요소인 암호화폐라는 환상만 부각시켰다. 암호화폐가 급등하고 시장이 조성되자 암호화폐만 잘 론칭하여 분위기만 타면 대박을 낼 수 있다는 왜곡된 마인드를 심어주었다. 이후부터는 서비스 자체보다는 오로지 암호화폐만을 전면에 내세워 한탕주의를 노리는 업체들까지 가세하게 되었다.

집값은 천정부지로 치솟고 도저히 집 장만과 결혼은 엄두도 내지 못하는 MZ세대에게 코로나 재앙까지 겹치면서 취업도 불가능해졌다. 이때 주변에서 암호화폐를 통해 인생역전을 했다거나 수십억 원을 벌어 대기업을 퇴사했다는 이야기가 언론을 타고 소개된다. MZ세대에게 암호화폐는 코로나 고통에서 벗어나게 해줄 한 줄기 빛이었으며 하나의 희망이었다. 그들은 영끌과 빚투로 암호화폐 시장에 뛰어들기 시작했다. 이렇게 유입된 풍부한 유동성은 암호화폐 가격 급등을 더욱 부채질하고 있다.

일부 기성세대들은 MZ세대의 이런 투자 행태를 보며 손가락질할지도 모른다. 하지만 선불리 그럴 수는 없을 것 같다. 오늘날 처한 현실은 MZ세대에게 너무나 불리하게 조성되어 있다. 이들에게는 정말 암호화폐가 한 줄기 빛이자 유일한 희망일 수 있다. 단순히 개인의 탐욕으로 치부하기에는 현실이 너무 냉혹하다. 이러한 냉혹한 현실을 악덕 업체들이 이용하기도 한다. 암호화폐를 불법 다단계로 유통시키거나 사기를 목적으로 암호화폐를 만들어 유통시키는 사례도 많다.

암호화폐는 서비스를 위한 하나의 부차적인 요소다. 그런데 현 블록체인 산업 및 생태계를 보면 서비스는 보이지 않고 암호화폐만 보인다. 이러한 이유로 암호화폐가 '내재적 가치도, 실체도 없는 신기루'라는 비판을 받고 있다. 암호화폐는 서비스를 위한 부차적인 요소이고 서비스 자체가 가치를 인정받으면 자연스럽게 부각되고 가치가 재평가되는 게 수순인데, 현 상황은 주객(主客)이 바뀌었고 본말(本末)이 전도되었다. 실체가 없는 서비스는 신기루이며 신기루에 투자하는 것은 너무나 위험부담이 크다.

2) 블록체인 기반 서비스가 마치 블록체인에서만 작동한다는 오해

현재 블록체인 기반 서비스라고 소개되는 많은 서비스는 블록체인 이전부터 소개 및 활용되고 있었다. 단지 블록체인과 만남을 통해 새롭게 재조명받거나 기존 문제점을 개선하여 좀 더 나은 서비스로 향상된 것이다. 먼저 다음 서비스들을 살펴보자.

가상화폐·디지털화폐 (ecash, 전자화폐*)	가상자산·디지털자산 (게임머니, 아이템)	Utility Token (싸이월드 도토리)	Token Economy (YouTube)

그림 5-4 서비스 사례

디지털이나 가상 형태의 화폐나 자산, 또는 토큰 개념은 오래전부터 소개되고 서비스되고 있었다. 당시에 이런 서비스들은 다음 그림과 같이 모두 중앙시스템 기반으로 서비스 및 운영되었다.

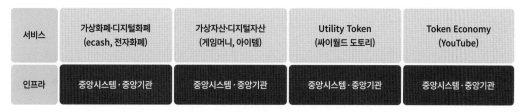

서비스	가상화폐·디지털화폐 (ecash, 전자화폐)	가상자산·디지털자산 (게임머니, 아이템)	Utility Token (싸이월드 도토리)	Token Economy (YouTube)
인프라	중앙시스템 · 중앙기관	중앙시스템 · 중앙기관	중앙시스템 · 중앙기관	중앙시스템 · 중앙기관

그림 5-5 중앙시스템 기반 서비스 구현

비트코인이 주목과 찬사를 받았던 이유는 최초의 가상화폐이거나 암호화폐여서가 아니다. 가상화폐나 디지털화폐는 그 이전에도 존재했다. 비트코인이 주목받았던 이유는 최초의 '탈중앙화 기반' 가상화폐였기 때문이다. 서비스가 새롭거나 혁신적인 것이 아니라 인프라와 플랫폼이 혁신적이었다. 다음 그림은 블록체인 기반으로 기존 서비스 유형이 새롭게 선보인 서비스들이다.

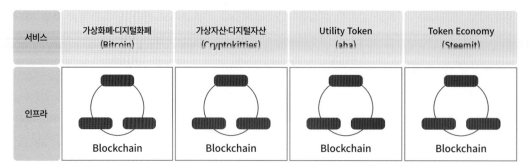

서비스	가상화폐·디지털화폐 (Bitcoin)	가상자산·디지털자산 (Cryptokitties)	Utility Token (aha)	Token Economy (Steemit)
인프라	Blockchain	Blockchain	Blockchain	Blockchain

그림 5-6 블록체인 기반 서비스 구현

블록체인 기반으로 작동하는 서비스들은 블록체인을 통해서만 구현되는 것이 아니라 오래전부터 이미 존재했고 블록체인과 상관없이 하나의 서비스이자 산업으로 가치가 있다. 많은 사람이 오해하는 부분이 기존에 존재하지 않았던 서비스들이 블록체인 기반으로 창조된 것이라고 잘못 생각하는 것이다. 물론 서비스 중에는 기존 중앙시스템보다 블록체인과 조합과 궁합이 더 잘 맞는 것도 있다. 기존 서비스라고 하더라도 블록체인 기반으로 새롭게 재창조되면서 가치가 배가되고 기존에 없던 새로운 가치가 창출되는 것도 사실이다.

3) 암호화폐의 가치는 무엇에 의해 결정되나?

설명에 들어가기에 앞서 그림 4-23을 다시 한번 체크해 주길 바란다.

암호화폐는 땅속에서 캐낸 광물과 같다. 땅속에서 어렵게 캐낸 광물이 가치를 부여받으려면 활용 가치가 있어야 한다. 금은 금화, 귀금속 액세서리, 산업용 원료, 안전자산 등 다양하게 활용되고 있다. 다양하게 활용되고 꾸준한 수요가 보장되다 보니 높은 가치로 평가받고 있다. 비트코인은 개인 간 송수신 디지털 화폐, 인플레이션 헤지 수단, 안전자산, 투자자산 등으로 활용되고 있다. 그리고 최근 남미 엘살바도르에서는 비트코인을 법정화폐로 활용하기로 했다. 비트코인 역시 이렇다 할 활용방안이 확립되지는 않았지만, 다양한 활용 가능성을 기대하며 가치가 유지되고 있다.

활용과 수요가 보장되지 않은 광물은 아무런 의미와 가치가 없다. 동일하게 블록체인 기반으로 채굴된 암호화폐 그 자체는 아무런 가치가 없다. 그 암호화폐가 생태계에서 새로운 혁신 서비스를 창출하고 새로운 부가가치를 만들도록 일조할 때 비로소 의미와 가치를 지니게 된다.

광물의 가치를 평가하는 기준을 예로 들어보자.

광물의 가치를 평가하기 위해서는 먼저 광물의 특징을 분석해야 한다. 광물을 구성하는 원소와 광물이 지니는 성질과 그 성질의 특장점이 무엇인지에 대한 분석이 필요하다. 광물의 성질에 대한 분석이 끝나면 다음으로 광물이 어떻게 활용될 수 있는지에 대한 분석이 필요하다. 다음으로 광물이 기존 유사 광물을 대체할 수 있는지, 아니면 새로운 가치를 창출할 수 있는지, 그것도 아니면 보완적으로 활용될 수 있는지에 대한 응용성 분석이 필요할 것이다. 마지막으로 시장성과 경제성 분석이다. 채굴 · 가공 · 운송 · 응용 비용 대비 기대수익이 어느 정도인지, 잠재수요는 어느 정도인지, 그리고 시장의 규모는 어떠한지 등을 분석한다. 결과적으로 어느 정도의 부가가치와 경제적 이윤을 창출할 수 있는지가 가장 중요한 광물의 가치 평가 기준이 될 것이다.

암호화폐에 대한 평가 기준도 이와 비슷할 것이다. 암호화폐에 대한 설계 원리와 어떤 특성을 지니는지에 대한 분석부터, 암호화폐가 어떤 목적으로 어떤 서비스에 어떻게 활용되는지에 대한 분석도 필요하다. 낭연히 암호화폐와 연관된 서비스가 새로운 부가가치를 창출하고 혁신 서비스를 선도할 수 있는지에 대한 평가도 필요하다. 그리고 암호화폐가 활용되는 서비스와 생태계가 얼마나 많은 수익과 잠재적 가치를 창출할 수 있는지가 역시 가장 중요한 평가지표일 것이다.

현재 거래소에서 거래되는 많은 암호화폐와 그 가격은 한탕을 노리는 투자자들이 방향성만을 바라보고 베팅하는 투기에 가깝다. 채굴한 광물에 대해 활용성 · 시장성 · 경제성 측면의 철저한 분석보다는 막연하게 기존에 없던 새로운 광물이니 어떻게 잘 활용되지 않겠느냐는 막연함과 새로운 광물에 대한 기대감이라는 전체적인 사회 분위기에 취해서 관심 있는 사람끼리 호가를 올려가며 사고파는 상황과 유사하다.

게임 아이템을 다시 보자. 게임 아이템 자체는 아무런 가치가 없다. 특히 그 게임을 하지 않는 대부분 사람들에게 그 게임 아이템은 아무런 의미가 없다. 하지만 해당 게임이 활성화되고 서비스 참여자들이 늘어난다면 자연스럽게 게임 아이템의 가치도 높아질 것이다. 게임 아이템이 거래소에서 거래되고 가격이 결정된다면 그 가치는 그 서비스(게임)의 활성화 정도와 그 게임 아이템이 서비스(게임)에서 어떤 역할과 의미를 지니는가로 평가받을 수 있을 것이다.

과거 싸이월드 도토리가 토큰이라는 형태로 암호화폐 거래소에 상장된다고 한다. 이 토큰(도토리)의 적정 가치는 어느 정도이고 가치 평가의 기준은 무엇일까? 싸이월드라는 서비스의 가치가 도토리의 가치와 연동될 것이며 직접적으로는 싸이월드 서비스의 이용자 수, 이용률, 새로운 가치 창출 여부가 결국 서비스의 가치이자 토큰의 가치 기준이 될 것이다.

블록체인 플랫폼을 지향한 이더리움 코인의 가치 기준은 무엇일까? 이더리움 코인 가치 평가는 기본적으로 블록체인 플랫폼으로서의 완성도 · 안정성 · 혁신성이 일차적인 기준이 될 것이나. 그리고 그 플랫폼 기반으로 얼마나 많은 DApp이 론칭하고 얼마나 가치 있는 서비스들이 창출되는지도 중요한 지표가 될 것이다. 결국 이더리움 기반의 DApp이 얼마나 다양하고 많은 새로운 가치를 창출해 내고 기존의 문제점을 개선하는지가 이더리움 코인 가치 기준이 된다. 또한 궁극적으로는 이더리움 플랫폼이 다양한 DApp과 하나의 거대한 생태계를 구성하면서 새로운 가치를 창출하고 사회에 긍정적 변화를 유도할 때 이더리움 코인의 가치는 더 높게 평가받을 것이다.

4) 암호화폐 평가 참조 모델

오랜 역사를 가진 주식 시장에서는 상장된 주식의 가치를 평가할 때 다양한 지표와 평가 방법이 있다. 투자자는 이런 지표와 분석 자료를 토대로 투자하게 된다. 역사도 짧고 제도권에 아직 편입되지 않은 암호화폐 시장은 거래소에 상장된 암호화폐의 가치를 평가할 수 있는 적절한 분석 방법이나 업계의 공식적인 평가지표는 아직 없다.

2018년 6월 한국블록체인학회에서 '블록체인 분석평가기준 가이드라인'을 발표했다. 이는 그나마 코인을 분석 및 평가할 때 참조할 수 있는 참조지표이자 가이드라인이라 할 수 있다. 물론 공식적인 지표는 아니며 활용상의 조건도 달았다. 본 가이드라인에는 '코인의 분석 및 평가 기준에 대한 하나의 의견으로 제시되었으며 블록체인 본연의 분석을 위한 평가 가이드로서 암호화폐의 가격을 평가하는 지표는 아니다'라는 조건을 명시했다.

한국블록체인학회에서 발표한 '블록체인 분석평가기준 가이드라인' 주요 지표만 간단히 소개하면 다음과 같다. 학회는 4개의 평가 파트, 9개 영역, 32개 평가 항목을 제시했다.

평가 파트	평가 영역	평가 항목
가치평가	Token Design 구조	인플레이션, Hard/Soft Cap, 발행 총량, 보안
	Token Sale 구조	참여 기회 균등, 운영진 지분, 투명성, 행동강령
BM평가	시장성	목표 시장
	경쟁력	권리성, 접근성, 점유성, 기타
	성장성	시장 성장 가능성
조직평가	수행역량	비즈니스 조직 구성, 마케팅 조직 구성, 기술 조직 구성, 프로젝트 수행 안정성, CashFlow 능력, 달성 가능 역량, 기술력 향상 능력
	도덕성 역량	자금 집행 투명성, 내부통제 역량
기술평가	기술평가는 ICO 단계에서 코드 등 유용한 정보가 적어서 실제로 평가하기 어려움	

출처: (사)한국블록체인학회 블록체인 분석평가기준 가이드라인

관련 가이드라인은 공개되어 있으니 세부 내용은 직접 확인해 볼 것을 권한다.

2021년 6월 27일 업비트(UPbit) 홈페이지에 '24종 디지털 자산 거래지원 종료 안내'라는 공지사항이 게시되었다. 관련 기사(시사저널)에서 상장폐지에 대한 사유를 평가항목으로 정리한 자료가 있어 간단히 소개한다. 사유를 종합해 보면 여섯 가지 평가 항목으로 정리할 수 있다.

- 팀 역량 및 사업

- 정보 공개 및 커뮤니케이션

- 기술 역량

- 블록체인 네트워크상 활동

- 글로벌 유동성

- 거래 투명성

다음 그림은 24종에 대한 상장폐지를 6개 항목으로 정리한 내용이다.

코인 이름 \ 평가 항목	팀 역량 및 사업	글로벌 유동성	정보 공개 및 커뮤니케이션	기술 역량	블록체인 네트워크상 활동	거래 투명성
코모도(KMD)						X
애드엑스(ADX)	X					
엘비알와이크레딧(LBC)	X				X	
이그니스(IGNIS)		X				X
디마켓(DMT)	X	X			X	
아인스타이늄(EMC2)	X	X	X	X		
트웰브쉽스(TSHIP)	X	X				
람다(LAMB)	X				X	
엔도르(EDR)		X		X		
픽셀(PXL)						X
피카(PICA)						X
레드코인(RDD)	X					
링엑스(RINGX)		X		X	X	
바이트토큰(VITE)	X		X			
아이템(ITAM)	X	X			X	
시스코인(SYS)						X
엔엑스티(NXT)	X		X			
비에프토큰(BFT)	X	X	X	X		
뉴클리어스비젼(NCASH)	X	X	X	X		
퓨전(FSN)	X		X			
폴리안(PI)	X	X	X	X		
리피오크레딧네트워크(RCN)	X	X	X	X		
프로피(PRO)	X	X		X		
아라곤(ANT)	X	X	X	X		

그림 5-7 암호화폐 24종에 대한 업비트의 상장폐지 사유(출처: 시사저널)

업비트에서는 거래 지원 종료의 구체적 기준과 평가 점수는 공개할 수 없다는 입장이다.

한국블록체인학회의 블록체인 분석평가기준 가이드라인은 암호화폐의 가치를 평가하는 기준이나 지표라기보다는 개략적이고 일반론적인 지표라고 할 수 있다. 그리고 업비트의 평가항목은 암호화 폐의 가치 평가 기준이라기보다는 상장을 위한 조건 기준 정도로 이해할 수 있다. 즉, 암호화폐의 가격·가치를 평가할 수 있는 정확한 지표나 평가 기준은 현재 부재한 상황이다.

5.2.4 암호화폐(가상자산) 전망

17세기 네덜란드는 대항해시대로 인해 전 세계에서 가장 많은 부를 쌓아가고 있었다. 돈은 넘쳐났고 새로운 투자처가 필요한 상황이었다. 투자대상을 찾던 중 그들의 눈에 들어왔던 투자처가 바로 신비의 꽃이라 생각했던 '튤립'이다. 당시 유럽에는 자생하지 않았던 튤립이라는 꽃은 상당히 귀하고 신비로운 꽃이었다. 희귀한 튤립을 소유한다는 것은 곧 부의 상징이 되었다. 튤립은 씨앗에서 꽃이 피기까지 최대 7년이 소요되지만, 구근(알뿌리)을 심으면 바로 다음 해에 꽃을 피우기 때문에 사람들은 넘쳐나는 돈에 대한 새로운 투자처로 튤립 구근을 선택했다.

초기에는 꽃 수집가, 거상들 위주로 투자가 이루어졌지만, 구근 값이 지속해서 가파르게 상승하자 나중에는 일반 서민들까지 인생 역전을 꿈꾸며 뒤늦게 투기 광풍에 뛰어들었다. 투기가 과열되자 사람들은 현재는 존재하지 않지만, 미래에 생산될 구근까지 거래하게 된다. 즉, 최초의 선물거래가 생겨난 것이다. 투기 광풍 속에서 튤립의 적정가격이 얼마인지를 밝히려는 시도는 없었다. 튤립 구근 가격이 집 한 채 값까지 치솟기도 했다.

튤립 가격이 올라도 너무 올랐다고 생각하는 사람들이 팔기 시작했고 무서운 속도로 폭락하기 시작했다. 금보다 비싸게 거래되었던 튤립 구근은 4개월 만에 99% 폭락하게 되었으며 상투를 잡았던 사람들은 겨우 원금의 1~2% 정도만 건질 수 있었다. 미친 듯이 오르던 튤립 구근 가격상승 추세는 떨어질 때는 이보다 수배 더 가팔랐다.

고점 대비 99% 가까이 폭락한 튤립 버블은 역사적으로도 매우 유명하고 당시 사회에 미친 파장도 엄청났지만, 실제로 네덜란드 경제에 미친 영향은 그리 크지 않았다. 당시 네덜란드 경제를 좌지우지하던 거상들은 대부분 구근 값이 가파르게 상승하자 팔고 모두 빠져나갔기 때문이다. 고점에서 구매했던 대다수 서민은 모든 돈을 잃었을 뿐만 아니라 집도 모두 저당 잡혀 거지가 되었다. 튤립 가격이 폭락하자 수집가들은 이를 다시 매입하여 일정 수준 회복했다.

튤립 구근이 집 한 채 값까지 치솟았고 4개월 뒤에 99% 수준까지 떨어졌지만, 아무도 왜 오르는지 설명할 수 없었으며 왜 떨어지는지 역시 설명할 수 없었다.

최근 암호화폐 시장을 보고 있으면 과거 닷컴버블과 유사하다는 생각이 든다. 회사에 '닷컴'을 붙이거나 인터넷 관련 서비스를 앞으로 시작하겠다는 발표만으로 주가가 10배씩 뛰던 상황이었다. 회사가 어떤 기술을 갖고 어떤 서비스를 하는지는 중요하지 않았다. 얼마나 잘 포장하여 주가가 폭등하는지가 중요한 기준이었다. 자고 일어나면 주가는 뛰었고 단기 투자로 꽤 많은 수익을 올리는 사람도 있었다. 주가가 폭등하고 투자자 누구나 돈을 쉽게 벌고 있는 상황에서 거품이라는 말을 꺼내는 것 자체가 죄악시되고 시대에 뒤떨어지는 사람으로 취급받았다. 닷컴버블은 결국 끝났고 3~5% 정도의 닷컴 기업만 살아남았다.

암호화폐 가격이 폭등하자 지인에게 거품이라고 주의를 준 적이 있었다. 모두 암호화폐로 큰돈을 벌고 있는데, 지금까지 뭐 했냐는 핀잔이 돌아왔다. 눈앞에서 당장 큰돈을 벌고 있는 상황에서 아무리 거품이라고 설명한들 오히려 무능하고 세상 물정 모르는 사람으로 취급받는 것은 당연하다. 가격 급등으로 많은 수익을 보고 있는 환경에서는 거품 여부가 중요하지 않고 돈만 벌면 된다는 논리가 틀리지 않은 상황이다.

암호화폐 정보 사이트 코인마켓캡에 따르면, 2021년 5월 말 기준 이 사이트에 등재된 암호화폐 개수가 1만 개를 돌파했다고 한다. 등록되지 않은 암호화폐까지 고려하면 암호화폐는 1만 개를 훨씬 상회할 것으로 보인다.

언론에 소개되거나 가격이 급등한 암호화폐를 검색해보면 오로지 암호화폐가 얼마 올랐고 앞으로 가격 전망이 어떻다는 정보뿐이다. 정작 필요한 암호화폐가 어떤 목적으로 발행되었고 어떤 서비스에서 어떻게 활용되는지에 대한 자세한 정보는 없다. 비트코인이나 이더리움처럼 오랫동안 검토되고 명확한 목적과 철학을 가지고 철저한 준비를 통해 태어난 암호화폐가 있는 반면, 많은 암호화폐는 백서도 없고 내용이 많이 부실하다.

현재 암호화폐 시장에서 거품보다 더 큰 문제는 사기다. 암호화폐가 제도권에 편입되지 않은 데다가 이런 폭등 장세에서는 이성보다는 감성이 더 활성화되다 보니 사기 치기 딱 좋은 환경이 조성되고 있다. 뉴스에도 심심치 않게 암호화폐 사기 사건이 소개된다.

암호화폐에 대한 부정적인 사례와 의견을 제시했지만, 이는 암호화폐에 대한 비판이라기 보다는 묻지마 투자의 위험성에 대한 경고이자 암호화폐의 가치를 제대로 평가하고 투자하자는 제안이다.

5.2.3절에서 암호화폐를 평가하는 기준에 대해 살펴보았다. 땅속에서 어렵게 캐낸 귀한 광물의 가치는 결국 그 광물의 활용에 의해 가치가 매겨진다. 암호화폐도 마찬가지다. 암호화폐의 가치도 결국 암호화폐의 활용성에 의해 그 가치가 결정된다.

2018년 비트코인이 법정화폐를 대체하고 미래 화폐가 될 수 있다는 가능성에 비트코인 가격이 급등했다. 하지만 화폐로서의 가능성은 낮고 그 활용성에 의문을 갖기 시작하자 비트코인 가격은 폭락했다. 2020년 후반부터 비트코인이 금과 같은 안전자산이나 인플레이션 헤지로 활용될 수 있다는 가능성이 제기되면서 그 가격은 다시 급등하기 시작했다. 공공연하게 비트코인이 1억까지 갈 거라는 이야기는 아무런 근거가 없는 이야기가 아니다. 채굴되어 세계에 존재하는 금의 가치를 비트코인 수량으로 환산해 보면 1BTC당 대략 1억 원 정도의 가격으로 평가된다고 한다. 결국 가치는 활용성에 의해 결정된다. 비트코인 가격도 활용성에 대한 기대에 따라 등락한다는 것을 살펴볼 수 있었다. 비트코인도 화폐나 디지털 금으로서 활용성이나 지위를 인정받지 못하면 결국 아무런 가치가 없는 0과 1이라는 비트로 구성된 숫자에 불과하다.

암호화폐의 운명도 결국 해당 암호화폐의 활용 가치에 귀결될 것이다. 전혀 의미가 없고 사용처가 없는 암호화폐라면 결국 사라져 없어질 것이다. 너무나 당연한 논리다. 반면 활용성이 부각되고 이로 인해 새로운 서비스 가치를 창출해 낸다면 분명 거기에 맞는 가치를 부여받을 것이다. 암호화폐 전망은 결국 암호화폐가 포함된 서비스와 생태계의 활용 및 활성화 전망과 일치한다.

5.2.5 블록체인에서 암호화폐 의미 전망

이절에서는 조금 다른 관점의 이야기를 해 보려고 한다. 탈중앙화 기반 플랫폼인 블록체인에서 참여 유인을 위한 인센티브 메커니즘에 꼭 암호화폐를 사용해야 하는가? 현재 우리가 이해하는 블록체인과 암호화폐 사고의 틀에서는 탈중앙시스템 작동을 위한 인센티브 방안으로 암호화폐가 필수일 것으로 이해되지만, 인센티브로 꼭 암호화폐가 필요한지 한번 생각해 보는 시간을 갖고자 한다.

다음 그림을 한번 살펴보자. 앞서 소개한 그림이다. 사토시 나카모토는 탈중앙화 기반 화폐를 발행 및 유통시키기 위해 금을 채굴하여 금화로 사용되는 금화본위제로부터 아이디어를 착안했을 것이다.

그림 5-8 암호화폐 아이디어

사토시 나카모토는 처음부터 개인 간 직접 송금이 가능한 화폐를 개발하고자 했다. 사토시 나카모토가 기존 화폐의 문제점을 극복하고 이상적인 화폐를 구현하기 위해 채택한 롤 모델이 바로 금이다. 금은 종이 화폐처럼 인쇄기로 찍어서 남발할 수 없기 때문에 이상적인 화폐로서의 자격을 갖추었다. 또한 금은 광부들이 자발적으로 광산에서 채굴하는 형태로 발행되기 때문에 탈중앙 구현에도 적합하다. 즉, 탈중앙화 기반으로 화폐 시스템을 구현하기 위해 제일 적합한 벤치마킹 대상은 금을 기반으로 화폐 발행 및 유통이 이루어지는 금화본위제였다.

사토시 나카모토는 화폐와 화폐 시스템을 만드는 것을 목표로 했고 그 아이디어를 금 채굴에서 찾다 보니 금화본위제 방식과 유사하게 화폐를 인센티브 기반으로 채굴(발행)하고 채굴된 화폐를 사용하는 방안으로 설계했다. 이런 맥락에서 비트코인은 자연스럽게 인센티브 대상으로 '암호화폐'를 생각할 수밖에 없었다.

탈중앙시스템을 작동시키기 위해서는 인센티브가 필요하지, 암호화폐가 필요한 것은 아니다. 탈중앙화 환경에서 인센티브 메커니즘으로 암호화폐를 사용한 것은 비트코인이 화폐 시스템이었기 때문이며, 더 정확히 이야기하면 사토시 나카모토가 비트코인이라는 아이디어를 금화본위제에서 착안했기 때문이다. 금화본위제에서는 인센티브 기반으로 금을 채굴하고 채굴된 금을 금화로 사용한다. 동일하게 비트코인은 인센티브 기반으로 비트코인을 채굴하고 채굴된 화폐를 사용한다.

이를 다르게 설명하면, 화폐 시스템이 아닌 탈중앙화 기반 다른 서비스 · 시스템에서는 인센티브 메커니즘으로 암호화폐를 고집할 필요는 없을 것 같다. 또한 탈중앙화 화폐 시스템을 구현한다고 하더라도 금화본위제를 벤치마킹 대상으로 하지 않으면 인센티브 메커니즘으로 암호화폐를 고려하지 않을 수도 있다.

현재로서는 마땅한 다른 아이디어나 인센티브 메커니즘 설계 방식이 떠오르지 않기 때문에 다른 인센티브 메커니즘의 가능성에 의문을 제기할 수도 있겠지만, 다른 인센티브 설계 방식도 충분히 가능하다고 본다.

비트코인은 세계 최초의 '탈중앙 기반 서비스'도 아니고 세계 최초의 '화폐 시스템'도 아니다. 하지만 사토시 나카모토는 '탈중앙화 기반 화폐 시스템'을 세계 최초로 만들었고 이를 위해 블록체인과 암호화폐를 연계하여 설계했다.

'탈중앙화'를 구현하는 방식은 다양할 것이다. 또한 '화폐 시스템'을 설계하는 방식도 다양하다. 당연히 '날중앙화 기반 화폐 시스템'을 구현하는 방식과 기술도 다양할 것이다. 사토시 나카모토는 금화본위제에서 아이디어를 얻어 암호화폐를 인센티브로 활용했다. 암호화폐 기반 인센티브 방식은 다양한 인센티브 방식 중 하나의 옵션일 뿐이다.

화폐 시스템이 아닌 다른 탈중앙화된 투표 시스템이나 탈중앙화된 유통 서비스, 또는 탈중앙화된 다른 서비스들은 각각의 서비스·시스템의 특성에 맞는 최적의 데이터 저장방식과 인센티브 방안을 설계할 수 있다고 본다.

5.3 비트코인 전망

암호화폐(가상자산)의 전망에 대해 앞서 살펴보았는데, 5.3절에서는 비트코인만 따로 떼서 추가로 전망을 살펴보고자 한다. 비트코인은 다른 암호화폐와 달리 목적 자체가 화폐였고 실제로 투자자산으로 활용되고 있으며 금을 대체하거나 인플레이션 헤지 용도로 활용 등 다양한 전망이 예상되기 때문에 별도로 검토할 필요가 있다.

5.3.1 비트코인 활용 전망

2021년 초 비트코인의 거침없는 가격 상승에 비트코인과 관련된 기사들이 쏟아져 나왔다. '실체가 없는 투기다' 또는 '금을 대체할 자산이다'라는 한쪽의 극단적인 논조도 있지만, 대부분 기사는 가능성과 우려를 동시에 표현하고 있었다. 비트코인 활용 전망에 대해 그만큼 갈피를 못 잡고 있다는 방증일 것이다. 비트코인이 과연 살아남을까? 얼마까지 오를 것인가? 어떤 지위로 자리 잡을 것인가?

비트코인은 다른 암호화폐와 다르게 바라볼 필요가 있다. 먼저 비트코인은 최초의 블록체인 기반 암호화폐고 10년 이상 안정적으로 유지되어 왔으며 가장 많은 사람으로부터 사랑과 관심을 받고 있다는 상징성도 있다. 또한 다른 화폐와 달리 현실에서 화폐처럼 사용하려는 목적으로 개발되었고 법정화폐를 대체하려는 의도도 있다.

2017년의 비트코인 열풍과 2021년의 가격 폭등은 조금 다른 양상을 보인다. 2017년이 말 그대로 개인투자자 위주의 묻지 마 투기 형식이었다면, 2020년의 가격 폭등은 기관과 큰손들의 참여도 눈에 띈다. 2020년 광풍의 또 다른 점은 비트코인 활용 방안에 대한 나름의 전망과 분석 자료가 나타나기 시작했다.

우선 비트코인이 활용될 것으로 예상할 수 있는 분야부터 점검해 보겠다. 지금부터 말하려는 내용은 개인적인 의견과 평가라는 것을 참조하기 바란다.

첫째는 소액결제 서비스다. 일상 결제 서비스에서 은행을 통한 송금은 높은 수수료와 절차적 복잡성이 요구되며 국경을 넘어 송금하는 데 많은 제약과 절차가 따른다. 비트코인은 이런 불필요한 절차를 탈피하고 중개 기관을 건너뛰어 송금할 수 있기 때문에 이런 소액결제 수단으로 활용될 수 있다는 전망이 우세했다. 하지만 처리속도와 (처리속도가 늦어질 경우 발생되는) 높은 수수료 문제에 봉착하면서 개인 간 소액결제 용도로의 활용 가능성은 점차 희박해지는 분위기다. 비트코인을 소액결제 수단으로 활용하기 위한 시도는 늘어나고 법적으로 허용해 주는 국가도 늘어나는 추세다. 처리속도, 가치 변동성, 수수료 등과 같은 당면 과제들을 극복한다면 기대되는 영역이기도 하다.

둘째는 법정화폐를 대체하는 것이다. 비트코인 목적 자체가 중앙정부에 의해 발행되는 법정화폐를 대체하여 개인 간 직접 송금을 하는 것이었다. 이는 비트코인의 가장 주요한 목적이었지만, 중앙정부의 발권력에 도전한다는 것은 현실적으로 어렵다. 따라서 비트코인이 법정화폐를 대체할 가능성은 매우 낮아 보인다. 하지만 앞서 소개한 것처럼 엘살바도르, 탄자니아, 나이지리아 정부에서는 비트코인을 법정화폐로 도입하는 방안을 검토하고 있다. 좀 더 지켜볼 필요는 있다.

셋째는 본원통화 발행을 통제하는 방안으로 일종의 금본위제와 같은 기능이다. 중앙은행의 무분별한 화폐 발행은 인플레이션을 야기하고 잠재적인 금융위기로 이어질 위험성을 지닌다. 비트코인의 목적도 바로 중앙정부에 의한 무분별한 화폐 발행 차단이었다. 따라서 총발행량이 제한된 비트코인을 본위(本位)로 하여 법정화폐를 발행할 수 있다. 일종의 '비트코인본위제'가 되는 것이다. 기존 시스템이 정부의 신뢰를 바탕으로 법정화폐를 발행했다면 비트코인본위제에서는 저장된 비트코인 총발행량과 가치를 기반으로 법정화폐를 발행해서 유통하는 것이다. 화폐의 총발행량은 비트코인 발행량과 연동되기 때문에 인플레이션과 같은 문제점을 차단할 수 있다.

넷째는 세계 단일 화폐, 즉 기축통화의 지위다. 미국 달러가 세계통화로 활용되면서 국제통상 마찰과 한 국가의 경제 위기가 전 세계로 전이되는 문제점이 지속해서 발생하고 있다. 이런 문제점을 예상하고 케인즈는 세계 단일 화폐인 방코르를 제안하기도 했었다. 비트코인을 세계 단일 통화로 규정하고 각 국가의 화폐를 비트코인과 고정 교환 비율로 설정한다면 세계 단일 통화가 가능하다. 비트코인이 세계 단일 통화로서의 지위가 불가능한 것은 아니겠지만, 1장에서 설명했던 것처럼 달러 패권에 대한 국제 정서를 조금만 이해해도 비트코인이 기축통화의 지위에 오를 가능성은 매우 낮다는 것을 이해할 수 있을 것이다.

다섯째는 CBDC로 활용될 가능성이다. '비트코인이 CBDC로 활용된다'는 것은 의미적 모순이 있다. 비트코인은 탈중앙화 기반으로 민간 영역에서 발행되는 화폐다. 반면 CBDC는 중앙은행에서 발행되는 화폐다. 따라서 비트코인이 법정화폐를 대체한다는 표현이 맞는 것처럼 비트코인이 CBDC를 대체한다는 표현이 맞다.

마지막으로, 투자자산이나 인플레이션 헤지 용도로의 활용 가능성이다. 유가증권부터 부동산, 주식, 채권, 원자재, 그리고 금(Gold) 모두 투자자산이다. 금융기관이나 부호들은 포트폴리오 차원에서 다양한 자산에 분산 투자한다. '비트코인이 디지털 골드'라는 지위가 사람들의 입에 오르내리면서 점점 입지를 다져가는 분위기다. 한때 화폐로서 주목을 받았다가 화폐로서의 가능성이 점점 약화되면서 비트코인 투자자들이 찾아낸 명분이 바로 '디지털 골드'로서의 투자자산이다.

하지만 다른 투자자산에 비해 비트코인은 한 가지 단점이 있다. 단점이라기보다는 투자자산의 지위를 얻기 위한 하나의 도전과제가 있다. 다른 투자 자산은 모두 가치를 지닌다. 금처럼 내재적 가치일 수도 있고 중앙정부·기업에 의해 보증된 가치일 수도 있다. 하지만 비트코인은 아무런 내재적 가치가 없을뿐더러 중앙정부·기업에서도 그 가치를 보증해 주지 않는다. 사람들이 비트코인에 부여하는 가치는 막연한 신뢰다. 물리적 보증이나 담보가 없는 막연한 신뢰는 언제든지 사라질 수 있다.

비트코인은 아무런 가치가 보장되지 않지만 다른 한편으로 보면 다른 투자자산이 가진 한계점을 극복할 수 있는 가능성을 지니고 있다. 현금은 인플레이션에 의해 언제든지 가치가 떨어질 수 있으며 은행에 예치된 자산은 위급한 상황에서 정부나 금융권이 강제로 동결할 수 있다. 금과 귀금속 자산은 부피 문제뿐만 아니라 해외로 임의로 반출하는 것이 불가능하다. 빌딩, 토지와 같은 부동산이나 실물자산은 원하는 곳으로 이동할 수가 없다. 기업의 주식은 기업이 망하면 휴짓조각이 될 수 있다. 비트코인은 아무런 내재적 가치도 없고 누구도 물리적으로 그 가치를 보증해 주지 않지만, 기존 투자자산의 문제점을 극복할 수 있는 가능성을 제시했고 암호기술 기반의 독특한 설계 방식은 사람들에게 신뢰할 수 있는 자산이라는 인식을 심어주기에 충분했다.

지금까지 비트코인이 활용될 수 있는 여섯 가지 시나리오와 간단한 평가를 추가로 이야기했다. 물론 관점과 이해관계 위치에 따라 다양한 평가가 가능하다. 개인적으로 다른 활용 가능성은 낮아 보이지만, 마지막에 이야기한 가능성은 충분히 검토될 수 있다고 본다.

일반 서민이야 포트폴리오를 구성할 정도로 다양한 자산에 투자하기는 어려울 것이다. 하지만 부자들이나 금융기관들은 포트폴리오 차원에서 다양한 투자자산을 검토한다. 포트폴리오를 구성할 정도의 자산가라면 높은 수익률보다는 리스크 헤지(Hedge) 목적이 더 크다. 높은 수익을 획득하기 위한 목적보다는 오히려 전쟁이나 격변과 같은 위기상황이나 변동성과 불확실성이 커지는 상황에서 자산의 가치가 급격하게 떨어지는 것을 방어하기 위한 투자자산을 선호한다. 이런 차원에서 화폐와 같은 통화가치 하락에 대한 방어책으로 금을 투자자산으로 선호하는 경우가 많다. 금을 가장 중요한 투자자산 중 하나로 볼 수 있지만, 앞서 설명한 대로 금은 물리적 제약 사항이 있다. 이런 배경에서 비트코인이 '디지털 골드'라는 가능성을 보여주면서 주목받고 있는 것이다.

5.3.2 비트코인 가치 전망

앞서 비트코인이 활용될 수 있는 분야에 대해 알아보았다. 다음으로 비트코인의 가치에 대해서 알아보겠다. 비트코인의 가치 전망을 위해서는 두 가지 검토가 필요하다.

- 첫째는 비트코인이 정말 가치가 있는지, 있다면 어떤 가치가 있는지?

- 둘째는 가치가 있다면 어느 정도의 가치가 있는지?

비트코인은 아무런 가치가 없다고 비난을 쏟아내는 사람들이 많다. 그도 그럴 것이 전통적인 관점으로 볼 때 가치는 최소한 내재적 가치가 있거나 국가와 같은 강력한 중앙기관에 의해 보장되어야 한다. 금은 내재적 가치가 있다. 그리고 법정화폐는 국가라는 강력한 신뢰 기관과 법으로 보장되어 있어 가치와 신뢰가 보장된다. 반면 비트코인은 아무런 내재 가치가 없다. 그렇다고 정부로부터 가치를 보장받기는커녕 오히려 중앙정부로부터 미운털이 박힌 상태다.

전통적인 관념과 이해로 볼 때 비트코인은 전혀 가치가 없는 것이 분명한데, 왜 사람들은 가치가 있다고 생각하고 1BTC를 수천만 원을 주고 사는 것일까? 비트코인이 디지털 골드가 될 것이라는 신념의 근거는 도대체 무엇일까?

먼저 가치의 기반이 되는 요소를 식별하고, 식별된 가치의 기반을 바탕으로 비트코인은 어떤 가치를 기반으로 하고 있는지 알아볼 것이다. 그리고 그렇게 기반이 되는 가치가 어느 정도의 가치를 지니는지에 대해 알아보자.

1) 가치의 기반은?

은행에서 대출해 줄 때 보통 담보를 요구한다. 물론 담보 없는 신용대출도 있다. 하지만 아무에게나 신용대출을 해주지는 않는다. 고객의 신용 상태와 돈을 갚을 수 있는 안정적인 수입 상태 등을 종합적으로 고려해서 신용대출을 해준다. 결과적으로 아무런 근거나 기반 없이 아무에게나 대출을 해주지는 않는다. 담보가 있거나 객관적인 신뢰가 보장되어야 대출을 해준다.

화폐로 가치 있는 재화나 서비스를 구매할 수 있다. 가치 있는 재화와 서비스와 교환되는 화폐 역시 그만큼의 가치가 있어야만 서로 교환 조건이 성립한다. 즉, 화폐 자체도 그만큼의 가치가 있어야 한다. 아무런 가치가 없다고 생각하는 화폐를 받고 재화와 서비스를 제공할 사람은 없을 것이다.

이처럼 화폐도 가치가 있어야 한다. 그러면 그 가치의 기반은 무엇일까? 사람들은 어떤 기준과 근거를 가지고 그 화폐가 가치가 있다고 생각하는지 알아보자.

(1) 가치의 기반

내재적 가치

내재적인 가치를 기반으로 신뢰를 확보한 화폐가 금이다. 금은 변하지 않는 속성과 특유의 아름다운 빛깔로 귀금속 액세서리나 산업적 용도 등 다양하게 사용되는 가치를 지닌 물질이다. 그 자체로서 내재적 가치가 있다. 물건에 대한 대가로 금화 화폐를 제시한다면 그 화폐는 가치가 있다고 판단하고 거래가 이루어질 것이다. 금은 그 자체의 가치, 즉 내재적 가치가 있다.

신뢰 기관에 의한 보장 가치

내재적인 가치가 없더라도 다른 방법으로 신뢰를 확보할 수 있는 대표적인 사례는 바로 오늘날 대부분 국가에서 사용하고 있는 '법정화폐'다. 지폐는 아무런 가치가 내재되지 않은 단순 종이 쪼가리에 불과하지만, 정부라는 강력한 신뢰 기관에 의해 가치를 보장받기 때문에 화폐로서의 가치를 신뢰할 수 있다. 아무리 종이에 불과해도 거대한 중앙정부가 그 가치를 보장한다고 하면 가치를 지녔다고 간주할 수 있다.

신뢰와 믿음에 의한 가치

내재적 가치나 거대 기관에 의한 신뢰 보증 없이 단순히 신뢰와 믿음만으로 그 가치를 보장할 수 있을까? 대전 대덕구에는 지역품앗이 '한밭레츠'가 있다. 지역 내 노동과 물품을 교환하는 일종의 지역품앗이 공동체다. 한밭레츠에서는 '두루'라는 자체 지역 화폐를 발행하여 통용한다. 지역 내에서는 두루가 어디서나 화폐처럼 통용된다. 두루는 내재적 가치도 없으며 국가에 의해 보증되는 법정화폐도 아니다. '두루'의 신뢰 기반은 바로 '공동체에 대한 신뢰와 믿음'이다. 제한된 특정 지역이라는 특수성이 있지만, 그래도 신뢰와 믿음만으로 가치가 보장될 수 있는 사례다.

기술 · 신념에 의한 가치

비트코인은 아무런 내재적 가치가 없을뿐더러 중앙정부나 국제사회에서도 그 가치를 인정해 주지 않는다. 더구나 비트코인은 중앙기관에 대한 불신으로부터 시작됐다. 정확히 이야기하면 중앙기관의 권력자 및 정치가들에 대한 불신이다. 비트코인은 기본적으로 사람을 신뢰하지 않는다. 따라서 공동체에 대한 신뢰와 믿음이 가치를 보장해 준다고 생각하지 않는다.

비트코인이 세상에 나오면서 전통적인 내재적 가치와 법 · 제도적 장치에 의한 가치가 아니더라도 다른 방법에 의해서 가치가 보장될 수 있다는 가능성을 보여주었다. 바로 '기술'에 의한 신뢰 보장이다. 탈중앙화 환경에서도 암호기술을 이용하여 신뢰를 보장할 수 있다는 신념이다. 비트코인은 암호기술을 통해서 중앙정부나 제3 신뢰 기관 없이도 신뢰를 보장할 수 있다는 것을 확인시켜 주었다. 이런 신뢰할 수 있는 기술을 기반으로 발행된 화폐도 신뢰할 수 있다는 생각으로 이어진다.

(2) 가치의 기반 요소들에 대한 평가와 비판적 고찰

금과 같은 내재적 가치

금처럼 내재적 가치가 있다고 하더라도 무한정 가치를 보장받는 것은 아니다. 현재까지 화폐나 가치 저장 수단으로 금보다 더 가치 있는 대상을 찾지 못했기 때문에 금에 무한한 신뢰를 보내고 있을 뿐, 다른 대체재나 사람들의 인식 변화로 언제든지 금의 내재적 가치도 평가절하될 수 있다. 금이 가지고 있는 내새적 가치는 그 수준이 절대적인 것이 아니다. 사람들의 인식 및 주변 환경에 따라 그 가치의 수준은 언제든지 변할 수 있다. 금 귀금속을 선호하는 사람도 많지만, 어떤 사람에게는 그냥 빛깔 좋은 돌덩이 정도로 인식될 수 있다. 금이 내재적 가치가 있다고 신뢰하기 때문에 사람들이 그만큼의 가치가 있다고 믿는 것일 뿐이다.

정부에 대한 신뢰

법정화폐에 대한 신뢰의 기반은 중앙정부다. 중앙정부를 신뢰하기 때문에 중앙정부에서 보증하는 법정화폐의 가치를 신뢰하는 것이다. 즉, 법정화폐의 신뢰 기반은 바로 중앙정부에 대한 신뢰다.

그런데 중앙정부가 부패하고 무능하여 더 이상 중앙정부를 신뢰할 수 없거나 전쟁과 같은 위급 상황에서 더 이상 중앙정부에 기대할 수 없다면 중앙정부에 대한 신뢰는 사라지고 자연스럽게 중앙정부 기반으로 발행된 화폐 역시 그 가치를 신뢰할 수 없게 된다. 중앙정부가 법적으로 가치를 보장한다고 하더라도 국가에 대한 불신이나 전쟁과 같은 상황에서는 언제든지 화폐의 가치는 훼손될 수 있다.

공동체 신뢰와 믿음

공동체의 신뢰와 믿음만으로 가치가 보장될 수 있는 사례는 한밭레츠뿐만 아니라 종교 집단이나 다른 공동체 커뮤니티에서도 종종 찾아볼 수 있다. 하지만 이는 특정 지역이나 특정 커뮤니티로 한정될 때 가능하다. 범위 면에서 확대되고 성격 면에서 이질화된다면 공동체 신뢰와 믿음은 확연히 줄어든다고 볼 수 있다. 국가 규모에서 구성원들의 단순한 신뢰와 믿음만으로는 가치를 보상하는 것이 거의 불가능하다.

암호기술

비트코인은 내재적 가치가 없고 중앙정부에 의해 제도적으로 신뢰 받지 못했다고 하더라도 암호기술을 기반으로 신뢰를 담보할 수 있다. 그러나 암호기술에 대한 신뢰는 그 시스템이 잘 작동되도록 설계되었다는 것이지 암호기술에 기반한 비트코인이 실제로 가치가 있다는 것까지 보장하지는 않는다. 암호기술은 사람들이 가치를 판단할 때 하나의 고려 지표가 될 수 있지만, 암호기술을 사용했다고 해서 화폐의 가치가 있다는 신뢰를 보장하지는 않는다.

요약하면, 가치를 보장할 수 있는 4가지 기반을 알아보았다. 내재적 가치, 중앙정부나 신뢰 기관에 의한 가치, 공동체 신뢰와 믿음, 그리고 기술과 신념에 의한 가치가 그것이다. 그리고 4가지 기반 모두 절대적인 가치의 기반이 되지는 못한다는 것도 이해할 수 있었다. 절대적으로 보장되는 가치는 없고 시대적 흐름과 환경적 상황에 따라 가치에 대한 신뢰의 기준은 달라질 수 있다. 결국에는 사람의 판단이 신뢰를 결정한다고 볼 수 있다. 아무리 훌륭한 내재적 가치가 있다고 하더라도 사람들이 가치를 평가절하한다면 내재적 가치는 훼손된다. 반대로 별 볼 일 없어도 사람들이 내재적 가치가 있다고 신뢰를 부여하면 내재적 가치가 생성되는 것이다. 아무리 훌륭하고 완벽한 기술을 통해 구현했다고 해도 그 결과물에 가치를 부여해주지 않으면 아무런 의미가 없다. 반대로 조잡한 기술과 설계로 구현되었다고 하더라도 사람이 가치가 있다고 인정해 주면 가치는 보장된다.

1970년대 미국의 개리 달(Gary Dahl)이라는 사람은 주변의 돌멩이를 주워다가 '애완용 돌멩이'로 상품화하여 판매하기 시작했다. 그렇게 500만 개 이상을 판매해서 백만장자가 되었다. 주변의 아무런 가치가 없는 돌이라도 가치가 있다고 사람들이 인식하면 가치는 창조되고 부여되는 것이다. 특정 대상에 대한 가치 여부와 가치 수준은 결국 사람의 의식과 인식에 의해 결정된다.

2) 비트코인 가치의 기반은?

앞서 가치를 담보할 수 있는 4가지 유형을 알아보았는데, 비트코인 가치의 기반이 되는 요소를 이해해 보자.

내재적 가치 관점 평가

우선 비트코인은 내재적 가치가 없다.

신뢰 기관에 의한 보장 가치 관점 평가

비트코인은 태생 자체가 탈중앙화와 제3 신뢰 기관 탈피를 기반으로 하기 때문에 일반적인 관점에서 비트코인은 제도권에 편입되지 못했고 중앙정부에 의해 가치나 지위도 부여받지 못하고 있다. 하지만 일부 국가에서 법정화폐로서 가치를 인정하려는 움직임도 포착되고 있다.

공동체 신뢰와 믿음 관점 평가

비트코인은 기본적으로 사람에 대한 불신을 기반으로 한다. 따라서 비트코인은 공동체의 신뢰와 믿음에 대한 가치 기반은 아니다.

기술·신념 관점 가치 평가

인터넷 세상에서는 상대방을 확인할 방법이 쉽지 않고, 결국 상대방이 맞다는 것을 확인하기 어렵다. 과거에는 가짜 사이트로 유인하거나 접속한 사이트를 우회하여 파밍·피싱 사기 피해를 야기하기도 했다. 그런데 주소창의 녹색 표시와 보안 자물쇠 표시를 통해 접속한 사이트를 신뢰할 수 있게 되었다. SSL이라는 인터넷 연결 보안 기술을 통해 접속한 사이트를 신뢰할 수 있게 된 것이다. 이처럼 기술을 통해 신뢰를 보장하는 방법도 있다.

기존에는 탈중앙화와 분산 장부 기반으로 화폐 시스템을 구축하는 것이 어려웠다. 중앙 통제 장치가 없고 장부가 분산되어 있는 상황에서 이중지불 문제를 해결할 수 없었기 때문이다. 그런데 비트코인은 암호기술과 기타 제반 기술을 활용하여 탈중앙·분산 환경에서도 이중지불 없이 송금할 수 있다는 신뢰를 심어주었다. 비트코인은 기술을 통해서도 신뢰를 보장할 수 있다는 가능성을 보여주었다.

더구나 비트코인은 이런 신뢰할 수 있는 제반 기술을 기반으로 전통적인 금융 시스템이 가진 문제점을 해결할 수 있다는 신념도 주었다. 기존 화폐는 인쇄기로 아주 쉽게 찍어낼 수 있으며 이럴 경우 인플레이션과 같은 문제를 야기했다. 비트코인에서는 어려운 작업 과정을 통해 화폐 발행과 공급을 어렵게 설계했으며 2,100만 개로 화폐 공급량을 제한했다. 이런 구조적인 설계는 사람들로 하여금 비트코인은 인플레이션이 발생하지 않는다는 확신이 들게 했다. 이런 화폐에 대한 신념이 신뢰를 보장하는 기술로 구현되자 사람들은 그 화폐의 가치를 신뢰할 수 있겠다는 생각에 이르게 됐을 수도 있다.

아무런 내재가치도 없고 법·제도적으로 보장받지도 못했지만, 암호기술을 이용하여 화폐 발행을 통제하고 이중지불 없이 개인 간 직접 송금이 가능하다는 신념은 미래의 화폐나 디지털 금과 같은 신뢰를 보장받을 수 있다는 확신을 갖게 해주었다.

결국, 비트코인이 내재적 가치도 없고 중앙정부에 의해 가치를 보장받지도 못하고 사람들 간의 신뢰와 믿음을 보장할 수는 없지만, 기존의 문제점을 근본적으로 해결할 수 있다는 신념과 암호기술을 이용하여 신뢰를 구현할 수 있다는 확신이 바로 비트코인 가치의 기반이 된다고 볼 수 있다. 즉, 비트코인 가치의 기반은 암호기술과 그 암호기술을 이용하여 문제점을 해결할 수 있다는 설계방식에 대한 믿음과 확신이라고 볼 수 있다.

3) 비트코인의 가치는 얼마인가?

사토시 나카모토의 바람과는 달리 현재 비트코인이 어떤 지위에서 어떻게 활용될지는 정해지지 않았다. 다양한 시행착오와 논의를 통해 적정한 지위와 자리를 잡아 갈 수도 있고, 아니면 하나의 유행으로 사라질 수도 있다. 비트코인의 정확한 지위와 활용 분야가 정리되지 않은 상황에서 비트코인의 적정 가치를 평가하고 측정한다는 것은 의미가 없다.

그런 와중에 두 가지 관점에서 비트코인의 가치를 평가해 보려는 시도도 있었다. 하나는 비트코인이 '디지털 골드'의 지위로서 금을 대체할 것이라는 신념 때문에 현재까지 채굴된 모든 금의 가치를 기준으로 비트코인의 적정 가격을 평가하는 것이다. 다른 하나는 비트코인이 세계화폐로 통용될 수 있다는 생각으로 지금까지 발행된 미국 달러 가치를 기준으로 비트코인의 가격을 평가하려는 시도도 있었다.

금의 가치나 미국 달러 가치를 기준으로 비트코인의 가치를 평가하는 내용이 있지만, 공식 자료가 아니기 때문에 여기에서는 언급하지 않겠다.

가치를 평가해보기 위해 아무런 시도도 해보지 않은 것보다는 낫겠지만, 이런 적정 가격을 평가해 보기에 앞서 선행되어야 하는 것이 있다. '비트코인이 금을 대체할 수 있는 가능성에 대한 논리적 분석이나 근거' 또는 '비트코인이 미국 달러를 대신하여 세계 화폐로 통용될 가능성에 대한 분석'이 더 우선일 것이다. '비트코인 가격이 얼마나 오를까'보다는 비트코인이 어떤 가치가 있고 어떻게 활용될 수 있는지, 그리고 그 가능성은 어느 정도 되는지에 대한 연구와 분석이 우선이다.

현재 거래소에서 거래되고 결정되는 비트코인 가격은 미래 가치에 대한 정확한 분석에 기반한 투자라기보다는 '선점 효과와 변동성에 기반한 고수익'을 위한 '막연한 베팅'으로 결정되고 있다고 보는 것이 맞을 것이다.

주식투자자를 보면 코스피보다 코스닥 종목을 유난히 선호하는 투자자들이 있다. 다양한 이유가 있겠지만, 그 이유를 '변동성'이라고 답하는 사람들이 의외로 많다. 이런 사람들은 안정적인 투자 수익보다는 '고위험 고수익(High Risk High Return)' 성향으로, 위험 가능성은 있지만 단기간의 높은 수익을 선호한다. 좀 더 안정적인 주식시장보다 암호화폐 시장으로 뛰어드는 대부분 사람은 블록체인에 대한 미래 가치 확신보다는 '변동성'을 보고 투자하는 경우가 많다.

앞서 암호화폐의 가치는 결국 활용 가치에 의해 결정된다고 했다. 비트코인도 마찬가지다. 선점 효과와 변동성에 기반한 고수익을 노리고 방향성에 베팅하는 것도 하나의 투자 성향이다. 성향 자체를 나쁘다고 할 수는 없다. 나름의 공부와 분석을 통해 비트코인이 디지털 골드가 될 것이라는 확신이

들면 적정한 가격을 판단하여 투자하면 된다. 단지 아무런 학습과 분석 없이 분위기에 휩쓸려서 방향성만을 보고 베팅하는 것은 투기이며 경계해야 할 것이다.

5.4 블록체인 전망

현재 블록체인은 두 가지 관점으로 분리해서 이해하는 것이 좋을 것 같다. 앞서 블록체인을 협의적 관점과 광의적 관점에서 정의했다. 협의적 관점에서 블록체인은 단순한 데이터 저장소다. 반면 광의적 관점의 블록체인은 탈중앙화 기반으로 신뢰와 투명성을 보장하는 기술, 시스템, 사상이라고 할 수 있다.

현재 블록체인 서비스 및 구축 역시 이런 두 가지 관점으로 진행되고 있다. 하나는 전통적 시스템과 구조를 유지 및 보완하면서 블록체인을 데이터 저장소로 활용하는 방안이며, 다른 하나는 비트코인처럼 중앙기관이 존재하지 않는 탈중앙화 기반 서비스를 구현하는 방안이다.

전자의 상황도 다양한 형태와 유형이 있겠지만, 단순하고 간략하게 구조화하여 하나의 패턴으로 정리하면 다음 그림과 같다.

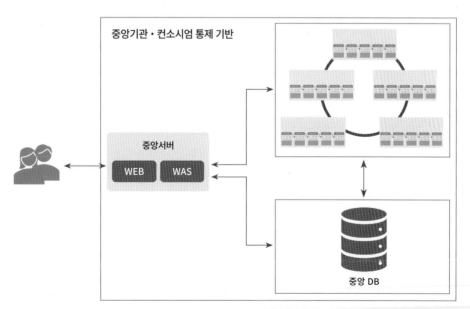

그림 5-9 데이터 저장 관점 블록체인 활용

현재 국내외 블록체인 활용사례로 소개되는 대부분 형태는 이와 유사하다. 리플, 디엠(리브라), 국내 지역 화폐, 각 서비스 분야의 활용 사례 등 국내외 대부분 활용사례를 이렇게 이해해도 무방하다. 기본적으로 중앙기관 또는 컨소시엄 관리 및 통제 하에 관련 서비스가 기획되고 구축된다. 중앙 서버와 중앙 DB는 서비스 형태에 따라 옵션 사항이겠지만, 대부분 연계하는 경우가 많다.

후자는 중앙 기관이나 중앙시스템이 존재하지 않는, 말 그대로 완전히 탈중앙화된 형태다. 그리고 그 대표적인 사례가 비트코인이다.

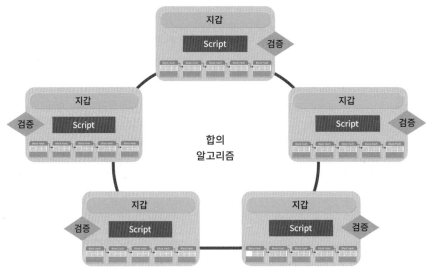

그림 5-10 탈중앙화 구현 관점 블록체인 활용

기본적으로 어떠한 중앙기관이나 통제 기관이 존재하지 않으며, 누구나 참여 가능하고 누구나 트랜잭션 생성이 가능하다. 이더리움상의 DApp들도 블록체인 영역은 완전히 탈중앙화된 이더리움을 이용하지만, 서비스 운영에 있어서는 중앙서버·중앙 DB와 연계하여 이용하는 경우도 많다. 5.4절에서는 후자(완전 탈중앙화 기반 블록체인 구현)를 고려한 블록체인 전망에 대한 의견을 제시하고자 한다.

5.4.1 블록체인은 세상을 바꿀 수 있을까?

블록체인의 특장점으로 대변되는 '탈중앙화, 투명성, 비가역성, 신뢰성'이라는 키워드는 상당히 매력적이고 신선하다. 이런 혁신성과 매력적인 특징과는 대조적으로 성공적인 블록체인 활용사례는 12년이 지난 지금까지도 나오지 않고 있다. 왜 그럴까?

우리가 현재 일상생활에서 사용하고 운영 중인 시스템과 서비스는 철저히 중앙집중 방식이거나 제3 신뢰 기관 기반으로 정립되고 체계화되어 있다. 수백 년 동안 이어진 이런 중앙집중 및 제3 신뢰 기관에 기반한 방식은 법 · 제도로 뒷받침되어 체계화되었으며 사람들의 의식과 인식도 은연중에 완전히 동화되어 있는 상황이다. 이런 환경에서 블록체인 같은 탈중앙화 방식은 기존 질서와 체계 및 사고방식과 전혀 맞지 않는다. 탈중앙 기반 블록체인은 기존 법 · 제도 체계와도 충돌이 발생하며 사람들의 일반적인 사고로도 이해되지 않는다.

이런 의식과 인식의 차이와 관련한 대표적인 사례를 하나 들어보겠다. 우리나라는 신분증 제도가 있지만, 영국은 신분증 제도가 없다. 신분증 제도에 익숙한 우리나라 사람들은 신분증 제도가 없는 영국을 이상하게 생각할 수 있겠지만, 영국 국민은 신분증 없이도 생활하는 데 전혀 문제가 없으며 신분증이라는 제도에 옭아매어 있는 우리나라를 더 이상하게 생각할 수 있다.

대한민국 국민이라면 누구나 태어나면 주민등록번호가 부여된다. 개인을 식별하기 위한 주민등록번호는 어떻게 보면 당연한 것이고 공공 서비스 이용이나 국가 운영을 위해서도 반드시 필요한 제도로 인식될 수 있다. 주민등록번호의 근거가 되는 주민등록법에는 주민의 거주 관계 등 인구의 동태(動態)를 항상 명확하게 파악하여 주민 생활의 편익을 증진시키고 행정사무를 적정하게 처리하도록 하는 것을 목적으로 한다고 명시되어 있다. 국민의 신분을 인증하고 행정의 효율성을 위해서는 주민등록번호가 당연한 것으로 인식되고 있다. 한국에서는 국가라는 통치기구가 사회 안위와 행정 편의를 위해 국민에게 고유한 식별번호를 부여하는 신분증 제도의 당위성에 대해 누구도 감히 도전하지 않는 분위기다. 대한민국 국민은 대부분 국가 통치와 행정 편의를 위해 주민등록번호를 당연한 제도로 인식하고 있다.

이런 분위기에서 어느 날 갑자기 국민의 인권 문제를 거론하며 주민등록번호를 폐지하겠다고 하면 어떻게 될까? 우선 주민등록법부터 개정해야 한다. 그리고 주민등록번호 기반 모든 행정 서비스 및 시스템과 제도도 근본적으로 손질이 필요하다. 이것으로 끝나지 않는다. 새로운 신분 증명 및 확인 방안을 설계하여 국민들이 받아들이고 사용할 수 있도록 홍보와 계도가 필요하다.

법을 개정하고 새로운 시스템과 제도를 정비하는 것은 할 수 있다. 하지만 국민에게 익숙한 기존 사회 · 행정 질서를 부정하고 새로운 서비스 체계를 강요할 경우 국민의 저항과 불만을 극복하는 것은 결코 쉽지 않다. 오히려 이렇게 효율적이고 간편한 신분 확인 제도를 왜 없애면 안 된다고 반대하는 사람들도 있을 것이다.

영국을 단적인 예로 들었지만, 우리나라와 같이 모든 국민이 태어나서 죽을 때까지 하나의 고유한 식별번호가 부여되는 나라는 전 세계적으로 그리 많지 않다. 우리나라에서 주민등록번호가 부여되기 시작한 것은 1968년 1월 2일 김신조를 비롯한 31명의 무장간첩이 청와대를 습격한 1·21사태 이후다. 탄생 배경도 행정 효율보다는 간첩을 식별하기 위한 방안이었다. 이런 주민등록번호 제도는 UN 인권위원회에서도 다룬 적이 있다. 다른 나라에서는 시행하지도 않는 신분증 제도를 우리는 당연한 진리로 받아들이고 있고, 게다가 많은 사람이 이런 신분증 제도가 갑자기 사라진다면 많은 혼란이 발생할 것으로 걱정한다.

화폐는 당연히 중앙정부에서 발행해야 하고 신뢰는 제3 기관을 통해서 보장받아야만 한다. 중앙정부와 중앙은행에서 한 나라의 화폐를 발행하는 것은 누구도 부정할 수 없는 진리다. 모 정치인이 민간기관에서 화폐를 발행한다는 것은 사기라며 맹공을 퍼붓는 경우도 볼 수 있었다. 중앙정부와 중앙 시스템을 못 믿으면 도대체 누굴 믿느냐는 말이 당연하게 들린다.

이런 사상과 의식이 지배하는 상황에서 중앙정부를 배제하고 민간 영역에서 화폐를 발행한다는 것은 일반적인 상식으로는 이해되지 않는다. 화폐와 같이 중요하고 민감한 영역을 민간에게 맡긴다는 것 자체가 이해도 안 되지만, 두려울 수도 있다. 하지만 민간은행이 화폐를 발행하는 역사는 국유화된 중앙은행이 화폐를 발행한 역사보다 훨씬 길다. 그리고 미국은 여전히 민간은행에서 화폐를 발행한다.

우리는 블록체인의 특성과 반대되는 세상에서 수백 년 동안 살아왔다. 법·제도뿐만 아니라 의식 면에서도 블록체인은 어색하다. 설사 블록체인이 기존 질서나 체계보다 더 좋은 서비스를 제공한다고 하더라도 적응에 대한 불편함과 변화에 대한 두려움 때문에 기존 시스템을 고수할 확률이 더 높다. 역사적으로도 금융 시스템과 화폐 시스템은 세계대전과 같은 큰 규모의 충격이 있을 때 바뀌었다. 비트코인 백서 9페이지와 코드만으로 기존의 화폐 시스템이 바뀔 가능성은 매우 낮아 보인다.

화폐 시스템뿐만 아니라 다른 서비스 영역에서 블록체인을 도입하는 경우에도 역시 마찬가지다. 기존 시스템과 기본 방식을 바꾼다는 것은 법·제도·시스템도 바꿔야 하며 많은 비용이 발생한다. 더 어려운 것은 거대한 저항을 극복해야 하며 사람들의 의식과 습성도 바꿔야 한다는 것이다.

5.4.2 탈중앙화가 이상적인 가치인가?

1장에서 중앙시스템의 문제점을 역사적으로 살펴보면서 탈중앙화가 대안이 될 수 있다는 생각도 든다고 언급했다. 그리고 탈중앙화와 분산이 마치 이상적인 가치인 것처럼 착각이 들 수도 있다.

미국 샌프란시스코에서 컴퓨터 프로그래머로 일하는 스테판 토마스는 10년 전에 암호화폐 관련 영상을 제작해 준 대가로 비트코인 7,002개를 받았다. 하지만 당시 큰 금액이 아니었던 해당 비트코인을 전자지갑에 넣어두고 잊어버렸다. 가치가 폭등하자 방치해 두었던 비트코인이 기억나서 찾으려고 했는데, 비밀번호가 기억나지 않아서 현재까지 찾지 못하고 있다. 뉴욕타임스(NYT)에 따르면 시장에 유통되는 비트코인 가운데 약 20% 정도는 이처럼 비밀번호를 잊어버려 찾지 못하는 것으로 분석했다. 가치로 따지면 약 150조 규모다.

권한에는 반드시 그에 따른 책임이 따른다. 중앙기관과 중앙시스템은 엄청난 권한을 부여받고 있다. 대신 문제가 발생했을 때 그에 상응하는 책임도 따른다. 고객의 금융 손실이 발생하면 배상해줘야 한다. 또한 고객이 비밀번호를 잊어버렸다면 적절한 신분 확인 과정을 거쳐 새로운 비밀번호를 만들어 줄 수 있다. 반대로 탈중앙화는 모든 권한이 중앙이 아닌 개인에게 분산되어 있다. 이는 곧 그에 따른 모든 책임도 개인에게 귀속된다는 것을 의미한다.

인터넷으로 송금할 경우 잘못 송금하는 착오 송금이 빈번하게 발생한다. 착오 송금은 개인이 계좌번호를 잘못 기입하거나 실수로 잘못 송금하는 지극히 개인적인 문제이기 때문에 금융권에서 배상해주지도 않았고 적극적으로 반환을 지원하지도 않았다. 하지만 2021년 7월 6일부터 잘못 송금된 돈을 예금보험공사가 대신 찾아주는 '착오 송금 반환 지원제도'가 시행된다. 예금보험공사가 소송이 아닌 법원의 지급명령을 통해 독촉하거나 수취인의 재산을 압류하는 형식으로 반환을 지원할 예정이다. 탈중앙화 기반의 암호화폐에서도 착오 송금은 얼마든지 발생할 수 있다. 하지만 탈중앙화된 구조에서는 개인의 실수로 전송된 착오 송금을 구제할 방법은 없다.

'책임과 권한'이라는 측면에서 중앙시스템과 탈중앙화 방식의 차이점을 하나의 사례로 살펴보았는데, 이것은 단적인 사례일 뿐이다. 이처럼 중앙시스템과 탈중앙시스템은 각각 장단점이 있다. 중앙시스템의 단점을 보면 자연스럽게 탈중앙화를 대안으로 선택할 수 있지만, 중앙시스템도 단점 못지않은 장점이 있으며 동일하게 탈중앙시스템도 장점 못지않은 단점이 있다. 따라서 중앙시스템과 탈중앙시스템 중 어느 것이 더 이상적인가, 또는 더 우열한가로 접근하는 방식은 옳지 않다. 시스템과 서비스마다 더 적합한 분야가 있으며 획일적인 선택보다는 중앙화·탈중앙화를 적절하게 조합 및 상호 보완하는 것이 오히려 필요하다. 중앙시스템이 이런 저런 문제가 있기 때문에 탈중앙시스템이 대안이며 이상적이다, 라는 논리는 이분법적이며 매우 위험하다.

5.4.3 과연 탈중앙화만이 현실적인 대안인가?

1장에서 중앙기관과 제3 신뢰 기관의 문제점을 역사적으로 고찰했고 이런 문제점에 대한 대안으로 탈중앙화 기반 신뢰 구축 시스템의 출현 배경에 대해서 알아보았다. 그렇다면 중앙시스템에 대한 문제점 개선을 위해 과연 탈중앙화만이 현실적인 대안일까, 라는 근본적인 질문에 대한 답변을 고민해 봐야 한다.

중앙시스템의 문제점 극복을 고민하는 과정에서 탈중앙화 대신에 기존 중앙시스템을 유지하면서 문제점을 개선할 수 있는 다른 방법은 없었는지, 아니면 현실적인 측면에서 중앙화의 문제점과 탈중앙화의 부작용의 경중(輕重)을 따지는 검토와 분석은 있었는지도 고민할 필요가 있다.

공산주의 사례를 들어보자. 초기 자본주의는 자본을 소유한 소수의 자본가가 가난한 노동자들의 노동력을 착취해 가는 구조적인 문제점을 안고 있었다. 문제의 핵심은 자본을 독점한 자본가가 다수 노동자의 노동력을 임금 이상으로 착취하고 있다는 것이었다.

마르크스와 레닌은 이런 문제점을 해결하기 위해 극단적인 방법을 채택했다. 바로 모든 사유재산 자체를 부정하고 모두 똑같이 일하고 똑같이 분배한다는 획일화된 체제를 만들어 버렸다. 여기서 한 가지 의문이 든다. 기존 문제점을 해결하기 위해 공산주의 혁명 이외에는 다른 방법이나 대안은 없었을까?

또한 현실성 측면에서 보면, 과연 '모든 사람이 똑같이 일하고 결과를 동일하게 분배한다'는 것이 현실적으로 실현될 수 있느냐는 문제다. '무조건적인 평등과 성과에 상관없는 동일 대우'가 과연 정의에 부합하는지도 고민해야 할 내용이다.

기존 기득권 세력은 기존 문제점에 대한 자정 노력을 하려고 하지 않았고 피 기득권 세력은 단순하고 극단적인 대안만을 고집했다. 개선 노력을 게을리한 기득권 세력은 강제적으로 기득권을 박탈당했고 극단적인 대안을 선택한 세력은 공산주의 실패와 체제 붕괴라는 냉혹한 성적표를 받게 되었다.

완전히 탈중앙화된 블록체인 서비스가 안착하기 위해서는 근본적인 질문에 답해야 한다. 기존 중앙 시스템의 문제점에 대한 해결은 탈중앙화를 통해서만 가능한가? 완전히 탈중앙화된 서비스가 현실적으로 실현 가능한가? 탈중앙화가 중앙화보다 정의에 더 부합한다고 할 수 있는가? 핵심은 기존 시스템이 안고 있던 문제점을 어떻게 개선할 것인가, 이지 탈중앙화 실현 자체가 목적은 아니라는 것이다.

5.4.4 이상과 현실은 다르다

1997년 IMF 외환 위기가 발생하자, 어려운 경제 상황에서 물자를 불필요하게 낭비하지 말고 재활용할 수 있는 것은 버리지 말고 다시 사용하자는 일명 '아나바다 운동'이 시작된다. 이 아나바다 운동이 IT · 모바일과 연계되면서 공유경제로 발전한다.

공유경제는 기존 자원을 매개 플랫폼을 통해 공유하여 자원을 효율적으로 이용하고 비용도 줄이려는 의도로 시작됐다. 플랫폼을 기반으로 유휴자원을 활용하기 위해서는 유휴자원을 서로 연결해 줄 수 있는 매개 플랫폼이 중요하게 부각되었다.

공유경제는 유휴자원을 공유하여 자원을 효율적으로 활용하고 비용도 아끼자는 취지로 시작됐지만, 이후 왜곡된 형태로 변질되어 갔다. 유휴자원 대신 공유경제 플랫폼 업체들의 자사 브랜드 제품이 직접 시장에 대량 공급되었으며 플랫폼을 독점하여 돈벌이 수단으로 전락했다. 기존 자원에 대한 효율적 활용이나 공유의 개념보다는 더 많은 자원을 소비하고 독점과 돈벌이로 전락했다.

중국 공유경제의 대표적인 사례로 자전거 공유 서비스 업체인 오포(ofo)를 들 수 있다. '유휴자원을 활용한 자원의 효율적인 활용'이라는 본래의 취지와 달리 오포는 자사 브랜드의 자전거를 모두 신규로 공급했다. 서비스 선점과 플랫폼 독점화에 사활을 걸었고 그에 따라 내실과 수익보다는 확장성에 치중했다. 선점과 확장성 목표를 위해 저렴하면서 부실한 자전거를 대량으로 거리에 공급했다. 자전거는 거리에 넘쳐났고 자전거가 고장 나면 수리보다는 새로운 자전거 교체 전략을 취했다. 어느덧 거리에는 고장 난 자전거와 애물단지로 전락한 부실한 자전거들이 골칫거리가 되어 있었다.

그림 5-11 중국 공유경제 오포(ofo)의 몰락

스팀잇(Steemit)도 살펴보자. 좋은 콘텐츠가 생성되고 활발하게 소비될 수 있는 건전한 생태계를 목적으로 인센티브 개념으로 토큰을 적용했다. 고래에 너무 많은 권한을 부여했고 이용자들은 토큰 획득을 위해 무의미한 활동을 이어 나가야 했다. 좋은 콘텐츠의 건전한 생태계 조성이라는 당초 취지와는 다르게 토큰이 돈벌이 수단으로 전락하면서 이용자들의 계속적인 이탈이 발생하고 있다.

사토시 나카모토가 비트코인이라는 화폐 시스템을 세상에 내놓으면서 목표로 했던 이상(理想)은 중앙기관이나 중앙시스템 없이 누구나 네트워크에 동등한 권한으로 참여하여 중앙정부의 무분별한 화폐 발행을 통제하고 개인 간 자유롭게 직접 송금할 수 있는 화폐 시스템이었다.

현실은 어떠한가? 채굴은 이미 독점화되었다. 블록체인 플랫폼 선점 및 독점을 위해 대기업까지 참여하여 경쟁을 벌이고 있다. 송금이라는 활용은 뒤로하고 오로지 투기에만 열을 올린다. 비트코인은 이해관계자들 사이에 이해 충돌로 하드포크가 발생하여 수 개의 파생 화폐들이 생겨나고 있다. 서비스 개선과 새로운 혁신 서비스 창출을 위해 코인과 토큰이 필요하지만, 서비스는 보이지 않고 코인과 토큰만 거래되는 투기판으로 변질되어 가고 있다.

5.4.5 탈중앙화 구현이 목적이었나, 신뢰 구현이 목적이었나?

신뢰 구현

2020년 국정감사장에서 현대차 전무가 현대자동차의 중고차 시장 진출을 공식화했다. 2010년 '대·중소기업 상생협력 촉진에 관한 법률'에 따라 대기업과 중소기업 간 사회적 갈등 문제를 논의해 민간 부문의 합의를 도출하는 민간 위원회인 '동반성장위원회'를 출범했다. 동반성장위원회에서는 중소기업 적합 업종을 지정하여 관리 및 권고하고 있다. 중고차 매매업이 2013년 중소기업(현재는 '생계형') 적합 업종으로 지정되면서 대기업 신규 진입이 막혀 있었다. 그러다 2019년 11월 동반성장위원회에서 중고차 매매업이 생계형 적합 업종 규정에 부적합하다는 의견을 내면서 분위기는 달라졌고 현대자동차가 중고차 시장 진출을 선언하게 된 것이다.

그런데 재미있는 것은 현대자동차가 중고차 시장 진출을 공식화하고 난 뒤의 전반적인 여론 및 분위기였다. 골목상권 및 영세기업들이 진출해 있는 시장에 대기업이 진출한다고 하면 뭇매를 맞는 경우가 많았다. 특히 국내 현대·기아차의 시장 점유율은 약 70% 정도이며, 만일 현대자동차가 중고차 시장에 진출한다면 거의 독점적 지위를 누릴 것이며 필연적으로 중고차의 가격 상승이 유발될 것이기 때문에 부정적인 여론이 확산될 것이라고 예상했다. 하지만 전반적인 여론은 대부분 환영하는 분위기였다. 소비자뿐만 아니라 관할부처인 중소벤처기업부도 호의적인 반응을 보였다.

한국경제연구원이 2019년 진행한 설문조사에 따르면, 응답자의 76.4%가 국내 중고차 시장이 불투명, 혼탁, 낙후되었다고 답변한 것으로 나타났다. 이 같은 여론은 현대자동차에 의해 중고차 시장이 독점화되는 부작용에 대한 우려보다는 기존 시장의 불신 및 불투명에 대한 소비자들의 혐오가 더 크다는 방증이 아닐까 싶다.

비트코인의 핵심은 '탈중앙화'다. 그러면 비트코인은 '탈중앙화 구현'이 목적이었을까, 아니면 '신뢰 구현'이 목적이었을까? 물론 신뢰 구현이 목적이었을 것이다. 신뢰 구현을 위한 하나의 방법으로 탈중앙화를 선택했을 뿐이다. 이는 반대로 신뢰 구현만 보장된다면 중앙화도 문제가 되지 않는다는 의미로 해석될 수 있다.

사토시 나카모토는 탈중앙화와 분산장부 자체를 강조한 것은 아니다. '어떻게 신뢰를 보장할 수 있느냐'를 고민했다. 중앙기관이 폐쇄적으로 장부를 독점한 것이 문제의 원인이라고 보고 탈중앙화 구조를 택했다. 폐쇄적인 장부의 문제점을 극복하기 위해 분산장부와 투명성을 구현했다. 장부가 위변조되는 문제점을 극복하기 위해 비가역성을 보장하는 독특한 구조의 블록체인을 설계했다. 사토시 나카모토의 관심은 '신뢰 보장'이었다. 그리고 이 신뢰를 보장하기 위한 방안으로 탈중앙화, 분산장부, 암호기술, 블록체인, 비가역성 기술을 활용한 것이다. 즉, 탈중앙화와 분산장부 자체를 염두에 두고 설계한 것이 아니라 신뢰 구현을 위한 방안으로 탈중앙화와 분산장부를 옵션으로 선택했을 뿐이다.

중앙화가 맞느냐 탈중앙화가 맞느냐 하는 논쟁은 의미가 없다. 어떻게 신뢰를 구현할 수 있느냐가 핵심이다. 탈중앙화라는 이상한 가치를 억지로 끼워 맞추려는 고군분투보다는 중앙시스템에서 신뢰를 보장할 수 있는 아이디어나 방안을 찾아내는 것이 더 가치 있는 일일 수도 있다.

게임이론의 시사점

게임이론(Theory of games)이라고 있다. 노벨경제학상을 받을 정도로 유명한 이론이며 현재도 활발하게 연구 중인 분야다. 게임이론의 대표적인 사례인 '죄수의 딜레마'에 대해 간단히 살펴보자.

공범인 두 죄수(A, B)가 잡혔다.

경찰은 두 죄수를 각각 다른 방에 분리하여 심문한다.

A 죄수에게 가서 심문한다.

> "야! 방금 B가 다 불었어… 다 불었는데도 끝까지 발뺌하면 징역 10년이고 만일 순순히 자백하면 정상을 참작해서 3년만 살게 해 주겠다."

이번에는 B 죄수에게 가서 심문한다.

> "야! 방금 A가 다 불었어… 다 불었는데도 끝까지 발뺌하면 징역 10년이고 만일 순순히 자백하면 정상을 참작해서 3년만 살게 해 주겠다."

A와 B는 각기 다른 방에서 대화나 담합을 할 수 없는 분리된 상황에서 고민에 빠진다. 불통(不通)과 불투명은 의심을 낳고, 의심은 불신을 낳았다. 그리고 이런 불신은 결국 비합리적인 선택을 초래한다. 결국 A, B 모두 자백하게 된다.

두 죄수의 입장에서 죄상의 합리적인 선택은 끝까지 발뺌해서 무죄를 받는 것이다. 하지만 두 죄수가 분리된 환경에서는 불투명과 불신에 기반하여 선택할 수밖에 없다. 이런 상황에서는 결국 최선보다는 차선을 선택하여 자백하고 3년 형을 받게 된다.

신뢰와 투명 상황에서는 이성적인 사고를 하는 사람들은 최선의 선택을 하게 된다. 반면에 불신과 불투명 상황에서는 최선의 선택을 하지 못한다. 정보가 차단된 불투명 상황에서는 아무리 합리적인 사람이라도 비합리적인 선택을 할 수밖에 없다는 것이 죄수의 딜레마의 핵심이다.

게임이론이 제시하는 핵심 메시지는 바로 소통과 신뢰다. 개인 간 신뢰만 보장된다면 합리적인 선택을 할 수 있다. 그리고 신뢰는 소통과 투명에 기반하여 형성된다. 문제의 핵심은 중앙화냐 탈중앙화냐가 아니다. 어떻게 소통과 투명에 기반하여 신뢰를 확보하는가가 중요하다.

5.5 블록체인을 어떻게 바라보고 어떻게 대응해야 하나

블록체인은 원래 화폐 시스템을 위해 개발되었고 더구나 탈중앙 화폐 시스템을 구현할 수 있는 다양한 방법론 중의 하나라고 했다. 이런 블록체인에 억지로 다른 서비스를 끼워 맞추려다 보니 어색하고 문제가 생긴다.

금융거래에서 장부는 투명해야 한다. 이중지불 방지를 위해서는 장부가 절대 수정되면 안 된다. 화폐를 발행해야 하기 때문에 채굴(POW) 과정이 필요하다. 탈중앙에서 인센티브가 필요하기 때문에 화폐로 보상한다. 탈중앙에서 계좌를 발급해 줄 수 없기 때문에 비대칭키 암호 원리를 이용하여 송금한다.

우리가 이해하는 블록체인의 특성은 화폐 시스템에서 요구되는 특징과 일치한다. 화폐 시스템에서 요구되는 특징들을 다른 서비스에 그대로 강요할 필요는 없다.

블록체인은 어떤 과정을 거쳐 완성되었나?

사토시 나카모토가 머리를 쥐어짜며 고민하면서 비트코인을 개발했을 당시의 상황을 한번 상상해 보겠다. 사토시 나카모토는 완성된 '블록체인' 플랫폼을 기반으로 화폐 시스템을 구현한 것이 아니라 화폐 시스템을 구현하기 위해 블록체인을 완성했다.

1. 사토시 나카모토는 기존 화폐 시스템의 한계점을 먼저 노트에 정리했고 이 한계점을 해결하기 위한 개별 요소 분석 및 전체 아키텍처 설계 방안을 분석했다.

2. 문제점을 해결하기 위해 벤치마킹할 수 있는 하나의 롤(Role) 모델이 필요했고 화폐 시스템의 역사 속에서 그 롤 모델을 찾을 수 있었다.

3. 개별 기능 구현 및 전체 아키텍처 설계를 위해 기존에 연구되고 활용되었던 다양한 아이디어, 개념, 기술, 사상, 아키텍처, 완성품을 레고 조립하듯 이리저리 조합하면서 하나씩 퍼즐을 맞춰 나갔다.

4. 이미 완성된 기술과 아키텍처를 연계하기도 하고 보완적으로 활용하기도 했다. 고민과 상호 연계 과정에서 기존에 없던 새로운 아이디어를 창조하기도 했다.

5. 합의 알고리즘도 구현했고, 화폐를 발행하는 방식도 설계했다. 인센티브 방안과 수정 · 삭제가 어렵게 하는 방안도 설계했다. 그런데 이런 모든 개별 기능을 상호 연계시켜 서로 맞물려 작동할 수 있는 메커니즘을 설계하는 것에서 난관에 부딪혔다. 밤새도록 고민했고 아이디어는 의외로 주변에서 찾을 수 있었다.

사토시 나카모토가 개발한 비트코인 구현의 핵심 3요소는 다음과 같다.

- 철저한 요구사항 분석
- 성숙한 기술의 수평적 사고
- 상호보완과 융합창조

사토시 나카모토는 비트코인에 대한 명확한 목표와 철학이 있었다. 그 목표와 철학의 배경에는 기존 시스템에 대한 한계점 분석 및 개선을 위한 요구사항 분석이 주요했다. 다음은 본인이 생각한 시스템 구현을 위해 기존에 연구되고 활용되는 다양한 기술요소와 아이디어들을 이리저리 조합 및 활용하며 적재적소에 배치했다. 마지막으로 다양한 기술, 사상, 아이디어, 아키텍처를 레고 조립하듯 융합했고, 고민하는 과정에서 기존의 아이디어로부터 새로운 아이디어를 창조해내기도 했다.

이런 과정을 거쳐 완성한 구현체가 블록체인이다. 사토시 나카모토는 화폐 시스템을 개발하기 위해 '블록체인'이라는 플랫폼을 가져와서 그 기반 위에 비트코인을 구현한 것이 아니라, 탈중앙 기반 화폐 시스템 개발을 위해 제반 기술을 연계 및 융복합하여 블록체인을 창조해낸 것이다.

기존 화폐 및 화폐 시스템의 문제에서 출발했고, 문제점 해결을 위해 '금본위제(금과 금 채굴)'를 하나의 롤모델로 선정했고, 중앙 대신 '탈중앙' 방식을 선택했으며, 기존의 다양한 기술과 개념을 서로 융합 및 연계하여 '블록체인'을 완성했다.

사토시 나카모토 입장에서 블록체인이란?

1장에서 스티브 잡스와 사토시 나카모토의 공통점에 대해서 잠깐 살펴보았다. 사토시 나카모토가 개발했던 비트코인 기술 요소 및 작동 메커니즘을 자세히 살펴보면 사토시 나카모토가 직접 개발하고 창안했던 기술은 거의 없다. 대부분 기존에 연구되고 활용되던 기술요소든을 레고 조립하듯 상호 보완과 융합창조의 과정을 거쳐 하나의 구현체로 완성했다.

정리하면, 기존 화폐 시스템의 문제점 해결을 위해 이미 존재하던 기술, 아키텍처, 아이디어 등을 적절히 융합 및 배치하여 하나의 구현체로 만들어낸 것이 우리가 아는 블록체인이다. 따라서 사토시 나카모토의 입장에서 블록체인이란 다음과 같다.

- **목적**: 화폐 시스템의 문제점 개선 (화폐 발행 통제, 중개 기관 탈피, P2P 송금, 이중지불 방지)

- **설계 유소**: 기존의 기술 아이디어, 사상 개념, 아키텍처

- **설계 방안**: 기존 요소의 상호보완과 융합창조

- **구현체**: 블록체인

사토시 나카모토의 블록체인이 화폐 시스템 구현을 목적으로 한 제반 기술요소의 집합체이기 때문에 이를 다른 서비스나 산업에 적용·응용하면 당연히 어색하고 맞지 않을 수 있다.

탈중앙화와 블록체인은 기존 화폐 시스템의 문제점 개선 및 새로운 가치 창출을 위한 하나의 방법론이었다. 서비스의 목적과 특성에 따라 중앙화·탈중앙화를 선택할 수 있으며 탈중앙화 방식을 선택했다고 하더라도 블록체인 활용 여부는 또 다른 옵션이다. 탈중앙화 기반 블록체인 기술은 사토시 나카모토가 P2P e-Cash System 구현을 위해 활용한 하나의 방법론일 뿐이다. P2P e-Cash System 구현을 위해 또 다른 아이디어나 기술을 활용할 수 있으며 화폐 시스템이 아닌 다른 서비스·산업에서는 더욱더 다양한 방법론이나 아이디어를 적용할 수 있다.

사토시 나카모토가 완전한 탈중앙화 기반으로 화폐 시스템을 설계할 수 있었던 이유 중 하나도 화폐 발행·유통의 단순성 때문이 아니었을까 생각해 본다. 다음 그림을 보면 화폐 시스템의 단순성을 보여준다. 연산 경쟁을 통해 승자에게 화폐가 발행되면 참여자는 비대칭키를 통해 화폐를 송금한다.

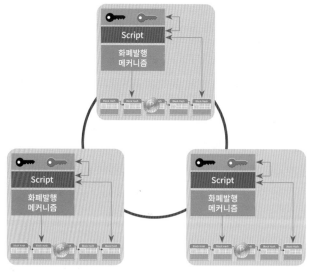

그림 5-12 단순 로직 처리 비트코인

화폐를 송금한다는 것은 수신자의 공개키로 암호화하고 송신자의 개인키로 복호화하는 과정의 연속이다. 마치 시장에서 지폐를 받고 이 지폐를 다시 상대방에게 건네는 과정의 연속이라 볼 수 있다. 이런 지폐 건네는 과정은 어려운 서비스 로직이 필요하지 않으며 중앙 기관의 통제도 필요하지 않는 아주 단순한 서비스 영역이다. 이런 단순한 서비스였기 때문에 탈중앙 방식으로 구현하는 데 크게 문제가 되지 않았다고 생각할 수도 있다.

이더리움도 범용성을 지향했지만, 큰 틀에서 비트코인 블록체인에서 벗어나지 못하고 있다. 사토시 나카모토는 특정 서비스에 대한 요구사항 분석 및 요구사항 충족을 위한 제반 기술을 적재적소에 배치하여 블록체인을 완성했다. 하지만 사토시 나카모토 이후에는 블록체인을 정해두고 그 위에 서비스를 담으려고 한다. 이미 머릿속에는 우리가 이해하는 블록체인이 자리 잡고 있다. 그러다 보니 유연성도 떨어지고 사고의 폭도 제한된다. 요구사항 충족도 어렵고 결국 기형적인 서비스가 탄생한다.

다른 서비스 영역의 탈중앙 서비스를 위해 새로운 플랫폼을 창조해 내라는 의미는 아니다. 사토시 나카모토도 기존 기술요소 및 완성된 솔루션을 그대로 가져왔다. 단지 접근 순서는 목적 대상 선정과 요구사항 분석이 먼저였다. 그리고 거기에 맞게 재배치했다.
이더리움의 범용 목적 플랫폼도 의미가 있다. 하지만 특정 산업 또는 특정 서비스에 적합한 플랫폼을 위해 해당 영역의 또 다른 사토시 나카모토가 나와줬으면 하는 바람이다.

5.2.5절에서 설명했던 것처럼, 비트코인은 금본위제로부터 아이디어를 얻었고 화폐 시스템을 목표로 하다 보니 자연스럽게 화폐를 인센티브로 사용할 수밖에 없었다. 암호화폐는 '비트코인'이라는 플랫폼에서 필요한 인센티브일 뿐이다. 다른 서비스 영역의 탈중앙 기반 구현을 위한 인센티브가 반드시 암호화폐일 필요는 없다.

사토시 나카모토는 완전한 탈중앙화를 목표로 했다. 완전한 탈중앙화는 누구든지 다수가 네트워크에 참여한다는 의미이며 노드가 전 세계에 널리 퍼져 있다는 의미다. 수많은 사람이 작업 경쟁에 참여하고 생성된 블록은 전 세계에 전달되어 합의 과정에 도달한다. 이런 환경에서 블록이 빨리 생성될 때는 분기 상황이 발생한다. 그래서 블록 생성을 어느 정도 늦출 필요가 있었다. 화폐도 어렵게 발행돼야 했고, 수정 · 삭제도 어려워야 했다. 화폐 시스템으로서 모든 상황을 고려하여 결정한 시간이 10분이다. 사토시 나카모토가 10분이라는 시간이 초래할 부작용을 몰랐던 것이 아니다. 본인이 구상하는 화폐 시스템을 구현하기 위해 고의로 10분을 설계한 것이다. 이처럼 의도하고자 하는 목표와 지향하고자 하는 가치에 따라 설계 방식은 달라질 수 있다.

어떻게 대응해야 하나?

블록체인 설명을 마무리하며, 앞으로 블록체인에 어떻게 대응하는 것이 필요한지를 개인적인 의견 차원에서 4가지를 언급하려고 한다.

- 사토시 나카모토가 던진 메시지에 주목할 필요가 있다.
- 비트코인은 암호기술을 통해 탈중앙 화폐 시스템이 구현될 수 있음을 확인시켜 줬다.
- 블록체인보다는 서비스 관점에서 접근이 필요하다.
- 새로운 기술에 대한 열린 자세와 포용력이 필요하다.

사토시 나카모토는 기존 질서를 부정한 반항아도 아니고 탈중앙화 추종자도 아니다. 그렇다고 블록 체인이라는 기술 구현을 목표로 하지도 않았다. 사토시 나카모토가 던진 메시지는 바로 '신뢰 구현' 이다. 신뢰를 구현할 수 있는 방안은 다양하다. 탈중앙화와 블록체인은 신뢰를 구현하는 다양한 방 법 중 하나다. '탈중앙화를 해야 한다', '블록체인을 도입해야 한다'보다는 '어떻게 신뢰 구현을 할 것 인가'가 필요하다.

과거에도 탈중앙화 기반 서비스나 분산원장 기술이 많이 연구되었으며 부분적으로 사용되는 사례도 있다. 그런데 화폐 시스템과 같은 치명적이고 민감한 시스템을 탈중앙화와 분산장부 기반으로 구현 한다는 것은 도저히 생각할 수 없었다. 그런데 사토시 나카모토는 비트코인을 통해 그 실현 가능성 을 입증했다. 물론 처리 속도 등의 현실적인 문제로 답보 상태지만, '탈중앙화와 분산장부 기반으로 이중지불 없이 화폐 시스템이 작동할 수 있다'는 것을 보여주었다. 이것은 하나의 성과이자 사례일 뿐이다. 가능성은 확인되었으니 더 다양하게 연구되고 활용될 수 있다고 본다.

블록체인은 어디까지나 더 나은 서비스 구현을 위한 하나의 도구이자 기술이다. 블록체인 자체가 목 적이 되어서는 안 된다. 블록체인 기반으로 서비스·시스템을 구축한다는 접근보다는 서비스 개선 을 위해 블록체인을 활용하는 방식으로 접근할 필요가 있다. 후자의 접근 방식으로 보면 다음과 같 은 절차가 필요할 것이다.

1. 블록체인 특성 이해, 특장점 이해, 활용 방안 이해
2. 목표로 하는 서비스의 특성 분석, 요구사항 분석, 기능 분석
3. 서비스 구현을 위한 블록체인 연계 및 활용 방안 분석

블록체인 기반이냐 아니냐가 중요한 것이 아니라 서비스 개선 및 가치 창조를 위해 블록체인이 어떻 게 활용 및 연계하느냐가 중요하다.

블록체인은 기존에 없던 새로운 기술이며 기존의 인식 · 상식과 배치되는 사상이다. 하지만 기존의 문제점을 개선하고 새로운 가치를 창조할 수 있다는 가능성도 보여주고 있다. 따라서 일방적인 비방이나 묻지마식 찬양은 적절치 않다. 좀 더 유연하고 포용적인 사고와 접근이 필요하다.

블록체인 관련 토큰 및 코인에 대해서도 열린 자세가 필요하다. 분명 한탕주의와 사기성 토큰 코인도 많이 존재하다. 그럼에도 불구하고 블록체인 산업에서 토큰과 코인은 서비스 활성화를 위해 윤활유 같은 역할을 한다. 토큰은 블록체인 이전부터 존재했던 개념이며 적절한 토큰 사용은 서비스의 가치를 배가하는 데 긍정적인 역할을 한다.

블록체인 활성화를 위해 상호보완과 융합 · 창조적인 접근도 중요하다. 하나의 기술과 플랫폼은 완벽할 수 없다. 장단점이 있을 수 있으며 특정 기능 · 역할에 특화될 수 있다. 반드시 블록체인 기반일 필요는 없다. 특정 서비스에서 하나의 기능 구현을 위해 블록체인을 활용할 수 있으며 하나의 보완적인 요소로 블록체인을 활용할 수도 있다. 다양한 서비스의 특성을 이해하고 블록체인의 특징 · 활용을 간파하여 적절하게 융합하여 상호 보완하는 능력과 역량이 필요하다. 블록체인을 다양한 산업이나 서비스와 융합하여 새로운 가치를 창조하는 것도 중요하다. 인공지능과 블록체인 연계 방안이나 IoT와 블록체인 연계 방안 등도 생각할 수 있다.

마무리하며

금본위제와 민간중앙은행은 세계대전을 통해 폐지되었다. 부활했던 금본위제는 세계대전 때보다 더 많은 포탄을 투하했던 베트남전쟁을 통해 또다시 폐지되었다.

현재 각국 중앙정부와 중앙은행에서 틀어쥐고 있는 화폐 발행권을 민간에 이관할 수 있을까? 현행 국가의 신용 기반으로 발행되는 화폐를 디지털 골드와 같은 실질 자산 본위제로 바꿀 수 있을까? 역사적으로 볼 때 금융 시스템과 화폐 시스템은 결코 쉽게 바뀌지 않는다. 세계대전 급의 공포와 충격이 없이는 기존 시스템과 질서가 쉽게 변하지는 않을 것이다.

화폐 시스템뿐만 아니라 대부분 사회제도 및 경제 시스템도 중앙집중 및 제3 신뢰 기관 방식에 기반한다. 수십, 수백 년 동안 정착되고 확립된 제도와 질서는 법이라는 강력한 장치로 보장받는다. 제도와 시스템은 법을 기반으로 정착되어 사회 전반에 녹아 있으며 생활 속에 깊숙이 뿌리 박혀 있다. 사람들은 중앙시스템이 당위성을 인정하며 이런 질서 속에서 다양한 이해관계가가 경제활동을 영위하고, 시민과 국민은 이런 질서에 자연스럽게 동화되어 생활하며 안위를 지켜나간다.

중앙시스템 기반으로 정립되어온 화폐 시스템 및 사회 전반 시스템이 블록체인을 기점으로 탈중앙화되거나 분산구조로 쉽게 변경되리라고는 생각하지 않는다.

그렇다면 블록체인은 실패한 실험으로 역사 속으로 사라지거나 전혀 의미가 없는 것일까?

비트코인이 세상에 나온 이후 큰 변화는 없었지만, 분명 식산섭석으로 영향을 주고 있으며 기존 실서를 새롭게 해석하고 좀 더 발전적인 미래상에 대한 논의가 나오고 있다.

기존 화폐 시스템에 대한 공격 자체가 금기시되는 분위기에서 기존 화폐 시스템의 문제점과 발전 방향에 대한 논의가 시작된 것만으로도 의미가 있다고 본다. 이미 일부 국가에서는 인플레이션을 우려하여 비트코인을 법정화폐로 채택하려는 움직임도 있다.

단숨에 기존 시스템이 쉽게 바뀌지는 않겠지만, 끊임없이 새로운 질문과 어젠다를 양산하며 변화를 유인할 것이라고 본다. 블록체인이 직접적으로 기존 체계를 바꾸지는 않더라도 다양한 분야에 영감을 주고 있다. CBDC도 그렇고, NFT 기반 디지털 자산 거래, 토큰 이코노미 구현 등도 대표적인 사례다.

블록체인이 주목받는다고 해서 단기간에 기존 중앙시스템이 탈중앙시스템으로 바뀌는 일은 없을 것이다. 하지만 블록체인이 주는 시사점과 메시지는 결코 사라지지 않고 기존 질서에 대한 부정자(否定者)와 새로운 질서에 대한 추종자, 그리고 사업 기회를 노리는 기업가와 천재적인 IT 기술자들이 상호작용하는 과정에서 기존 질서에 대한 숙제와 새로운 질서에 대한 어젠다를 꾸준히 양산할 것이라 믿는다.

비트코인 블록체인을 평가하고 전망하면서 현실적인 쉬운 주제보다는 다소 철학적이고 무거운 주제로 접근했던 것 같다. 단순히 개인적인 생각과 주제 의식이라고 이해하면 될 것 같다.

블록체인 관련 산업을 오랫동안 관심 있게 지켜보면서 아쉬운 장면이 많이 있었다. 블록체인이 세상을 바꿀 새로운 혁신 기술이라고 외치면서 정작 블록체인을 너무 쉽게 생각하고 너무 획일적으로 단정 지어 버리는 경우가 많았다. 많은 사람이 미래혁신 가치에 투자한다며 암호화폐 시장에 뛰어들지만, 막상 블록체인을 제대로 설명하는 사람은 많지 않다. 익숙한 키워드 몇 개만으로 블록체인을 설명하는 정도다. 투명성과 신뢰성을 위해 블록체인을 도입해야 한다는 단순한 논리 정도다. 사람마다 블록체인과 암호화폐에 대한 입장은 극단적이다. 사기라고 치부하는 사람과 미래혁신 기술이라고 치켜세우는 극단적인 사람만 보이는 것 같다.

블록체인이 기존 세상을 바꿀 기술이라면 결코 쉽고 가벼운 주제는 아니다. 또한 가볍게 다루어서도 안 된다. 블록체인이 미래의 주요한 기술로서 자리 잡을 거라고 확신한다면 좀 더 많은 고민의 시간과 시행착오가 필요할 것이다. 블록체인은 결코 가벼운 주제가 아니며 쉬운 사상도 아니다.